談箋话谱

黎晓宏 著

北京出版集团
北京出版社

目录

第三章 笺纸类型

第四章　笺纸集萃

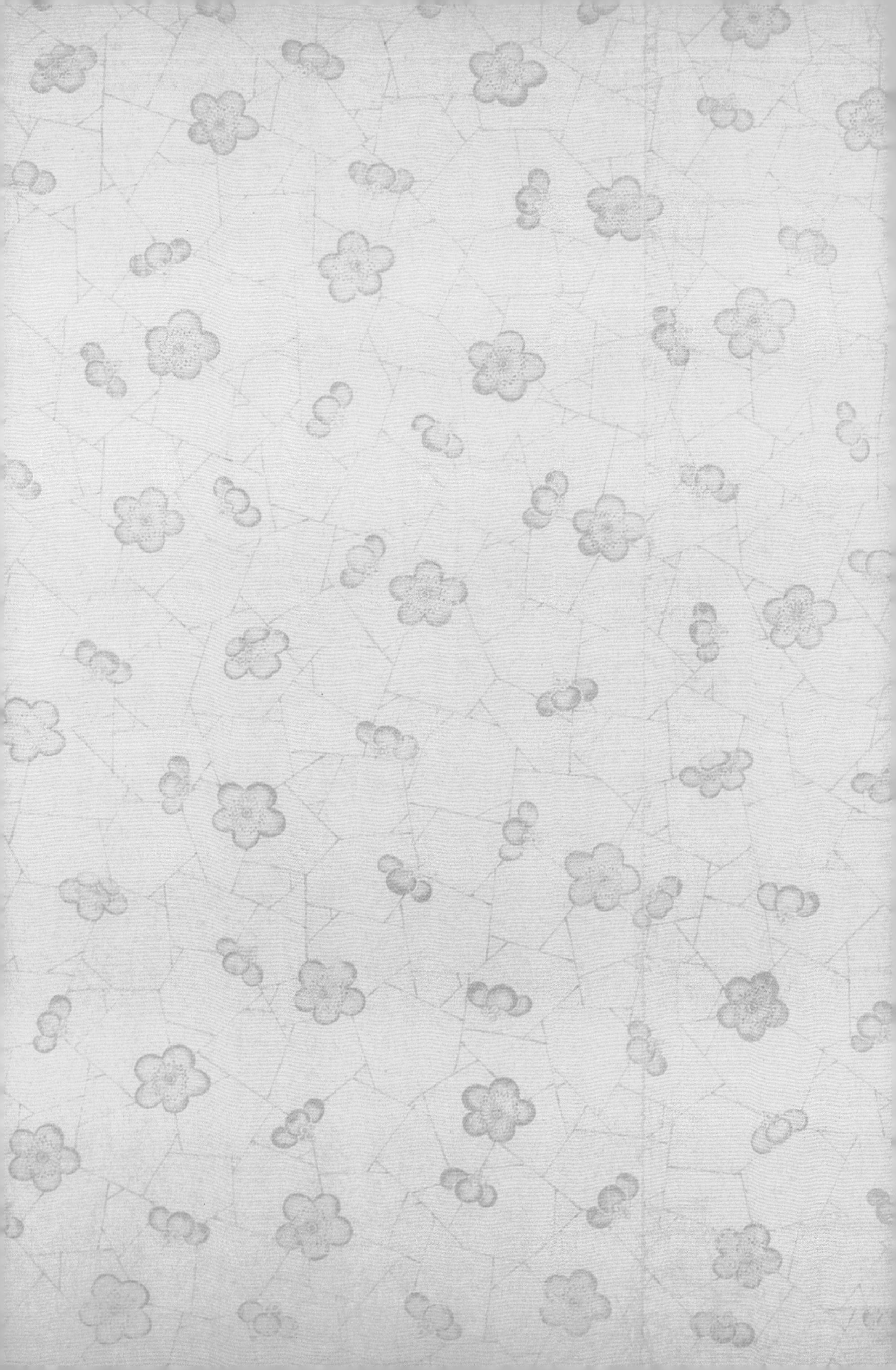

第一章

纸之小史

纸是中国四大发明之一。“文房四神”中纸神称“尚卿”。

东汉许慎《说文解字》云：“纸，絮一苫也。”

根据《说文解字》的解释，“絮，敝绵也”。“絮”是破布和废蚕茧的敝旧纤维；“苫”则是用茅草编成的一种席，可供覆盖之用。由此可知，中国造纸起源于在水中漂洗敝绵，然后将绞结成一层的纤维承载于席上收起。

东汉服虔《通俗文》云：“方絮曰纸。”

《释名》云：“纸，砥也。谓平滑如砥石也。”

北宋吴淑《纸赋》云：“方絮之体，平滑如砥。”

纸的别称、雅号甚多，主要有：方絮、砥石、赫蹄、麦光、墨光、白滑、冰翼、凝霜、玉版、玉叶、玉鸾纹、云舫、云蓝、文庙、好畤侯、文馆书史、白州刺史、不二冤家、统领万字军界道中郎将等。再加上同楮树、剡藤相关的别称，不胜枚举。

《汉书·外戚传》述及元延元年（前12）赵飞燕给狱中妇人一小绿箧，“中有裹药二枚，赫蹄书”。东汉末应劭注：“赫蹄，薄小纸也。”据说这种赫蹄小纸，即丝絮所制，是我国最早的纸。

晋代造纸多用剡藤为原料，因此，剡藤、剡楮、剡纸、溪藤、剡溪遗老等亦成为纸的别称。

隋唐造纸多以楮树皮为原料，因此，明朝程登吉《前人诗话》称：“墨呼松处士，纸号楮先生。”

同楮有关的纸的别称有：楮待制、楮福、楮国公、楮君、楮练、楮生、楮英、楮知白、玉楮等。

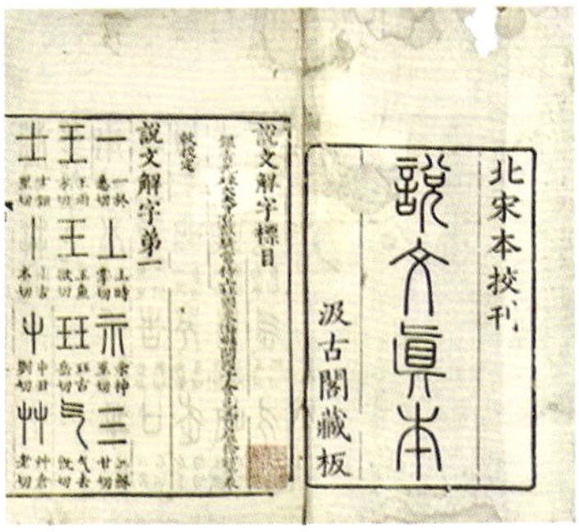

图1-0-1
《说文真本》

后来，造纸原料常用麦秆，故纸又称麦光，北宋苏轼的《和人求笔迹》中有“麦光铺几净无瑕，入夜青灯照眼花”的诗句。元朝王逢《赠别浙省黑黑左丞国宝自常州移镇徽州三十韵》云：“忧君尚有疏，傥寄麦光笺。”

元鲜于枢《纸笺谱》云：“歙绩溪界有地名龙须，出嘉纸，有墨光、白滑、冰翼、凝霜之目。”

第一节 西汉麻纸

麻纸是中国最早出现的植物纤维纸，初期的麻纸为原色，即褐黄色。后来有了漂白工艺，出现了白麻纸。

根据考古发掘，自二十世纪三十年代以来，先后在中国西北部地区出土了九种汉代麻纸实物。

一是新疆罗布淖尔汉代烽燧遗址出土一块麻纸，定名为罗布淖尔纸，其年代为西汉宣帝黄龙元年（前 49）。

二是在甘肃居延地区出土的额济纳纸，劳干将其年代定在东汉和帝永元十年（98）。

三是从陕西西安市东郊灞桥地区汉墓发掘出的西汉灞桥纸，共八十八片，制作年代在汉武帝时期（前 140—前 87）。

四是甘肃省武威县出土的旱滩坡纸，时间约在二世纪下半叶。

五是在陕西扶风县太白公社长命寺大队中颜生产队的一处西汉窖藏中发现三片麻纸，制作年代在汉宣帝时期（前 73—前 49），被命名为中颜纸（扶风纸）。

图 1-1-1
西汉放马滩纸

六是甘肃居延地区北额济纳河汉代遗址出土了两张麻纸残片，一片年代为汉宣帝甘露二年（前 52），另一片年代为汉哀帝建平二年（前 5），因出土于金关故地而命名为金关纸。

七是从甘肃敦煌马圈湾西汉烽燧遗址发掘出西汉古纸五片，年代为公元前一世纪及公元初年，其中四片为西汉末造的，一片是迄今出土的西汉最大的一张完整纸，年代为汉宣帝时期，被命名为马圈湾纸。

八是甘肃考古学家在天水市郊放马滩西汉墓中又发现麻纸，呈黄色，纸上绘有地图，用细墨线绘出山川、道路等图形。此图绘制年代在西汉文帝（前 179—前 157 在位）、景帝（前 156—前 141 在位）时期。西汉放马滩纸是目前所知最早的纸张实物，对认识纸的起源、制造技术、用料及用途有特别重大的价值。

九是 1990 年在敦煌悬泉置汉代遗址出土四百六十余张古纸，被称为悬泉纸，时代从西汉武帝、昭帝始，经宣帝、元帝、成帝至东汉初及晋，其中有十片残纸上有字。

芝加哥大学东方图书馆前馆长钱存训在《纸的起源新证：试

论战国秦简中的纸字》一文中介绍：在湖北云梦睡虎地的秦代《日书》第61号竹简背面，写有一个“纸”字，并且提供了写有“纸”字的竹简照片和“纸”字字形的放大图片。据此推论，纸可能在西汉前就已出现。

唐张怀瓘《书断》说：“汉初，有纸代简。”应劭《风俗通义》记载，东汉光武帝从长安迁都洛阳，载素、简、纸书约两千车。东汉书法家崔瑗在信中说：“今遣送《许子》十卷，贫不及素，但以纸耳。”由此可知当时帛贵纸贱。

目前所发现的西汉纸，主要为麻纸，造纸原料为麻类，包括大麻、苎麻、黄麻、亚麻、苘麻（又名青麻）、水麻等。其中最常用的是大麻，别名为汉麻、井麻、火麻、线麻、绿麻等。

黄麻纸是中国古代第一种染色加工纸，它的发明者是东晋道教理论家葛洪。

葛洪创制的黄麻纸，对后来加工纸的制作产生了深远的影响。例如，用黄檗汁染纸的方法被称为“入潢”，古代“装潢”一词即由此演变而来。从晋代开始直至唐宋时期的文书、经卷等多用黄麻纸，故能长期保存。

清李调元在《诸家藏书传》中写道：“唐代欧阳询黄麻纸草书《孝经》和五代杨凝式小字黄麻纸一幅，余皆见之。”

南宋刻本《资治通鉴纲目》，宋朱熹撰，其传世本即用黄麻纸印刷。

图 1-1-2
秦简里的“纸”字
及其较大的特写字形

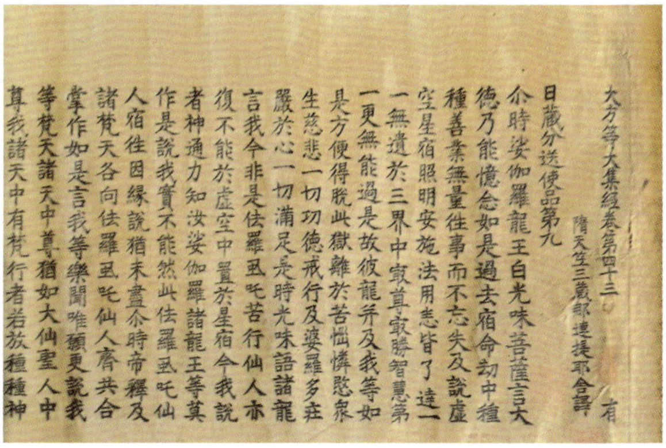

大方等大集經卷第四十三　有
隋天竺三藏那連提耶舍譯
日藏分送使品第九
尒時娑伽羅龍王白光味菩薩言大
德乃能憶念如是過去宿命劫中種
種善業無量往事而不忘失及說虛
空星宿照明安施法用悉皆了達一
一無遺於三界中最尊最勝智慧第
一更無能過是故彼龍并及我等如
是方便得脫此獄離於苦惱憐愍衆
生慈悲一切功德戒行及婆羅多莊
嚴於心一切滿足是時光味語諸龍
言我今非是佉羅虱吒苦行仙人亦
復不能於虛空中置於星宿今我說
者神通力知汝娑伽羅諸龍王等莫
作是說我實不能然此佉羅虱吒仙
人宿往因緣說猶未盡尒時帝釋及
諸梵天各向佉羅虱吒仙人齊共合
掌作如是言我等樂聞唯願更說我
等梵天諸天中尊猶如大仙聖人中
尊我諸天中有梵行者若放種種神

图 1-1-3
《开宝藏》
用黄麻纸

第二节 东汉蔡侯纸和左伯纸

蔡伦（约62—121），字敬仲，东汉时桂阳郡（今湖南耒阳市）人，汉明帝永平末年（75），进京城洛阳宫廷内当宦官，汉章帝章和二年（88）被提升为中常侍，汉和帝永元四年（92）兼任尚方令，主持皇宫中制造御用器物的手工作坊。元兴元年（105）十月向汉和帝献纸，和帝将他发明的纸进行推广使用。汉安帝刘祜元初元年（114），邓太后以蔡伦历侍五帝又发明造纸有功，封为龙亭侯。121年，邓太后去世后汉安帝亲政，蔡伦因安帝祖母宋贵人之死一案受到株连，在封地龙亭服毒自尽。151年汉桓帝为其平反昭雪，下诏由官方为其修墓建祠。

汉班固等《东观汉记》载：“（蔡）伦典尚方作纸，用故麻造者谓之麻纸，用木皮名谷纸，用故鱼网名网纸。”

南朝范晔《后汉书·蔡伦传》载：“缣贵而简重，并不便于人。（蔡）伦乃造意，用树肤、麻头及敝布、鱼网以为纸。”又载：“元兴元年，奏上之，帝善其能，自是莫不从焉，故天下咸称蔡侯纸。”蔡伦的“造意”被很多学者认为是世界上第一次用手工作坊造纸，并将纸正式作为书写材料。因此，蔡伦作为造纸术发明家而享誉后世，被尊奉为“纸圣”。

东汉末年至三国时期，造纸术有了长足进步。魏国东莱（山东莱州）人左伯改进了当时的造纸术。东汉赵岐《三辅决录》载：“左伯，字子邑，东莱人，擅名汉末，其能造纸。”《三辅决录》引用韦诞奏言称：“夫工欲善其事，必先利其器，用张芝笔、左伯纸及臣墨。兼此三具，又得臣手，然后可以逞径丈之势，方寸千言。然草迹之妙，亚乎索靖也。”可见当时左伯纸与张芝笔、韦诞墨齐名，并称“三绝”。

张怀瓘《书断》载：“左伯……特工八分，名与毛弘等列，小异于邯郸淳。亦擅名汉末，尤甚能作纸。汉兴，用纸代简。至和帝时，蔡伦工为之，而子邑尤得其妙。故萧子良《答王僧虔书》云：‘子邑之纸，妍妙晖光。仲将之墨，一点如漆。伯英之笔，穷神尽思，妙物远矣，邈不可追。’”从“蔡伦工为之，而子邑尤行其妙”可知，左伯纸应为在蔡侯纸基础上加工的纸。

后人关于造纸之功，通常将左伯与蔡伦并列。唐李峤《纸》诗云：“妙迹蔡侯施，芳名左伯驰。”清乾隆皇帝《豁山》诗亦云：“不知有汉蔡伦合，漫数惟莱左伯嘉。”

第三节 晋代藤纸

藤纸系晋代纸名，泛称以藤类（包括青藤、白藤、黄藤、紫藤、葛藤等）为原料所造的纸。古文献中提及藤纸的品种有：剡藤、剡纸、剡硾、玉叶纸、玉版纸、澄心堂纸、敲冰纸、罗纹笺等十余种。

唐李肇《唐国史补》曰：“纸之妙者，则越之剡藤、苔笺，蜀之麻面、屑骨、金花、长麻、鱼子、十色笺，云阳州六合笺，蒲州白薄、重抄，临川滑重。”

李肇所说“苔笺”亦称“台藤”，产于浙江天台，即剡溪藤角纸。宋米芾称：“台（天台）藤背书滑无毛，天下第一，余莫及。”

剡藤纸以产于剡县（今浙江嵊州）而得名，最早产生于晋代。剡纸因薄、韧、白、滑而被称为“玉叶纸”。

西晋张华《博物志》载：“剡溪古藤甚多，可造纸，故即名纸为剡藤。”晋中叶，剡藤纸被官方定为文书专用纸。《嵊志》记载：“剡藤纸名擅天下，式凡五，藤用木椎椎治，坚滑光白者曰硾笺，莹润如玉者曰玉版笺，用南唐澄心堂纸样者曰澄心堂笺，用蜀人鱼子笺法者曰粉云罗笺，造用冬水佳，敲冰为之曰敲冰纸，今莫有传其术者。”

魏晋南北朝时期“贵素贱纸”。东晋南北分治，晋纸也有南北之别。宋朝赵希鹄《洞天清录集·古翰墨真迹辨》记载：“北纸用横帘造，纸纹必横，又其质松而厚……南纸用竖帘，纹必竖。”

东晋元兴二年（403）太尉桓玄（369—404）“命平准作青赤缥绿桃花纸，使极精”。他又称：“古无纸，故用简，非主于敬也。今诸用简者，皆以黄纸代之。”

从此改变了纸、简并用局面，统一用纸。

南朝梁萧察《咏纸诗》云：“皎白犹霜雪，方正若布棋。宣情且记事，宁同鱼网时。”

南朝画家谢赫《画品》云：“古画尤重纸上者。言纸得五百年，绢得三百年方坏。”

在敦煌莫高窟藏经洞发现的佛经《半世阿伽母经》是隋文帝仁寿二年（602）由经生张才抄写的。全卷共有一万零六百六十三字，写在二十五张藤纸上，此经现存英国不列颠图书馆。

唐虞世南《北堂书钞》记载，晋代做京官的河南人范宁（339—401）曾说：“土纸不可作文书，皆令用藤角纸。”

唐顾况《剡纸歌》云：“剡溪剡纸生剡藤，喷水捣后为蕉叶。”

唐皮日休《二游诗》云：“宣毫利若风，剡纸光与月。”

唐施肩吾《晚春送王秀才游剡川》云：“越山花去剡藤新，才子风光不厌春。第一莫寻溪上路，可怜仙女爱迷人。”

北宋欧阳修《再和圣俞见答》云：“石上紫豪家故有，剡藤莹滑如玻璃。”

藤是野生植物，成长缓慢。自晋代用藤造纸后，到中唐藤角纸极为流行。从晚唐乃至宋代，剡溪的藤类耗尽，这种藤纸就逐渐消亡了。

第四节 隋唐楮皮纸

楮树也称构树、枸树、榖树、榖桑、楮桑、斑榖、楮桃树、酱黄木等，北魏贾思勰《齐民要术·种榖楮》有专章介绍楮的种植方法，并指出“其皮可以为纸者”。楮皮纸也称榖皮纸、榖布纸。

造蔡侯纸时混用树皮、麻头、破布、渔网等，那时还没有单纯的树皮纸。据三国董巴《大汉舆服志》称：“用木皮称为榖纸。”南北朝陶弘景（456—536）《名医别录》载：“楮，此即今构树也。南人呼榖纸亦为楮纸。武陵人作榖皮衣，甚坚好。”

隋唐时期，造纸原料有麻类、楮皮、桑皮、藤皮、瑞香皮、木芙蓉皮等。唐朝时，楮皮纸流行。

楮纸最初多用于雕版印刷佛经，后也用于一般历书、契约、账簿等。1966 年，在韩国东南部庆州佛国寺释迦塔内发现一卷《无垢净光大陀罗尼经》。该经卷系用楮皮纸十二张粘连印刷，裱成一卷，这是现存最早的印刷品之一，也是早期用于印刷的楮纸样本。该经卷中有武则天时期（690—705）的制字：如“山水土”叠合成“地”字，还有其他三个制字，共计出现八次。据此可确认它是中国唐代的遗物。

北京故宫博物院藏《羲之行书兰亭序第二卷——褚遂良摹本》。兰亭雅集故事发生于东晋永和九年（353），当时会稽文人雅士四十一人共聚兰亭，修禊祭，宴曲水，逢酒抒发文志，即兴赋诗一卷，由王羲之当场作序。这篇序情感隽永和畅，笔意婉转流连，被后世誉为“天下第一行书”。现《兰亭序》真迹下落不明，只有摹本传世。清乾隆皇帝在内府收藏的八卷《兰亭序》中择取精华，分列排序。虞世南摹本排名第一，褚遂良摹本排名第二。褚本《兰亭序》即采用楮皮纸书写。

晋唐书法，其字重法度，此卷楮纸若置于灯影之下，便可见纸张纤维若连绵云雾，再书兰亭墨迹，更为雅致。

唐颜真卿书《送辛子序》《乞米帖》《祭叔濠州使君文》，颜真卿、郭定襄《争座位第一帖》真迹也均用楮纸书写。

北宋苏轼《书鄢陵王主簿所画折枝二首》云：“若人富天巧，春色入毫楮。”

南宋陆游《村居日饮酒对梅花醉则拥纸衾熟睡甚自适也》：“孤寂惟寻曲道士，一寒仍赖楮先生。”

南宋袁说友（1140—1204）《笺纸谱》（约 1197 年成书）介绍：蜀郡广都（今四川省成都市双流区）产纸四种，纸名分别为假山南、假荣、冉村、竹丝，皆为楮皮所造，有“败楮遗墨人争宝，广都市上有余荣”的赞美之词。

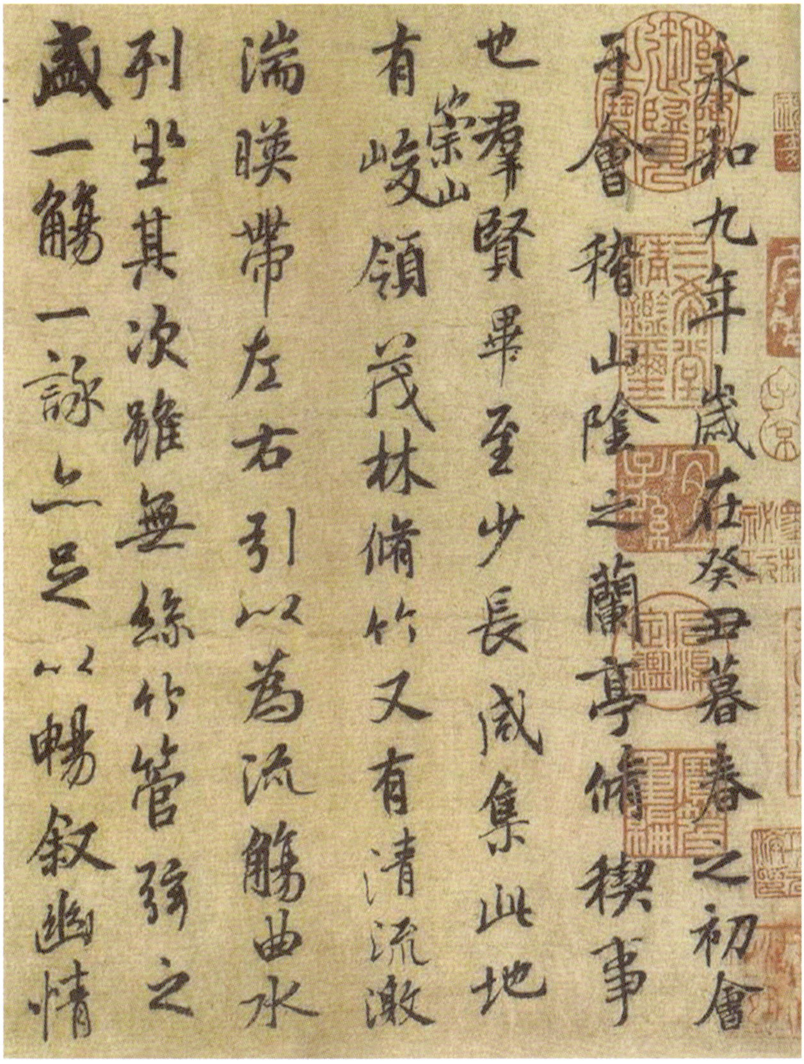

永和九年歲在癸丑暮春之初會
于會稽山陰之蘭亭脩禊事
也羣賢畢至少長咸集此地
有崇山峻領茂林脩竹又有清流激
湍暎帶左右引以為流觴曲水
列坐其次雖無絲竹管弦之
盛一觴一詠亦足以暢敘幽情

图 1-4-1
褚遂良本《兰亭序》
楮皮纸

第五节 唐代宣纸

纸以用材论，先后出现麻纸、皮纸、藤纸、竹纸等，旧纸回槽造再生纸，称为“还魂纸”。

唐代皇帝任命将相的官告用销金笺及金凤纸誊写，诏书多用麻纸誊写。凡书写赏赐、征召、索要钱物、处分均用白麻纸。抚慰军队称书，用黄麻纸书写。唐代皇家有严格的诏敕制度，各类用纸礼法森严，秩序井然。

北宋苏易简（958—996）《文房四谱·纸谱》载：“唐初，将相官告亦用销金笺及金凤纸书之，余皆鱼笺、花笺而已。厥后李肇《翰林志》云：凡赐与、征召、宣索、处分曰诏，用白麻纸。慰抚军旅曰书，用黄麻纸。大清宫内道观荐告辞文，用青藤纸朱书，谓之青辞。诸陵荐告上衣表、内道观文，并用白藤纸。凡赦书、德音、立后、建储、大诛讨、免拜三公、命相、命将，并用白藤纸，不用印。双日起草，只日宣。宰相、使相官告，并用色背绫金花纸。节度使，并用白背绫金花纸。命妇，即金花罗纸。吐蕃及赞普书及别录，用金花五色绫纸，上白檀木、真珠、瑟瑟、钿函、金锁钥。吐蕃宰相、摩尼师已下，书用五色麻纸。南诏及青平官书，用黄麻纸。”

唐代书家多用麻纸。唐杜牧《张好好诗》行书墨迹本、唐大诗人李白《上阳台帖》草书墨迹本均用麻纸写成，现均藏北京故宫博物院。

以竹为原料造纸的记载，最早见于唐李肇《唐国史补》：“韶之竹笺。”

苏易简《文房四谱·纸谱》称：“今江浙间有以嫩竹为纸，如作密书，无人敢拆发之。盖随手便裂，不复粘也。”

苏轼《东坡志林》云：“今人以竹为纸，亦古所无有也。”

唐宋的名纸有：宣纸、澄心堂纸、金粟山藏经纸、转轮藏经纸、谢公笺纸、白经纸、白鹿纸、藤白纸、鹄白纸、玉版纸、茧纸等。

宣纸因原产于宣州府（今安徽宣城）而得名，主要原料为青檀树皮，辅以沙田稻草，闻名始于唐代，有“纸寿千年”之美称。宣纸与浙江湖州的湖笔、安徽屯溪的徽墨和广东肇庆的端砚合在一起，被誉为中国的“文房四宝”（纸、笔、墨、砚），驰名中外。

“宣纸”一词最早见于唐代学者张彦远《历代名画记》（847年成书）：“江东地润无尘，人多精艺。好事者常宜置宣纸百幅，用法蜡之，以备摹写。古人好拓画，十得七八，不失神采笔迹。”这说明唐代已把宣纸用于书画了。北京故宫博物院收藏的隋代画家展子虔（约550—604）的《游春图》和唐代画家韩滉（723—787）的《五牛图》的画心托纸和命纸是中唐时期的宣纸。

刘仁庆《中国古纸谱》称：“宣纸的特色可用十六字来概括：质地柔韧、洁白平滑、细腻匀整、色泽耐久。”宣纸有“轻似蝉翼白如雪，抖似细绸不闻声”之誉，不愧为“纸中之王”。

另据《旧唐书》记载：唐天宝二年（743），陕西太守韦坚向朝廷进贡时，各郡贡品就有“宣城郡船载，纸、笔、黄连等物”。江西、四川、皖南、浙东都产纸进贡，而宣城郡纸尤为精美。《新唐书·地理志》和《唐六典》上记载着“宣州贡纸、笔”等文字，可见该地所产纸、笔在当时闻名全国。

以黄公望、王蒙、倪瓒、吴镇等“元四家”为代表的山水画派摆脱传统宫廷画法的桎梏，提倡山水写意和泼墨豪放的技法，这对宣纸业的发展起到了显著的推动作用。

关于宣纸生产的记载可以追溯到宋末元初。清乾隆年间重修《小岭曹氏宗谱》“序言”云：“宋末争攘之际，烽燧四起，避乱忙忙。曹氏钟公八世孙曹大三，由虬川迁泾，来到小岭，分徙十三宅，见此系山陬，田地稀少，无可耕种，因贻蔡伦术为业，以维生计。”宋末曹大三因避战乱，迁至泾县小岭，以制宣纸为业，世代相传。曹氏一族历来是宣纸生产技艺的主要传承者，传至今天已有三十余代。

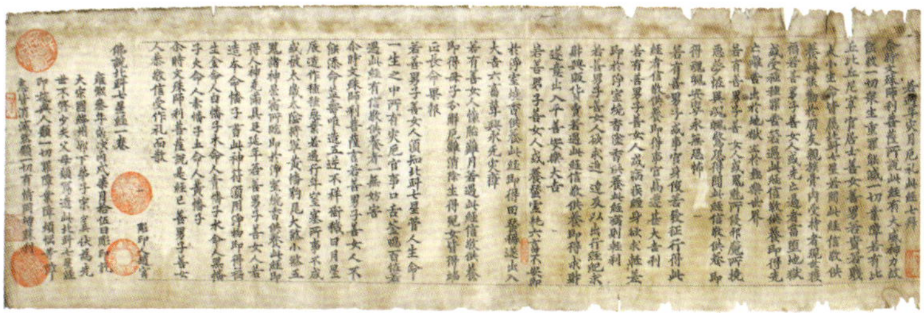

图 1-5-1
《佛说北斗七星经》
麻纸

图 1-5-2
韩滉《五牛图》

第六节 唐代硬黄纸和硬白纸

唐代是我国造纸史上的一个高峰，唐代人别具匠心地创造出了硬黄纸和硬白纸。

硬黄纸又称“黄硬”“黄蜡笺”，外观呈黄色或淡黄色，质密而光滑。此纸是用葛洪创造的用黄檗汁染色并涂蜡的方法，使之具有避虫蛀、防霉变的特性。南宋曾慥《类说 · 雌黄》载：“古人写书皆用黄纸，以檗染之，所以辟蠹，故曰黄卷。”

流传至今的唐代硬黄纸实物有敦煌出土的初唐时期《大般涅槃经卷第二》，共由六幅经纸粘接而成，“纸质薄匀光细，莹澈透明，坚挺平整。色呈药黄，其味略苦”，系黄檗所染，“又以蜂蜡均匀涂布，砑光磨光。使纸张不仅具有避虫蛀、防霉湿的特性，又兼有莹滑坚挺、光泽艳美的特点”。敦煌《千佛图残片》即朱色捺印在相当厚的硬黄纸上。

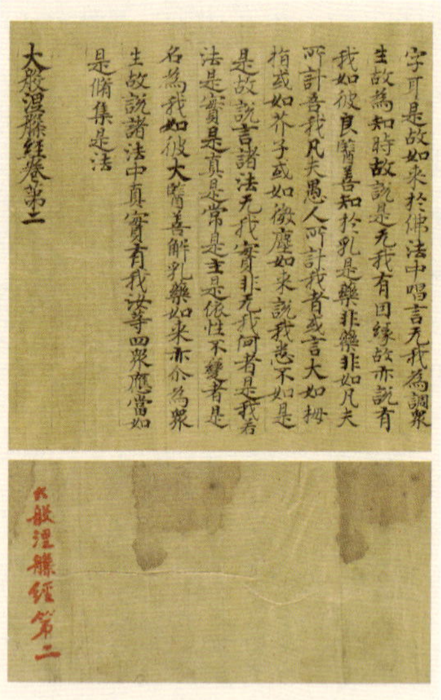

图 1-6-1
《大般涅槃经卷第二》
硬黄纸

敦煌经卷一说来自西明寺之西明藏。玄奘法师曾在西明寺宣说佛法，并由其弟子圆测（613—696）推广传播。与西明寺有关的僧徒著述包括玄奘的译著七十六部一千三百四十七卷，南山律宗之祖道宣（596—667）律师之三十五部一百八十八卷，道宣的法弟道世的十二部一百五十六卷等。

硬黄纸的加工方法在南宋张世南（1195—1246）《游宦纪闻》卷五中载：“硬黄，谓置纸热熨斗上，以黄蜡涂匀，俨如枕角，毫厘必见。响榻谓以纸覆其上，就明窗牖间映光摹之。”

南宋赵希鹄《洞天清录集》云：“硬黄纸，唐人用以书经，染以黄檗，取其辟蠹。以其纸如浆，泽莹而滑，故善书者多取以作字，今世所有二王真迹，或用硬黄纸，皆唐人仿书，非真迹。”

至今所见曾由秘阁（皇家图书馆）珍藏的二王法书，的确多用硬黄纸书写。例如，王羲之著名的《兰亭序》《快雪时晴帖》等，现存最早的摹本都是唐人采用硬黄纸的摹本，唐人摹拓精绝，后世有“唐摹宋拓”之誉。

唐代硬白纸是用蜡涂布于厚纸正、反两面，并进行砑光，比硬黄纸稍厚，其色白。

现存硬白纸实物有北京故宫博物院所藏《刊谬补缺切韵》。此书五卷，唐吴彩鸾写本，唐王仁昫撰，长孙讷言注，裴务齐正字。素笺厚纸本即硬白纸本。龙鳞装，其形式是：长纸作底，首页全裱穿于卷首，自次页起，鳞次向左裱贴于底卷上。这种装订形式卷起时从外表看与卷轴装无异，但内部的书页宛如自然界的旋风，故又名旋风装，别称旋风页、旋风卷子。

奚椿年《书香小品》中《抄书奇女子吴彩鸾》一文记述：吴彩鸾是唐代抄书奇女子。她自称是西山吴真君之女，名彩鸾。大和末，有一名书生文箫游西山，与彩鸾不期而遇，两人顿生爱慕之意，于是结为夫妇。文箫贫不能自给，彩鸾日抄孙愐《唐韵》一编，卖后维持生计。如此十载后，夫妇至吴地越王山，各跨一虎双双成仙去了。这是一说。

又一说：大和中，进士文箫，客寓钟陵。按南方风俗，中秋月夜，妇人相持踏歌。文箫前去观看，见彩鸾亦在歌场中，因而相识相悦。后彩鸾因向文箫泄露仙界之密而被罚为民妻一纪，彩鸾对文箫说：“我与你自有冥契。”遂结缡为夫妇。文箫拙于生计，彩鸾便抄《唐韵》卖以度日，十年间所抄量很可观，因而世上得此书的人也很多。后两人也是由虎背负而入仙乡。

吴彩鸾所抄《唐韵》是一部韵书，五卷，一百九十五韵。叶德辉《书林清话》载：清代御府藏有彩鸾所抄之本，有《唐韵》平声上、《唐韵》平声下、《唐韵》上声、《唐韵》去声、《唐韵》入声、《唐韵》上下二、《唐韵》六等。

后人对吴彩鸾抄书多有称道，有的说所抄皆为小楷，“楷法殊精”，有的说“笔力遒劲”，有的说“极有功力”，有的说“出于自然，非古今学人可比”。

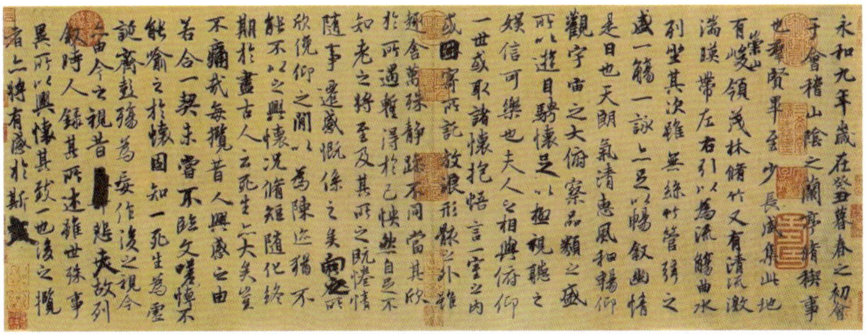

图 1-6-2
王羲之《兰亭序》

图 1-6-3
“西山跨虎”笺

第七节 五代澄心堂纸

五代南唐徽州所产澄心堂纸，“肤如卵膜，坚洁如玉，细薄光润，冠于一时”。北宋苏易简《文房四谱·纸谱》载：“黟、歙间多良纸，亦有凝霜、澄心之号。”北宋诗人刘敞（约1019—1068）曾赋诗云：“当时百金售一幅，澄心堂中千万轴。后人闻此那复得，就使得之当不识。”澄心堂纸与宣城诸葛笔、徽州李廷圭墨、婺源龙尾砚并誉。

北宋蔡襄（1012—1067）在《文房四说》中写道：“李主澄心堂（纸）为第一，其为出江南池、歙二郡，今世不复作精品。蜀笺不堪用，其余皆非佳物也。”

李（后）主本名李煜（937—978），是南唐（937—975）最后一位国君，善诗文、喜绘画、知音律。他对歙州（今安徽歙县）生产的纸情有独钟，曾令内臣全盘承御监造贮运，为皇家专有，并把祖父南唐烈祖李昪（888—943）待臣议事、设宴庆贺、批阅奏章的大厅——澄心堂专门辟为收藏纸张之所。李煜赞誉澄心堂纸为“纸中之王”。

据邓之诚（1887—1960）《骨董琐记·澄心堂纸》记述，宋词“开山祖师”梅尧臣（1002—1060），字圣俞，世称宛陵先生，其《咏澄心堂纸》曰“滑如春冰密如茧，把玩惊喜心徘徊。蜀笺蠹脆不禁久，剡楮薄慢还可咍”，则厚密可知。而“幅狭不堪作诏命”，则其狭可知，故曰匹纸也。而“江南李氏有国日，百金不许市一枚”，其贵重可知。

梅尧臣还有《潘歙州寄纸三百番石砚一枚》称：“永叔新诗笑原父，不将澄心纸寄予。澄心纸出新安郡，腊月敲冰滑有余。”他在《依韵和永叔澄心堂纸答刘原甫》诗中盛赞：“文墨高妙公第一，宜用此纸传将来。”

梅尧臣诗中的永叔即北宋一代文宗欧阳修。欧阳修和宋祁等八位学士共同修撰的《新唐书》共二百二十五卷，以及欧阳修本人编撰的《新五代史》，都是以澄心堂纸起稿的。

比欧阳修稍晚的同代人蔡襄有《澄心堂帖》传世。北宋皇帝宋徽宗赵佶曾用澄心堂纸作《柳鸦图》传世。北宋中晚期白描画家李公麟用澄心堂纸画了名震画坛的代表作《五马图》。被誉为“法帖之祖”的《淳化阁帖》，其初拓本也是用澄心堂纸、李廷圭墨拓制的，可惜此初拓本未见传世。

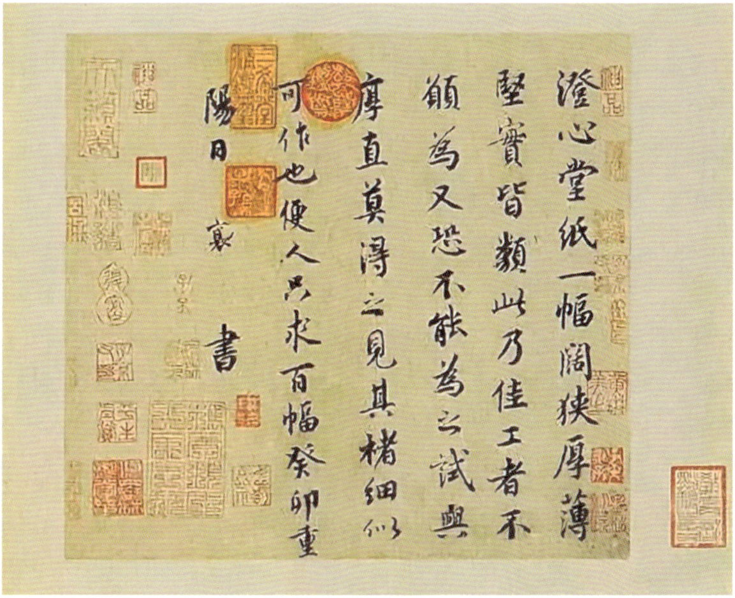

图 1-7-1
蔡襄《澄心堂帖》

图 1-7-2
赵佶《柳鸦图》

第八节 宋代金粟山藏经纸

北宋浙江海盐（今海宁市）金粟山下有金粟寺。金粟寺始建于三国吴大帝孙权赤乌十年（247），为金粟寺“开山祖师”康僧会于江南首创三寺之一，有“浙江第一古刹”之称。宋代治平年间，金粟寺造纸专供寺院写经之用，纸上有椭圆形小印，印文为“金粟山藏经纸”。该印常印于纸背，后名扬天下，亦称金粟笺。

清张燕昌（1738—1814）汇编了专门研究金粟山藏经纸的专著《金粟笺说》。该书引潘泽民《金粟寺记》：“寺先有宋藏数千轴，皆硬黄复茧，后人剥取为装潢用，零落不存，世所传金粟山藏经纸是也。或云唐藏矣。”

金粟山大藏经目前已知仅存二十四卷。中国国家图书馆藏七卷：《大般若波罗蜜多经》存卷五百五十、《菩萨璎珞经》存卷一、《放光摩诃般若波罗蜜经》存卷八、《添品妙法莲华经》存卷七、《中阿含经》存卷二、《阿毗达磨识身足论》存卷一、《持世经》存卷一。上海图书馆藏六卷：《解脱道论》存卷一、《转法轮经论优波提舍》存卷一、《无量寿经论》存卷一、《佛说弥勒下生成佛经》存卷一、《弥勒来时经》存卷一、《经律异相》存卷二十七。

此外，南京图书馆藏《温室洗浴众僧经》存卷一、天津图书馆藏《佛说宝智经》存卷一。故宫博物院藏《大毗婆沙论》存卷一、《阿含经》存卷五百五十。贵州省博物馆藏《大般若波罗蜜多经》存卷十三、《阿毗达磨识身足论》存卷八十七。安徽博物院藏《阿毗达磨法蕴足论》存卷一。吉林省博物院藏《大般若波罗蜜多经》存卷三百八十。辽宁省博物馆藏《佛说无极宝三昧经》存卷一。天津艺术博物馆藏《放光摩诃般若波罗蜜经》存卷三十四。原苏州顾氏过云楼旧藏《内典随函音疏》存卷一。国外仅有美国加州大学东亚图书馆藏《大般若波罗蜜多经》存卷二百五十四。

金粟山大藏经所用金粟山藏经纸乃宋代特有纸品，此纸大约造于宋代熙宁至元丰年间（1068—1085）。该纸历经千年沧桑，纸面仍然黄艳硬韧，墨色如初，黝泽似漆。

该纸纤维匀细，纸表洁白，纸质坚韧，蜡磨光莹，尤以白色最为名贵。

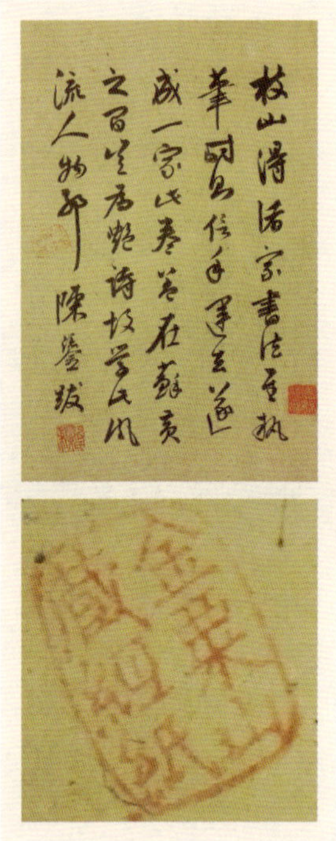

图 1-8-1
金粟山藏经纸及其印章

该纸是唐代硬黄纸的延续。明董谷《续澉水志》称其为“藏经茧纸”“硬黄茧纸”，又称“其造法今已不传”。

文徵明①《漪兰室图》卷首装有一张金粟山藏经纸，纸上附有“宋金粟山藏经纸楮桑合制”十一个字。由此可知，此纸多为楮皮和桑皮混抄制成。

与金粟山大藏经齐名的还有海惠院转轮大藏经，目前已知尚存三卷分别为：辽宁省博物馆藏《续高僧传》卷第十二，上海图书馆藏《法苑珠林》卷第六十五，国家博物馆藏《历代三宝经》卷八。

张燕昌《金粟笺说》载：“海宁周松霭（春）藏元拓淳化阁帖题签皆宋藏经笺，上有圆印文曰‘兴国福寿院转轮大藏经’十字，中有梵书。”而海惠院前身即兴国福寿院，并且是钤盖在转轮大藏经上。兴国福寿院转轮大藏经用纸为宋藏经纸，与金粟山藏经纸同属宋代写经专用纸。

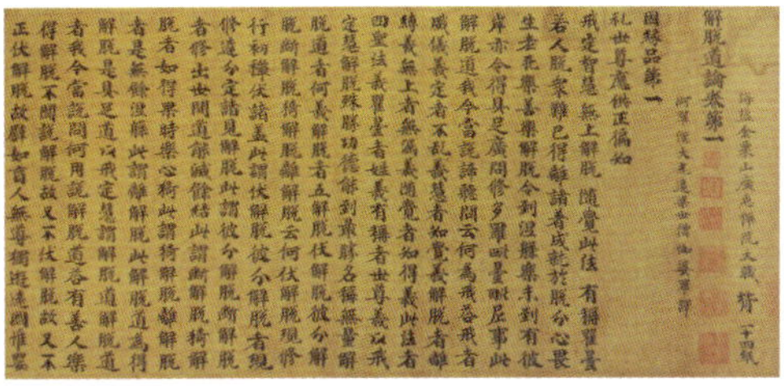

图 1-8-2
上海图书馆藏
《解脱道论》卷第一

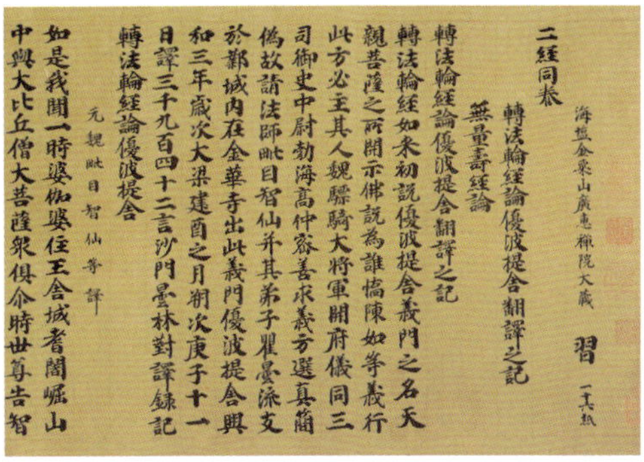

图 1-8-3
上海图书馆藏
《转法轮经论优波提舍》
《无量寿经论》
（二经同卷）

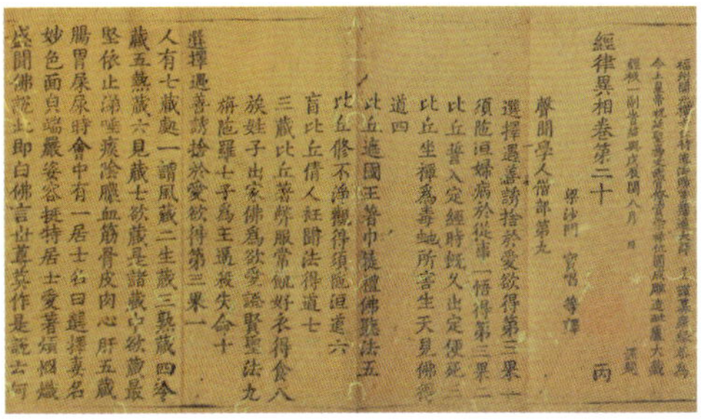

图 1-8-4
上海图书馆藏
《经律异相》卷第二十

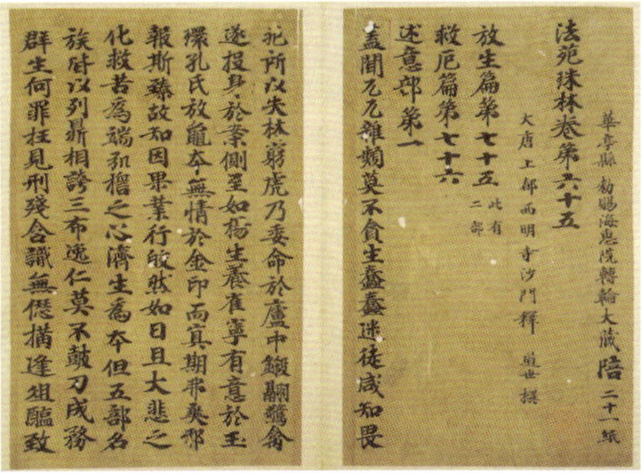

图 1-8-5
上海图书馆藏
《法苑珠林》卷第六十五

①文徵明（1470—1559），初名壁（或作璧），字徵明，以字行，更字徵仲。因先世为衡山人，故号衡山居士，世称“文衡山”。南直隶苏州府长洲县（今江苏苏州）人，明代书画家、文学家、鉴藏家。诗、文、书、画无一不精，人称“四绝”，其与沈周共创“吴门派”。在画史上与沈周、唐寅、仇英并称“明四家”；在文学上与祝允明、唐寅、徐祯卿并称“吴中四才子”。

第九节 元代明仁殿纸和端本堂纸

元代明仁殿纸和端本堂纸都是元代内府所用的艺术加工纸。据元代陶宗仪（1316—约1403）《辍耕录》介绍，明仁殿又名西暖阁，在皇帝寝宫以西，是皇帝阅校奏折、机要文书之处，而端本堂既是皇太子读书之处，又是存贮文房用品之地。这两种纸用上等皮纸染潢，背面刷粉洒金，然后在两面涂蜡研光，最后在正面用泥金描绘如意云纹，以供宫廷使用。纸的右下角盖有“明仁殿纸”或“端本堂纸”的长方形小红印。纸厚，可揭三四层。元代著名的明仁殿纸的制作工艺传承自宋代的金粟山藏经纸。

北京故宫博物院藏清仿明仁殿画金如意云纹粉蜡纸是以桑皮为原料制作的一种黄纸，宽53厘米、长121.5厘米，属黄色粉蜡笺纸。纸厚，可逐层揭取三四张，纸表平滑，纸质匀细，纤维束甚少。这种纸的两面都经过精细加工，纸背黄粉加蜡，洒以金片。纸的两面以泥金描绘如意云纹，纸的正面右下角钤以“乾隆年仿明仁殿纸”的隶书朱印。这种纸造价极高。

元代名纸还有黄麻纸、铅山奏本纸、常山榜纸、英山榜纸、上虞大笺纸、玉版纸、罗纹纸、青白各类笺纸、白藤纸、清江纸等。

图1-9-1
仿明仁殿纸

第十节 明代宣德纸

古代写经纸依书写颜料不同大致分为两种：

第一种是以黑墨书写在白色、米黄色或黄色写经纸上，如敦煌写经纸、硬黄纸，以及著名的金粟山藏经纸等。

第二种是以金银泥书写，纸张为深蓝色或黑色，如北京故宫博物院收藏的清贝叶式泥金藏文《甘珠尔》、西藏布达拉宫的八宝七彩《丹珠尔》、明代宣德贡笺——羊脑笺以及磁青纸。

宣德为“永乐盛世”之后明宣宗朱瞻基（1398—1435）之年号。明末清初方以智（1611—1671）《物理小识》载：“宣德

图 1-10-1
《大方广佛华严经》卷第三十一
磁青纸

五年造素馨纸，印有洒金笺、五色金粉、磁青、蜡笺……宣德（纸）。陈清款白楮皮，厚可揭三四张，声和而有穰。”由此可知，宣德纸实际上是一类纸的统称，有许多品种，如五色粉笺、金花五色笺、五色大帘纸、磁青纸等，其中以陈清落款的白楮皮纸最佳。陈清（约 1395—1460）为江西人，善造纸。

邓之诚在《骨董琐记》“唐宋元明笺纸”一节中说：“明大内各笺，洒金五色粉笺、印金花五色笺、青纸，俱不如宣纸。有褚皮者，茸细而白，有宣德五年造素馨纸印。元有绍兴蜡笺、黄笺、花笺、罗纹笺、江西白箓观音、清江等纸。宋有藏经纸，匹纸，碧云春树、龙凤团花、金花等笺，藤白、鹄白、蚕茧等纸。蒲圻纸，蜀中贡余。唐有浆硾六合漫麻经纸，入水不濡。硬黄纸以黄檗染，可辟蠹。”大内白笺坚厚如板，两面砑光，洁白如玉。

明代还有磁青纸、皮纸、观音帘匹纸、宣德贡笺纸、五彩洒金纸、十锦回文纸等。笺纸种类繁多，新安玉笺为绝细坚韧白棉纸，裁为小幅。松江谭笺不用粉造，以洁白荆川连纸，褙厚，砑光，用蜡打各种细花。

磁青纸又名瓷青纸，以桑皮纸为原料，用靛蓝染料染成深青色，再经砑光，其色如明代青花瓷，故名。其实，现存敦煌唐人写经中已有类似的纸张。明项元汴《蕉窗九录》中提到“有磁青纸，如段素，坚韧可宝”，说明这种纸质地强韧。明刘侗《帝京景物略》卷四里也有“磁青纸，坚韧如段素，可用书泥金”的记载。磁青纸颜色深蓝，静谧，意象深远，与泥金明暗相映，庄严肃穆，尊贵典雅。

潘吉星《中国造纸史话》称：明代加工纸中最著名的是宣德贡笺，制于宣德年间（1426—1435），有不少品种，与宣德炉、宣德瓷齐名。此后仍继续生产，多供内府使用，后从内府传出，遂为世人推重。明沈德符《飞凫语略》载，自从宣德纸从内府传出后，就像宋代宣和龙凤笺、金粟藏经纸那样珍贵，舍不得在上面作书画，只用于书画卷轴的装饰。清代大臣查慎行（1650—1727）在宣德纸诗中称：“小印分明宣德年，南唐西蜀价争传。依家自爱陈清款，不取金花五色笺。”清初时已将宣德贡笺与五代南唐时的澄心堂纸并称为稀世名纸。

明代宣德年间，官纸局抄有素馨纸，纯白，纸面匀整、有帘纹，别有雅趣。

明宣宗御笔挥毫后赞曰:“坚厚如板，两面光彩，如玉洁白……为素馨笺。”方以智《通雅》称：“宣德五年造素馨纸，印有桑皮者磨光，有矾光者俱可著书，纸中瑰宝也。”

第十一节 清代开化纸

清代名纸有开化纸、开化榜纸、罗纹纸、梅花玉版笺纸、五色粉蜡笺纸，内府有仿金粟山藏经纸、仿澄心堂纸、仿明仁殿纸等。

开化纸产自浙江省的开化县，因此得名。开化纸是清代最名贵的纸张，它质地细腻，极其洁白，帘纹不显，薄而韧性强，柔软可爱。清代顺治、康熙、雍正、乾隆时宫里刊书以及扬州书局所刻的书多用这种纸。这种纸也叫桃花纸、开花纸，因其白色纸上常有微黄晕点，像桃红。

开化纸作为清代最高档的内府刻书用纸，在中国印刷史、文献史上极负盛名。它同开化榜纸常被视为精美古籍的标签。

开化榜纸比开化纸稍厚。清代用开化纸和开化榜纸刻印并留存至今的善本书有：扬州诗局《全唐诗》、清初《芥子园画传》、康熙刻本《御制避暑山庄诗》、康熙武英殿版《御纂周易折中》和《周易本义》、康熙二十四年（1685）《御选古文渊鉴》、康熙项氏玉渊堂刊本《韦苏州集》、康熙秀野草堂刊本《昌黎先生诗集注》、雍正六年（1728）《古今图书集成》、雍正广陵般若庵刊本《冬心先生集》和《西湖志》、雍正刊《观妙斋金石文考略》、雍正刊《陆宣公集》、乾隆四十七年（1782）抄成正本《四库全书》、乾隆刊《冰玉山庄诗集》、嘉庆沈氏古倪园刊《三妇人集》、嘉庆秦氏石研斋刊《录

图 1-11-1
梅花玉版笺纸

图 1-11-2
五色粉蜡笺纸

韵》、道光许氏古均阁精刊本《字鉴》以及《五知斋琴谱》《百川学海》《儒学警悟》等。

乾隆三十八年（1773）开馆纂修的《四库全书》，编修历时十年，参与编撰的学者达三百六十多人，抄写人员近四千人，收录典籍三千四百六十一种七万九千三百零九卷，存目六千七百九十三种九万三千五百五十一卷，装订成三万六千余册，约七亿字。这是中国古代规模最大的丛书，因按经、史、子、集四部编排，故名《四库全书》。它收录了从先秦到清乾隆前大部分重要典籍，几乎涵盖了古代中国所有学术领域，保存了丰富的文献资料。

《四库全书》编成之后，共誊抄七部，分藏于南北七座藏书阁，称之为“北四阁南三阁”。北四阁《四库全书》采用开化榜纸抄写。

北四阁《四库全书》：

文渊阁，原存北京故宫博物院，现存台北市外双溪故宫博物院；

文溯阁，原存沈阳故宫文溯阁，现存中国甘肃省图书馆；

文津阁，原存承德避暑山庄文津阁，现存中国国家图书馆；

文源阁，原存圆明园，已毁。

南三阁《四库全书》：

文澜阁，原存杭州文澜阁，现为残本，存浙江图书馆；

文宗阁，原存镇江，已毁；

文汇阁，原存扬州，已毁。

《四库全书》流传至今的只剩三部半，中国国家图书馆收藏的文津阁《四库全书》是现在唯一完整的以原架、原函、原书一体存放的一部。

图 1-11-3
仿澄心堂纸

图 1-11-4
珊瑚色开化纸

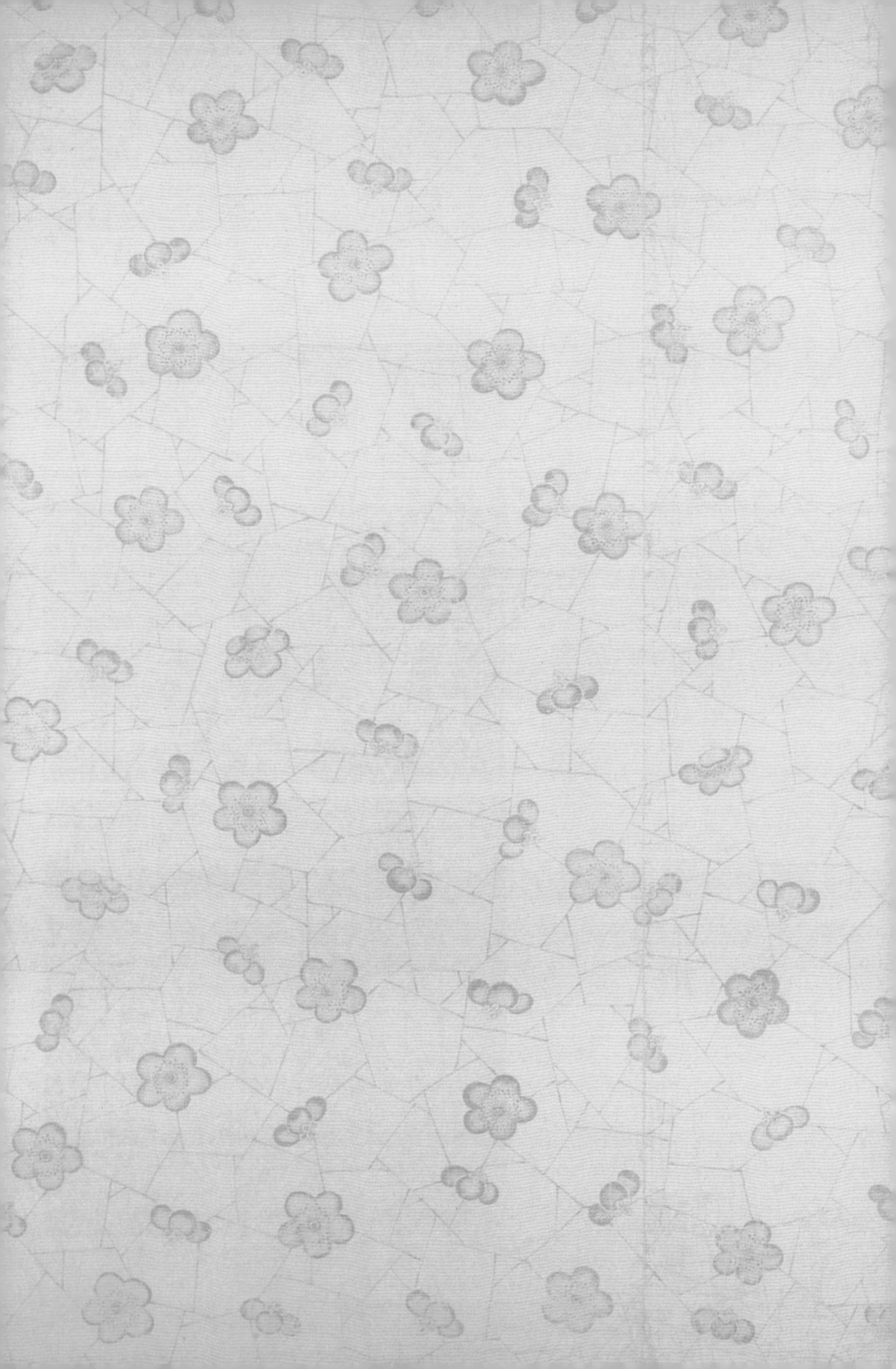

第二章

笺纸小史

《说文解字》载：“笺，表识书也。从竹，戋声。”

纸张出现之前，用竹简写字，故笺字从“竹”，“戋”声，戋是小的意思。笺字亦作“牋”，是竹简为木牍，其义同。南梁萧统《锦带前书》载：“书版曰牍，书竹曰简。”

笺后来指尺幅短小、精美之纸。写信的为信笺，写诗的为诗笺，作画的为画笺，写谜面的为谜笺。

从色彩上说，笺纸可分为三大类，即素笺、色笺和彩笺。素笺即白色笺；色笺即单色笺，如红笺、金笺、银笺；彩笺即多色笺。今人梁颖《说笺》一书将笺纸分为三类，即色笺、花笺和画笺。

今人郑逸梅《尺牍丛话》云：“笺纸大都每页八行，故名八行书，《后汉书》：‘窦融玄孙章，与马融、崔瑗同好。融与章书，书唯一纸，纸八行。’因此旧例作书，必以八行为度，增损字句，殊不自由也。”八行书又称八行笺。

鲁迅先生曾说：“镂像于木，印之素纸，以行远而及众，盖实始于中国。”笺纸的兴起与中国版画艺术的发展息息相关。

最早的版画小品为捺印佛画。据周心慧《中国古代版画史纲》记述：爰至六朝，肖形印渐亡，一种捺印佛教图像的印模悄然而兴。将佛教图案镌刻在印模上，依次在纸上轮番捺印，以取得佛教图像的复本。从现存资料看，这种印制佛教图案的方法，在南齐时就已经存在，并得到了较为广泛的应用。

一张出自敦煌、现藏上海博物馆的捺印佛像纸上有我国近代著名的教育家和书画大师曾熙的一款题字：“敦煌石室经卷，予

图 2-0-1
素笺

图 2-0-2
色笺

图 2-0-3
彩笺

图 2-0-4
捺印佛像

见南齐人书经，其卷背皆印于佛像，画法亦同此卷，岂其同出一手耶？”此件另有邹寿祺先生题字：“此似每像各一版，当为泥版，在木版之先。法以雕范印于泥上，再以纸印之。传世有韩文铜范，即是合成泥版之先型。”

由于传播的需要，捺印佛像后来演变为雕版印刷术。中国雕版印刷源于何时？明人陆深《河汾燕闲录》引隋人费长房《历代三宝记》云“隋文帝开皇十三年十二月八日，敕废像遗经，悉令雕撰”，指的是雕版印刷佛经、佛像，并把它作为印刷术发明于隋朝的主要依据。

1999 年 9 月，北京大学出版社出版了北京荣宝斋木版水印专家冯鹏生《中国木版水印概说》。该书以 1983 年 11 月 30 日美国纽约克里斯蒂拍卖行的《中国书画目录》第 363 号《敦煌木刻加彩佛像》为据，认定这幅落款为隋大业三年（607）刻印的木版画是隋朝已有雕版印刷的实物证据。该书作者在仔细观察、研究了这幅木版画之后指出：“观此画，边框、墨栏，线条齐直，蓝地匀净，显为雕版印刷。……对于这幅产生于公元 607 年的木版加彩佛画，也有人提出疑义说：‘文中称敬画，则非印本可知。’众人皆知，凡过去的木刻画，都是先由画者创作，后进入雕版印刷，至今依然。倘若不睹原物或不顾及画幅是否有印刷的痕迹，而单纯地依画幅有‘敬画’二字，便断然否定为‘非印本’的观点是轻率的。”

明人邵经邦《弘简录》载有唐贞观十年（636）唐太宗令梓行《女则》一事。

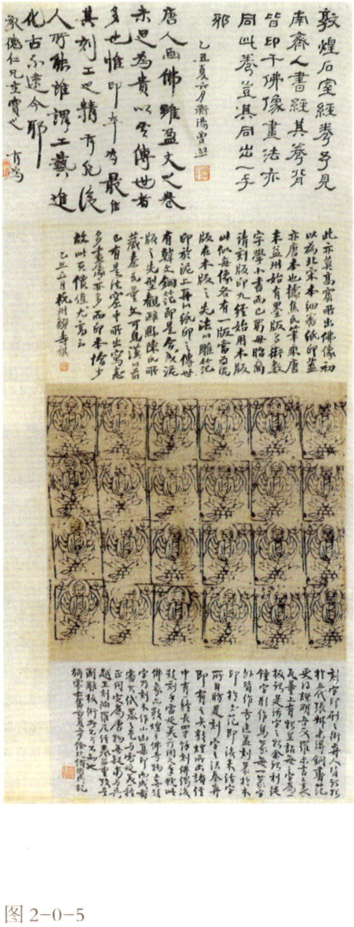

图 2-0-5
《敦煌木刻加彩佛像》

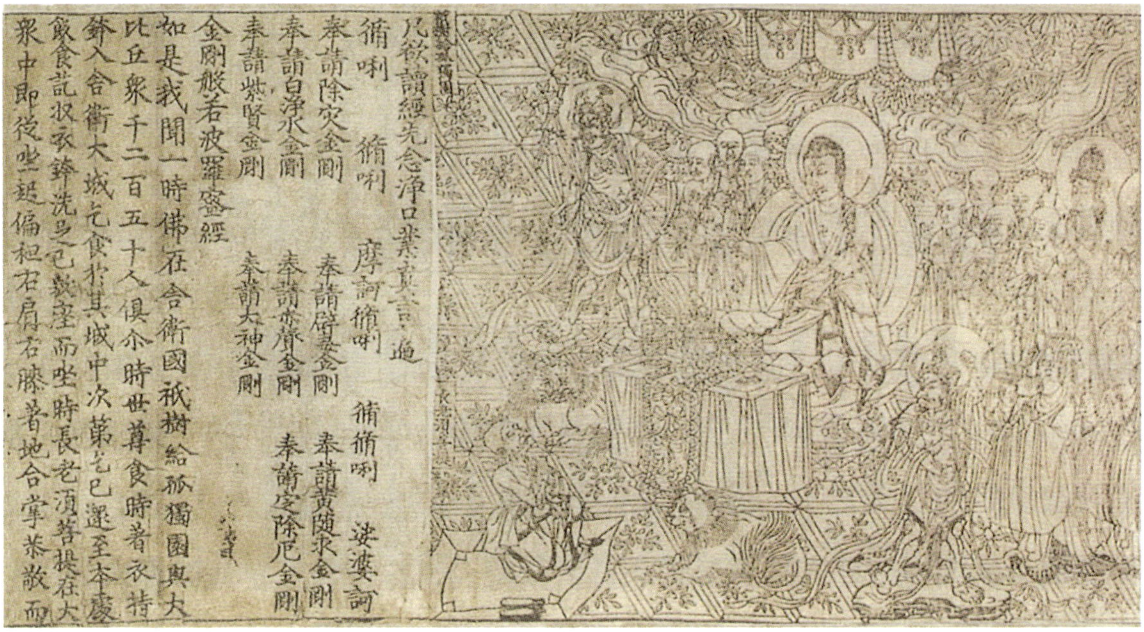

唐太宗的皇后长孙氏是历史上著名的贤德皇后，她曾编写了《女则》一书，是将历代著名女子的言行摘录汇集，并评点其得失，用于提醒自己如何做好皇后的一部评论集。长孙皇后去世后，宫女把这本书送至唐太宗处。唐太宗看后恸哭，对近臣说：“皇后此书，足可垂于后代。”并下令印刷分发。

这是我国文献资料中明确提到的最早雕版刻印本。

唐咸通九年（868），王玠为二亲敬造《金刚般若波罗蜜经》，是现存有明确日期记载和精美扉画的早期印本佛经，说明此时的雕版印刷技艺已相当精湛了。唐乾符四年（877）于四川刻印的历书是现存最早的雕版印本历书。

中国国家图书馆有三件国宝级早期雕版印刷品。

其一为五代后唐天成二年（927）刻本《佛说观弥勒菩萨上生兜率天经一卷》，仅比咸通九年《金刚般若波罗蜜经》晚五十九年，为国内馆藏已知有纪年的最早雕版印刷品。此经后有尾题“佛说弥勒上生经一卷”，刻工名“雕经人王仁珂”。后附题记“功德主讲上生经僧栖殷”，年款“天成二年十一月日邑头张汉柔”。此卷用横帘纹纸，纤维多，经入潢。背面有古代裱补纸。

其二为晚唐刻本《李仁锐金刚经》，此经后有尾题“金刚般若波罗蜜经金刚经陀罗尼”，刻工名“李仁锐雕印”。题记后有“转经回施文”。整卷先印后粘，共八纸。通卷上残，有鼠啮。此卷经内容包括《金刚般若波罗蜜

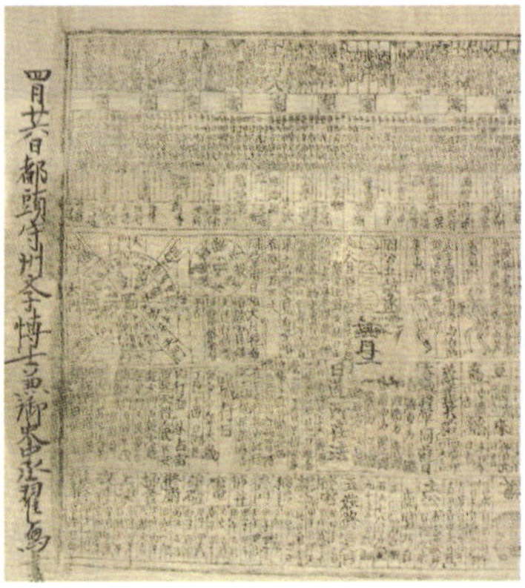

图 2-0-6
英国不列颠博物馆藏
《金刚般若波罗蜜经》卷首扉画

图 2-0-7
五代后唐天成二年刻本
《佛说观弥勒菩萨上生兜率天经一卷》

经》之众生段。众生段出现于晚唐时代，据纸张来看，此经雕印于晚唐。

其三为五代至北宋初年刻本《弥勒下生经》。此《弥勒下生经》就字量而言约为正部经之三分之一，后有尾题“弥勒下生经”。每版为先粘后印，共六纸。背纸经古代工匠托裱，所用裱纸为宋代文书，透过光可见背纸上所书的有关于当时官员名录等，以及“勾当”等具时代色彩的用词。

五代时期，民间坊肆尤其是佛教界的刻印活动得到了进一步的发展，敦煌藏经洞保存下来的文物中有五代民间刻印的韵书和诸如观世音菩萨像、大圣毗沙门天王像、观自在菩萨像、大圣文殊师利菩萨像等上图下文的佛像图画为此提供了足够的证据。其中，观世音菩萨像下署匠人雷延美。雷延美为中国历史上记载署实名的最早的刻工。

五代时期，吴越国王钱弘俶刻印佛经最为著名。钱弘俶（929—988）又名钱俶，崇佛甚笃。他曾大量修建寺庙，兴造佛塔，刻印佛经，其刻印佛经可考的多达六十二万余卷。

1917年，湖州天宁寺改建时，在石幢象鼻内发现数卷《一切如来心秘密全身舍利宝箧印陀罗尼经》（简称《宝箧印经》）。卷首扉画有题记：“天下都元帅吴越国王钱弘俶印《宝箧印经》八万四千卷，在塔内供养。显德三年丙辰岁记。”

1924年，杭州雷峰塔倒塌，在塔砖内再次发现《宝箧印经》，有题记：“天下兵马大元帅钱俶

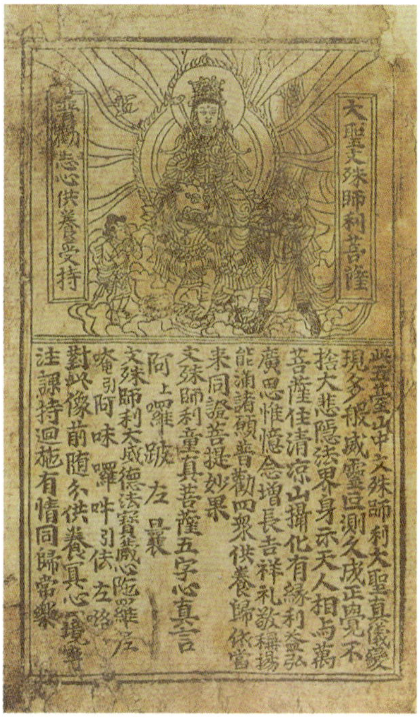

图 2-0-8
五代民间刻印的
大圣文殊师利菩萨像

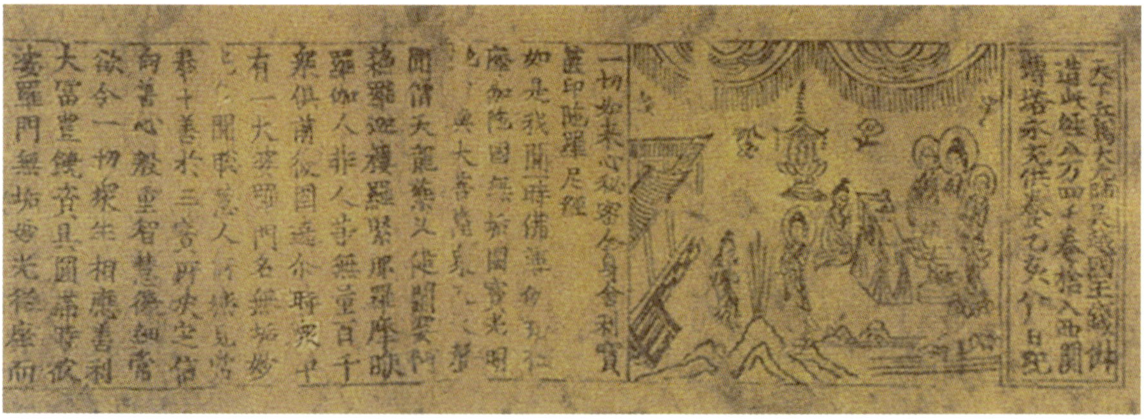

图 2-0-9
公元975年钱弘俶刻印的
《宝箧印经》

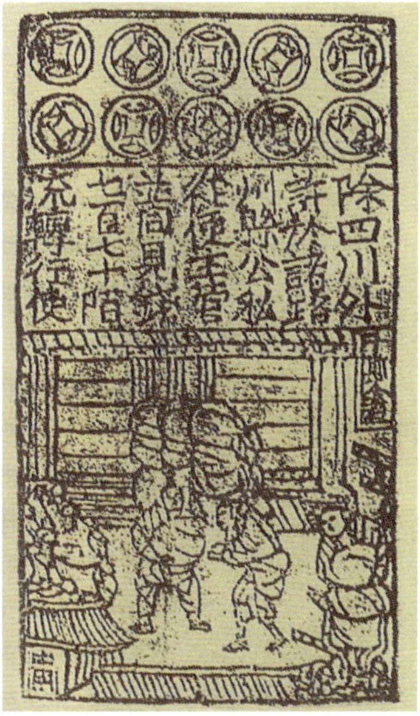

图 2-0-10
交子

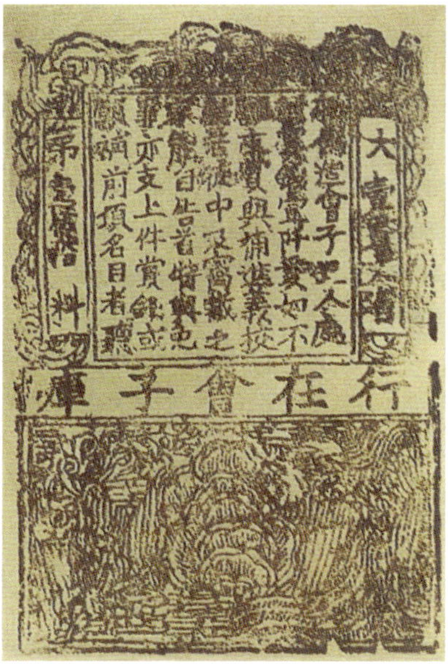

图 2-0-11
会子

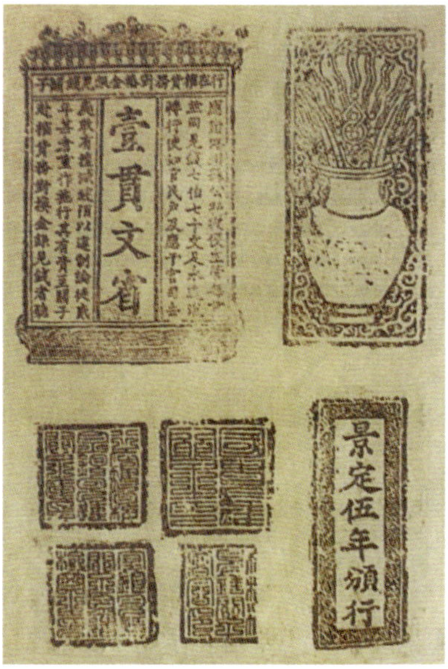

图 2-0-12
关子

造此经八万四千卷，舍入西关砖塔，永充供养。乙亥八月日记。”同时出土塔图印本一件，并画有佛经故事。

造纸业的发展与雕版印刷术的成熟促成了宋代纸币的出现，包括交子、会子和关子。

交子是宋代发行最早的纸币。在初始阶段，它是由民间商户自主发行的，谓之“私交子”。《宋朝事实》载，随着交子发行的增多和广泛使用，导致社会上“争讼诉起”，遂于北宋天圣元年（1023），“始置益州交子务”，由政府统一印造。在交子上加盖了“益州交子务”“益州观察使”“合同”等印记，以取信于民。

会子是南宋流通的最重要的纸币。绍兴二十年（1150）前后，已经成为兼有流通职能的铜钱兑换券。绍兴三十一年（1161），朝廷置行在会子务，“悉视川钱引法行之”。

1983 年，在安徽东至县发现一套关子印版，景定五年（1264）颁行，包括票面文版、图案纹饰版、敕准版、监子库印、关子监造版印、国用钱关子印、关子富印、颁行印共八块，全为铜版雕刻。

为了满足防伪的需要，这些铜版制作的工艺已远较木刻版复杂，已发展成为一种崭新的印刷工艺——套印。有学者将其工艺特点归纳为按色分版、一色一版、一版一印、多版套印。汤可可先生认为：“宋代的纸币印刷很可能是套色彩印的真正起源。”

如果从版画艺术的角度来考察，每一张纸币就是一张版画，而且是多色印制的铜版画。

纸钞便于携带，利于商旅。到了元朝，纸币（由桑树皮等原料制成）成为帝国境内主要法定货币。

元代纸钞主要有四种：

第一种是中统元宝交钞。忽必烈继位后，于中统元年（1260）开始发行全国统一的钞币——中统元宝交钞。来华的意大利商人

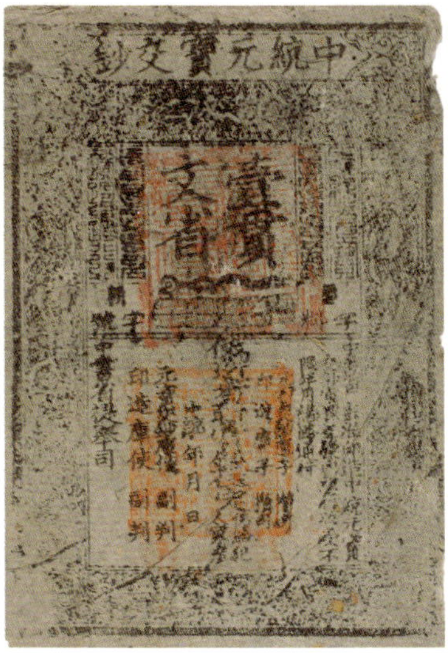

图 2-0-13
中统元宝交钞

图 2-0-14
至元通行宝钞

图 2-0-15
至正中统交钞

马可·波罗在其游记中曾惊叹中统元宝交钞的流通和信誉，视其为“大汗的点金术”。

第二种是至元通行宝钞。至元二十四年（1287），元政府更改钞法，发行至元通行宝钞。

第三种是至大银钞。至大二年（1309），元武宗发行至大银钞。

第四种是至正中统交钞。元末，纸币急剧贬值。至正十年（1350），元政府最后一次变更钞法，发行至正中统交钞，数量更大，彻底失去货币信用，点燃了民变的烽火。

学者周盈在《中国古代纸币相关问题探讨》一文中说：“宋代纸币选用的材料是手工抄纸(即楮纸)，元代选用的是川纸，明代用的是手工抄纸和棉纸(即桑皮纸)，清代的官票用白色苔笺纸(京票)、高丽纸(颁外省)。”这些纸的制作十分困难，图案错综复杂，大大促进了中国笺纸艺术水平的提高。

第一节 南朝花笺之诞生

花笺始创于南朝。

南朝徐陵编《〈玉台新咏〉序》记载："三台妙迹，龙伸蠖屈之书；五色花笺，河北胶东之纸。"

"三台妙迹，龙伸蠖屈之书"是指汉代蔡邕的书法。"五色花笺"是指《桓玄伪事》一书中所载东晋桓玄（369—404）"诏平淮，作桃花笺纸及缥（青白色）、绿、青、赤者，盖今蜀笺之制也"之事。

稍后，南北朝颜之推（531—约590以后）《颜氏家训·杂艺篇》引江南谚语："尺牍书疏，千里面目也。"

花笺成为后代诗人反复歌咏的寄托，晏殊《清平乐·红笺小字》："红笺小字。说尽平生意。鸿雁在云鱼在水。惆怅此情难寄。"他还有更著名的《蝶恋花·槛菊愁烟兰泣露》："昨夜西风凋碧树，独上高楼，望尽天涯路。欲寄彩笺兼尺素。山长水阔知何处？"直到近人周炼霞《轻寒》诗："为有轻寒入梦迟，生憎又见月圆时。一灯细煮愁如酒，化作红笺小字诗。"

第二节 隋唐蜀笺之兴起

钱梅溪《艺能编》："书笺花样多端，大约起于唐宋，所谓衍波笺，浣花笺，今皆不传。"

隋唐以来蜀地成都所制作的精致华美的纸统称蜀笺。明高濂《遵生八笺》："蜀有凝光纸，云蓝笺，花叶纸，十色薛涛笺，名曰蜀笺。"至于蜀笺的制作与特点，苏易简《文房四谱·纸谱》云："蜀人造十色笺，凡十幅为一榻。"元费著《蜀笺谱》载："今天下皆以木肤为纸，而蜀中乃尽用蔡伦法。笺纸有玉版，有贡余，有经屑，有表光。"

明何宇度《益部谈资》载："蜀笺古已有名，至唐而后盛，至薛涛而后精。"蜀笺本来种类甚多，范景中《说笺序》谓："叹蜀笺之美，不独薛涛一井。曩阅旧籍所记，如《国史补》之麻面、屑末、滑石、金花、长麻、鱼子、十色，皆蜀笺。"

唐代诗人对精美的蜀笺吟咏不绝。

与李白、杜甫有交集的诗人任华《怀素上人草书歌》："或逢花笺与绢素，凝神执笔守恒度。别来筋骨多情趣，霏霏微微点长露。"

中唐白居易《霓裳羽衣歌》："四幅花笺碧间红，霓裳实录在其中。"

白居易《除夜言怀，兼赠张常侍》："唯恨诗成君去后，红笺纸卷为谁开。"

白居易《写新诗寄微之，偶题卷后》："写了吟看满卷愁，浅红笺纸小银钩。"

与白居易齐名的"六主"之一鲍溶《寄王璠侍御求蜀笺》："蜀川笺纸彩云初，闻说王家最有馀。野客思将池上学，石楠红叶不堪书。"

王建《宫词》之五："内人对御叠花笺，绣坐移来玉案边。"

晚唐李商隐《行至金牛驿寄兴元渤海尚书》咏蜀笺："楼上春云水底天，五云章色破巴笺。"

僧鸾《赠李粲秀才》："十轴示余三百篇，金碧烂光烧蜀笺。"

黄滔《秋色赋》："潘岳乃惊素发，感流年，抽彩笔，叠花笺。"

一、薛涛笺

明胡震亨《唐音癸签》载："诗笺始薛涛，涛好制小诗，惜纸长剩，命匠狭小之，时谓便，因行用。"薛涛笺是蜀笺中最精美的小幅笺纸。

《全唐诗》收录百余位女诗人诗作，薛涛共有八十九首，是存诗最多的女诗人。《全唐诗》有薛涛小传："薛涛，字洪度。本长安良家女，随父宦，流落蜀中，遂入乐籍。辨慧工诗，有林下风致。韦皋镇蜀，召令侍酒赋诗，称为女校书。出入幕府，历事十一镇，皆以诗受知，暮年屏居浣花溪。着女冠服。好制松花小笺，时号薛涛笺。有《洪度集》一卷，今编诗一卷。"

薛涛之父薛郧是一京都小吏，"安史之乱"后在成都居住。薛涛幼时即显露出过人天赋，八岁能诗，其父曾以"咏梧桐"为题，吟了两句诗："庭除一古桐，耸干入云中。”薛涛应声而对：“枝迎南北鸟，叶送往来风。”可见其才思敏捷，聪慧过人。薛涛十四岁时，其父薛郧去世，薛涛与母亲裴氏相依为命，迫于生计，“遂入乐籍”，凡历事十一任节度使，与其交往的名流才子甚多。当时与薛涛唱和者有元稹、白居易、牛僧孺、令狐楚、裴度、严绶、张籍、杜牧、刘禹锡、吴武陵、张祜等名士二十余人。唐贞元十六年（800）、永贞元年（805），薛涛两度被节度使韦皋、刘辟罚赴边地。元和二年（807）获释回成都，旋脱离乐籍，后侨居浣花溪。

费著《蜀笺谱》中谓薛涛七十三岁卒。《蜀笺谱》又云：“（薛）涛侨止百花潭，躬撰深红小彩笺，裁书供吟，献酬贤杰，时谓之薛涛笺。”元鲜于枢《笺纸谱》也特称之为“深红小彩笺”。

薛涛笺，薛涛自称为红笺，其《十离诗》之二《笔离手》：“越管宣毫始称情，红笺纸上撒花琼。都缘用久锋头尽，不得羲之手里擎。”

又《牡丹》诗：“去春零落暮春时，泪湿红笺怨别离。常恐便同巫峡散，因何重有武陵期。”

北宋钱易《南部新书》：“薛涛好制小诗。惜其幅大，不欲长剩，乃狭小之。蜀中才子即以为便，后减诸笺亦如是，特名薛涛笺。”

元王逢《宫中行乐词》：“宴分王母乐，诏拟薛涛笺。”

明胡定《薛涛井》：“日暮骚人无限意，彩毫禁洒薛涛笺。”

清郑日奎《登锦城南楼》：“载酒难寻扬子宅，题诗空忆薛

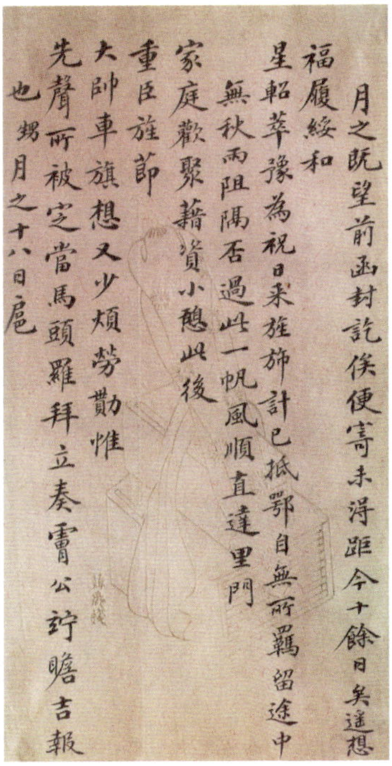
月之既望前函封訖俟便寄未得距今十餘日矣遙想
福履綏和
星軺萃豫為祝曰來旌旆計已抵鄂自無所羈留途中
無秋雨阻隔否過此一帆風順直達里門
家庭歡聚籍資小憩此後
重臣旌節
大帥車旗想又少煩勞勚帷
先聲所被定當馬頭羅拜立奏膚公竚瞻吉報
也甥月之十八日肩

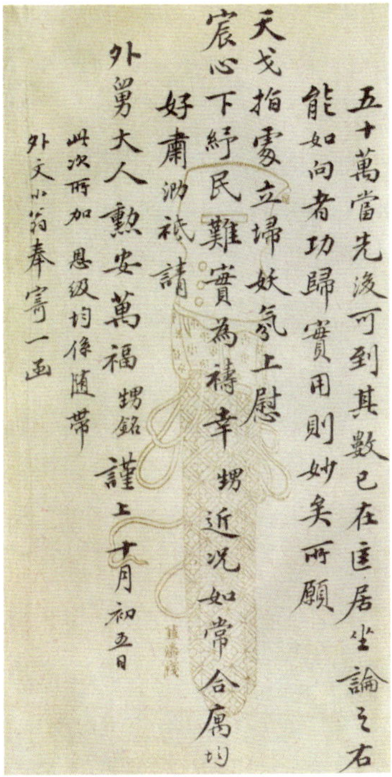
五十萬當先後可到其數已在匡居坐論之右
能如向者功歸實用則妙矣所願
天戈指處立埽妖氛上慰
宸心下紓民難實為禱幸甥近況如常合屬均
好肅泐祇請
外舅大人勳安萬福 甥銘謹上 十月初五日
此次所加恩級均係隨帶
外父小翁奉寄一函

图 2-2-1
浣花笺

图 2-2-2
松花笺

涛笺。”

薛涛喜写四言绝句，嫌纸幅太大，裁成精巧窄笺，并染色，故名彩笺，一名浣花笺，一名松花笺。深桃红色称浣花笺，嫩松绿色称松花笺。

晚唐大诗人李商隐《送崔珏往西川》：“卜肆至今多寂寞，酒垆从古擅风流。浣花笺纸桃花色，好好题诗咏玉钩。”

唐郑谷《蜀中三首》：“蒙顶茶畦千点露，浣花笺纸一溪春。”

唐释齐己《谢人惠十色花笺并棋子》：“陵州棋子浣花笺，深愧携来自锦川。海蚌琢成星落落，吴绫隐出雁翩翩。留防桂苑题诗客，惜寄桃源敌手仙。捧受不堪思出处，七千余里剑门前。”

唐李匡乂《资暇集》：“松花笺其来旧矣。元和之初，薛陶（涛）尚斯色，而好制小诗，惜其幅大，不欲长剩，乃命匠人狭小为之。蜀中才子既以为便，后减诸笺亦如是，特名曰薛涛笺。今蜀中纸有小样者，皆是也，非松花一色。”

唐末五代诗人韦庄为得到薛涛笺，写了《乞彩笺歌》：“浣花溪上如花客，绿暗红藏人不识。留得溪头瑟瑟波，泼成纸上猩猩色。手把金刀擘彩云，有时剪破秋天碧。不使红霓段段飞，一时驱上丹霞壁。蜀客才多染不供，卓文醉后开无力。孔雀衔来向日飞，翩翩压折黄金翼。我有歌诗一千首，磨砻山岳罗星斗。开卷长疑雷电惊，挥毫只怕龙蛇走。班班布在时人口，满袖松花都未有。人间无处买烟霞，须知得自神仙手。也知价重连城璧，一纸万金犹不惜。薛涛昨夜梦中来，殷勤劝向君边觅。”

从韦庄诗中首句“浣花溪上如花客，绿暗红藏人不识”和末句“薛涛昨夜梦中来，殷勤劝向君边觅”来看，《乞彩笺歌》正是乞得薛涛笺。

明宋应星《天工开物》说明薛涛笺的制作：“以芙蓉等为料煮靡，入芙蓉花末汁，或当时薛涛所指，遂留名至今。其美在色，不在质料也。”

薛涛笺又被称为十色彩笺、十色花笺。

宋李石《续博物志》：“传唐元和中，元稹使蜀，薛陶（涛）造十色彩笺相赠，稹于松花笺上题诗寄陶。”

宋乐史《太平寰宇记》：“薛涛十色笺，短而狭，才容八行。”

薛涛才名远播，薛涛笺声名鹊起，为时所重，后世多有仿制薛涛笺。

梁颖《漫话彩笺》一文介绍了清代花卉薛涛笺、景物薛涛笺、衍波阁薛涛笺等，此外还有松竹斋薛涛笺、薛涛金石笺、薛涛名笺等多种仿制笺传世。薛涛笺从本人用笺发展成为笺纸中一个固定种类，成为美丽彩笺的代称。

晚清刘蓉①致左宗棠②信笺、黎培敬致丁宝桢信笺、刘长佑致刘凤苞信笺等，笺纸样式均为仿

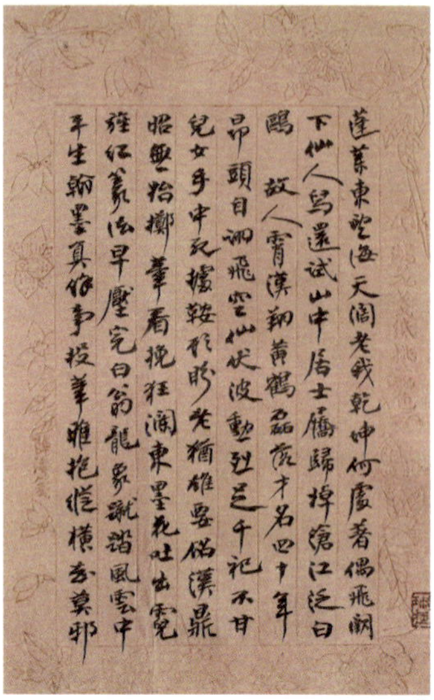

图 2-2-3
刘蓉致左宗棠信笺
仿薛涛笺

① 刘蓉（1816—1873），字孟容，号霞仙，湖南湘乡人，清朝湘军将领、桐城派古文家。其代表作为《养晦堂文集》等。挚友曾国藩认为刘蓉“博通经史，为文宏富，有奇气”。

② 左宗棠（1812—1885），字季高，一字朴存，号湘上农人，谥号文襄。湖南湘阴人。洋务派代表人物之一，与曾国藩等人并称“晚清中兴四大名臣”。著有《楚军营制》《朴存阁农书》等。

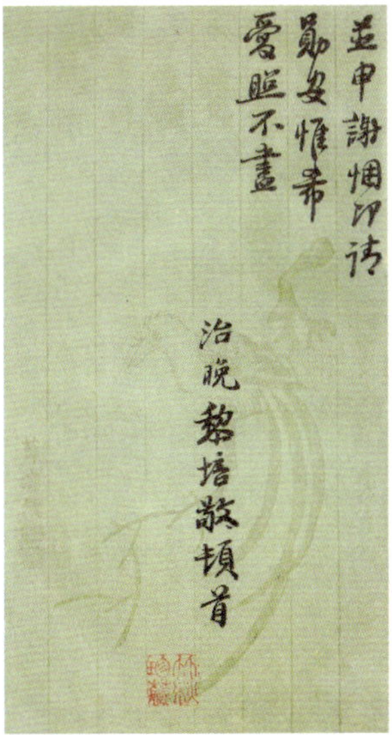

图 2-2-4
黎培敬致丁宝桢信笺
仿薛涛笺

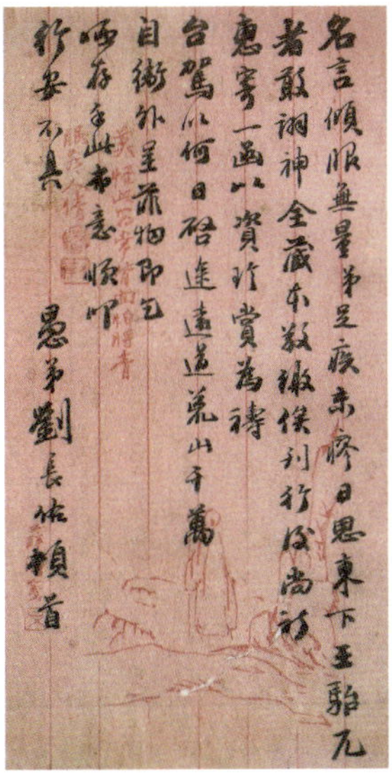

图 2-2-5
刘长佑致刘凤苞信笺
仿薛涛笺

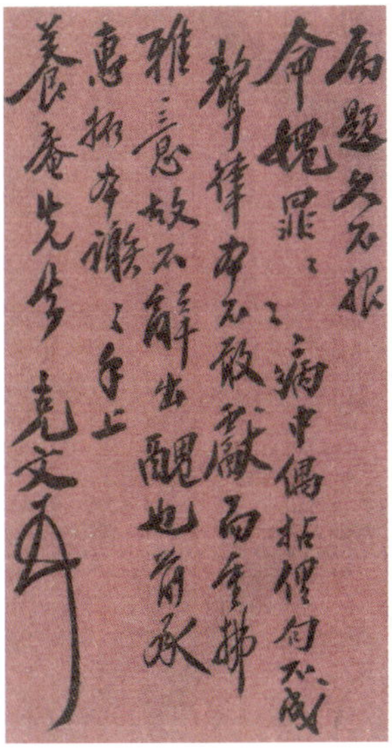

图 2-2-6
袁克文的信笺
仿薛涛浣花笺

薛涛笺。

近人袁克文[①]之信笺，笺纸样式亦为仿薛涛浣花笺。

1947 年，张大千自蜀至沪，以其在峨眉山时所作《薛涛制笺图》赠张蓬舟，画为六尺条幅，工笔立像，描金彩绘，且用明纸明墨，弥足珍贵。

二、鱼卵笺

宋陈造《谢高机宜惠纸》：“银光鱼卵人皆重，薛涛小笺才近用。”

鱼卵笺，又称鱼茧、鱼笺、鱼子笺、罗纹笺。纸色白如新出的蚕茧，又有纹点如鱼卵，柔软光滑。“书圣”王羲之的老师卫铄，即卫夫人，在《笔阵图》中推荐“纸取东阳鱼卵，虚柔清净者”，从此名声大噪。

根据有关史料，当年王羲之写《兰亭序》所用的纸为“蚕茧纸”。唐代李亢《独异志》称：“王右军永和九年曲水会，用鼠须笔蚕茧纸为《兰亭序》。”南朝宋刘义庆《世说新语》称：“王羲之《兰亭序》用蚕茧纸，纸似茧而泽也。”可见蚕茧纸即以其纸特征像茧而命名，“似茧而泽”这一特征正与鱼卵纸相似。故“鱼卵纸”起于晋，而至唐代“人皆重”，可谓“鱼卵笺”盛于唐。“百代文宗”韩愈《城南联句》诗云：“兹疆称都城，书饶罄鱼茧。”

唐中期以后，藤纸日益稀少，以速生桑皮、笋壳、竹子、楮树皮为材料的鱼卵纸成为佳品。《旧唐书》载，唐代名相杜暹离任婺

① 袁克文（1890—1931），字豹岑，号寒云，学名继前，乳名昭儿，河南项城人，生于朝鲜汉城（今韩国首尔），昆曲名家，“民国四公子”之一。民国总统袁世凯之次子。熟读“四书五经”，精通书法绘画，喜好诗词歌赋，还极喜收藏书法、古玩。后因反对袁世凯称帝，生活放浪不羁，触怒其父，逃往上海，加入青帮，并在上海、天津等地开香堂广收门徒。1931 年病逝于天津。撰有《寒云手写所藏宋本提要廿九种》《古钱随笔》《寒云词集》《寒云诗集》《圭塘唱和诗》等。

州参军，有官吏送其一万幅纸，他只接收一百张，时人称“百纸参军”以彰其廉。

唐末诗人陆龟蒙得友人皮日休馈赠鱼笺，赋《袭美以鱼笺见寄，因谢成篇》诗：“捣成霜粒细鳞鳞，知作愁吟喜见分。向日乍惊新茧色，临风时辨白萍文。好将花下承金粉，堪送天边咏碧云。见倚小窗亲襞染，尽图春色寄夫君。”诗言该纸面朝向日光，可看见纸色白如新出蚕茧，纹点如鱼卵。

唐刘恂《岭表录异》云：“广管罗州多栈香树，身似柳，其花白而繁，其叶如橘皮，堪作纸，名为香皮纸，有纹，如鱼子笺。雷、罗州、义宁、新会县率多用之。其纸慢而弱，沾水即烂，远不及楮皮者。”

《汉语大词典》解释“鱼子笺”为一种布目纸，定义得非常清楚，就是利用织品纹路装饰的纸张。

这种带有织品纹的宋代鱼子笺，即罗纹笺，现存实物有：吕公绰《致邃卿学士尺牍》、米芾《书送提举通直使诗》和《留简帖》（美国普林斯顿大学美术馆藏），在空白处或墨较少以及书写较快的地方都可看到明显的织品格纹。胡韫玉（1878—1947）《纸说》载：“清纸颇多，康熙间用罗纹。”现中国国家图书馆有一本《宋拓大观帖》，即用罗纹纸，墨色淡而纸纹毕露，较他纸为佳。

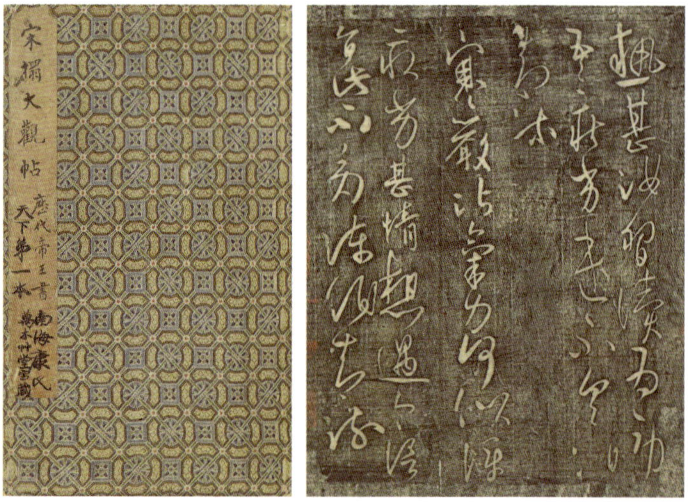

图 2-2-7
《宋拓大观帖》封面及内页

宋拓晋唐小楷册《王羲之孝女曹娥碑》，更能体现鱼子笺的风采，现藏台北故宫博物院。

苏易简《文房四谱·纸谱》云：“蜀人造十色笺，凡十幅为一榻。每幅之尾，必以竹夹夹之，和十色水逐榻以染。当染之际，弃置椎埋，堆盈左右，不胜其委顿。逮干，则光彩相宣，不可名也。然逐幅于方版之上研之，则隐起花木麟鸾，千状万态。又以细布，先以面浆胶令劲挺隐出其文者，谓之‘鱼子笺’，又谓之‘罗笺’，今剡溪亦有焉。”

第三节 五代研花笺之创新

宋初陶穀（902—970）汇集唐五代新颖之语撰写成了《清异录》二卷，在卷下“文用门”中记载有“研光小本”一事：

五代末，曾任后晋户部尚书的姚顗，“子侄善造五色笺，光紧精华。研纸板乃沉香，刻山水、林木、折枝花果、狮凤、虫鱼、寿星、八仙、钟鼎文，幅幅不同，文缕奇细，号研光小本。余尝询其诀，顗侄云：妙处与作墨同，用胶有工拙耳”。

姚顗侄子所制作的研光小本用了五种不同颜色的彩纸，并配有九类图案，因此，汇集的册页不在少数。这个“光紧精华”的研光小本应是目前所知最早的笺谱记录。所谓小本，即小幅笺纸册。研光笺纸是雕版刷印花笺的前身。研光工序其实有两种不同的工艺：

其一指研光。在事先准备好的硬木版上阳刻反向凸起的图案，然后覆以柔韧性较强的空白笺纸，通常用光滑的卵石进行整体图案的碾压。这与裱画师傅最后往裱纸后面打蜡防潮的操作手法相似，用手掌大小的一块卵石做工具，利用其坚硬与光滑，用它在纸面上碾轧摩擦，使之质地密实，表面光滑平整。唐韩偓《无题》：“锦囊霞彩烂，罗袜研光匀。”

其二则指压印。这一工艺用于印制笺纸，系用凹凸图案的雕版对纸进行碾压并印刷，以取得类似浮雕效果的图案。苏易简《文房四谱·纸谱》：“然逐幅于方版之上研之，则隐起花木麟鸾，千状万态。”经过研光的笺纸，运笔不滞，吃墨适中。

研花分为白研和色研。白研无须用墨，直接用凹凸图案的雕版对纸碾压，研花后的成像是凹于纸面的，且凹痕明显。色研是直接把彩墨刷在雕版上，之后以碾压替代刷印而成图。

研花又分为素纸研花和色纸研花，选用纸张虽有不同，但制作工艺是相同的。

研花笺尤其善于表现国画中常用的工笔白描，是雕版印刷术与传统绘画技法的完美结合。

五代南唐欧阳炯《花间集》序：“递叶叶之花笺，文抽丽锦。”

南宋范成大（1126—1193）《吴郡志》载：“彩笺，吴中所造，名闻四方，以诸色粉和胶刷纸，隐以罗纹，然后研花。”

又据元费著《蜀笺谱》云：“凡造纸之物，必杵之使烂，涤之使洁。然后随其广狭长短之制以造，研则为布纹，为绮绫，为人物花木，为虫鸟鼎彝，虽多变，亦因时之宜。”这些记载都说明了研花笺的制法和效果。

明陈继儒（1558—1639）在他的艺术总论类著作《妮古录》中记载了宋人制作研花笺之事：“宋颜方叔尝创制诸色笺，有杏红、露桃红、天水碧，俱研成花竹、鳞羽、山林、人物，精妙如画。”颜方叔，南宋后期吴郡人，名直之，字方叔，号乐闲，善画人物。从陈继儒的记录看，颜直之制作的研花笺有三类（杏红、桃红、青绿）色纸、十二个品种（每色四幅画）。研花笺为五代人首创，这种工艺一直用到清代。

第四节 宋元花笺之传世

宋代制作的澄心堂纸极佳，亦有笺纸传世。据《考槃余事》记载有碧云春树笺、龙凤笺、团花笺、金花笺……宋代还有著名的芦燕笺。

邓之诚《骨董琐记》中“纸”“造纸说”“澄心堂纸”“唐宋元明笺纸”诸条列举了蜡黄藏经笺、白经笺、金花笺、龙凤团花笺、碧云春树笺（以上属宋代）及黄笺、罗纹笺、绍兴蜡笺、上虞大笺（以上属元代）等种类。

宋代最著名的笺纸为谢公笺、金花笺等。

元代笺纸有：彩色粉笺、蜡笺、黄笺、罗纹笺皆出自绍兴，有白箓纸、观音纸皆出自江南。

元费著《蜀笺谱》：“纸固多品，皆玉板、表光之苗裔也。近年有百韵笺，则合以两色材为之，其横视常纸长三之二，可以写诗百韵，故云。人便其纵阔，可以放笔快书。凡纸皆有连二、连三、连四（售者连四一名曰船），笺又有青白。笺背青面白，有学士笺，长不满尺，小学士笺又半之。仿姑苏作杂色粉纸，曰假苏笺，皆印金银花于上，承平前辈盖常用之，中废不作。比始，复为之。然姑苏纸多布纹，而假苏笺皆罗纹，惟纸骨柔薄耳。若加厚壮，则可胜苏笺也。”

一、谢公笺

五代入宋的大词人孙光宪《河传》：“蘖花笺，艳思牵，成篇。”

宋太宗《缘识》：“五花笺纸好，下笔欲书之。其意何深远，沉吟复再思。”王应麟《玉海》载：“淳化元年太宗以草书书龙凤花笺及纨扇，赐王公近臣。”宋朝袁褧《枫窗小牍》：“皇朝玉牒多书于销金白罗纸上。”可知宋代龙凤笺、团花笺、金花笺等都是宫中御用笺纸，相当华贵。

北宋沈括《梦溪笔谈·谬误》：“予出使淮南时，见有重载入汴者，求得其籍，言两浙笺纸三暖船，他物称是。”

宋代大词人李清照《浣溪沙·闺情》：“一面风情深有韵，半笺娇恨寄幽怀。”

北宋谢景初（1020—1084），字师厚，博学多才，尤长于诗。其姑丈是梅尧臣，二人时常唱和。黄庭坚娶谢景初长女，并认为从岳父处得句法。谢景初创制“十色蛮笺”，史称“谢公笺”，其颜色分别是深红、粉红、杏红、深绿、浅绿、铜绿、深青、浅青、明黄和浅云。

苏易简《文房四谱·纸谱》：“蜀人造十色笺，凡十幅为一榻……然逐幅于方版上研之，则隐起花木麟鸾，千状万态。”可知在染色的纸上砑出各种暗花，既有彩色，又有花木麟鸾暗纹纸，史称“蛮笺”。郑逸梅《尺牍丛话》：“特名称不及美人手泽之薛涛笺昭著耳。”

北宋杨亿《谈苑》载韩浦寄弟诗云：“‘十样蛮笺出益州，寄来新自浣花头’，‘谢公笺出于此乎’。”

晏几道《愁倚阑令·花阴

月》：“枕上怀远诗成。红笺纸、小砑吴绫。寄与征人教念远，莫无情。”又《虞美人》：“湿红笺纸回纹字。多少柔肠事。去年双燕欲归时。还是碧云千里、锦书迟。”

南宋陆游《雨后集湖上》：“笑襞蛮笺落醉题。”

宋宗室赵汝茪《如梦令》：“小砑红绫笺纸。一字一行春泪。封了更亲题，题了又还折起。”

邓之诚《骨董琐记》记载：南宋大画家刘松年参与制作过“雪松笺”。

二、金花笺

唐朝苏鹗《杜阳杂编》载：“（唐）德宗朝有朱鸟来，常啖玉屑，声甚清畅。及为鸷鸟所抟，宫人皆以金花笺写《多心经》，荐其冥福。”

金、银花笺即将金、银片或粉装饰在笺纸上，也称金花纸或银花纸。用金银粉分布于纸上，称为“泥金”“泥银”；用金银小片密集纸上的称“屑金”“屑银”；用金银大片如雪的称“片金”“片银”。

北宋政治家、史学家、文学家司马光在《送冷金笺与兴宗》中云：“蜀山瘦碧玉，蜀土膏黄金。寒溪漱其间，演漾清且深。工人剪稚麻，捣之白石砧。就溪沤为纸，莹若裁璆琳……嗟我蓄此纸，才藻不足任。愿以写君诗，益为人所钦。”

苏轼《孙莘老寄墨》：“金笺洒飞白，瑞雾萦长虹。”

陆游《秋晴》：“韫玉砚凹宜墨色，冷金笺滑助诗情。”

明末清初余怀《板桥杂记·雅游》：“此记须用冷金笺，画乌丝栏，写《洛神赋》小楷。”

清初诗文泰斗王士祯，字贻上，号阮亭，又号渔洋山人，其《香祖笔记》：“宋士大夫，以四六笺启与手简骈缄之，谓之双书。后益以单纸，直叙所请，谓之品字封。后又变而为札子，多至十幅。淳熙末，朝士以小纸高四五寸、阔尺余相往来，谓之手简。”

有中国、日本和高丽金笺纸之分。中国金笺纸主要分为泥金笺、冷金笺和洒金笺三种。另有浑金、销金、屑金、雨金、片金等名目。泥金箔的称泥金笺，泥金粉的称冷金笺，洒金片的称洒金笺。

沈从文《谈金花笺》一文指出：“（金花笺）根据明清材料分析，大致不外三式：

（一）小片密集纸面如雨雪，通称‘销金’、‘屑金’或‘雨金’，即普通‘洒金’。

（二）大片分布纸面如雪片，则称‘大片金’，又通称‘片金’，一般也称‘洒金’。

图 2-4-1
金笺纸

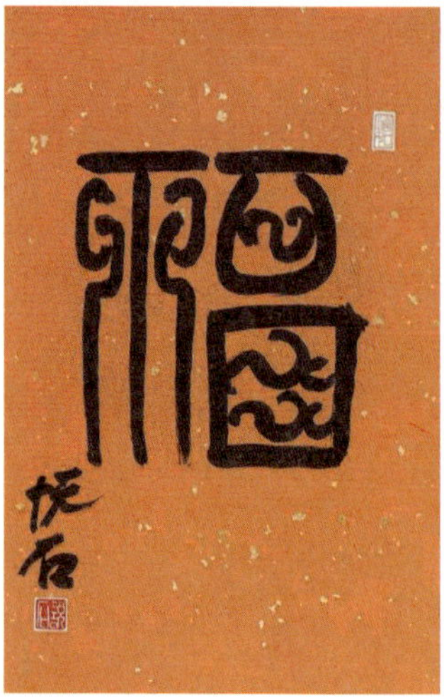

图 2-4-2
洒金笺

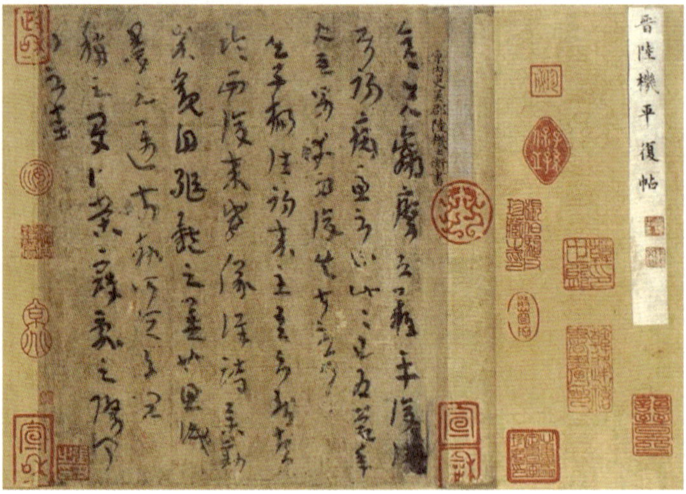

图 2-4-3
陆机《平复帖》

（三）全部用金的，即称‘冷金’（在丝绸中则称为‘浑金’）。冷金中又分有纹、无纹二种并有布纹、罗纹区别。”

三、存世最早之砑花笺

存世最早的纸本信札是北京故宫博物院收藏的晋代陆机（261—303）的草隶《平复帖》，该帖共九行八十四字，是陆机写给一个身体多病、难以痊愈的友人的信札，因其中有“恐难平复”字样，故名。该帖是陆机用秃笔写于麻纸之上，其笔意婉转，潇洒逸脱，风格平淡质朴。这一真迹是著名收藏家张伯驹、潘素夫妇献给国家的。张伯驹先生说得好：“不知旧物，则绝不可言新。”此帖作于晋武帝初年，比王羲之的《兰亭序》要早五六十年。

《平复帖》距今已有一千七百余年，是现存年代最早并真实可信的西晋名家法帖，被人誉为“才高词赡，举体华美”。

台北故宫博物院“宋代花笺展览”展出了苏轼《廷平郭君帖》等二十八件展品，“展品说明”如下：

（一）李宗谔《书送士龙诗》

李宗谔（964—1012），字昌武，深州饶阳（今河北饶阳）人，李昉之子，七岁能属文。耻以父任得官，独由乡举，第进士，授校书郎。米芾《书史》提到李宗谔主文既久，士子皆学其书，肥褊朴拙，以投其好。

此作用笔健劲，线条厚实，结字宽扁，极富特色。纸张为罗纹（织品纹路）卷草砑花笺，目前卷草纹用肉眼不易辨认。不过，可以想见收信者在砑痕清晰且未经装裱的原始状况下，应该能轻易透过光线与调整角度看见若有若无的纹饰，增添几分阅读雅致。

（二）张方平《书尺牍（名茶帖）》

张方平（1007—1091），字安道，号乐全居士，应天宋城（今河南商丘）人。为人性格豪迈刚正，立朝无所阿附。此作又称《名茶帖》，另名《钱塘帖》。笔法清峻峭拔，运转流畅，带有欧阳询行书体势，颇值玩味。

此札书写于相当精美的卷草砑花笺上，或许因致谢友人馈赠名茶而特意挑选。开信的第一印象就是纸张，因此必然透露不少讯息，例如书写者的态度、纸张

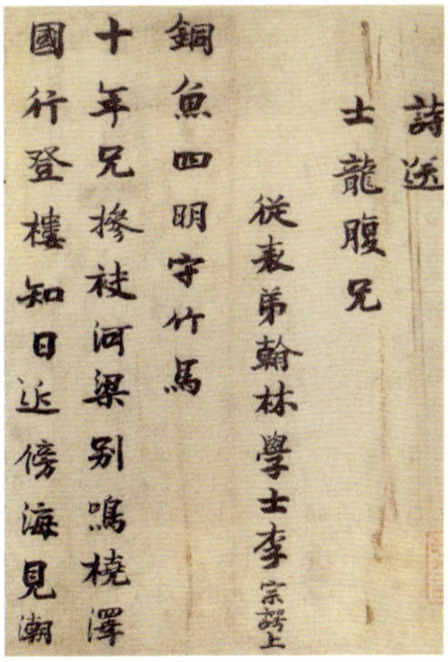
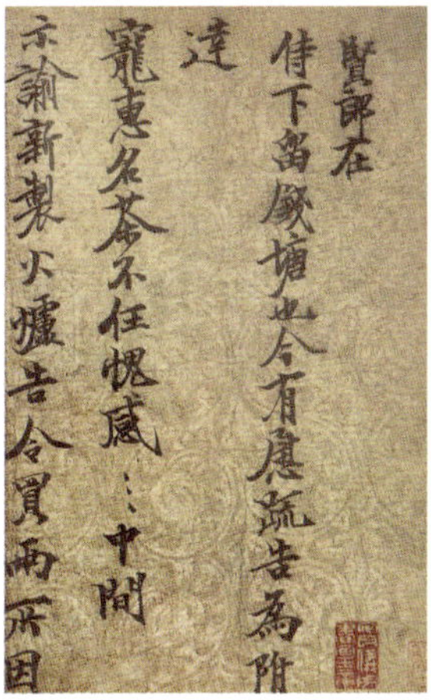
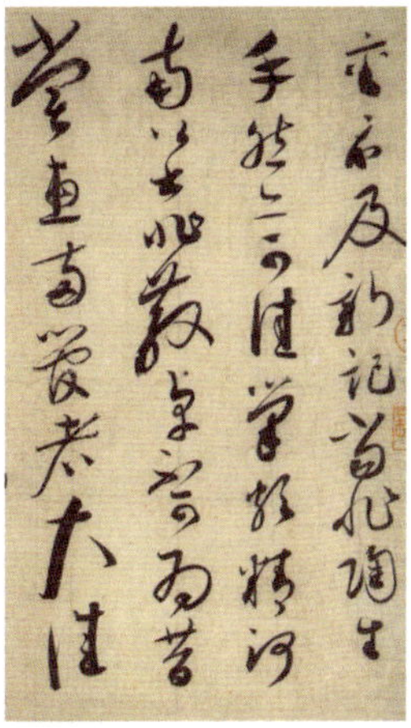
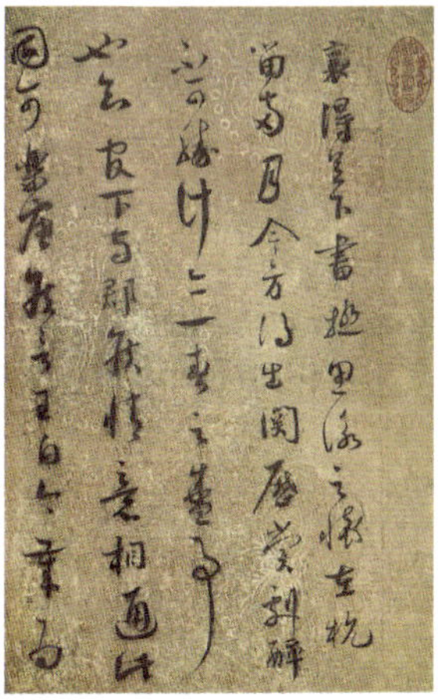

图 2-4-4
李宗谔《送士龙诗》

图 2-4-5
张方平《书尺牍（名茶帖）》

图 2-4-6
蔡襄《书尺牍（陶生帖）》

图 2-4-7
蔡襄《致通理当世屯田尺牍》

本身的工艺价值、纹饰的意涵等，可说是这些文人所共享的书写文化。

（三）蔡襄《书尺牍（陶生帖）》

蔡襄（1012—1067），字君谟，福建仙游人。书法学虞世南、颜真卿，兼取晋人法。

帖中线条粗细变化大，外缘爽朗利落，末笔常露笔心，推测此笔应为外形短粗且含硬挺心毫，接近记载中的散卓笔。散卓笔起初以栗鼠尾撚心，后经梅尧臣引进仓鼠须后，受到杜衍、蔡襄等文人的喜爱，应该就是文中所称“大佳物”的栗尾鼠须“散卓”。以佳笔写高级的花卉卷草研花笺，加上绝伦的书法，显示出此札的慎重，以及北宋文人对于书写材质的讲究。

（四）蔡襄《致通理当世屯田尺牍》

皇祐三年（1051）四月，蔡襄离开杭州时，书此札与冯京（1021—1094）道别，并赠大龙团茶及青瓷茶瓯，这两物在当时都极为名贵，大龙团茶此时应该仍是贡品，小龙团茶则是蔡襄在庆历七年（1047）任福州转运使时开始监造进贡。全作行笔沉稳，结字端丽，挥洒自如，是其行草书中的佳作。书家挑选了一张饰有蝴蝶纹样的罗纹研花笺，蝴蝶纹样为对飞圆形构图，外饰一圈珍珠纹，类似蝴蝶纹饰也出现在瓷器与服饰上，或许有特殊意义。

（五）苏轼《致运句太博尺牍》

苏轼（1037—1101），字子瞻，号东坡居士，四川眉山人。仕宦屡遭贬谪，远至琼州（今海南）。书法潇洒奔逸，兼得二王、颜真卿、李邕、杨凝式之长。此作用笔劲秀，线条流美，据书风推测，约书于熙宁四年（1071）。纸张为折枝梅罗纹研花粉笺，虽然部分脱落，仍可以清楚见到梅花姿态。信中感谢对方致赠极佳妙的“临安香合”，乃盛放香料的容器，有金、银、瓷等材质，也经常用作寿礼。他曾于绍圣二年（1095）被贬惠州时赠送生日香合给苏辙（1039—1112）。

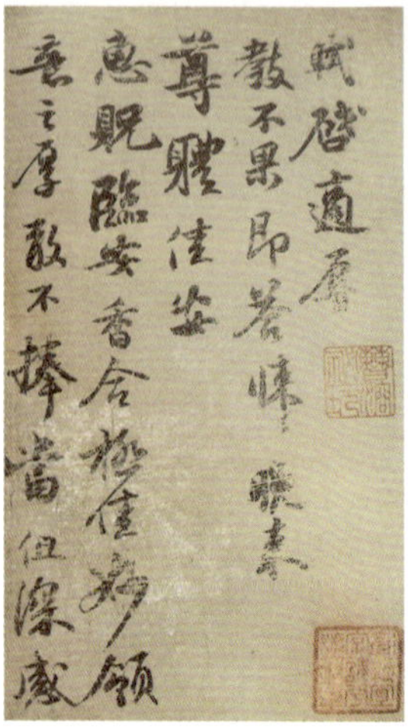

图 2-4-8
苏轼
《致运句太博尺牍》

图 2-4-9
苏轼
《致至孝廷平郭君尺牍》

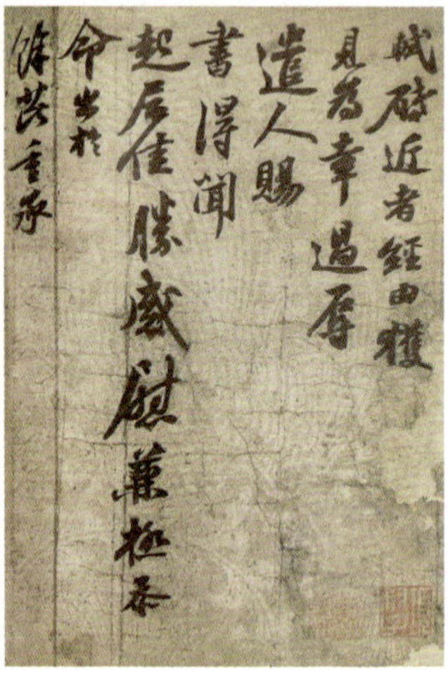

图 2-4-10
苏轼
《书尺牍（致长官董侯尺牍）》

（六）苏轼《致至孝廷平郭君尺牍》

“孝履”指居丧期间的起居行止，言明郭廷平正在守丧期间，据内容推测约书于熙宁八年（1075）。书法属早期秀丽风格，用笔讲究，线条流畅丰润。此札书于满饰龟甲纹的粉笺上，六角形龟甲纹中皆有一只小乌龟，东传至日本后成为流行纹饰，有时乌龟还被简化成小花，然在中国书写用纸上反而少见。尽管守丧期间一切讲究朴素，苏轼却使用了外观颇为精美的龟甲纹砑花笺，考虑古代龟形墓志铭上亦饰有龟甲纹，或许纹饰本身的含意能切合礼节。

（七）苏轼《书尺牍（致长官董侯尺牍）》

苏轼此帖亦名《获见帖》，据内容考据为元丰五年（1082）书与董钺。董钺，字毅夫，治平二年（1065）进士，清约自俭，耿介不群。元丰五年（1082）三月末，在蔡卞（1058—1117）诬参下，董钺遭免职，携家归海口，途中特意至黄州看望好友东坡。信中提到“近者经由获见为幸”，患难真情自然流露，纸张的选用也颇能反映两人之深交。全纸布满牡丹卷草纹饰，其间穿梭两只大凤鸟，相当华丽精美，是等级很高的砑花笺纸，类似的装饰主题在当时颇为流行。

（八）苏轼《书尺牍（久留帖）》

（九）苏轼《书尺牍（屏事帖）》

苏轼《书尺牍（久留帖）》和苏轼《书尺牍（屏事帖）》用笔苍劲，结字略扁，姿态横生，不因厚重用笔而失韵。久留帖写于纹饰相当清楚的罗纹花草砑花笺上，装饰意味明显。信中提及受到对方的照顾，如今接到诏令离开，故写信道谢，选用了高级的罗纹砑花笺。屏事帖书于常州，应为元丰八年（1085）第二次至常州。全纸砑以罗纹及几何纹样，类似窗花的装饰效果，纹样上涂布白色物质，具有排墨现象。两作裱装一起，内容上似乎皆为旅居中所书，纸张的制作工艺与审美也接近，加上书风相近，或许有所关联。

（十）王巩《书尺牍》

王巩（1048—约1117），字定国，北宋大名莘县（今属山东）人，书画鉴赏家王素（1007—1073）之子，娶张方平之女为妻，有隽才，初为太常博士。长于诗，

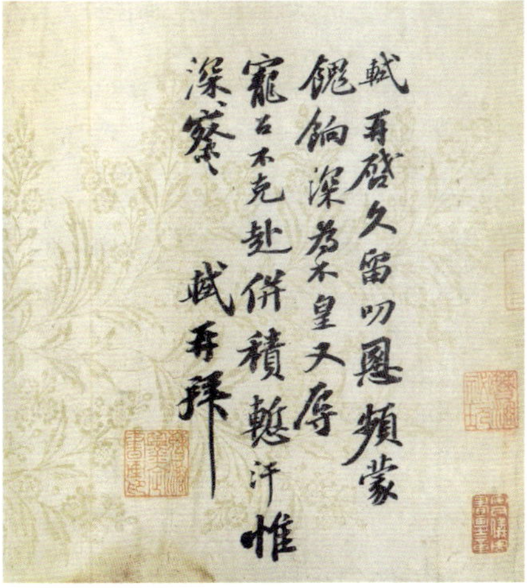

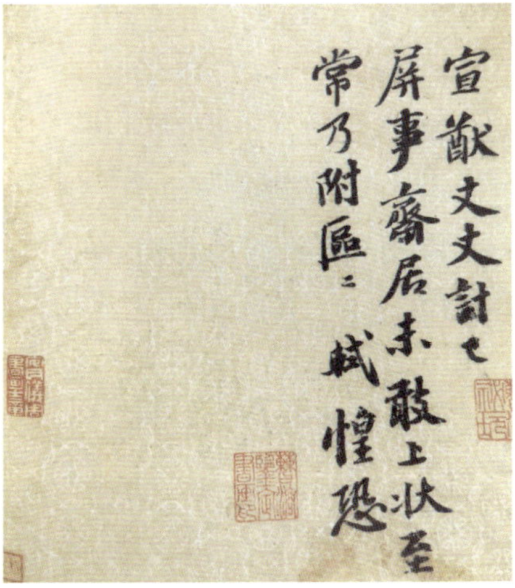

图 2-4-11
苏轼
《书尺牍（久留帖）》

图 2-4-12
苏轼
《书尺牍（屏事帖）》

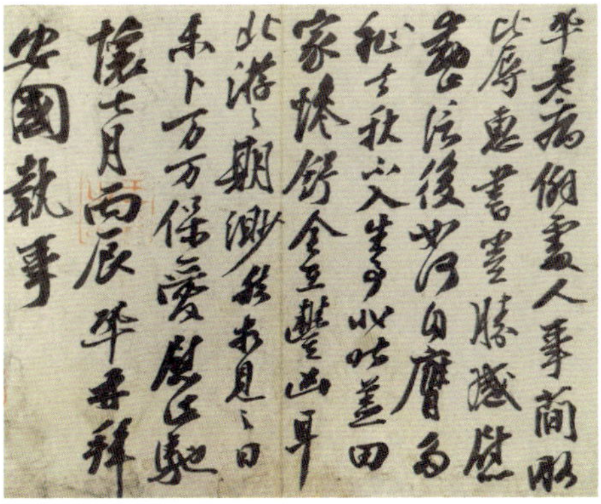

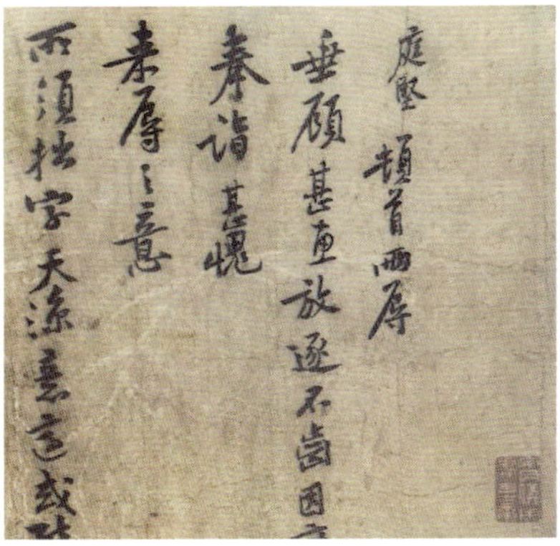

图 2-4-13
王巩
《书尺牍》

图 2-4-14
黄庭坚
《致齐君尺牍》

工书画。家有清虚堂，置法书名画，与苏轼、苏辙、王诜、黄庭坚等时常往来，沉酣其间。

此作书风相当接近苏轼，用笔厚重而更加豪迈，结体自然而不拘泥，为当时善学苏者。所用纸张为罕见的蓝色砑花笺，其上满布类似于牡丹卷草纹的纹样，左右各饰一只凤鸟穿梭于花草间。

（十一）黄庭坚《致齐君尺牍》

黄庭坚（1045—1105），洪州分宁（今江西修水）人，字鲁直，号涪翁。治平四年（1067）举进士，工诗文，尤长于书法。

此札写于崇宁四年（1105），黄庭坚被贬宜州，该年九月过世。全作笔法丰富，结字变化自然，可见大字之意趣，字里行间未显老态。信中推托写字在酷暑中亦属难事，须待天气凉爽可完成，透露出书法应酬的烦琐。据相关信札可知，此纸先交由专业纸工砑出横斜织品纹路，接着以芦雁雕版碾压出图案，过程相当费工，真实反映了文人对书写用纸的讲究态度。

（十二）薛绍彭《书尺牍（元章召饭帖）》

薛绍彭，宋神宗（1048—1085）时人，字道祖，号翠微居士。时以翰墨名世，善品评鉴赏。工楷、行、草书，笔致清润遒丽，具晋、唐人法度，与米芾齐名，人称“米薛”。鉴赏上与米芾、刘泾为友，朝夕议论晋唐杂迹图画。

此纸为砑花粉笺，许多部分

已剥落，从图案可清楚看出为青铜纹饰的瓶子上插有数枝梅花，显得相当高古幽雅，与信中所提小龙团茶饼、书画等雅事相呼应，从书法到纸张都可以感受到赏鉴家的闲情雅致与幽古情怀。

（十三）胡安国《致伯高太博尺牍》

胡安国（1074—1138），字康侯，谥号文定。著名经学家，学者称其“武夷先生”，潜心研究《春秋》，为湖湘学派创始人。

全纸装饰有牡丹卷草图案，整体纹饰用肉眼无法见到，不过花纹上所涂布的物质却造成墨水吸收不匀的现象，透过特殊拍摄方式才可见全貌，属于一种相当低调且华丽的装饰手法。用笔直率硬挺，结体左右舒展，颇具个人特色，虽非专业书家却也对书写纸张相当讲究，显示出砑花笺纸在宋代确实是非常普遍的流行用纸。

（十四）宋徽宗赵佶《池塘秋晚图》

宋徽宗（1082—1135），姓赵名佶，能诗，善书画。此件以荷鹭为主体，将各种动植物分段安排在画面上，古雅可爱，以写意笔法描绘写实造型，符合徽宗的粗笔风格。全卷用纸为砑花粉笺，表面皆有涂布，其上再砑以典雅的卷草纹饰，纹饰上还涂有

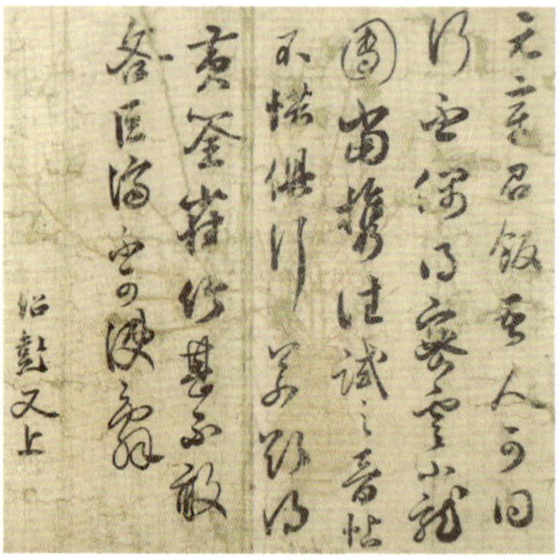

图 2-4-15
薛绍彭《书尺牍（元章召饭帖）》

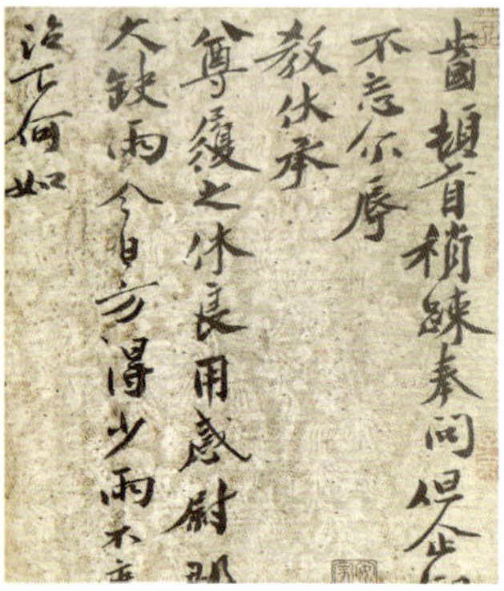

图 2-4-16
胡安国《致伯高太博尺牍》

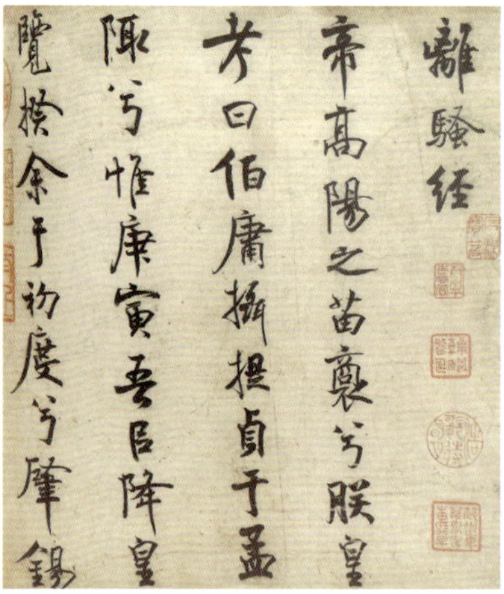

图 2-4-17
传米芾《书离骚经》

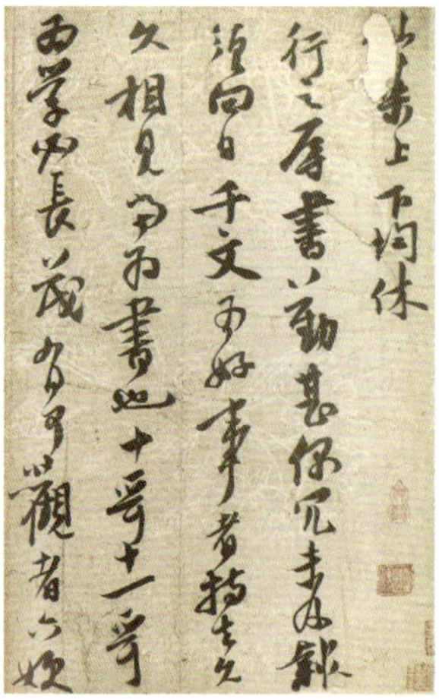

图 2-4-18
扬无咎《书尺牍》

云母状的发光物质，最后印压出织品的横斜纹路，是宋代制作工艺最高等级的加工纸。砑花笺纸多用于书写，用其作画相当罕见，纸面上的涂布稍稍影响到笔墨表现，线条呈现出砑花笺书写的斑驳感与墨趣。

（十五）传米芾《书离骚经》

此册无名款，乾隆皇帝（1711—1799）鉴定为米芾（1052—1108）所书，推为内府米芾第一。然书风与米芾不类，用笔刚健过之，线条亦圆劲不足。虽非米芾亲笔，用纸却相当讲究，纸末印有“勤有”，边缘也印上花边栏，全纸更砑印整幅莲塘水池图样，一张被裁切成四页，刻工精致且版型巨大。据砑花技法可确认为宋纸，符合乾隆皇帝考证此纸出自北宋福建余氏勤有堂。

米芾，北宋书画、鉴赏家。祖籍山西太原，迁襄阳（今湖北襄阳），后居润州（今江苏镇江）。

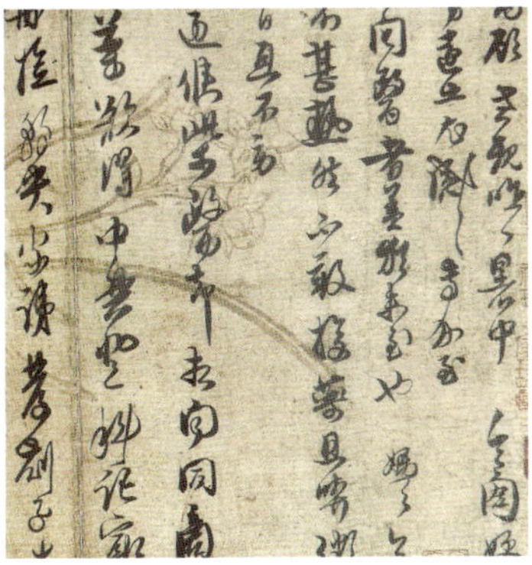

图 2-4-19
杜良臣《致中一哥新恩中除贤弟尺牍》

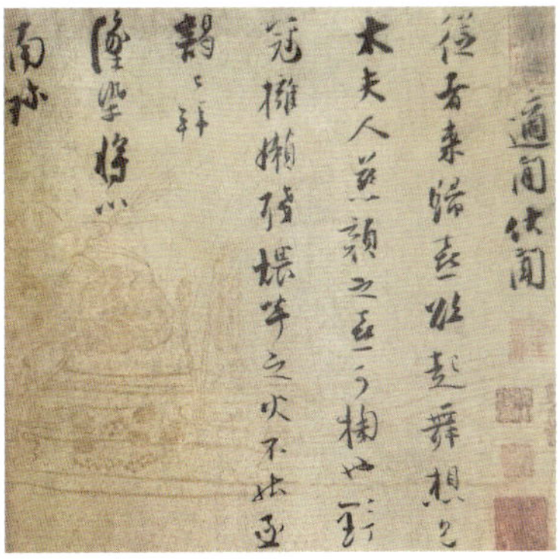

图 2-4-20
张即之《致殿元学士尺牍》

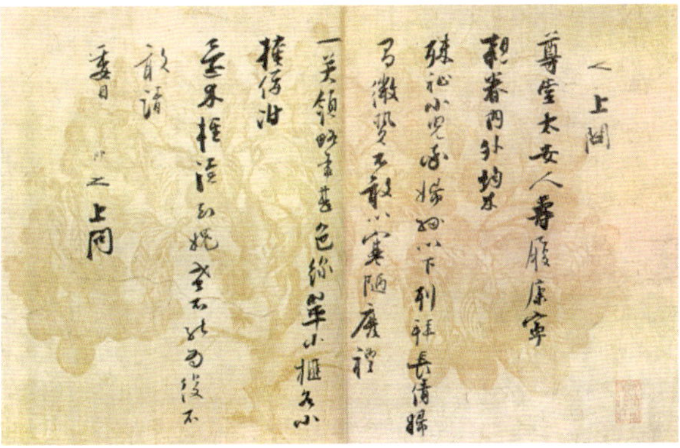

图 2-4-21
张即之《上问尊堂太安人尺牍》

（十六）扬无咎《书尺牍》

扬无咎（1097—1169），字补之，号逃禅老人，江西人。据《皇宋书录》所载，扬无咎书学欧阳询（557—641），小变其体，江西碑碣多其所书，善画梅，为南宋著名书画家。

观此书札，结字紧峭，笔法遒劲，乃源自欧阳询，用笔流转变化，线条丰厚流畅，则承继米芾书风。信中允诺日后会为对方书写千字文，可见扬无咎书法为时人所喜爱。信纸为白描折枝花卉砑花笺，正面也不容易见到花纹，不过换个视角还是能够观察到比较清晰的图案。

（十七）杜良臣《致中一哥新恩中除贤弟尺牍》

杜良臣，字子卿，豫章（今南昌）人。以小篆重一时，笔法精妙。这是杜良臣所写的一封谢函，提到嫂嫂在大热天里还来探望身体不适的母亲，心里相当感激，因此选用一张砑印有琮瓶花草的高级笺纸来书写。全作用笔连绵迂回，线条轻重分明、圆润婉转。据学者指出，笺纸上琮式瓶的原型来自浙江地区良渚文化的玉琮，其明确的插花功能反映出，南宋时琮式瓶不仅受到文人的喜爱，也是当时社会所流行的装饰图样。

（十八）张即之《致殿元学士尺牍》

张即之（1186—1263），字温夫，别号樗寮，历阳（今安徽和县）人。父亲张孝伯（1137—？）、伯父张孝祥（1132—1170）均长于书法，早年在父执辈引领下，勤读经史，留意翰墨文章。由于笃好佛老而无心宦途，归隐时尚未满六十。

此札为张即之归隐后所作，除表明潜心佛老的意向外，也向友朋犹念及自己而再三致意。书法圆转轻灵、姿态多变，书写于荷塘水禽图案的砑花笺上，配合书信抬头的留空，别具一种优雅闲适的意味，契合于书写者当时的隐居心情，展现文人用笺之巧思。

（十九）张即之《上问尊堂太安人尺牍》

此纸为罗纹砑花笺，其上描绘一棵荔枝树，长满茂盛的果实和叶子。荔枝刻画细微，有菱纹、格纹，深浅不一，果实表面具凹凸立体感，叶子既有留白，亦有

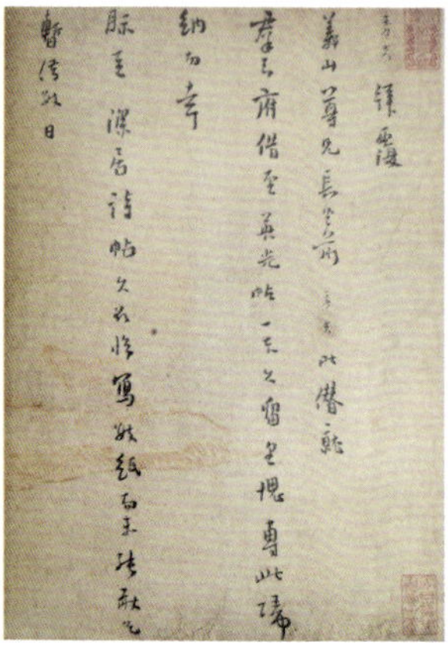

图 2-4-22
陆秀夫
《致义山尺牍》

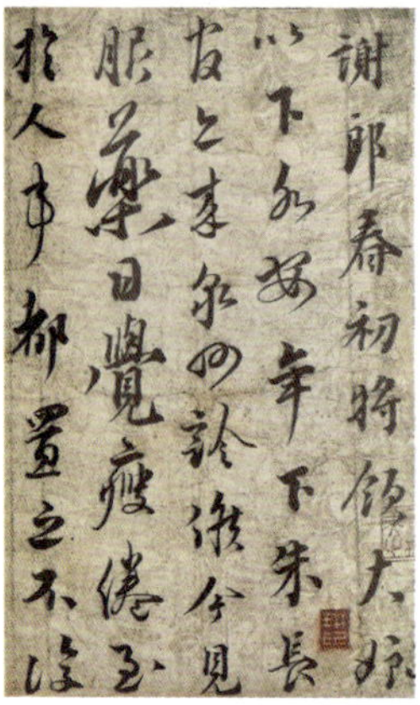

图 2-4-23
蔡襄
《书尺牍（谢郎帖）》

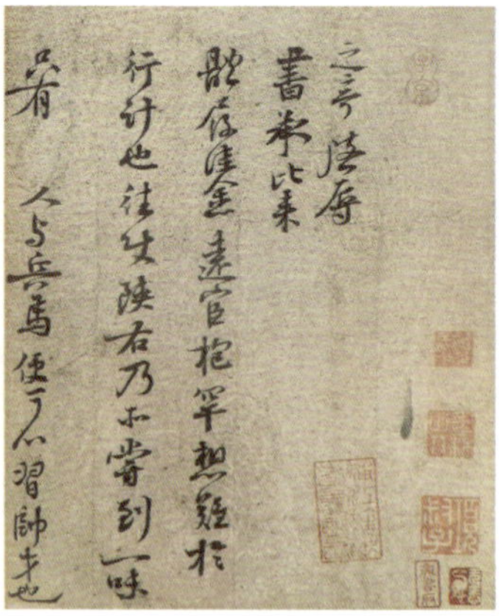

图 2-4-24
蒋之奇
《致彦和河州司户尺牍》

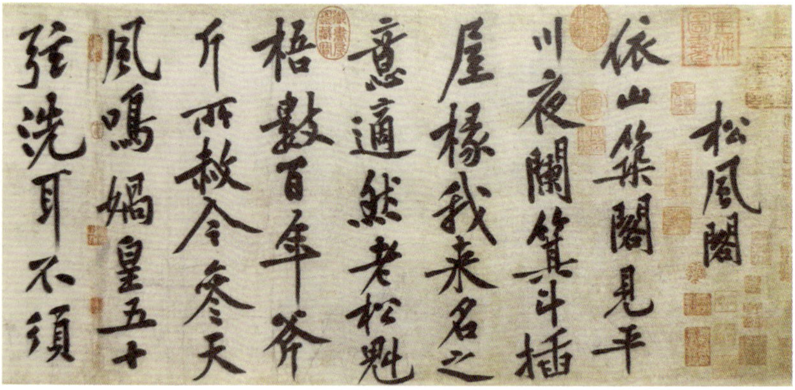

图 2-4-25
黄庭坚
《自书松风阁诗》

白描手法，正、反叶相互掩映，保留了工笔画精细写实的画风，亦可见到宋代高级花笺雕版制作之精细。由于是向长辈请安送礼，书法写来精谨，笔墨酣畅劲健，也特地选用丰硕的荔枝图案，除了四季常青象征长寿外，也有多子多孙与吉利等寓意，显然考虑了观者的喜好。

（二十）陆秀夫《致义山尺牍》

陆秀夫（1236—1279），字君实，楚州盐城（今江苏盐城）人，徙镇江。祥兴二年（1279），厓山破，先驱妻子入海中，旋即背负幼主卫王赵昺跳海，追谥忠烈。

此信写给王义山（1214—1287），提到米芾《英光堂帖》与书签题用的蠲糨纸，蠲糨纸据传出自内府修内司，为当时的珍贵名纸。全作用笔简洁，结字富有古意，具清俊爽朗之姿。所用笺纸之砑花图案简略，刻工也较为粗糙，制作上已不如从前。即使处在如此动荡的时局，文人对于书写物品仍有一定的基本要求。

（二十一）蔡襄《书尺牍（谢郎帖）》

（二十二）范百禄《致完夫吏部侍郎尺牍》

（二十三）蒋之奇《致彦和河州司户尺牍》

（二十四）黄庭坚《自书松风阁诗》

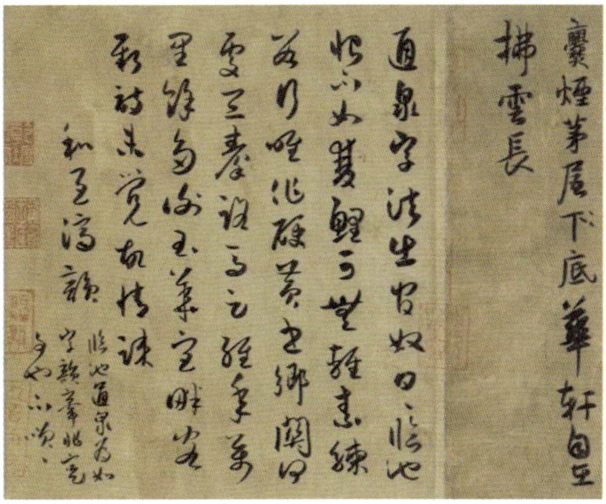

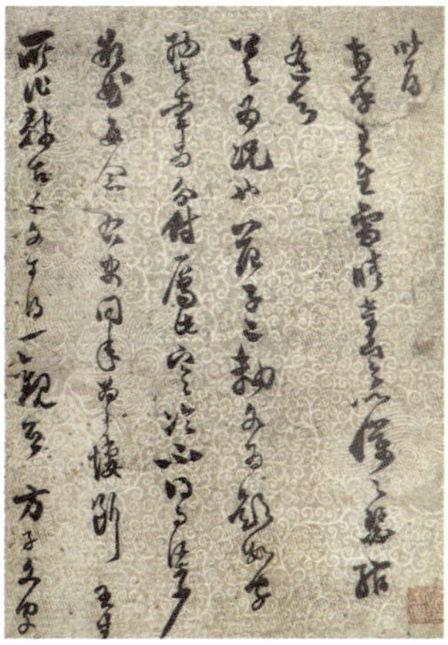

图 2-4-26
薛绍彭
《杂书》

图 2-4-27
范成大
《致养正监庙奉议尺牍》

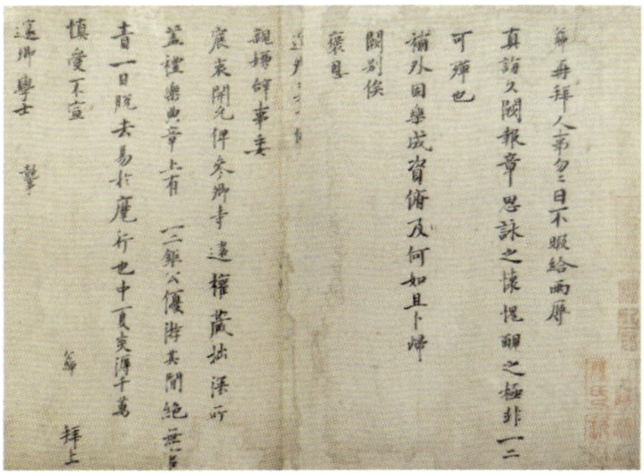

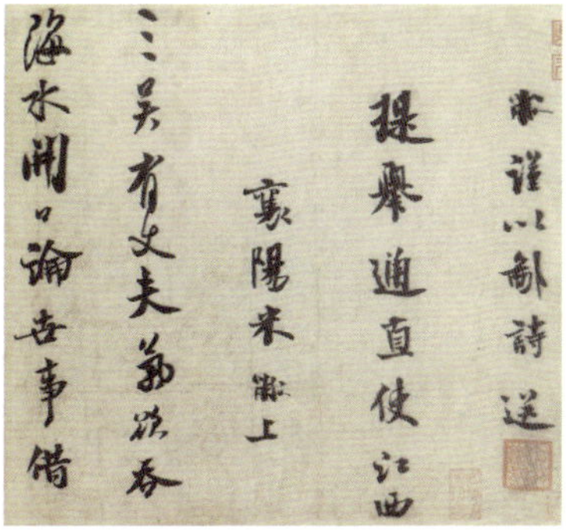

图 2-4-28
吕公绰
《致邃卿学士尺牍》

图 2-4-29
米芾
《书送提举通直使诗》

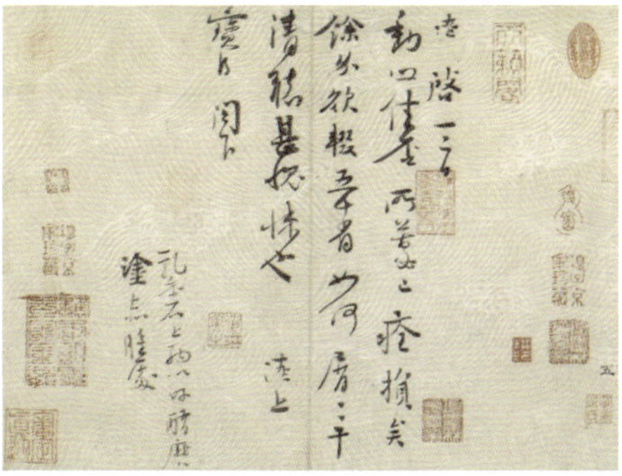

图 2-4-30
沈辽
《行书动止帖》

（二十五）薛绍彭《杂书》

（二十六）范成大《致养正监庙奉议尺牍》

（二十七）吕公绰《致邃卿学士尺牍》

（二十八）米芾《书送提举通直使诗》

此外，上海博物馆收藏有沈辽《行书动止帖》：辽启一言，动止佳否？所苦必是疮损矣！余外，欲辍吾省，如何屑屑干清听，甚愧悚也！辽上宝行阁下。乳香石上纳以好醋，磨涂赤肿处。

该作品曾被明代著名收藏家浦江郑氏、黄琳、项元汴等鉴藏。它用水波纹研花笺，华美典雅，为一通向病中之友问安的信札。所书颇具晋唐之风，笔势纵放，神韵俊逸。

上述作品的笺纸纹饰繁多，琳琅满目：

李宗谔《书送士龙诗》为罗

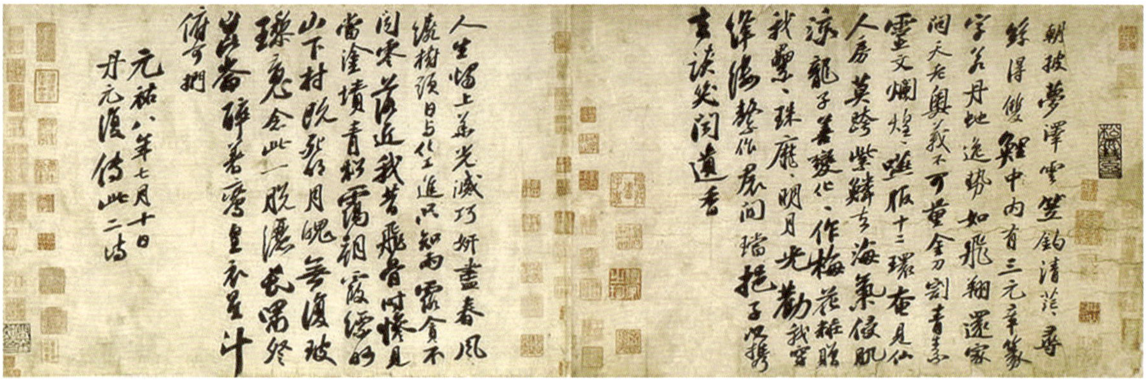

图 2-4-31
苏轼《李白仙诗》
日本大阪市立美术馆藏

纹卷草砑花笺，张方平《书尺牍（名茶帖）》为卷草砑花笺，蔡襄《书尺牍（陶生帖）》为花卉卷草砑花笺，蔡襄《致通理当世屯田尺牍》为对蝶罗纹砑花笺，苏轼《致运句太博尺牍》为折枝梅罗纹砑花粉笺，苏轼《致至孝廷平郭君尺牍》为龟甲纹砑花笺，苏轼《书尺牍（致长官董侯尺牍）》为凤穿牡丹卷草纹砑花笺，苏轼《书尺牍（久留帖）》为罗纹花草砑花笺，苏轼《书尺牍(屏事帖）》为罗纹几何纹砑花笺，王巩《书尺牍》为凤穿牡丹卷草纹蓝色砑花笺，黄庭坚《致齐君尺牍》为芦雁横斜纹砑花笺，薛绍彭《书尺牍（元章召饭帖）》为青铜纹砑花粉笺，胡安国《致伯高太博尺牍》为牡丹卷草纹砑花笺，宋徽宗《池塘秋晚图》为卷草纹砑花粉笺，传米芾《书离骚经》为北宋福建余氏勤有堂纸，扬无咎《书尺牍》为白描折枝花卉砑花笺，杜良臣《致中一哥新恩中除贤弟尺牍》为琮式瓶花草高级砑花笺，张即之《致殿元学士尺牍》为荷塘水禽图砑花笺，张即之《上问尊堂太安人尺牍》为荔枝罗纹砑花笺，陆秀夫《致义山尺牍》为砑花图笺，沈辽《行书动止帖》为水波纹砑花笺。

此外，日本大阪市立美术馆藏苏轼《李白仙诗》为芦雁纹砑花笺。

这些宋代砑花笺纸是我国存世最早的笺纸实物，在书法史、艺术史上具有重要的文化意涵。

1973 年 8 月，中国西安碑林博物馆工作人员在整修《石台孝经》碑时，在石碑下发现一幅折叠发黄的纸，打开之后是一幅木版画。这幅画高 100.8 厘米、宽 55.4 厘米，宣纸水印，表现传说中汉代智圣东方朔从西王母处盗取寿仙桃的故事。《东方朔盗桃》为南宋水印木版画，画以黑、灰、绿三色印制，并捺一朱印。该画运用阳刻和阴刻相结合的刻法，画的左上角刻有“吴道子笔”的题字和一枚“道子之印”的朱红印章。大约于十二世纪初由金人统治下的平阳书坊印制，是现存最早的彩色印刷实物之一。

图 2-4-32
南宋水印木版画
《东方朔盗桃》

第五节 明清笺谱之精华

彩印笺纸辑成图册画谱，则称为笺谱。彩印笺纸按不同主题刷印为一套，同时不辑装成谱，而是装入笺匣称为套笺，或称匣笺。

一、《萝轩变古笺谱》

1963 年，上海博物馆在浙江嘉兴发现了彩色套印的《萝轩变古笺谱》，这是中国古代彩色套印版画的一次重要发现。

《萝轩变古笺谱》每版一叶两幅，上册共九十八幅，计颜继祖撰“笺谱小引”三叶六幅、目录一叶两幅、画诗十叶二十幅、筠蓝六叶十二幅、飞白四叶八幅、博物四叶八幅、折赠六叶十二幅、雕玉六叶十二幅、斗草八叶十六幅、杂稿一叶两幅、总收图九十幅。下册四十五叶九十幅，计目录一叶两幅、选石六叶十二幅、遗赠四叶八幅、仙灵四叶八幅、代步四叶八幅、搜奇十二叶二十四幅、龙种四叶半九幅、择栖五叶半十一幅、杂稿四叶八幅，总收图八十八幅。上下册合计九十四叶，笺画一百七十八幅，用明代黄锦纸印刷，是明天启六年（1626）吴发祥四十八岁时刊版于江宁（今江苏南京）。

图 2-5-1
《萝轩变古笺谱》上册
上海博物馆藏

图 2-5-2
封面有“清绮斋收藏”题签

沈津《书丛老蠹鱼》中《〈萝轩变古笺谱〉背后的故事》一文写道：“《萝轩》上下两册，封面有‘清绮斋收藏’题签，可知此书是清海盐张宗松、宗橚家旧藏之物。宗松，字楚良，号青在，别号蝬庐、寒坪。国子监生，性耽吟咏。宗橚，字泳川，号藕村，又号思岩，尤工词。宗松、宗橚即张元济的六世祖。其家清绮斋藏书在当时很有名，所以马玉堂有诗咏清绮斋藏书云：‘给谏文孙独冠时，雪钞露纂是吾师。醉心经典铭心画，清绮阁心夜漏迟。’”

颜继祖“笺谱小引”云：“吾友吴发祥，性耽一壑，卜居秦淮之干；志在千秋，尚友羲皇以上。闭门闲白日，挥麈自如；饮酒读离骚，唾壶欲缺。尝语余云：‘我辈无趋今而畔古，亦不必是古而非今。今所有余，雕琢期返于朴；古所不足，神明总存乎人。’自结绳易书，笔墨传于楮上；及系

图 2-5-3、图 2-5-4
《萝轩变古笺谱》上册
画诗

图 2-5-5、图 2-5-6
《萝轩变古笺谱》上册
筠蓝

帛通问，笺简出乎人间。或藻缋以争工，偏支离而入俗，于焉刻意标新，颛精集雅。删诗而作绘事，点缀生情；触景而摹简端，雕镂极巧。尺幅尽月露风云之态，连篇传禽虫花卉之名。大如楼阁关津，万千难穷其气象；细至盘盂剑佩，毫发倍见其精神。少许丹青，尽是匠心锦绣；若干曲折，却非依样葫芦。眼界顿宽，笑已陈皆为刍狗；图书有据，立不朽而奉蓍龟，固翰苑之奇观，实文房之至宝。”

《萝轩变古笺谱》一百七十八幅笺画，其中一百一十六幅为饾版，六十二幅为拱花。其中“飞白”“雕玉”两目，皆属拱花。拱花版式是版画史上一大创新。所谓拱花，又称拱版，先将物象之轮廓用阴刻刀法刻在平面木版上，上覆宣纸压印，使纸面微凸以拱起图像花纹，用来表现行云流水、花瓣脉纹、鼎彝瓶花等典雅清新的奇幻之效。拱花工艺美妙绝伦，第二卷中的“无华”和“持赠”两部分，初看纸上空无一物，但从侧面看去，则会发现凸起凹陷似浮雕一样的折枝花卉，具有明显的立体效果。

《萝轩变古笺谱》现藏于上海博物馆，为海内孤本。它配色和谐，镌刻劲巧，绘写工致，古意盎然，为现存笺谱中最早的刻本，较《十竹斋笺谱》早十七年，堪称“中国古代拱花木刻彩印笺谱之首”。

日本人大村西崖曾经得到后半部《萝轩变古笺谱》，一度认定为清康熙年间翁嵩年（1647—1728）所刊刻，1923 年日本《图本丛刊》影印下册。明清两代，未见有影刻本梓行。直至 1963 年上海博物馆在浙江征得《萝轩变古笺谱》全帙之后，才引起人们高度重视。

上海博物馆又于二十世纪七十年代征集到《萝轩变古笺谱》残书上册，内有拱花版四幅为全帙本所无，加上全帙一百七十八幅，总计为一百八十二幅。

1981 年，上海朵云轩翻刻《萝轩变古笺谱》全帙，是后世唯一一个重刻本。所刻精丽奇绝，饾版拱花制作不下明本一等，是现代木版套印绝佳之作。上海博物馆由沈之瑜先生负责，请著名鉴定家谢稚柳先生总其成，复刻本前有 1981 年 4 月郭绍虞先生的序。谱后另有 1981 年 7 月上海博物馆及朵云轩共同具名的后记。朵云轩指定由黎鲁先生负总责，限量精印纪念本三百部，本扉页背面逐一编号发行。

朵云轩木版水印笺纸的梓行包括三十二道基本工艺：画稿、分版、摹稿、选版、刨版、上样、锯版、雕版、剔空、打样、修版、备纸、醒纸、开料、压活、闷水、砑纸、对版、安版、调色、刷色、砑印、衬干、砑栏、起版、断料、拣选、配叶、压平、齐切、裹带、装盒。

丹楼望落潮

阊门眺古渡

图 2-5-7、图 2-5-8
《萝轩变古笺谱》上册飞白

图 2-5-9、图 2-5-10
《萝轩变古笺谱》上册雕玉

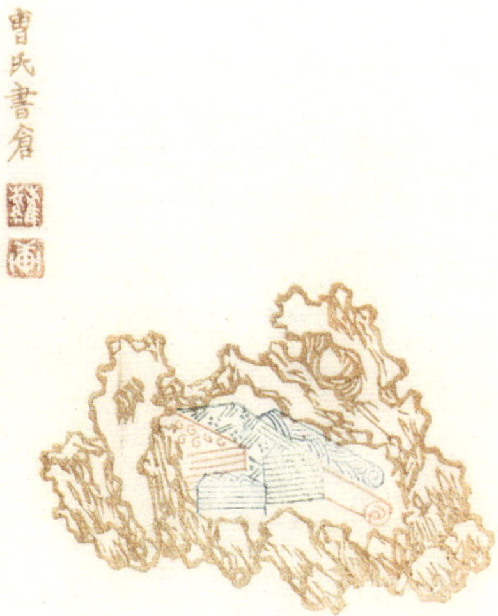

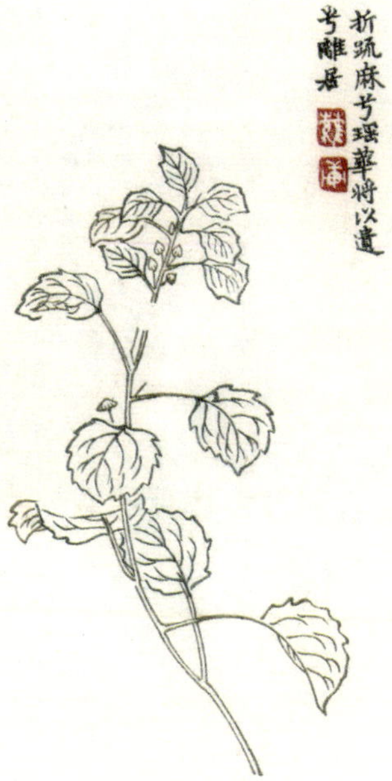

图 2-5-11、图 2-5-12
《萝轩变古笺谱》上册博物

图 2-5-13、图 2-5-14
《萝轩变古笺谱》上册折赠

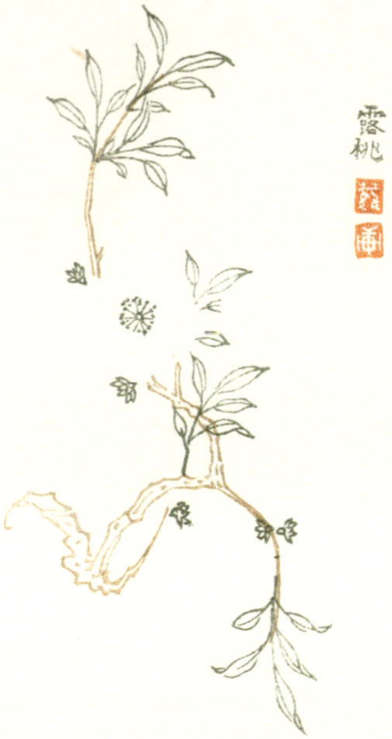

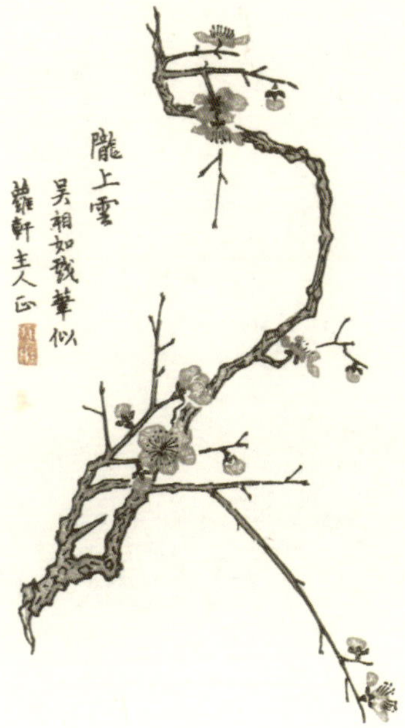

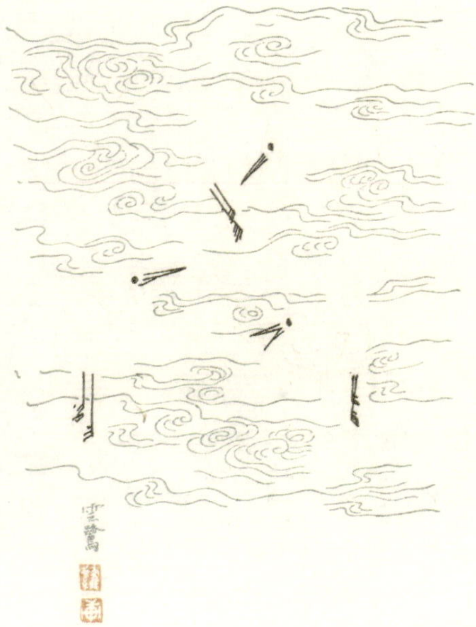

图 2-5-15、图 2-5-16
《萝轩变古笺谱》上册斗草

图 2-5-17、图 2-5-18
《萝轩变古笺谱》上册杂稿

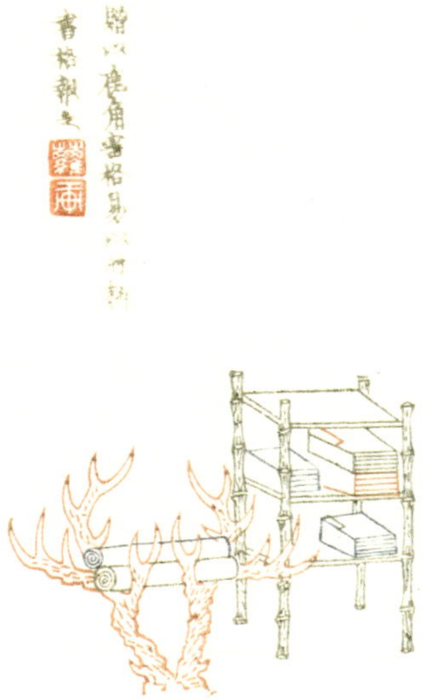

图 2-5-19、图 2-5-20
《萝轩变古笺谱》下册选石

图 2-5-21、图 2-5-22
《萝轩变古笺谱》下册遗赠

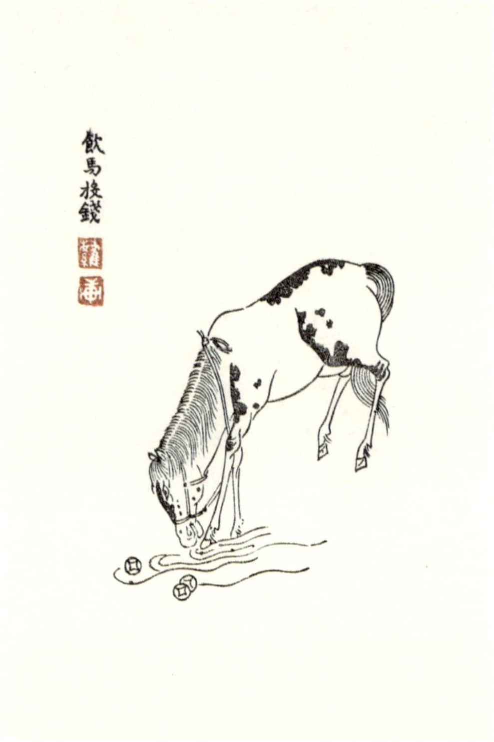

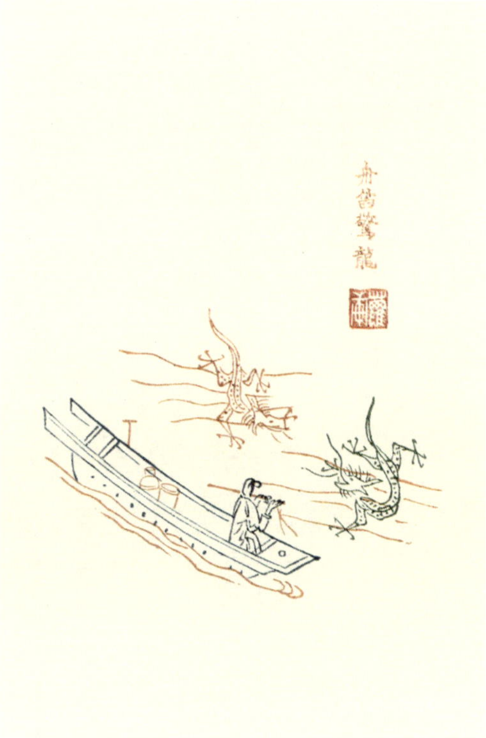

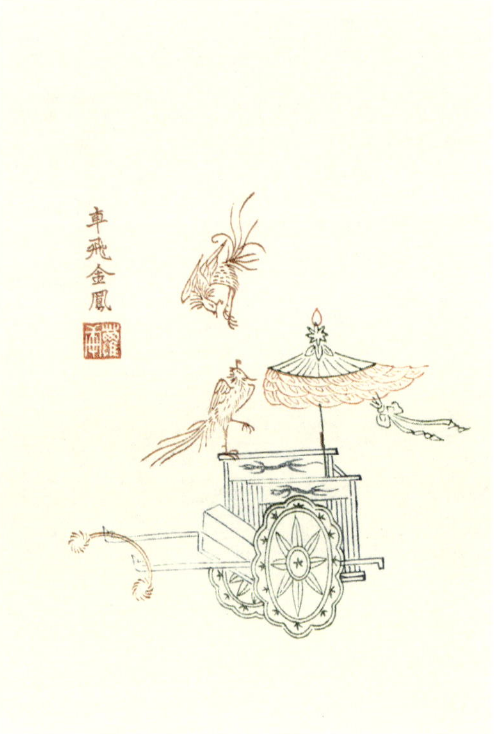

图 2-5-23、图 2-5-24
《萝轩变古笺谱》下册仙灵

图 2-5-25、图 2-5-26
《萝轩变古笺谱》下册代步

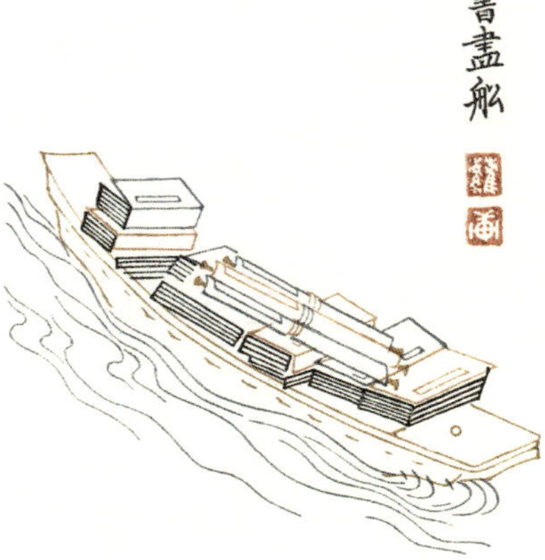

图 2-5-27、图 2-5-28
《萝轩变古笺谱》下册搜奇

图 2-5-29、图 2-5-30
《萝轩变古笺谱》下册龙种

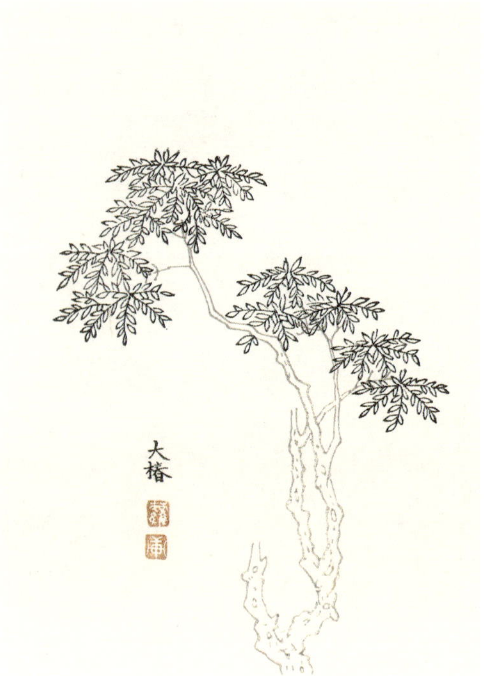

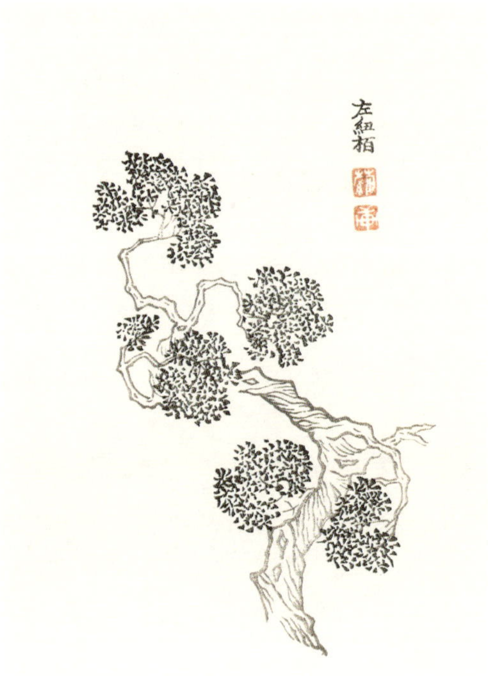

图 2-5-31、图 2-5-32
《萝轩变古笺谱》下册择栖

图 2-5-33、图 2-5-34
《萝轩变古笺谱》下册杂稿

二、《十竹斋笺谱》

《十竹斋笺谱》刊刻始于崇祯十七年（1644），刊成时已是南明弘光元年（1645年，清顺治二年），现藏中国国家图书馆。

其命名与编印者为胡正言（约1584—1674），明末清初著名书画家，在篆刻和版刻艺术史上功绩卓著。胡正言，字曰从，号十竹主人，别号默庵道人，在兄弟中排行第二，又称次公。祖籍徽州休宁文昌坊，曾随父客居六安望江湾，继徙霍山。二十岁左右已在金陵上元县定居，住在鸡笼山侧。直到康熙十三年（1674）卒，胡一直居住在南京，又自称上元人。官至中翰，即中书舍人，为正七品官衔，隶属翰林院管辖。当时的诗人、画家吴彬、文震亨、杨文聪、米万钟、高阳等都是他的挚友。

胡正言的好友杜濬在《胡曰从中翰九十寿序》中云："曰从以今癸丑秋九月，岿然寿登九十。"这篇寿序是胡正言嘱咐儿子其朴、其毅到好友杜濬处请他写的，是可靠的。胡正言自己的《十竹斋临古篆文法帖》题识和《篆书正踌》所记岁月，也是生于万历十二年（1584）九月。康熙十三年甲寅（1674），胡正言"年九十一，无疾而逝"。

胡正言的远祖胡安定是北宋大儒。其父仰宁公，王三德《胡曰从书画谱引》云："胡曰从，盖市而隐者也。其尊人仰宁公于梦中得秘密语而学。"《（乾隆）六安州志》卷十五记载胡正言"世以医为业"。胡艺《胡曰从生平考》记述："胡正言由休宁迁至六安，时期未详，当系随父行医至此。"其父"得秘密语"，当为医学秘诀。

《南疆逸史·胡正言传》记载：胡正言曾在国子监南监坐堂读书，"为国子监上舍生，南京礼部檄令纂辑《诏制全书》，校刊《钦颁小学》《表忠记》诸书，以劳咨铨部，当授翰林院职，未赴而京师陷"。曾游学于何天玉门下讲经，后来又从上元李登学六书，研习书法，擅长金石篆籀之学，尤精治印，为当时名流、学者钱士升、袁宏道、陈继儒、杨嗣昌、王思任、宋荦、史可法、吕大器、张壎、陈师泰、周亮工等刻了不少名章和闲章。他兼好绘事，尤擅花卉、墨梅，但不明师事何人。

十竹斋是胡正言隐居南京鸡笼山时的斋名，亦是他制笺、印画、刻章、出版图籍之工作场所。李克恭《十竹斋笺谱叙》云："斋内主人曰从氏胡次公也。次公家著清风，门无俗陋，出尘标格，雅与竹宜。尝种翠筠十余竿于楯间，昕夕博古，对此自娱，因以十竹名斋。"这是十竹斋之名由来。

崇祯"甲申之变"后，福王朱由崧在金陵建立南明弘光小朝廷。吕大器（1598—1650），字俨若，号东川，四川潼川州遂宁县人，崇祯元年进士，曾任河北、江西、湖广、应天、安庆总督，南京兵部右侍郎署礼部事侍郎，南明宰相等。福王朱由崧监国，因明朝国玺遗落北京，吕大器引荐胡正言为新朝廷督造龙文螭纽国玺御宝，并撰《大宝箴》同献以进诤言，被授武英殿中书舍人。胡正言感叹上意在宝玺，而不明作箴之苦心，曰："吾欲为国家开数百年之基，岂用以博一官乎？"辞而不受。

清顺治二年（1645）六月，南京易主，他矢志不与清廷合作，隐居十竹斋中，闭门谢交，并以"胜国遗民"自居，所撰《篆书正踌》末题"顺治丁酉十月朔日前中书舍人新安后学胡正言敬书于蒂古堂"。"蒂古堂"是十竹斋中室名。他虽冠顺治年号，却署“前中书舍人”衔，以示无二志。杜濬《变雅堂遗集》卷五云：“（胡正言）自是遂绝口不及世务，厥后尝独处一小楼，足不履地者三十年，虽金石古文，法书墨苑，其生平所好，然至是聊用排遣，直寄焉尔。”顾梦游《胡曰从中翰七十》：“朝市由来多隐情，老思逃世未逃名。不将金马重寻梦，为感铜驼只掩荆。”

胡正言刊刻艺术图谱丰富多彩、最负盛名：

（1）《石谱》一卷，胡正言辑，明末彩色套版。中国国家图书馆藏。

（2）《十竹斋画谱》不分卷，胡正言辑，天启七年（1627）刊，十竹斋彩色套印本。

（3）《十竹斋笺谱》初集四卷，胡正言辑，十竹斋开花纸彩色套印，清初本。

（4）《梨云馆竹谱》一卷，胡正言辑，明崇祯年间刊本。

（5）《竽订四六鸳鸯谱》六卷，十竹斋刊袖珍本。

胡正言还著有《十竹斋雪弘散迹》《六书正讹》等。他作为篆刻家，有《印存初集》钤印本传世，智龛（郭若愚）在《十竹斋主胡正言》一文中称：“《印存初集》正式刊行于一六四七年，时六十四岁。到一六六〇年，七十七岁时，胡正言和他的两个儿子其朴、其毅又刊行了《印存玄览》四卷，印章亦用木刻墨刷，精妙绝伦。”

《四库全书总目》收录有《印存初集》和《印存玄览》，并赞曰：“自明中叶，篆刻分文彭、何震二家，文以秀雅为宗，其末流伤于妩媚，无复古意；何以苍劲为宗，其末流破碎楂枒，备诸恶状。正言欲矫两家之失，独以端重为主，颇合古人摹印之法，而学之者失于板滞，又为土偶之衣冠矣。”

胡正言还先后刊刻了《精选古今诗余醉》《四六霞肆》《书法必稽》《牌统孚玉》《四牌歌诀》《孙子明解》《师卦解》，《订补简易备验方》《汇刻薛氏医按叙》《订补验方引》等三十余种珍贵图书。

十竹斋刻袖珍本《汇刻薛氏医按叙》末题“崇祯壬申四月望大鄣胡正心书于十竹斋”，崇祯壬申四月望为崇祯五年（1632）四月十五日。通常认为这是十竹斋最早题名。康熙初刻《千文六书统要》二卷，版心亦刻有“十竹斋”。

宁波天一阁现藏康熙二十四年乙丑（1685）聚星楼刻本《杏花村志》十二卷，扉页左角钤“金陵十竹斋发兑”长方印。刊行时胡正言之子其毅方过六十岁，可能仍健在。十竹斋于康熙二十四年（1685）尚在“发兑”书籍。

胡正言清姿博学，尤擅众巧，并研综六书，对于钟鼎古文字，“尤其战胜者”。他最突出的成就体现在采用饾版、拱花技术刻印的《十竹斋画谱》和《十竹斋笺谱》两部巨制中。

《十竹斋笺谱》共四卷。第一卷分为七类：清供、华石、博古、画诗、奇石、隐逸、写生；第二卷分为九类：龙种、胜览、入林、无华、凤子、折赠、墨友、雅玩、如兰；第三卷分为九类：孺慕、棣华、应求、闺则、敏学、极修、尚志、伟度、高标；第四卷分为八类：建义、寿征、灵瑞、香雪、韵叟、宝素、文佩、杂稿。全谱共分三十三类，凡二百八十三图。木版彩色水印，采用饾版、拱花印制，原稿精巧，雕刻工匠呈现了原稿的神韵、情趣，印刷工匠呈现了画面色泽的风采，使笺画轮廓清晰，线条流畅，形象逼真，栩栩如生，画面简洁而不失丰富，色彩厚重而不失艳丽，令人叹为观止，拍案叫绝，故有“绘、刻、印”三美之誉。

《十竹斋笺谱》和《萝轩变古笺谱》均刊刻于明代金陵，这两部笺谱采用饾版和拱花技艺，精彩绝伦，堪称双璧。饾版和拱花之术能使笺纸图案精雅细丽，尤其是凸起于纸张表面的拱花可表现云纹、水纹、钟鼎彝器花纹的立体效果。

饾版是中国特有的流行于明朝万历年间的一种用木刻套版多色叠印的印刷方法，用于复制美术品，根据画稿着色浓淡、阴阳向背的不同，分别刻成同样大小规格的版块，依照“由浅到深，由淡到浓”的原则，逐次印在同一张纸上，进行套印或叠印。

饾又称饾饤，杨慎《食经》称：“五色小饼，作花卉禽珍宝形，按抑盛之盒中累积，名曰斗饤。”斗饤指堆叠食品，其堆砌拼凑，外形似饾饤，而取名“饾版”。饾版是现代分色套印的鼻祖，其制作过程比单色雕版更为复杂。明代称这种印刷方式为饾版，清代中期以后称木版水印。

关于拱花的创制者，一般认为以《萝轩变古笺谱》所见为最早，而“拱花”二字却出于《十竹斋笺谱叙》，李克恭在叙文中说：“盖拱花、饾版之兴，五色缤纷，非不烂然夺目。”虽然《十竹斋笺谱》成书晚于《萝轩变古笺谱》十七年，但十竹斋的制笺历史却从《十竹斋书画谱》出现之前就已经开始了。

拱花是明末清初制笺工艺中较为复杂的印刷技巧，它依靠十指使纸张产生浅浮雕似的立体花纹，限于行业秘密，这项技术始终掌握在少数工匠手中。拱花一般以无色的白拱居多，如果拱花兼施有颜色，则称为色拱。

《十竹斋笺谱》卷首有李于坚《笺谱小引》和李克恭《十竹斋笺谱叙》。叙文对笺谱的发展演变，饾版、拱花的雕版印制等，阐述较详。明人李克恭在序言中说：“论诗有初终盛晚，而笺绘亦犹之。昭代自嘉（靖）隆（庆）以前，笺制朴拙；至万历中年，稍尚鲜华，然未盛也；至中晚而称盛矣，历天（启）、崇（祯）而愈盛矣。十竹诸笺，汇古今之名迹，集艺苑之大成，化旧翻新，穷工极变，毋乃太盛乎？而犹有说也。”李克恭推崇此谱为“群书之冠”，郑振铎在《中国版画史》序例中盛赞此谱：“十竹斋所刊画谱、笺谱，纤妙静雅，旷古无伦，实臻彩色版画最精至美之境，已跻彩色版画至至高之界。”

鲁迅称誉《十竹斋笺谱》为“明末清初士大夫清玩文化之最高成就”，他和郑振铎翻刻《十竹斋笺谱》时，该谱存世仅有三部：一部原为天津陶兰泉所藏，后流入日本的“文求堂”；一部为上海狄氏所藏；一部为北平通县王孝慈所藏。鲁迅、郑振铎据王孝慈藏谱于1934年由荣宝斋重新摹刻印制二百部。

1952年5月，郑振铎撰《重印十竹斋笺谱序》：“《笺谱》印行于明崇祯十七年，即公元1644年，迄今三百余载，传本至为罕见。予尝于王孝慈先生许一遇之，时方与鲁迅先生编《北平笺谱》，知燕京刻工足胜复印之责，遂假得之，付荣宝斋重刻。时历七载，乃克毕功。鲁迅、孝慈两先生均不见其成矣。”在笺谱前扉页上专门印有：“中华民国二十三年十二月，版画丛刊会假通县王孝慈先生藏本翻印，编者鲁迅、西谛；画者王荣麟；雕者左万川；印者崔毓生、岳海亭。经理其事者，北平荣宝斋也。纸墨良好，镌印精工，近时少见，明鉴者知之矣。”

图 2-5-35、图 2-5-36
《十竹斋笺谱》第一卷　清供

图 2-5-37、图 2-5-38
《十竹斋笺谱》第一卷　华石

图 2-5-39、图 2-5-40
《十竹斋笺谱》第一卷　博古

图 2-5-41、图 2-5-42
《十竹斋笺谱》第一卷　画诗

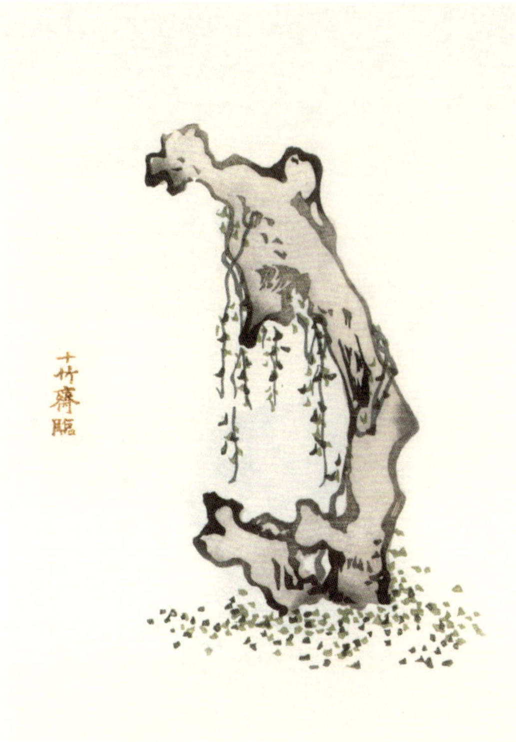

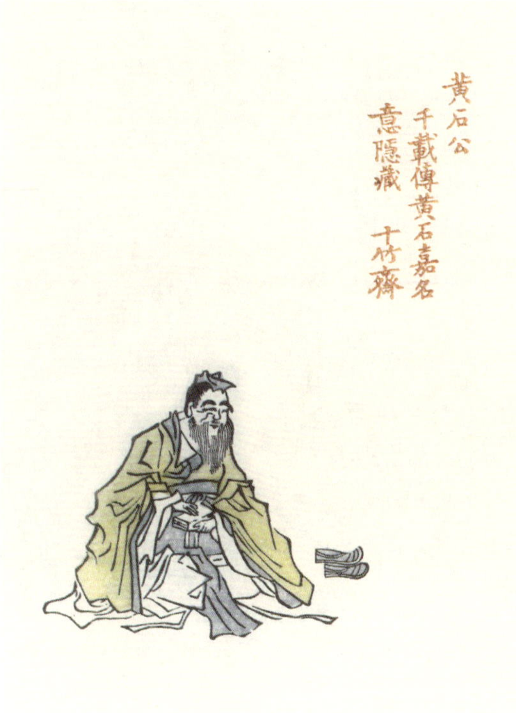

图 2-5-43、图 2-5-44
《十竹斋笺谱》第一卷　奇石

图 2-5-45、图 2-5-46
《十竹斋笺谱》第一卷　隐逸

图 2-5-47、图 2-5-48
《十竹斋笺谱》第一卷　写生

图 2-5-49、图 2-5-50
《十竹斋笺谱》第二卷　龙种

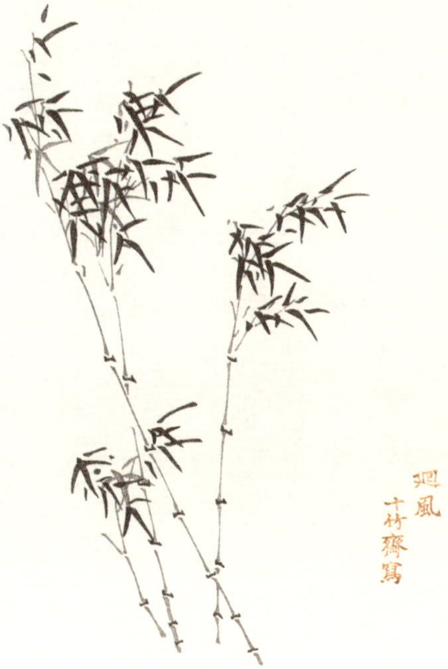

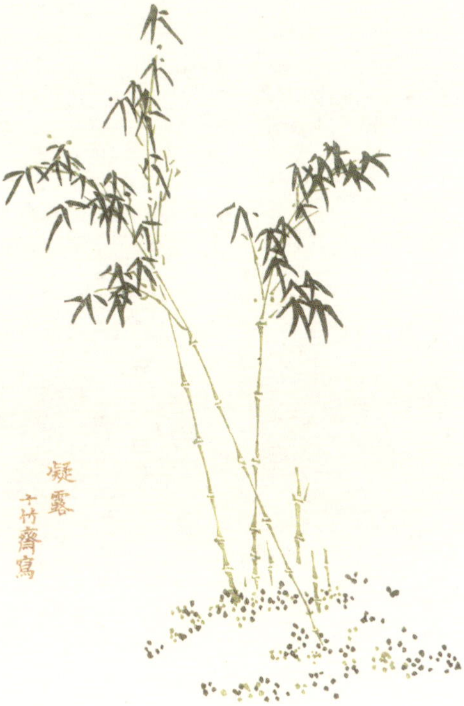

图 2-5-51、图 2-5-52
《十竹斋笺谱》第二卷　胜览

图 2-5-53、图 2-5-54
《十竹斋笺谱》第二卷　入林

图 2-5-55
《十竹斋笺谱》第二卷　无华

图 2-5-56、图 2-5-57
《十竹斋笺谱》第二卷　凤子

图 2-5-58、图 2-5-59
《十竹斋笺谱》第二卷　折赠

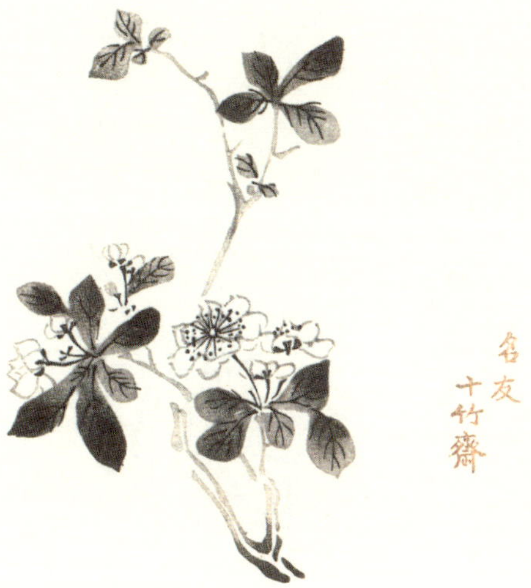

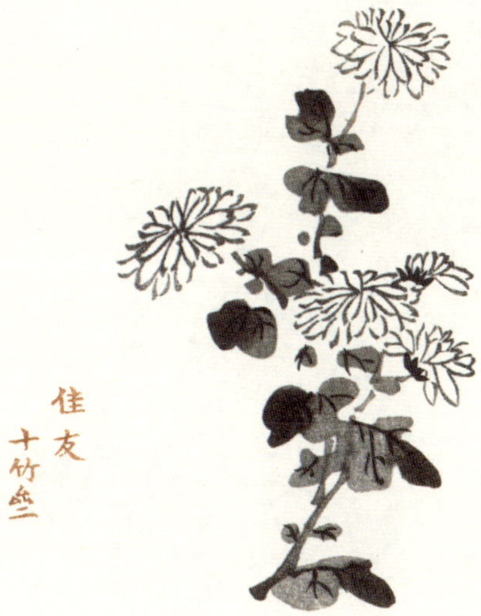

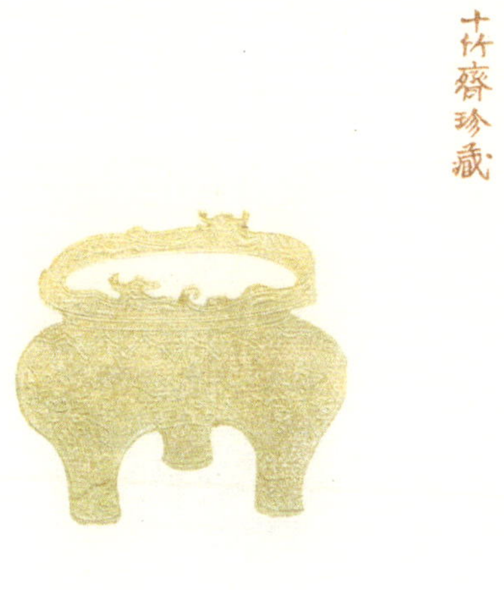

图 2–5–60、图 2–5–61
《十竹斋笺谱》第二卷　墨友

图 2–5–62、图 2–5–63
《十竹斋笺谱》第二卷　雅玩

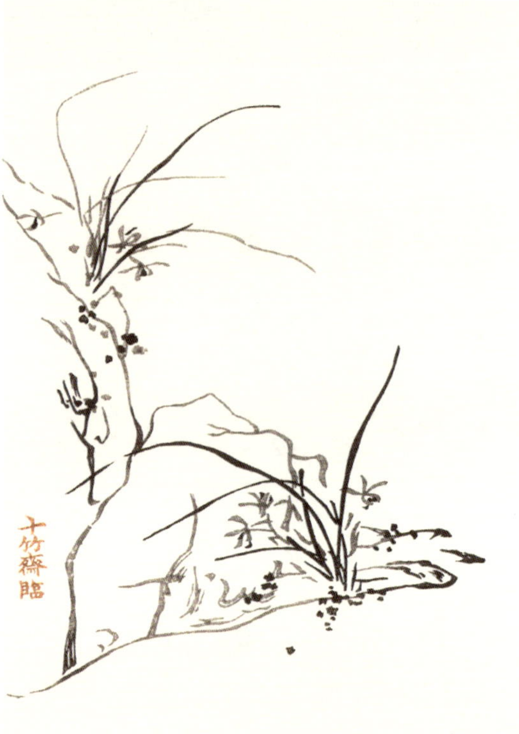

图 2-5-64、图 2-5-65
《十竹斋笺谱》第二卷　如兰

图 2-5-66、图 2-5-67
《十竹斋笺谱》第三卷　孺慕

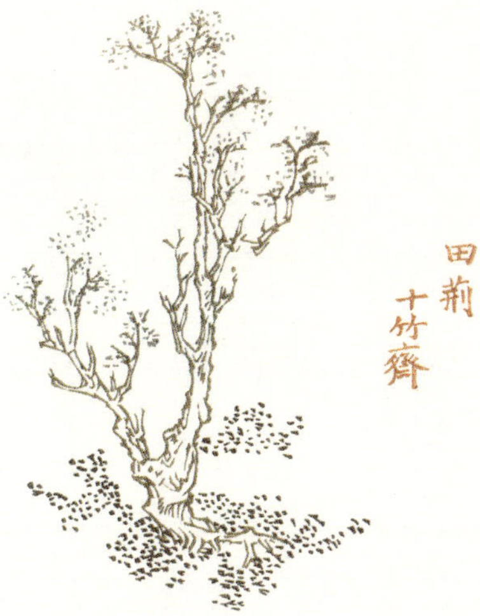

图 2-5-68、图 2-5-69
《十竹斋笺谱》第三卷　棣华

图 2-5-70、图 2-5-71
《十竹斋笺谱》第三卷　应求

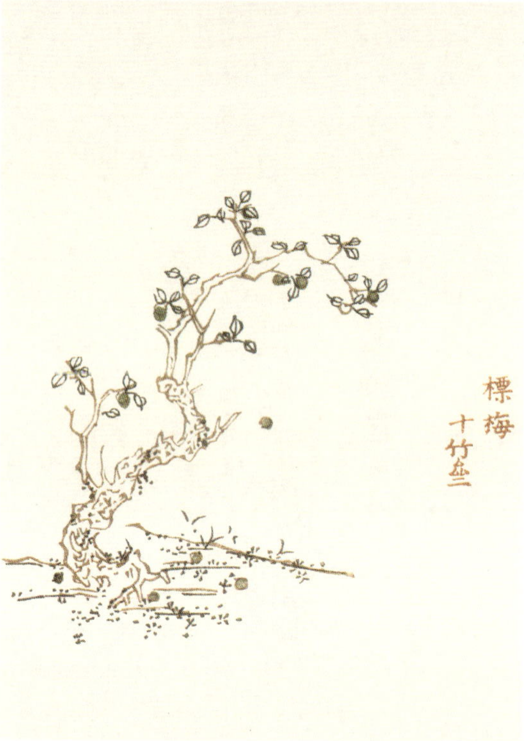

图 2-5-72、图 2-5-73
《十竹斋笺谱》第三卷　闺则

图 2-5-74、图 2-5-75
《十竹斋笺谱》第三卷　敏学

图 2-5-76、图 2-5-77
《十竹斋笺谱》第三卷　极修

图 2-5-78、图 2-5-79
《十竹斋笺谱》第三卷　尚志

图 2-5-80、图 2-5-81
《十竹斋笺谱》第三卷　伟度

图 2-5-82、图 2-5-83
《十竹斋笺谱》第三卷　高标

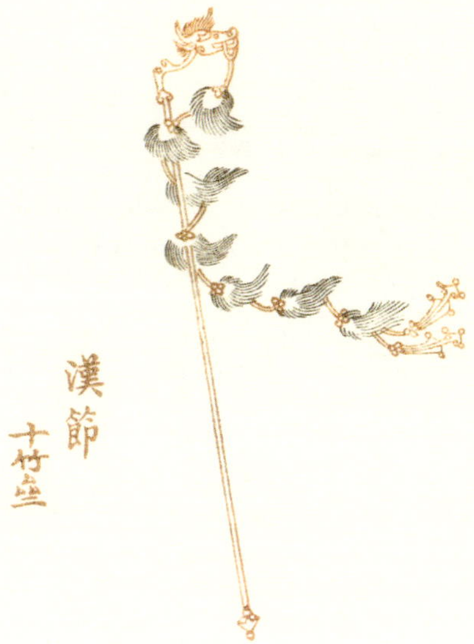

图 2-5-84、图 2-5-85
《十竹斋笺谱》第四卷　建义

图 2-5-86、图 2-5-87
《十竹斋笺谱》第四卷　寿征

图 2-5-88、图 2-5-89
《十竹斋笺谱》第四卷　灵瑞

图 2-5-90、图 2-5-91
《十竹斋笺谱》第四卷　香雪

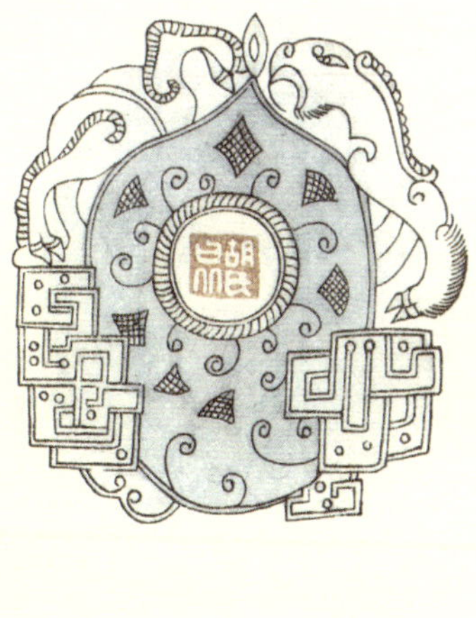

图 2-5-92、图 2-5-93
《十竹斋笺谱》第四卷　韵叟

图 2-5-94、图 2-5-95
《十竹斋笺谱》第四卷　文佩

图 2-5-96
《十竹斋笺谱》第四卷　宝素

图 2-5-97、图 2-5-98
《十竹斋笺谱》第四卷　杂稿

三、《殷氏笺谱》

《殷氏笺谱》刻印于 1650 年，后来流落海外，国内未见著录。据日本东京文化财研究所网站介绍此谱现藏于日本私人藏家手中，并刊登了两幅图片。其一题款是“汪祖文为鲜华馆写”。其二题款是“汪士芳为鲜华馆写”。另，中国国家图书馆存有汪士芳纂修《（全国）汪氏重修统宗谱一百五十卷》刻本，编纂时间为明崇祯八年（1635）。

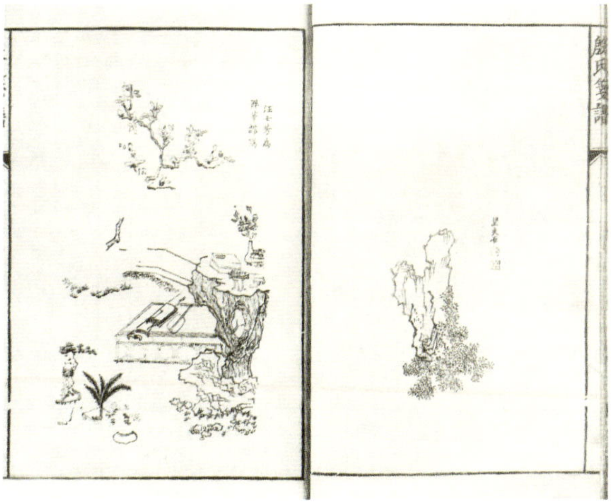

图 2-5-99
《殷氏笺谱》

《殷氏笺谱》中花卉虽玲珑别致，但其色调则趋向浓重。从所刊两幅图片看，芭蕉叶出现残缺现象，玉兰花枝干残缺，这应为多次刷印出现的断版情况。

东京美术研究所出版的《支那古版画图录》曾经介绍过《殷氏笺谱》，书口处可见印有“殷氏笺谱”四字。其中也有饾版和拱花的笺画。一幅与日本东京文化财研究所网站介绍的相同，题款为“汪士芳为鲜华馆写”，另一幅为“望夫石”。

四、《唐诗笺谱》

该谱为集雅斋刻本，刻印于明万历年间。明代黄凤池辑，共收录李世民、虞世南、李群玉、杜荀鹤、裴夷直、许浑、高骈、张峤、项斯、左偃、李白、杜甫、姚合、崔道融、王轩、丘为、皮日休、司空图、杜牧、骆宾王、陈叔达、卢照邻、孔德昭、王绩、王勃、李峤、韦承庆、贺知章、袁晖、王维、王适、裴迪、裴度、刘禹锡、白居易、孟浩然、韩愈、张九龄、刘长卿、李益、钱起、黄甫曾、顾况、韦应物、柳宗元、张籍、岑参、许敬宗、李义府等人五言绝句四十九首。

书以行草为主，画为摹刻历代名家之作。全套笺谱集诗、书、画、刻“四美”于一体，醇古简静，细密纤巧。

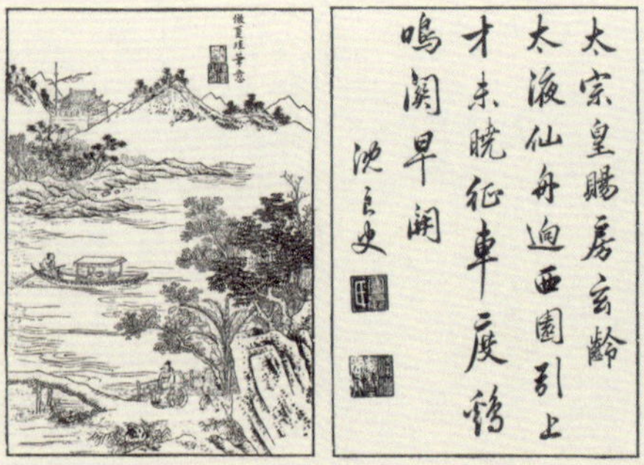

图 2-5-100
李世民
《太宗皇赐房玄龄》

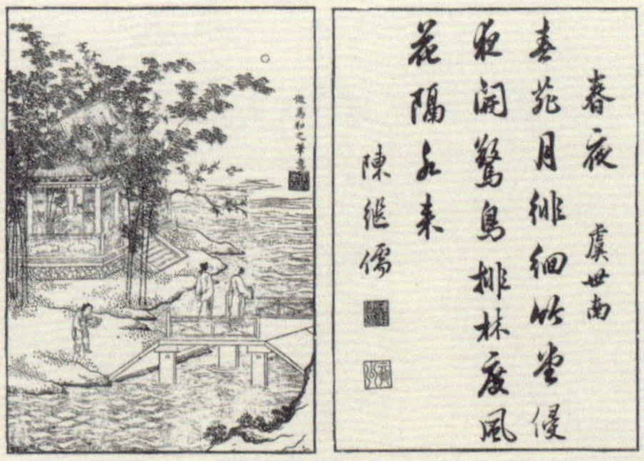

图 2-5-101
虞世南
《春夜》

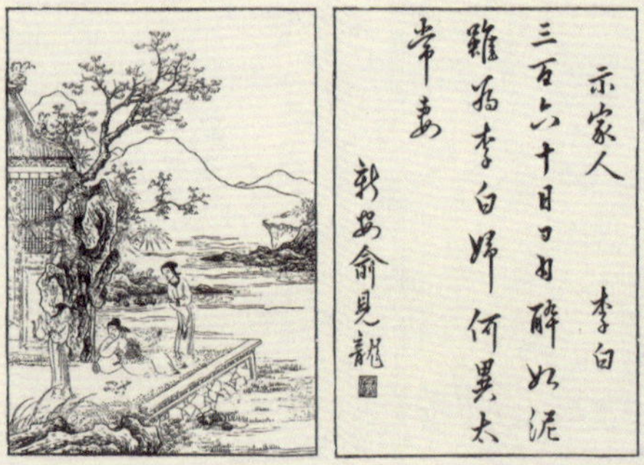

图 2-5-102
李白
《示家人》

图 2-5-103
杜甫
《绝句》

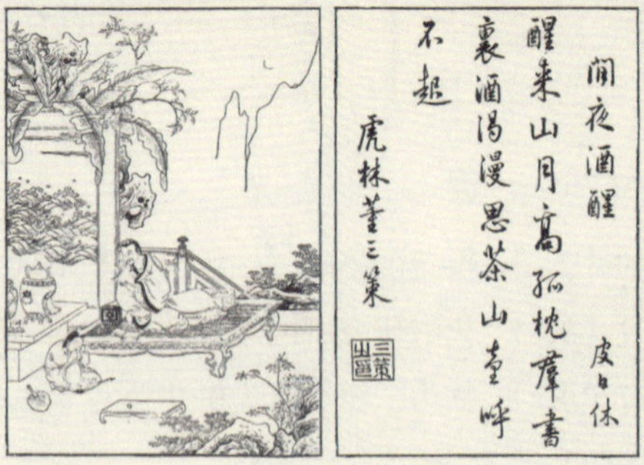

图 2-5-104
皮日休
《闲夜酒醒》

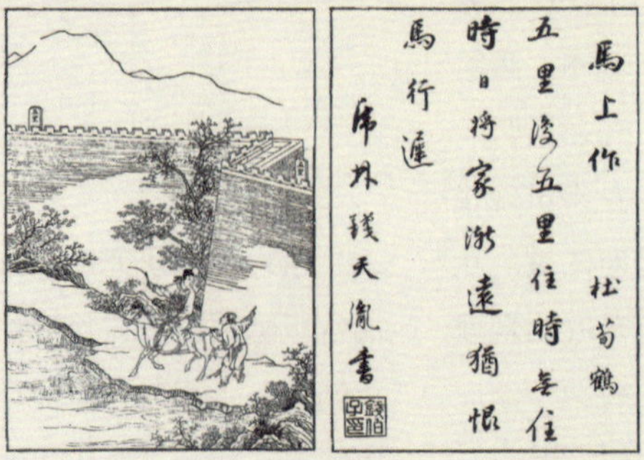

图 2-5-105
杜荀鹤
《马上作》

五、《诗余画谱》

为宛陵汪氏刻本，共收录秦观、苏轼、黄庭坚、李清照、周邦彦、欧阳修、王安石、辛弃疾、柳永等人词作九十三首。

《诗余画谱》又称《宋词笺谱》，亦为集雅斋明代刻本。

该笺谱书法亦以行草为主，为名家或名僧所书，画为仿历代名家之作，古拙雅致，笔简意饶。

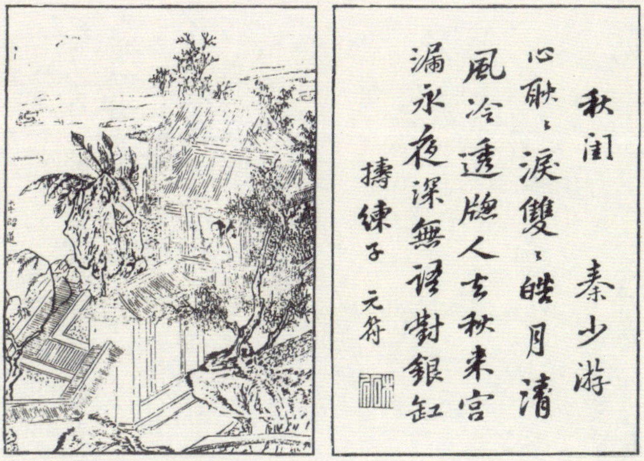

图 2-5-106
秦观
《捣练子・秋闺》

图 2-5-107
苏轼
《念奴娇・赤壁怀古》

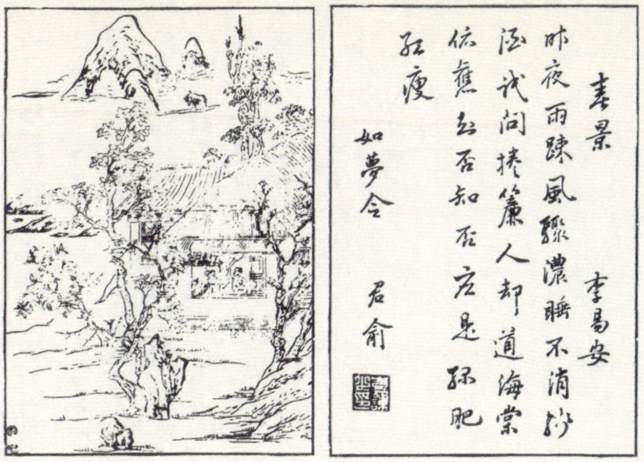

图 2-5-108
李清照
《如梦令・春景》

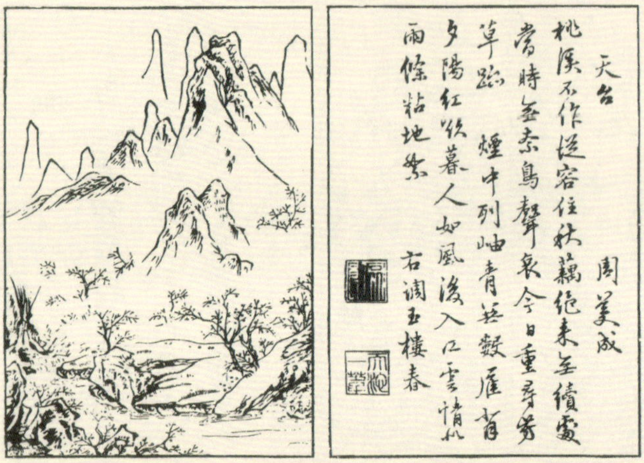

图 2-5-109
周邦彦
《玉楼春・天台》

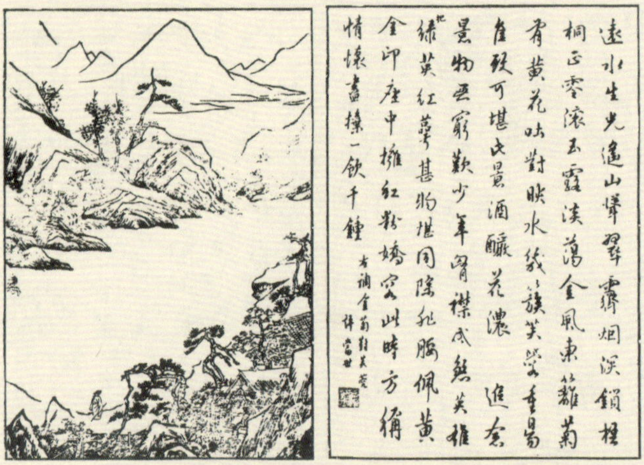

图 2-5-110
辛弃疾
《金菊对芙蓉・重阳》

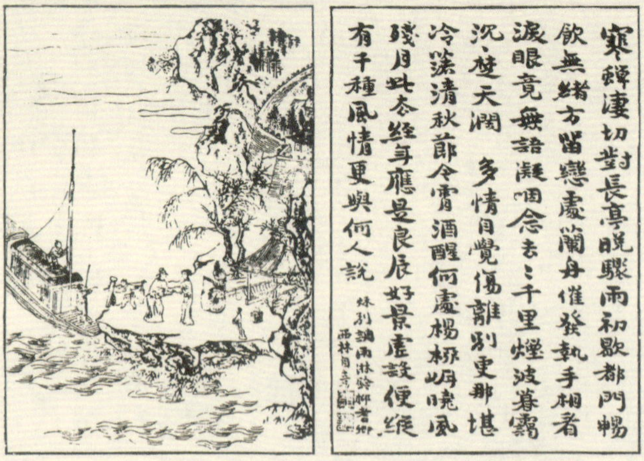

图 2-5-111
柳永
《雨霖铃・秋别》

六、《会真六幻》西厢记

明末以双色及多色套印批注而闻名的出版家闵齐伋于金陵刻印了一部《会真六幻》。闵齐伋（1580—？），字及五，浙江乌程（今湖州）人，与著名小说家、套版印书家凌濛初齐名，著有《六书通》等作品。这部《西厢记》版画插图于民国年间流散至德国，现藏于科隆大学东亚艺术博物馆。

《会真六幻》西厢记插图的卷首，沿用了传统的莺莺绣像为引首的格式。版面四周为花栏格装饰，并有“嘉禾盛懋写”的款书和“盛懋之印”“子昭”两枚印记。盛懋为元代中期画家。包括卷首“莺莺像”，这套插图共有二十一帧，在全书中独立成目，以饾版彩印呈现，绘刻精美绝伦。

闵齐伋打破常规，利用装饰性非常强的花栏、卷轴、玩具、祥瑞纹饰等图案与西厢记的人物情景结合在一起，如梦似幻，引人入胜。《会真六幻》是将插图与笺纸元素完美结合的典范之作，兼有画谱、笺谱和小说戏曲插图的多重欣赏功能。

从第一图“寓五笔授”的款记和“寓五”的印记，可知此书出自套版印书家闵齐伋。

其中第三图“墙角联吟”，用代表梁山伯与祝英台爱情的唯美、浪漫的蝴蝶，以及利用树叶赋诗传情的构思，将崔莺莺、张珙的诗句组合在一起。

第九图“锦字传情”，左以鱼雁之图代表“雁足传书”“鱼传尺素”，右以花栏信笺的形式装饰张珙呈于崔莺莺之书，传达了崔张二人鱼雁传书情难寄之情。

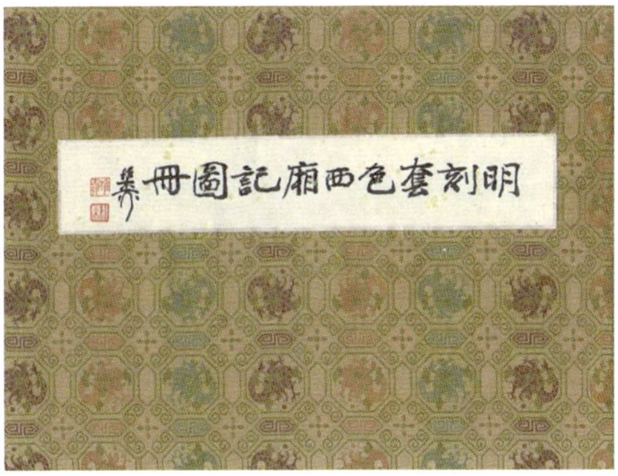

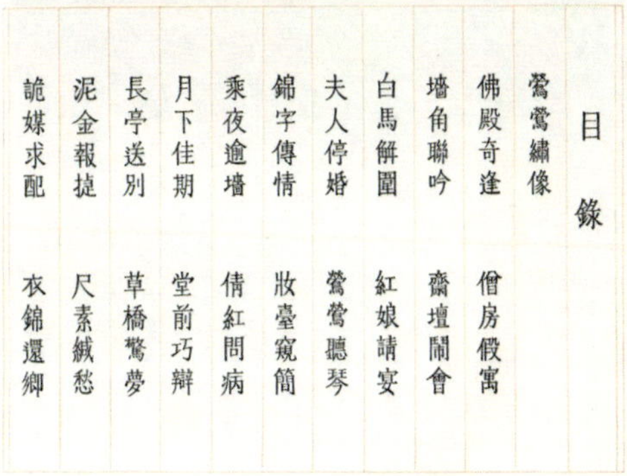

目錄

鶯鶯繡像
佛殿奇逢　僧房假寓
墻角聯吟　齋壇鬧會
白馬解圍　紅娘請宴
夫人停婚　鶯鶯聽琴
錦字傳情　妝臺窺簡
乘夜逾墻　倩紅問病
月下佳期　堂前巧辯
長亭送別　草橋驚夢
泥金報捷　尺素緘愁
詭媒求配　衣錦還鄉

图 2-5-112
封面

图 2-5-113
目录

图 2-5-114
莺莺绣像

图 2-5-115
佛殿奇逢

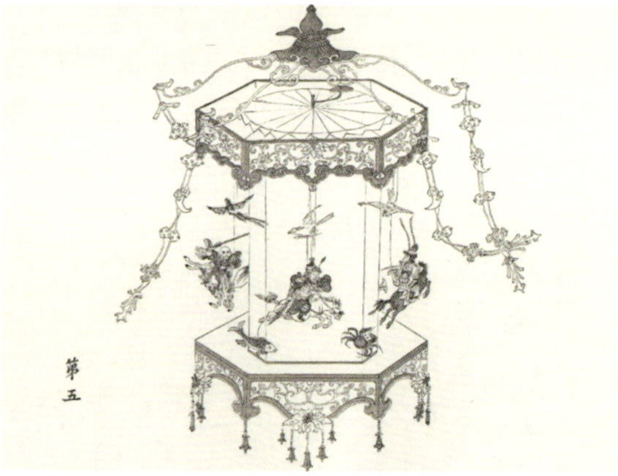

图 2-5-116
墙角联吟

图 2-5-117
莺莺听琴

图 2-5-118
白马解围

图 2-5-119
锦字传情

图 2-5-120
妆台窥笺

图 2-5-121
乘夜逾墙

图 2-5-122
月下佳期

图 2-5-123
长亭送别

图 2-5-124
草桥惊梦

图 2-5-125
尺素缄愁

图 2-5-126
诡媒求配

图 2-5-127
衣锦还乡

七、松江谈笺

明代宣德年间，明宣宗朱瞻基雅好翰墨，工于绘事。朱瞻基当朝仅十年，却有三绝著称于世，即宣德炉、宣德瓷和宣德笺。

宣德笺仅供内府使用，以制作精良、装饰华美取胜，包括宣德细密撒金笺、五色粉笺、宣德磁青笺、宣德羊脑笺、宣德素馨纸、金龙纹笺等十几个品种。关于明代宣德羊脑笺，清代沈初在《西清笔记》中说："以宣德瓷青纸为之，以羊脑和顶烟墨窨藏，久之取以涂纸，砑光成笺，黑如漆，明如镜。始自明宣德间，制以写经，历久不坏，虫不能蚀。"

明英宗正统年间（1436—1449），主管宫笺制造的是工部右侍郎谈伦。谈伦，字本彝，自署野翁，松江人。谈伦后被罢官还乡，在家乡建朋寿园，后称谈家花园。谈伦从内府带出制宣德宫笺秘法，并传授于长子谈田、次子谈寿及孙谈梧亭。崇祯年间，谈仲和从谈梧亭处学得此法，发扬光大。

谈仲和，名尚都，工部右侍郎，以战功官至游击将军，后弃官回乡，专营制笺业。他得家传宣德宫笺制作秘法，水印花纹，名重一时，其法不用粉造，以荆川连纸为基础，坚白可类宋纸，用蜡打各种细花，古雅可爱，称为"谈笺"，后又称"谭笺"。谈笺是我国最早的水印花纹笺纸。

《娄县志》载："谈仲和笺椿染有秘法，今邑中多业此艺，西门外列肆而售，有玉版、银光、螺纹、朱砂、玉青等笺，大而联榜，小而尺牍，色样不一，或屑金花描成山水、人物、鸟兽之形，或染花草，俱极精美。"

董其昌称谈笺"润而绵密，下笔莹而不滑，能如人意之所致"。从清吴昌绶诗"自拨张炉，细写谈笺"，可知谈仲和的笺纸与张鸣岐的铜炉同样名贵。黄霆《松江竹枝词》称颂："吴绫杼柚最精妍，张氏争传画绢便。唯有仲和藏秘法，至今犹是忆谈笺。"

顾翰《松江竹枝词》亦称："吟成诗句题红叶，剩有谈笺一纸无。"

丁宜福《申江棹歌》曰："郎寄家书别无笺，阿侬只要买谈笺。"

汪大经赞誉谈笺质地精良，"其妙在本色，无取朱粉碾"。乾隆年间编纂《续资治通鉴》的学问大家毕沅撰写经典楹联：

上联"论家世如阁帖古窑可谓旧矣"。

下联"问文章似谈笺顾绣换得钱无"。

都梁小说《荣宝斋》中有关于谈笺的故事。

明代屠隆《游具笺》中提到一种叶笺，以苏州产的罗纹笺纸，以蜡版砑出树叶纹，再剪成树叶形状。红色的剪为枫叶，绿色的剪为蕉叶，黄色的剪为贝叶，出游时忽发诗兴，便写在叶笺上，让其逐水浮沉，以为雅事。

明代出现美观的苔笺纸，又称发笺纸。

《帝京景物略》记载：明朝人过冬至，百官先向皇帝"贺冬"，而后"吉服三日，具红笺互拜，朱衣交于衢，一如元旦"。可见，明朝已出现用红色的笺纸制作的名片。

明代万历年间，高濂编著《遵生八笺》。该书所述纸张的品类和名称近六十种。

《遵生八笺·燕闲清赏笺·论纸》云："至汉蔡伦始制纸，为万世利也。初捣鱼网为纸，曰网纸；以布作者，曰麻纸；以树皮作者，曰谷纸。蜀有凝光纸、云蓝笺、花叶纸、十色薛涛笺，名曰蜀笺。”该书还记载了“造葵笺法”“染宋笺色法”“造金银印花笺法”“造松花笺法”等。

明代居节《无题二首》诗云：“金鱼笺纸回文句，昨夜灯前仔细看。”

宋代宋伯仁《买笺纸》诗云：“丁宁黄帽入苏州，吉利桥边泊小舟。买得吴笺才可去，诗成免得向人求。”

明代吴从先《小窗自纪》云：“士人寸笺只字，一经得意，爱惜匪轻。况宝轴琅函，千秋鸿秘，安可造次从事。松雪藏书一法，诚当为律。”

明代陆绍珩纂辑《小窗幽记》云：“半幅花笺入手，剪裁就腊雪春冰。一条竹杖随身，收拾尽燕云楚水。”

八、《套版简帖》

1962年，在安徽屯溪造纸厂废旧仓库中，发现了几十种清代契纸，其题头画中多印有饾版和拱花的图样，这些契纸入藏安徽省博物馆。1964年，赖少其据此编辑出版了《套版简帖》，将这些契纸尽收其中。

《套版简帖》是木版笺画集，共收四十二图。其中康熙、乾隆笺帖四十图，崇祯、康熙年诗笺两图。大凡山水、人物、花卉、亭台之属，尤以人物故事居多。采用《十竹斋书画谱》的饾版法，行云、流水、花朵多用拱花印制。相比之下，简帖诸作，更多吸取民间风格，较为奔放，套色华丽。

赖少其说：“套版简帖，俗称契纸。上印套色木刻，折叠成简帖，故称套版简帖，为明末清初徽州艺人所创制。以现存者证之：初写于诗笺上，后演变为简帖。就其年代，与十竹斋同时，多以人物山水见长，可补十竹斋之不足。与绣像以纤丽取胜不同，更多吸取民间风格，较为奔放，套色华丽。惜鲁迅先生、郑振铎先生均未得见，故未著录。”

“简帖多属康熙乾隆年间所

图2-5-128
《套版简帖》江山如画

图2-5-129
《套版简帖》精舍琴书

图 2-5-130
《套版简帖》
凌烟阁

图 2-5-131
《套版简帖》
凤池

图 2-5-132
《套版简帖》
云亭

图 2-5-133
《套版简帖》
兰台之一

图 2-5-134
《套版简帖》
白露春潮

图 2-5-135
《套版简帖》
松涛

图 2-5-136
《套版简帖》
赏菊东篱下

图 2-5-137
《套版简帖》
月夜

图 2-5-138
《套版简帖》
仰观星斗

图 2-5-139
《套版简帖》
吟行

图 2-5-140
《套版简帖》
关城

图 2-5-141
《套版简帖》
人物

图 2-5-142
《套版简帖》
骑游之一

图 2-5-143
《套版简帖》
捕鱼

图 2-5-144
《套版简帖》
博古

图 2-5-145
《套版简帖》
荷花

图 2-5-146
《套版简帖》
梅花

图 2-5-147
《套版简帖》
牡丹

图 2-5-148
《套版简帖》
狮子

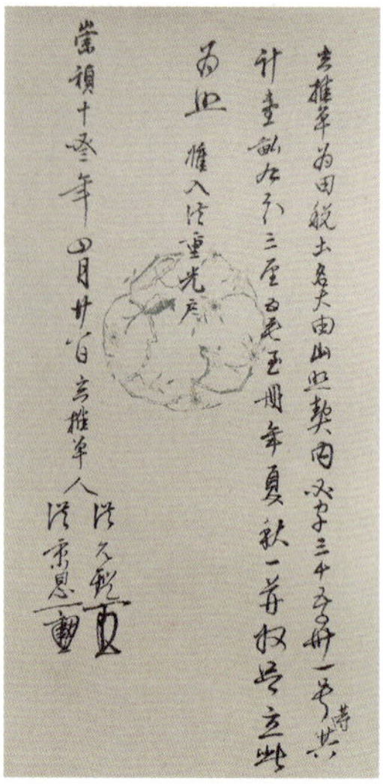

图 2-5-149
《套版简帖》
崇祯年间所作诗笺

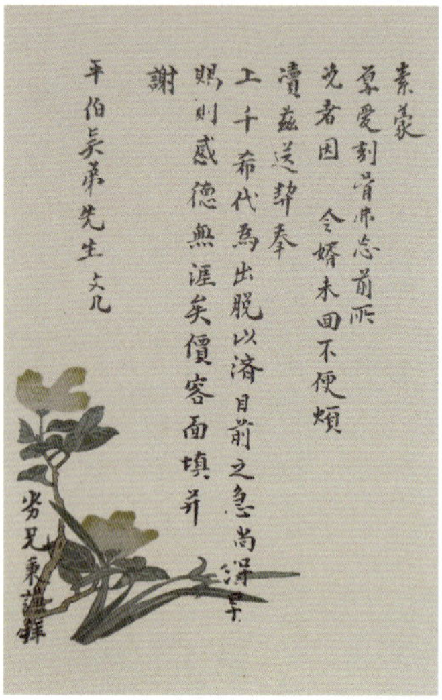

图 2-5-150
《套版简帖》
康熙年间所作诗笺

作，后附诗笺二纸：一为崇祯年间作，一为康熙年间作，以为比较。然此种套版木刻，初原为诗笺，故有士大夫习气，内容尚保持封建时代之诗情画意，后为简帖，纯属契约性质……”

清光绪年间，中国铁路公司盛揆臣（盛宣怀长子）的存款字据，应属契纸性质。图案为滕王阁，与《套版简帖》集中图案并无雷同。

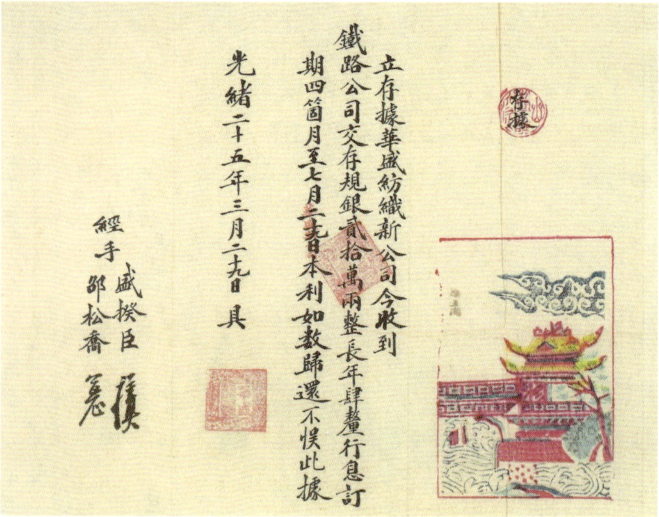

立存據華盛紡織新公司今收到
鐵路公司交存規銀貳拾萬兩整長年肆釐行息訂
期四個月至七月二十九日本利如數歸還不悞此據
光緒二十五年三月二十九日具
經手 盛揆臣
邵松喬

图 2-5-151
盛揆臣的存款字据

日本京都大学图书馆收藏了十九幅从康熙至光绪年间的契约、立约、借票，题头图案为饾版套印的“凌烟阁”“兰台”“虞亭卿云”等图像，与安徽省博物馆收藏的契纸风格极为相似。

九、《彩映六朝齐梁烟月》笺谱

此单册笺谱刻印于清代光绪年间，题签上“彩映六朝齐梁烟月”可拆成“彩映六朝”与“齐梁烟月”之对应。六朝所指唐许嵩在《建康实录》一书记载的六个朝代：吴、东晋、宋、齐、梁、陈。题签上的赠书人竞清与藏书者英宝社人都已不得而知。笺画牡丹所题句“秀色洗红粉，暗香生雪肌”，出自苏轼《雨中看牡丹》。

笺上所署款识“声伯”为陈宝琛弟子赵世骏。赵氏在清光绪十一年（1885）为内阁中书，花卉与书法皆精，晚学褚遂良，所书几可乱真。他与翁方纲同为金石名家，居北京琉璃厂北柳巷南丰会馆数十年。琉璃厂清秘阁以赵世骏所绘笺样印制饾版、拱花诗笺谱。上海朵云轩刊有未压拱花的仿古翻刻。

图 2-5-152
《彩映六朝齐梁烟月》笺谱

十、文美斋《百花诗笺谱》和《文美斋诗笺谱》

（一）文美斋《百花诗笺谱》

清光绪三十二年（1906），天津东北城角文美斋刊印一部文美斋《百花诗笺谱》，又名《百华诗笺谱》，有两种：一种为彩墨套印；一种为单色朱刷。文美斋主人焦书卿刊印。作者为天津画家张兆祥（1852—1908），字龢庵，天津人，幼时家境清贫，师从名画师孟毓梓（绣春），深受爱重，得其写生诀要薪传。张兆祥善画花鸟，后又融汇邹小山、

图 2-5-153
彩墨套印　文美斋《百花诗笺谱》

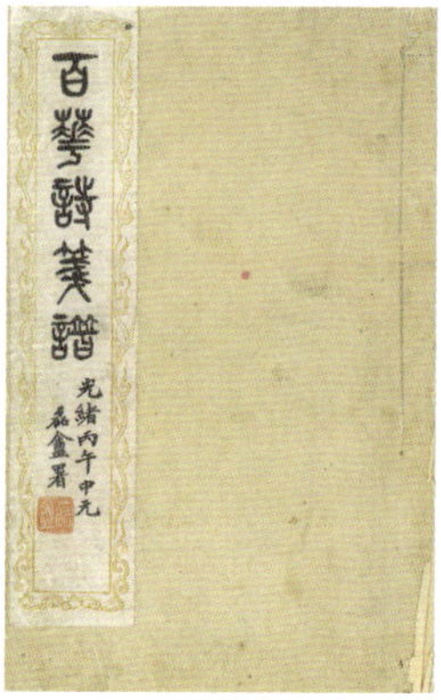

图 2-5-154
单色朱刷
文美斋《百花诗笺谱》封面

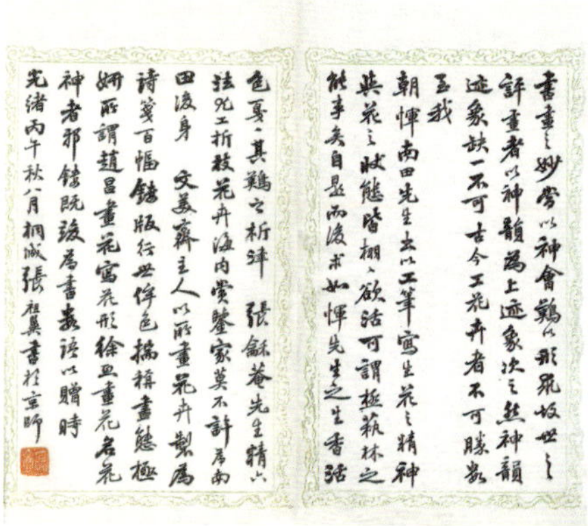

書畫之妙當以神會，難以形器求也。世之評畫者以神韻為上，迹象次之，然神韻迹象缺一不可。古今工花卉者不可勝數，至我
朝惲南田先生出，以工筆寫生，花之精神與花之狀態，皆栩栩欲活，可謂極藝林之能事矣。自是而後，求如惲先生之生香活色，戛戛其難之。析津張龢庵先生精六法，尤工折枝花卉，海內賞鑒家莫不許為南田後身。文美齋主人以所畫花卉製為詩箋百幅，鐫版行世，俾色揣摩，盡態極妍，所謂趙昌畫花寫花形，徐熙畫花寫花神者耶？鐫既竣，屬書數語以贈時。
光緒丙午秋八月桐城張祖翼書於京師

图 2-5-155
单色朱刷
文美斋《百花诗笺谱》张祖翼序文

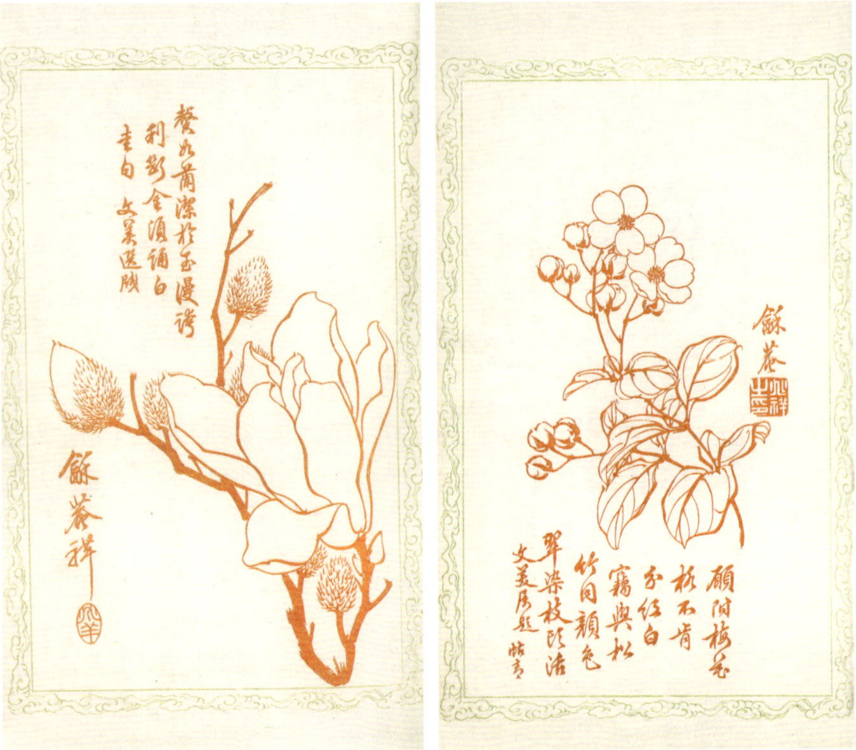

图 2-5-156—图 2-5-169
单色朱刷
文美斋《百花诗笺谱》

恽南田[1]诸家技法，追求在没骨花卉技巧上变法，设色艳雅，备极工致，开一代画坛新风，自成一派，被誉为清末“叶花卉之宗匠”。该笺谱画面可见各种花卉姹紫嫣红，蜡梅、玉兰、波斯菊、海棠、丁香、万年青、迎春花等百花争艳、绚丽多姿。

封面题签为张祖翼所书，并有张祖翼的序文。序文对张兆祥的画技给予高度赞誉：“书画之妙，当以神会，难以形求。故世之评画者以神韵为上，迹象次之。然神韵、迹象缺一不可。古今工花卉者，不可胜数。至我朝，恽南田先生出以工笔写生，花之精神与画之状态，皆栩栩欲活，可谓极艺林之能事矣。自是而后，术如恽先生之生香活色，戛戛其难之。析津（北京）张龢庵先生精六法，尤工折枝花卉，海内鉴赏家莫不许为南田后身。文美斋主人（焦书卿）以所画花卉制为诗笺百幅，铸版行世，侔色揣称，尽态极妍，所谓赵昌（北宋画家）画花写花形，徐熙（五代南唐画家）画花名花神者邪？镂既竣，为书数语以赠。光绪丙午秋八月张祖翼书于京师。”

序文作于光绪丙午（1906），刻版印制于宣统三年（1911）五月，钤阴文红印款磊盦。张祖翼，字逖先，号磊盦，桐城人，清末桐城派名士，精金石考证学，工书法。序中“制为诗笺百幅”，说明本书有笺画一百幅，为最初印本。

《百花诗笺谱》的镌印与张兆祥的神来之笔相得益彰，刀法细腻婉秀，设色雅洁，对色准确，完全可与《萝轩变古笺谱》《十竹斋笺谱》相提并论，是明季以来集笺成谱的一个完美总结。

① 恽南田（1633—1690），初名格，字寿平，以字行，又字正叔，别号南田，一号白云外史、云溪外史、东园客、巢枫客、东野遗狂、草衣生、横山樵者。江苏武进人。创常州画派，为清朝“一代之冠”。又善诗文和书法，诗被誉为“毗陵六逸之冠”，书法主要学褚遂良，被称为“恽体”。

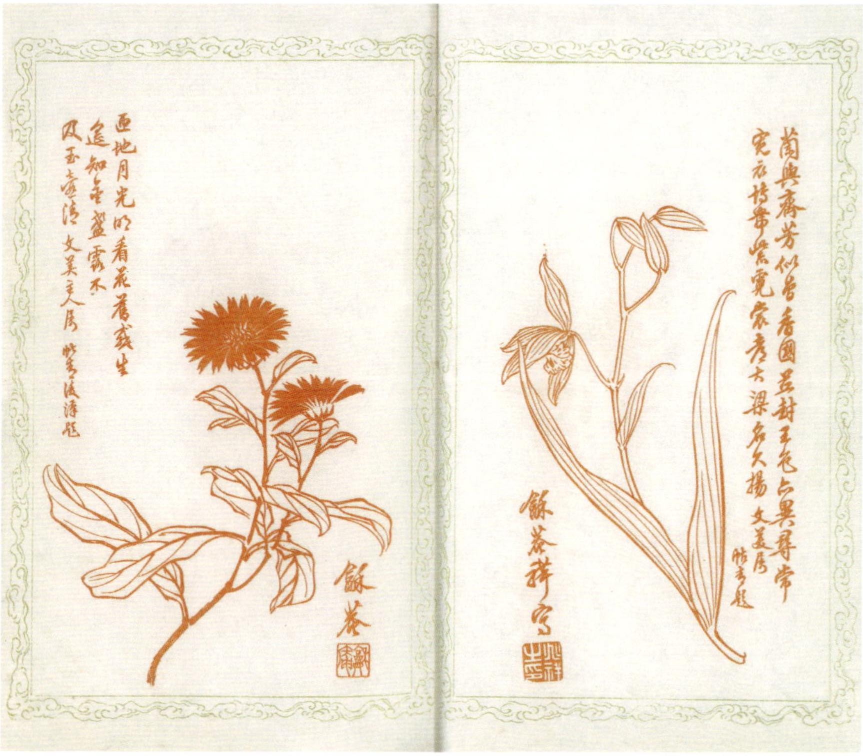

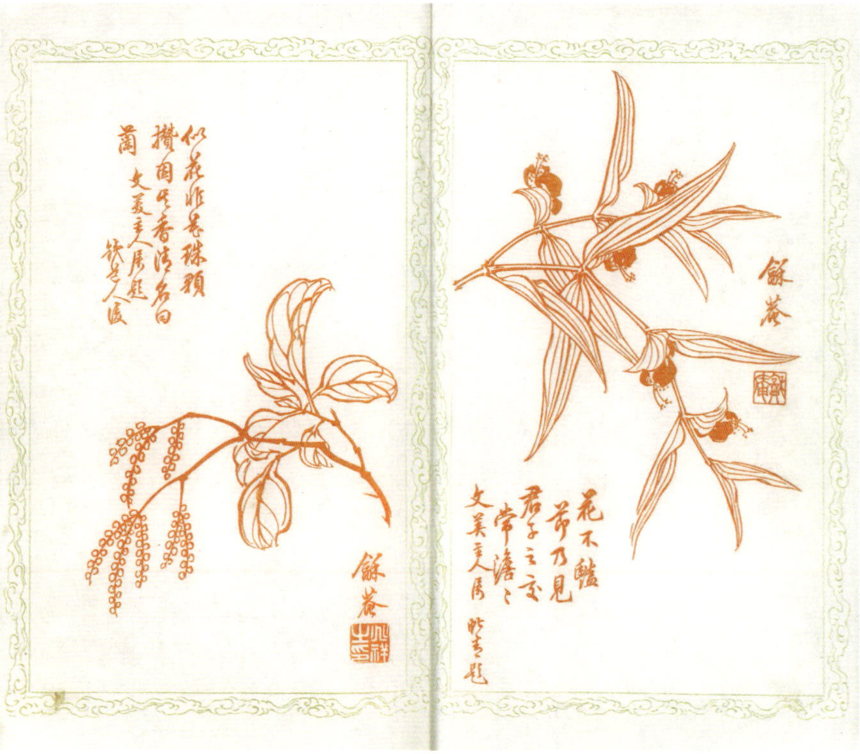

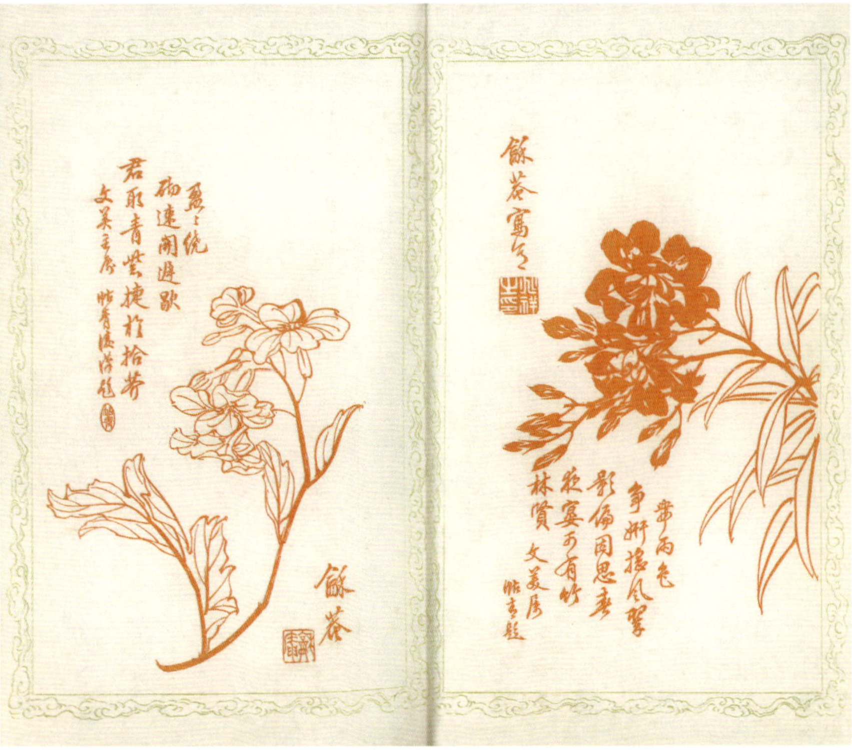

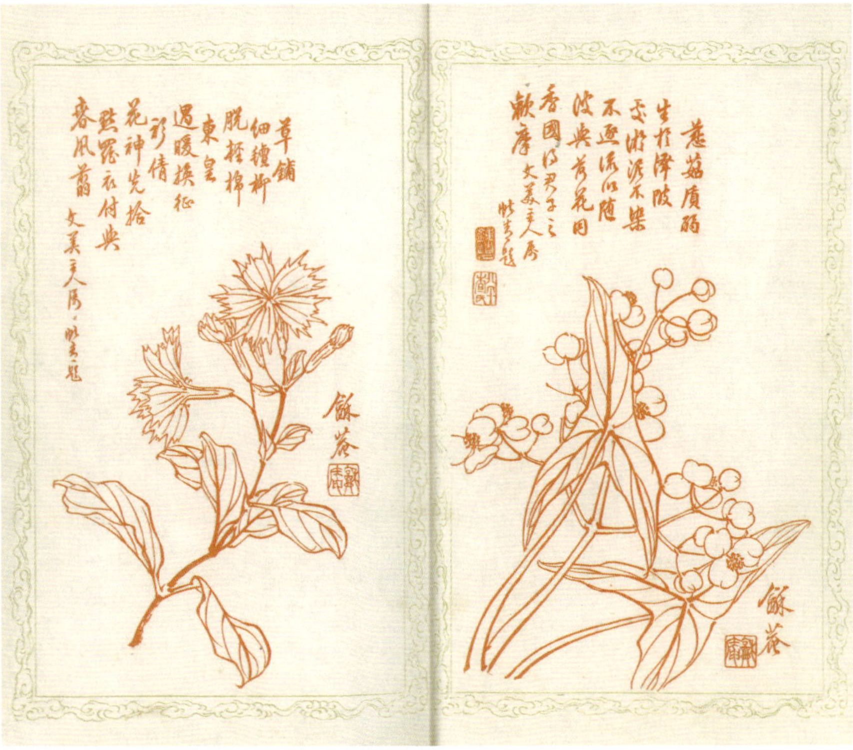

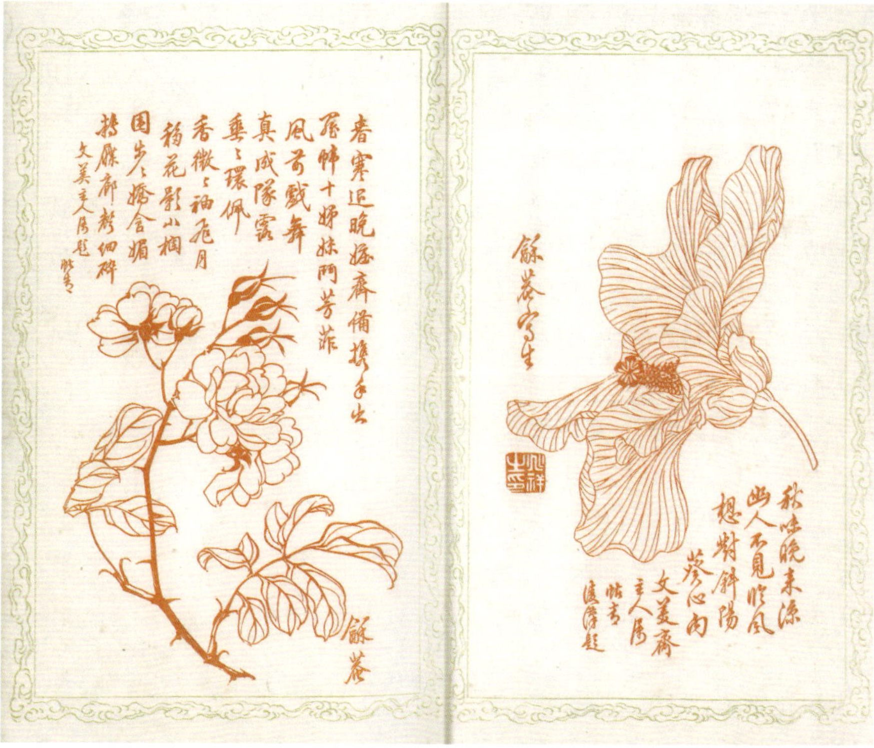

餘蓀寫生
文美主人屬題
餘蓀

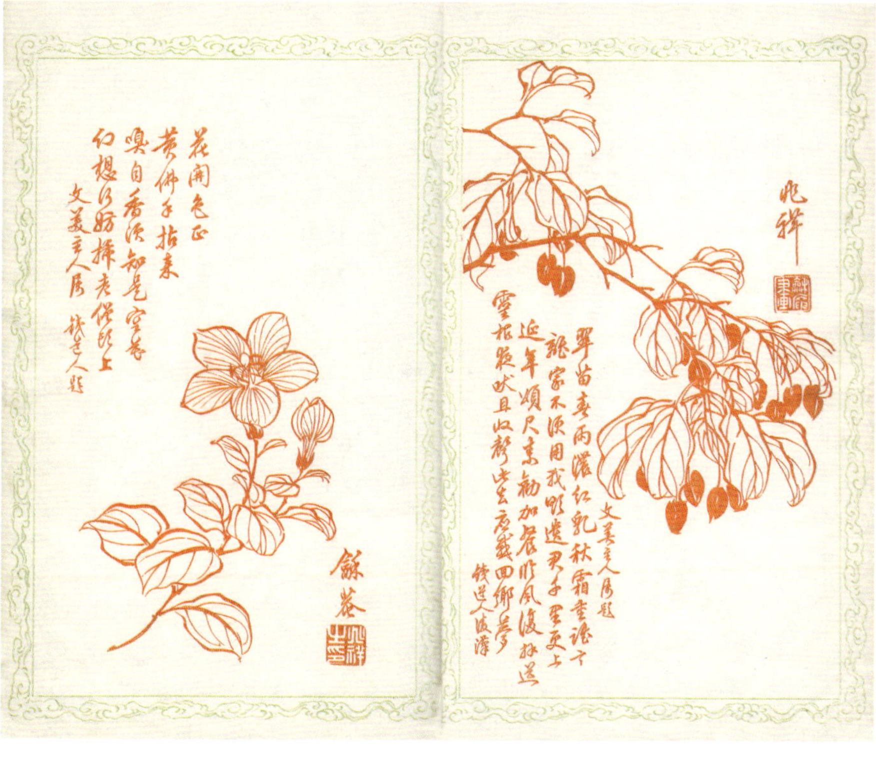

文美主人屬
餘蓀
文美主人屬題

（二）《文美斋诗笺谱》

继《百花诗笺谱》之后，文美斋集上海钱慧安、沈心海、杨柏涧，南京王慎之，天津辛荫圃和陆炳文、黄花农等画家所作的人物、花卉、博古、山水等刻印成一部《文美斋诗笺谱》，每幅画上都配有查凌汉的题句。

《文美斋诗笺谱》共出版两种：

1911 年出版《文美斋诗笺谱》（第一种），收入笺画一百种，单色刻印本，每幅图案配花边框。

1911 年还出版《文美斋诗笺谱》（第二种），收入笺画一百种，彩色套印本，每幅图案配花边框。

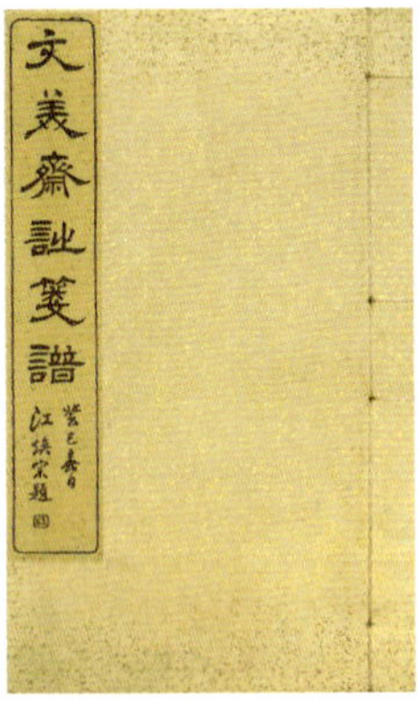

图 2-5-170
单色刻印本
《文美斋诗笺谱》封面

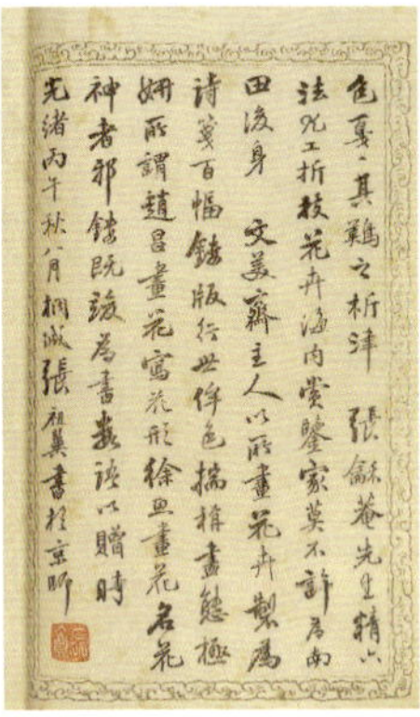

图 2-5-171
单色刻印本
《文美斋诗笺谱》序言

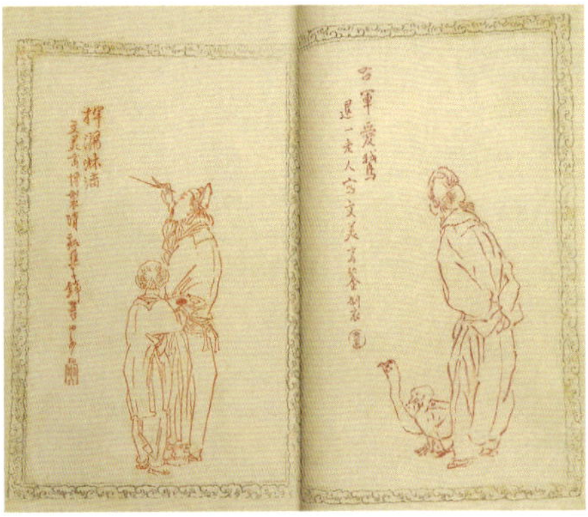

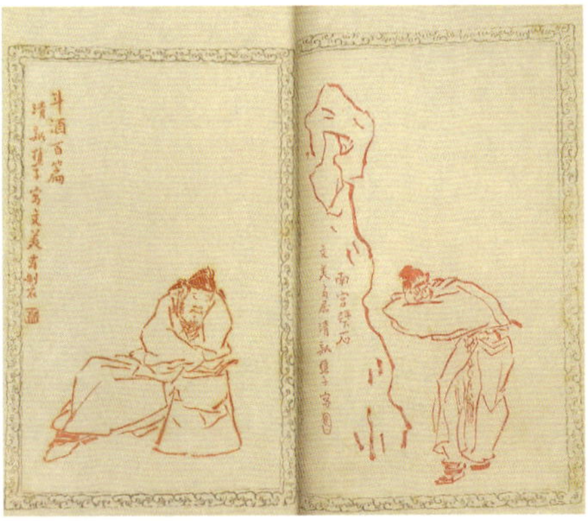

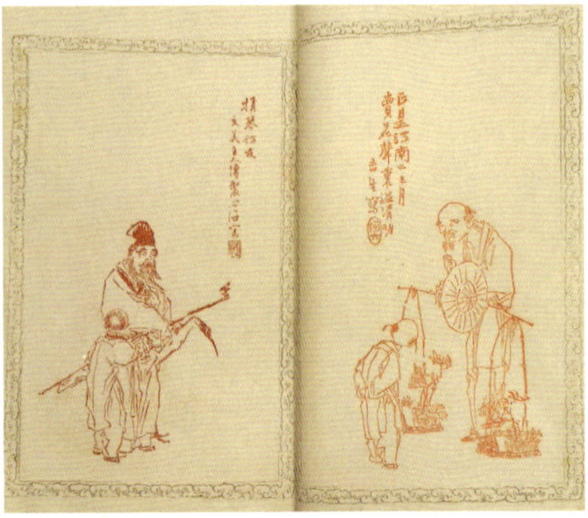

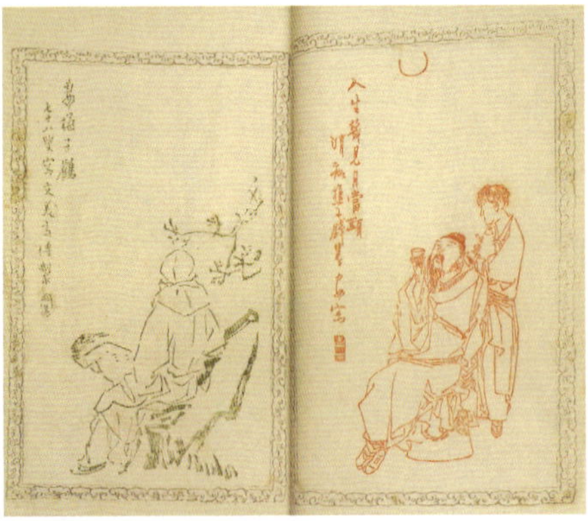

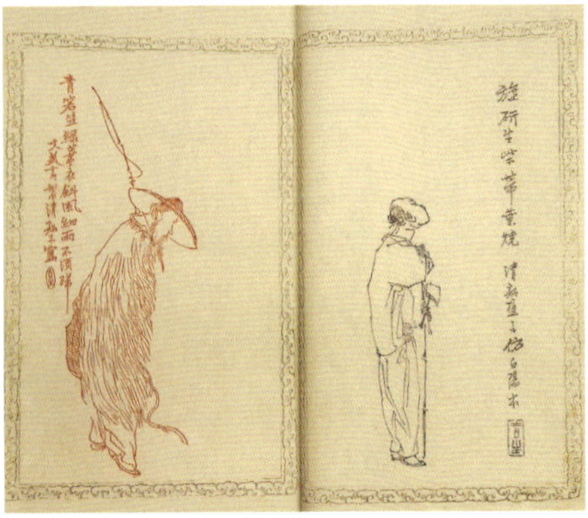

图 2-5-172—图 2-5-196
单色刻印本
《文美斋诗笺谱》

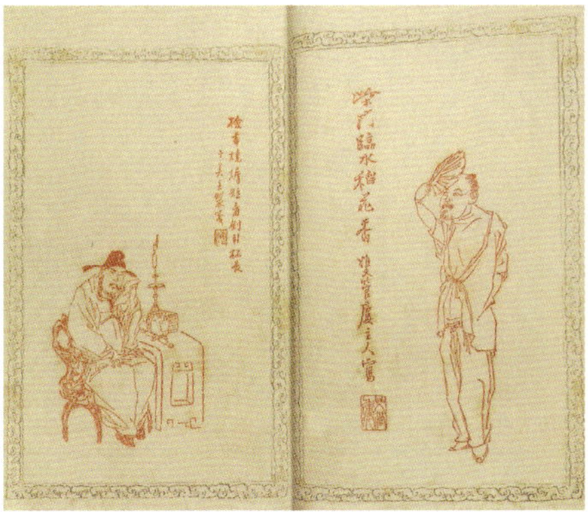

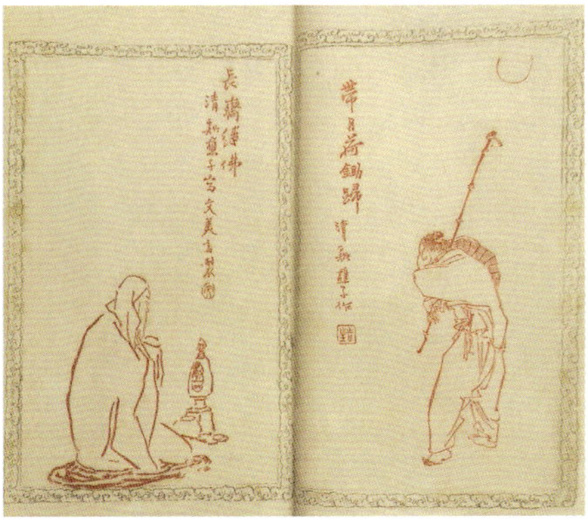
長齋繡佛
帶月荷鋤歸

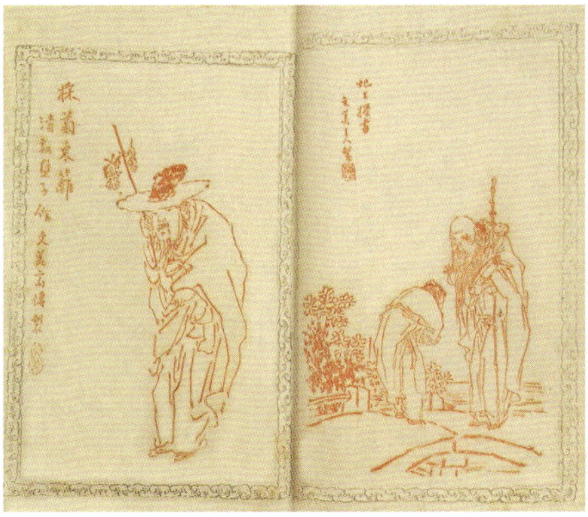

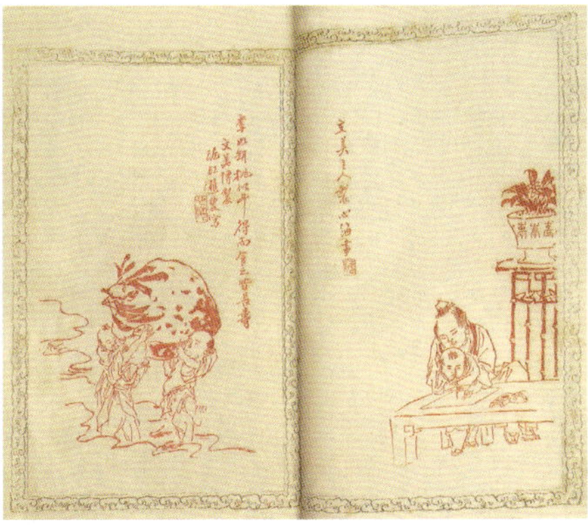

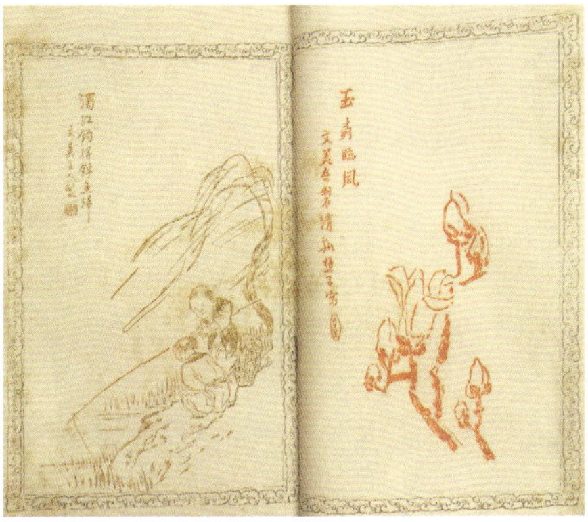

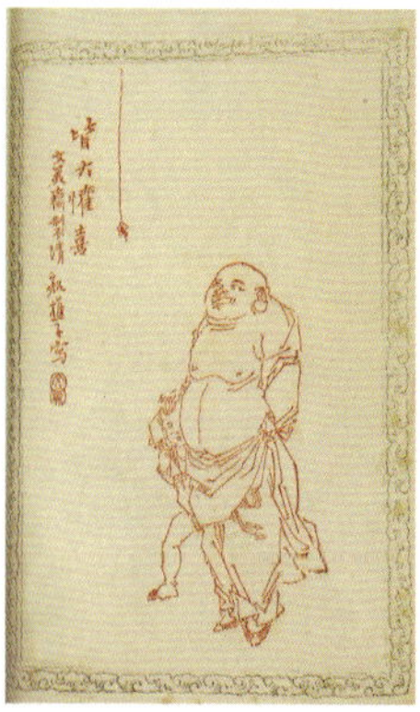

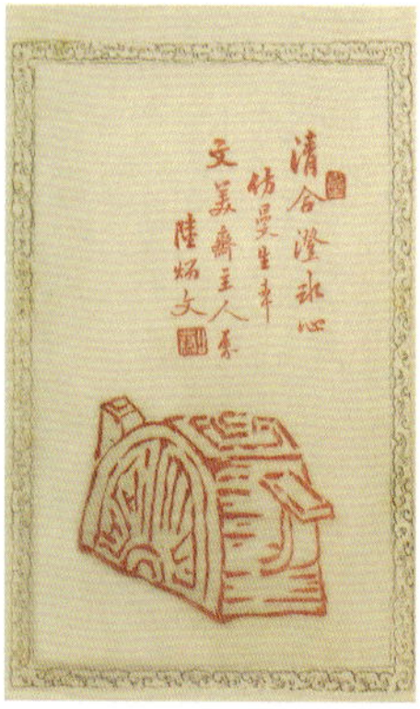

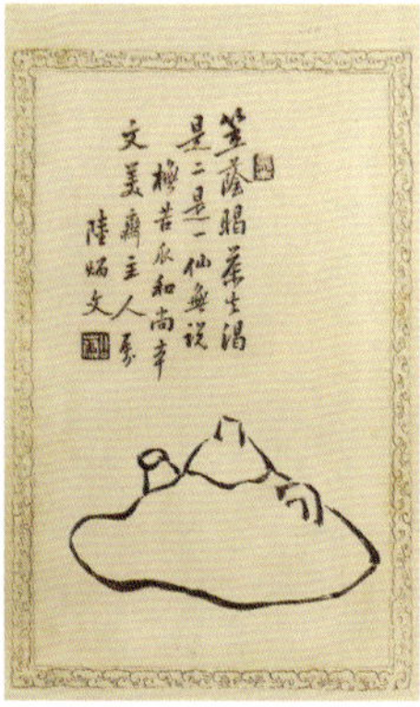
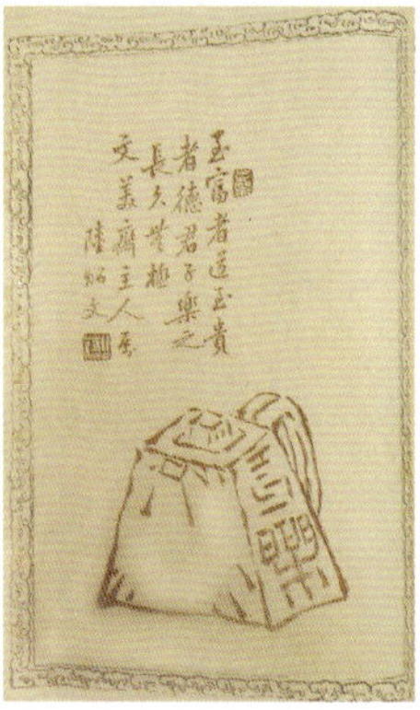

图 2-5-197—图 2-5-222
彩色套印本
《文美斋诗笺谱》

十一、《梦庐花鸟笺谱》

天津文美斋于1893年曾出版过《文美斋诗笺谱》早期版本，两册，收入二百幅笺画，单色刻印本。一册张兆祥与查帖青（凌汉）合作，张兆祥绘百种花卉一百幅，查帖青根据所绘花卉之特点，题写吟咏之诗。一册朱梦庐为文美斋绘花鸟一百幅。每幅图案外框为单线素框。有“癸巳冬至日梦庐写文美斋制”之题。

朱梦庐所绘花鸟一百幅刻印为《梦庐花鸟笺谱》。朱梦庐（1826—1900），名朱偁，早岁名琛，号觉未，又号胥山樵叟，浙江嘉兴人，工花鸟，初法张熊[1]，暇则借临，熊自视几不能辨。及王礼得名以超脱胜张熊之工细，遂改从礼，题字款识，莫不酷似。晚年精进，惜未脱霸气。间仿华岩亦得其神似。卒年七十五（一作七十四）。

文美斋《梦庐花鸟笺谱》初刊本原版毁于“庚子之乱”，宣统三年（1911）重刻，风神已大逊于前，但笔墨工整、婉丽，尚可看出当时画坛的取向。天津文美斋此种清末笺谱，后被外省以“画谱”名义多次刊印发行，可见其文化艺术价值之高、影响之大。吉林长春古籍书店出版过《梦庐花鸟画谱》。

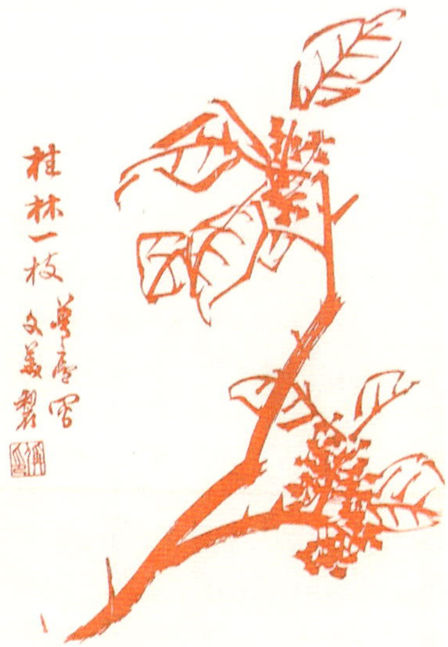

图 2-5-223、图 2-5-224
文美斋制朱梦庐画笺

① 张熊（1803—1886），又名张熊祥，字寿甫，亦作寿父，号子祥，晚号祥翁，别号鸳湖外史、鸳湖老人、鸳湖老者、鸳鸯湖外史、西厢客。别署清河伯子、髯参军。室名银藤花馆。浙江秀水（今嘉兴）人，流寓上海。工花卉，纵逸似周之冕，古媚似王武。尤擅大幅牡丹。

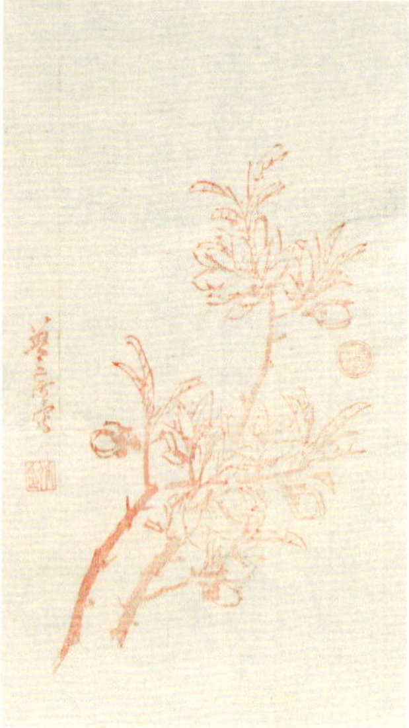
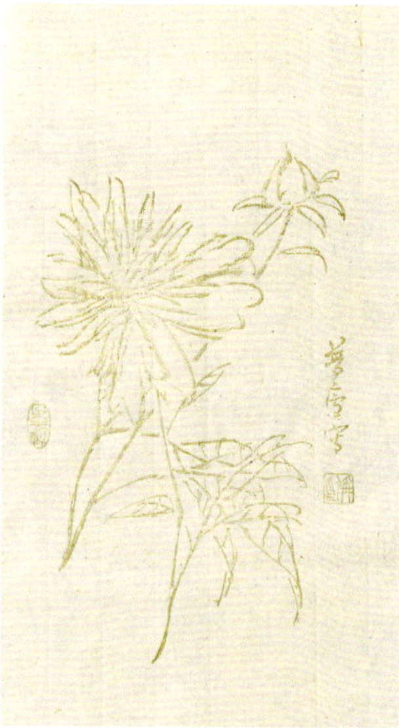

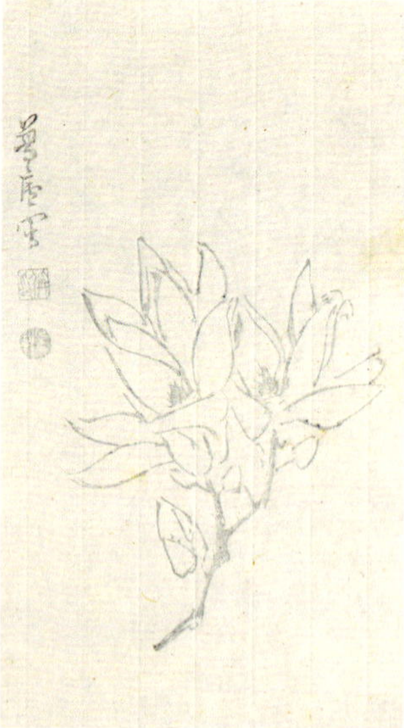

图 2-5-225—图 2-5-231
朵云轩制
朱梦庐花卉笺

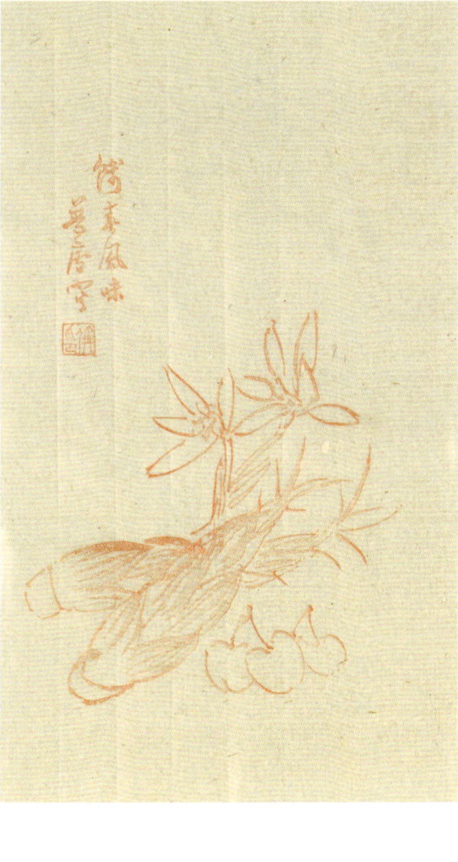

图 2-5-232—图 2-5-234
朱梦庐蔬果笺

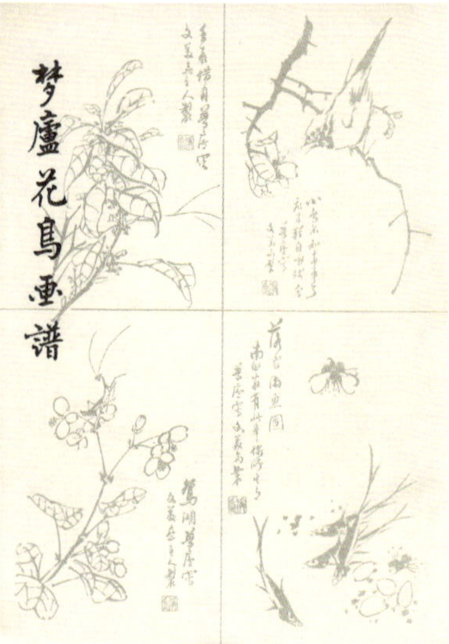

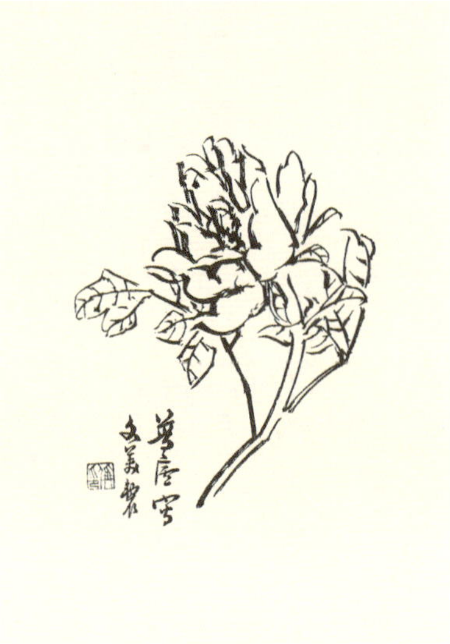
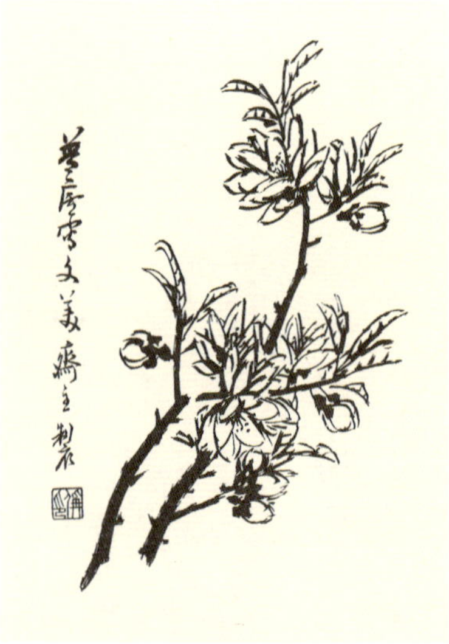

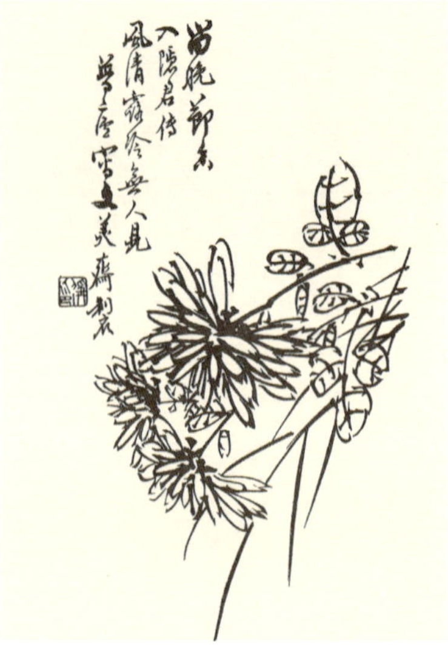
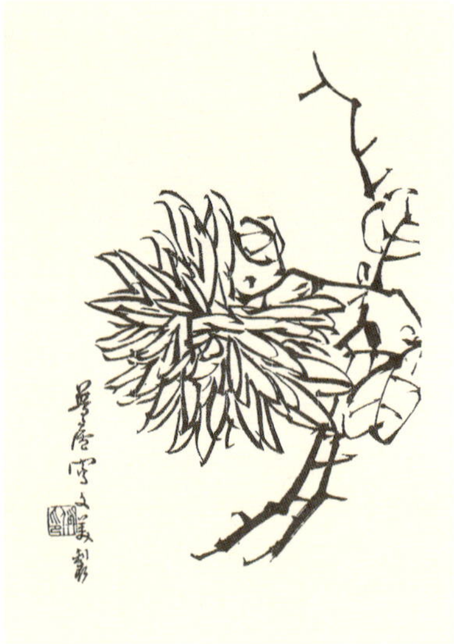

图 2-5-235—图 2-5-255
《梦庐花鸟画谱》

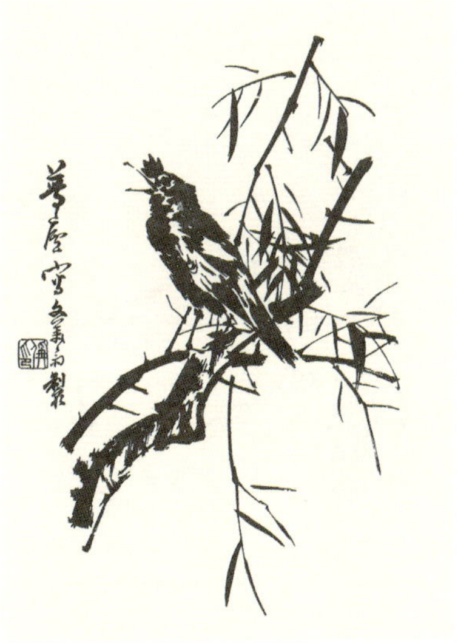

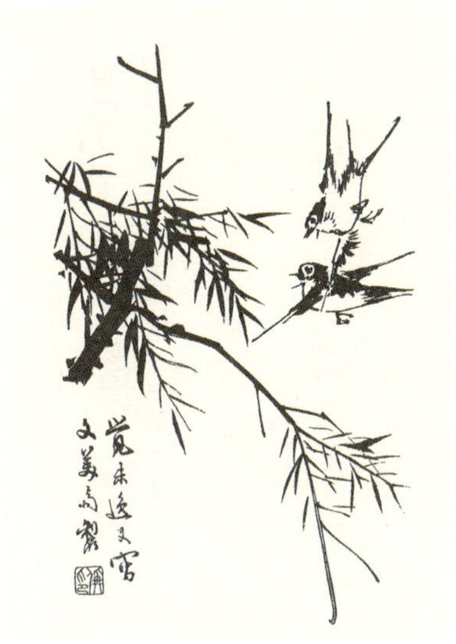

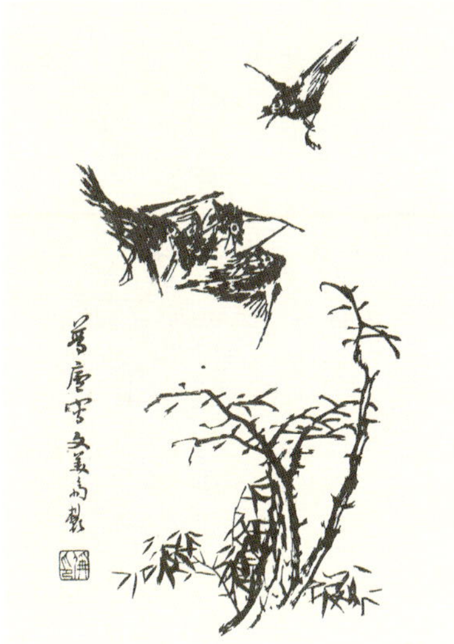

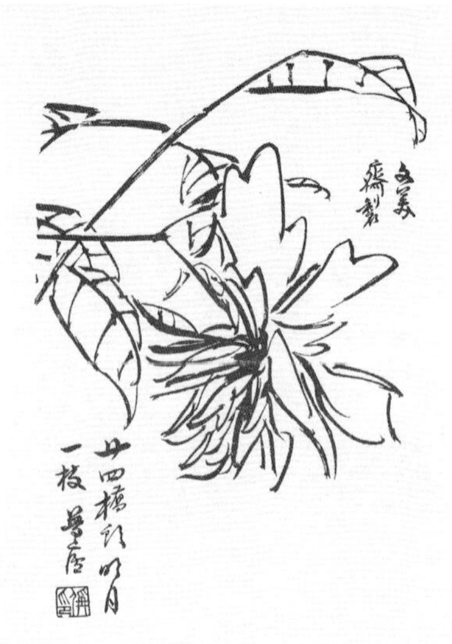
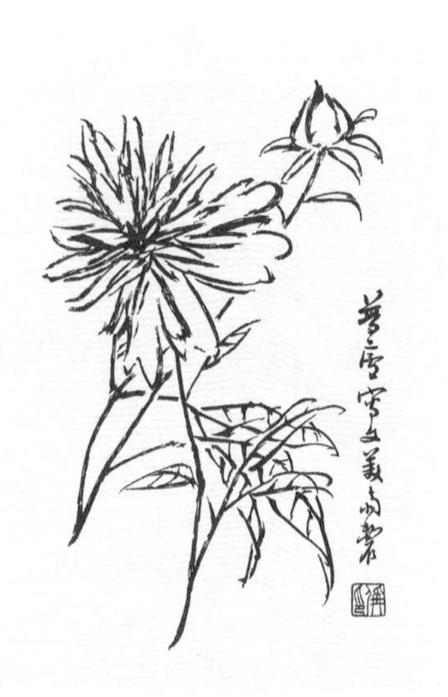
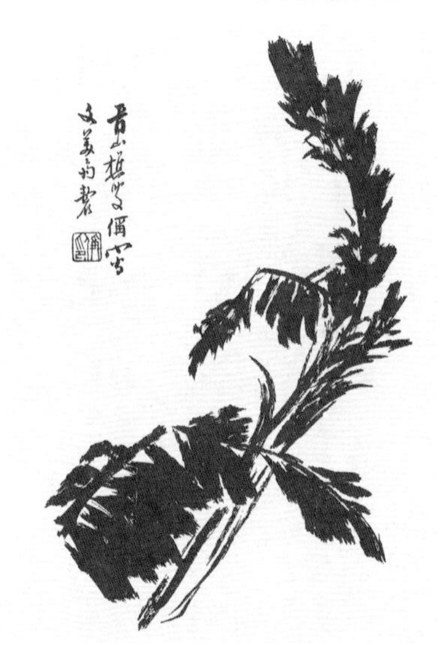

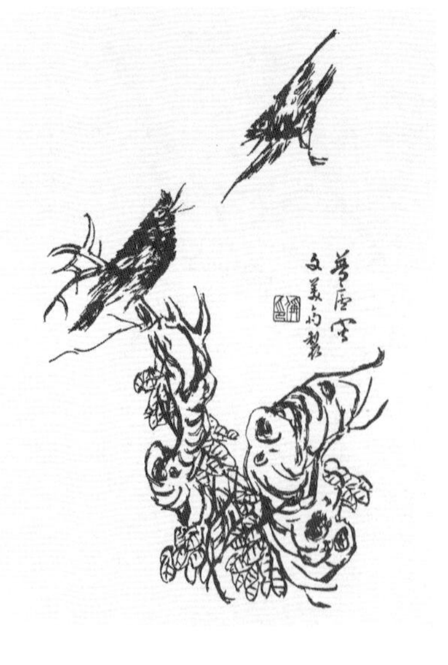

十二、《笺举》

图 2-5-256
《笺举》
封面题签“笺举”

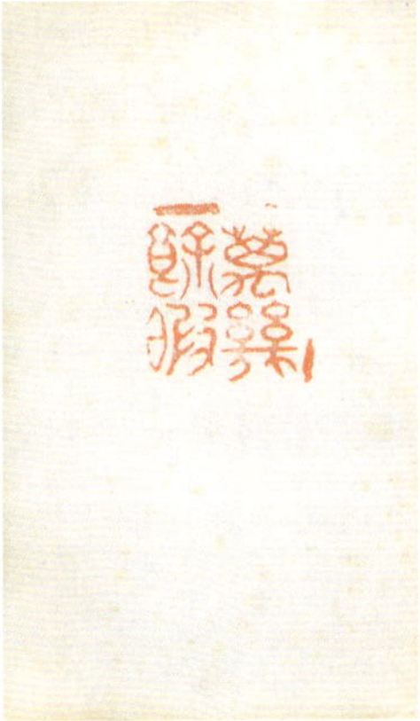

图 2-5-257
《笺举》
扉页阳文“万几余暇”方印

图 2-5-258
邵章题
“永定门”匾额

据苏晓君《研花笺》一文介绍，中国国家图书馆藏《笺举》是现存古笺谱之一，原为郑振铎先生藏书，《西谛书目》著录为清刻本，待考。一册经折装，页背下有叶形“清秘”小印，原折子应为清秘阁所制。扉页钤阳文“万几余暇”大方印，笺印被规整地粘贴在每一面的折页上，封面题签“笺举”两字由署名“倬厂”墨笔题写。

邵章（1872—1953），字伯炯、伯絅，一作伯褧，号倬庵、倬盦、倬厂、倬安。浙江仁和（今杭州）人。邵懿辰长孙，清光绪二十八年（1902）进士授翰林院编修，官至奉天提学使。毕业于日本政法大学速成科，历任翰林院编修、杭州府学堂、湖北法政学堂及江三省法政学堂监督，奉天提学使，北京法政专门学校校长，北京政府评政院评事兼庭长、院长等职。近现代版本目录学家、书法家，富于收藏，精研碑帖，工书法，与张伯英、宝熙、罗复堪并称“旧京四大书家”。学者陈宗藩于其著作《燕都丛考》中载“今日各门之额，皆邵君之书也”。邵章以“擘窠大字”榜书所题写的匾额大多失落无存。其中，“永定门”匾额现藏于首都博物馆，“德胜门”匾额则藏于北京市古代钱币博物馆。

《笺举》笺谱共收入二十一家的六十五幅笺纸，大部分是研花笺，兼有少数拱花和刻印笺。其中色研笺选用墨色多与所用纸色相近，原造黄纸常用淡棕色、染色绿纸则用墨绿色、粉红色纸用深红色研印，以避免色差过大。

《笺举》前六张都是不着墨色的彩纸白研笺，无题款，均为长方形打蜡笺纸，风格相类，有灰白、黄、蓝、棕红、淡黄五色。

这部笺谱中共查到五位不同时期的设计者和制作者：

第一，仇英（约 1501—约 1551），字实父，号十洲，原籍江苏太仓，后移居吴县（今苏州），明代绘画大师。仇英出身寒门，幼年失学，曾习漆工，后拜师周臣，成为画家。他博采众长，山水、花卉、界画、人物、仕女无所不能，既工设色，又善水墨、白描，能运用多种笔法表现不同的对象，时人把他与周臣、唐寅誉称为“院派三大家”，又把他与沈周、文徵明、唐寅并称为“明四家”。《笺举》中收有两张，印纸老旧，印色尚清晰，研痕依稀可辨。其一为“司职方”，这是选自明茅一相《茶具图赞》的第十二图。图上有茅一相的赞语：“茶产于阳羡山中，珍重一时，煎法又得赵州之传，因命湘君设司检束。”由文徵明长子文彭（1497—1573）过录。其二为“水曹”，原始图案出自明顾元庆《茶谱》，仇英进行了重新创作，把器物勾画得更为完美，选用原造黄纸暗红色砑印。上题文彭节录顾氏所撰短语：“茶之真味，蕴诸枪旗之中，必浣之以水，而后发也。”文末有一方文彭阴文钤印，题“文寿承氏”（文彭字寿承）。两笺都有葫芦形“十洲”印文，在“水曹”笺的右下“十洲”印文上并有“仇英”两字题款。

第二，梁同书（1723—1815），浙江钱塘人，字元颖，号山舟，晚年自署不翁。乾隆时特赐予进士，工书法，能诗，尤精鉴赏。八张色砑笺，均为原造黄纸棕色砑花，线条刻画流畅，笺面设计简而不俗，风格独具。图案大部分选自明方于鲁编辑的六卷《方氏墨谱》，有卷一中的“太平有象”，卷三中的“唐蹲龙”“香玉辟邪”“玉觿”，卷四中的画眉墨“柳叶”“六螭”“汉玉提梁”“玄螭柱”。在柳叶笺的左下，还过录了方于鲁撰写的四句赞语：“云若流，香若泻。作长蛾，妆坠马。”旁题“不翁笺”三字，说明这应是他晚年的作品。这一组笺纸，素雅简朴，格调高古。

图 2-5-259
“司职方”笺

图 2-5-260
“水曹”笺

图 2-5-261
“太平有象”笺

图 2-5-262
“唐蹲龙”笺

图 2-5-263
“香玉辟邪”笺

图 2-5-264
“玉觿”笺

图 2-5-265
“柳叶”笺

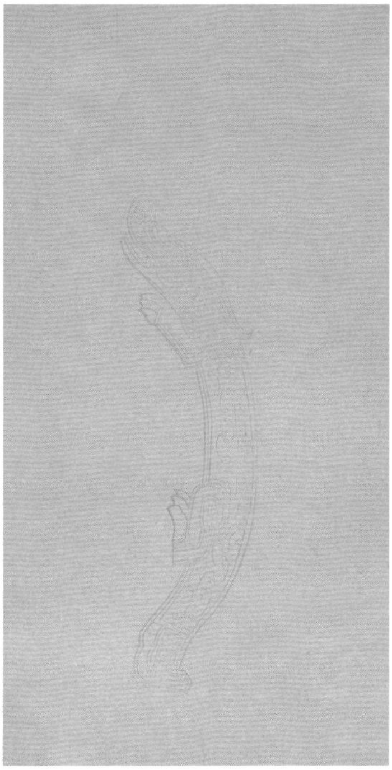

图 2-5-266
“汉玉提梁”笺

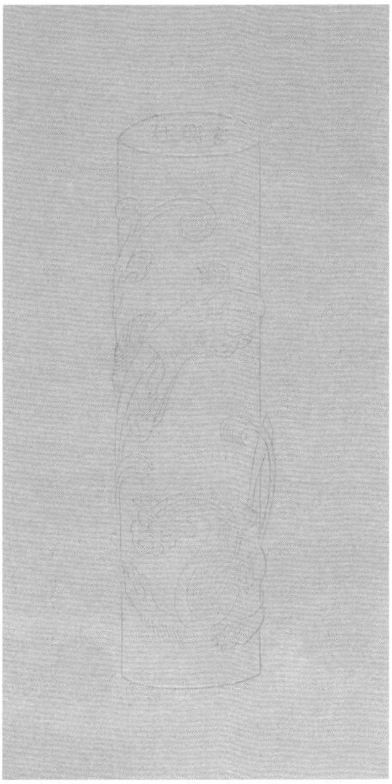

图 2-5-267
“玄螭柱”笺

图 2-5-268
云蓝阁制
赵之琛画螳螂笺

图 2-5-269
云蓝阁制
赵之琛画瘦石笺

第三，云蓝阁制笺。云蓝阁是清末陈云蓝在扬州开设的纸坊，以造诗笺闻名于时。云蓝阁制笺一般都用染色纸，最大的特点是砑印并用。

在《笺举》中收藏有云蓝阁制作的清代两位画家的作品。其一为赵之琛（1781—1852），字次闲，浙江钱塘人，工篆刻兼精绘事。共两张：一为粉红纸砑深红螳螂笺，右下题“云蓝阁制次闲画”；另一为染黄纸砑棕色瘦石笺，左上题“瘦石亭亭面面通灵次闲”。其二为戴熙（1801—1860），字醇士，号鹿床，也是钱塘人。共有五张画稿，分别为芭蕉、桂枝、竹石、松竹、松竹石，落“戴熙”“醇士”题款，选用墨色有粉红、墨绿、紫、棕等。其中淡绿纸墨绿色竹石笺，部分竹叶、印章和戴熙题记是砑印，其余都是刷印，右下还有一枚圆印，题“泉江陈氏云蓝阁制”。

第四，虚白斋制笺两幅，其一为鸳鸯笺，题款为“悫此文禽，飞止相匹”，雕工相当精致；其二为红笺写意笺，上有花瓣形印，文字为“虚白斋摹红笺写意”。笺纸样式为仕女图。

第五，还有几幅题名“青莲”的笺纸。青莲的全称是青莲室书画笺扇号，位于上海城隍庙，存在于清中晚期至民国时期。其一为红色荷叶蛤蜊笺，题款为“犹有白蘋香十里，生来黄蚬蛤蜊粗”；其二为绿色鳜鱼水草笺。

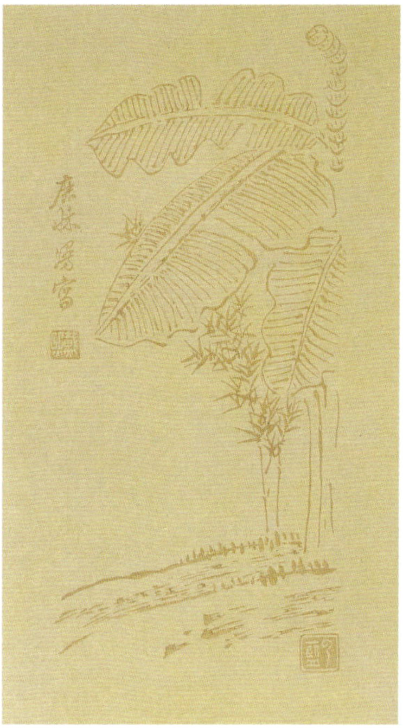

图 2-5-270
云蓝阁制
戴熙画芭蕉笺

图 2-5-271
云蓝阁制
戴熙画桂枝笺

图 2-5-272
云蓝阁制
戴熙画竹石笺

图 2-5-273
云蓝阁制
戴熙画松竹笺

图 2-5-274
云蓝阁制
戴熙画松竹石笺

图 2-5-275
虚白斋制
鸳鸯笺

图 2-5-276
虚白斋制
红笺写意笺

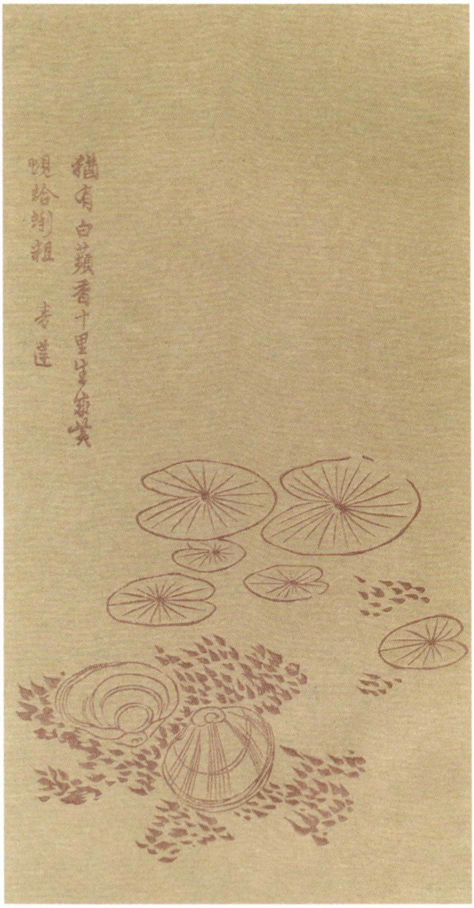

图 2-5-277
青莲制
红色荷叶蛤蜊笺

图 2-5-278
青莲制
绿色鳜鱼水草笺

十三、《钱江陈氏云蓝阁名笺》

《钱江陈氏云蓝阁名笺》是云蓝阁鼎盛时期诗笺艺术样本里的一套传世孤本，共收录笺画一百零五种，云蓝阁主人自绘笺画有二十多种，内容有山水、人物、花卉、草虫、文字、茗壶、博古等。封面题签由张福仁书。

云蓝阁主人陈云蓝，一名筠蓝，同治初年于扬州南皮市街开设纸坊，兼营木版年画和雕版刷印诗笺。

云蓝阁摹《青铜器及铭文笺》，器型纹饰不失原貌，铭文临写也中规中矩。其菊花笺题“细菊丽初暾。范湖草堂集中诗句，居士自写”是晚清画家周闲自写其《范湖草堂集》中诗意。文有六行笺，以“相思”二字，方正笔画，拉成界行，寓“方寸相思”之意，颇见巧思。

今存曹翰田写给琴翁观察大人的一封信，即写于云蓝阁制《青铜器及铭文笺》上。

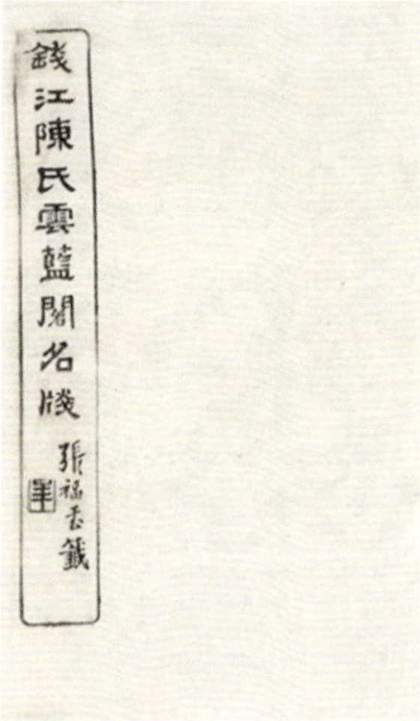

图 2-5-279
《钱江陈氏云蓝阁名笺》封面

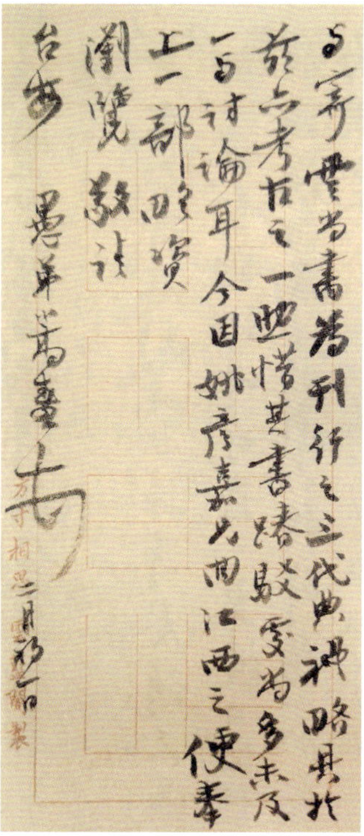

图 2-5-280
书于“方寸相思”笺

图 2-5-281
云蓝阁制“方寸相思”笺

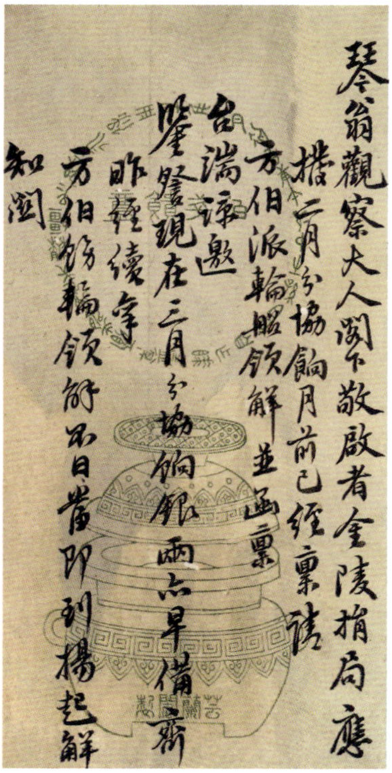

琴翁觀察大人閣下敬啟者金陵捐局應
措二月分協餉月前已經稟請
方伯派輪船領解並函稟
台端請邀
鑒督現在三月分協餉銀兩亦早備齊
昨接續奉
方伯飭輪領解不日當即到揚起解
知[illegible]

图 2-5-282
曹翰田写给琴翁观察大人的信

图 2-5-283—图 2-5-336
《钱江陈氏云蓝阁名笺》内页

米元章

蘇子瞻

黄山谷

蔡君謨

秦少游

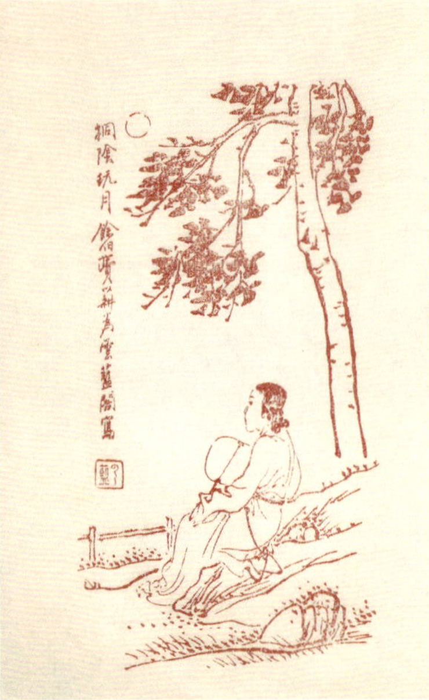

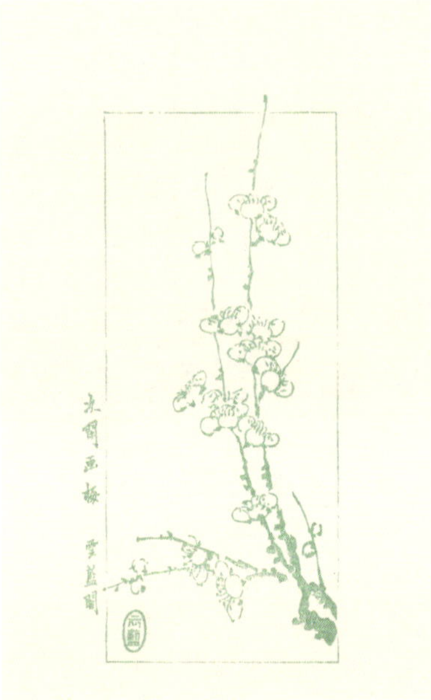

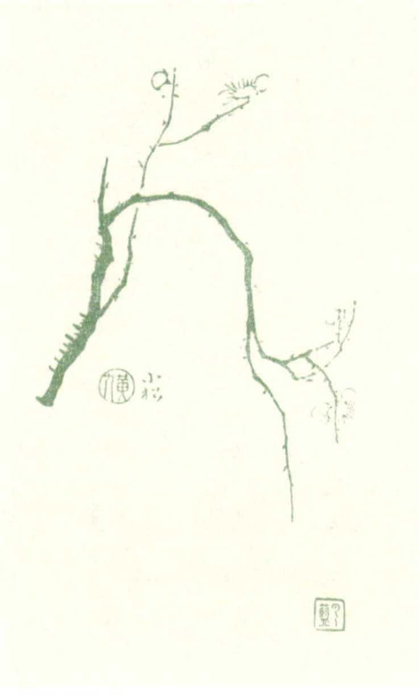

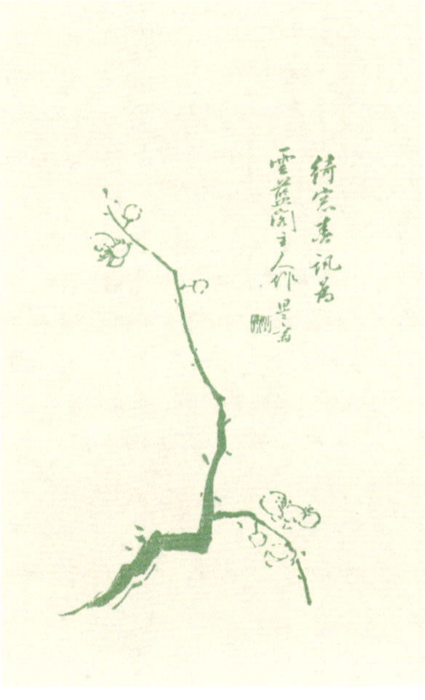

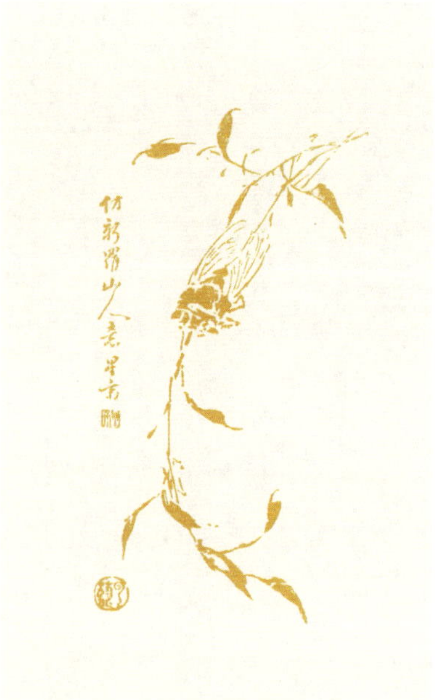
仿新羅山人意 星斋

蔭伯白箋摹古文壽字仿漢殘碑式

水鄉迷趣
星斋

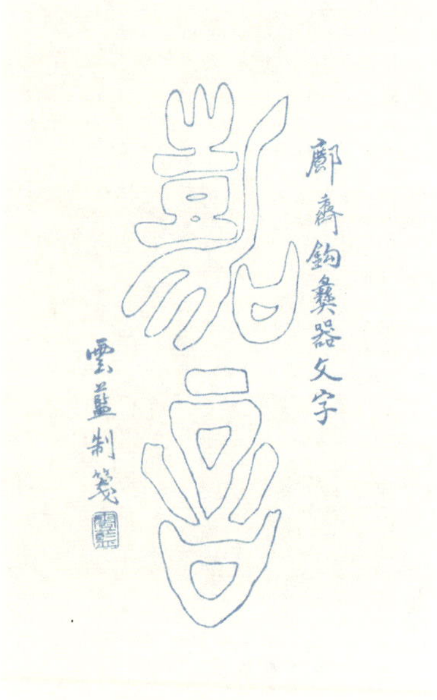
鄺壽鈎彝器文字
雲藍制箋

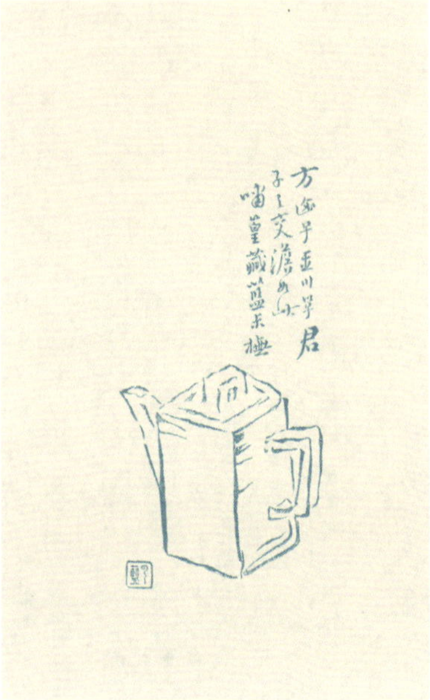

漢夔龍壺

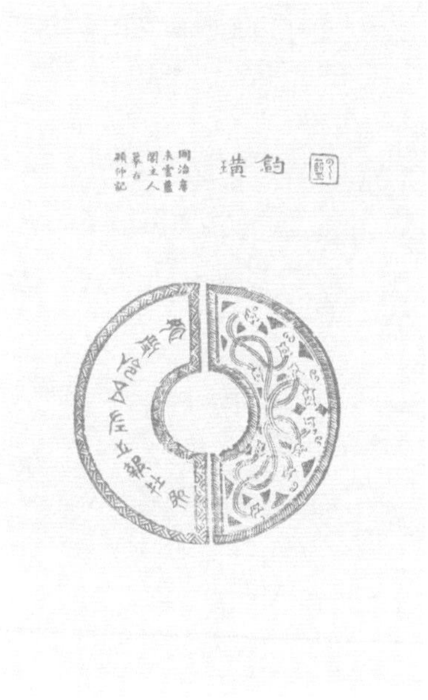

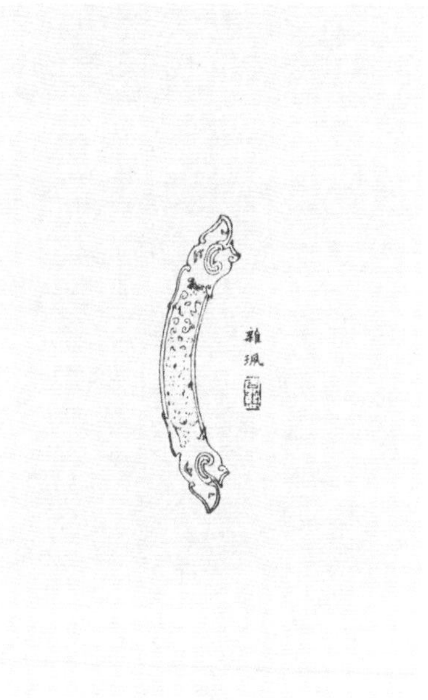
雜珮

文采於古
秀出於茲
爰彼光華
西方之璞

夔龍珮

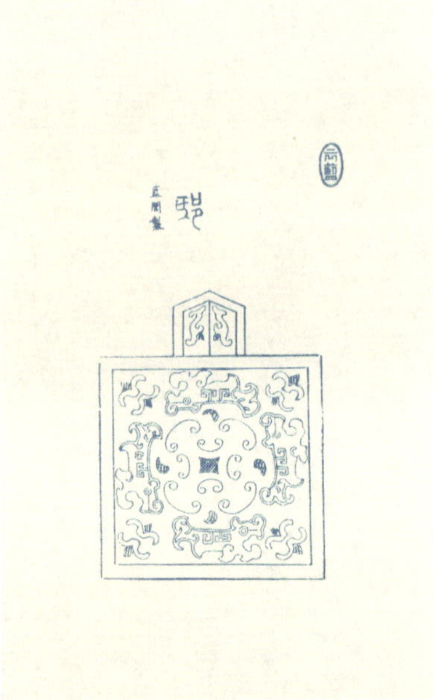

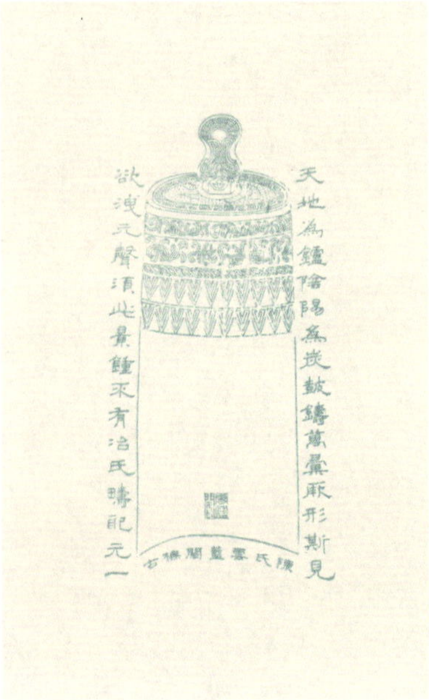

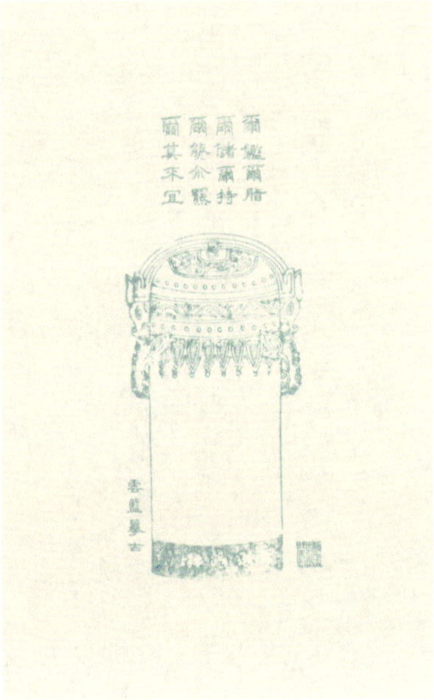

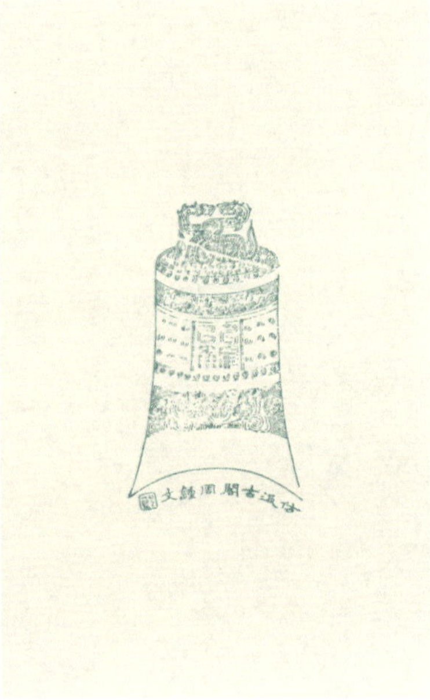

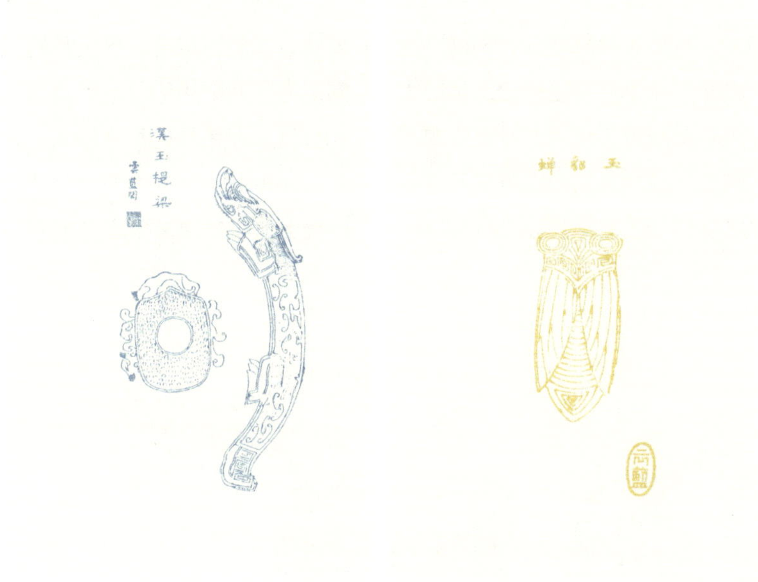

十四、《博古叶子》《水浒叶子》等

《博古叶子》《水浒叶子》（笺谱）为明末清初陈洪绶创作。陈洪绶（1598—1652），字章侯，幼名莲子，一名胥岸，号老莲，别号小净名、悔迟、老悔、老迟、勿迟，又号悔僧、云门僧，浙江诸暨枫桥人，祖居河南许昌。他的第五十四代远祖陈寔为汉代高官。北宋末年，他的第十五代远祖陈寿身居高位，北宋被金所灭，赵构逃到临安建立南宋，陈寿随宋室南迁，并定居于诸暨枫桥镇。陈洪绶的曾祖陈鸣鹤官至扬州经历，祖父陈性学历任广东、陕西布政使，但陈洪绶的父亲陈于朝却只是秀才，屡试不中，故以隐居和崇信佛教来排遣功名无望的痛苦。这对陈洪绶一生产生了深远的影响。

陈洪绶出生前，陈于朝梦见一个道士手持一莲子告诉他，将会生一个儿子，所以陈洪绶幼名莲子，后年长改为老莲。

陈洪绶是明代杰出画家。他天资聪颖，博学好饮，豪迈不羁。能诗，工书法，尤擅绘画，擅长人物、山水、花鸟。山水、花鸟的造型、色彩富于装饰趣味；所画人物形象奇古夸张，躯干伟岸，线条沉着劲练，勾勒精细，色调清雅，风格雄健，创造了一种“高古奇骇”的画风，与蓝瑛、丁云鹏、吴彬合称“明末四大怪杰”。

图 2-5-337
《明陈老莲花鸟草虫册》封面

其人物画成就最高，与崔子忠并称“南陈北崔”。

朵云轩木版水印《明陈老莲花鸟草虫册》，1958年朵云轩初印本，锦面蝴蝶式册页，十开，绢本画心纵25厘米、横20厘米。

此花鸟草虫画册为老莲三十五岁时所制（1633年，即崇祯六年），共十幅，是盛年精作，用笔刚从方棱转向圆劲，曲尽生物之情趣，给人以极大美感。如用浓重黄黑之色画双蝶，衬以浅红碧绿之落花流水，即能相映成趣。写枝头静息之鸟，画得略为丰浑，托出红杏之轻盈。将美人蕉花蕊画得消瘦，亦衬出飞蝶之腴美。虎耳草及山中野果乃常见之物，一经老莲之笔，缀以游蜂、蚱蜢，因刻画入微，都有生活趣味。瓶中月季花瓣、叶子用圆笔勾出，表达花叶饱绽之状恰到好处。蛛网用极平淡之笔，有装饰风味，又缀以蓝菊，顿生秋庭风露之态。此册用笔设色极遵循宋元古法，而精研生物之形象，善于运用取舍和夸张之艺术手法，因此创有别饶风致之老莲面目。

图 2-5-338
双蝶

图 2-5-339
杏花小鸟

图 2-5-340
花石蝴蝶

图 2-5-341
红果秋虫

图 2-5-342
月季

图 2-5-343
秋菊蛛网

图 2-5-344
白竹蜻蜓

图 2-5-345
水仙

图 2-5-346
古瓶菊花

图 2-5-347
金丝黄蜂

（一）陈洪绶《博古叶子》

陈洪绶绘制《博古叶子》是在明永历六年（1652），由老莲的好友、明末徽派最著名的刻工黄建中于清顺治八年（1651）所刻。黄建中的精湛技艺与陈洪绶的设计堪称珠联璧合，忠实地展现了老莲晚年的画风和精神状态。

《博古叶子》所绘均为史家故事人物，主要有陶朱公、武安侯、董卓、金张许史、梁孝王、天瑶五侠、石季伦、百里奚、卜式、陈平、端木叔、范丹、寡妇清、何曾、国氏、淮阴侯、不识、匡衡、刘毅、吕蒙、吕不韦、牛僧儒、司马长卿、虬髯客、任曲宣氏、王章、卫青、猗顿、乌氏倮、朱买臣、主父偃、卓王孙、吴王濞、杜甫、白圭等，凡四十八叶。

全套标目及题赞为明嘉靖年间安徽汪南溟所制。汪南溟，本名汪道昆，安徽歙县人，抗倭名将，官至兵部侍郎，且“精古文辞”，并“简而有法”。明代另一绘画大师仇英所绘《列女传》，用的也是汪南溟的文字底本。

《博古叶子》绘就后第二个月，陈洪绶即将全套画稿赠予戴茂齐。戴与陈洪绶为世交，好丹青。陈洪绶将《博古叶子》赠与戴茂齐后，即向戴借钱作“买米之资”，同时陈洪绶还为戴作《花卉山鸟图卷》，以答谢其解燃眉之急。可见陈洪绶一家当时穷困潦倒已濒绝境。

图 2-5-348—图 2-5-367
陈洪绶绘《博古叶子》

金孔雀

十百子

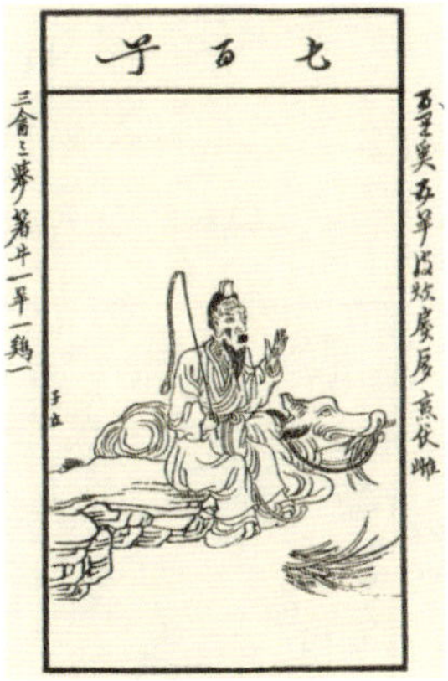
七百子

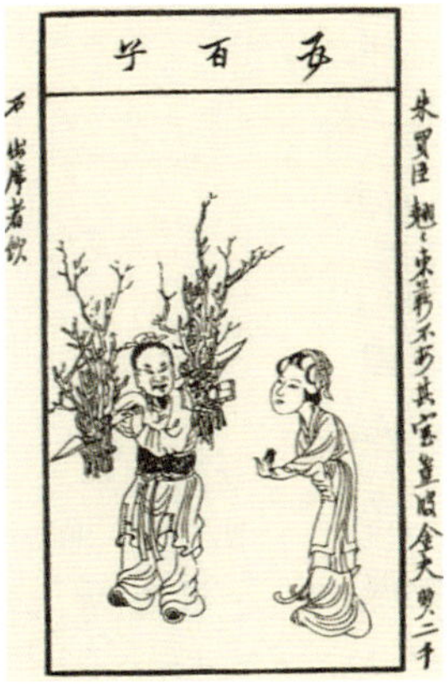
五百子

四文錢

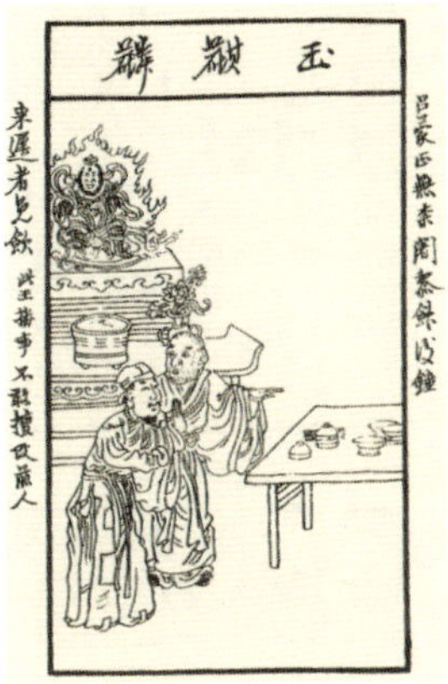

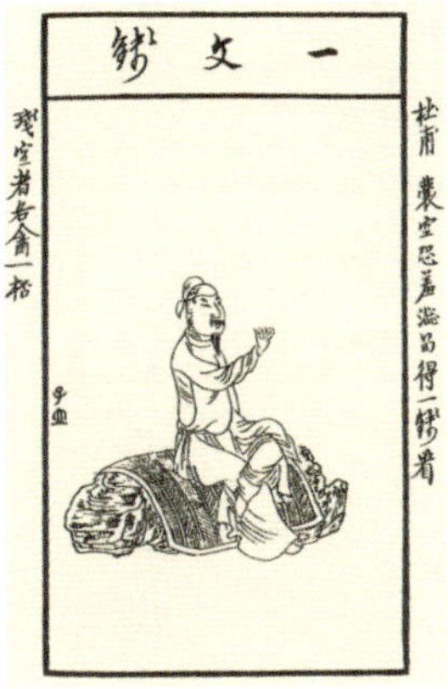
一文錢

空湯瓶

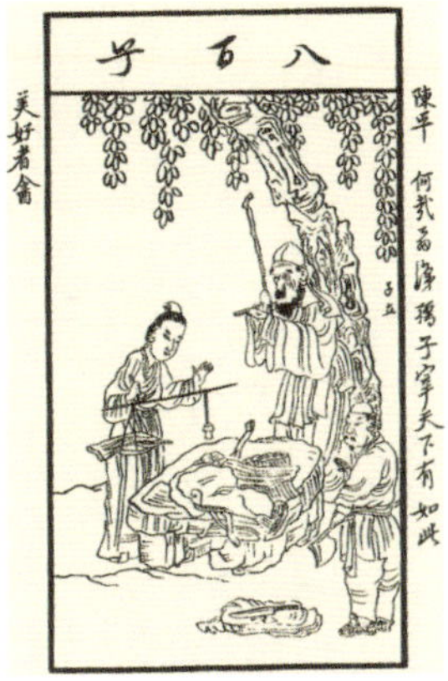
八百子

九万贯

（二）陈洪绶《水浒叶子》

陈洪绶创作的《水浒叶子》，又称水浒牌，是一种酒令牌子，在明清之际极为风行。

《水浒叶子》所画水浒英雄四十人，有宋江、卢俊义、吴用、公孙胜、安道全、柴进、戴宗、董平、樊瑞、顾大嫂、关胜、呼延灼、扈三娘、花荣、解珍、雷横、李俊、李逵、李应、林冲、刘唐、张顺、鲁智深、朱仝、穆弘、秦明、阮小七、施恩、石秀、时迁、史进、孙二娘、索超、武松、萧让、徐宁、燕青、杨志、张清、朱武。叶子既有人物座次和性格特征，又与酒令牌上文字巧妙搭配，形成各种戏谑嘲讽、幽默有趣的文字游戏。

清顾苓《塔影园集·跋〈水浒图〉》曰：“山阴陈洪绶画《水浒图》，实崇祯之末年，有贯中之心焉。其笔法仿唐人《五星二十八宿真形图》。”陈洪绶《水浒叶子》与《水浒传》合为二美，“同存千古而不灭”。《水浒叶子》的镌刻者似为徽州名手黄肇初。

图 2-5-368—图 2-5-384
陈洪绶绘《水浒叶子》

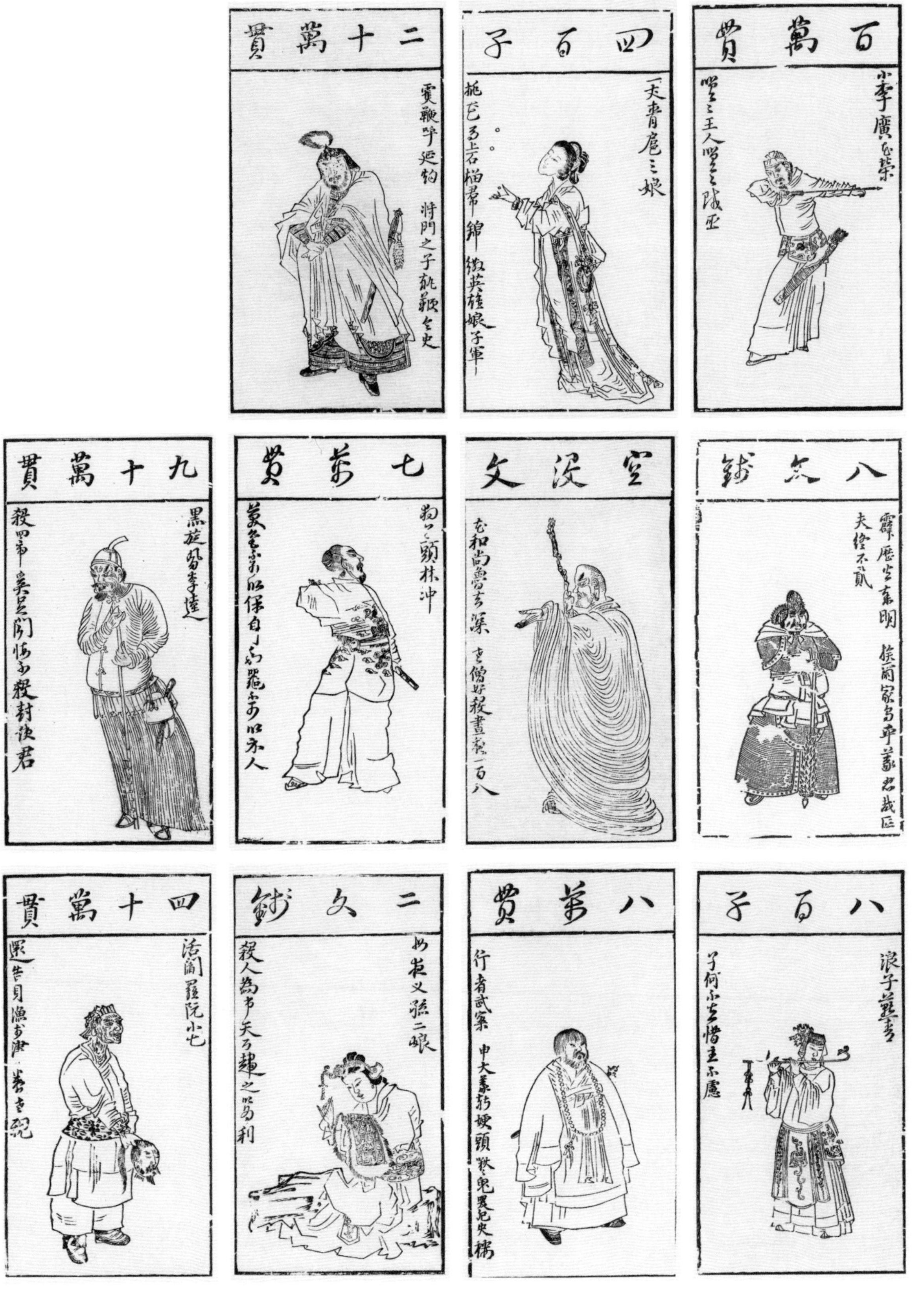
二十萬貫
四百子
一丈青扈三娘
百萬貫
小李廣花榮
九十萬貫
黑旋風李逵
七萬貫
豹子頭林沖
空沒文
花和尚魯智深
八文錢
霹靂火秦明
四十萬貫
活閻羅阮小七
二文錢
母夜叉孫二娘
八萬貫
行者武松
八百子
浪子燕青

（三）程十髮“水浒人物”笺

程十髮（1921—2007），上海松江人，原名潼，小名美孙，其斋名曾用步鲸楼、不教一日闲过斋，后称三釜书屋、修竹远山楼。

程十髮曾任西泠印社副社长、上海中国画院院长，与陆俨少、朱明并称“上海书画三杰”。他在人物、花鸟方面独树一帜。在连环画、年画、插画、插图等方面均有造诣。工书法，得益于秦汉木简及怀素狂草，善将草、篆、隶结为一体。他的画早年受陈老莲影响，晚年多画花鸟画。

程十髮“水浒人物”笺，一套八幅，包括宋江、吴用、武松、秦明、鲁智深、林冲、李俊、李逵。

图 2-5-385—图 2-5-392
程十髮绘“水浒人物”笺

花和尚鲁智深

豹子头林冲

混江龙李俊

黑旋风李逵

（四）任熊《列仙酒牌》

酒牌也称叶子，原为古人饮酒时行酒令之用，后来逐渐成为画家进行成套创作的叶子画，常以白描人物为题材。

《列仙酒牌》是任熊[①]三十岁时（1853）仿陈洪绶的叶子画形式而作，是任熊的得意之作，此时任熊已经将陈洪绶的风格化为己有，格调古雅，描写生动入微。刻成流传后，人皆珍爱有加，因此又陆续创作了《剑侠像传》《於越先贤传》《高士传》。

二十世纪七八十年代，上海朵云轩从《列仙酒牌》中选取了八幅制作了一套“列仙酒牌”笺，包括弄玉、蓝采禾、钟离权、陵阳子明、红线、侠妇人、聂隐娘、荆十三娘。用黑色、淡黄色分别印制。

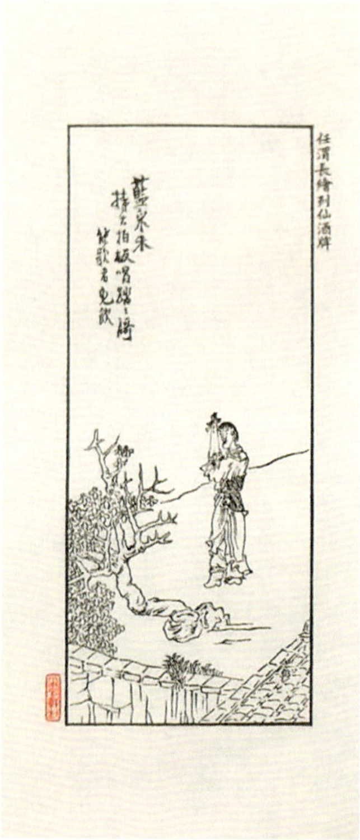

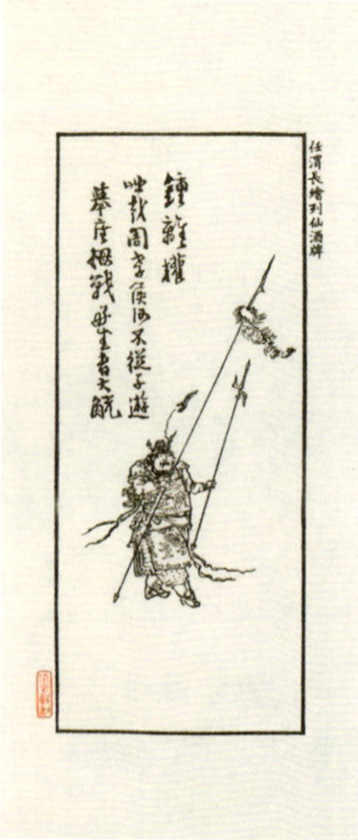

图 2-5-393
弄玉

图 2-5-394
蓝采禾

图 2-5-395
钟离权

图 2-5-396
陵阳子明

① 任熊（1823—1857），清代晚期著名画家，字渭长，号湘浦。浙江萧山人。山水、人物等无一不能，画法宗陈洪绶，线条如银钩铁画。海上画派“三熊”（张熊、任熊、朱熊）“四任”（任渭长、任阜长、任伯年、任预）的中心人物。这里一组笺纸包括谢道韫、沈夫人云英、晋孙氏定夫人、商夫人景兰，又高士朱买臣、嵇叔夜、谢安石、王宪之。

图 2-5-397
红线

图 2-5-398
侠妇人

图 2-5-399
聂隐娘

图 2-5-400
荆十三娘

第六节 清代花笺之精妙

清代制笺水平不仅精妙，而且品类甚多，以绘画门类区分，分印成人物笺、花鸟笺、花卉笺、蔬果笺、草虫笺、山水笺、彝器笺、古玉笺、汉砖瓦当笺、西域古迹笺、唐画壁砖笺以及著名画家所画的各种内容的画笺。

一、李渔的韵事笺和织锦笺

郑逸梅说："文人制版，由自用转为售品，那自清初的李笠翁开始。"

李渔（1611—1680），字笠鸿，号笠翁，一字谪凡，别署笠道人、随庵主人、新亭樵客、湖上笠翁等，明末清初著名文学家、戏剧家、戏剧理论家、美术家，世称"李十郎"。李渔寓居金陵后，除继续从事戏曲事业外，还开设了芥子园书坊，在承恩寺前售书与笺简。

他在《闲情偶寄》卷五《器玩部》"笺简"一节中说："已经制就者，有韵事笺八种，织锦笺十种。韵事者何？题石、题轴、便面、书卷、剖竹、雪蕉、卷子、册子是也。锦纹十种，则尽仿回文织锦之义，满幅皆锦，止留縠纹缺处待人作书，书成之后，与织就之回文无异。"

下注："金陵承恩寺中，有'芥子园名笺'五字著门者，即其处也。"此记载说明李渔不仅自制笺纸，还发短启颇有现代广告意味，说明当时笺纸亦流行一时。

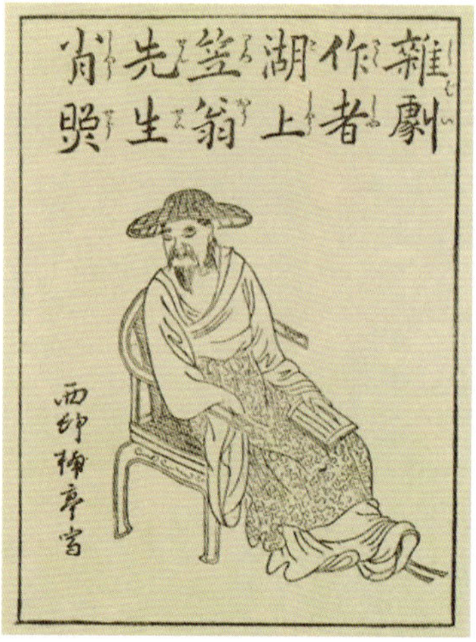

图 2-6-1
李渔

周心慧《中国古代版画史纲》中介绍了李渔的韵事笺和织锦笺："从其名目看，韵事笺八种当与《十竹斋笺谱》题材相类，而织锦笺则是李渔首创。在上海图书馆藏李渔手札中，即见有这种织锦笺。笺纸的花边是一个四周围合的八角长方形边框，内边为单边，外边为文物双边，内外边之间，是用拱花压出的卷草纹，配以淡褐色的边线，显得十分淡雅。保存于《颜氏家藏尺牍》中的两纸芥子园制织锦笺、衣袋启两纸，也都使用了拱花。"

清代早期花笺还有吴菘所制《山花谱》，又名《笺卉》。吴菘，字绮园，莘墟（今安徽省歙县）人，他将僧人雪庄所绘三十五种黄山奇花异卉逐一定名，描述其性状、花期、产地等，文字简明，引人入胜，然后制为笺画，当时士大夫咸仿为之，邮筒往还，成为习尚。

二、怡王府角花笺

郑振铎《中国古代木刻画史略》记述："乾隆，盛行着'怡府笺'，大类'十竹斋'。"乾嘉时期"怡府笺"，即怡王府的角花笺，其左下角擘画装饰图案，饾版、拱花套色叠印，雅淡精妍，藏者为宝。

乾嘉时期怡亲王即爱新觉罗·弘晓（1722—1778），字秀亭，号冰玉道人，别署冰玉主人、讷斋主人、侍萱主人。弘晓于雍正八年（1730）袭封怡亲王。《怡府书目》录弘晓收书有四千五百余种，被红学界称为"己卯本"或"脂怡本"之《石头记》就是传抄自怡亲王弘晓。乾隆三年（1738），弘晓管理理藩院，任造办处都统。清宫内务府造办处是管理皇室御用物品之处所，弘晓有机会接触所管辖之四十二个作坊内的六十一个门类。弘晓因刻书而制笺。

近代学者徐珂（1869—1928）辑录《清稗类钞·物品类》内"角花笺"一条介绍："于笺下方之左端，图以诸花，谓之角花笺，又曰押角笺。嘉庆时，怡亲王所制形形色色，花样极新。最美观者一种，图古鼎八，横欹倒置，色异形殊，小如豆，大不盈指。且占地不及寸。光绪时，京师琉

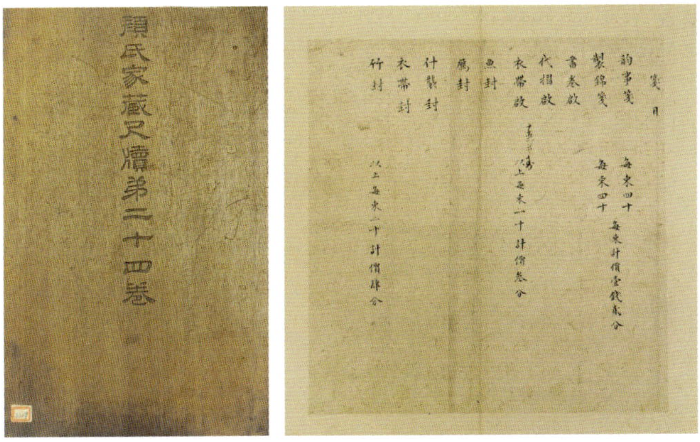

图 2-6-2
上海图书馆藏
《颜氏家藏尺牍第二十四卷》封面及内页

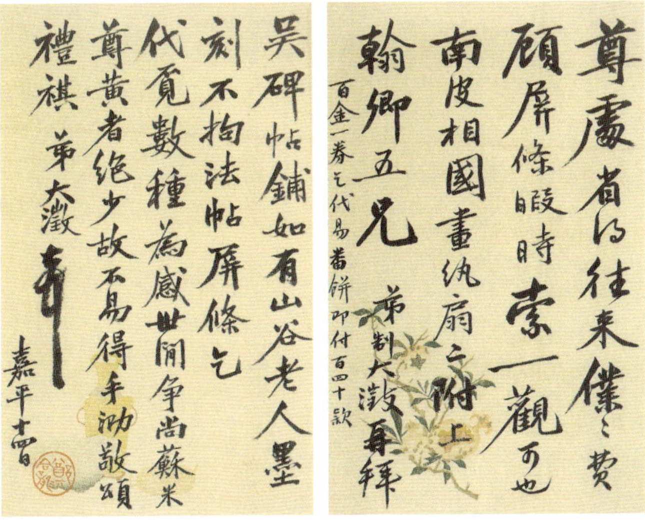

图 2-6-3、图 2-6-4
吴大澂信笺书于角花笺

璃厂纸肆犹有存者，然不易购也。”徐珂记述的怡府角花笺侧重于饾版印制，花色精雅。

瞿兑之（1894—1973）《杶庐所闻录》内“信笺”一文专门谈到角花笺：“乾隆中，怡王府制角花笺，压花于纸之左下角，套板着色，雅淡精妍，得者宝之。光绪中，怡府出数十箱，归琉璃厂。一时京外士大夫争先分购，不久遂罄。余犹及藏数枚，其纸黯然有古色，而能食墨。近年纸店仿制不能佳，惟福建邵君幼实托清秘阁所制为精也。”

瞿兑之《燕都览古诗话》云：“玉几金床终不免，角花犹辨剡藤香。”怡王府在北京东四牌楼头条胡同。

清末民初，以收藏明清书札而闻名的“晚清四大藏书家”之丁氏后人丁辅之（1879—1949）的父亲丁立诚（1850—1912）曾作《角花笺歌》：“金花半角玉版方，曾沐纯庙题奎章。……我昔相遇琉璃厂，短幅长笺两心赏。携归同社赠新诗，首唱铁花老词长。先生先世尤可详，晋有蚕茧唐硬黄。百金不许市一纸，江南供奉澄心堂。碧云春树好颜色，红染桃花艳芳泽。终古家声重洛阳，白州刺史高华职。有明繁盛宣德年，远族更有侧理笺。”（见《晚晴簃诗汇》卷一百七十）

清末至民国，怡王府、有恒堂、清秘阁、荣宝斋等均制有角花笺。北京、上海、苏州、嘉兴和杭州的南纸店或笺扇庄仿制过角花笺。其中以清秘阁仿制的角花笺和荣宝斋印制的怡王府拱花笺为佳。

图 2-6-5、图 2-6-6 怡王府角花笺

图 2-6-7 怡王府制拱花“清徽”笺

图 2-6-8—图 2-6-19
清代角花笺

图 2-6-20、图 2-6-21
清代角花笺

图 2-6-22
松化斋制角花笺

图 2-6-23—图 2-6-25
朵云轩仿怡王府角花笺

三、嘉兴“山静居图皆金阁造”笺纸

在清代翁方纲、张云璈等名人用笺中，存有一枚“山静居图皆金阁造”的轮形方齿款记，环列镌刻出“山静居图皆金阁造”八个字。这是方薰①作为客馆画家联名制笺主人金德舆共同所有的制笺款识。这种款识的笺纸在明清制笺史笺纸款识中是绝无仅有的一例。

北京故宫博物院藏乾隆年间制《砑花彩色蜡印故事笺》，采用细帘纹皮纸，纤维交结匀细，纸厚，色以土黄为多，纸上砑有《萧翼赚兰亭》《赤壁赋》《卢仝烹茶》《葛巾漉酒》等人物故事图案的暗纹。

苏轼《葛巾漉酒》故事笺砑有人物画暗花纹，绘画风格均受宫廷绘画的影响。纸选用上等坚韧、细帘纹树皮制，纤维交结均细，此种纸是一种加工考究的纸品，是一种加工的砑花笺。纸的表面施粉，非常精细，适于笔墨书写。此纸加工为加粉染色，再把画稿刻在硬模上，再以蜡砑纸，模上显示的花纹因压力作用而呈现光亮透明的画面。这些宫藏笺纸左下角砑印出“山静居图皆金阁造”印记，可知皆金阁佳纸为一时之冠。

田家英小莽苍苍斋收藏《清代学者书札》中“周春致吴骞”一信中说：“先生如赐覆音，寄在东门宣公桥槐下金利生堂人参铺，即皆金阁笺纸店，转寄桐乡馆寓，极便。日日航船有信，并无误也。春雨手启。”

这足证皆金阁笺纸在当时之盛名。

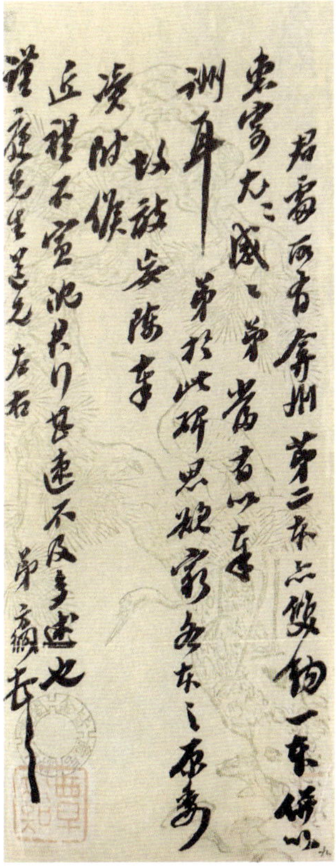

图 2-6-26
翁方纲尺牍
“山静居图皆金阁造”笺

图 2-6-27
轮形方齿款识

①方薰（1736—1799），字兰士，一字懒儒，号兰坻、兰如、兰生、长青、樗庵，别署语儿乡农，亦长于描绘花卉、翎毛和蔬果，被誉为乾嘉时期“山水四大家”之一。方薰十五岁跟随其父方梁游历，方梁善画“兰竹杂卉”，方薰继承父业。在嘉兴桐乡金德舆的桐华馆中绘画期间，方薰不但从金氏家中得见项元汴旧藏，更得宋元秘法，从此画艺大增，遂与浙中巨擘奚铁生齐名。

四、名著《红楼梦》中笺纸故事和《清改琦红楼梦十二钗笺谱》

从举世闻名的曹雪芹《红楼梦》中可以看出清代各式各样、丰富多彩、美轮美奂的笺纸。总结起来，约有六种：

第一种是彩笺。在第十八回“大观园试才题对额，荣国府归省庆元霄”中，贾元春“又命探春另以彩笺誊录出方才一共十数首诗，出令太监传与外厢”。

第二种是鹅黄笺。在第三十四回“情中情因情感妹妹，错里错以错劝哥哥”中写到皇家所用饮品用鹅黄笺书写标签。据《清稗类钞·讥讽类》记载：清代黄色中以赭黄为最贵，杏黄、鹅黄次之。

第三种是花笺。第三十七回“秋爽斋偶结海棠社，蘅芜苑夜拟菊花题”中翠墨手里拿着一幅花笺送与贾宝玉，原来是贾探春用花笺给贾宝玉写的信。

第四种是雪浪笺。第三十八回“林潇湘魁夺菊花诗，薛蘅芜讽和螃蟹咏”中，迎春用雪浪笺誊录众人所作的诗。雪浪笺是一种隐有波纹的白色诗笺，应为砑花笺。

第五种是粉笺。第六十三回“寿怡红群芳开夜宴，死金丹独艳理亲丧”中，贾宝玉过生日，“槛外人”妙玉用粉笺给他写了一张贺卡。

图 2-6-28
《葛巾漉酒》故事笺

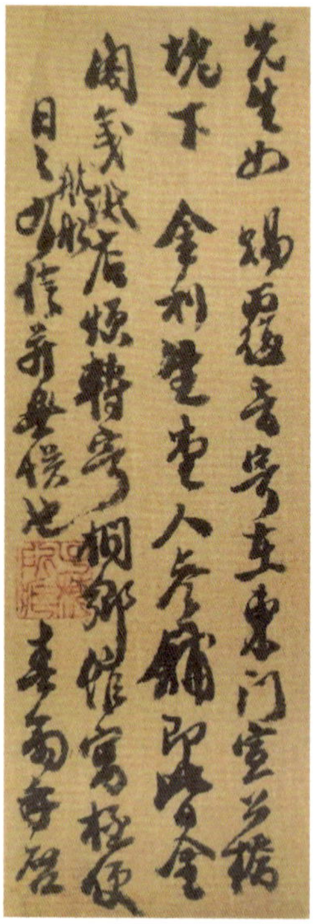

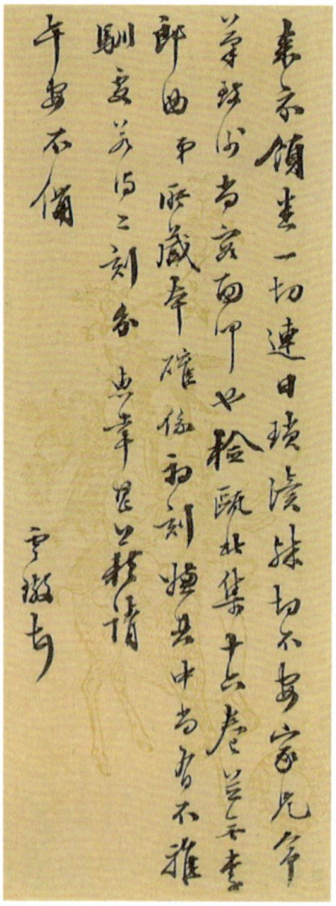

图 2-6-29
周春致吴骞尺牍

图 2-6-30
张云璈尺牍

图 2-6-31—图 2-6-34
上海青莲室制《红楼梦》笺纸

第六种是各色笺纸。第六十七回“见土仪颦卿思故里，闻秘事凤姐讯家童”中，薛蟠从外地带回的礼品里有各色笺纸。

清代，以《红楼梦》为题材的笺纸风行一时，北京的南纸店和南方的笺扇庄均有梓行。

上海青莲室制作的《红楼梦》笺纸，为青莲主人即笺扇庄店主人自绘，包括“占旺相四美钓游鱼”“琉璃世界白雪红梅”等。

改琦绘制的《红楼梦》“金陵十二钗”人物笺画，达到了《红楼梦》笺画的高峰。

清代画家改琦（1774—1829），字伯蕴，号香白，又号七芗、玉壶山人、玉壶外史、玉壶仙叟等。回族人，远祖是西域人，于元朝时迁居中原，明清两代世居宛平（今属北京），祖父改光宗一度任松江（今属上海）参将，遂入籍于此。他的绘画宗法华喦，喜用兰叶描，仕女衣纹细秀，树石背景简逸，造型纤细，敷色清雅，创立了仕女画新的体格，时人称为“改派”。改琦生年刚好在《红楼梦》作者曹雪芹逝世十年以后，他对《红楼梦》情有独钟，曾画《红楼梦图咏》（五十幅）、《红楼梦图》、《红楼梦临本》三种。

改琦《改七芗红楼仕女》彩色笺画传世。封面题签为小书画舫主人。

图 2-6-35
《改七芗红楼仕女》封面

图 2-6-36—图 2-6-49
《改七芗红楼仕女》彩色笺画

警幻

迎春

智能

柳湘莲

另有改琦绘制《红楼梦》“金陵十二钗”人物笺画，由江苏闲云斋手工拓印，一套十二幅，内容包括黛玉调鹦、宝钗扑蝶、凤姐弄权、湘云眠芍、元春省亲、探春结社、迎春诵经、惜春描园、妙玉奉茶、可卿春困、李纨课子、巧姐夜勤。

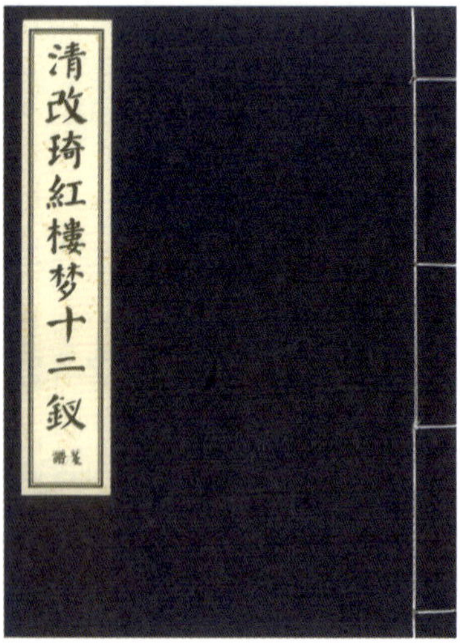

图 2-6-50
《清改琦红楼梦十二钗笺谱》封面

图 2-6-51
黛玉调鹦

图 2-6-52
宝钗扑蝶

图 2-6-53
凤姐弄权

图 2-6-54
湘云眠芍

图 2-6-55
元春省亲

图 2-6-56
探春结社

图 2-6-57
迎春诵经

图 2-6-58
惜春描园

图 2-6-59
妙玉奉茶

图 2-6-60
可卿春困

图 2-6-61
李纨课子

图 2-6-62
巧姐夜勤

五、《乐山堂诗笺》

《乐山堂诗笺》是美国托马斯·艾布莱偶然在日本京都一个书商那里发现的，笺谱内有六十四幅图画，不少出自著名的海上画派代表画家之手。

此笺谱刻印于清光绪七年（1881），封面题签为杨沂孙所书。其中插图为清代胡公寿（胡远）、吴子嘉、任伯年（任颐）、张熊（号子祥）、钱吉生、吴馨、李子卿、陶泳裳、朱偁（字梦庐）、钱又鹤等画家所绘，题材包括石、果品、花卉、草虫、梅、兰、竹、灵芝、仕女、人物等。

2008年艺古斋翻刻《乐山堂诗笺》，再现了原谱版刻风貌和中国传统书房文玩的优雅风情，将曾经缤纷的风景勉力留于我们记忆之中，以不忘乐山堂主人当年邀友制谱的雅趣。

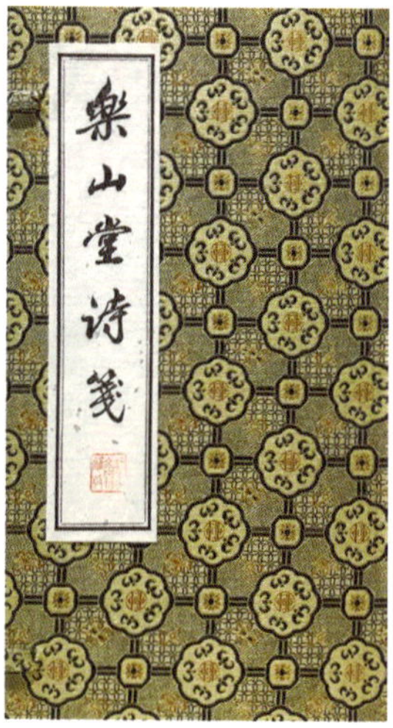

图 2-6-63
艺古斋翻刻
《乐山堂诗笺》封面

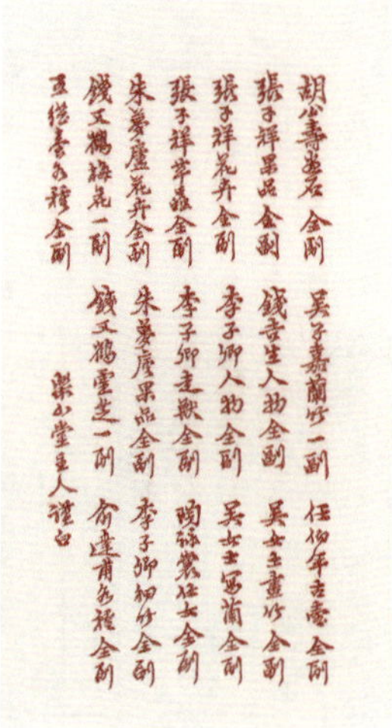

图 2-6-64
艺古斋翻刻
《乐山堂诗笺》目录

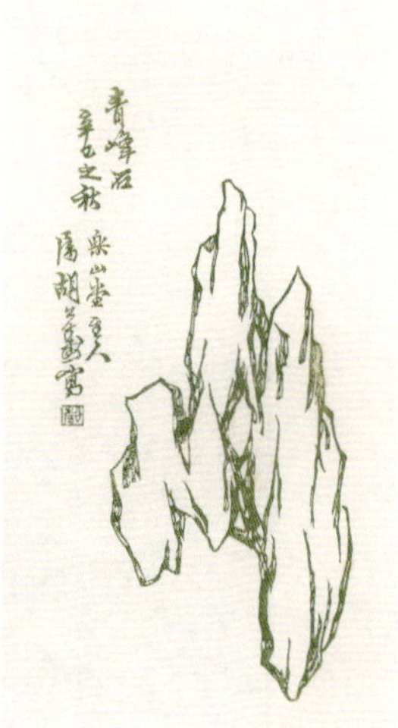

图 2-6-65、图 2-6-66
艺古斋翻刻
《乐山堂诗笺》胡公寿画石

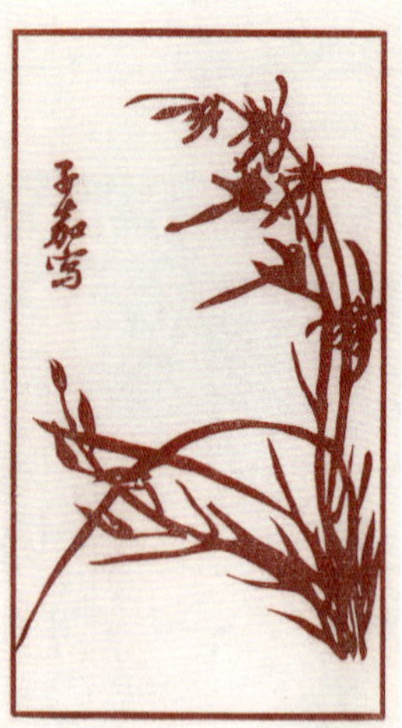

图 2-6-67、图 2-6-68
艺古斋翻刻
《乐山堂诗笺》吴子嘉兰竹

图 2-6-69、图 2-6-70
艺古斋翻刻
《乐山堂诗笺》任伯年古壶

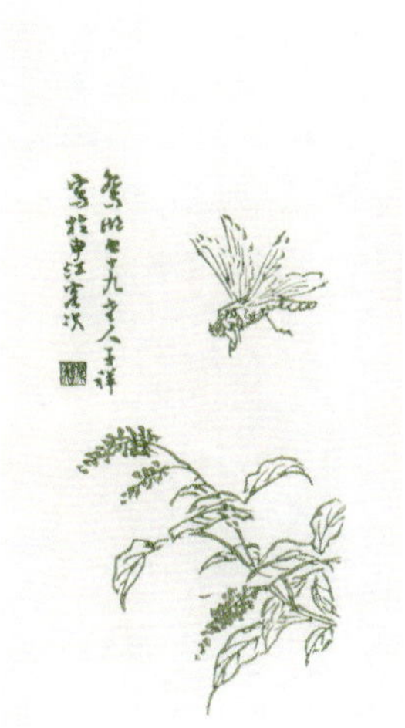
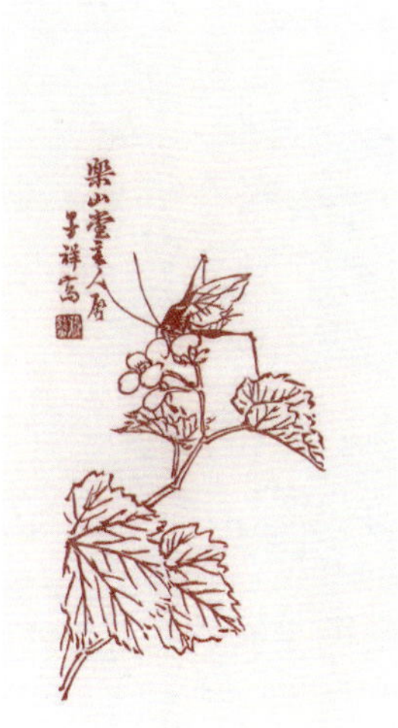

图 2-6-71、图 2-6-72
艺古斋翻刻
《乐山堂诗笺》张子祥草虫

图 2-6-73、图 2-6-74
艺古斋翻刻
《乐山堂诗笺》钱吉生人物

图 2-6-75、图 2-6-76
艺古斋翻刻
《乐山堂诗笺》吴馨画竹兰

图 2-6-77、图 2-6-78
艺古斋翻刻
《乐山堂诗笺》李子卿走兽

图 2-6-79、图 2-6-80
艺古斋翻刻
《乐山堂诗笺》陶泳裳仕女

图 2-6-81、图 2-6-82
艺古斋翻刻
《乐山堂诗笺》朱梦庐果品

图 2-6-83
艺古斋翻刻
《乐山堂诗笺》钱又鹤灵芝

六、《武林许氏虚白斋名笺》

清光绪时期《武林许氏虚白斋名笺》一套九十八幅。题签条右边印有“武林许氏虚白斋开张贡院前青云街坐东朝西门面只此一铺并无分出”的启事，这是这套笺纸的身份证明。

虚白斋笺纸精致古雅、种类繁多，选题皆承续萝轩、十竹斋之趣味，各种名笺有碧琅环馆图、好逑图、二酉藏书、海屋添筹、核桃杯、九如笺、汉高官镜、盘龙铜盖图、耕织图、虚白斋仿文徵明团扇美人图系列笺纸等。

清代己未科状元姚文田致钱泳信笺就是用虚白斋制“海屋添筹”栏格笺。

图 2-6-84
《武林许氏虚白斋名笺》

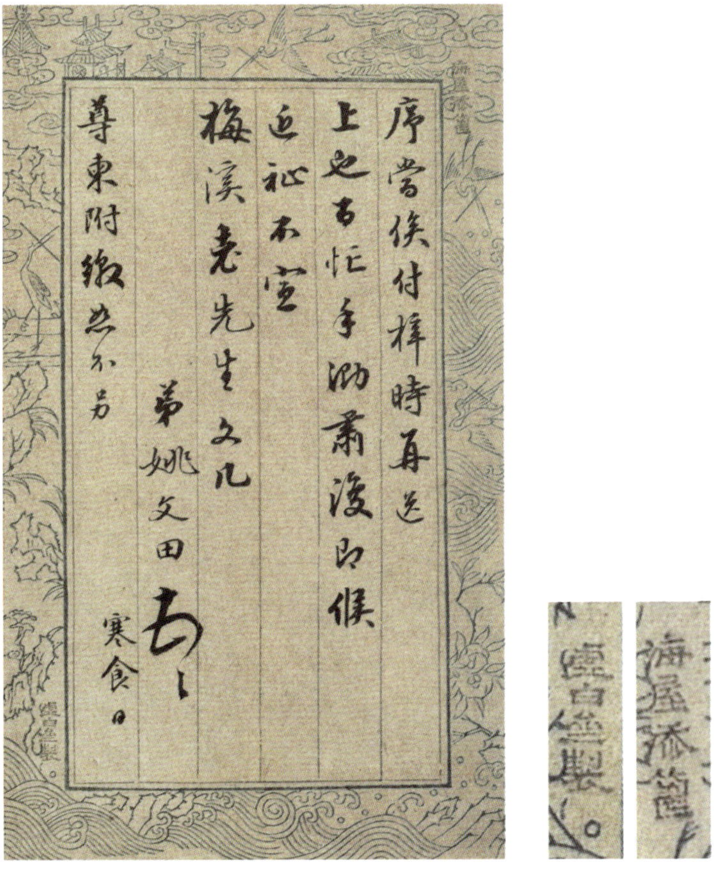

图 2-6-85
虚白斋制
“海屋添筹”栏格笺

七、《梅花喜神谱》套笺

《梅花喜神谱》全书分上、下两册，是中国第一部专门描绘梅花种种形态的木刻画谱，因宋时俗称画像为喜神，故名。宋代宋伯仁编绘。宋伯仁（1199—？），字器之，号雪岩，河北广平人，曾任盐运司属官，能诗，尤擅画梅。近代金石书画家吴昌硕曾有诗称赞他“家传一本宋朝梅”。

《梅花喜神谱》撰绘于1238年至1240年，初刻于宋嘉熙二年（1238），原本不见传世，后景定二年（1261）金华双桂堂又重刊，因重刊本刻于辛酉年，故又称辛酉本。此本经文徵明、黄丕烈、汪士钟、于昌遂、潘祖荫、

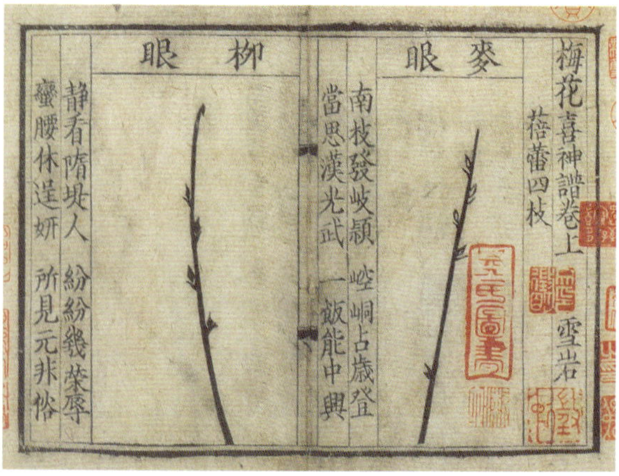

图 2-6-86
《梅花喜神谱》（辛酉本）
蓓蕾：麦眼、柳眼

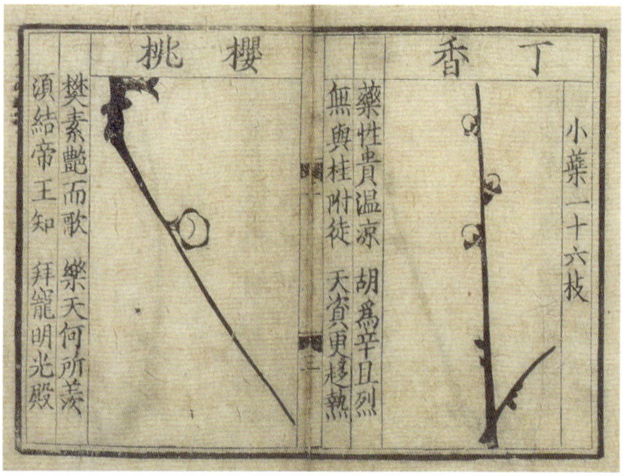

图 2-6-87
《梅花喜神谱》（辛酉本）
小蕊：丁香、樱桃

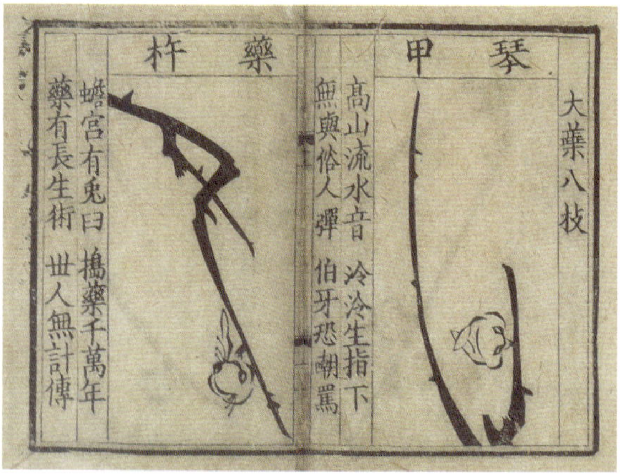

图 2-6-88
《梅花喜神谱》（辛酉本）
大蕊：琴甲、药杵

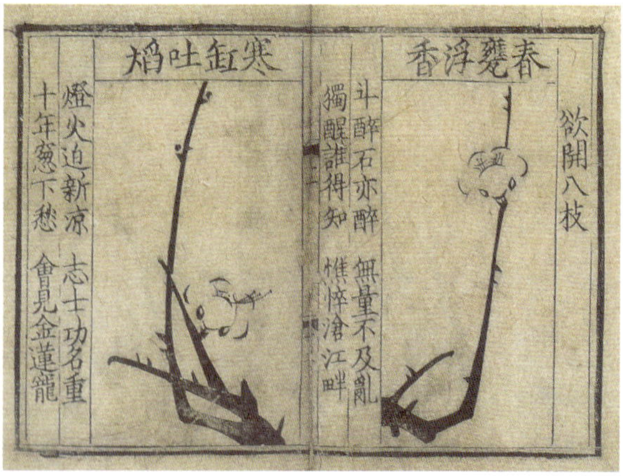

图 2-6-89
《梅花喜神谱》（辛酉本）
欲开：春瓮浮香、寒缸吐焰

潘仲午、吴湖帆等人之手流传，今藏于上海博物馆，这是流传至今最早的一部木刻花谱。该谱分别描绘蓓蕾、小蕊、大蕊、欲开、大开、烂漫、欲谢、就实等梅花的种种形态。每图多一枝一蕊，形象鲜明而富有变化；图左边题词四句，图上部根据花的情态标以寓意性命名。

清嘉庆十六年（1811），云间沈慈古倪园据黄丕烈收藏的《梅花喜神谱》影钞刊行，古倪园本采用开化榜纸印刷，墨色如漆，十分精美。鲍廷博的知不足斋又据辛酉本翻刻。清代虚白斋、歌薰阁、抱经阁、平津馆诸家笺肆都曾据宋版书影翻刻梅花喜神套笺。

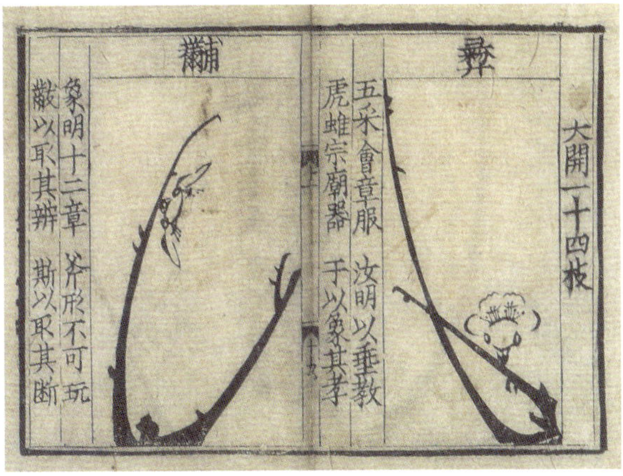

图 2-6-90
《梅花喜神谱》（辛酉本）
大开：彝、黼

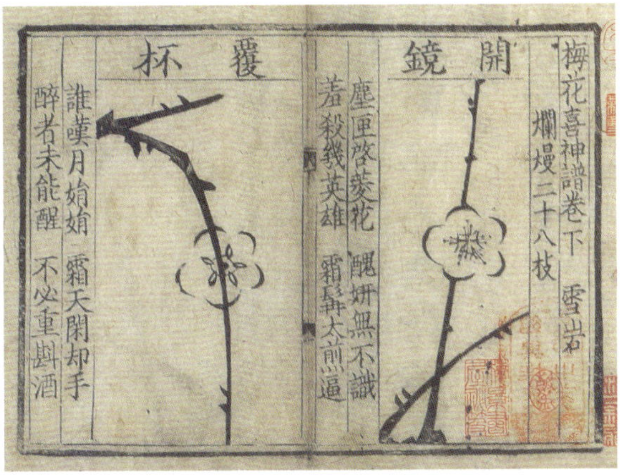

图 2-6-91
《梅花喜神谱》（辛酉本）
烂漫：开镜、覆杯

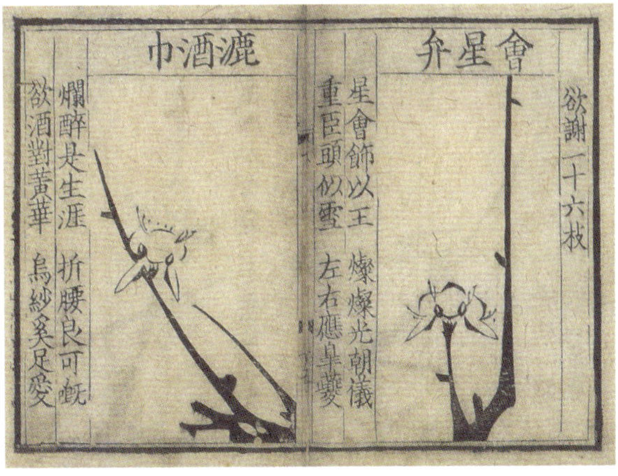

图 2-6-92
《梅花喜神谱》（辛酉本）
欲谢：会星弁、漉酒巾

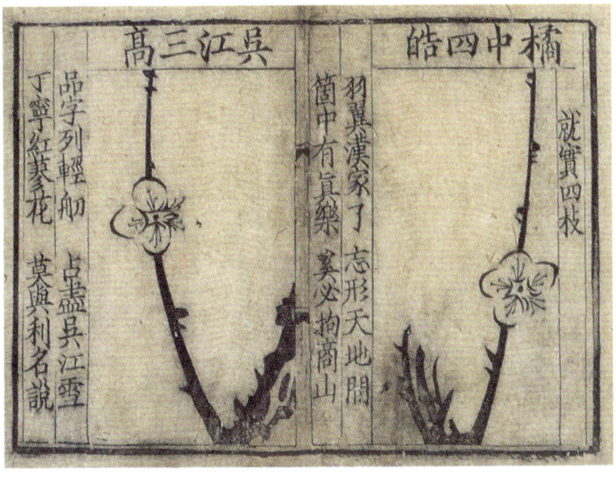

图 2-6-93
《梅花喜神谱》（辛酉本）
就实：橘中四皓、吴江三高

梅花喜神谱套笺每套一百幅，民国时期，北京琉璃厂清秘阁仿宋刻，墨色版刷印。每十种图案装一个纸匣，全套共装十个纸匣。

《宋椠本梅华喜神谱》亦仿宋刻本。封面上虞罗振玉题签。内封为梅景书屋画笺，吴湖帆题“吴氏文物四宝之一”“梅花喜神谱”。还有吴湖帆仿宋院本制《梅景书屋》图。

近现代《梅花喜神谱》被翻刻多种，广受欢迎。例如：

沈维鐈（1778—1839）致小亭亲家二兄的信笺，笺纸样式为宜书宜画室所制《梅花喜神谱》𪙊笺，并有松枝纹边栏纹饰。

例如一组关于周作人（1885—1967）的信札。一封俞平伯① 致周作人信笺，笺纸样式为荣宝斋制《梅花喜神谱》鹳嘴笺，该笺采用三色饾版印制，同时去掉了图左诗句。还有几封致俞平伯信笺，笺纸样式为《梅花喜神谱》丁香笺、樱桃笺、茈菰笺、颦眉笺、猿臂笺。两封致江绍原信笺，笺纸样式分别为木瓜心笺和兔唇笺。

几封蒋碧薇（1899—1978）致张道藩信笺，笺纸样式为《梅花喜神谱》鼎笺、舞袖笺、麇角笺、歌风笺、林鸡拍羽笺、颦眉笺、猿臂笺、穿花蝶笺、李笺等。

史良（1900—1985）写的《高阳台·残雪》词手稿，笺纸样式为《梅花喜神谱》鲍老眉笺。“鲍老眉”为《梅花喜神谱》内“小叶一十六枝”其中一图。

图 2-6-94
吴湖帆题“吴氏文物四宝之一”

图 2-6-95
吴湖帆仿宋院本制《梅景书屋》图

① 俞平伯（1900—1990），原名俞铭衡，字平伯。浙江湖州德清人，出生于江苏苏州，清代朴学大师俞樾曾孙，现代白话诗创作的先驱者，“新红学”的开拓者，著有《红楼梦辨》《冬夜》《燕知草》《杂拌儿》《读词偶得》《清真词释》等。

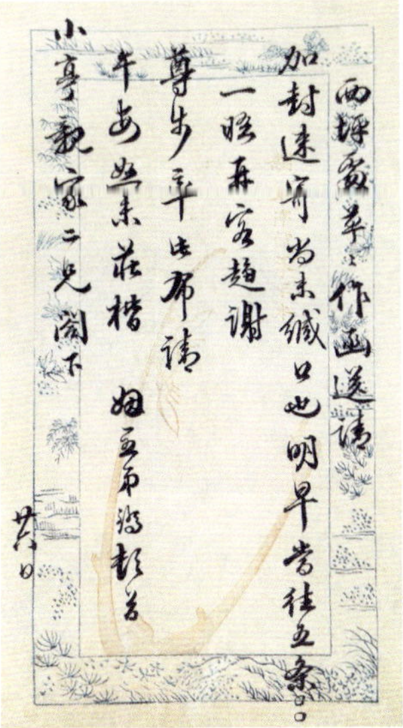

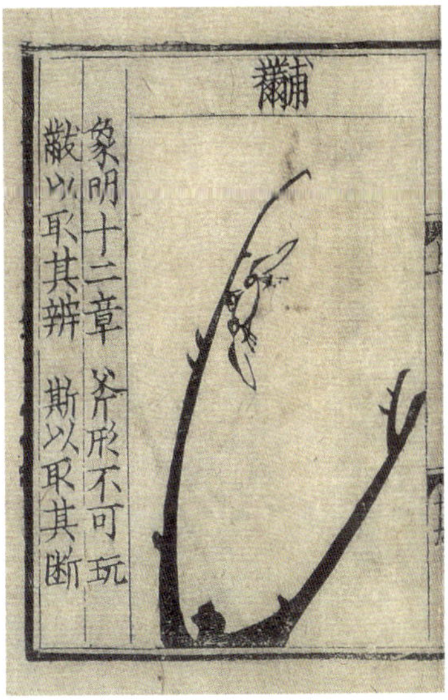

黼

象明十二章 斧形不可玩

黻以取其辨 斯以取其断

图 2-6-96
沈维鐈信笺

图 2-6-97
《梅花喜神谱》黼

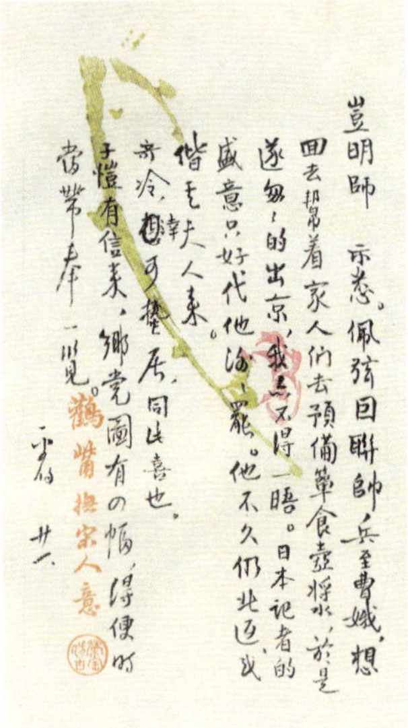

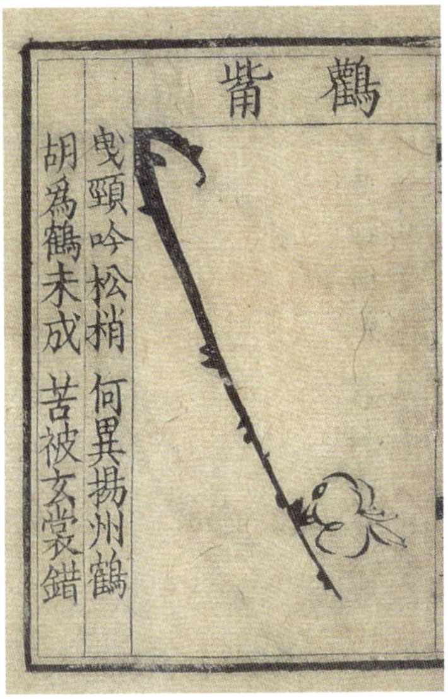

鶴觜

曳頸吟松梢 何異揚州鶴

胡為鶴未成 苦被玄裳錯

图 2-6-98
俞平伯致周作人信笺

图 2-6-99
《梅花喜神谱》鹤嘴

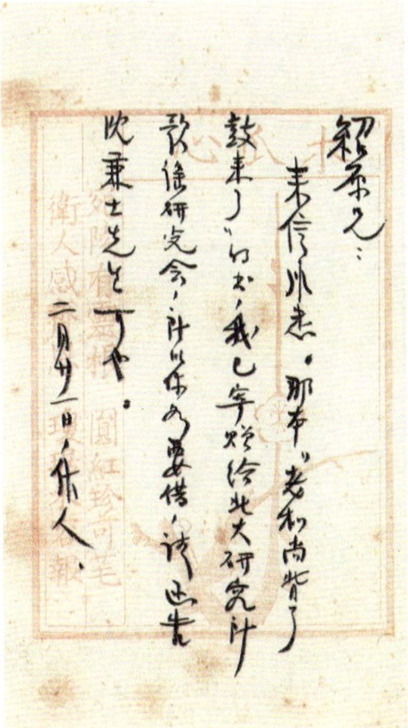

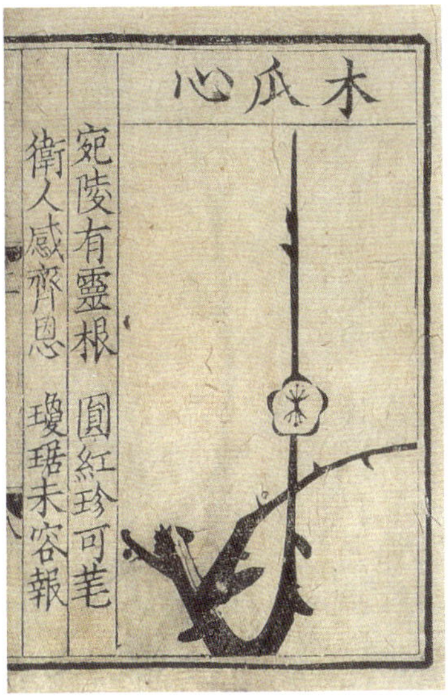

木瓜心

宛陵有靈根 圓紅珍可芼

衛人感齊恩 瓊琚未容報

图 2-6-100
周作人致江绍原信笺

图 2-6-101
《梅花喜神谱》木瓜心

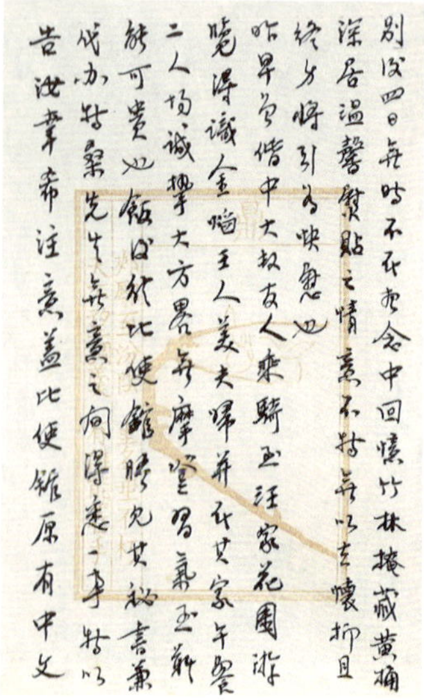
别后四日无时不在念中回忆竹林掩藏黄楠
深居温馨贴贴之情意不能无以去怀抑且
终夕将引为快意也
昨早鱼偕中大叔友人乘骑至汪家花园游
览得识金焰王人美夫妇并在其家午餐
二人均诚挚大方异无摩登习气至为
难可贵也饭后于比使馆晤见其秘书萧
代办特将先生无意之句得悉一事特以
告汝耳希注意盖比使馆原有中文

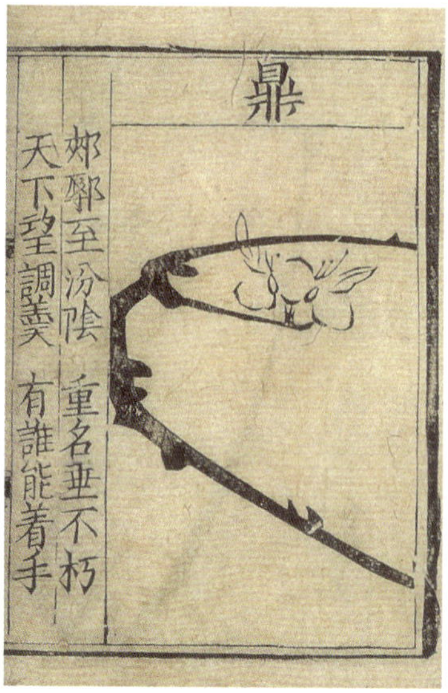

图 2-6-102
蒋碧薇致张道藩信笺

图 2-6-103
《梅花喜神谱》鼎

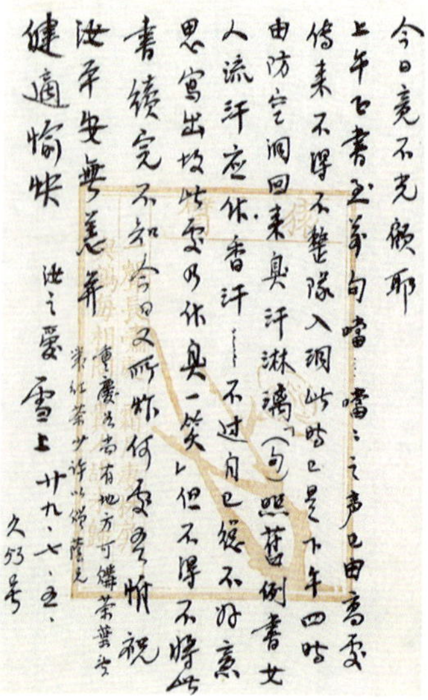
今日竟不克飞耶
上午飞书至第句嗜嗜嗜之声已由乌云
传来不得不整队入洞此时已是下午四时
由防空洞回来身汗淋漓（句）照旧例书女
人流汗应作香汗——不过自己绝不以为意
思写出收此处以作鼻一笑但不得不将此
书续完不知今日又所作何处事情祝
汝平安无恙并
健适愉快
汝之爱 雪上 廿九、七、五、
重庆若尚有地方可购茶叶望
买红茶少许以备后用
久別号

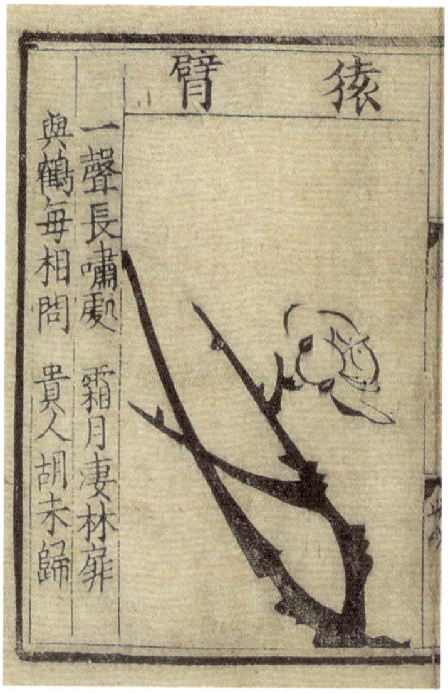

图 2-6-104
蒋碧薇致张道藩信笺

图 2-6-105
《梅花喜神谱》猿臂

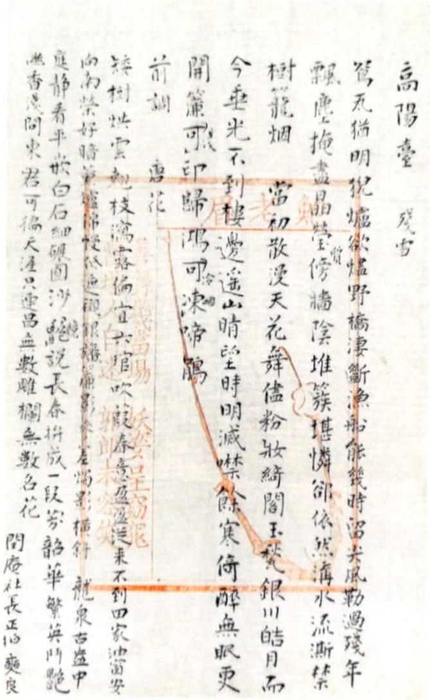
高陽臺　殘雪
舊瓦猶明猊爐欲燼野橋淒斷漁船能幾時留尖風勒過殘年
飄塵掩盡晶瑩質傍牆陰堆簇堪憐卻依然滴水流澌禁
樹籠烟　當初散漫天花舞儘粉妝綺閣玉琢銀川皓月而
今垂光不到樓邊遙山晴望時明滅襟餘寒倚醉無眠更
聞簾即歸鴻可凍啼鵑
前調　唐花

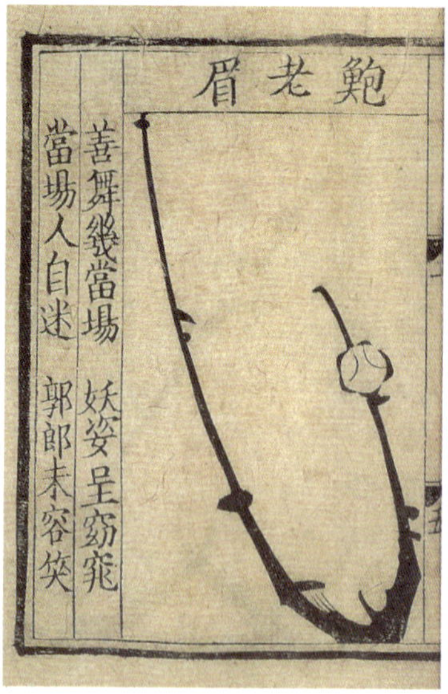

图 2-6-106
史良《高阳台·残雪》

图 2-6-107
《梅花喜神谱》鲍老眉

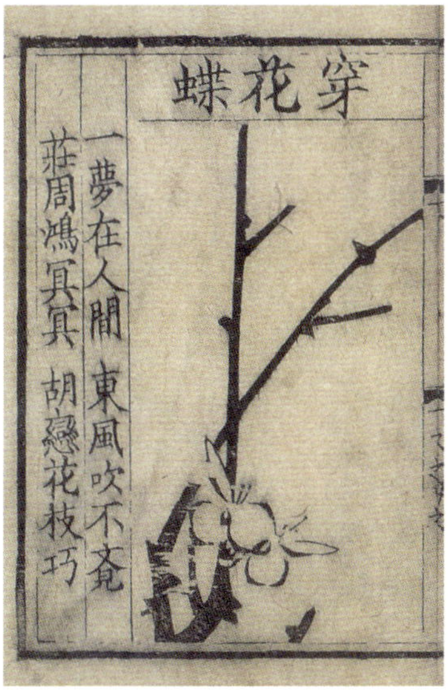

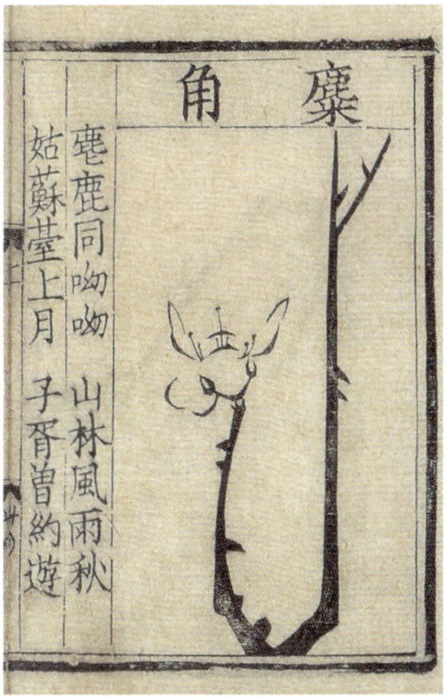

图 2-6-108
《梅花喜神谱》穿花蝶

图 2-6-109
《梅花喜神谱》槖角

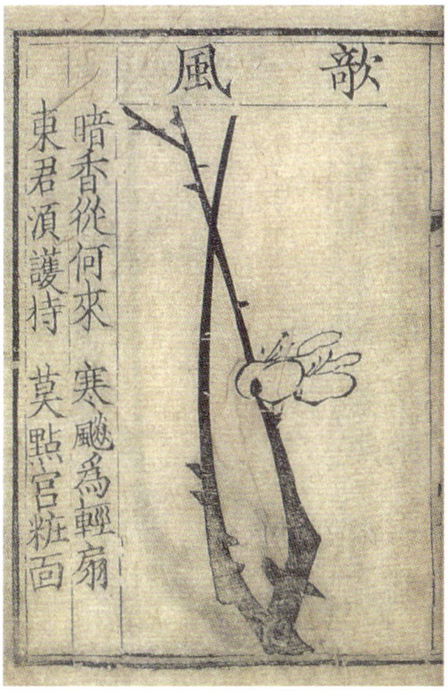

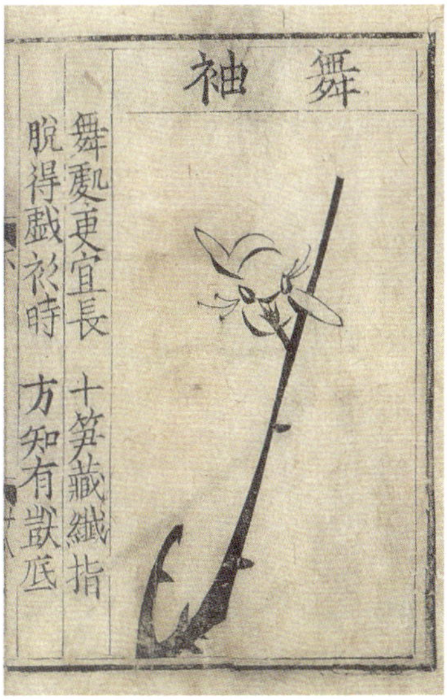

图 2-6-110
《梅花喜神谱》歌风

图 2-6-111
《梅花喜神谱》舞袖

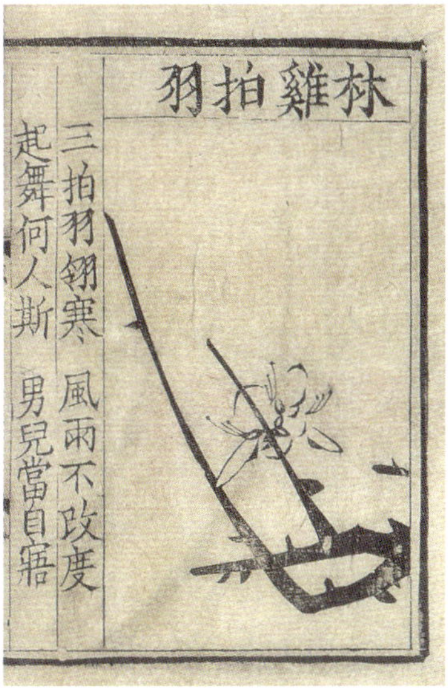

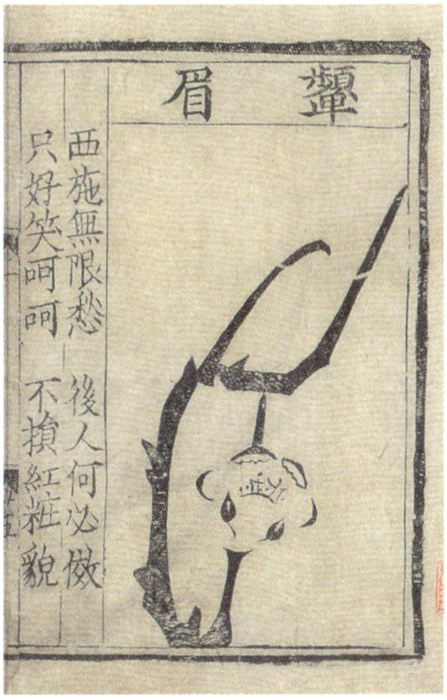

图 2-6-112
《梅花喜神谱》林鸡拍羽

图 2-6-113
《梅花喜神谱》颦眉

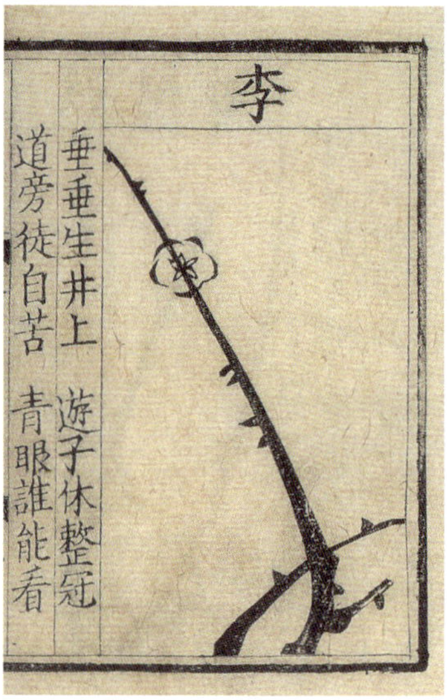

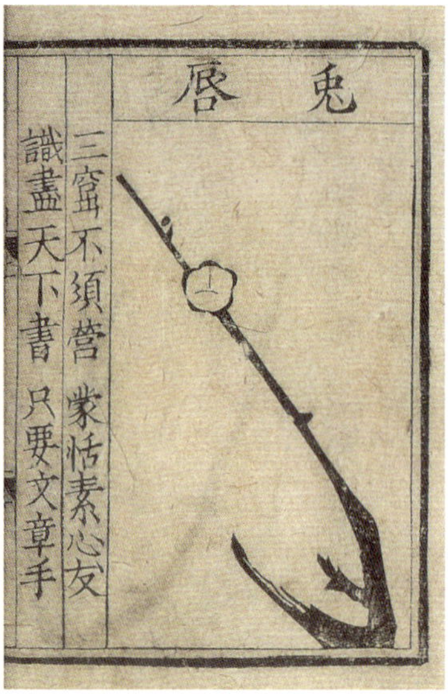

图 2-6-114
《梅花喜神谱》李

图 2-6-115
《梅花喜神谱》兔唇

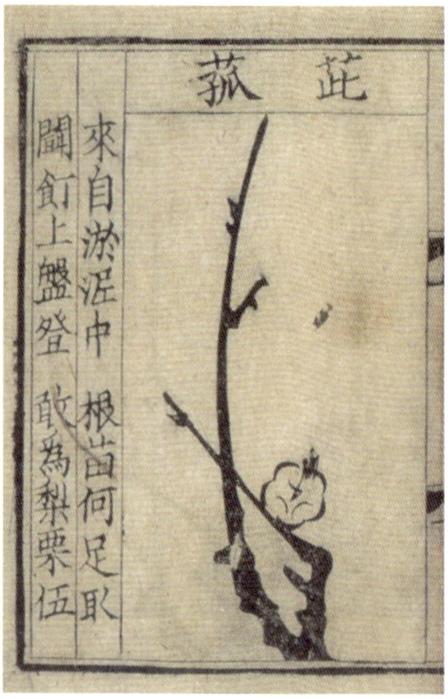

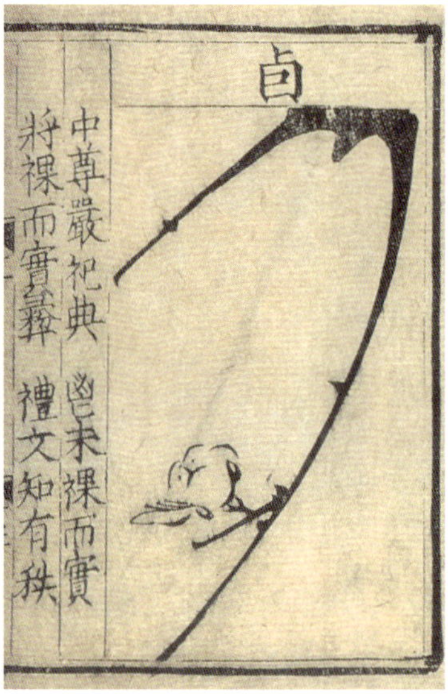

图 2-6-116
《梅花喜神谱》茈菰

图 2-6-117
《梅花喜神谱》卣

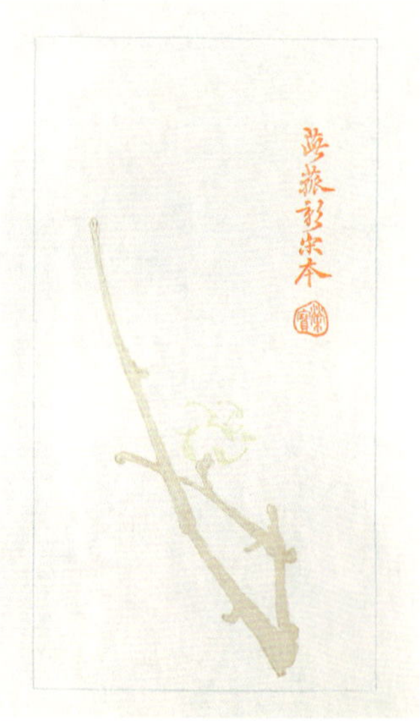

图 2-6-118
荣宝斋制《梅花喜神谱》茈菰

图 2-6-119
荣宝斋制《梅花喜神谱》卣

八、清末大吉祥博古名笺

谭泽闿[1]题签，大吉祥笺扇庄地址在上海四马路。

图2-6-120—图2-6-145
大吉祥笺

① 谭泽闿（1889—1948），字祖同，号瓶斋，湖南茶陵人，书法家。谭延闿之弟。工行楷，师法翁同龢，气格宏伟。

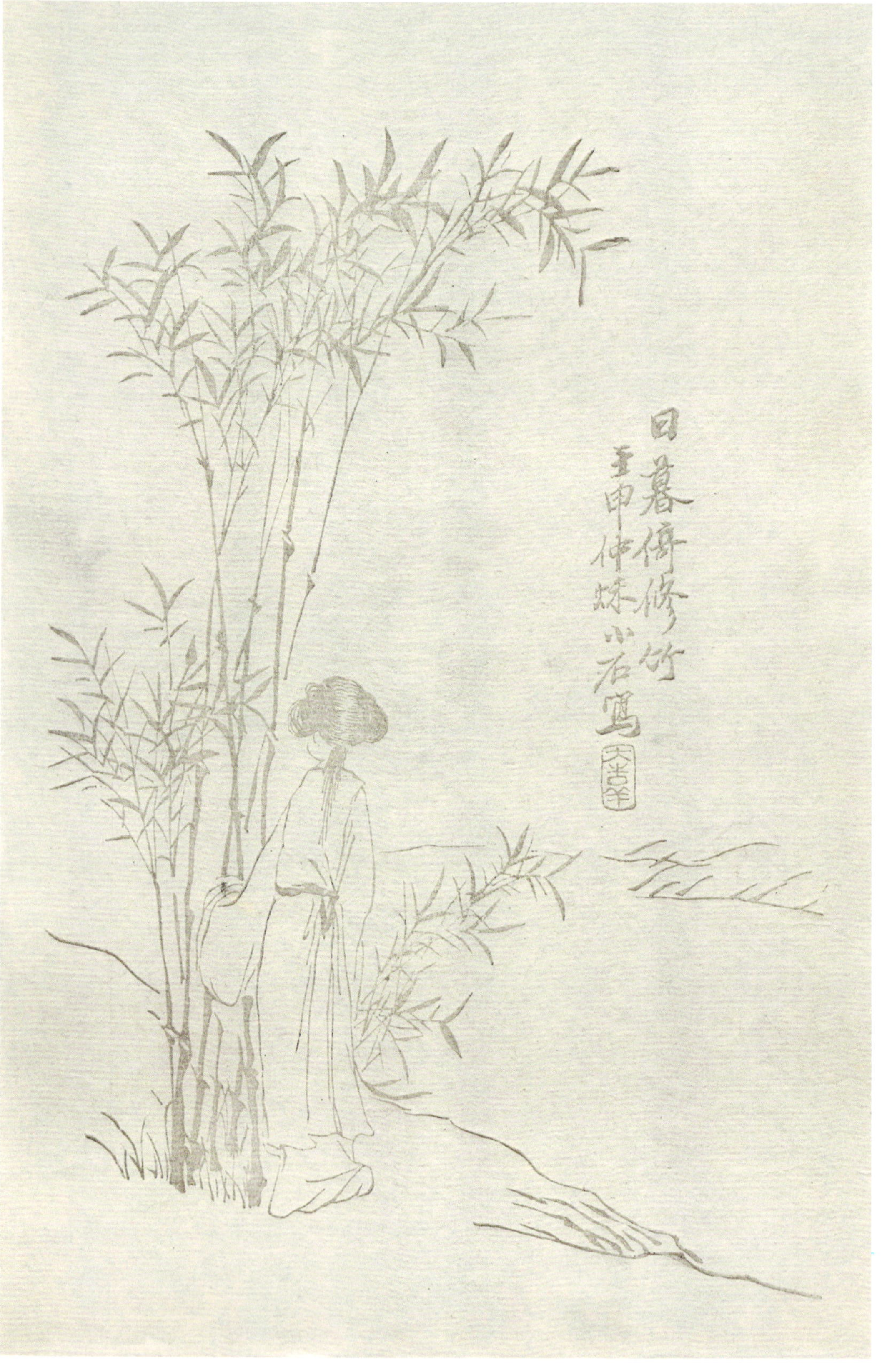
日暮倚修竹
壬申仲秋小石写

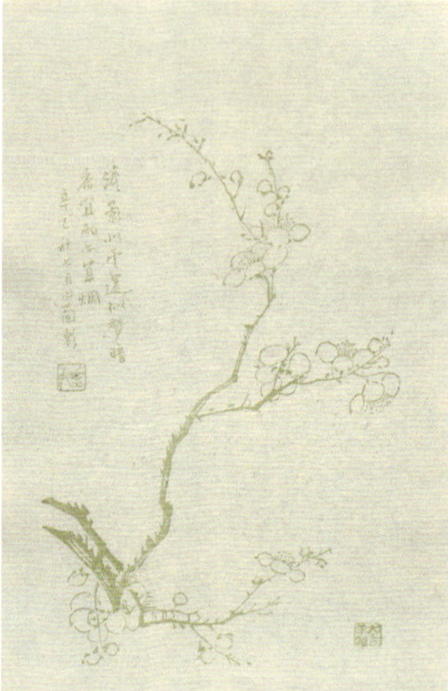
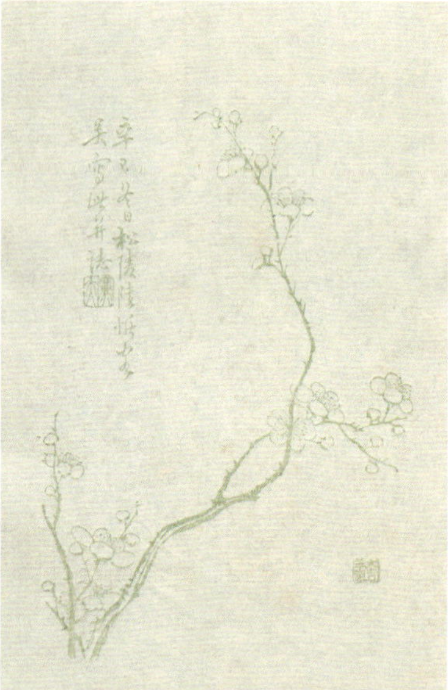

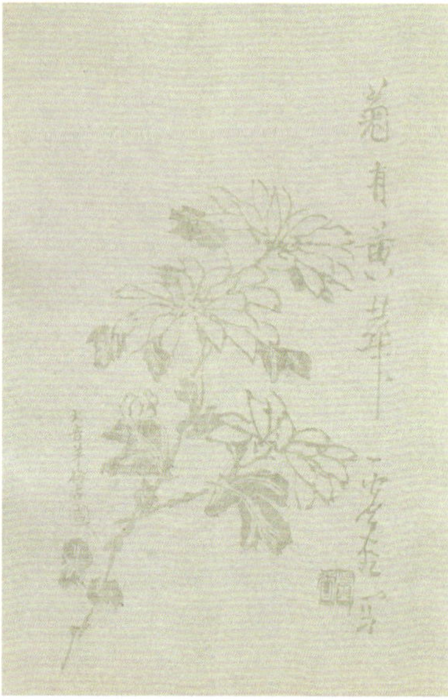

九、清代俞曲园墨戏笺

晚清俞樾（1821—1907），字荫甫，一字中山，号曲园，自号曲园居士，浙江德清人。咸丰五年（1855）出任河南学政，后为人弹劾罢官，遂侨居苏州，从事著述与讲学。曾先后主讲于苏州云间书院、紫阳书院及杭州诂经精舍，被尊为“朴学之宗”。俞樾著有《春在堂全书》五百卷。

根据复旦大学姜昳《中国传统书写用纸的文献学研究——以笺纸、套格纸为中心》一文，对“俞樾制笺研究”的论述如下：俞樾书信，喜用自制笺纸，一生所制笺纸，约有五十多种，大致可分为字笺、画笺、博古笺三类。

俞樾制笺颇丰，以墨戏笺为主。

（一）字笺

又可分为墨戏笺、印章笺与钤印笺、书法笺和版格笺等。其中墨戏笺是以变体文字加以形象化，故列为字笺。

俞樾《春在堂全书》中《曲园墨戏》一卷收录俞樾墨戏图二十幅，包括一团和气、福寿、畜道德而能文章、如南山之寿、驱邪降福四字钟馗、福寿双修、大悲、一字联、仿古扇铭、鱼雁、曲园课孙、右台仙馆、曲园等。

印章笺为字笺的一种，以笺主私印为内容，比钤印笺上印记

图 2-6-146
“一团和气”图式

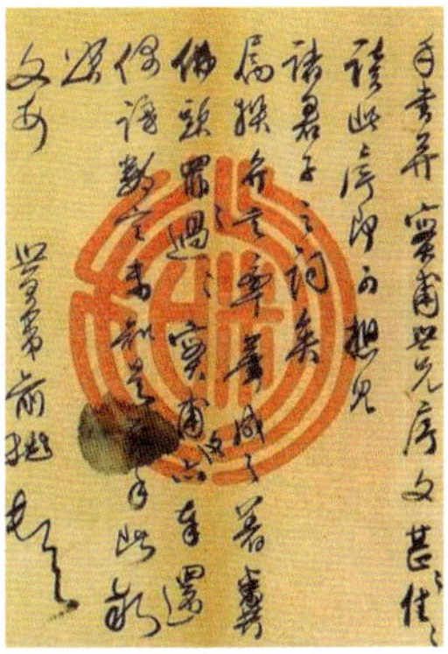

图 2-6-147
俞樾“一团和气”笺

图 2-6-148
曲园“福寿”双钩

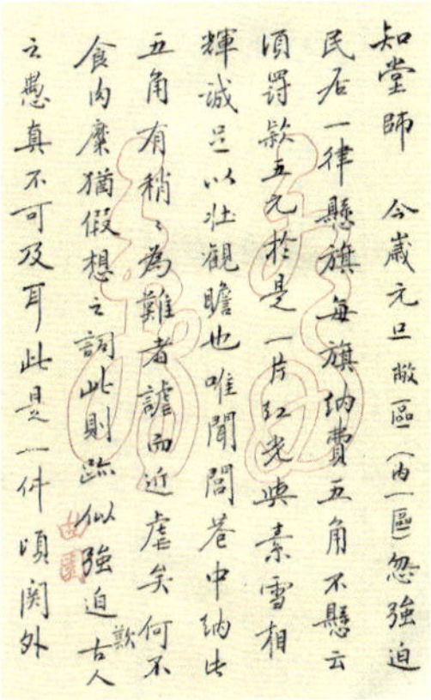

图 2-6-149
曲园“福寿”双钩笺

图 2-6-150
“大悲”图式

图 2-6-151
俞樾“大悲”笺

要大得多，甚至占据笺纸的大部分纸面。

俞樾有数种印章笺：

其一，“曲园居士俞楼游客右台仙馆主人尺牍”笺。

其二，“曲园尺牍”笺之一。

其三，“曲园尺牍”笺之二。

其四，“殚心著述”笺。

有数种钤印笺：

其一，“曲园拜上”朱文方印（两种）。

其二，人像朱文印。

其三，“敬问起居”圆形朱印。

笺纸左侧书“敬问起居 / 曲园通侯笺”。

周作人致江绍原信笺的笺纸样式即为“敬问起居 / 曲园通侯笺”圆形朱印。

此外，尚有“蜀杜堂”竖长白文印、“山林亦台阁文字即功勋”朱文方印、“恩状□儒”朱白文长方印、“殚心著述”朱文方印、“海内翰林第二”朱文方印、“纶音殚心著述”朱文长方印、“曲园叟”朱文方印、“曲园八十以后□”朱文方印、“樾”字朱印等。

俞氏书法笺：笺纸的主体图案为一字或数字书法，即书法笺。字体多为古朴的篆隶文字。俞樾因其室名“春在堂”，故将其自制书法笺命名为“春在堂五

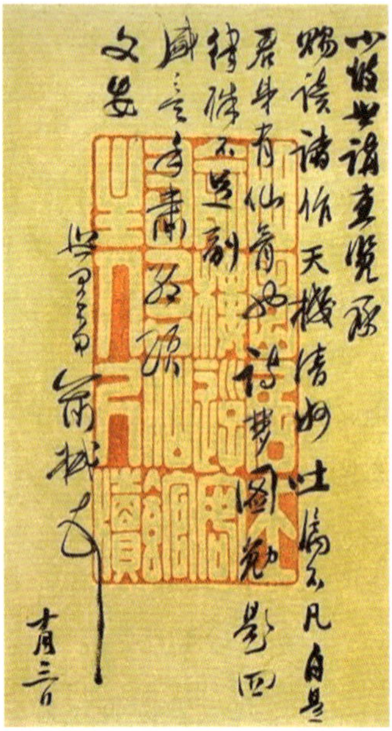

图 2-6-152
“曲园居士俞楼游客右台仙馆主人尺牍”笺

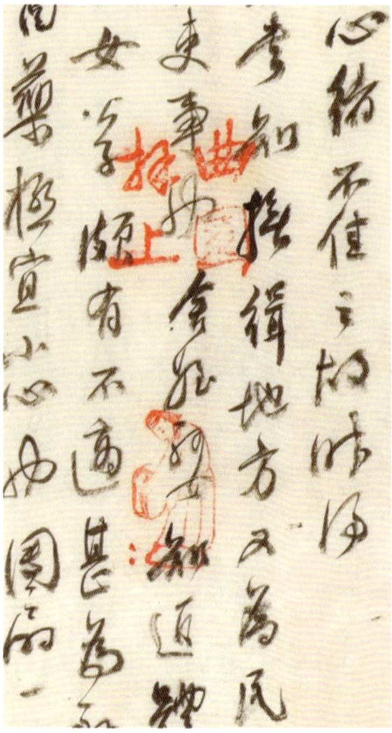

图 2-6-153
“曲园拜上”朱文方印笺一

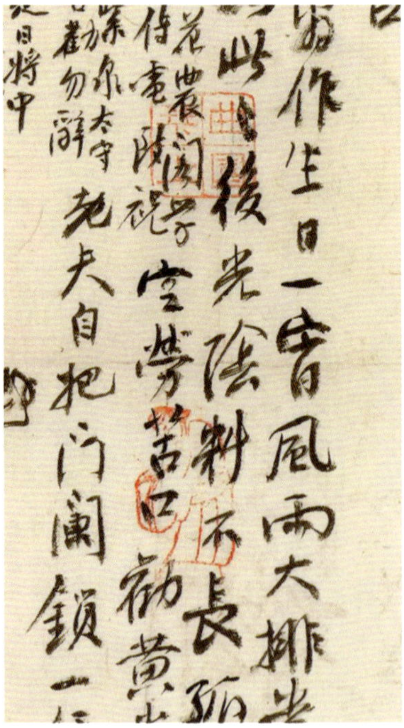

图 2-6-154
“曲园拜上”朱文方印笺二

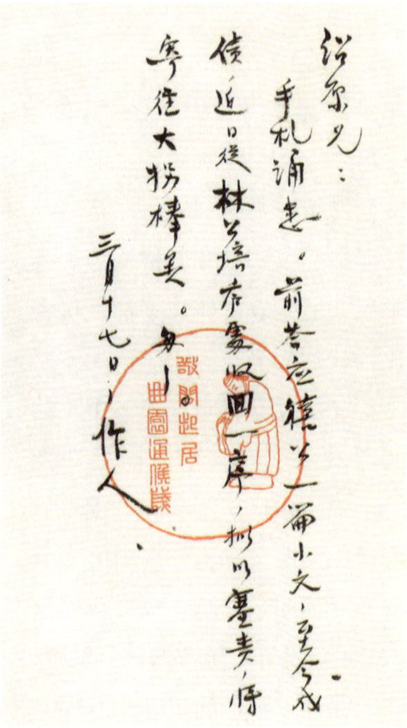

图 2-6-155
“敬问起居”圆形朱印笺

禽笺”，在笺纸上用篆字书写鹊、凤、雁、燕、鹤等五种禽鸟名，一套五幅笺纸。

鹤笺下书“阆苑有书多附鹤。故作鹤笺。春在堂五禽笺之一”。

燕笺下书“紫燕西来欲寄书。故作燕笺。春在堂五禽笺之一”。

雁笺下书“衡阳归雁一封书。故作雁笺。春在堂五禽笺之一”。

凤笺下书“收得凤纸写相思。故作凤笺。春在堂五禽笺之一”。

鹊笺下书“喜鹊随函到绿萝。故作鹊笺。春在堂五禽笺之一”。

五禽笺有浅粉、浅紫、肉色、黄色等若干纸色，笺上文字均为红色。

俞氏版格笺特指俞樾所制版框内有栏格状文字笺。有曲园书笺和梅、兰、竹套笺（两种）。

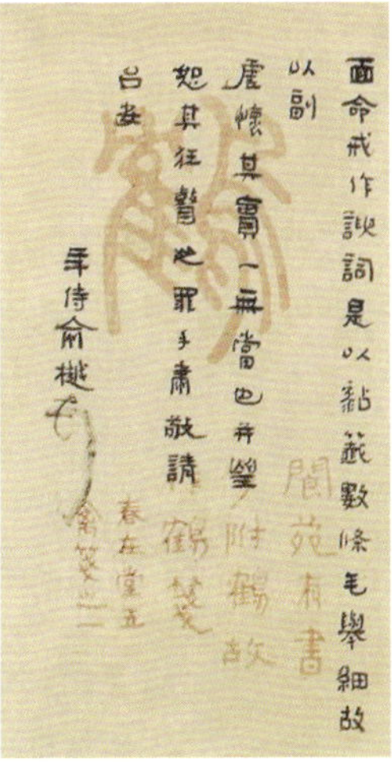

图 2-6-156
春在堂五禽笺“鹤”

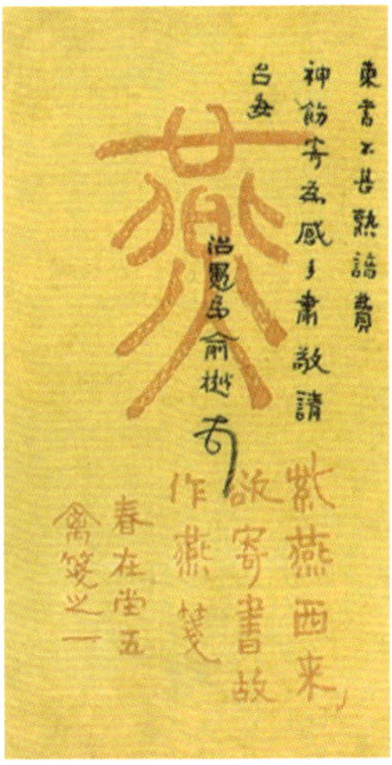

图 2-6-157
春在堂五禽笺“燕”

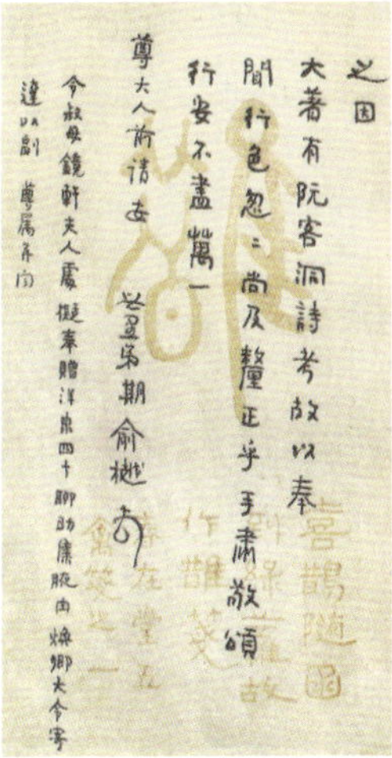

图 2-6-158
春在堂五禽笺“鹊”

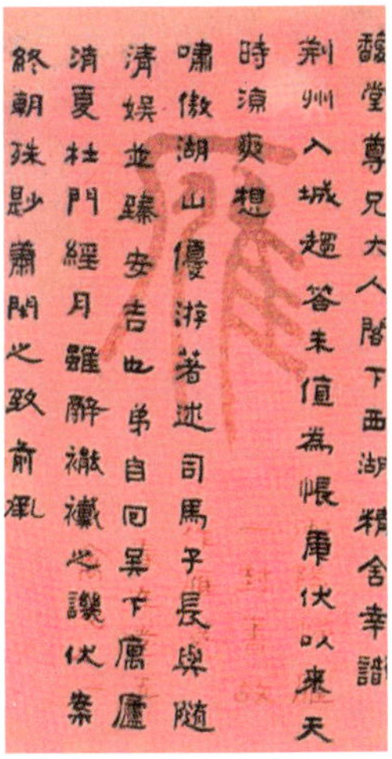

图 2-6-159
春在堂五禽笺“雁”

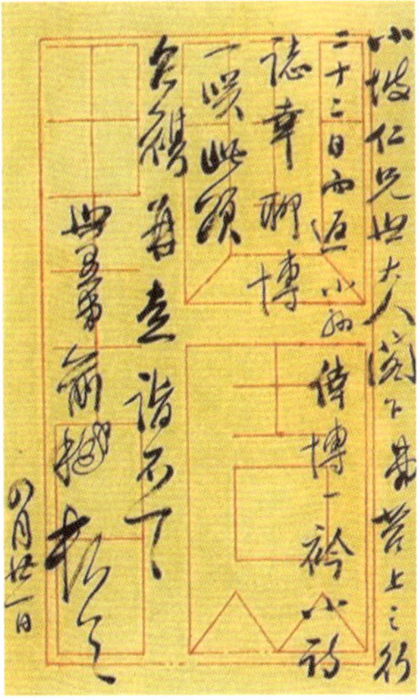

图 2-6-160
曲园书笺

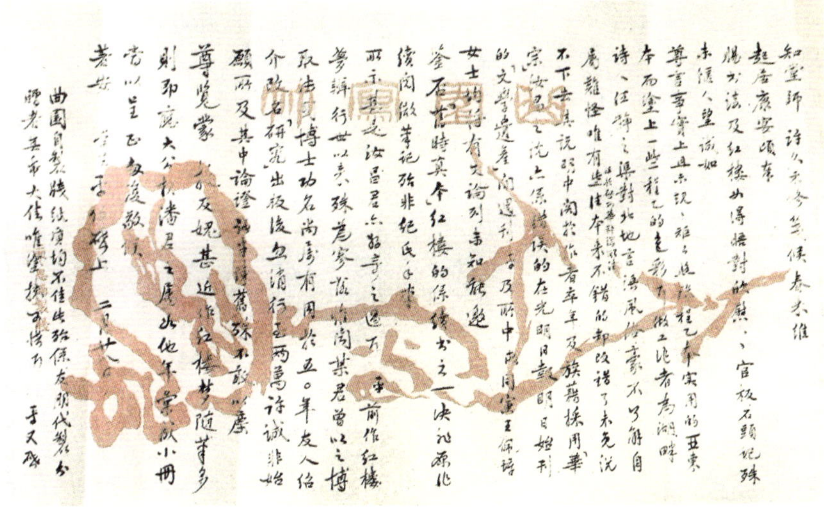

图 2-6-161
曲园写竹笺

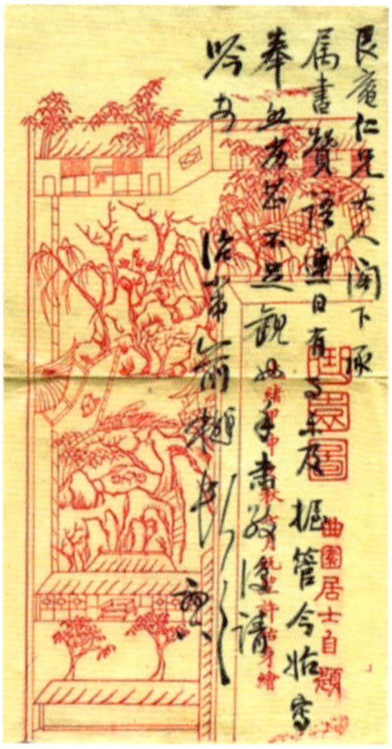

图 2-6-162
曲园图笺

（二）画笺

其一为景物笺，为俞樾之婿、苏州知府许祐身绘曲园图笺一套三种，俞樾题字。

其二为人物笺，亦称会友笺，共四种，包括“何时一尊酒”为“思友”、“如面谈”为“邀友”、“跂予望之”为“盼友”、“拜而送之”为“送友”。笺中人物均为俞樾本人写照。四种笺均用白纸，图文呈紫红色。

（三）博古笺

其一为金石笺：现存有春在堂鱼笺、福砖笺、长乐未央笺等。

其二为仿古栏格笺：现存仿唐人行卷式笺和仿仓颉篇笺。

仿仓颉篇笺六十字为一章。曲园制，见周作人致俞平伯信笺。

其三为鱼笺及红绿双鱼笺：现存春在堂鱼笺两种、双色套印红绿双鱼笺。

其四为福寿砖笺及福砖笺：

图 2-6-163
曲园“何时一尊酒”笺

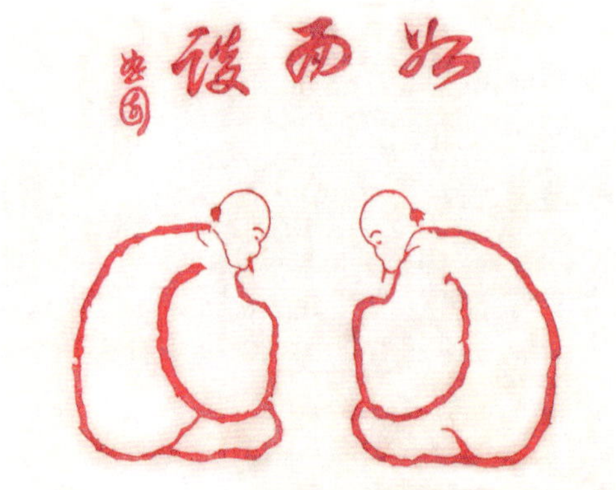

图 2-6-164
曲园“如面谈”笺

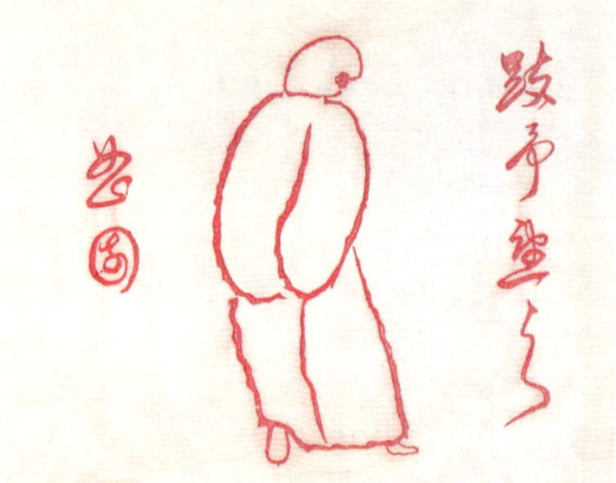

图 2-6-165
曲园“跂予望之”笺

图 2-6-166
曲园“拜而送之”笺

福砖笺上注语“曲园居士于吴下得此砖福字，中有寿星骑鹿像，摹以制笺”。

俞樾自制笺反映了晚清江浙一带文人制笺、用笺的基本面貌。其时文人制笺，多为单色线条画，正如俞樾的墨戏笺。内容多从本人情趣出发，或描摹金石，或勾勒花卉、人物等，整版单色刷印。

俞樾自制笺的内容，一方面与本人学识、兴趣相关，另一方面受时代背景影响。其墨戏笺、钤印笺多为自制，而金石笺、博古笺等则契合于时代流行风尚。

近人有仿俞樾墨戏笺，制“一德格天”笺。

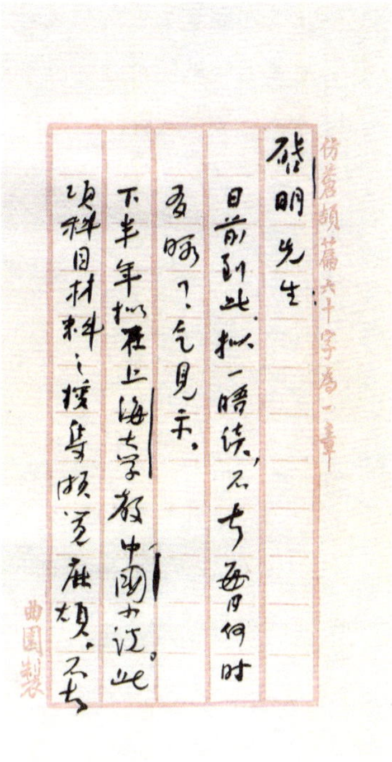

图 2-6-167
曲园制仿仓颉篇笺

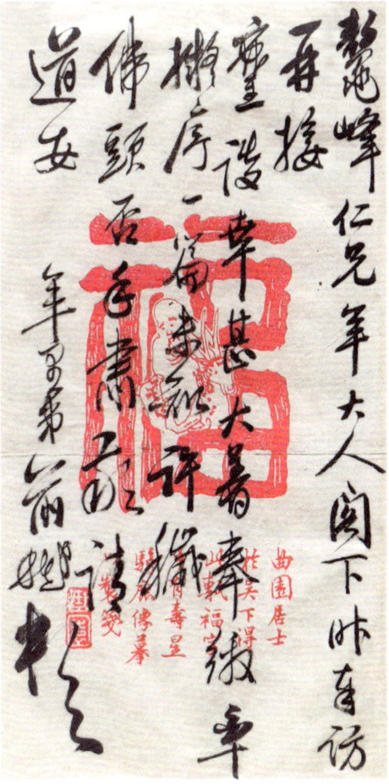

图 2-6-168
曲园居士制福砖笺

图 2-6-169—图 2-6-173
曲园自制墨戏笺

图 2-6-174
“一德格天”笺

十、《三百三十二喜笺序目》

清光绪年间，私家系统制笺且成果斐然者为徐花农。徐琪（1849—1918），字玉可、花农，号俞楼，斋名瑞薇轩，浙江仁和（今杭州）人，曾任广东学政，官至兵部侍郎。著作颇丰，计有《冬日杂咏》《北游潭影集》《粤轺集》《喜莲吟》《岭南实事记》《粤东茸胜记》《花砖日影集》等，并辑有《香海盦丛书》《徐氏一家词》等丛书。徐琪是俞樾弟子，工诗文、善书画，被称为“俞门八骏”之一。徐琪早年曾制四时笺、五云笺等小型套笺，但最著名、数量最大的当数喜笺，即以“喜”字为主题的大型套笺。

上海图书馆收藏有一册徐琪制作的《三百三十二喜笺序目》，封面为徐花农嘱溥伟所题，由《集苏一百八喜笺序目》《集涪翁文一百四十喜笺》《集李杜诗八十四喜笺》三部分组成，分别记录了三部笺谱之序文和喜笺目录。

（一）《集苏一百八喜笺序目》，长白麟书

其中：人物六种、山水三种、玩具一种、彀食果花木一种、禽鱼一种、兽虫一种、字体三种、双喜二种。

以上为匣十八，为笺一百，为喜句一百有八，全。

光绪二十一年岁在旃蒙协洽九月九日。

仁和徐琪书于瑞薇轩。

（二）《集涪翁文一百四十喜笺叙目》，门下士金倮福谨署

其中：人物五种、仙释一种、歌舞宴饮乐器田猎一种、亭阁一种、山水一种、花草一种、文玩一种、字体一种、可喜笺十种、双喜笺十种、迭喜笺四种、三喜笺六种、随喜笺五种、安喜笺八种、欢喜笺六种、无量喜笺四种、吉庆奉喜笺三种、喜庆多福笺二种、万福承喜笺四种、安闲嘉胜承喜笺四种、祖孙昭穆熊迪同喜笺五种。

以上为匣二十有五，为笺一百二十有九，为喜句一百四十，全。

光绪二十八年岁次在元默摄提格七月七日。

仁和徐琪书于接叶亭。

男兴东兴鳌兴寿侍编。

（三）《集李杜诗八十四喜笺序目》，宗室载滢署

其中：人物六种、人物兼楼阁三种、山水人物三种、博古玩器一种、蔬果一种、禽蝶蛟龙一种、双喜一种。

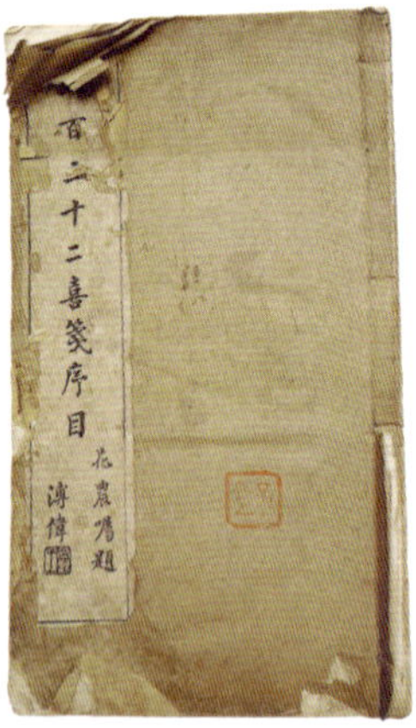

图 2-6-175
《三百二十二喜笺序目》

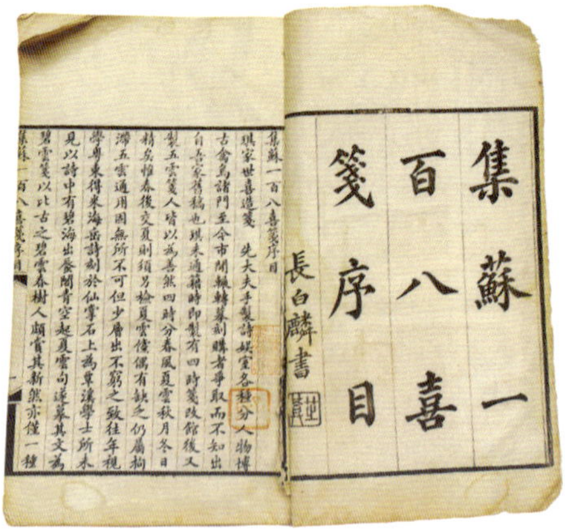

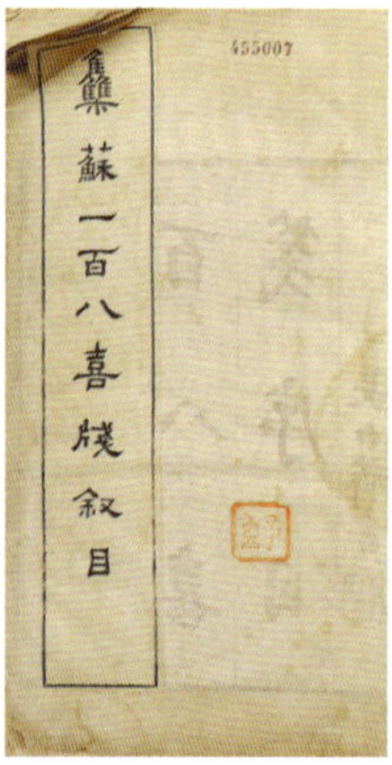

图 2-6-176、图 2-6-177
《集苏一百八喜笺序（叙）目》

以上为匣十六，为笺八十，喜句八十有四，全。

光绪三十四年岁在着雍涒滩中秋夕。

仁和徐琪书于致曲亭。

男骏原名兴东骧原名兴鳌兴寿孙震侍编。

徐琪所制《集苏一百八喜笺序目》一卷、《集涪翁文一百四十喜笺叙目》一卷、《集李杜诗八十四喜笺叙目》一卷，三卷版式各不相同。每卷《序目》前有序文一篇，介绍徐琪制喜笺的缘由、方法，大致分类；后为目录，按照喜笺内容分类排序，依次录喜句及引文出处。

现今所能见到的徐琪“喜”字笺仅存不足十幅散笺，三百三十二种喜笺样式、内容仅能通过《序目》了解，难以窥其毕生所制笺之全貌，但徐氏所制笺，实为中国传统文人自制花笺之冠，堪称传统文人自制笺之集大成者。

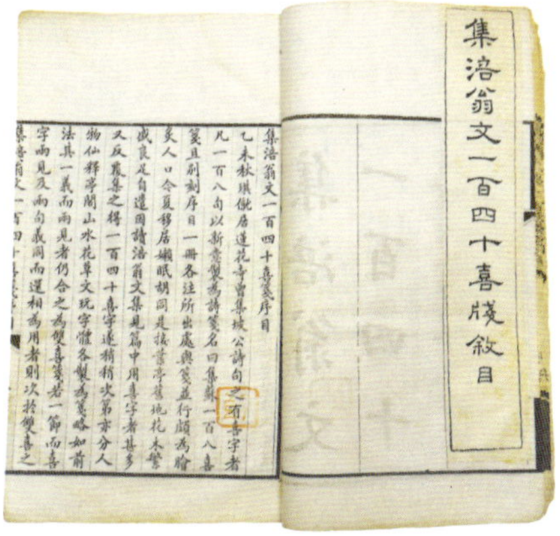

图 2-6-178
《集涪翁文一百四十喜笺叙目》

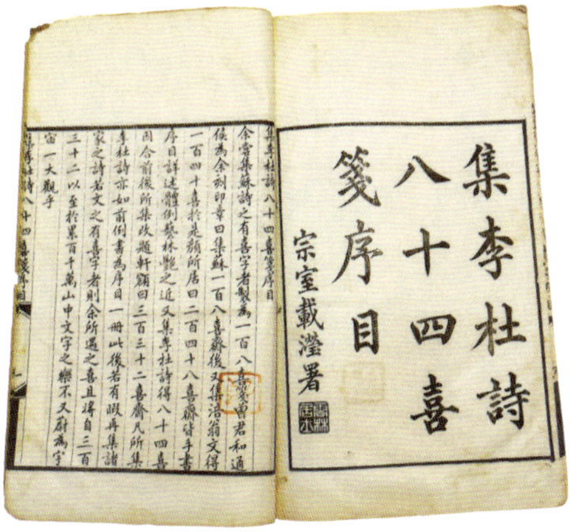

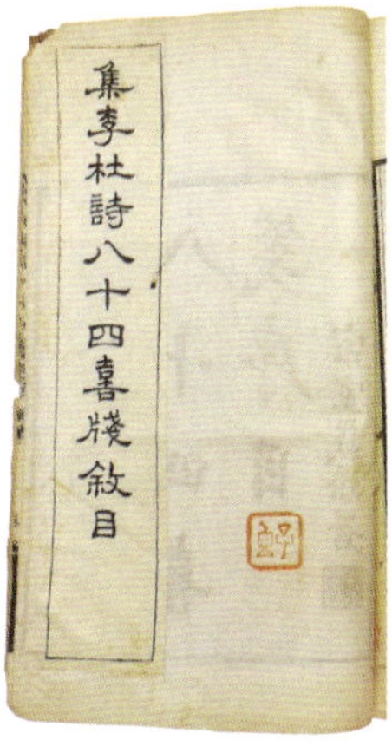

图 2-6-179、图 2-6-180
《集李杜诗八十四喜笺序（叙）目》

十一、晚清王劭农笺画

晚清画家王劭农（1842—1922），名振声，字劭农，一作少农，北通州（北京通州）人。同治十三年（1874）进士，由给事中官至徽州知府，旋即乞归，因号黄山遁叟。尝手绘意拓园图，以寓退隐之意。善书、画，承家学，画花鸟得华岩逸韵。宣统三年（1911）作《梅花读书图》，卒年八十一。著《淡静草庐集》《清画家诗史》《韬养斋笔记》《寒柯堂随笔》《清代碑传文通检》等。

文美斋制王劭农笺画，照原色饾版印制。

例一，“秋色平分”笺。枫叶和菊花，题款“秋色平分”，落款“烂柯山樵”，布局设色都很新颖。

例二，“风雨清谈”笺，蕉叶听雨，竹枝摇曳，用朱砂画竹叶，使之与芭蕉的颜色形成鲜明对照，为画面增彩。落款“坚脑生”，印章“劭农”。

荣宝斋制王劭农“蕉窗听雨”笺。朱笔界栏，左侧覆以绿色蕉叶，下题“听雨”二字。此笺妙在朱色界栏又是一扇窗户，以喻“窗外芭蕉窗内人，分明叶上心头滴”。

清秘阁制王劭农“桂林一枝昆山片玉”笺，落款“劭农为清秘阁作”，“声伯题字”。

图 2-6-181
文美斋制王劭农绘
“秋色平分”笺

图 2-6-182
文美斋制王劭农绘
“风雨清谈”笺

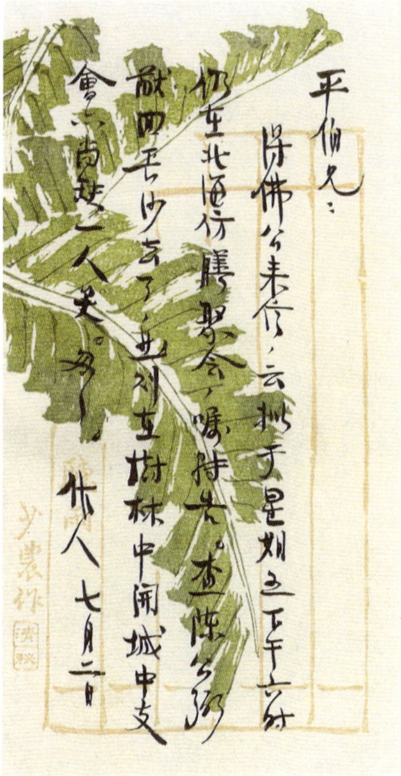

图 2-6-183
荣宝斋制王劭农绘
“蕉窗听雨”笺

图 2-6-184
清秘阁制王劭农绘
“蕉窗听雨”笺

图 2-6-185
荣宝斋制王劭农绘
“桂林一枝”笺

图 2-6-186
清秘阁制王劭农绘
“桂林一枝”笺

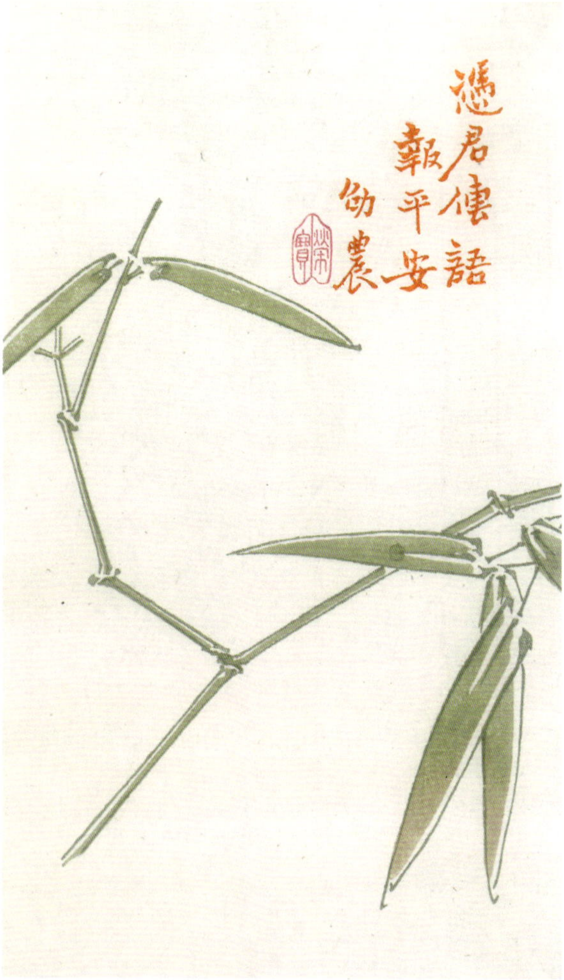

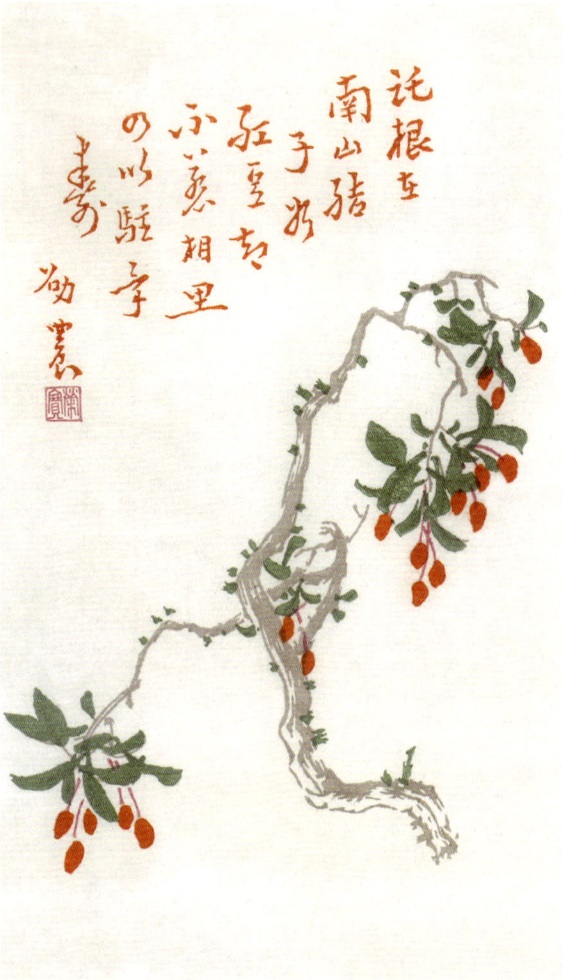

图 2-6-187
荣宝斋制王劭农绘
“凭君传语报平安”笺

图 2-6-188
荣宝斋制王劭农绘
“托根在南山”笺

图 2-6-189
荣宝斋制王劭农绘
“香餐数斗花”笺

图 2-6-190
荣宝斋制王劭农绘
“酒中仙”笺

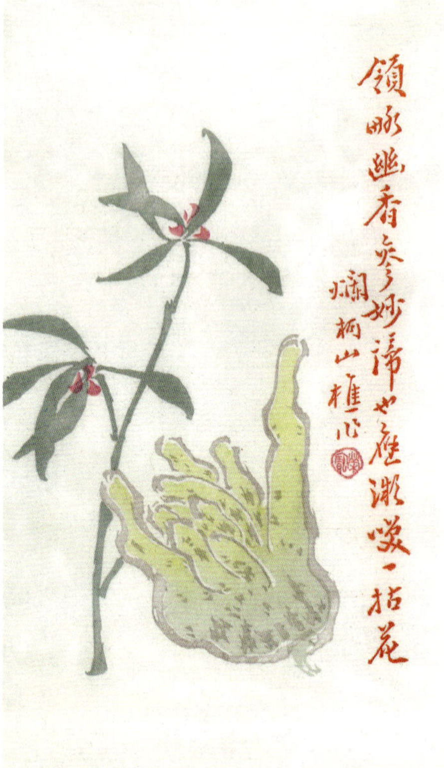

图 2-6-191
荣宝斋制王劭农绘
“食我桑葚”笺

图 2-6-192
荣宝斋制王劭农绘
“领略幽香参妙谛”笺

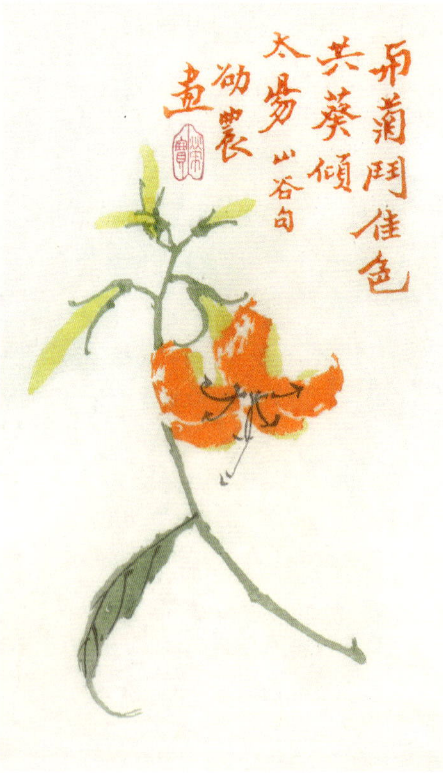

图 2-6-193
荣宝斋制王劭农绘
“愿士大夫知此味”笺

图 2-6-194
荣宝斋制王劭农绘
“与菊斗佳色”笺

图 2-6-195
荣宝斋制王劭农绘
“鱼”笺

十二、罗振玉“雪堂博古笺”

罗振玉（1866—1940），字式如、叔蕴、叔言，号雪堂，晚号贞松老人、松翁，浙江上虞人。罗振玉是中国近代大学者，甲骨文研究“甲骨四堂”之一，生平致力搜集、整理古代遗物，以及古文字、古器物的研究。著有《殷商贞卜文字考》《殷商书契考释》《三代吉金文存》等，与王国维合著《流沙坠简》，开近代简牍研究之先河。罗振玉一生著作达一百八十九种，校勘书籍六百四十二种。罗振玉《历代符牌图录》反映了当时古钱币、权衡、符牌收藏研究的热潮，也带动了此类笺纸的流行。罗振玉寓居大连时，曾开设墨缘堂南纸店。他在金石学研究之余，根据所藏所见金石古器物，描摹制笺，并予以题识。流传于世的罗振玉致王国维书札，多用“雪堂博古笺”，其中有罗振玉制的博古笺。

（一）古泉笺

罗振玉所制古泉笺有“五铢”泉笺、“大泉五千”泉笺、“大夏真兴”泉笺、“天兴宝会”泉笺、“郢□十二朱”圆足币笺、“吉”字圆金笺、“大乐无忧”泉笺等。

（二）字笺

罗振玉先后设计制作的字笺有“常饮食百口宜子孙”字笺、“家常富贵”字笺、“霸陵过民瓴”字笺、“律石衡兰丞水盘，容六□，始建国元年正月癸酉朔

图 2-6-196
罗振玉《历代符牌图录》

图 2-6-197
“五铢”泉笺

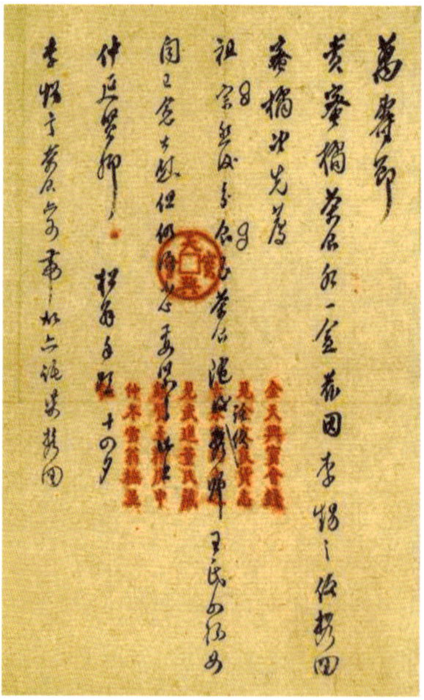

图 2-6-198
“天兴宝会”泉笺

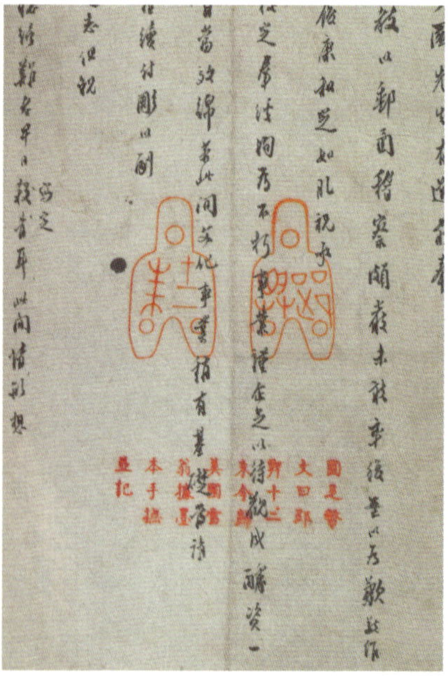

图 2-6-199
罗振玉致柯劭忞信函
“郢□十二朱”圆足币笺

日制”字笺、“汉乾和元年造”字笺、“官累重斤七两”字笺、“甲兵之符，右在王，左在新郪。凡兴士、被甲，用兵五十人以上，必会王符，乃敢行之。燔燧事，虽无会符，行医”字笺、“日益寿”半钩笺、双鱼洗笺、“丰”字笺、唐人写经签“大乘经二十三普贤行愿赞”等字笺、“齐”字笺、“吴朕”押字笺、“夹漈草堂”字笺、“大吉”字笺（两种）、“乐未央，置酒食，长久富”字笺、“辛酉”大字笺、“辛酉”小字笺、“岁在辛酉”小字笺、“女说”字笺等。

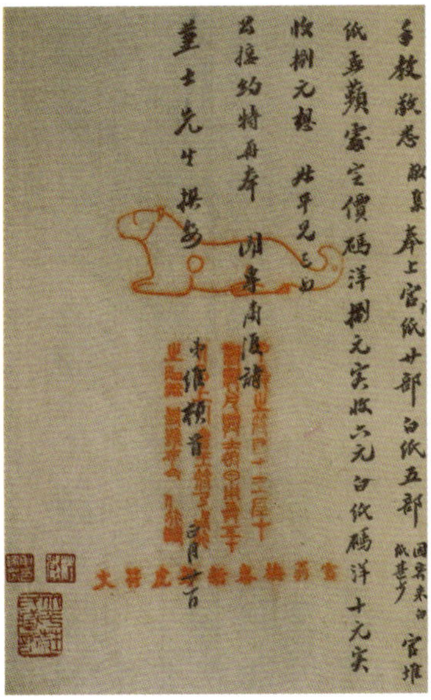

图 2-6-200
罗振玉制虎符博古笺，“甲兵之符，右在王，左在新郪。凡兴士、被甲，用兵五十人以上，必会王符，乃敢行之。燔燧事，虽无会符，行医”字笺

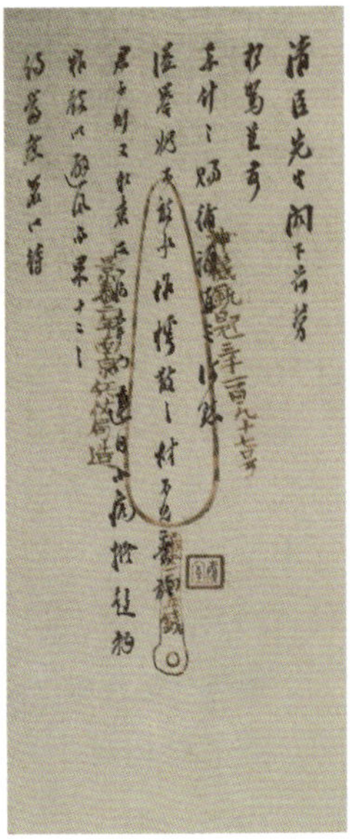

图 2-6-201
罗振玉致敏廉信函
“神机铳□三千一百九十七号，景泰二年南京兵仗局造，重二两五钱”字笺

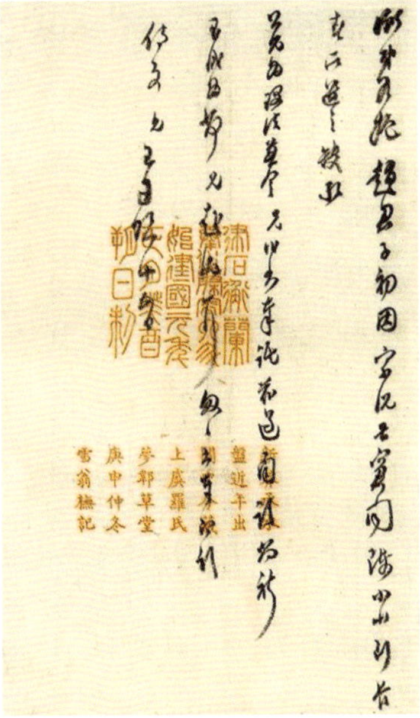

图 2-6-202
“律石衡兰丞水盘，容六□，始建国元年正月癸酉朔日制”字笺

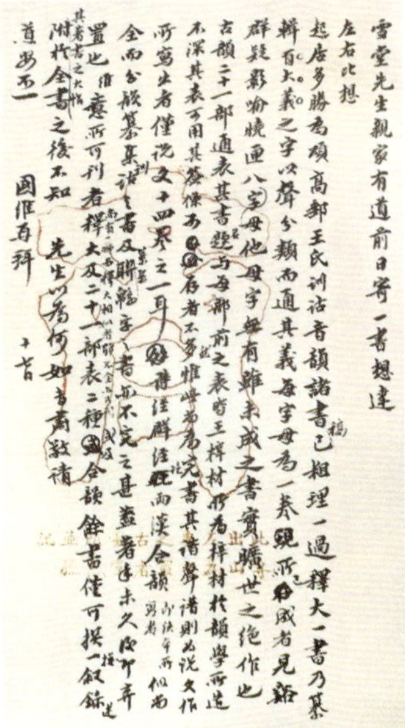

图 2-6-203
王国维致罗振玉信函
书于“齐”字笺

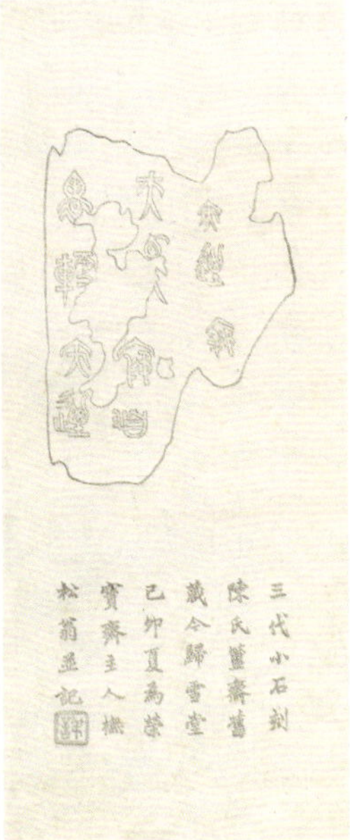

图 2-6-204
罗振玉为荣宝斋主人摹

第七节 民国笺谱之中兴

清末民初，林纾[①]的手绘山水笺是文人作画入笺的发端。通过水印技术，由十竹斋、荣宝斋批量发行。吴趼人（1866—1910），原名宝震，字小允，号沃尧，又号茧人，后改趼人，清代三大谴责小说家之一。他在代表作品《二十年目睹之怪现状》第三十三回中说："上海有这许多的诗人墨客，为甚么总没人提倡，同他们弄些好笺纸？"

民国时期，姚茫父（姚华）、陈师曾引领民初画坛，两人参与笺纸绘制。吴昌硕、张大千、齐白石、吴观岱[②]、溥心畬、吴待秋、陈半丁、王梦白、王雪涛等诸多画家均为绘笺高手。

瞿兑之《铢庵文存·说笺》："文窗无俚，唯好取旧笺纸玩之，以开襟抱，不自知其何说也。意者以天地间最耐久而可亲之物，无过于纸，最脆薄而易毁灭之物，亦无过于纸。不知者毁之既易，则知者爱之益亲。一城之中，旦旦夕夕，扬为屑而爇为灰者，不知凡几。更越数十百年，此为屑灰者，必将为人所珍护、悔惜又

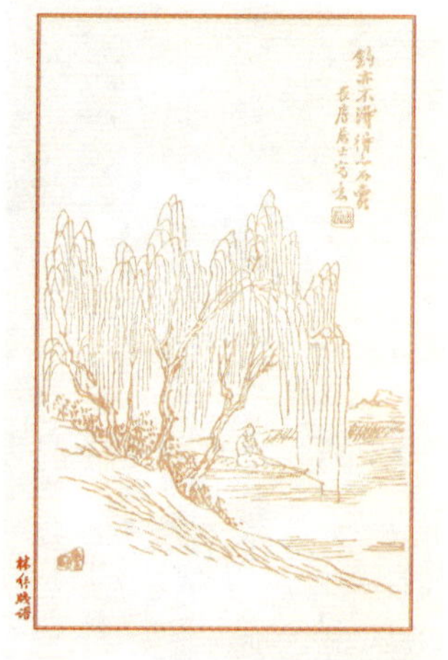

① 林纾（1852—1924），字琴南，号畏庐，别署冷红生。著名翻译家、书画家。

② 吴观岱（1862—1929），初名宗泰，字念康，号觚庐、洁翁，别号小梅花庵主、鱼陆散人、溪山画隐、觚饮道人，晚号江南布衣。工书善画，山水、人物兼妙，尤擅画梅。

不知凡几也。古字画为前人手迹所寄，可珍也。旧板书为古人所曾摩挲，亦可珍也。若此皆收藏家所竞赏，已成为商品，其价与日俱增。从事于此者，有锥刀什一之利，而无怡情适性之用矣。吾曹不克赏鉴有字之纸，只会赏鉴无字之纸而已。”

民初上海朵云轩制笺风靡一时，计有十景诗笺、朵云轩仿古名笺、双钩汉碑文字笺、仿怡王府角花笺、耕香画笺、梅花画笺、吉金画笺、彝器图笺、祥云诗笺、花卉鳞介画笺、无闻居士花卉笺、梅花喜神笺等。

图 2-7-1—图 2-7-10
林纾手绘山水笺

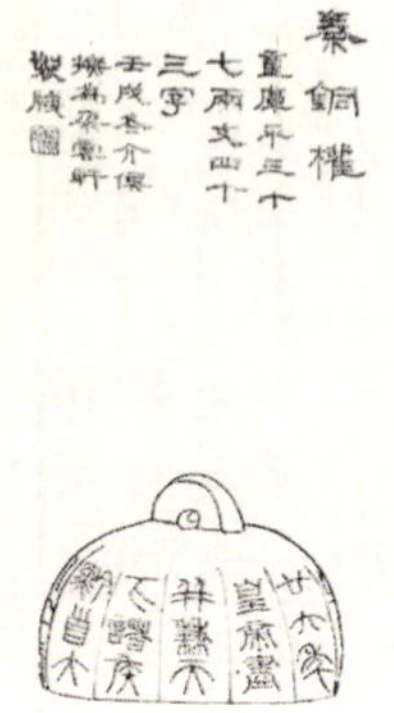

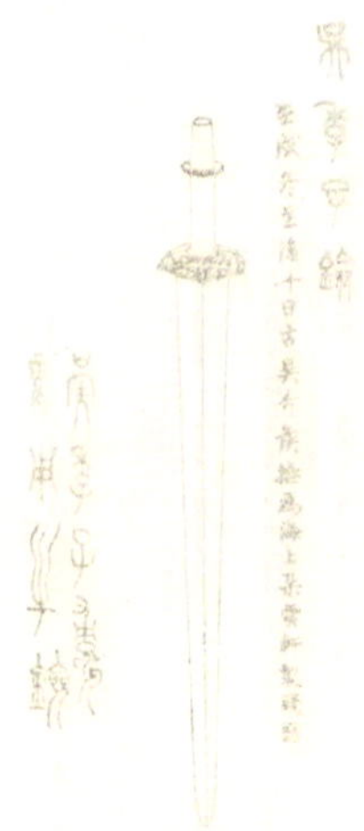

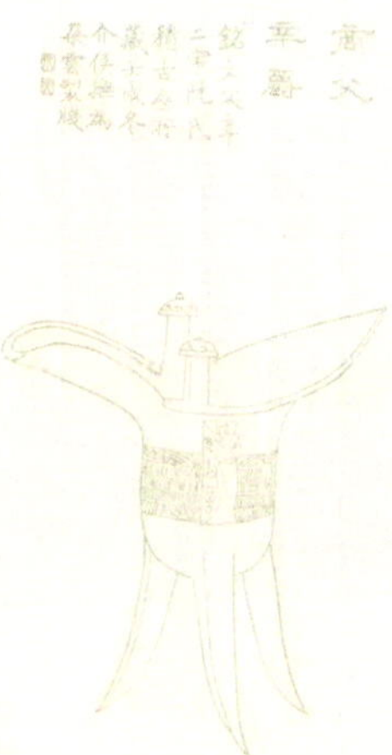

图 2-7-11—图 2-7-13
朵云轩制
彝器图笺

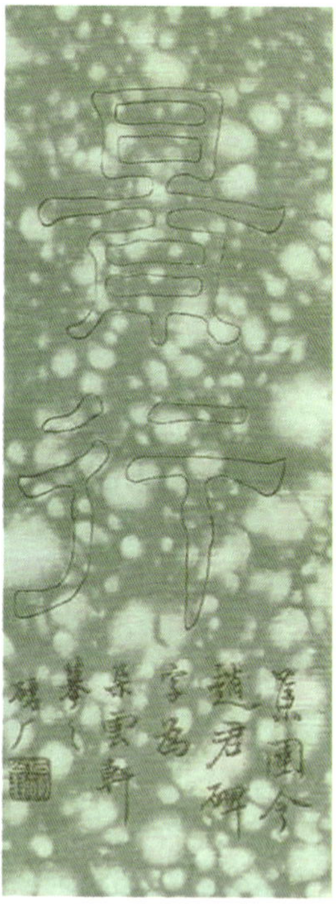

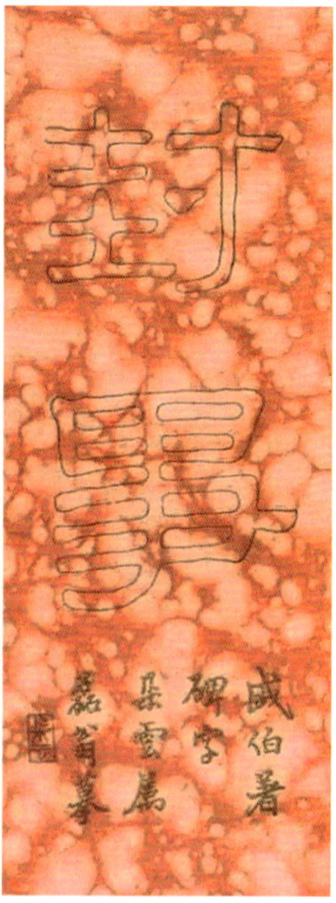

图 2-7-14—图 2-7-17
朵云轩制
双钩汉碑文字笺

图 2-7-18—
图 2-7-21
朵云轩制花卉笺

图 2-7-22—图 2-7-25
朵云轩制
花卉鳞介画笺

图 2-7-26—图 2-7-29
朵云轩制
无闻居士花卉笺

八十七神仙卷 一

八十七神仙卷 二

八十七神仙卷 三

八十七神仙卷 四

图 2-7-30—图 2-7-37
朵云轩制
《八十七神仙卷》内页

图 2-7-38—
图 2-7-41
朵云轩制
祥云诗笺

图 2-7-42—图 2-7-44
朵云轩制
凌云阁笺

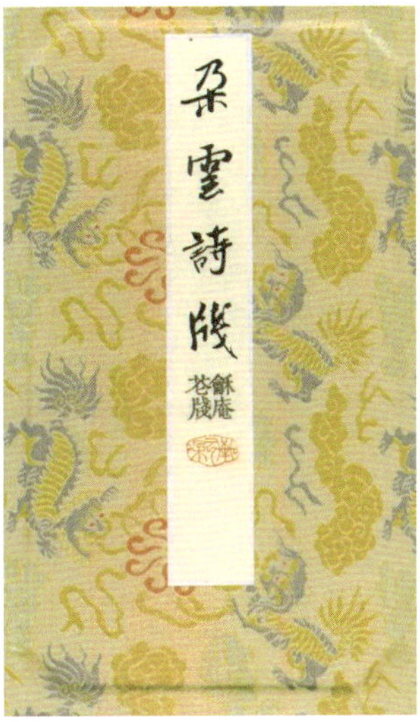

图 2-7-45—图 2-7-48
朵云轩制
龢庵花笺

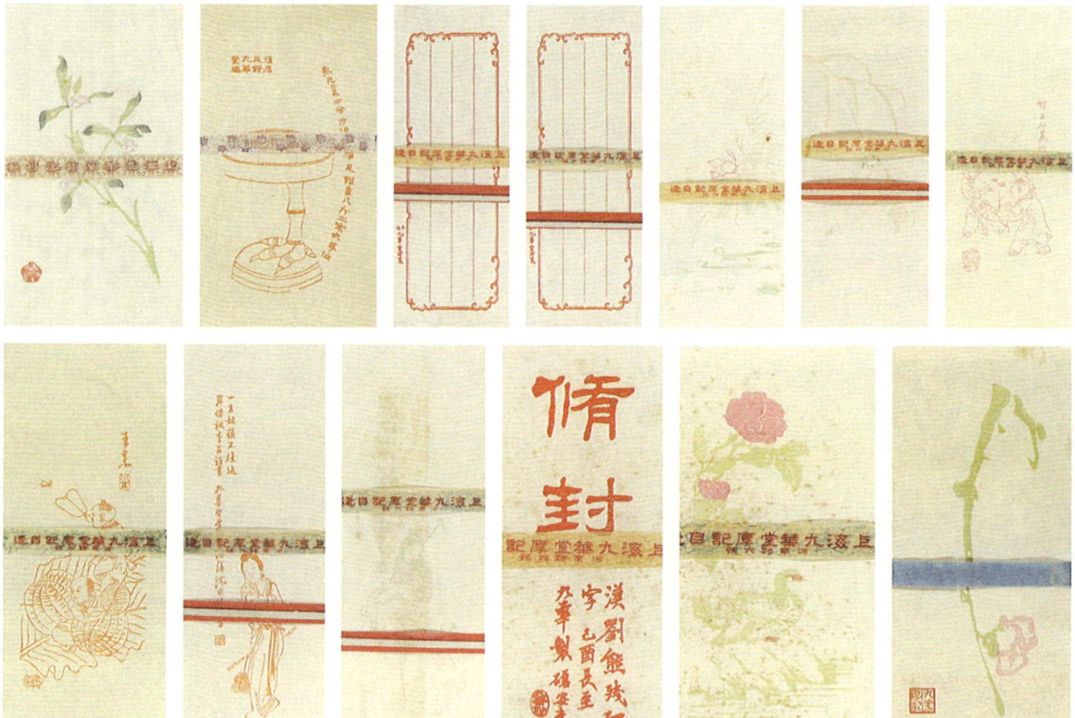

图 2-7-49—图 2-7-62
九华堂厚记仿古名笺

一、《北平笺谱》

图2-7-63、图2-7-64
《北平笺谱》

1931年6月9日，从上海来北平讲学的鲁迅，到郑振铎家见到许多精美的古版笺纸，大为赞赏。临别时，郑振铎赠予鲁迅五张元代“罗汉笺”和十张清代“花卉笺”。

1933年1月，鲁迅给郑振铎写信道：“曾在琉璃厂得陈师曾、齐白石所作笺纸，觉得画技与刻法已在日本之上，但此事恐不久也将消沉。应优择笺纸，上加序目，订成一书，亦中国木刻史之一大纪念耳，不知先生有感于此否？”同年2月3日，郑振铎来上海与鲁迅会面，两位志同道合的大师商定，联手汇编一套笺谱。

鲁迅与郑振铎分别在上海和北平，以书信往来，邮寄诗笺，通过潜心搜集，精心编辑，于1933年12月终于编成出版了一部内容丰富、编排合理、装帧考究、令人赏心悦目的《北平笺谱》。

该笺谱由沈兼士题签，扉页书名“北平笺谱”题字由沈尹默书。北平知名刻工老西张、板儿杨精雕细琢，彩色套印。鲁迅在《北平笺谱》“序”中概述了中国版画发展史，他说：“此虽短书，所识者小，而一时一地，绘画刻镂盛衰之事，颇寓于中。纵非中国木刻史之丰碑，庶几小品艺术之旧苑，亦将为后之览古所偶涉欤。”

《北平笺谱》共三百三十二幅，编定六册：

一册系仿古之作，收四十八笺；

二册选黄慎、赵之谦等作，计五十六笺；

三册收李瑞清（清道人，张大千之师）、林琴南、王振声等作六十一笺；

四册为陈师曾、姚茫父、金城（湖社创始人）等作五十笺；

五册选齐白石、陈半丁、溥儒等作五十五幅；

六册选江采、马晋、吴待秋等作五十九幅。包括山水、人物、泉币、罗汉、花卉、蔬果、月令、动物等。

《北平笺谱》收录了林琴南、溥心畬的山水笺，陈师曾的花果笺，戴伯和的鹤笺，陈半丁的花卉笺，姚茫父的唐画壁砖笺、古佛笺，齐白石的人物笺，吴待秋的梅花笺，缪素筠的花鸟笺，等等，可称是中国版画史上的经典之作。

鲁迅在日记中写道：“在琉璃厂得了一点笺纸，觉得画家与刻印之法，已比《文美斋笺谱》时代更佳，譬如陈师曾、齐白石所作诸笺纸，其刻印法已在日本木刻专家之上，但此事恐不久也将消沉了。”

郑振铎以收集笺纸的过程写了一篇《访笺杂记》，鲁迅写信说：“《访笺杂记》是极有趣的故事，可以印入谱中。第二次印《笺谱》，如有人接办则为纸店开一利源，亦非无益。盖草创不易，一创成，别人亦可踵行也。”（《鲁迅书信集》，人民文学出版社，1976年）

《北平笺谱》第一次由荣宝

斋出版了一百部，这一百部都有编号，由鲁迅、西谛亲笔签名发行，极其珍贵。第二次刷印的一百部均无鲁迅、西谛之签名。

黄裳《珠还记幸·天山行鬼》记述：“后来鲁迅与西谛编《北平笺谱》，就又托（魏）建功手写序文上版。鲁迅给郑振铎信中说：‘序文我想还是请建功兄写一写。’……于是《北平笺谱》序就是魏建功手书刻板的。后来鲁迅与西谛重刊《十竹斋笺谱》，书前的一块‘牌子’，也同出魏手。我最早看到并喜欢了他的隶书，就是看了‘笺谱’以后的事。其实魏建功的字是学钱玄同的，但较健拔英挺，不像钱玄同那样肥得近于癱痪。”

1958年荣宝斋重新刻印1933年版的《北平笺谱》，由鲁迅夫人许广平先生作序，改名《北京笺谱》。此谱六册，收入三百三十种笺画。除荣宝斋原刻六十五种，其他有原淳菁阁刻的七十二种、静文斋五十种、松华斋四十六种、清秘阁三十种、成兴斋二十七种、懿文斋二十五种、宝晋斋八种、荣录堂四种、松古斋三种。荣宝斋重刻这九家所刻印的笺纸时都保持原刻笺样的面貌，保持原刻名家的标志。

二、《北平荣宝斋诗笺谱》

荣宝斋的前身是松竹斋，始建于清康熙十一年（1672），创办者是浙江人，姓张，他最初是用其在京做官的俸银开办了一家小型南纸店，曾印制过笺纸，后为琉璃厂内著名南纸店，因其承办官卷、官折而得名。

清光绪二十年（1894），设立松竹斋连号荣宝斋，取“以文会友，荣名为宝”之意，并请当

图 2-7-65
《松竹斋仿古名笺》封面

图 2-7-66
松竹斋款识

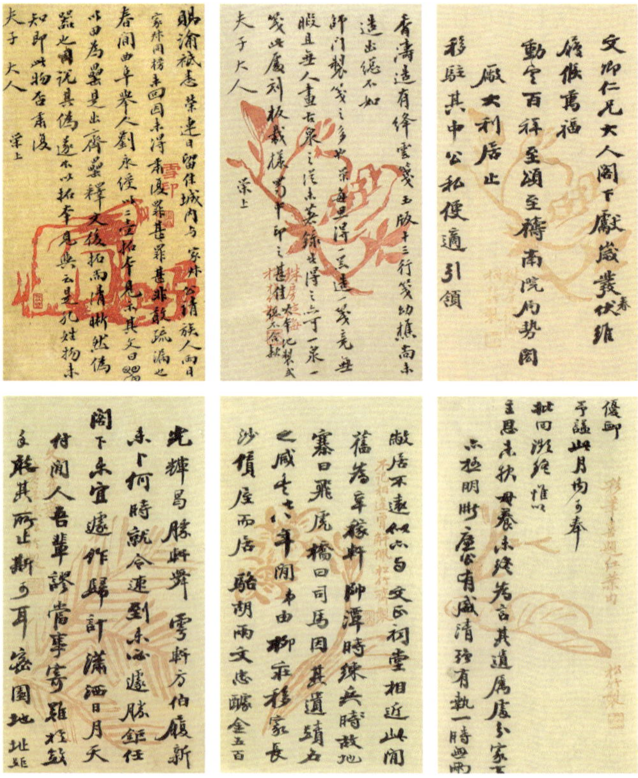

图 2-7-67—图 2-7-72
松竹斋制笺

时著名大书法家陆润庠（清同治状元，国子监祭酒）题写了“荣宝斋”的大字匾额。荣宝斋增设“帖套作”机构，以木版水印驰名中外。

图 2-7-73
《北平荣宝斋诗笺谱》封面

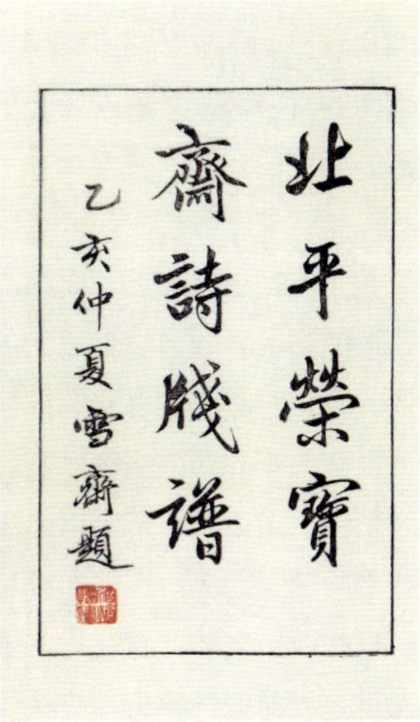

图 2-7-74
《北平荣宝斋诗笺谱》扉页

1933 年，北平荣宝斋发行《北平笺谱》。1935 年，荣宝斋从自藏千余幅诗笺版片中，选辑出张大千、溥儒、齐白石等的佳作两百幅，刊为《北平荣宝斋诗笺谱》，共一函两册，其中有《北平笺谱》中荣宝斋刻印的五十四幅，其余一百四十六幅都是新选的。罗振玉、萧谦中、杨钟羲分别为其函套和册面题签，溥心畬为扉页题字。金石篆刻家寿石工作序。序中说：“荣宝斋主人精制信笺、诗笺，样式古雅。纸必取本国产，用者便之。尤以书画必倩名手，山水、人物、花草、鱼鸟，精益求精，期合艺术。卅数年来积版盈千，择其优者都二百种，制为笺谱。”

1935 年，荣宝斋出版《北平荣宝斋诗笺谱》（第二种），共一函两册，笺纸二百种，不同于第一种，第二种采用的是磁青洒金纸制书皮。

1935 年，出版了《北平荣宝斋诗笺谱》（第三种），仍为二百种笺纸，红色书皮，又名《新春百吉本》。

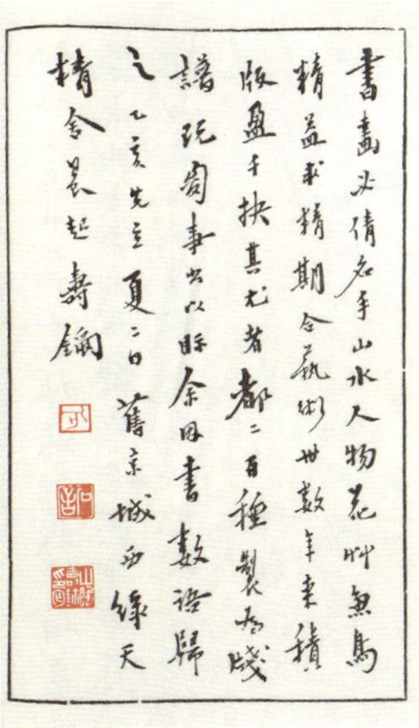

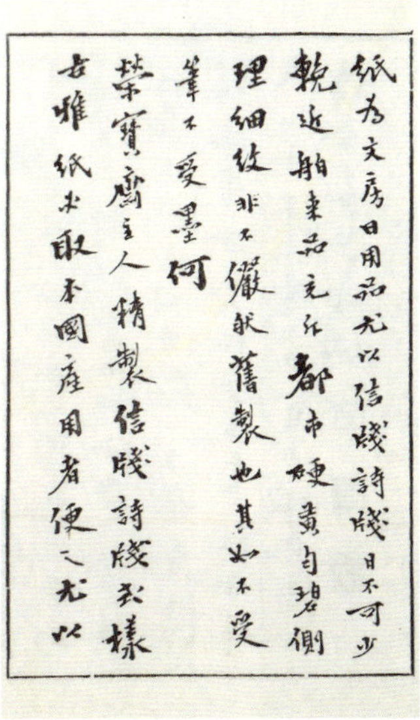

图 2-7-75、图 2-7-76
《北平荣宝斋诗笺谱》序言

三、《成都诗婢家诗笺谱》

诗婢家建于1920年，先在成都字库街，后迁入羊市街。它是一家字画装裱作坊，与北京的荣宝斋、上海的朵云轩、杭州的西泠印社齐名。因主人姓郑，便借用中国汉代经文学家郑玄家的奴婢皆懂诗文，并能以诗句互相对答的故事取名为“诗婢家”。故《成都诗婢家诗笺谱》又名《郑笺诗谱》，系成都诗婢家主人郑伯英选集精镌，民国三十二年（1943）所刊套色印本，一函两册，集赵之谦、陈半丁、陈衡恪、张大千、徐悲鸿、黄君璧、赵望云、马万里、齐白石、关山月、董寿平、丰子恺、郑曼陀、伍瘦梅、张采芹、罗文漠、庞薰琹等三十余位名家之名作，凡二百幅。初版五百部，民国三十四年（1945）再版五百部。内容有双钩、造像、篆隶、人物、山水、花卉、蔬果、鸟兽、虫鱼、钟鼎、西域古迹等，镂刻精致，深得古意，颇具雅趣。笺谱内容有一部分是根据《北平笺谱》翻刻的。

该谱由赵熙题签《郑笺诗谱》，于右任题写扉页《成都诗婢家诗笺谱》。著名学者谢无量撰序，序说：“今藏书家竞推蜀本为最古，不知蜀中笺纸之制，雕缋精绝。唐以来，诗家以锦江笺托之吟咏，而薛涛作笺亦有名实。远在雕版之前，宜视蜀本书为尤重，岂非流传较少，故往往尊书而遗笺耶？郑君伯英，雅好艺术，收藏极富。近选名画百家，精镌笺谱，深得古意，为缟纻酬答所必需，大雅君子当有取焉。”

图 2-7-77
沈尹默题签
《成都诗婢家诗笺谱》书函

图 2-7-78
赵熙题签《郑笺诗谱》封面

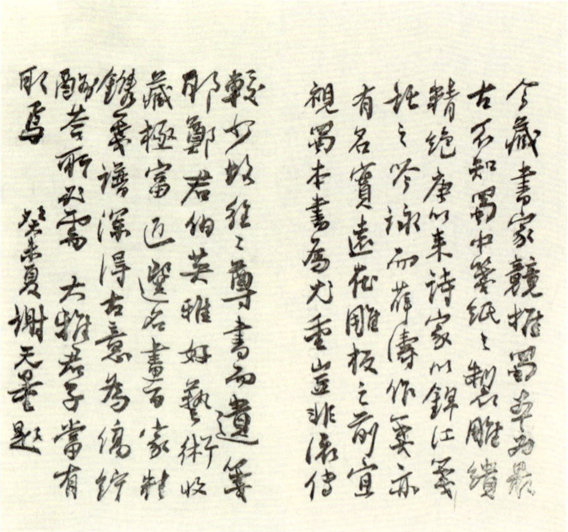
今藏書家競推蜀本為最古不知蜀中箋紙之製雕繢精絕唐以來詩家以錦江箋托之吟詠而薛濤作箋亦有名實遠在雕板之前宜視蜀本書為尤重豈非流傳較少故往往尊書而遺箋耶鄭君伯英雅好藝術收藏極富近選名畫百家精鐫箋譜深得古意為縞紵酬答所必需大雅君子當有取焉

癸未夏 謝无量題

图 2-7-79、图 2-7-80
《郑笺诗谱》谢无量撰写的序

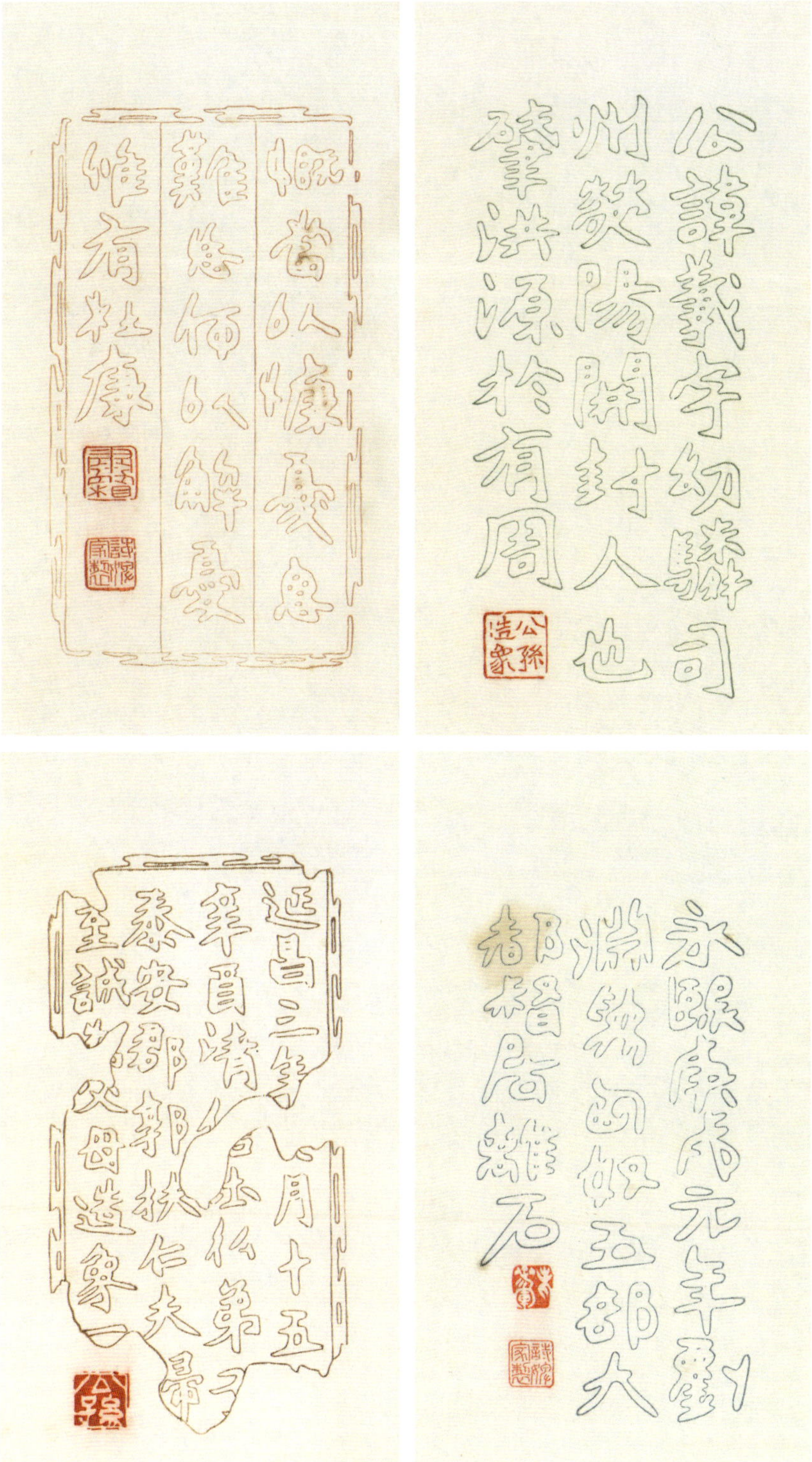

图 2-7-81—图 2-7-84
《成都诗婢家诗笺谱》双钩

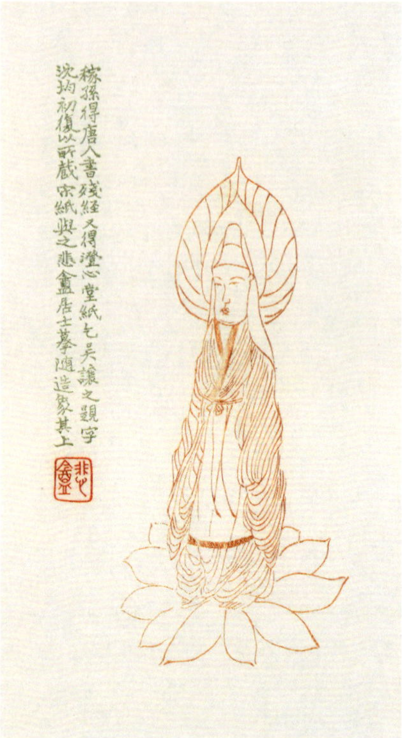

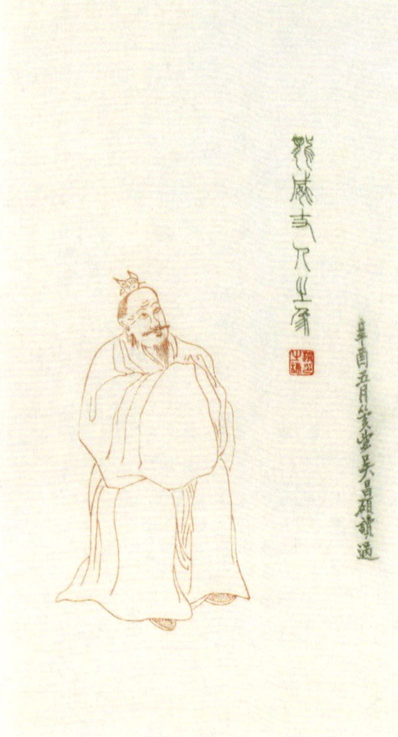

图 2-7-85—图 2-7-88
《成都诗婢家诗笺谱》造像

图 2-7-89—图 2-7-92
《成都诗婢家诗笺谱》应尊

图 2-7-93—图 2-7-96
《成都诗婢家诗笺谱》西域古迹

图 2-7-97—图 2-7-100
《成都诗婢家诗笺谱》仕女

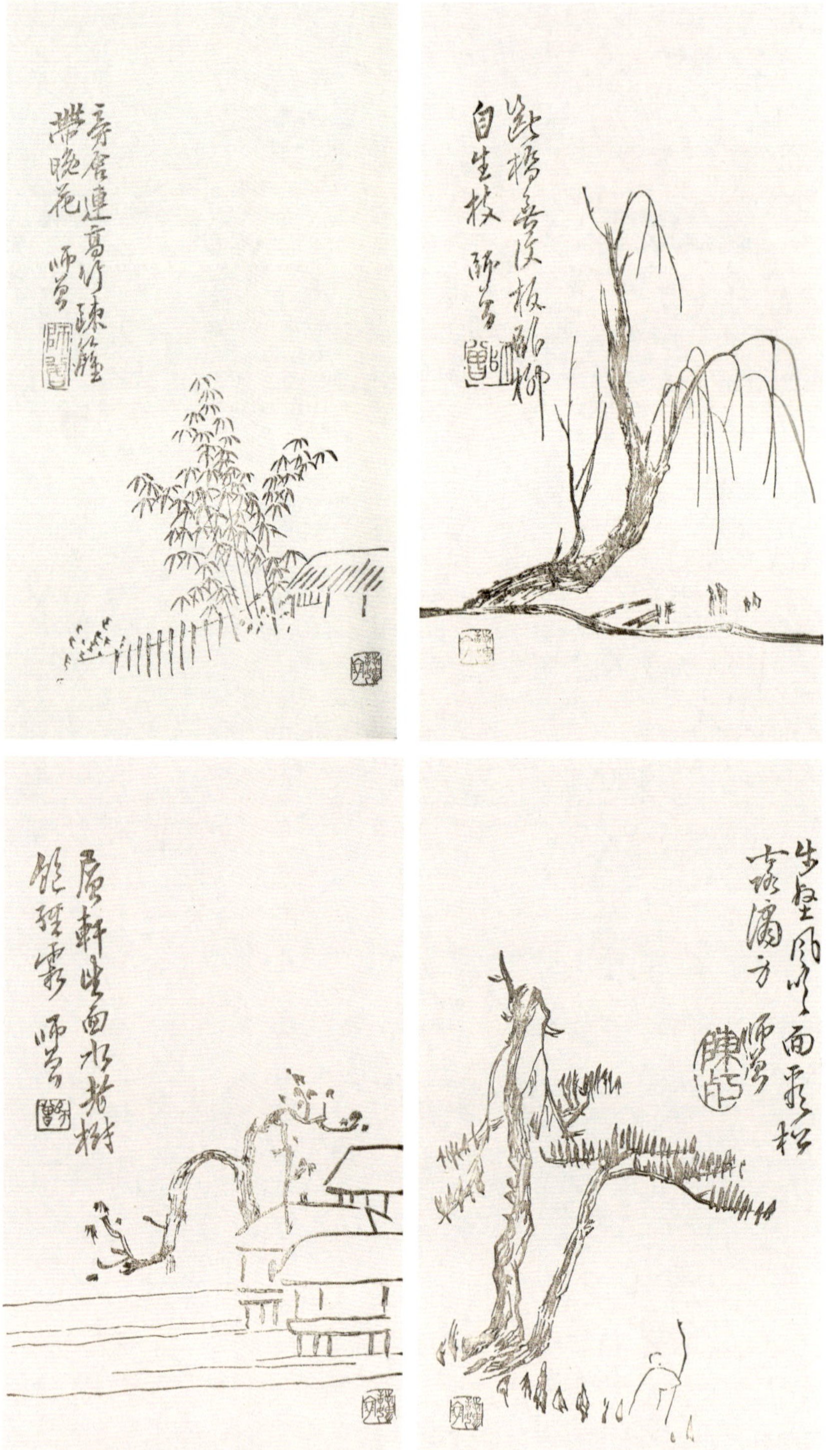

图 2-7-101—图 2-7-104
《成都诗婢家诗笺谱》山水

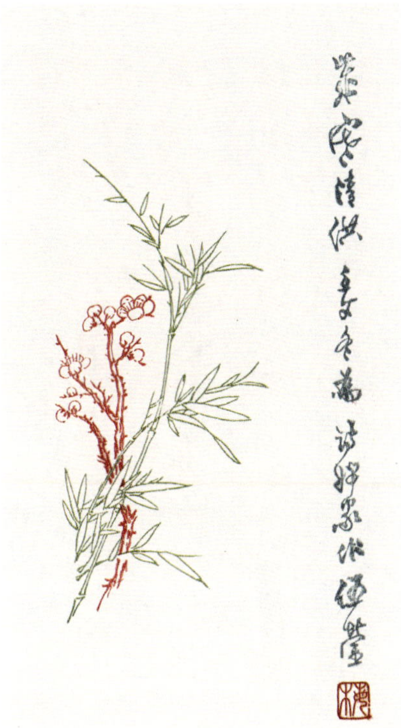

图 2–7–105、图 2–7–106
《成都诗婢家诗笺谱》牛、羊

图 2–7–107
《成都诗婢家诗笺谱》岁寒清供

图 2-7-108—图 2-7-111
《成都诗婢家诗笺谱》花卉草虫

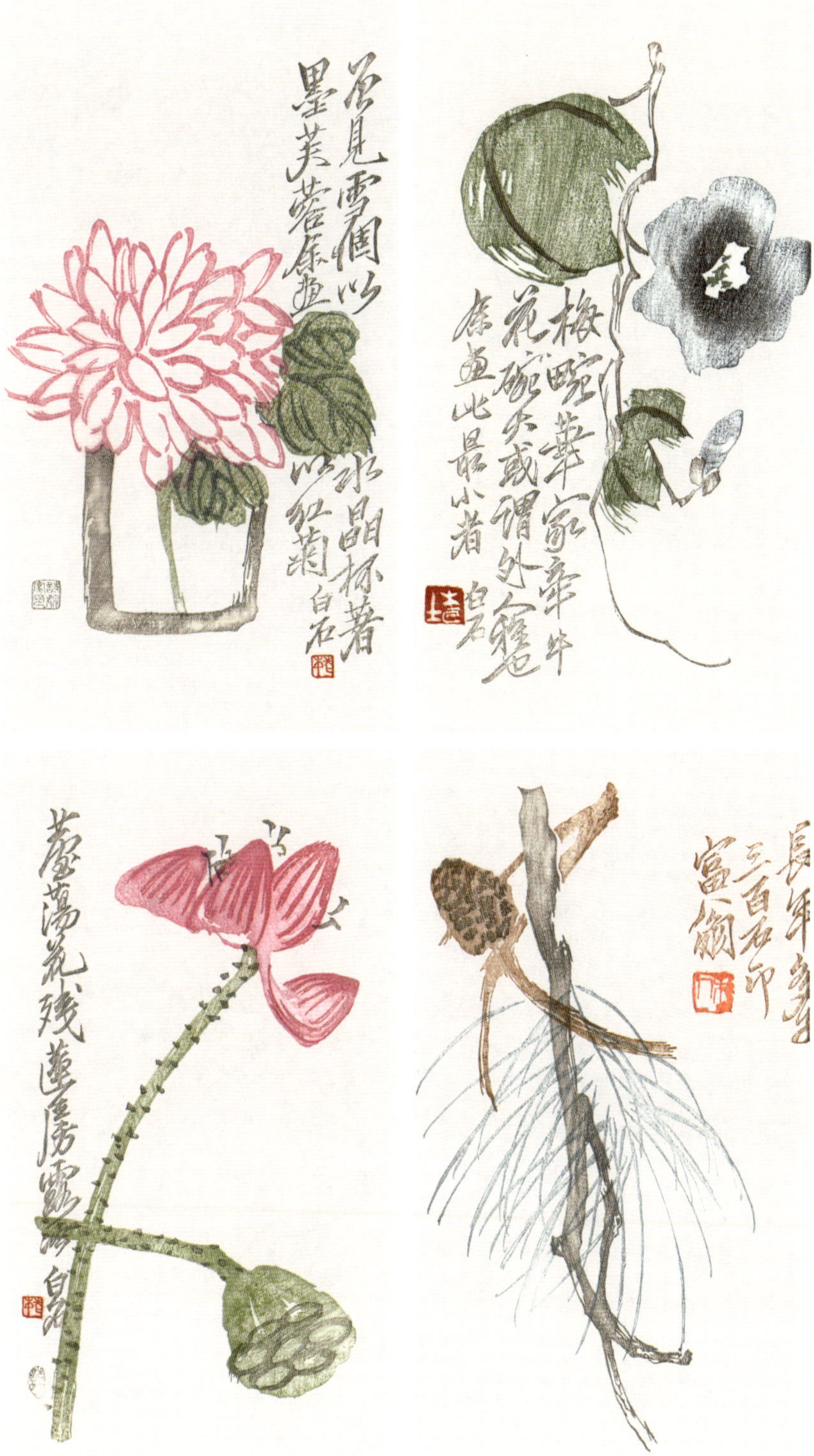

图 2-7-112—图 2-7-115
《成都诗婢家诗笺谱》花卉

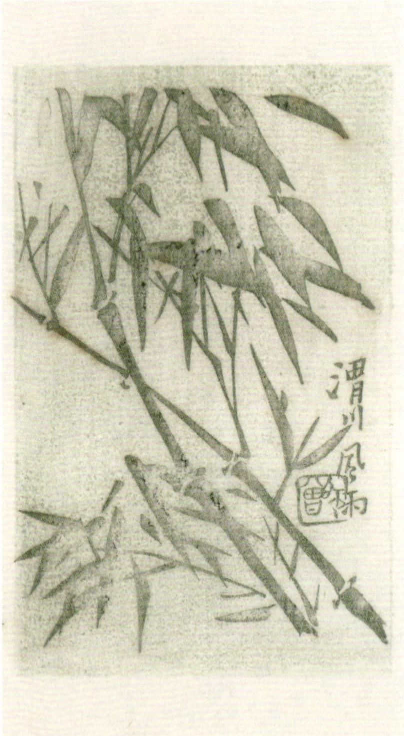

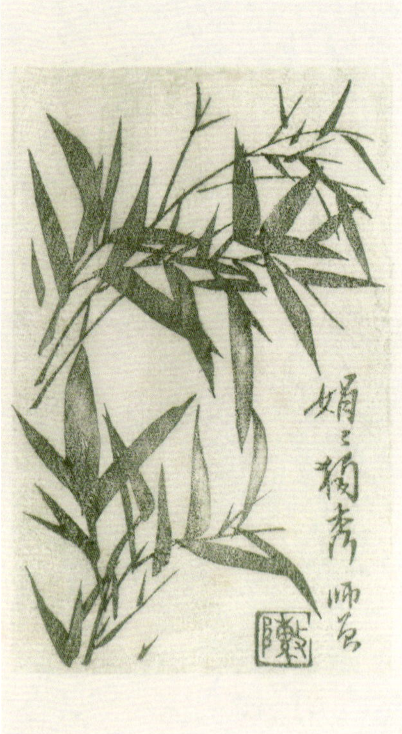

图 2-7-116—图 2-7-119
《成都诗婢家诗笺谱》兰、竹

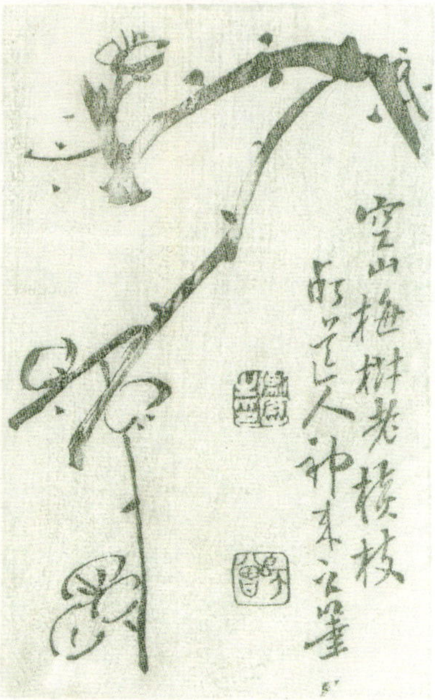

图 2-7-120、图 2-7-121
《成都诗婢家诗笺谱》墨梅

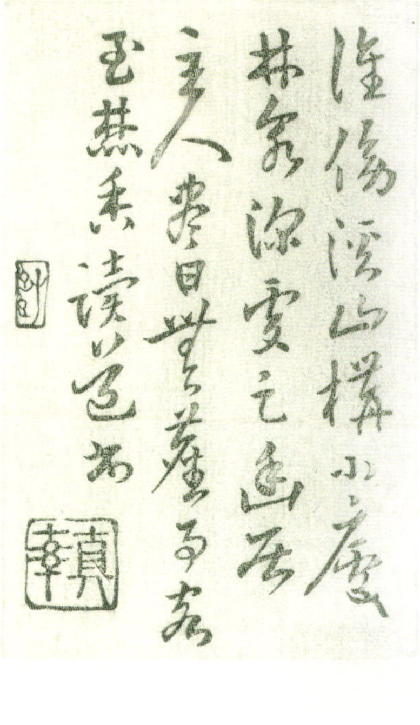

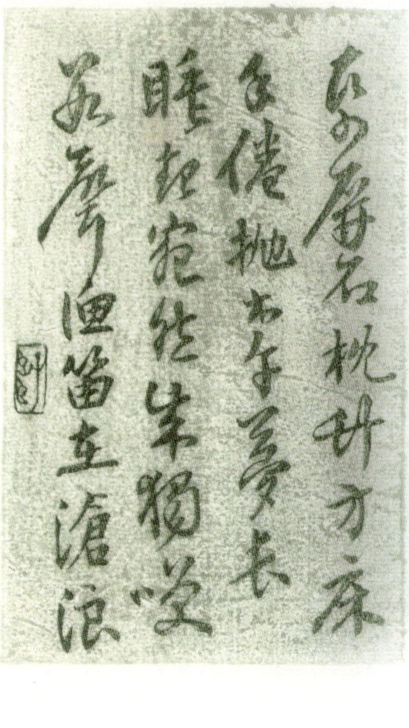

图 2-7-122、图 2-7-123
《成都诗婢家诗笺谱》行书

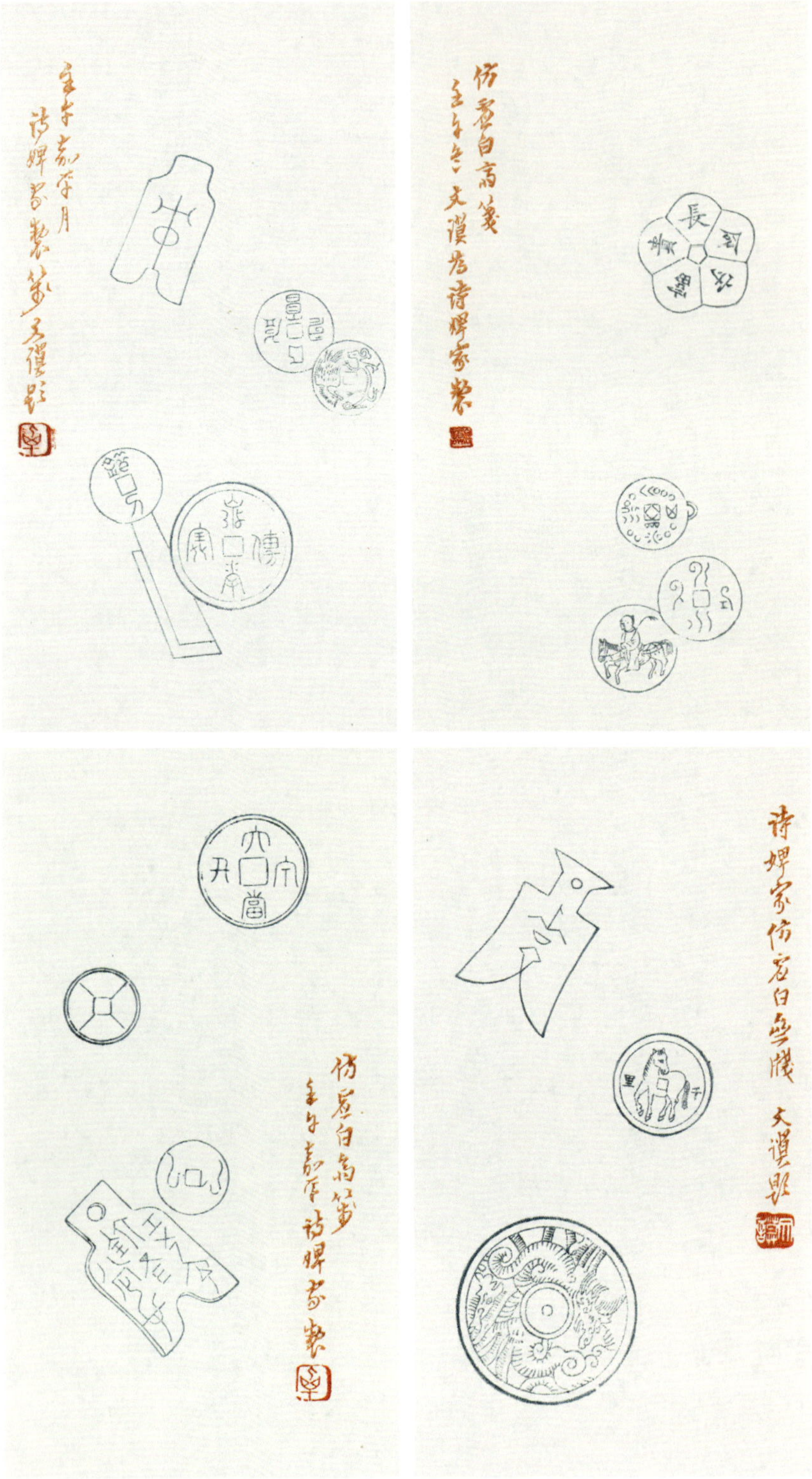

图 2-7-124—图 2-7-127
《成都诗婢家诗笺谱》泉币

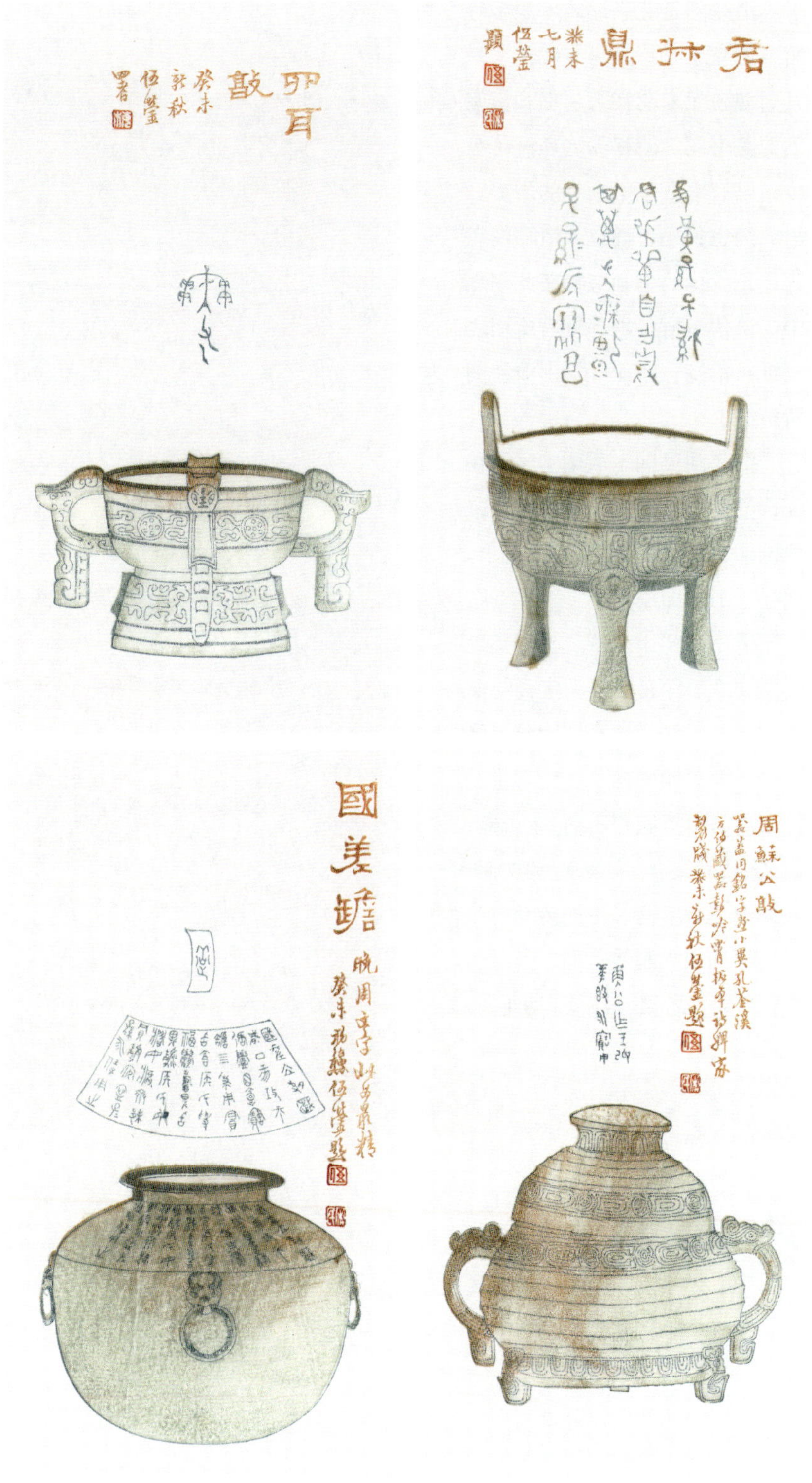

图 2-7-128—图 2-7-131
《成都诗婢家诗笺谱》器物

四、《清秘阁诗笺谱》

清秘阁是北京琉璃厂老字号店，创立于光绪五年（1879），其名源自元末明初著名书画家倪瓒的藏书阁。清秘阁之名流传至今，已有六百五十余年的历史。清，纯也；秘，稀也。清秘阁意为纯正稀少的书画宝物在此阁之中。清代皇宫、六部官府所用之宣纸、信笺、印泥等均由清秘阁所精制。

清秘阁民国木版刻本《清秘阁诗笺谱》收入笺画一百幅，朱色刷印，题材大多为花卉、蔬果。现存于上海图书馆。

清末民初，北京、上海等地的清秘阁、淳菁阁、荣宝斋、文美斋、朵云轩、故宫博物院、涵芬楼（商务印书馆）、松寿堂、松古斋、松华斋、松石斋、宝晋斋、懿文斋、静文斋、荣录堂、豹文斋、成兴斋、彝宝斋、伦池斋及有正书局等均加入制笺行列，形成名画、名店、名刻、名印“四绝”。

图 2-7-132—图 2-7-174
《清秘阁诗笺谱》内页

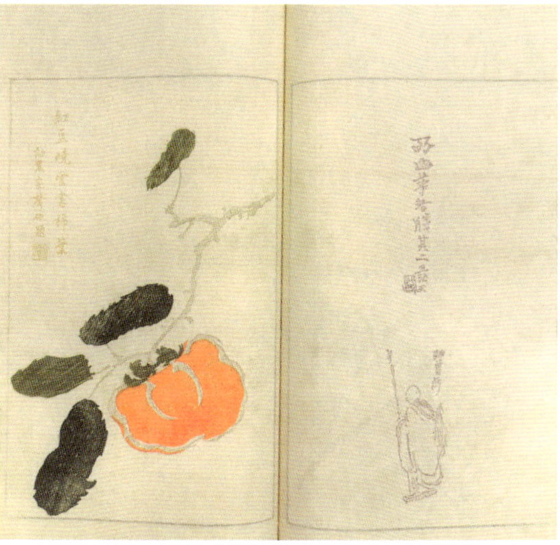

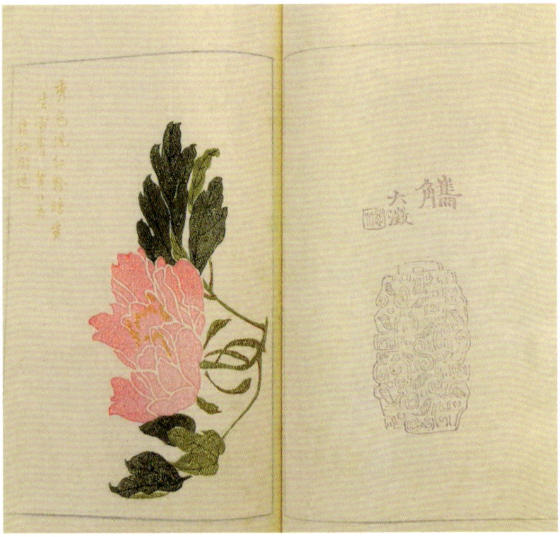

蒼玉佩

故人家在桃花岸

鸠杖

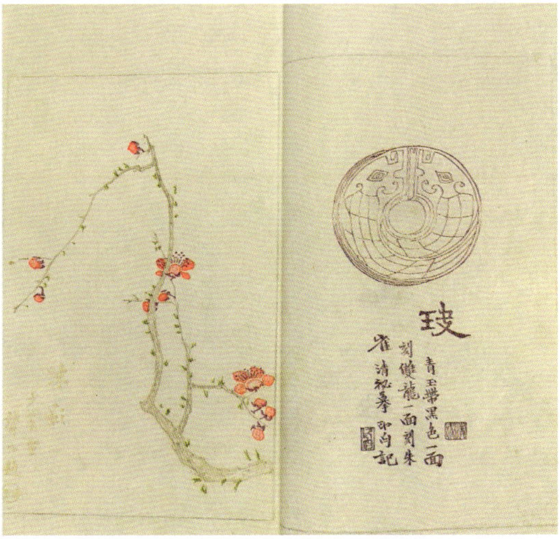
玦

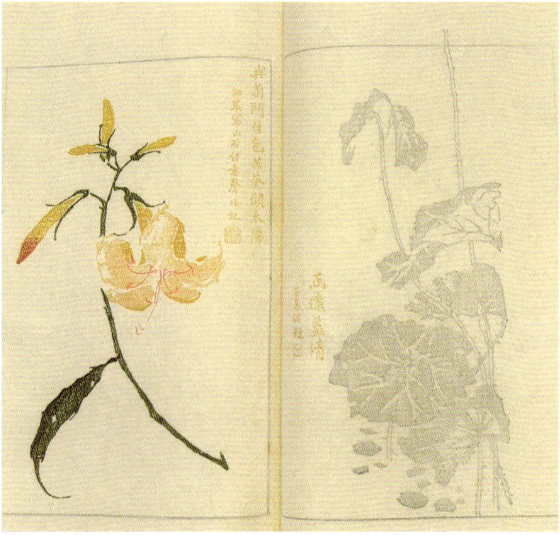

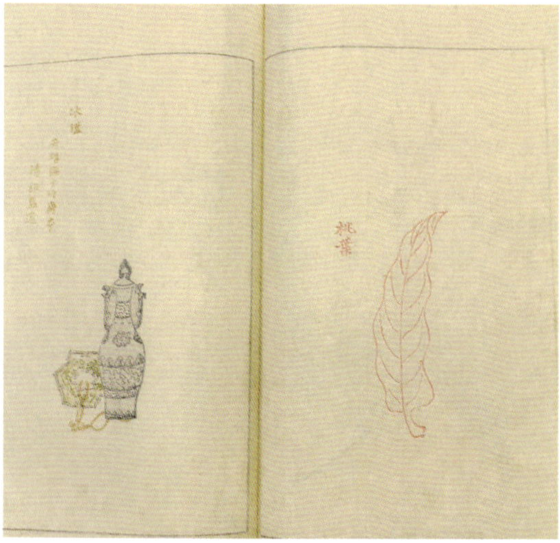
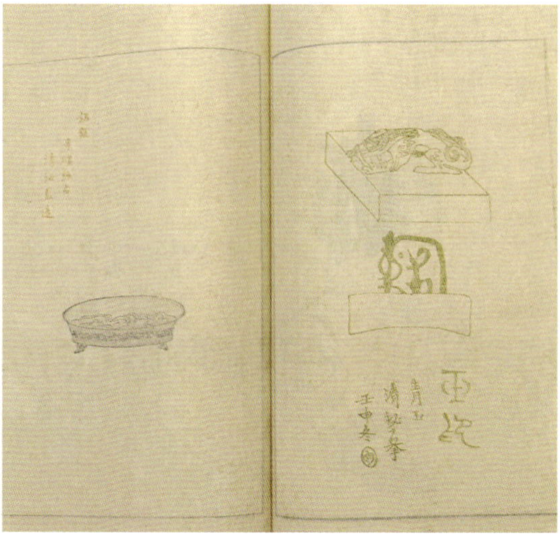
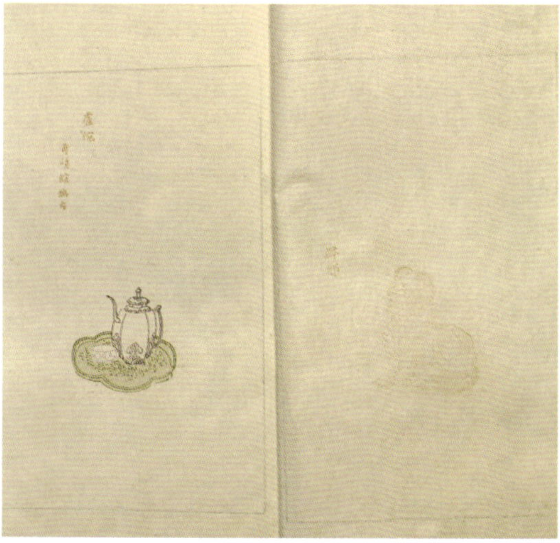
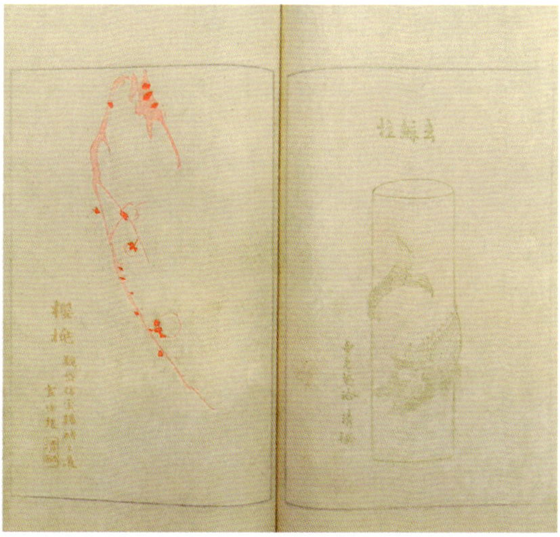

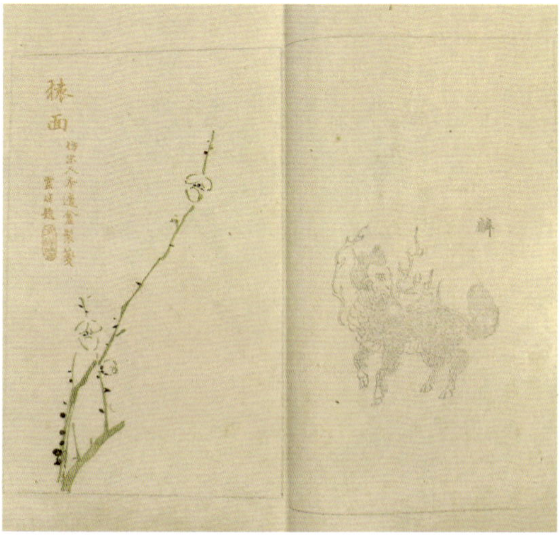

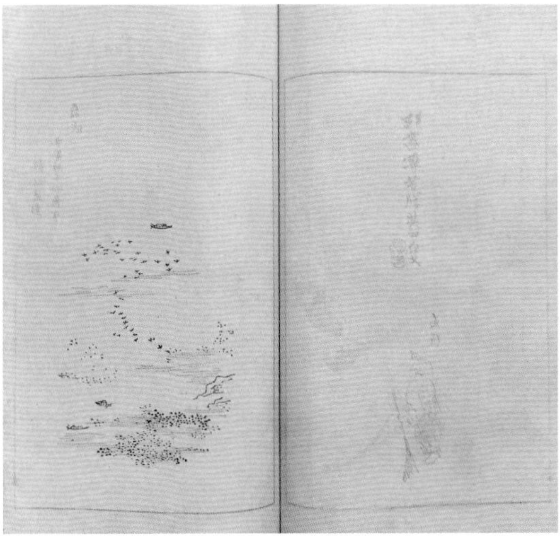
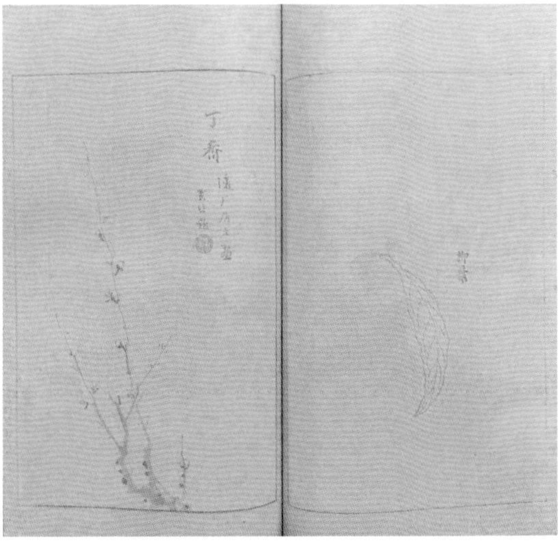
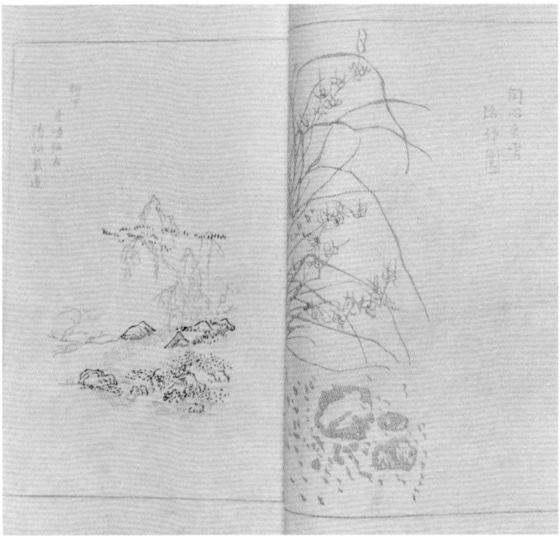
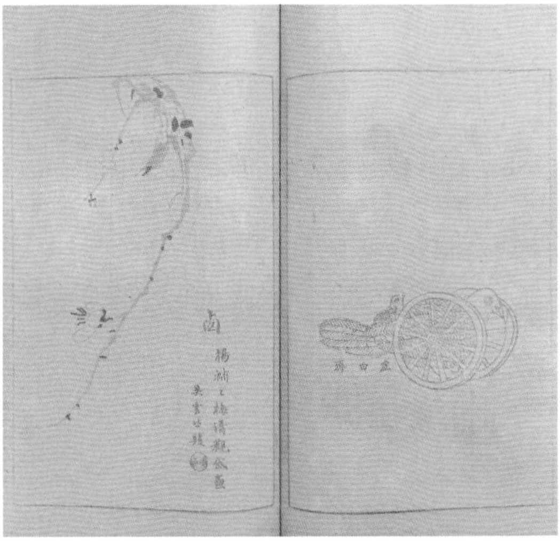
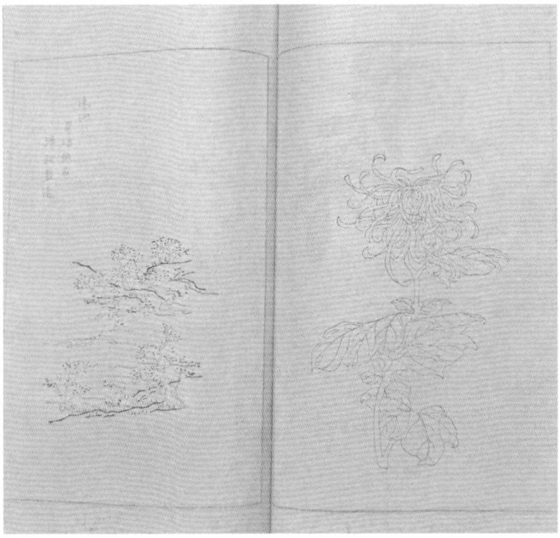
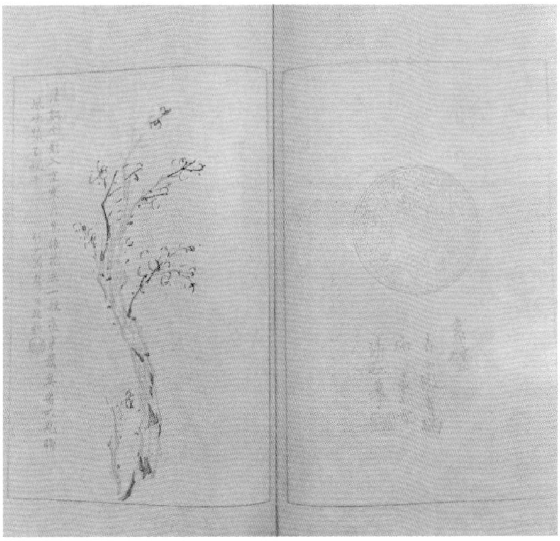

图 2-7-175
清秘阁制
“江上拥麾”笺

图 2-7-176
清秘阁制
“竹帚临风”笺

图 2-7-177
清秘阁制
“叶落鱼羹”笺

图 2-7-178
清秘阁制笺

图 2-7-179
清秘阁制笺

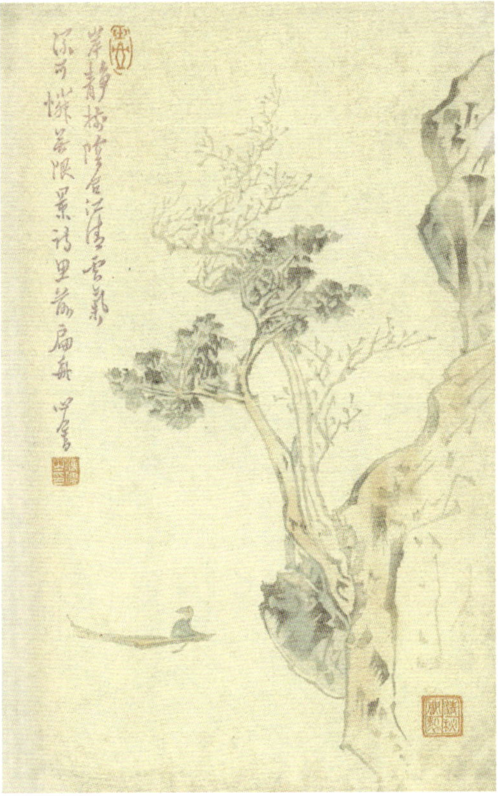

图 2-7-180
清秘阁制
“江清云
气流”笺

图 2-7-181
清秘阁制
“山遥云
似空”笺

图 2-7-182
清秘阁制
“石上挂
飞泉”笺

图 2-7-183
清秘阁制
“莎岸绿
波浅”笺

图 2-7-184
清秘阁制劭农绘
“玉壶买春”笺

图 2-7-185
清秘阁制劭农绘
“低昂枝上雀，摇荡花间雨”笺

图 2-7-186
清秘阁制劭农绘
“西瓜、甘蔗”笺

图 2-7-187
清秘阁制劭农绘
“枇杷”笺

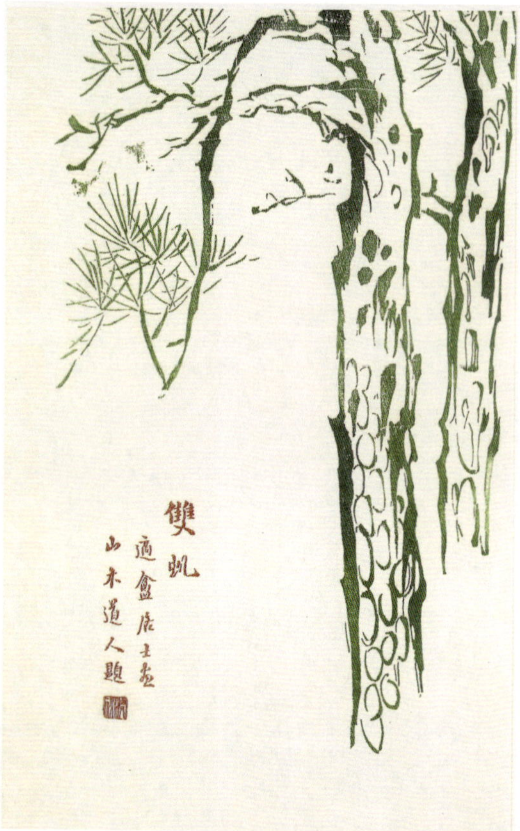

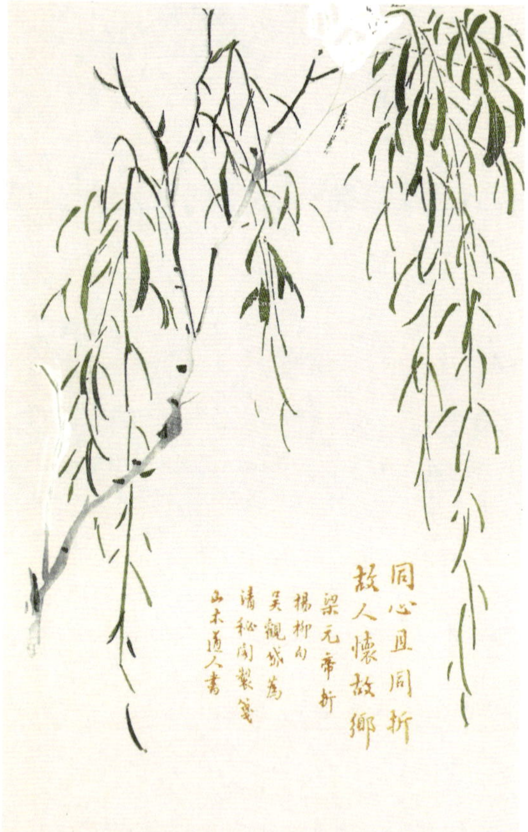

图 2-7-188
清秘阁制适盦居士绘
“双虬”笺

图 2-7-189
清秘阁制吴观岱绘
“折杨柳”笺

第八节 现代笺谱之发展

一、《北京荣宝斋新记诗笺谱》

1951年，荣宝斋出版《北京荣宝斋新记诗笺谱》（第一种），一函两册，郑振铎作序，叶恭绰题写书名，齐白石题签。目录上有笺画二百种，实际只一百九十八种，其中新笺六十种。

1953年，荣宝斋出版《北京荣宝斋新记诗笺谱》（第二种），一函两册，收入笺画一百二十种，均从老版中选用。

1955年，荣宝斋出版《北京荣宝斋新记诗笺谱》（第三种），共八十种笺画，宣纸印，锦面套装。新增王雪涛画笺八种，其余来自老版。

1957年，荣宝斋出版《北京荣宝斋诗笺谱》，收入笺画一百六十种，卷首有郑振铎1951年作的序，宣纸印，锦面套装。新增齐白石画笺四种。

该谱分为上、下两集，封面蓝色，齐白石题签“北京荣宝斋新记诗笺谱”，扉页由叶恭绰1951年题写“北京荣宝斋诗笺谱”，郑振铎序作于1951年

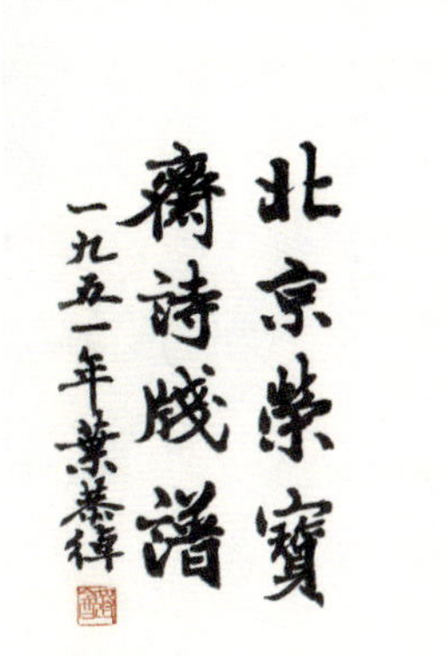

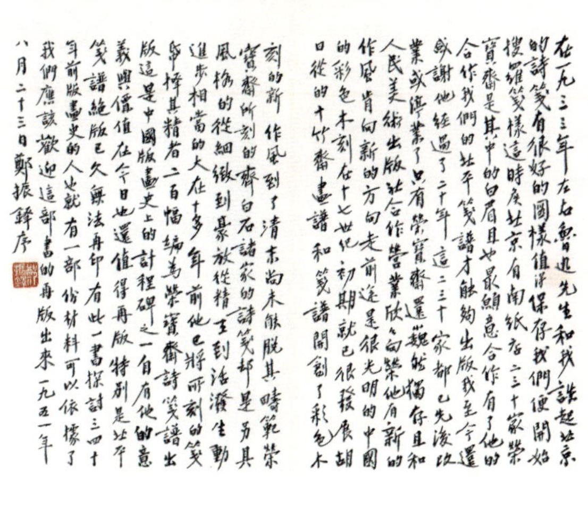

在一九三三年左右魯迅先生和我談起北京的詩箋有很好的圖樣值得保存我們便開始搜羅箋樣這時候北京有南紙店二三十家榮寶齋是其中的白眉且也最願意合作有了他的合作我們的北平箋譜才能夠出版我至今還感謝他經過了二十年這二三十家都已先後改業或停業了只有榮寶齋還巍然獨存且和人民美術出版社合作營業欣欣向榮他有新的作風肯向新的方向走前途是很光明的中國的彩色木刻在十七世紀初期就已很發展胡曰從的十竹齋畫譜和箋譜開創了彩色木刻的新作風到了清末尚未能脫其畴範榮寶齋所刻的齊白石諸家的詩箋都是另具風格的從細緻到豪放從精工到活潑生動進步相當的大在十多年前他已將所刻的箋舉擇其精者二百幅編為榮寶齋詩箋譜出版這是中國版畫史上的計程碑之一自有他的意義與價值在今日也還值得再版特別是北平箋譜絕版已久無法再印有此一書探討三四十年前版畫史的人也就有一部份材料可以依據了我們應該歡迎這部書的再版出來一九五一年八月二十三日鄭振鐸序

图 2-8-1
《北京荣宝斋新记诗笺谱》
封面

图 2-8-2
《北京荣宝斋新记诗笺谱》
扉页

图 2-8-3
《北京荣宝斋新记诗笺谱》
序言

8 月 23 日。序言感谢了荣宝斋当年对于《北平笺谱》的襄助，并称赞说：“荣宝斋所刻的齐白石诸家的诗笺却是另具风格的，从细致到豪放，从精工到活泼、生动，进步相当的大。在十多年前，他已将所刻的笺纸择其精者二百幅，编为《荣宝斋诗笺谱》出版，这是中国版画史上的里程碑之一。”

该谱上集包括以下画家作品：

（一）齐白石小品四十四种

1. 草虫六种
2. 禽鸟十种
3. 花卉六种
4. 人物四种
5. 集锦五种
6. 杂稿一种
7. 蔬果十二种

图 2-8-4—图 2-8-9
《北京荣宝斋新记诗笺谱》
齐白石草虫

图 2-8-10—图 2-8-19
《北京荣宝斋新记诗笺谱》
齐白石禽鸟

汝好說是非
有話不在汝前頭說
白石

黑白分明
白石老人

三百石印富翁
齊璜

此家鴨非野鶩也
借山老人

寄萍堂上老人
白石作

图 2-8-20—图 2-8-25
《北京荣宝斋新记诗笺谱》
齐白石花卉

图 2-8-26—图 2-8-29
《北京荣宝斋新记诗笺谱》
齐白石人物

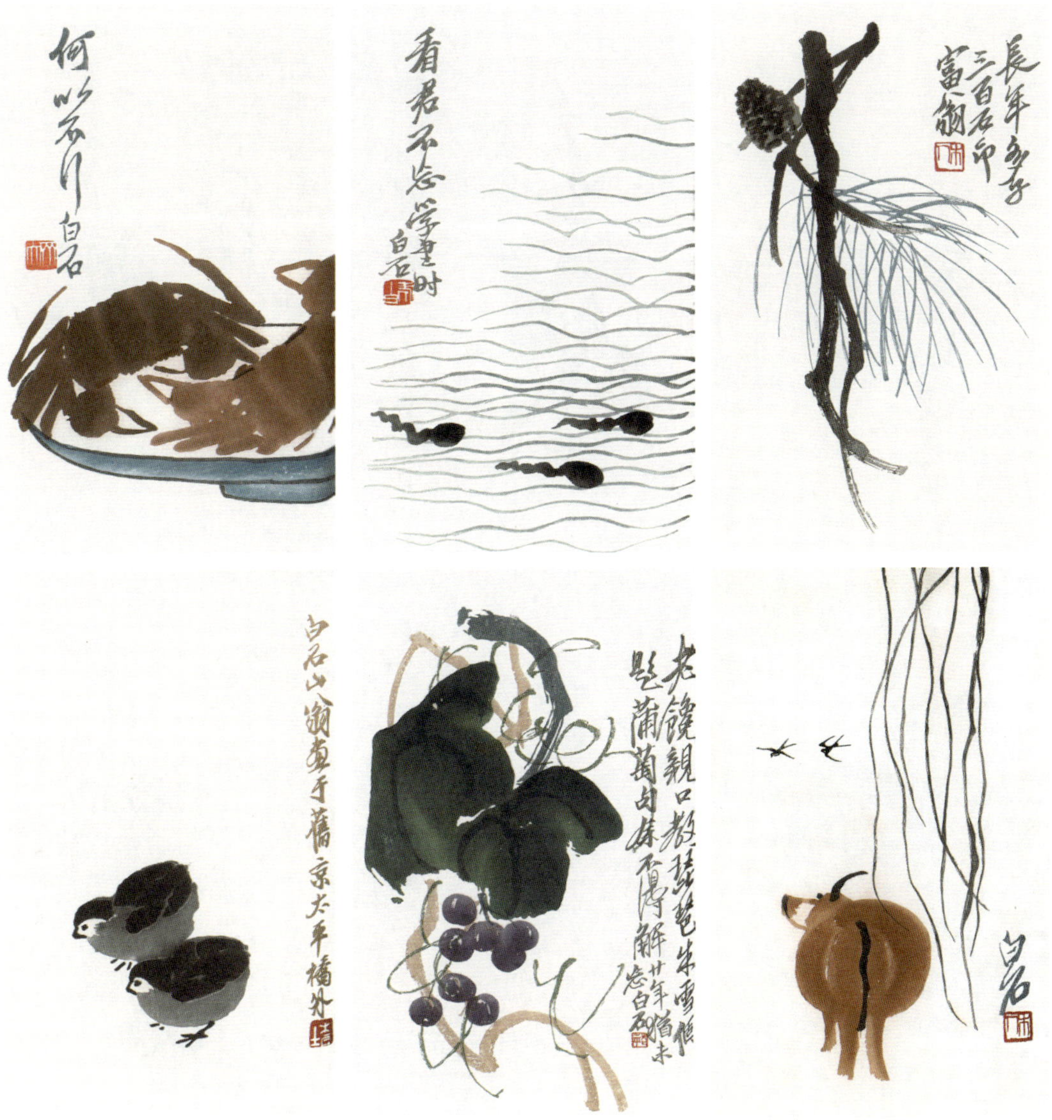

图 2-8-30—图 2-8-41
《北京荣宝斋新记诗笺谱》
齐白石集锦与杂稿

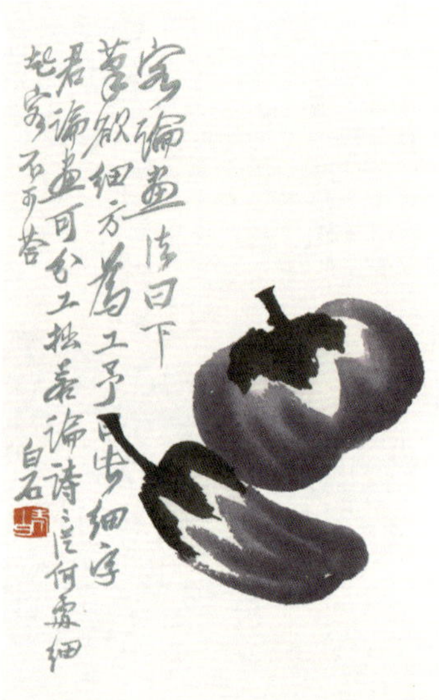

借山老人白石

雙壽
白石

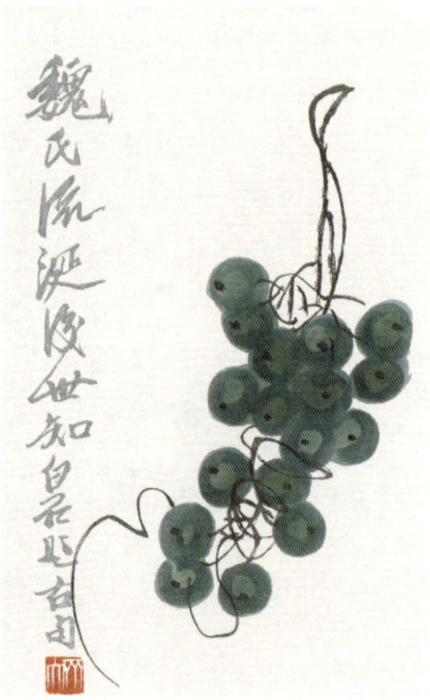

图 2-8-42—图 2-8-47
《北京荣宝斋新记诗笺谱》
齐白石蔬果

（二）吴待秋梅花六种

吴待秋(1878—1949)，名徵，以字行，别号袌铜居士、疏林仲子、春晖外史、鹭鸶湾人、抵苍亭长、晚署老铜。浙江崇德（今桐乡）人，后居上海。他是民国时期影响海内外的著名山水、花卉画家，书法则学王觉斯、倪元璐，亦能治印，与赵叔孺、吴湖帆、冯超然并称“海上四大家”，与吴子深、吴湖帆、吴观岱并称“江南四吴”。1946 年任上海美术会监事。1947 年参与指导上海市美术馆的筹建工作。

图 2-8-48—图 2-8-53
《北京荣宝斋新记诗笺谱》
吴待秋梅花

（三）王师子花卉六种

王师子（1885—1950），原名伟，字师梅，四十岁后改名师子，一度寄居上海麦加里，因谐音别署墨稼居士，江苏句容人。历任上海美专、中国艺专、新华艺专等国画教授。治艺严谨，擅画花、鸟、虫、鱼，注重写生。施墨布局，跌宕犹劲，艳而不俗，丽而不浮。书法则以秦权诏版为宗。作诗、治印均有个人特色。

图 2-8-54—图 2-8-59
《北京荣宝斋新记诗笺谱》
王师子花卉

（四）王雪涛杂稿二种

王雪涛（1903—1982），原名庭钧，字晓封，号迟园，河北成安人，现代著名画家，曾任北京画院院长等职。1922 年考入北京艺术专科学校西画系，后转读国画系，1924 年拜齐白石为师。王雪涛从事小写意花鸟创作，取材广泛，尤其擅画草虫。

图 2-8-60、图 2-8-61
《北京荣宝斋新记诗笺谱》
王雪涛杂稿

（五）徐燕孙杂稿一种

徐燕孙（1899—1961），名操，号霜红楼主，斋号霜红楼、寒水堂、归燕楼等，河北深州徐家湾村人，我国二十世纪杰出的工笔人物画家之一。曾任中国画院副院长、中国美术家协会中国画创作组组长等职。

（六）吴光宇杂稿一种

吴光宇（1908—1970），原名显曾，以字行，浙江绍兴人。1926 年求学于北京中国画学研究会，师事徐燕孙。擅画人物，以工笔重彩见长，亦擅画连环画。

图 2-8-62
《北京荣宝斋新记诗笺谱》
徐燕孙杂稿

图 2-8-63
《北京荣宝斋新记诗笺谱》
吴光宇杂稿

该谱下集包括：

（一）张大千小品二十八种

1. 花卉等二十种

2. 山水等八种

张大千(1899—1983),名爰，又名季爰，室名大风堂，四川内江人，二十世纪中国画坛全能型画家，其创作“包众体之长，兼南北二宗之富丽”，集文人画、宫廷画和民间艺术为一体，尤其是泼墨与泼彩享有盛誉,因其诗、书、画与齐白石、溥心畬齐名，故并称为“南张北齐”和“南张北溥”。

图 2-8-64—图 2-8-83
《北京荣宝斋新记诗笺谱》
张大千花卉等

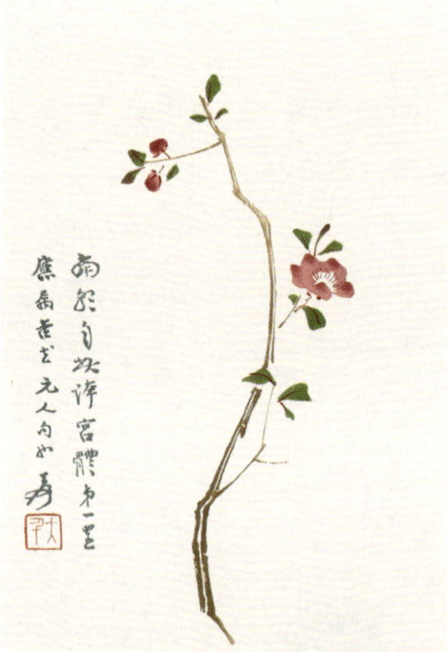

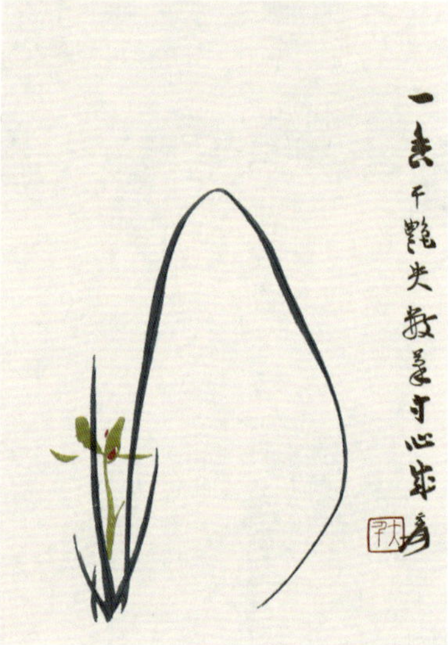

黄蜂小尾撲
花归

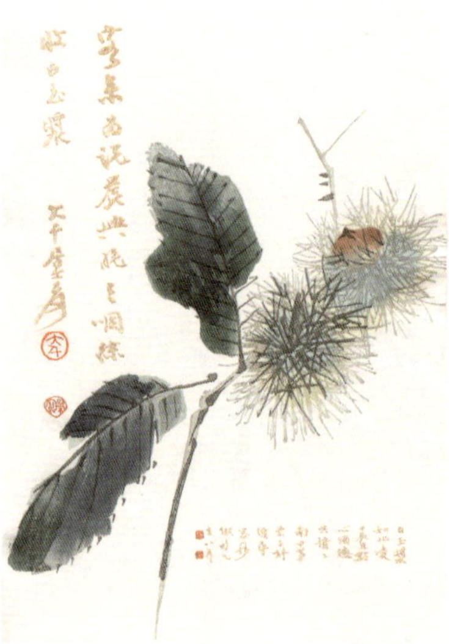

图 2-8-84—图 2-8-91
《北京荣宝斋新记诗笺谱》
张大千山水

（二）溥心畬、张大千合作山水三种

溥心畬（1896—1963），原名爱新觉罗·溥儒，初字仲衡，改字心畬，自号羲皇上人、西山逸士，室名寒玉堂，北京人，著名书画家。工山水，兼擅画人物、花卉及书法，与张大千有“南张北溥”之誉，又与吴湖帆并称“南吴北溥”。

图 2-8-92—图 2-8-94
《北京荣宝斋新记诗笺谱》
溥心畬、张大千合作山水

（三）溥心畬山水九种

图 2-8-95—图 2-8-103
《北京荣宝斋新记诗笺谱》
溥心畬山水

（四）李鹤筹花卉八种

李鹤筹（1888—1979），名瑞龄，字鹤筹，号枕湖，原籍山东德州，后迁居河北河间。1956年在荣宝斋研制国画石色。以花鸟画闻名于世，长于小写意，尤擅没骨，使用生纸熟绢，全以笔墨点染而成，工秀文雅。

图 2-8-104—图 2-8-111
《北京荣宝斋新记诗笺谱》
李鹤筹花卉

（五）陈半丁山水八种

陈半丁（1876—1970），浙江山阴（今绍兴）人，曾拜吴昌硕为师。擅画花卉、山水、人物，以花鸟、山水画最为知名。作品笔墨苍润朴拙，色彩鲜丽、沉着，形象简练、概括，讲求诗书画印的相互作用。兼擅书法、篆刻。曾任北京画院副院长、中国画研究会会长。

图 2-8-112—图 2-8-119
《北京荣宝斋新记诗笺谱》
陈半丁山水

（六）汤定之花卉四种

汤定之（1878—1948），名涤，字定之，小字丁子，号乐孙，亦号太平湖客、双于道人、琴隐后人，室名画梅楼、茗闲堂，江苏武进（今常州）人。所画山水峻爽流畅、气韵清幽，又擅画墨梅、竹、兰、松、柏，用笔古雅。书法初工北碑，后工汉隶，见重于时。

图 2-8-120—图 2-8-123
《北京荣宝斋新记诗笺谱》
汤定之花卉

二、朵云轩《上海笺谱》装订样

朵云轩在二十世纪六十年代中期曾计划以城市为名做一套《上海笺谱》，以与《北京笺谱》遥相呼应。可惜未正式印行，只存少量装订样。

《上海笺谱》封面题签者为贺天健，宣纸本，开本宏阔，纸装两册。一册内容为“现代国画小品”，筒子页单面印制。这一册最初是单独发行的木版水印画，既有纸袋成套的，也有单张出售的。

“现代国画小品”为木版水印小品画，是当时上海中国画院画师为主的一批著名画家专门为朵云轩木版水印所创作的。此册四十页，共收入作品四十幅，其中山水十幅、人物七幅、花鸟鱼虫二十二幅、杂画一幅，生动传神。画稿是由贺天健、孙雪泥、樊少云、秦仲文、丰子恺、程十髮、刘旦宅、周昌谷、郑慕康、王个簃、来楚生、诸乐三、朱屺瞻、郑集宾、朱文侯、江寒汀、黄幻吾、张其翼、谢之光、唐云、张大壮、张聿光、侯碧漪等二十三位画家创作完成的，这一本笺谱荟萃了当时海上画派、京津画派和岭南画派重要画家的小品佳作，可谓集大成者。

另一册内容为“明清画笺”，筒子页双面印制。

《上海笺谱》“现代国画小品”

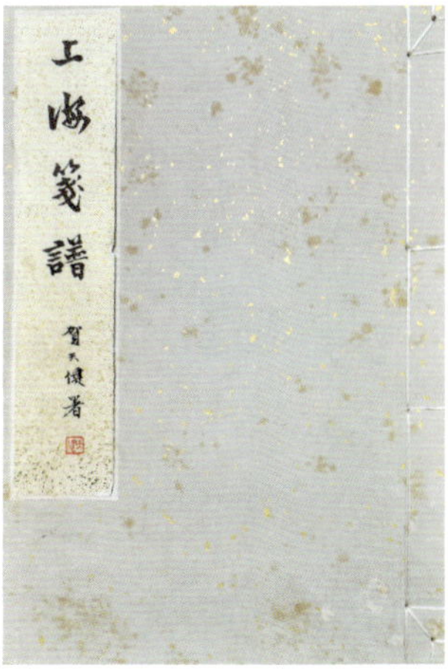

图 2-8-124
《上海笺谱》封面

图 2-8-125—图 2-8-134
《上海笺谱》
山水

贺天健作

图 2-8-135—
图 2-8-141
《上海笺谱》
人物

满山红叶女郎樵
子恺

图 2-8-142—图 2-8-156
《上海笺谱》
花、鸟

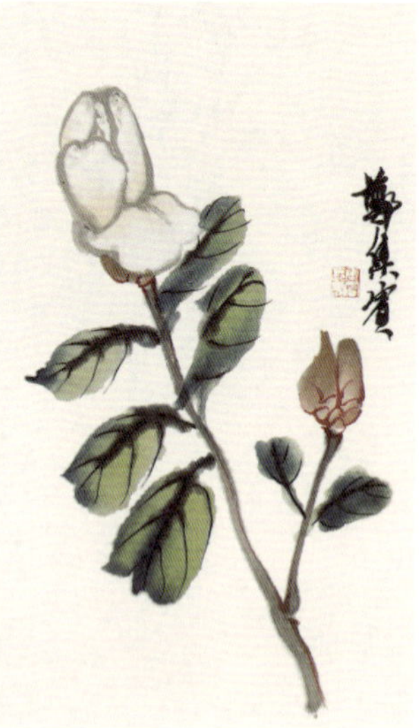

图 2-8-157—图 2-8-164
《上海笺谱》杂稿

《上海笺谱》“明清画笺”

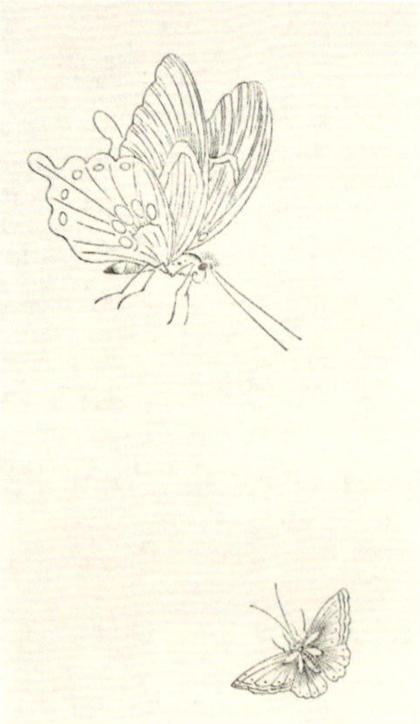

图 2-8-165—图 2-8-224
《上海笺谱》
杂稿

君子林
南田壽平

徵明

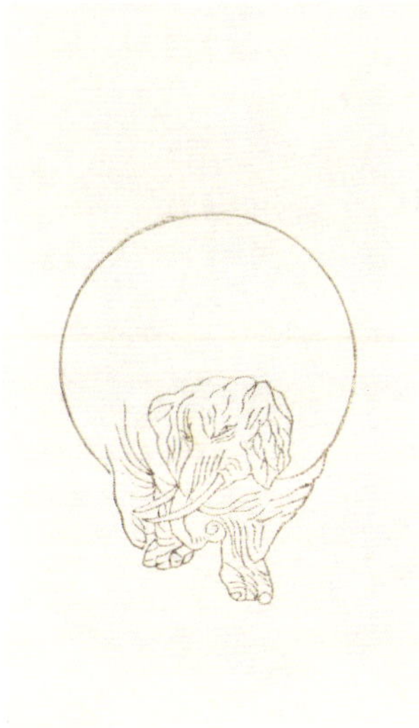

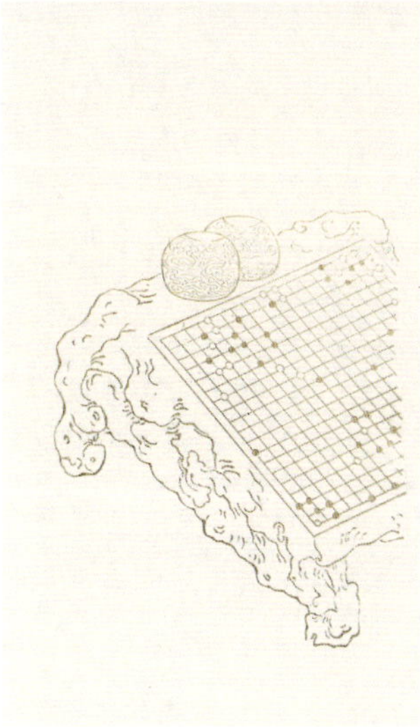

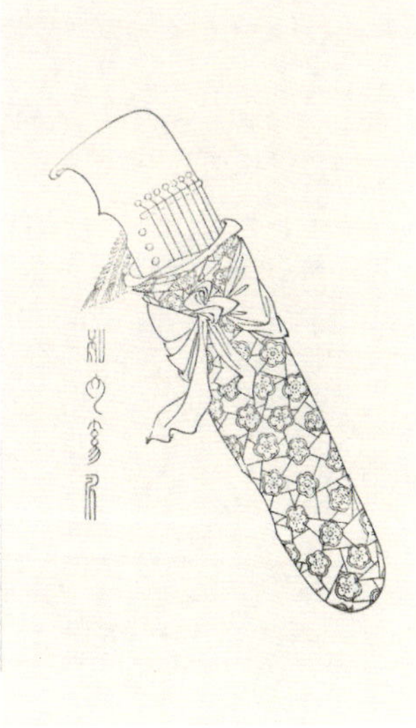

流觴
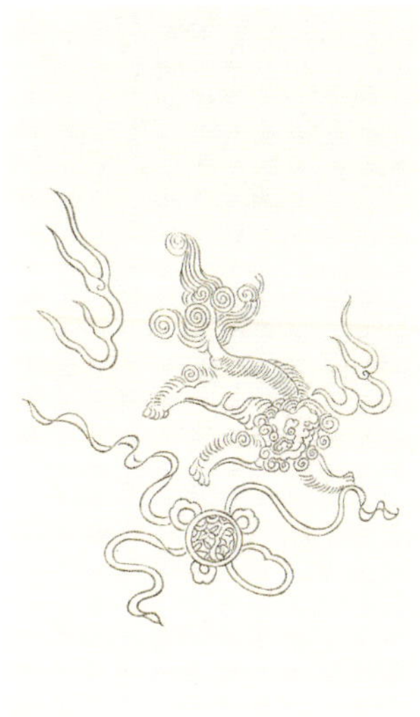

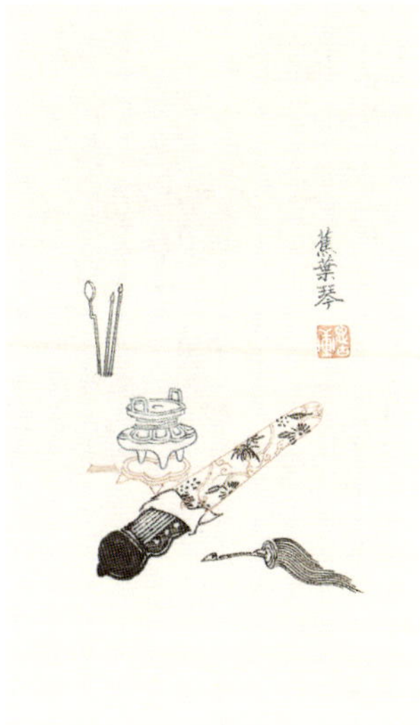
蕉葉琴

三、《朵云诗笺谱初集》

朵云轩于2020年集辑《朵云诗笺谱初集》，封面题签者为沈卫。沈卫（1862—1945），字友霍，号淇泉，晚号兼巢老人，斋名四红豆馆，浙江嘉兴人。沈卫是沈钧儒十一叔，二十世纪三十年代，他曾为翰林而鬻书，名噪一时。本初集为宣纸本，线装两册，其梓行三百部。

初集内容为花鸟、瑞兽、人物、博古、山水等，选自朵云轩在清代和民国时期印制的套笺或散笺。

上册筒子页双面印制，共九十六幅，收入笺图的装订次序如下：

朵云轩金石角花笺八种、林介侯金石笺二十种、朱铁生瓦当笺四种、朵云轩摹古笺四种、宝鸭斋君子笺四种、汉唐砚滴笺四种、集古画笺四种、方于鲁墨画笺八种、花卉角花笺四种、套色梓谦花笺八种、套色梅花喜神笺四种、花农画笺四种、套色劭农画笺十二种、辛荫圃花卉笺四种、星斋花卉笺四种。

下册亦为筒子页双面印制，共九十四幅，收入笺图的装订次序为：

仿古角花笺四种、仿明饾版拱花笺四种、文徵明团扇美人图笺四种、明清人物山水笺十种、明代饾版笺四种、明清花鸟草虫笺四种、明清花卉笺十种、桐叶红叶笺四种、吴熙载花笺二种、文房博古笺六种、古琴笺四种、博古笺十二种、套色集古笺四种、花卉笺四种、明清花果笺八种、杂稿六种、满地花笺四种。

牌记为：庚子端月朵云轩集辑梓行凡三百部此为第×××部。

今人董桥书《般若波罗蜜多心经》，其笺纸样式为“冰裹梅”笺，朵云轩制。

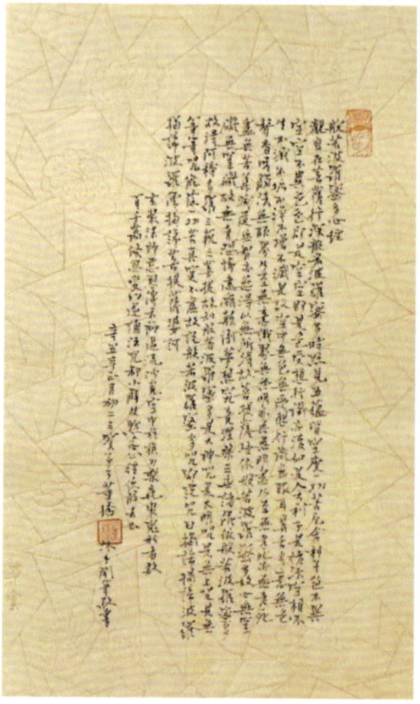

图 2-8-225
董桥书《般若波罗蜜多心经》

图 2-8-226
《朵云诗笺谱初集》封面

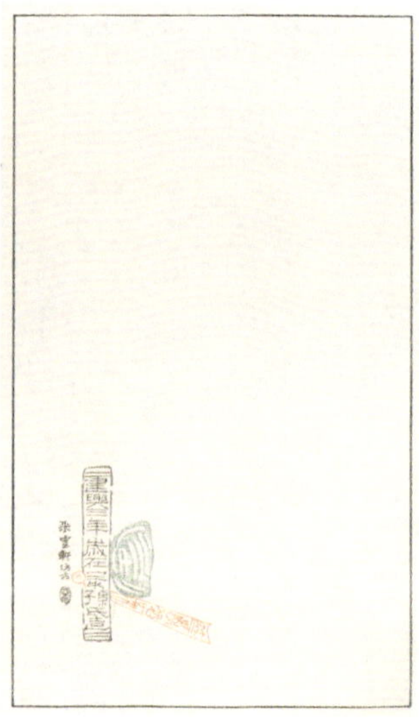

图 2-8-227—图 2-8-270
《朵云诗笺谱初集》内页

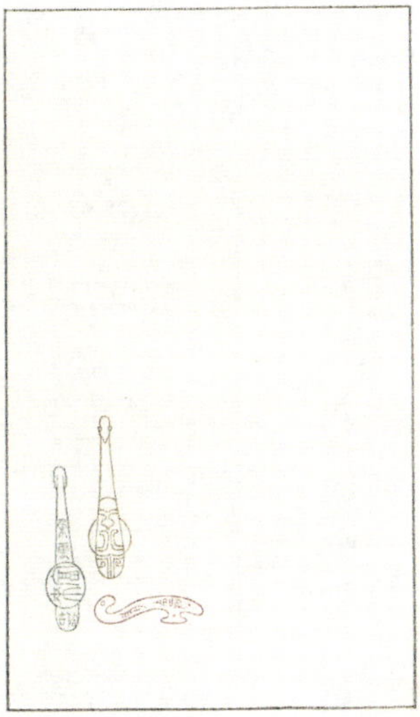

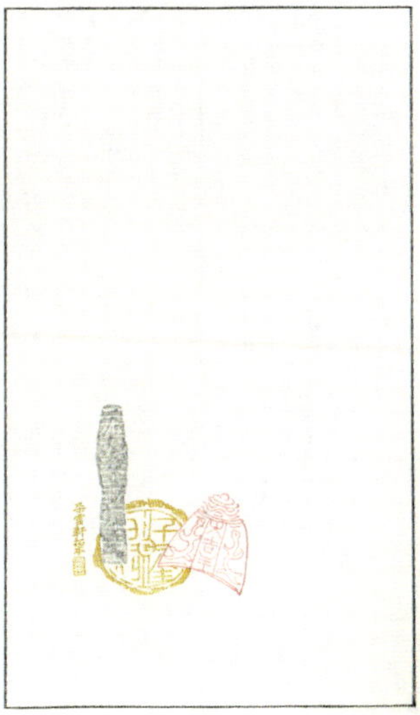

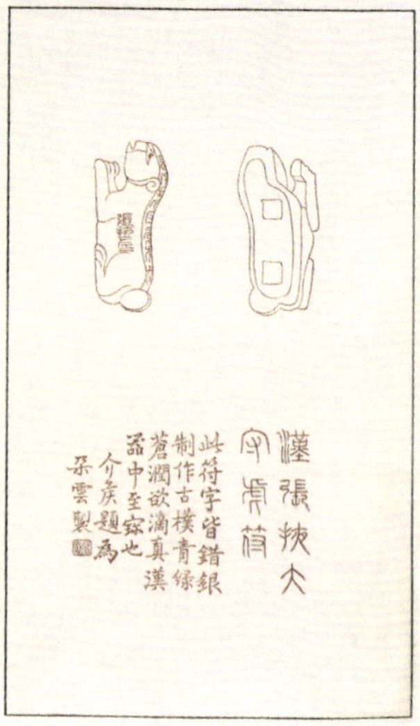
漢張掖大
守虎符
此符字皆錯銀
制作古樸青綠
蒼潤欲滴真漢
器中至寶也
介庚題爲
朵雲製

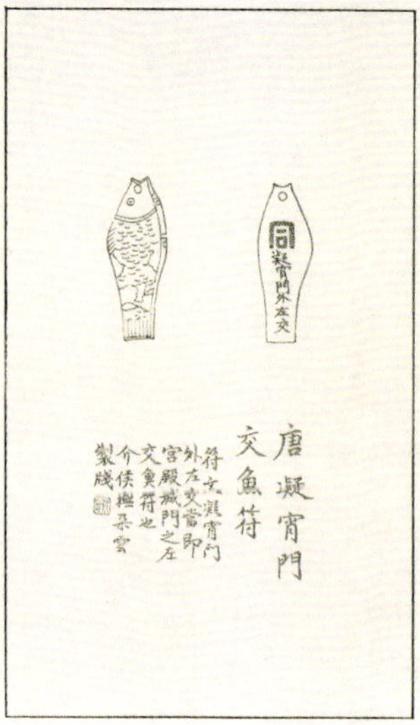
唐凝霄門
交魚符
符文凝霄門
外左交當即
宮殿城門之左
交魚符也
介侯擬朵雲
製牋

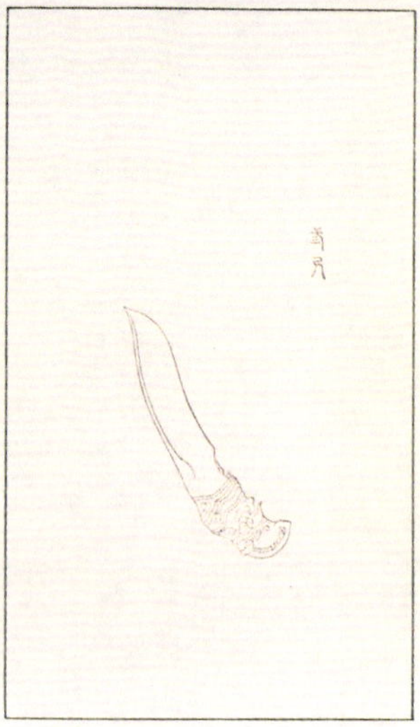

唐獅硯滴

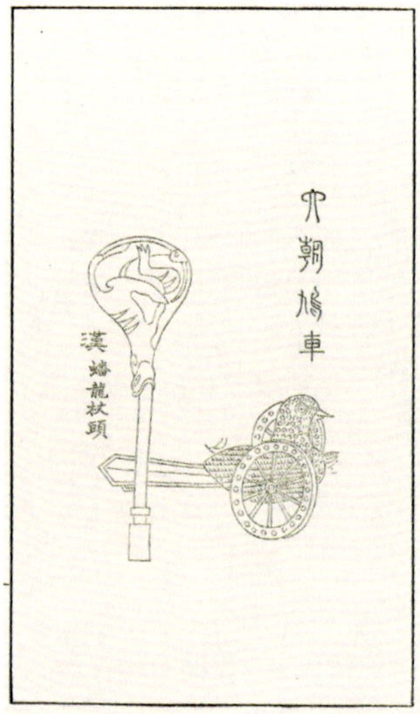
大朝鳩車
漢蟠龍杖頭

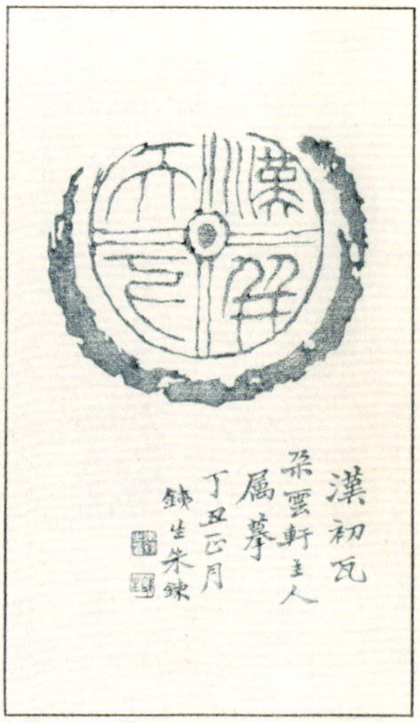
漢初瓦
朵雲軒主人
屬摹
丁丑正月
鈍生朱鍊

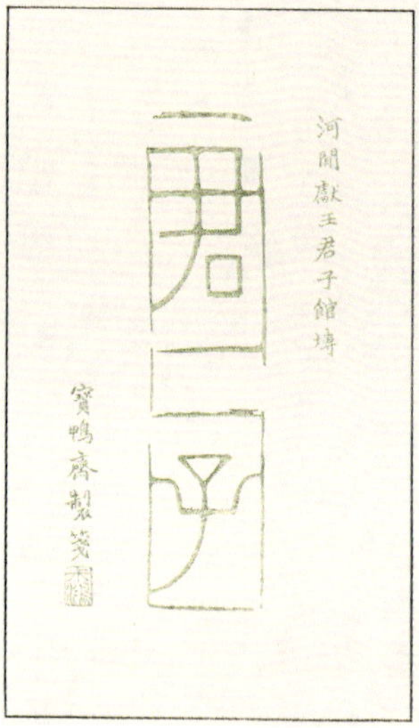
河間獻王君子館塼
寶鴨齋製箋

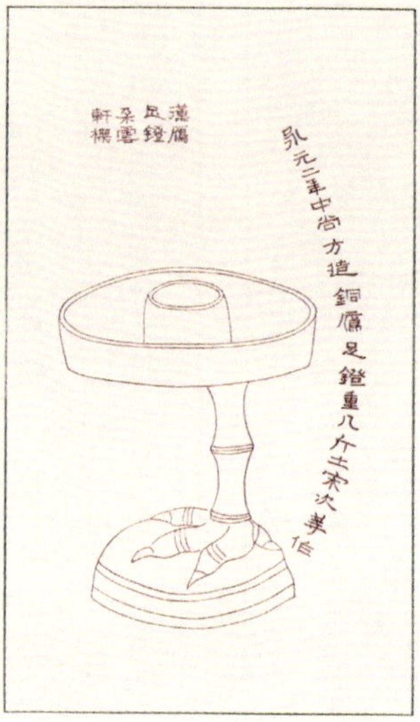
漢鳫足鐙
朵雲軒橅

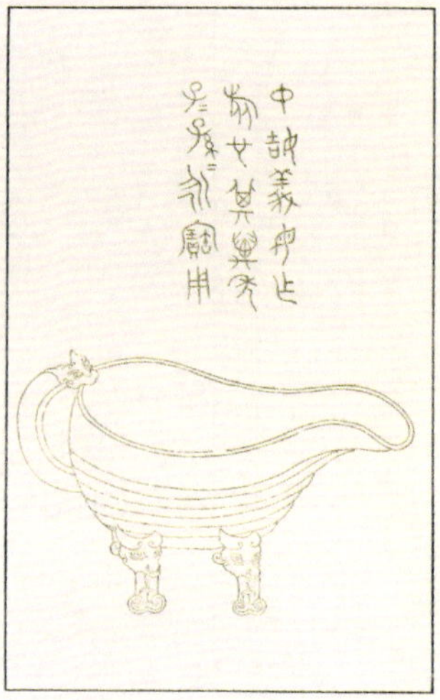

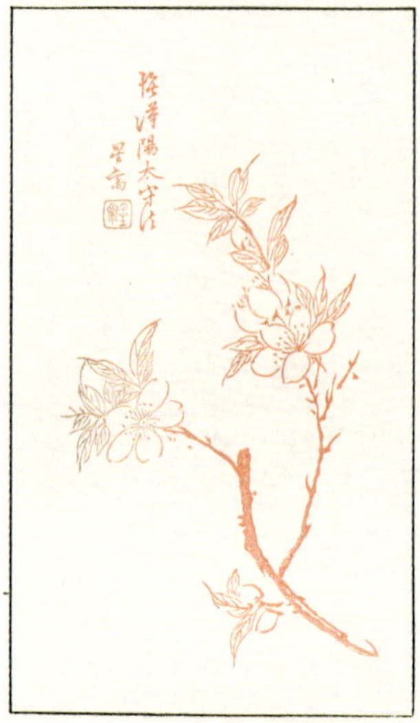
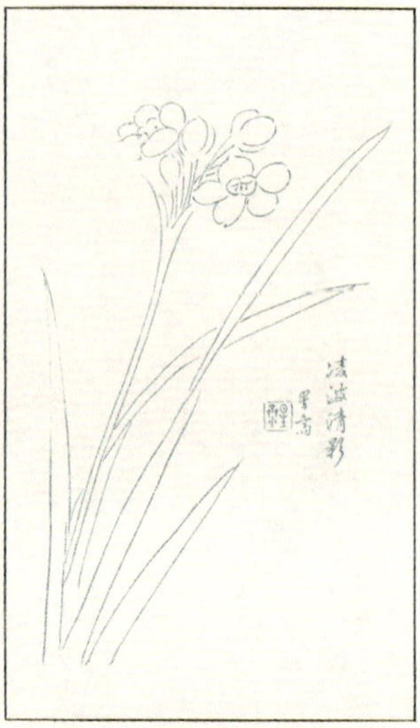
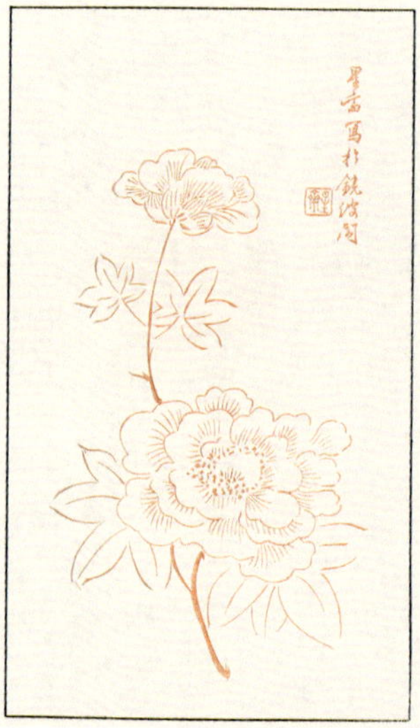
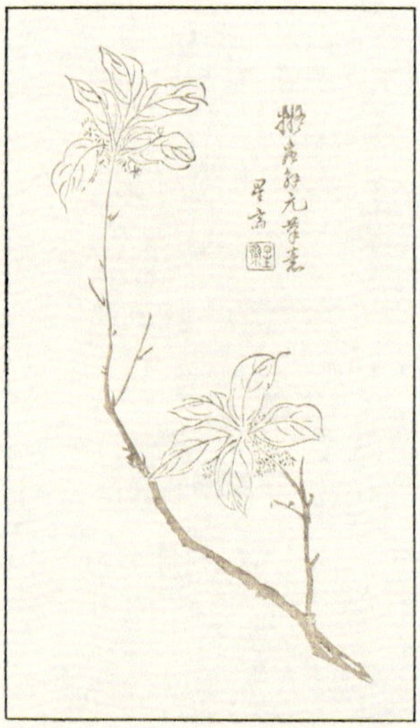

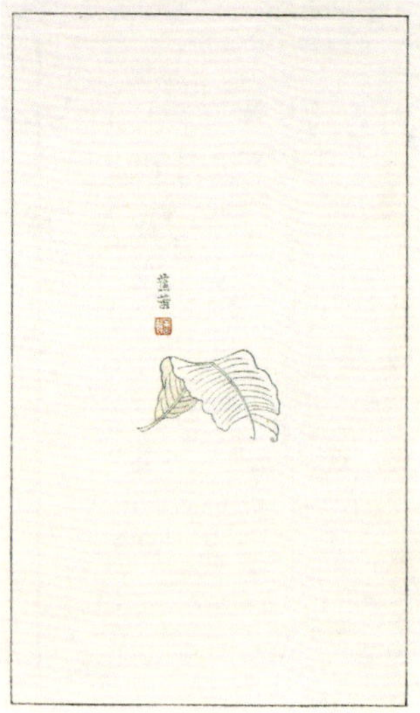

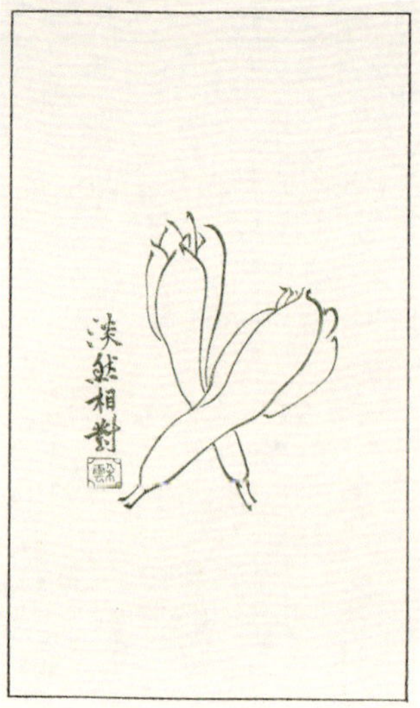
淡然相對

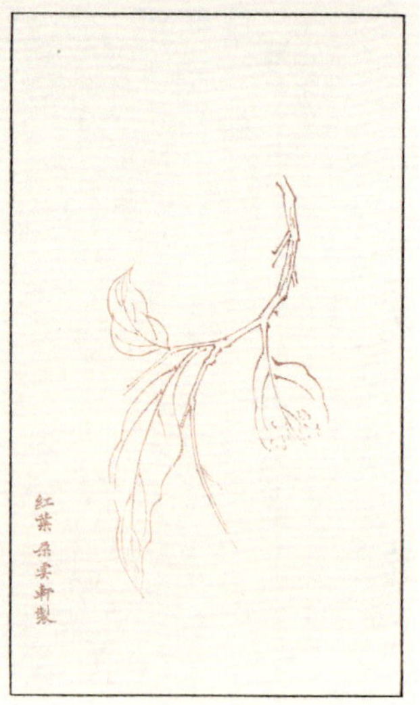
紅葉
朵雲軒製

在水一方
蘭德寫

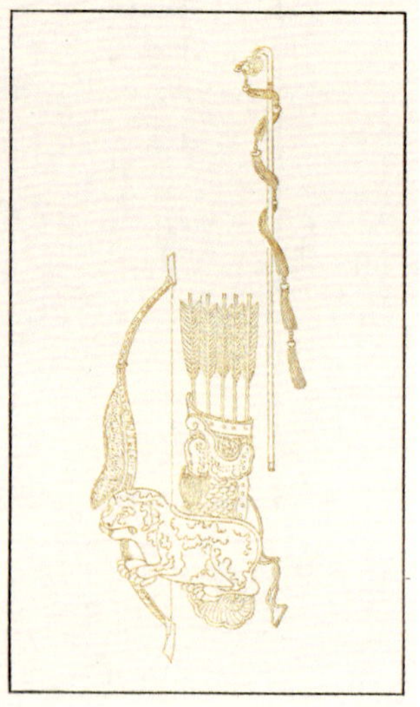

朵雲軒

朵雲

朵雲軒製

四、《天津笺谱》未刊稿

前有龚绶序，称该谱是为了“保存天津历史文化，传承中国文化艺术之精粹”。该谱主要介绍了以下书画家：

一是晚清书画家松年（1837—1906），姓鄂觉特氏，字小梦，号颐园，蒙古镶蓝旗人。光绪十四年（1888）松年由笔帖式特补山东单县知县，后又在山东长清县任知县，在山东范县任县知事。由于他性不谐俗，虽为官，但整日沉浸于书画之间，无意仕途。他书画皆通，是清末山东画坛的“教父”，“济南诸君子推举为骚坛树帜者”。松年既长于画山水，亦擅画人物、花卉、翎毛以及民俗等题材，尤其是竹、兰独具风格。画花鸟学徐渭、陈淳诸家，山水以水墨青绿为主，以吴慎、李流芳为宗。工书法，喜用鸡毫自成一家，用笔豪爽，喜用元书纸作画，工于用水，秀润可爱。书画论方面也颇有建树，著有《松年论画》《清画家诗史》《八旗画录》《榆园画志》等。

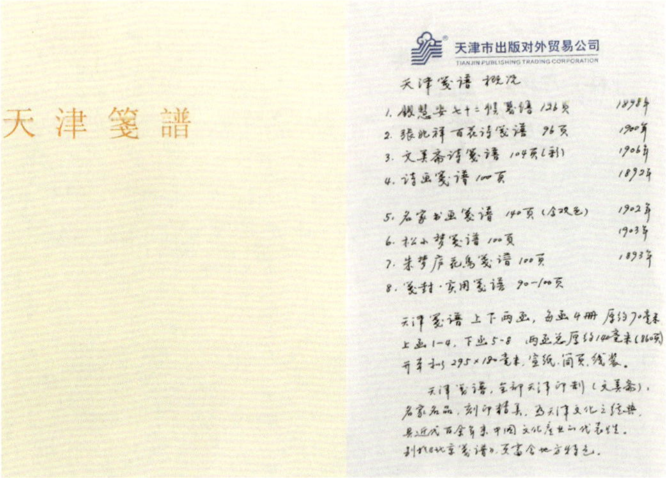

图 2–8–271
《天津笺谱》扉页及概况

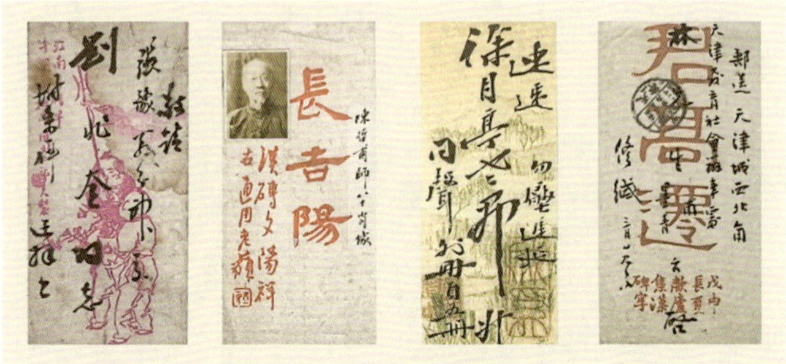

图 2–8–272
《天津笺谱》笺封、笺纸

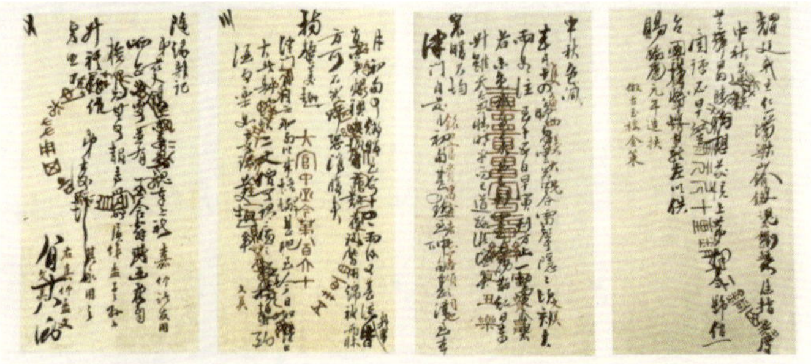

图 2–8–273—图 2–8–300
《天津笺谱》笺纸、内页

一帆风顺

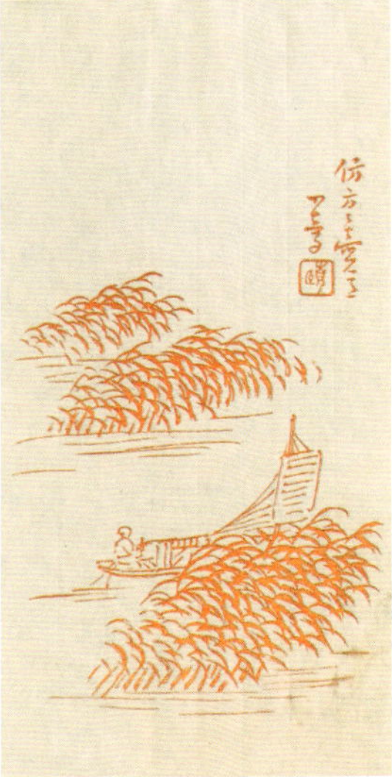

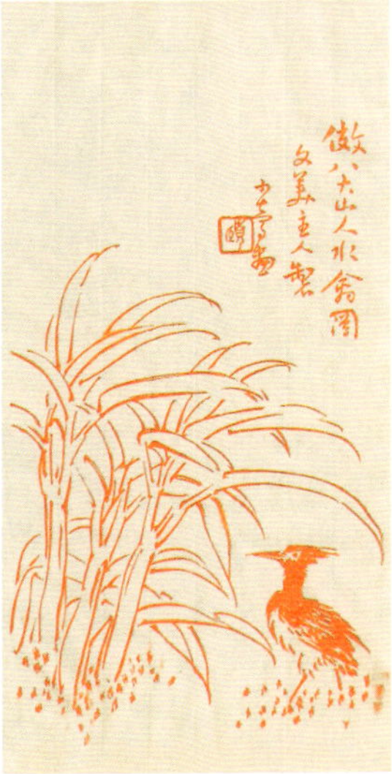

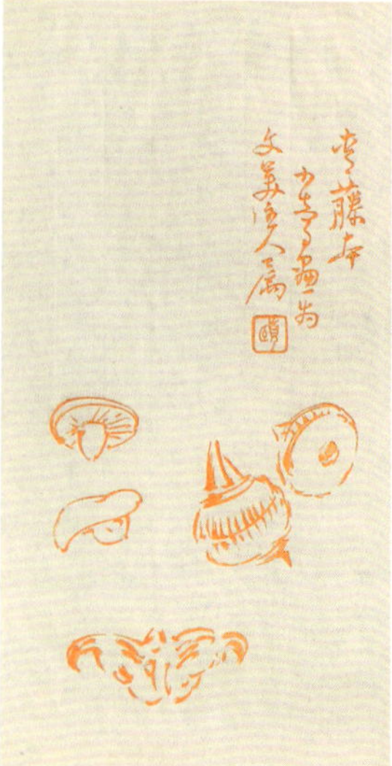

二是辛樾，字荫圃，晚清时天津画家，擅画人物小景，类海上画派朱梦庐，勾拂似任颐[①]，其画笺署名荫圃。《文美斋诗笺谱》载“辛荫圃花卉笺”：四时花卉，春写桃花，夏写玉簪，秋写芙蓉，冬写水仙。

① 任颐（1840—1895），初名润，字次远、小楼，后改名颐，字伯年，别号山阴道上行者、寿道士等，以字行，浙江山阴航坞山人，“海上画派”中的佼佼者。任颐的绘画发轫于民间艺术，技法全面，山水、花鸟、人物等无一不能。重视写生，又融汇诸家技法，并吸取水彩色调之长，勾皴点染，格调清新。

三是沈心海（1855—1941），原名涵，又名兆涵，江苏崇明（今上海市崇明）人，钱慧安入室弟子，擅画花卉、山水、人物，皆佳妙，尤精仕女。宣统元年（1909），他与钱慧安、吴昌硕、高邕之创办上海豫园书画善会，他一度任会长。

四是查凌汉，字铁卿，又书帖青，天津人。诗文书画、音乐戏曲无所不通，尤擅画虫鱼。他是严修（字范孙）的启蒙老师。

五是左锡嘉（1831—1894），字韵卿，一字小云，又字浣芬，阳湖（今江苏常州）人。工诗擅绘，学恽寿平没骨法，设色鲜丽，笔力遒劲。

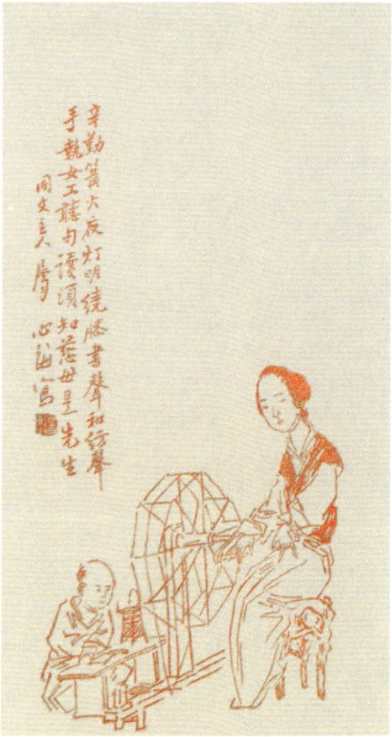

图 2-8-301—图 2-8-305
同文仁记制
沈心海人物笺

图 2-8-306—图 2-8-310
同文仁记制
沈心海吉祥笺

图 2-8-311—图 2-8-314
文美斋制
查凌汉写

图 2-8-315—图 2-8-318
宜雅斋制左锡嘉写

五、《林纾笺谱》

林纾（1852—1924），字琴南，福建福州人。曾任教于京师大学堂，曾由别人口述，用文言文翻译过欧美小说170余种，其中包括许多外国文学名著。林纾又是一位画家和笺画家，其作品现在已不易看到。鲁迅在《北平笺谱》“序”中写道：“宣统末，林纾先生山水笺出，是为当代文人特作笺画之始……”此笺谱为福建工程学院策划制作，共三十幅，其中收录了林纾山水笺十幅。

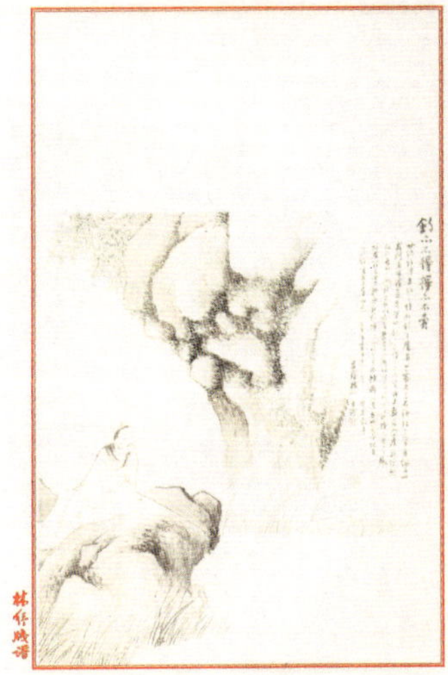

图2-8-319—图2-8-338
《林纾笺谱》内页

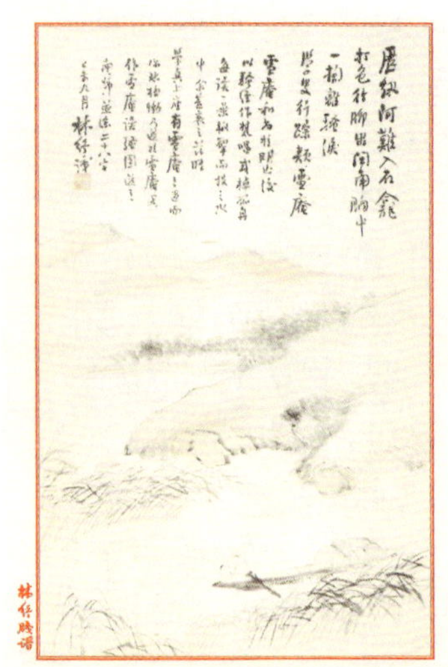

己酉六月廿三日写

六、宁波《天一阁制笺》

二十世纪七八十年代，天一阁制木版水印笺纸二十张一套，套色图案，非常精美。

图 2-8-339—图 2-8-358
《天一阁制笺》内页

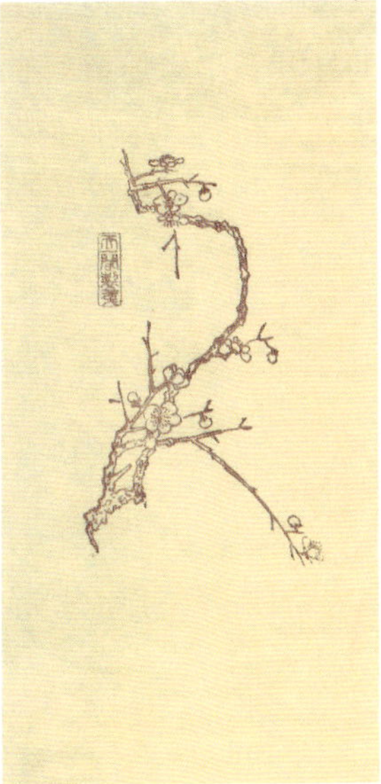

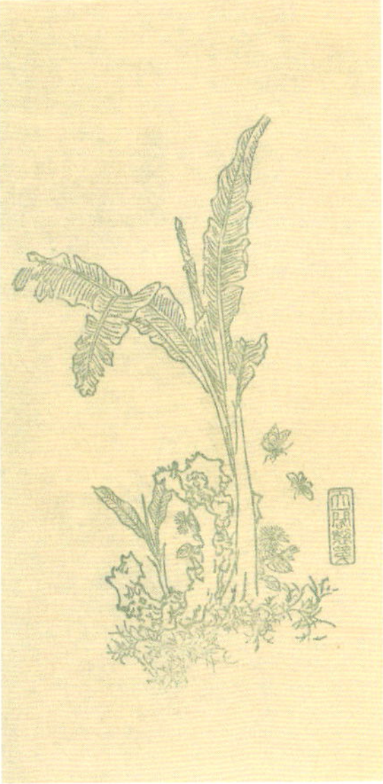

七、扬州《绿杨笺谱》

扬州古籍刻印社雕版大师陈义时和女儿陈美琦一起花了十六年时间，用两千多块版子雕刻了一套限量版饾版书《绿杨笺谱》。2021年该谱参加第十三届华人艺术大会，获得金奖。

图 2-8-359—图 2-8-377
《绿杨笺谱》内页

嘉禾

八、任重《浴桐小馆制笺》

当代画家任重，自号千里，职业画家、收藏家，画室名浴桐小馆。所作《浴桐小馆制笺》高古典丽、渊雅静穆。

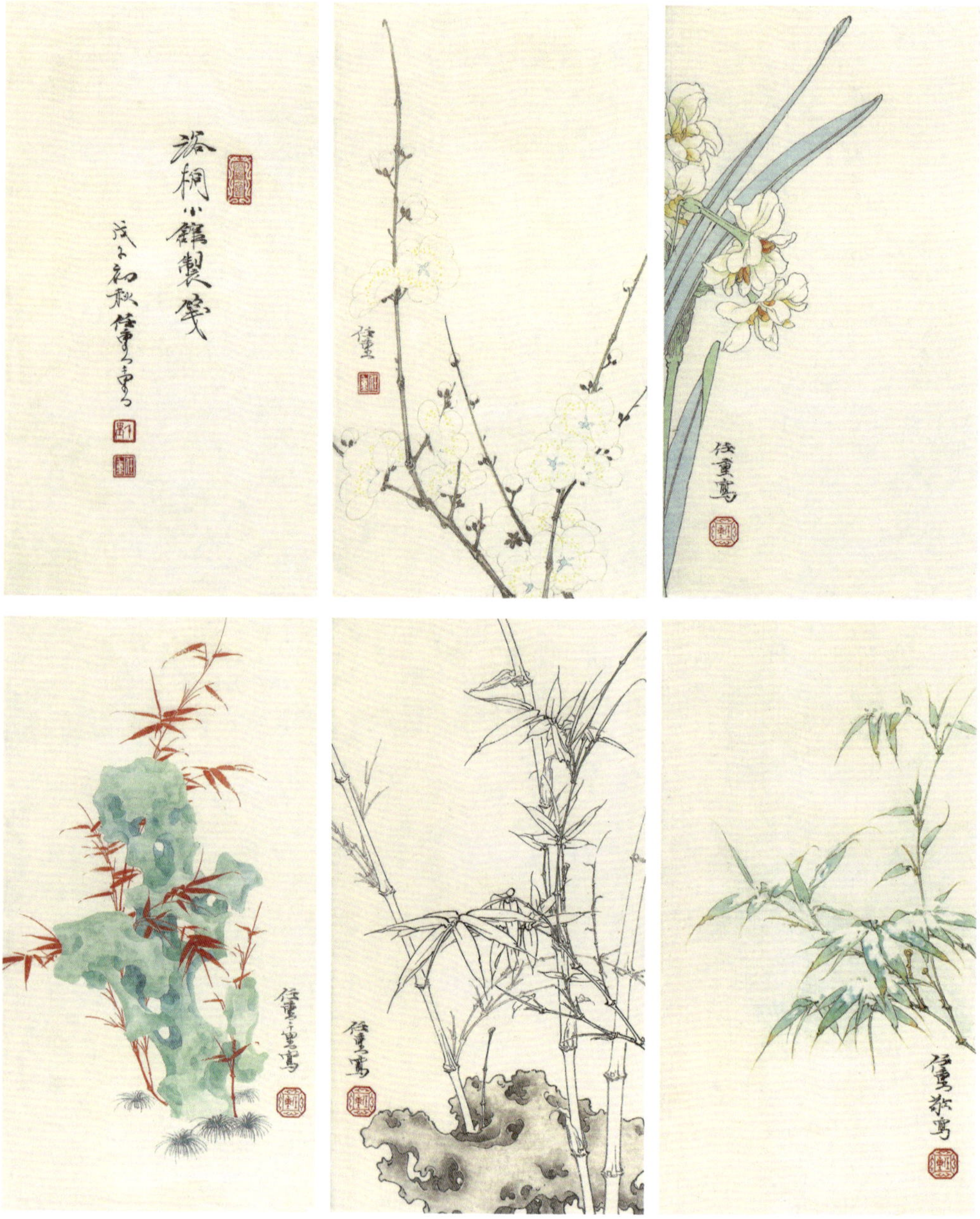

图 2-8-378—图 2-8-394
《浴桐小馆制笺》内页

九、《敦堂制听风楼摹古笺》

鲁九喜，当代金石书法家，斋号听风楼、养山堂、后千甓亭。

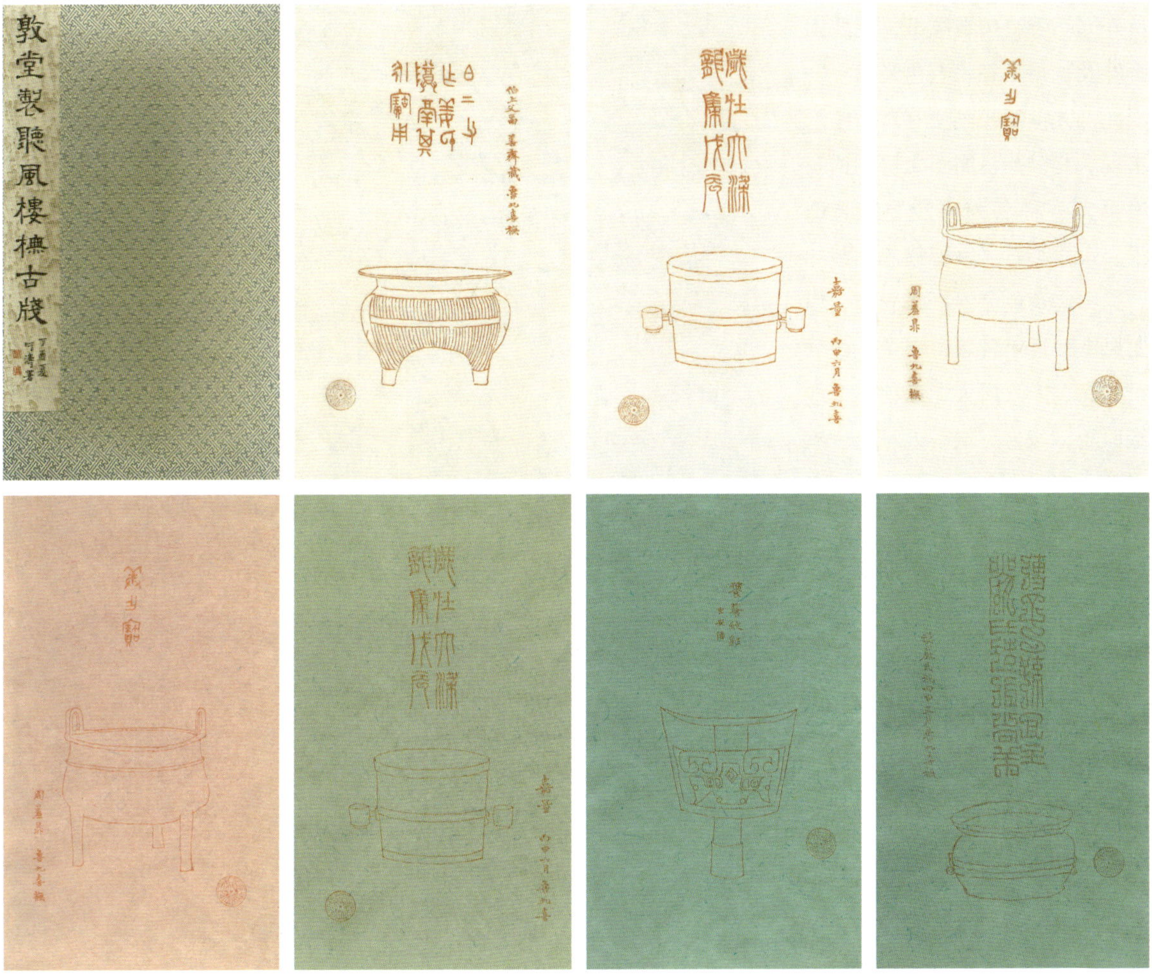

图 2-8-395—图 2-8-402
《敦堂制听风楼摹古笺》封面及内页

十、台湾仿古流沙笺

流沙笺也称斑石纹纸，为中国历史上著名加工纸之一，唐代张彦远《法书要录》载：“萧公，名诚，兰陵人，梁之后，拜右司员外郎。善造斑石纹纸，用西山野麻及虢州土谷，五色光滑。”因此，九世纪我国便有斑石纹纸出现。北宋苏易简《文房四谱》中提到一种名为流沙笺的装饰纸。宋代李石《续博物志》载：“蜀中之杂色流沙纸，彩霞金粉龙凤纸，近年皆废，惟余十色绫纹纸尚存。”后人无从得窥流沙纸原貌，殊为可惜。近年由台湾将其再现。

纸张呈现多色线条图案，配色凸显画意，颜色图案搭配得宜，缤纷艳丽。

日本从我国学习此项纸加工技术，并发扬光大，称之为“墨流纸”，成为日本平安时期的一种传统手工艺，墨流图案被日本人视为吉祥的纹样。

图 2-8-403
流沙纹

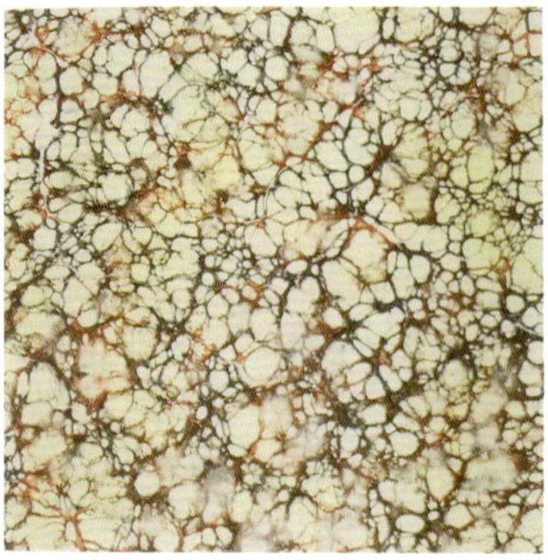

图 2-8-404
大理石纹

图 2-8-405
齿状工具梳刮之效果

图 2-8-406
纸张位移之效果

图 2-8-407
重复印染之效果

图 2-8-408
竹签勾画之图案

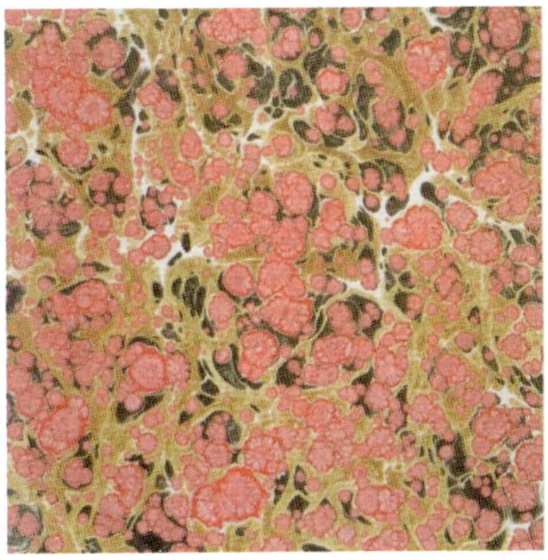

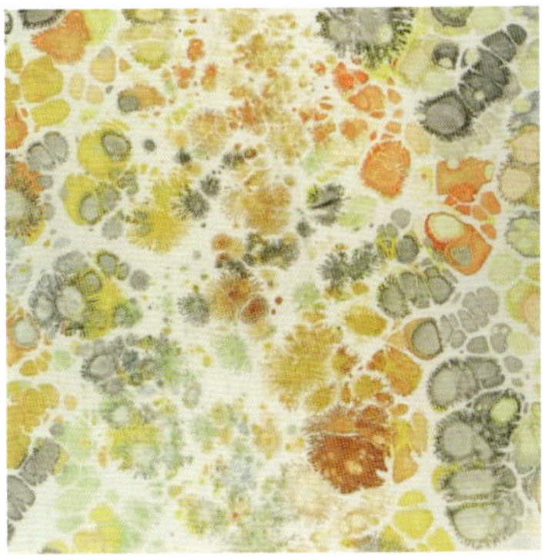
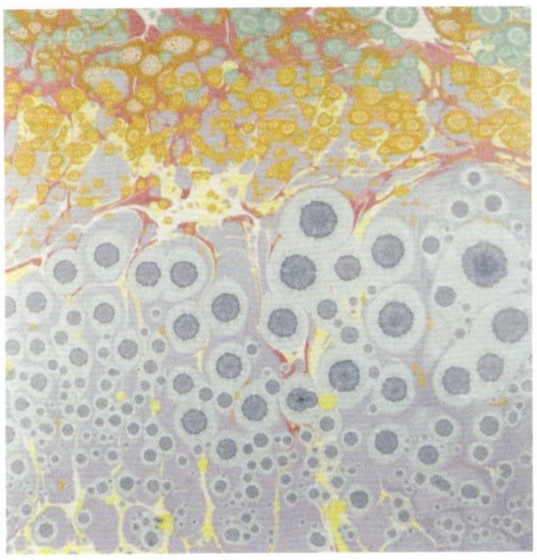

图 2-8-409
添加药品之效果

图 2-8-410
竹签勾画之图案

图 2-8-411
即将冻结的介质液面制作效果

图 2-8-412
添加药品之效果

图 2-8-413
多重技法应用（大理石纹及勾画）

图 2-8-414
多重技法应用（梳刮及勾画）

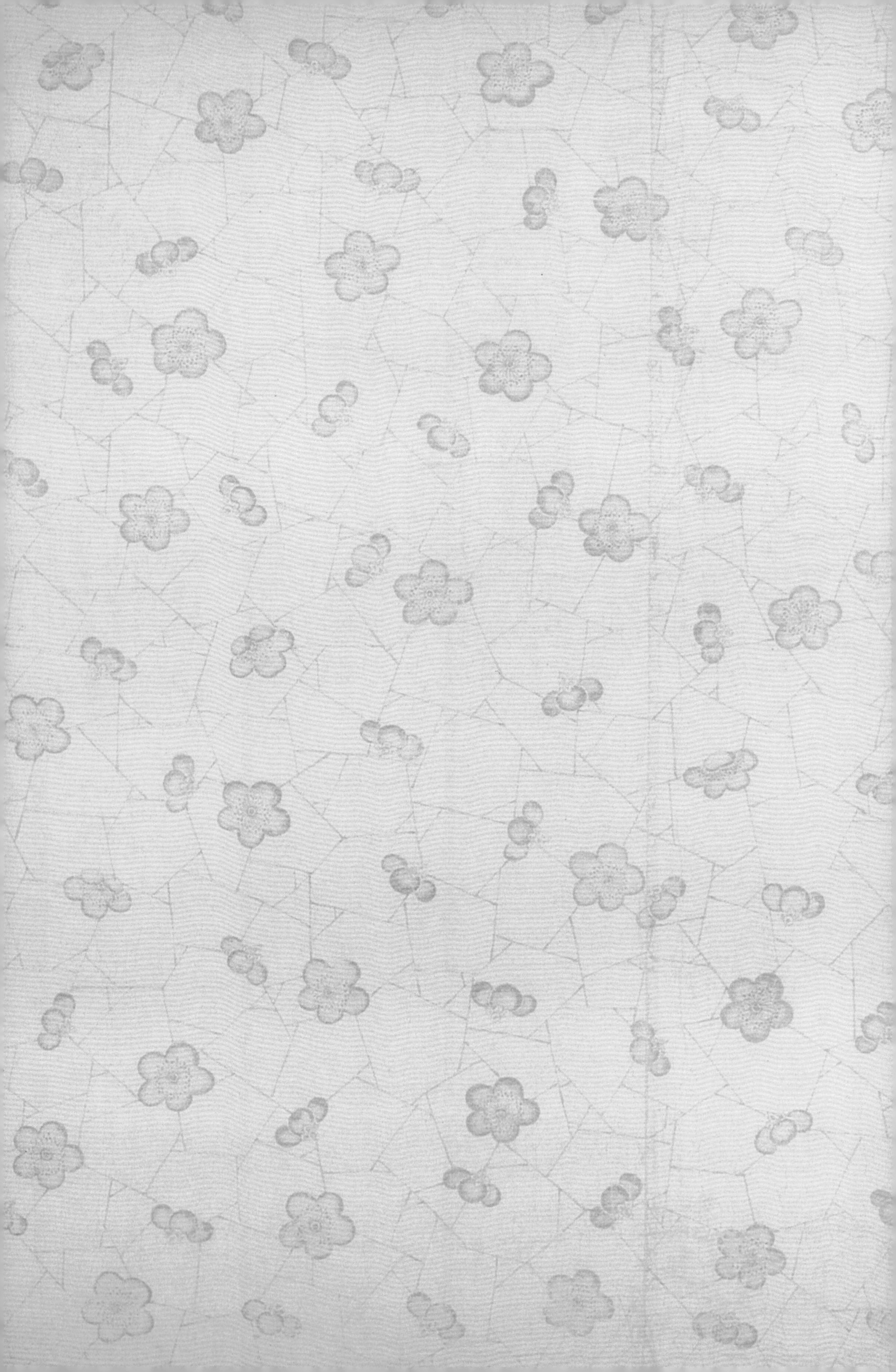

第三章 笺纸类型

第一节 染色笺

染色笺指经由染色制成的各种颜色的笺纸。染色笺的制笺手法多种多样，主要有浸染法、拖染法、刷色法、撒压花瓣法、洒粘金箔粉与云母粉等。

明代项元汴《蕉窗九录》、高濂《遵生八笺》、屠隆《考槃余事》、冯梦祯《快雪堂漫录》和宋诩《竹屿山房杂部》等均记载有笺纸染色的内容。

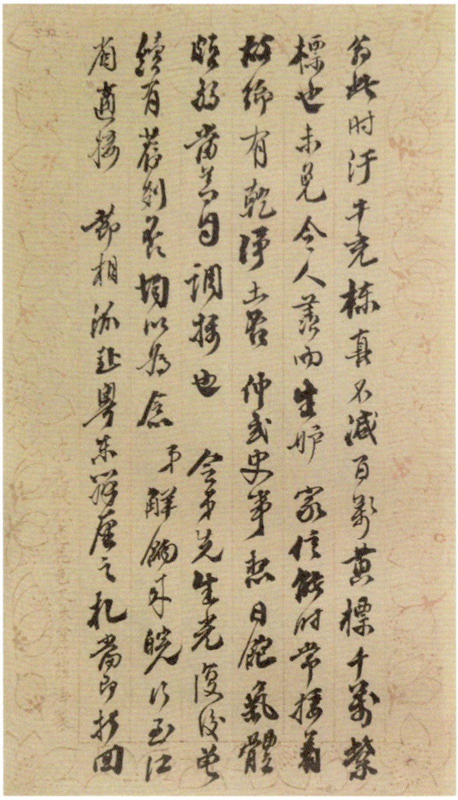

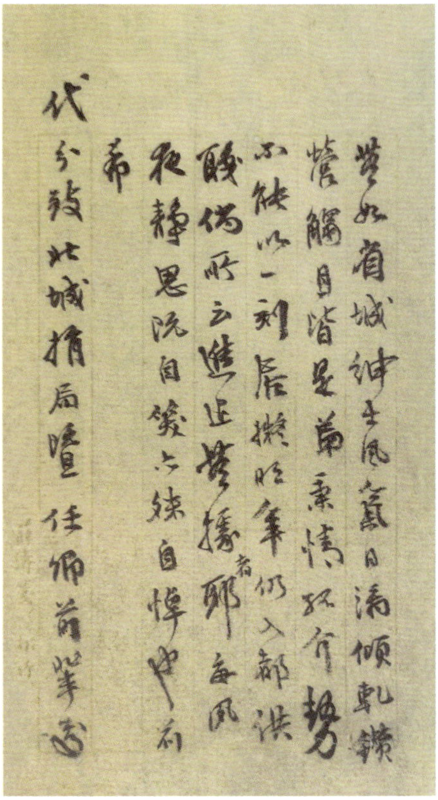

图 3-1-1
尺木堂仿薛涛笺

图 3-1-2
松竹斋仿薛涛笺

第二节 栏格笺

栏格笺的类型有单叶笺、折叠笺、抄稿本用笺等。以蓝色绘制的称蓝丝栏，朱砂绘制的称朱丝栏，黄色绘制的称黄丝栏，绿色绘制的称绿丝栏，墨色绘制的称乌丝栏。在敦煌出土的唐代经卷中我们常能见到这种竖栏的样式。

栏格笺的栏是指边栏、界栏，如八行笺；格是指界格，常见的有红格笺、蓝格笺、绿格笺等。

我们根据栏格笺栏的数量可以分为单边栏笺、两行笺、三行笺、四行笺……十五行笺、十六行笺、十七行笺等，笔者所见栏数最多的是红二十四行笺。这些笺纸具存于一些名人尺牍中。

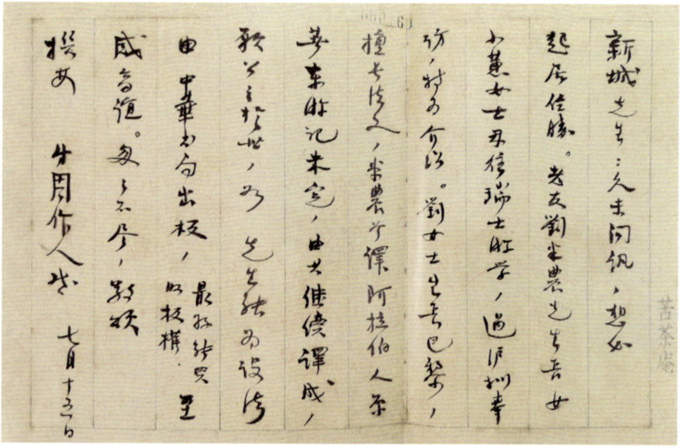

图3-2-1
蓝丝栏

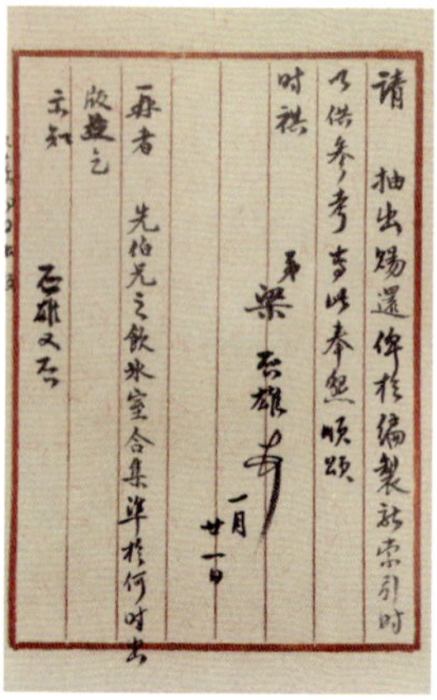

图3-2-2
朱丝栏

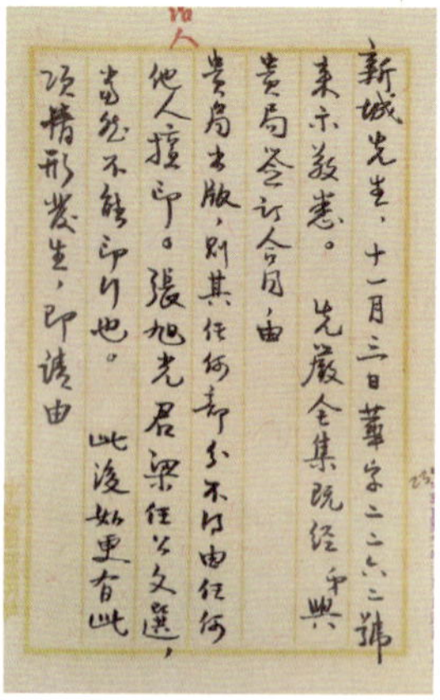

图3-2-3
黄丝栏

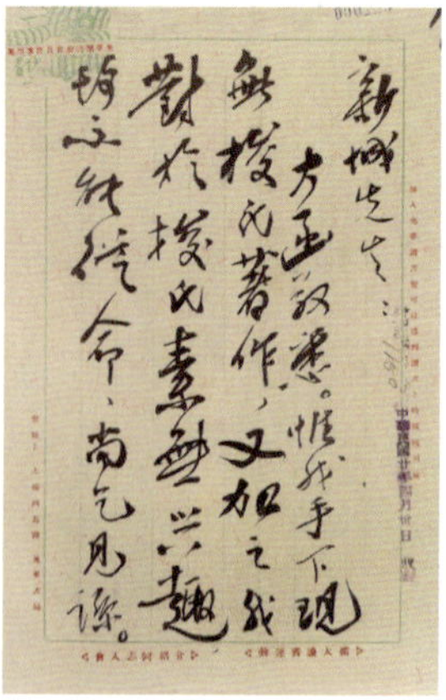

图3-2-4
绿丝栏

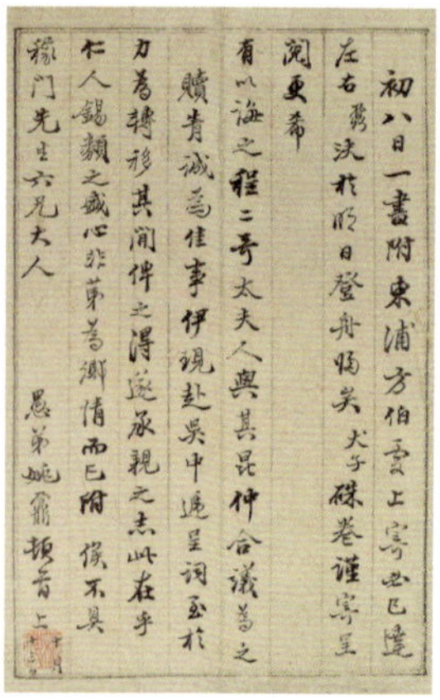

图3-2-5
乌丝栏

一、单边栏笺

见钱锺书[①]致中华书局编译所函。

二、两行笺

见崇彝[②]致王子和尺牍。

三、三行笺

见吴曼公[③]致周肇祥尺牍。

四、四行笺

见翁同龢[④]致福锟函。

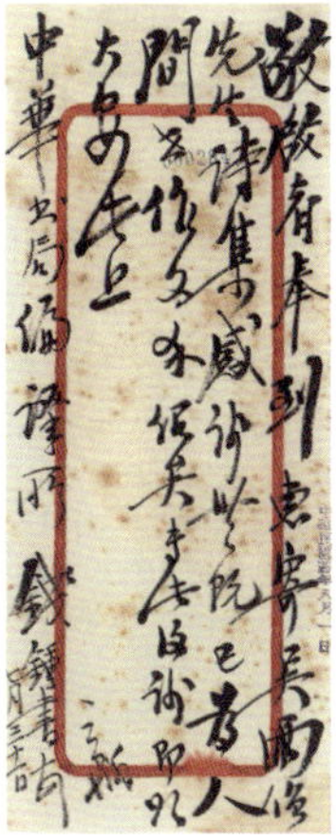

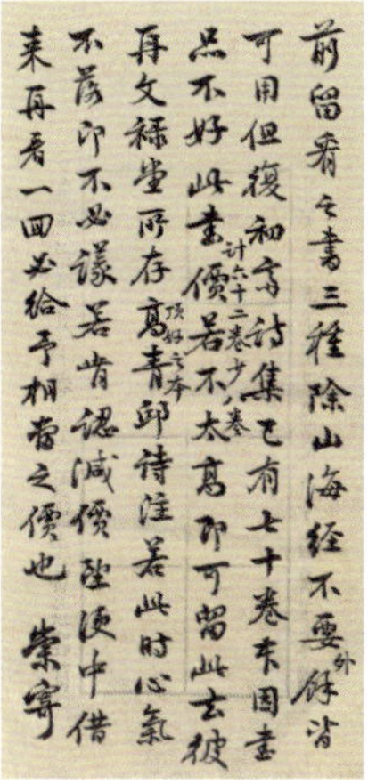

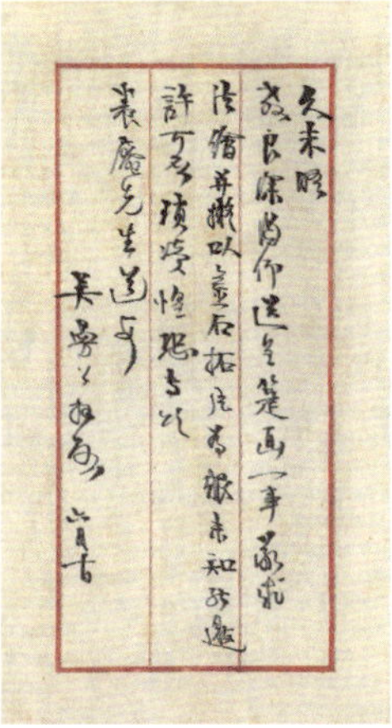

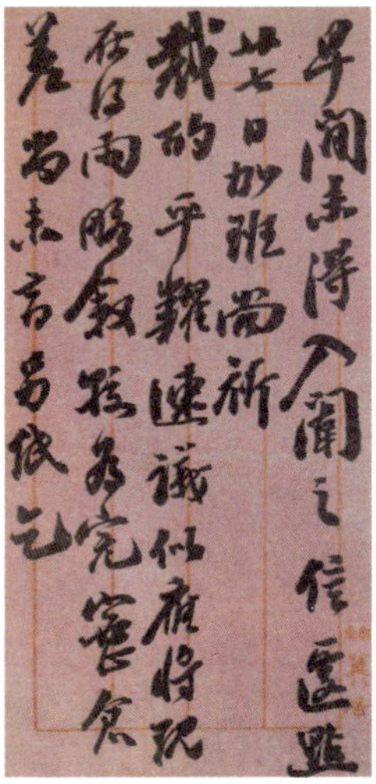

图 3-2-6
钱锺书致中华书局
编译所函（单边栏笺）

图 3-2-7
崇彝致王子和尺牍（两行笺）

图 3-2-8
吴曼公致周肇祥尺牍（三行笺）

图 3-2-9
翁同龢致福锟函（四行笺）

① 钱锺书（1910—1998），字默存，号槐聚，江苏无锡人，学者、作家。著有《谈艺录》《管锥编》等。

② 崇彝（1884—1951），姓巴鲁特，字泉孙。蒙古正蓝旗人。著有《选学斋诗存》《汉碑杂咏》《选学斋书画寓目笔记》《选学斋书画寓目续编》等。其藏书印有“选学斋藏书印”等。

③ 吴曼公（1895—1979），原名观海，字颂芄，江苏武进（今属常州）人。工书法，富收藏，精于鉴赏，尤擅长金石碑拓的考证。其收藏包括碑帖、书画、铜器、印章、旧墨等。

④ 翁同龢（1830—1904），字声甫，号叔平，晚号松禅、瓶庐居士，江苏常熟人。工诗，间作画，尤以书法闻名于世。著有《翁文恭公日记》《瓶庐诗稿》等。

五、五行笺

饮虹簃五行笺，见卢前[①]致舒新城函。

六、六行笺

芸香《天枝春》六行笺，见范源廉[②]致中华书局董事会函。

七、七行笺

松坡图书馆七行笺，见蹇先艾[③]致舒新城函。

八、八行笺

见李大钊尺牍。

九、九行笺

见商承祚[④]尺牍。

十、十行笺

见靳以[⑤]、洪深致茅盾、金兆梓、巴金函。

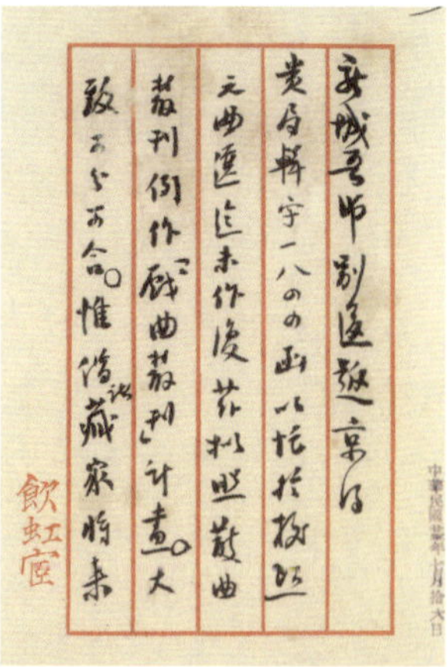

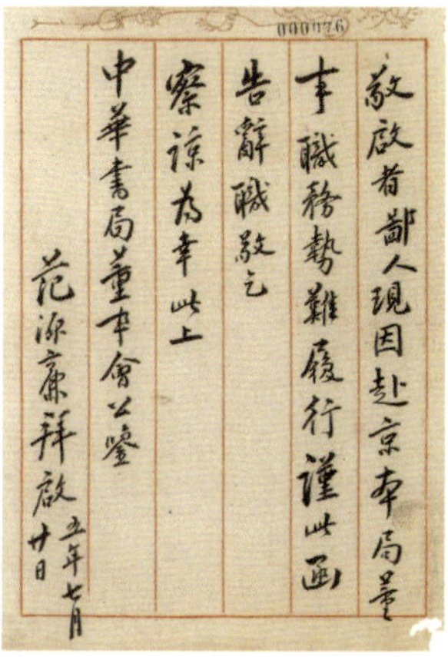

敬启者 鄙人现因赴京本局董
事职务势难履行谨此函
告辞职敬乞
察谅为幸 此上
中华书局董事会公鉴
范源廉拜启 五年七月十日

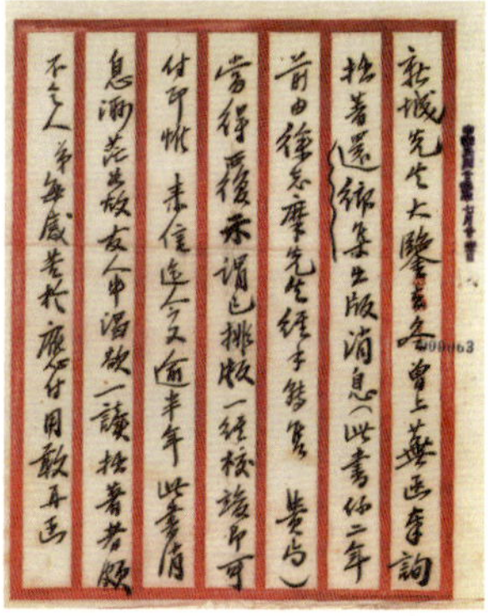

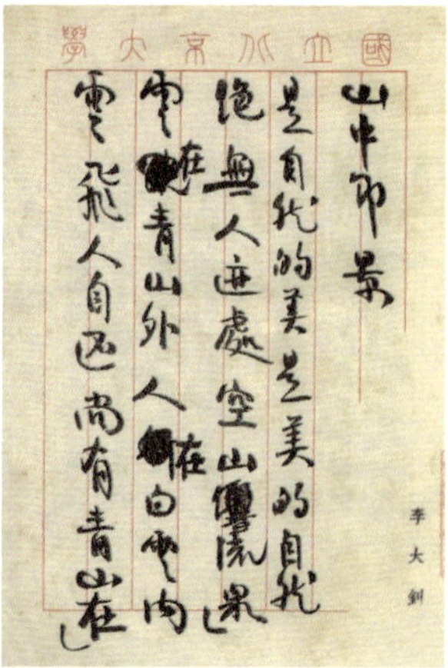

山中即景
是自然的美，是美的自然。
绝无人迹处，空山响流泉。
云在青山外，人在白云内。
云飞人自还，尚有青山在。
李大钊

图 3-2-10
卢前致舒新城函（五行笺）

图 3-2-11
范源廉致中华书局董事会函（六行笺）

图 3-2-12
蹇先艾致舒新城函（七行笺）

图 3-2-13
李大钊尺牍（八行笺）

① 卢前（1905—1951），原名正绅，字冀野，江苏江宁人，词曲学家。著有《明清戏曲史》《读曲小识》等。

② 范源廉（1875—1927），字静生，湖南湘阴人，教育家。曾两度出任教育总长，又曾任中华书局总编辑部部长、中华书局董事等职。

③ 蹇先艾（1906—1994），贵州遵义人，现代作家。1926 年加入文学研究会。1938 年在贵阳发起成立中华文艺界抗敌协会。著有小说、散文集二十余种。

④ 商承祚（1902—1991），字锡永，号契斋，广东番禺人，古文字学家。早年师从罗振玉，后入北京大学国学门做研究生。1948 年起任教中山大学语言学系。著有《殷墟文字类编》《殷契佚存》《石刻篆文编》等。

⑤ 靳以（1909—1959），原名章方叙，字正侯，天津人，作家。曾任复旦大学教授，编辑《国民公报》副刊，以及《中国作家》《文学季刊》等。

十一、十一行笺

见罗振玉致沈曾植函。

十二、十二行笺

见福开森致盛宣怀函。

十三、十三行笺

见许乃普[①]尺牍。

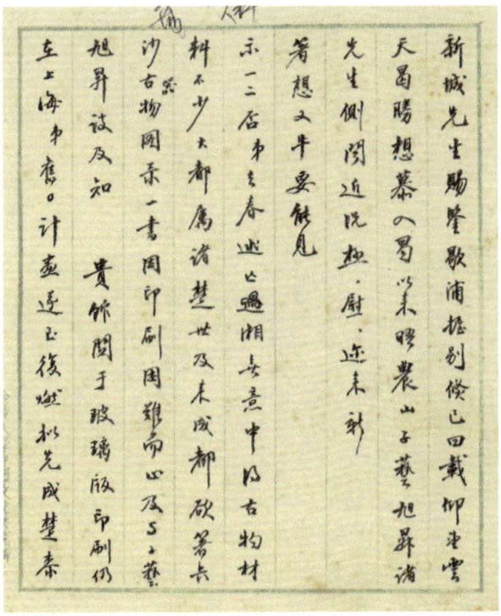

图 3-2-14
商承祚尺牍（九行笺）

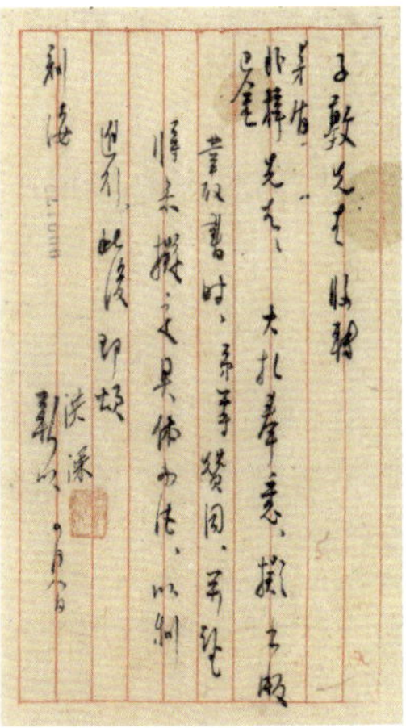

图 3-2-15
靳以、洪深致茅盾、
金兆梓、巴金函（十行笺）

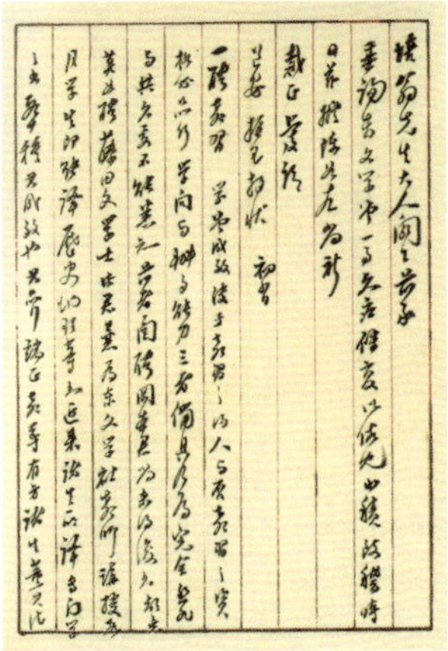

图 3-2-16
罗振玉致沈曾植函（十一行笺）

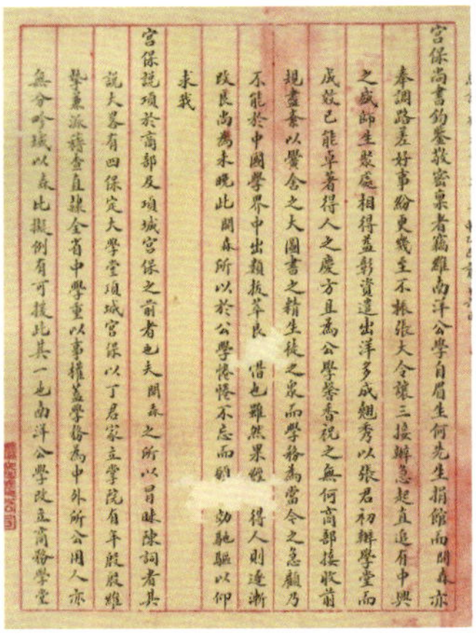

图 3-2-17
福开森致盛宣怀函（十二行笺）

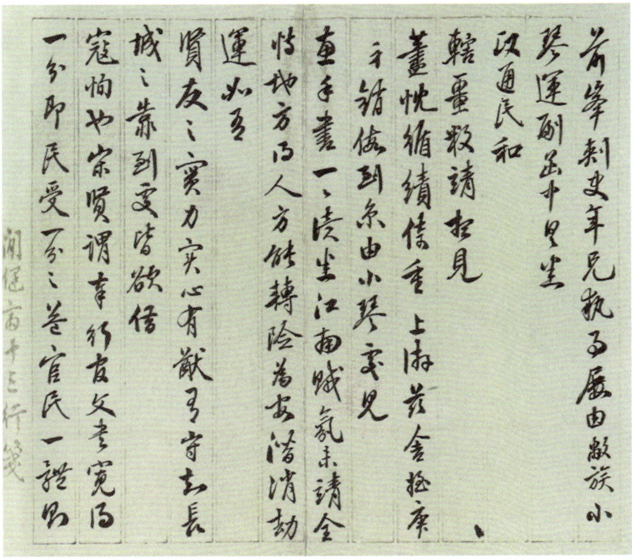

图 3-2-18
许乃普尺牍（十三行笺）

① 许乃普（1787—1866），字季鸿，一字经厓，别字滇生，谥号文恪。浙江钱塘（今杭州）人。工书法，师宗“二王”，亦能作花鸟画。著有《堪喜斋集》。

十四、十四行笺

见盛宇怀致盛宣怀信笺。

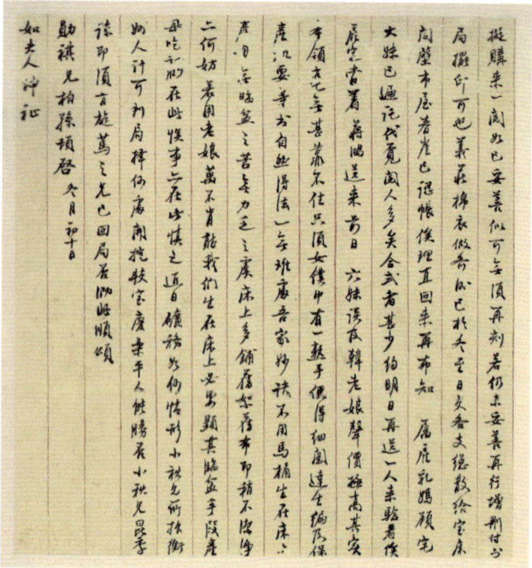

图 3-2-19
盛宇怀致盛宣怀信笺
（十四行笺）

十五、十五行笺

见鲁迅致江绍原信笺。

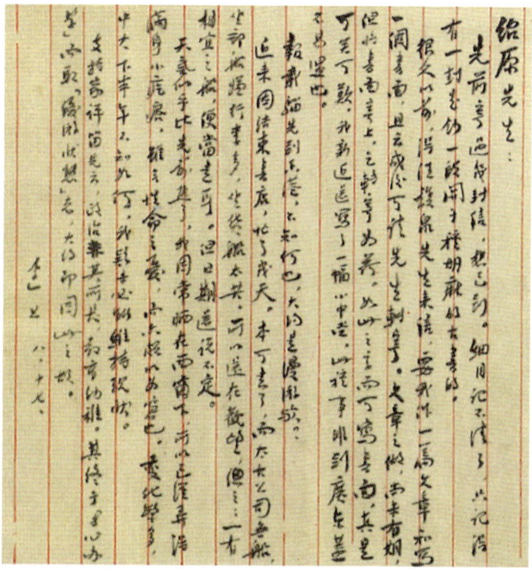

图 3-2-20
鲁迅致江绍原信笺
（十五行笺）

十六、十六行笺

见李恭寿致盛宣怀信笺。

十七、十七行笺

见盛宣怀札。

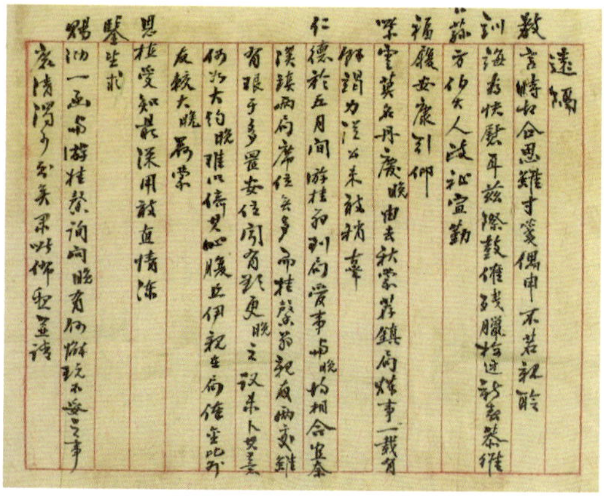

图 3-2-21
李恭寿致盛宣怀信笺
（十六行笺）

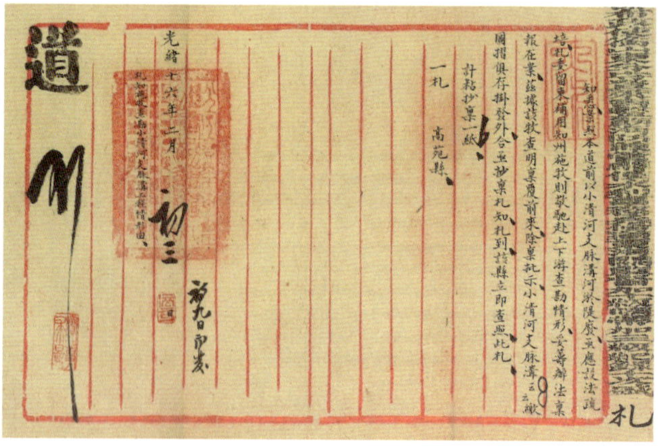

图 3-2-22
盛宣怀札（十七行笺）
高苑县知县王锡麟文

十八、二十四行笺

见吴伟业[①]致梁维枢信笺。

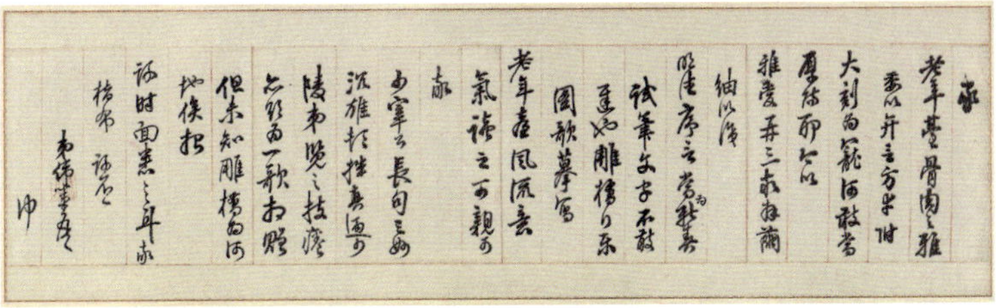

图 3-2-23
吴伟业致梁维枢信笺
（二十四行笺）

十九、竹简栏笺

亦称竹册笺，见林语堂[②]致舒新城函。

又见顾炎武[③]竹册笺。

二十、书卷栏笺

见李星沅[④]致问鸥信笺。虚白斋制笺。书口处题有“二西藏书”。二西，指大西、小西二山，在今湖南沅陵县西北。《太平御览》卷四九《荆州记》：“小西山上石穴中有书千卷。相传秦人于此而学，因留之。后称藏书名二西。”

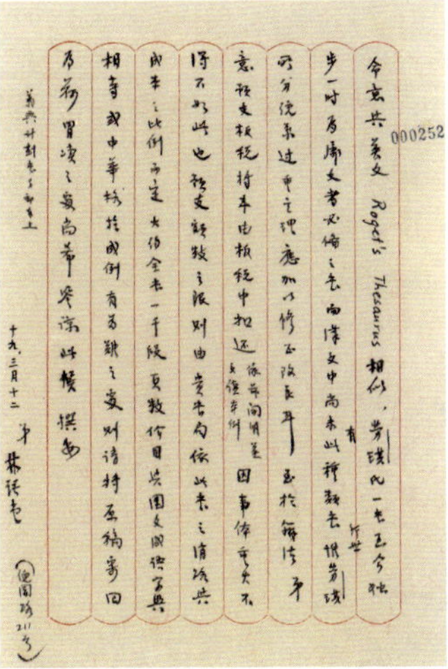

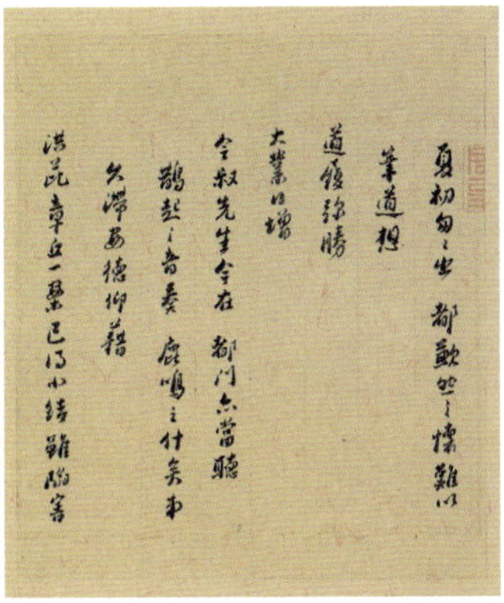

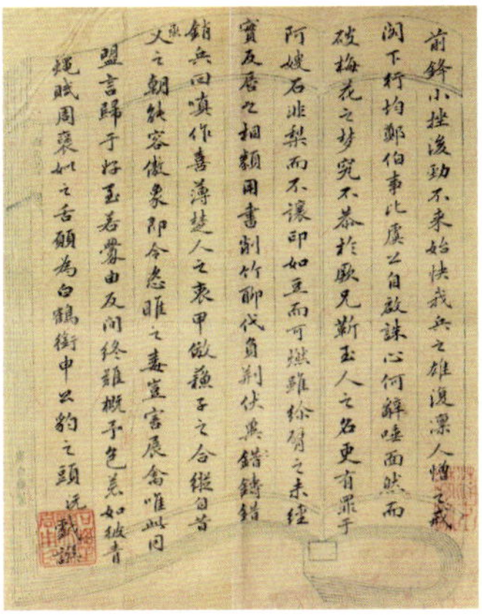

图 3-2-24
林语堂致舒新城函
（竹简栏笺）

图 3-2-25
顾炎武竹册笺
（竹简栏笺）

图 3-2-26
李星沅致问鸥信笺
（书卷栏笺）

① 吴伟业（1609—1672），字骏公，号梅村。江苏太仓人。学问广博，诗文工丽，为一时之冠。擅书画。有《春秋地理志》《春秋氏族志》《绥寇纪略》《梅村集》。

② 林语堂（1895—1976），原名和乐，福建龙溪人，现代文学家。曾主编《论语》半月刊，创办《宇宙风》等刊物。有小说《京华烟云》，散文集《孔子的智慧》《吾国吾民》等著作四十余种。

③ 顾炎武（1613—1682），本名绛，字宁人，世称亭林先生，南直隶昆山（今江苏昆山市）人。明末清初的思想家，与王夫之、黄宗羲、唐甄并称为明末清初“四大启蒙思想家”。晚年，治经尤重考证，开启清代朴学之风。著有《日知录》《天下郡国利病书》等。

④ 李星沅（1797—1851），字子湘，号石梧，湖南湘阴（今汨罗）人。清道光进士，参与禁烟与鸦片战争中抗英，并有文才，时号为湖南“以经济而兼文章”三君子之一。喜好藏书，多藏内府刻本书及武英殿聚版书，有《李文恭公全集》《李星沅日记》等存世。

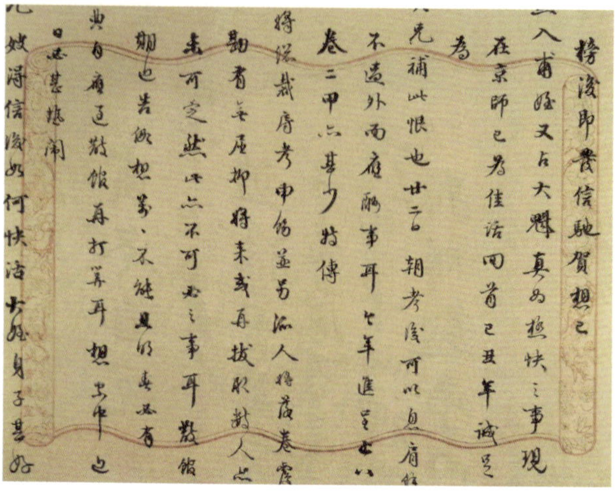

二十一、画券栏笺

见潘奕藻[①]信笺，青莲室制。

二十二、红方格笺

见刘半农[②]致陆费逵函。

二十三、斜格笺

见俞平伯致叶秋信笺。边框纹饰为梅花。

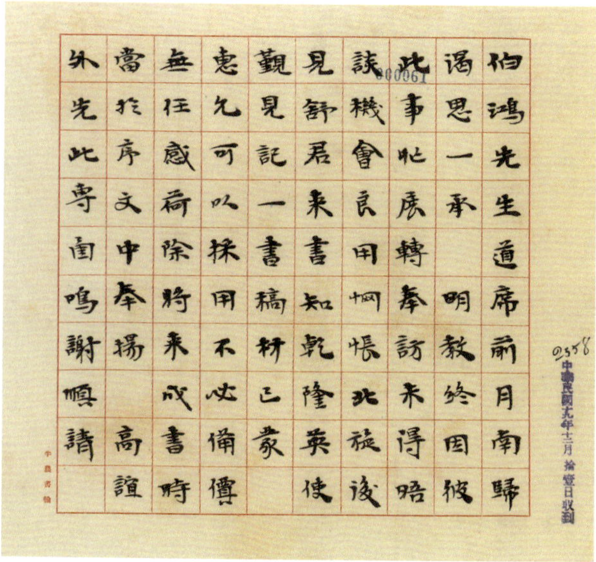

伯鴻先生道席前月南歸
過思一承　明教終因彼
此事忙碌轉奉訪未得晤
談機會良用惆悵北旋後
見舒君來書知乾隆英使
覲見記一書稿材已蒙
惠允可以採用不必備價
無任感荷除將來成書時
當於序文中奉揚　高誼
外先此寄函鳴謝順請

中華民國十九年十二月拾壹日收到

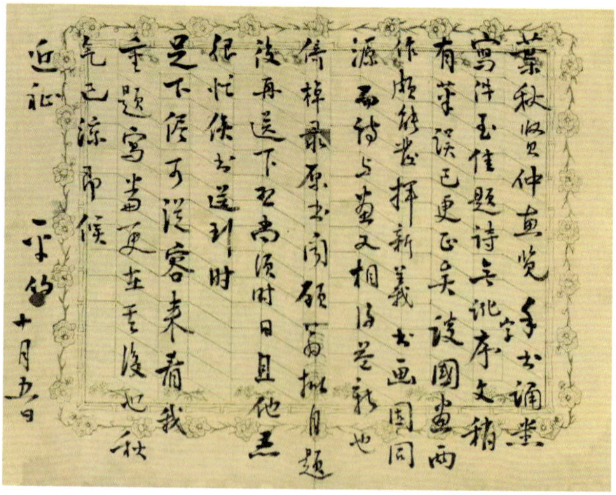

图 3-2-27
潘奕藻信笺
（画券栏笺）

图 3-2-28
刘半农致陆费逵函
（红方格笺）

图 3-2-29
俞平伯致叶秋信笺
（斜格笺）

① 潘奕藻（1744—1815），字思质，号畏堂，吴县（今江苏苏州）人，祖籍安徽歙州。乾隆四十九年（1784）进士。中国国家图书馆藏有潘奕藻《听雨楼诗稿》八卷（嘉庆二十一年序刻本）。

② 刘半农（1891—1934），原名寿彭，改名复，字半农，号曲庵，江苏江阴人，诗人、学者。曾参与编辑《新青年》，倡导新文化运动。著有《扬鞭集》《瓦釜集》等。

二十四、折叠笺

明清时期盛行折叠笺，样式如同经折装，最有代表性的如清初芥子园的“书卷启”和“衣带启”。折叠笺俗称“四版而扣”，即三折四面，使用时应配合名帖一起呈送，称作副启，这种书仪发展成为固定形式，“副启”这两个字就印在笺纸的首面。在副启的首面还会另外印有诸如“八行书”“古折”“寸楮”“书卷启”“衣带启”“六合启”等字样，并搭配一些花篮、古剑等题头画进行装饰。

折叠笺可用数笺粘结制成。当时最流行者为八行书。八行书就是在内页印刷八行竖栏，以汉制为旧例作书。“昔有八行者，以竹纸横幅作三十六直行。一纸未尽，仍可更以一纸粘而续之。若中间讹误须修改，亦可裁去另接。作家书最宜，起文稿亦便。外此皆窄笺六行或八行，无甚长大者。民国以后始尚大幅宽行，盖昔人讲究写小楷，而后人不惯故也。”（张辉宗、张春田编《文房漫录》）

传世芥子园笠翁新制“书卷启”内页为五行书，如同书籍之形式，书口处上面印有“十部从事”，下面印有“芥子园藏版，窃刻者必究”，这说明当时李渔（1611—1680，号笠翁）已有版权意识。图示三通李渔手札，分别是“书卷启”“衣带启”“制锦笺”，皆刻有“笠翁新制”和

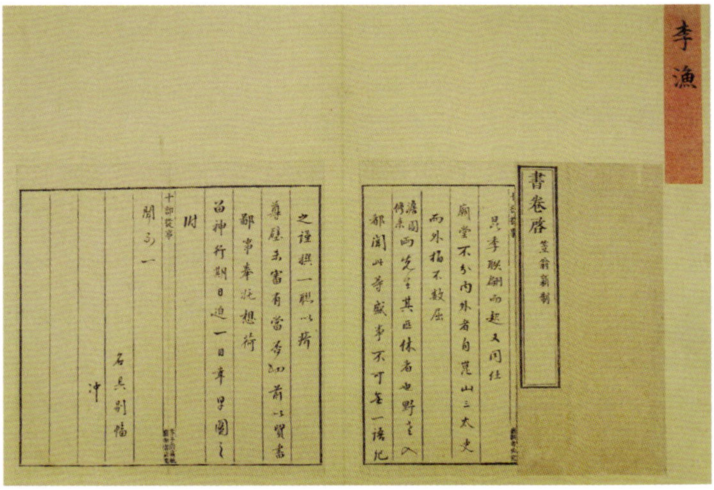

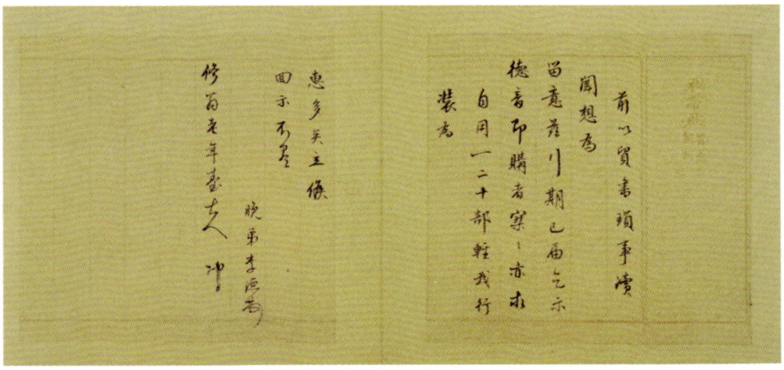

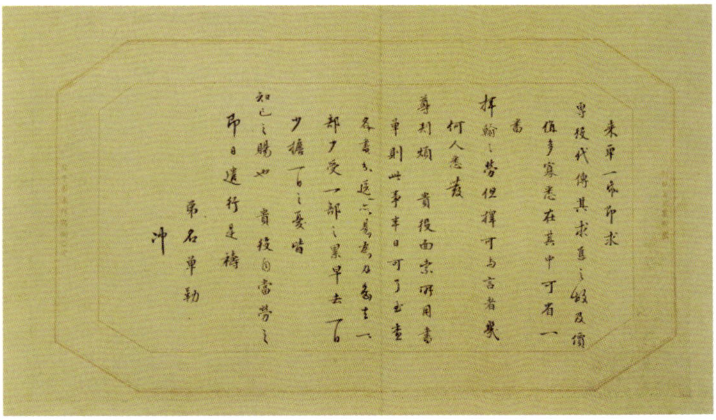

图 3-2-30
李渔尺牍
芥子园制“书卷启”

图 3-2-31
李渔尺牍
芥子园制“衣带启”

图 3-2-32
李渔尺牍
芥子园制“制锦笺”

“芥子园藏版”字样。

李渔之后，施闰章（1618—1683）、梁清标（1620—1691）、曹贞吉（1634—1698）皆有“副启”笺存世。

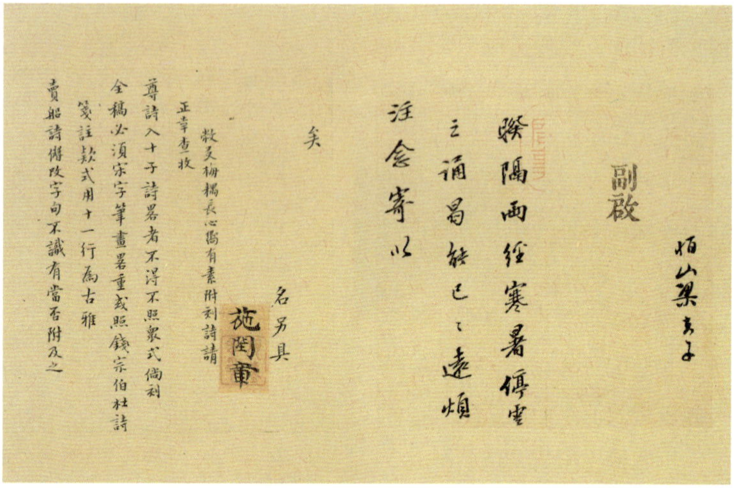

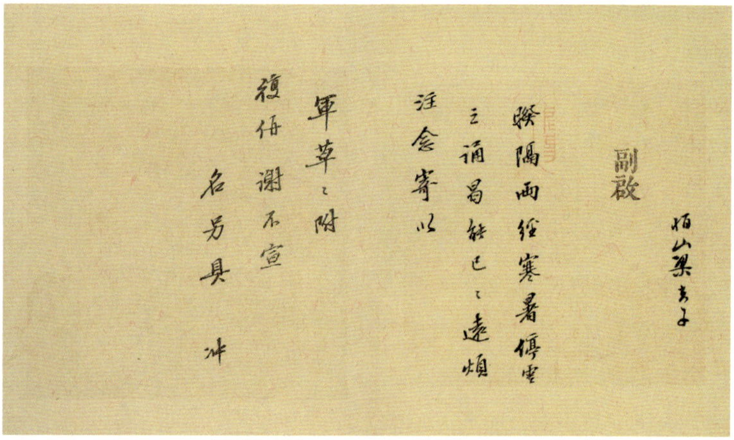

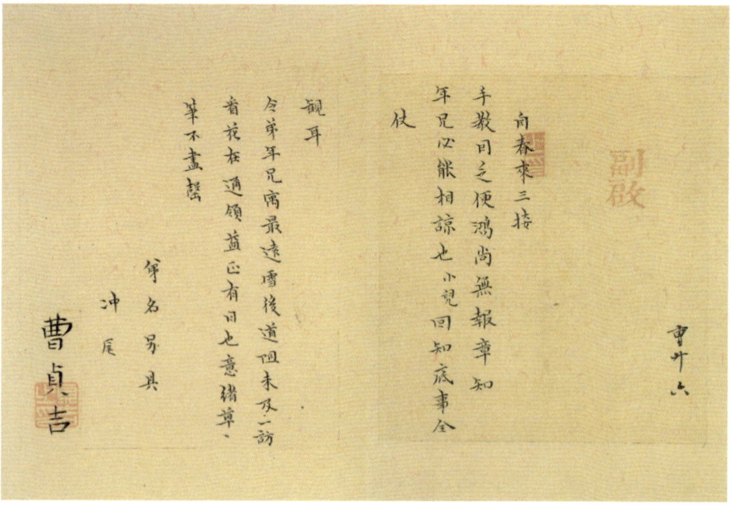

图 3-2-33
施闰章“副启”笺

图 3-2-34
梁清标“副启”笺

图 3-2-35
曹贞吉“副启”笺

第三节 纹饰笺

纹饰笺是以花纹为图案装饰边框的笺纸。梁颖《尺素风雅·明清彩笺图录》刊载了若干种传世笺纸的纹饰笺。

一、花卉纹饰笺

明代“秦淮八艳”之一的马湘兰（1548—1604），名马守真，擅画兰，与“江南才子”王穉登交往甚多。王穉登（1535—1612），字伯穀，江苏江阴人，后移居吴门，师从文徵明，擅书篆隶，以诗名显赫。传世的八通马湘兰致王穉登书札，包括《昨事恼怀帖》《准游吴中帖》《大房被害帖》《惠兰帖》《苦雨帖》《玉诺帖》《握手论心帖》《文驾帖》。其中《文驾帖》用大横幅边栏笺，淡绿色印边框“松竹芝梅纹”笺，竖栏十二行，左下角有“吴门张氏”的款识。

金俊明（1602—1675）尺牍，右军库制，松枝纹笺。

傅山（1607—1684）墨迹，十竹斋制，梦草笺。

徐枋（1622—1694）尺牍，玄圃斋制，秋竹节笺。

田雯（1635—1704）尺牍，柳汁斋制，花草纹笺。

清人尺牍，古藤笺。

清人尺牍，花外楼制，平安春信笺。

宋思仁（1730—1807）致寿朋信笺，笺纸样式为“娟娟群松”笺。

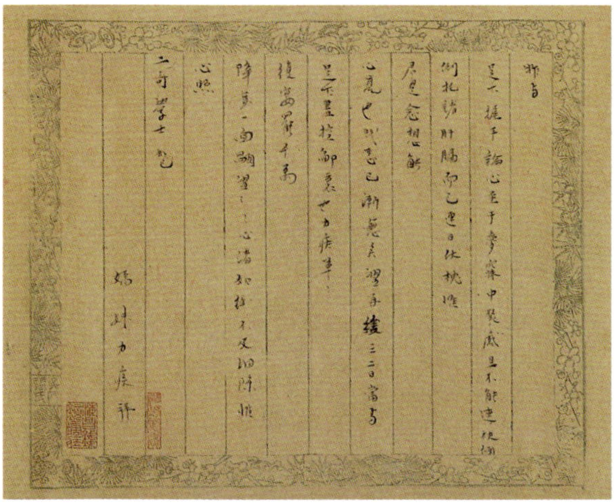

图 3-3-1
马湘兰尺牍

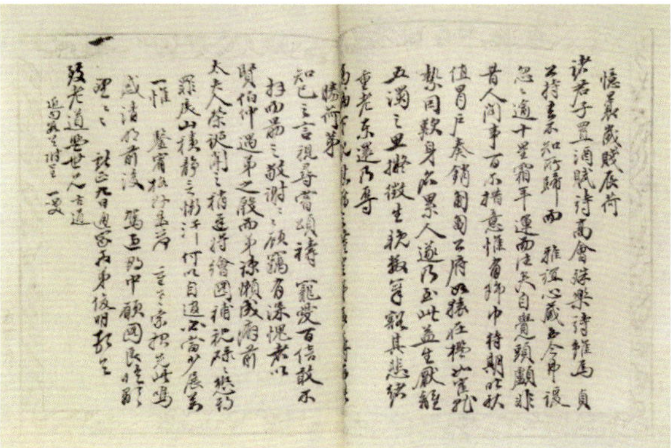

图 3-3-2
金俊明尺牍

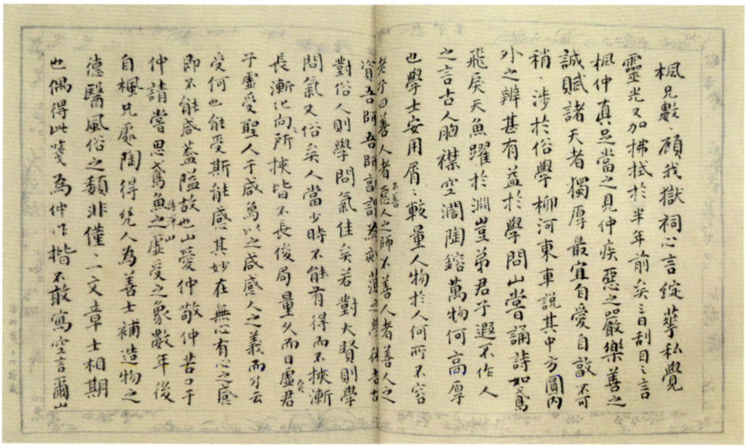

图 3-3-3
傅山墨迹

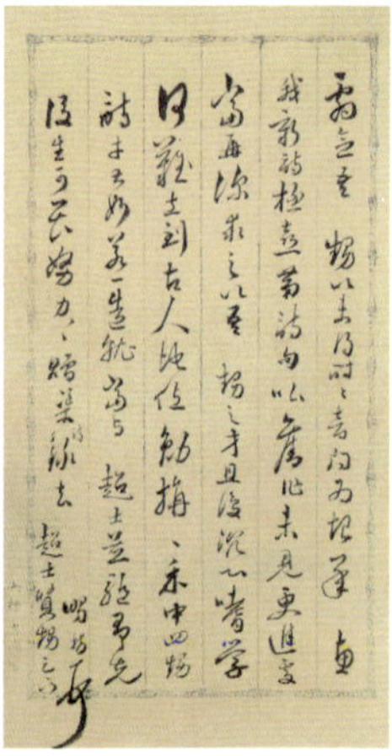

图 3-3-4
徐枋尺牍

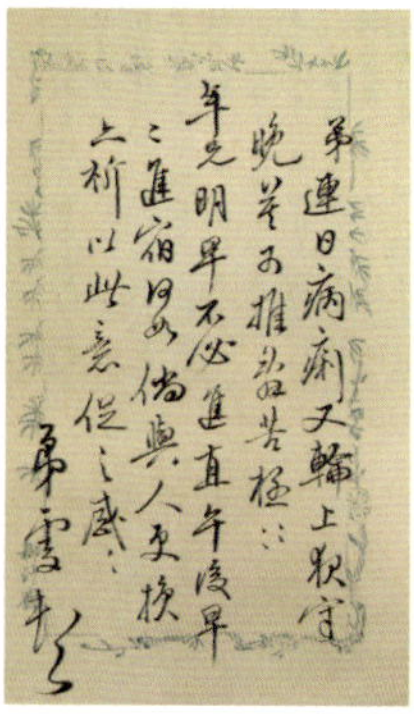

图 3-3-5
田雯尺牍

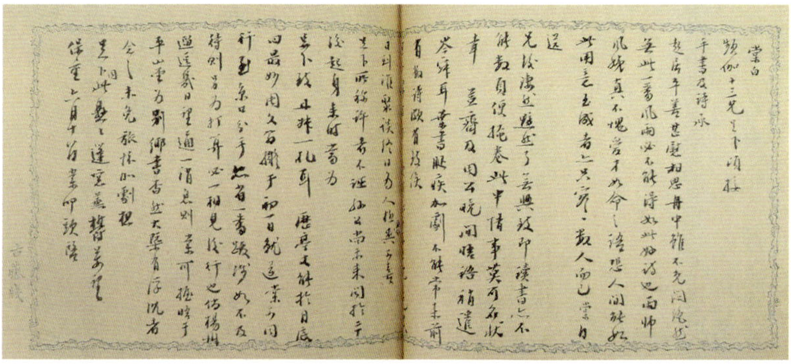

图 3-3-6
清人尺牍

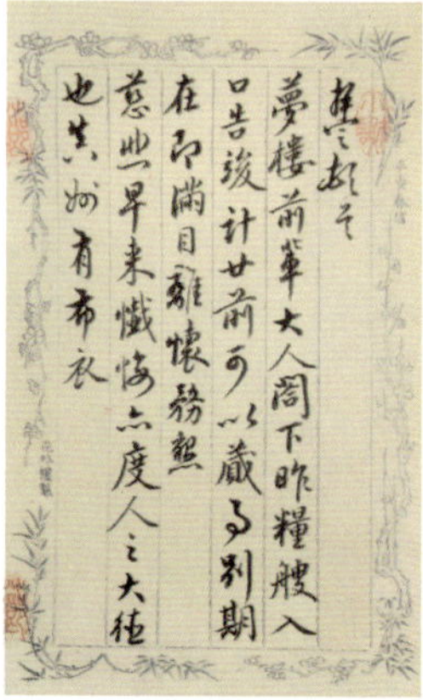

图 3-3-7
清人尺牍

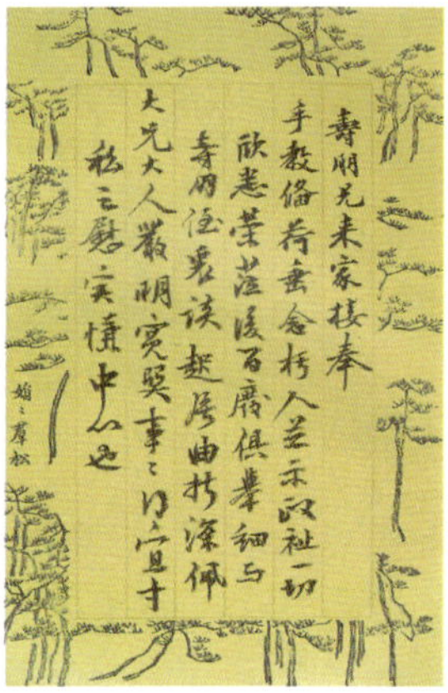

图 3-3-8
宋思仁尺牍

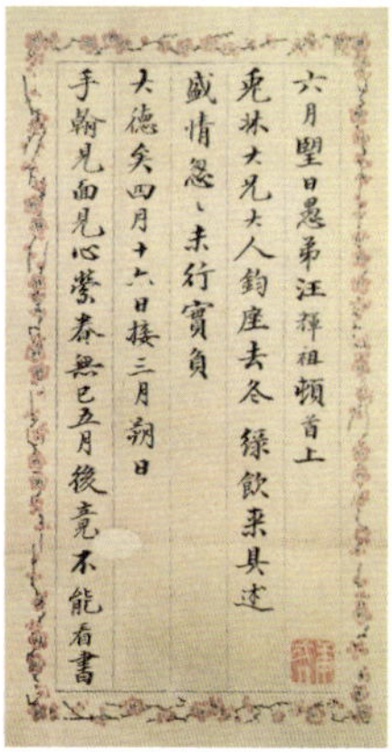

图 3-3-9
汪辉祖尺牍

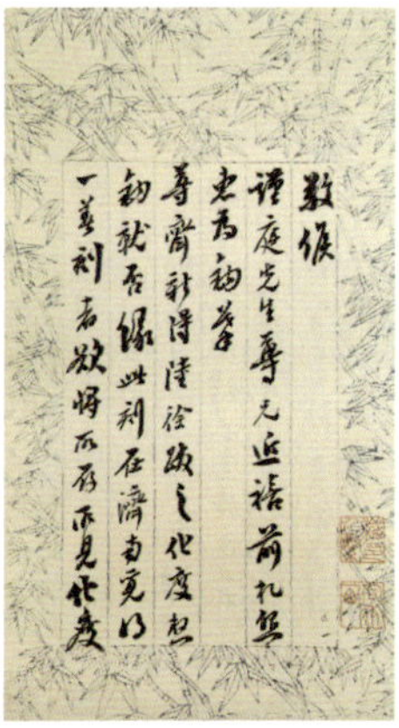

图 3-3-10
翁方纲尺牍

汪辉祖（1731—1807）尺牍，桃花笺。

翁方纲（1733—1818）尺牍，竹枝笺。

洪亮吉（1746—1809）尺牍，虚白斋制，桃叶笺。

洪亮吉致孙星衍尺牍，花卉卷草纹笺。

赵怀玉（1747—1823）诗柬，湘云室制，花果笺。

百龄（1748—1816）尺牍，淡如菊笺。

释可韵（1752—1815）尺牍，抱经阁制，红叶笺。

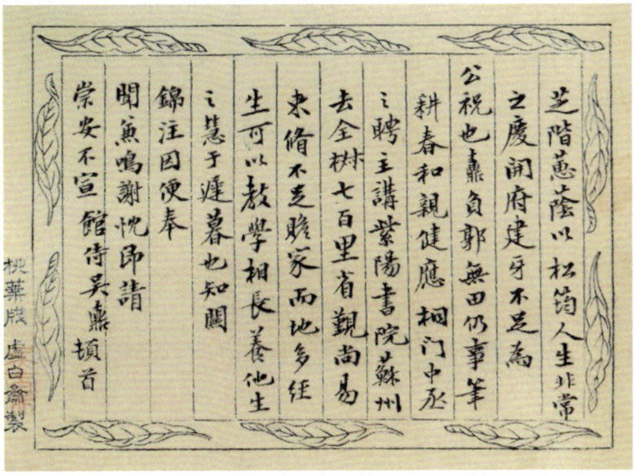

芝階蔥蔭以松筠人生非常
之慶開府建牙不足爲
公祝也鼒負郭無田仍事筆
耕春和覲健應桐门中丞
之聘主講紫陽書院蘇州
去金樹七百里省覲尚易
束脩不足贍家而地多任
生可以教學相長養他生
之慧子遲暮也知關
錦注因便奉
聞兼鳴謝忱即請
崇安不宣 館侍吳鼒頓首

桃葉牋 虛白齋製

图 3-3-11
洪亮吉尺牍

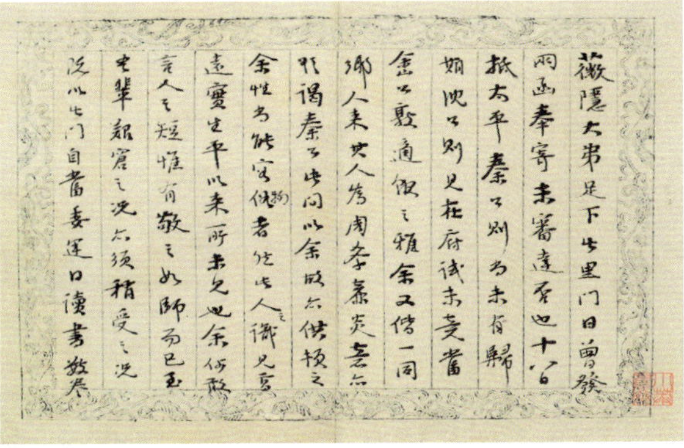

图 3-3-12
洪亮吉致孙星衍尺牍

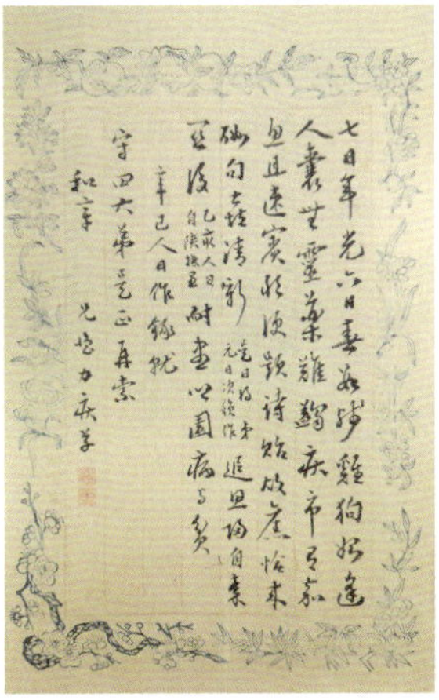

图 3-3-13
赵怀玉诗柬

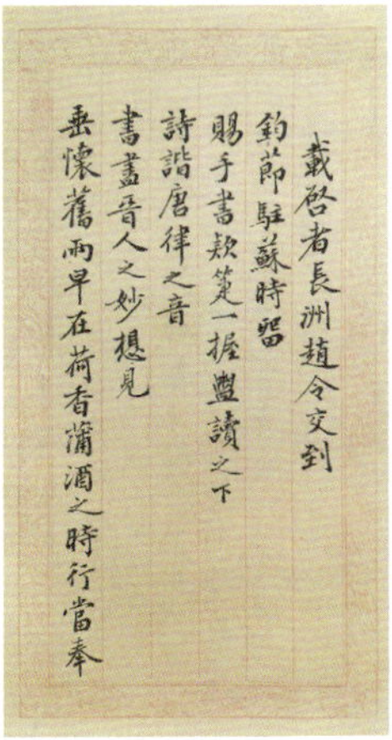

敬啓者長洲趙令交到
鈞節駐蘇時留
賜手書款箋一握盥讀之下
詩諧唐律之音
書畫晉人之妙想見
垂懷舊雨早在荷香蒲酒之時行當奉

图 3-3-14
百龄尺牍

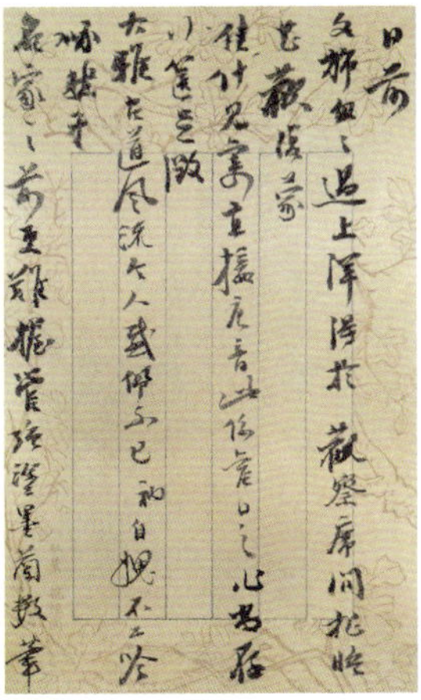

图 3-3-15
释可韵尺牍（红叶笺）

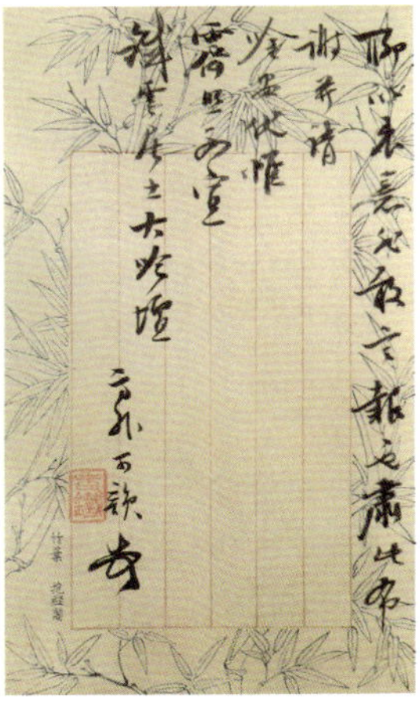

图 3-3-16
释可韵尺牍（竹叶笺）

释可韵尺牍，抱经阁制，竹叶笺。

吴鼒（1755—1821）尺牍，虚白斋制，桃叶笺。

张问陶（1764—1814）尺牍，虚白斋制，菱花笺。

阮元（1764—1849）尺牍，挥云阁制，桃花笺。

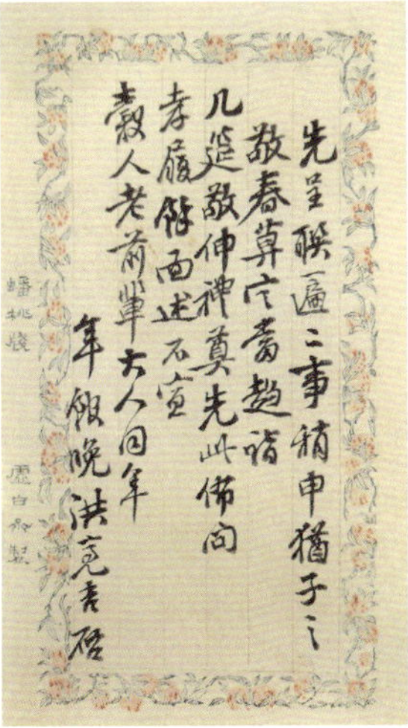

图 3-3-17
吴鼒尺牍

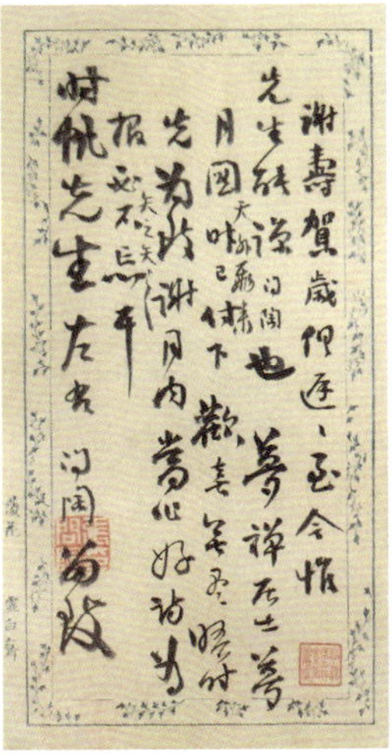

图 3-3-18
张问陶尺牍

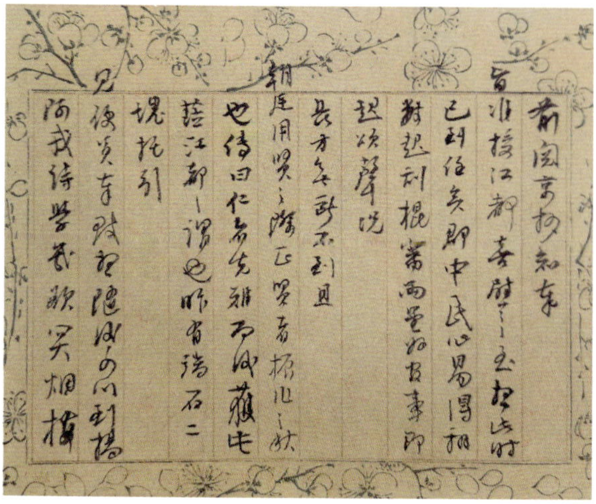

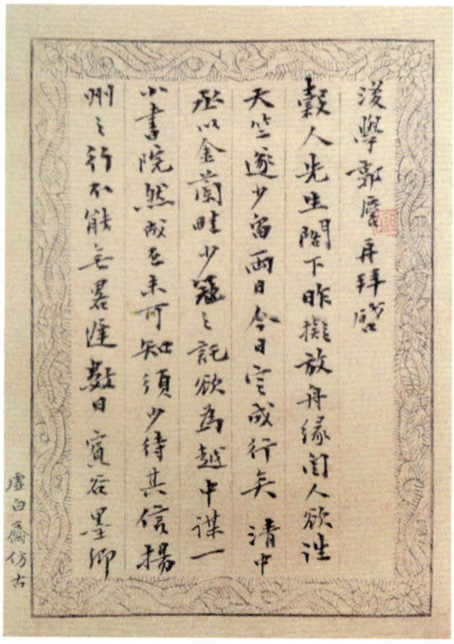

图 3-3-19
阮元尺牍

图 3-3-20
郭麐尺牍

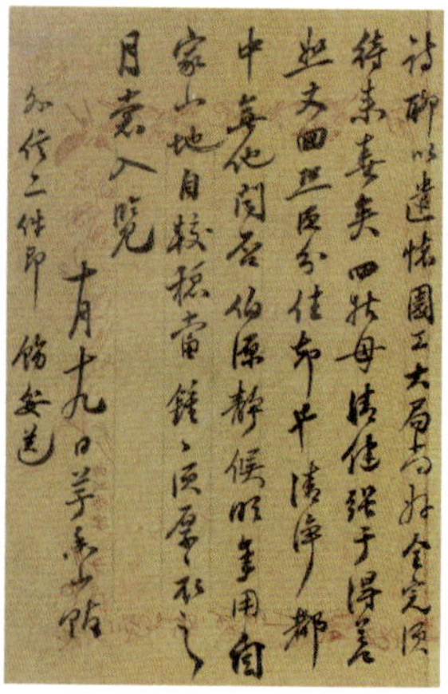

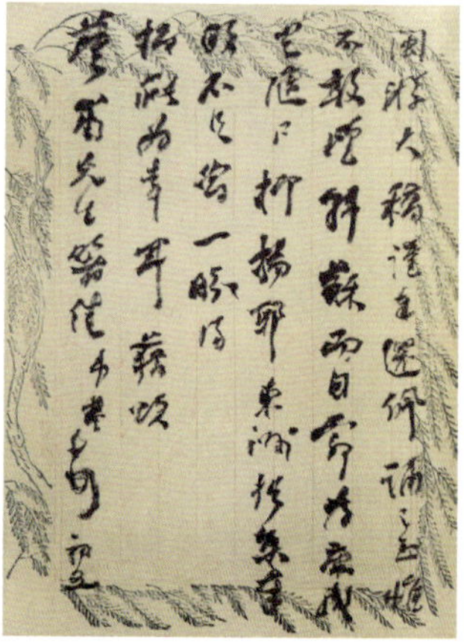

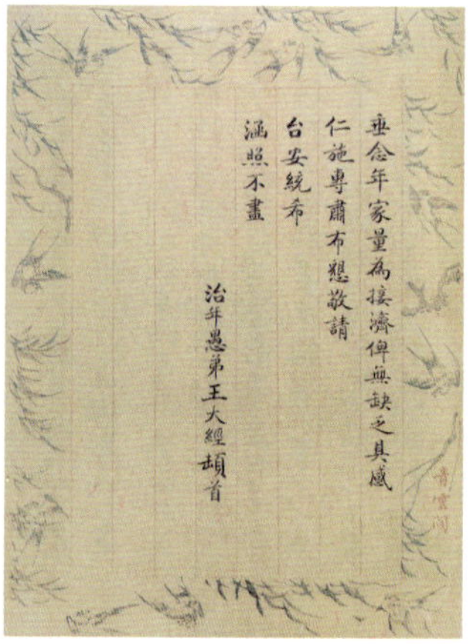

垂念年家量為接濟俾無缺乏具感
仁施專肅布懇敬請
台安統希
涵照不盡
治年愚弟王大經頓首

图 3-3-21
李星沅致李楣尺牍

图 3-3-22
何绍基尺牍

图 3-3-23
王大经尺牍

郭麐（1767—1831）尺牍，虚白斋制，莲花笺。

李星沅致李楣尺牍，曲江杏宴纹笺。

何绍基（1799—1873）尺牍，柳浪笺。

王大经（1810—？）尺牍，青云阁制，鹊穿柳笺。

丁日昌[①]（1823—1882）尺牍，尺木堂制，仿薛涛笺。

李鸿裔（1830—1885）尺牍，云蓝阁制，桃花笺。

张佳梅诗柬，得月楼制，梅花笺。

陈权尺牍，虚白斋仿古，蕉叶笺。

① 丁日昌，字禹生，又作雨生，家富藏书，室名百兰山馆、持静斋、得恩堂、清节堂、蕉雨书屋。广东丰顺人。著有《丁中丞政书》《抚吴公牍》《五洲政要通考》《藏书纪事诗》《百兰山馆集》《持静斋书目》等。

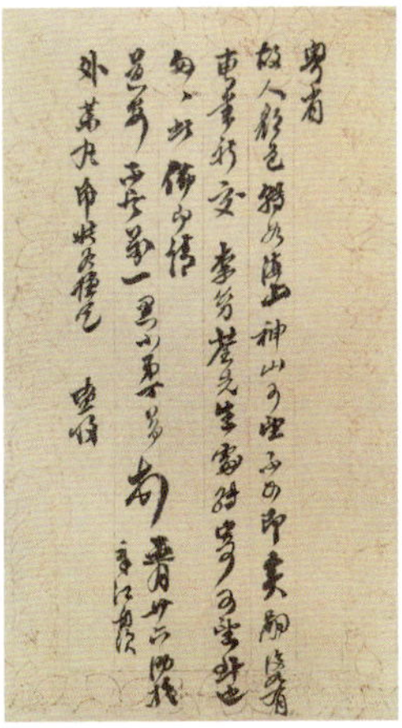
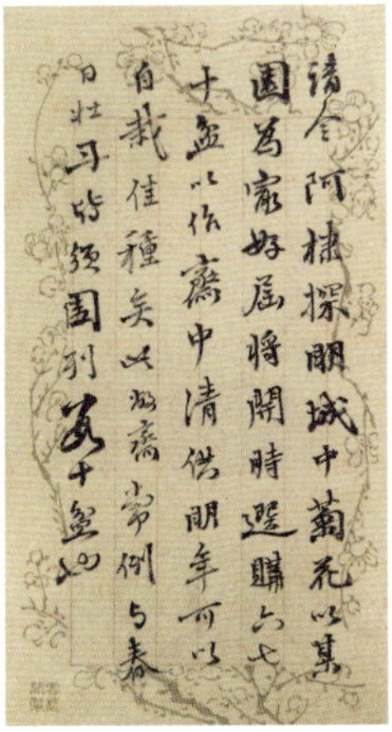
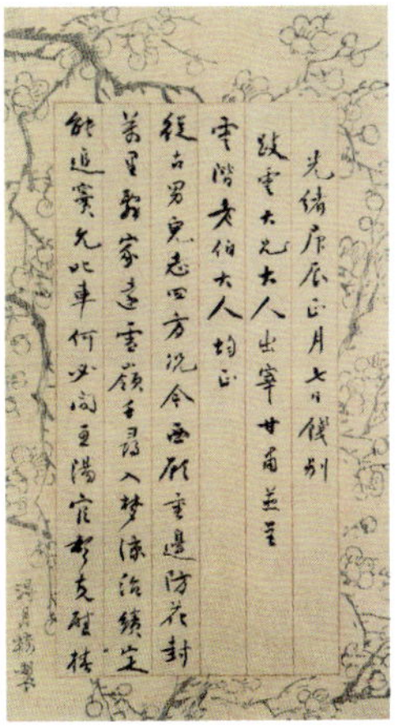
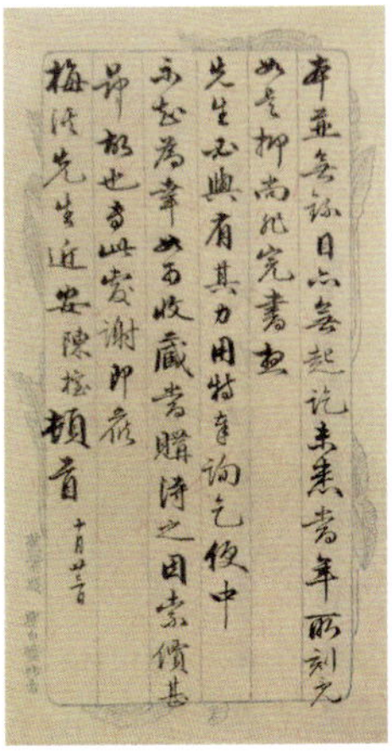

图 3-3-24
丁日昌尺牍

图 3-3-25
李鸿裔尺牍

图 3-3-26
张佳梅诗柬

图 3-3-27
陈权尺牍

二、其他纹饰笺

彭行先（1598—1689）尺牍，亀采斋制，雅笺。

顾炎武墨迹，双鲤轩制，连环笺。

董含（约 1625—？）尺牍一，余香制，雪花笺。

董含尺牍二，余香制，回文笺。

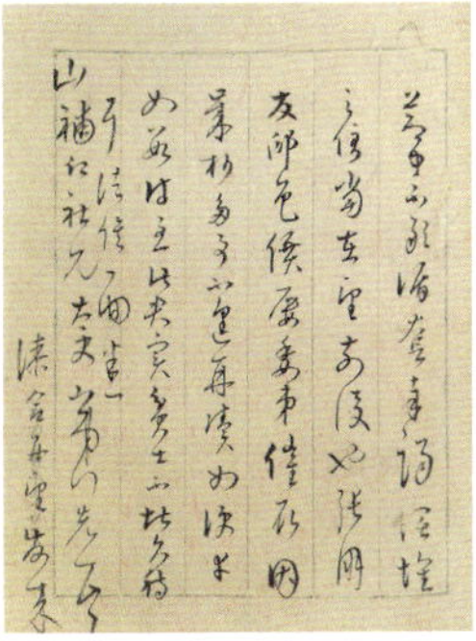

图 3-3-28
彭行先尺牍

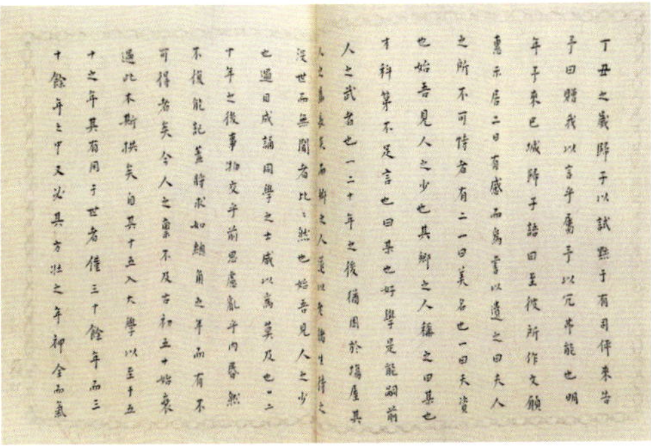

图 3-3-29
顾炎武墨迹

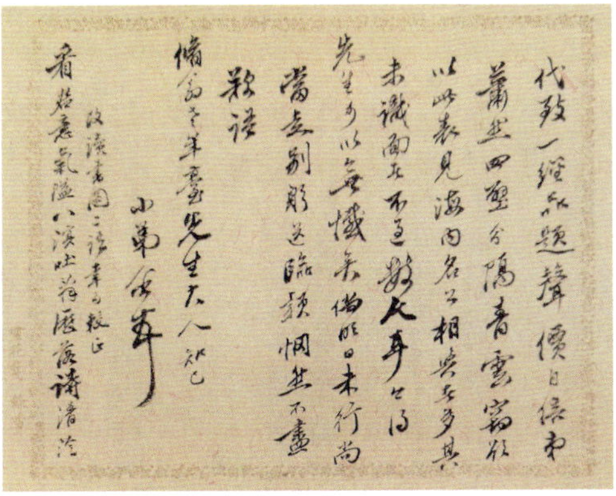

图 3-3-30
董含尺牍一

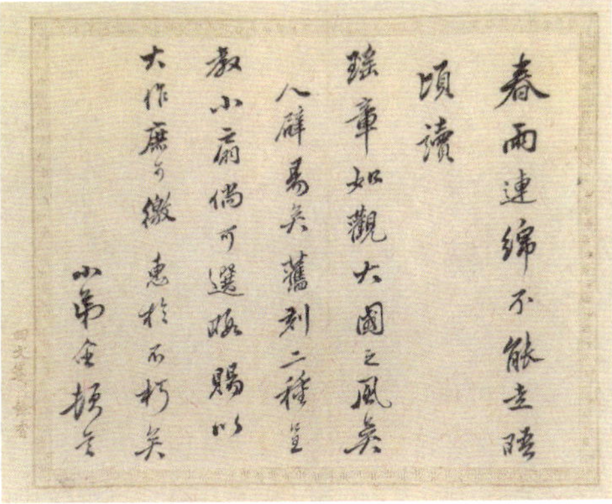

图 3-3-31
董含尺牍二

姚鼐（1732—1815）尺牍，虚白斋制，文鸳笺。

清人尺牍，平津馆造，八宝笺。

翁方纲尺牍，虚白斋造，螺笺。

钱樾（1743—1815）尺牍，蛛丝笺。

吴树萱（1746—1806）尺牍，循环笺。

清秘阁制螭龙纹笺。

郭麐尺牍一，虚白斋制，文螭笺。

郭麐尺牍二，虚白斋制，连枝笺。

郭麐尺牍三，网虫馆制，蛛丝笺。

彭蕴辉（1780—1810）尺牍，海水纹笺。

林则徐（1785—1850）诗笺，许虚白斋仿，如意笺。

祁寯藻（1793—1866）诗笺，有容堂制，富贵吉祥笺。

春瀛（1793—1821）尺牍，古雪斋制，鱼藻笺。

杨沂孙（1812 或 1813—1884）尺牍，大吉堂制，富贵吉祥笺。

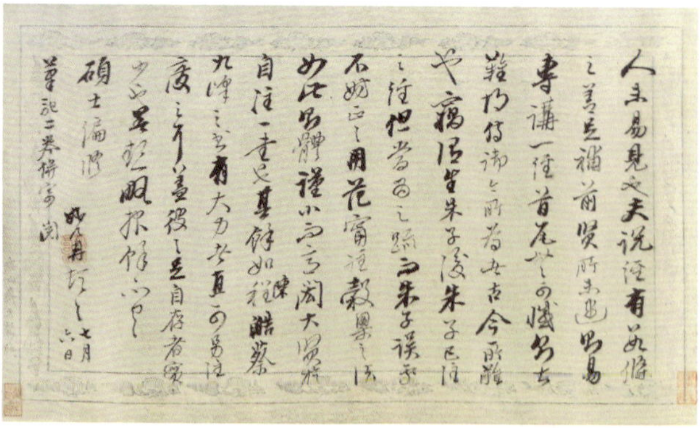

图 3-3-32
姚鼐尺牍

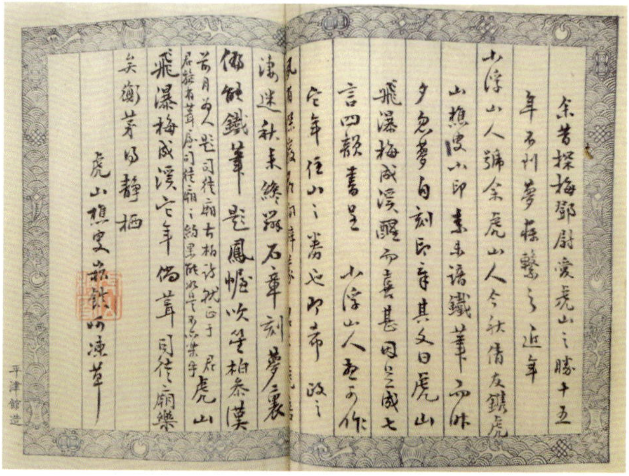

图 3-3-33
清人尺牍

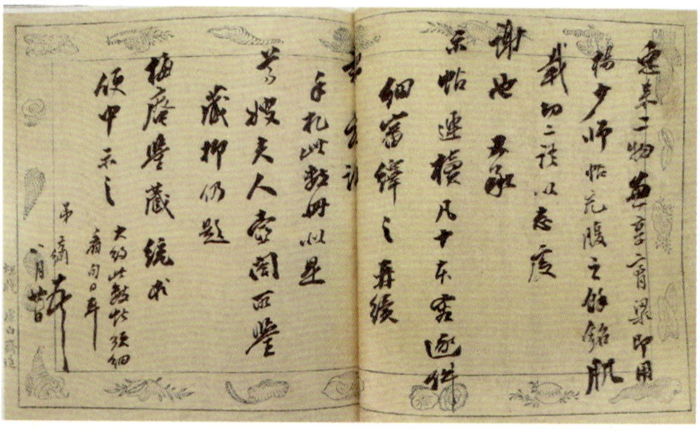

图 3-3-34
翁方纲尺牍

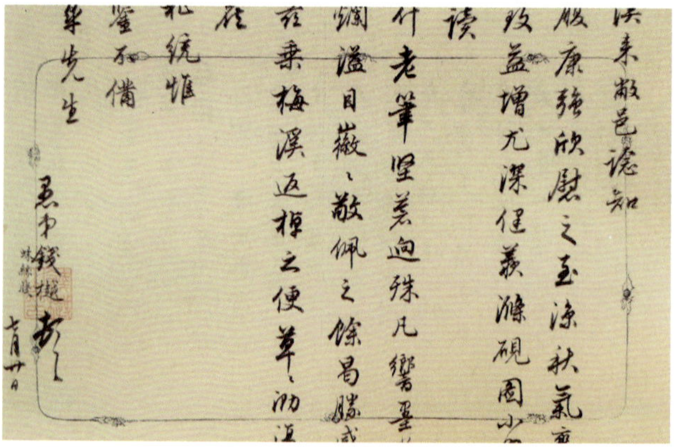

图 3-3-35
钱樾尺牍

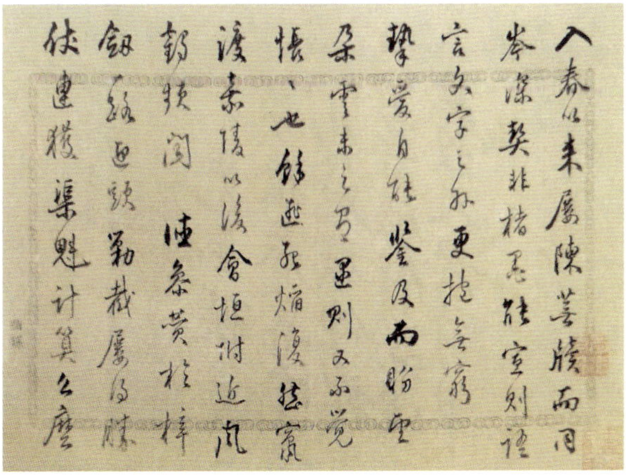

图 3-3-36
吴树萱尺牍

图 3-3-37
清秘阁制螭龙纹笺

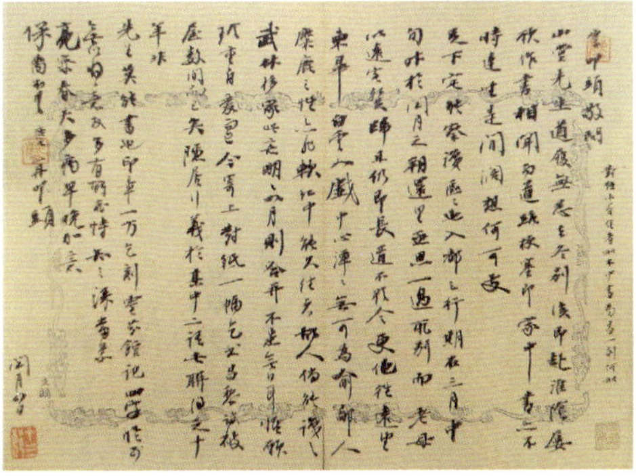

图 3-3-38
郭麐尺牍一

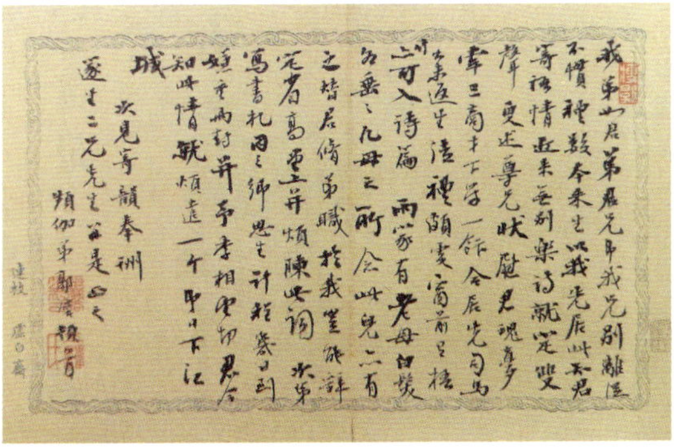

图 3-3-39
郭麐尺牍二

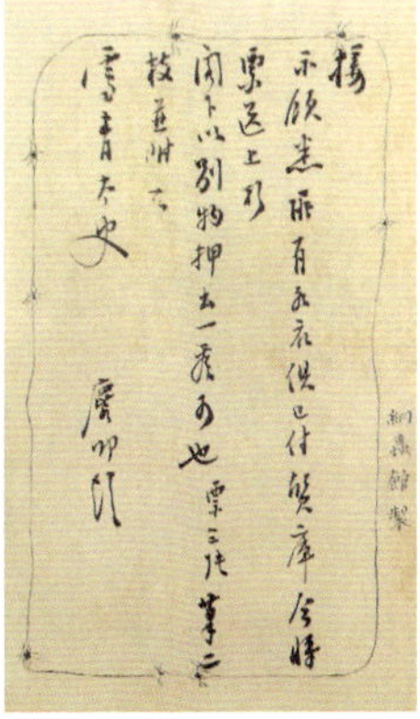

图 3-3-40
郭麐尺牍三

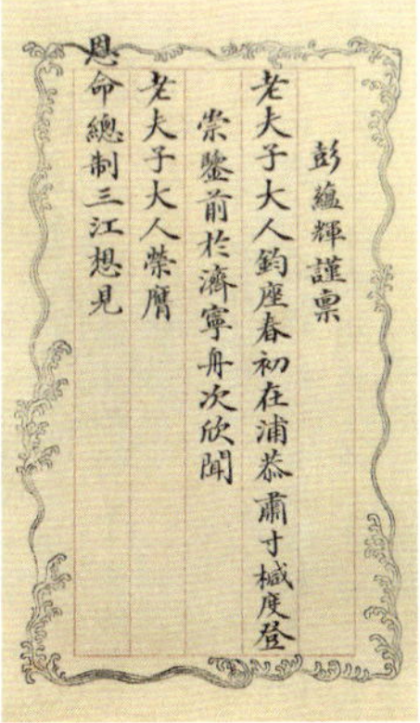

彭蘊輝謹禀
老夫子大人鈞座春初在浦恭肅寸椷度登
崇鑒前於濟寧舟次欣聞
老夫子大人榮膺
恩命總制三江想見

图 3-3-41
彭蕴辉尺牍

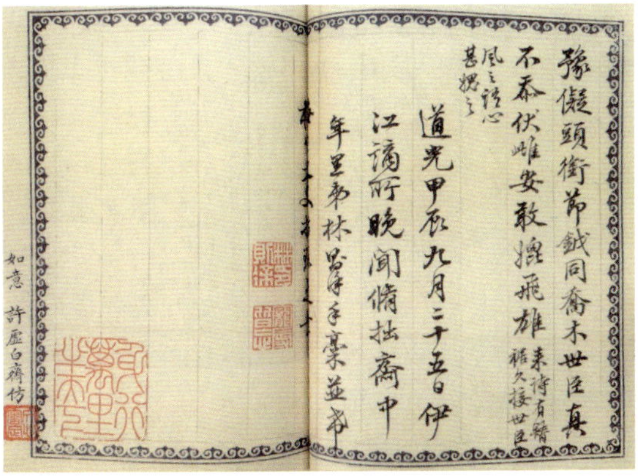

图 3-3-42
林则徐诗笺

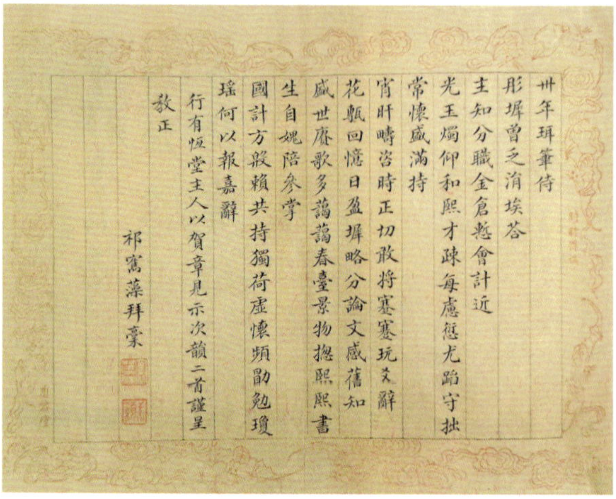

图 3-3-43
祁寯藻诗笺

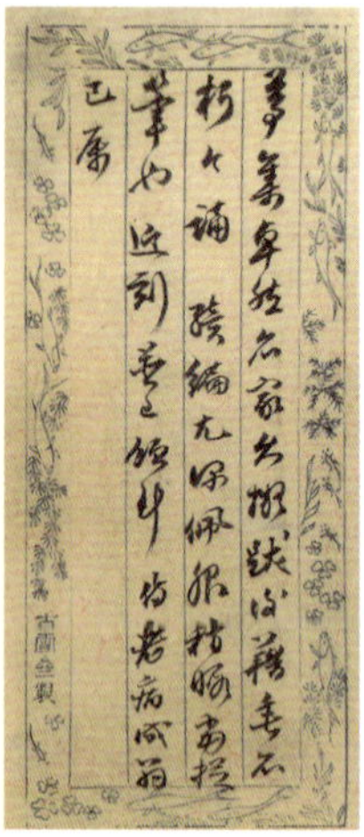

图 3-3-44
春瀛尺牍

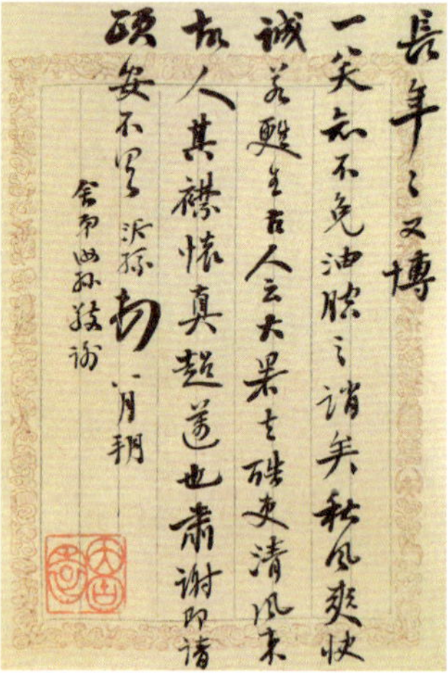

图 3-3-45
杨沂孙尺牍

陈介祺（1813—1884）尺牍，仿陶庄制，福寿如意笺。

吴唐林（1835—1890）尺牍，松茂室制，循环笺。

程世俊尺牍，青莲室制，八宝笺。

阮元尺牍，挥云阁制，相思笺。

曹贞吉尺牍，落花流水纹笺。

纹饰笺纸的常用纹饰，除以上所展示的，还有云龙凤鸟纹、松竹梅兰纹、灵芝百草纹、物华天宝纹等。宋徽宗的《草书千字文》即书写在云龙纹的蜡笺纸上。除了在笺纸四周边框装饰花纹和用纹饰作底，还有一种样式是在笺纸的中心以独立的图案进行装饰，表现的题材包括龙种、雅玩、孺慕、棣华、极修、灵瑞等。

纹饰笺还有一种工艺更复杂、更雅致的暗文笺，著名的有觯斋水印暗纹笺。

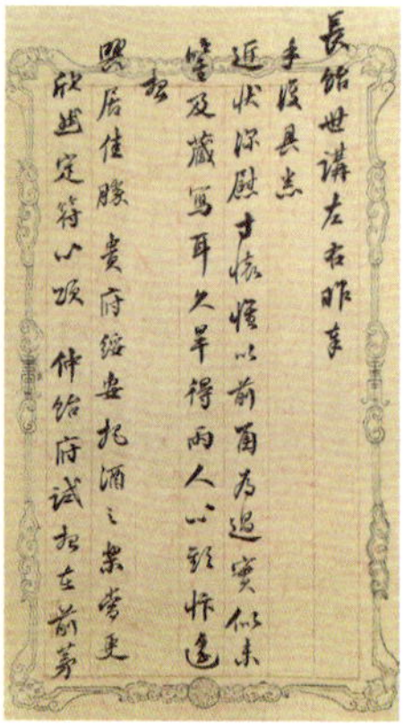

图 3-3-46
陈介祺尺牍

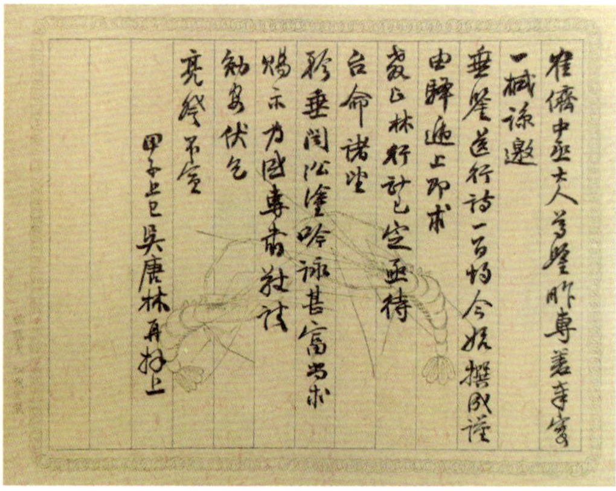

图 3-3-47
吴唐林尺牍

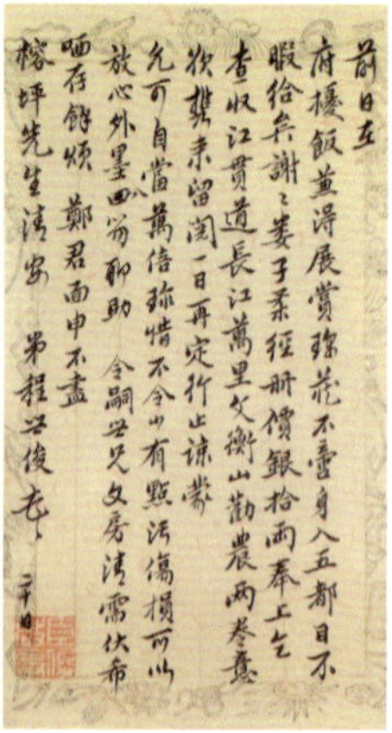

图 3-3-48
程世俊尺牍

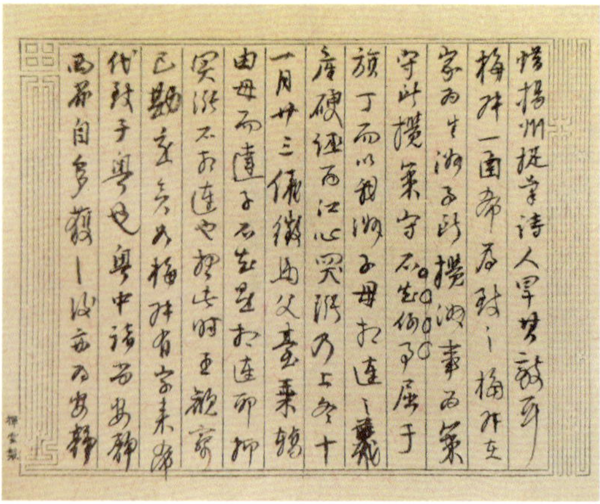

图 3-3-49
阮元尺牍

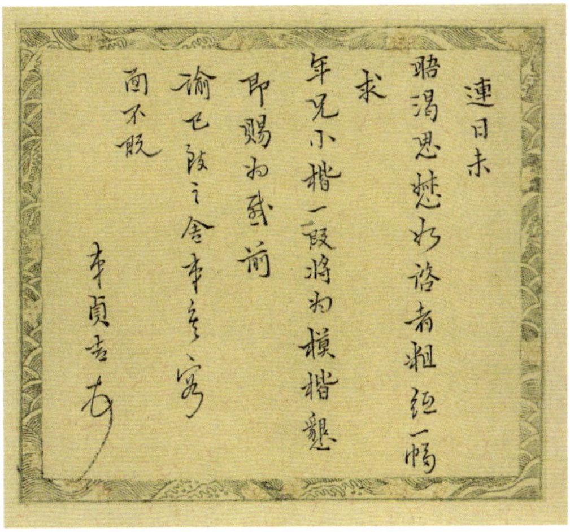

連日未
晤渴思甚切茲有湘絹一幅
求
年兄小楷一段將為橫楷懸
即賜為感前
諭已設之舍弟處
面不敢
弟貞吉

图 3-3-50
曹贞吉尺牍

图 3-3-51
觯斋水印暗纹笺

图 3-3-52
觯斋水印暗纹笺　十竹斋

图 3-3-53
觯斋水印暗纹笺　十竹斋

觯斋是郭葆昌的斋名。郭葆昌（1867—1942），字世五，河北定兴人。郭葆昌以斋名为号，是因其收藏了一件价值连城的青铜觯（古时酒器），他还曾收藏过“三希帖”中王献之的《中秋贴》、王珣的《伯远帖》。郭葆昌少时曾在北京西华门德聚成古玩店做学徒，于瓷器之道尤为擅长，曾任袁世凯的“陶务总监督”。1915—1916 年，他为袁世凯“登基”烧制了四万余件“洪宪御瓷”。这些御瓷极为精美，并不亚于历代皇家官窑瓷，成为稀世珍宝。郭氏在烧制“洪宪御瓷”时，也连带烧制了一批自用瓷器，署“觯斋”款，他出版过《觯斋瓷器图谱》。

郭葆昌早年的府邸在北京安内街的秦老胡同十一号，府内设有觯斋印书社，方便制纸印书。其所制之笺呈象牙白，滑如春冰密如玺，是依古法还原澄心堂笺的制法。有“民国第一善本”之称的《校注项氏历代名瓷图谱》便是依觯斋特制水印暗纹笺所制。

第四节 博物笺

以金石文字、钟鼎彝器、砖瓦泉符、文房雅玩等题材入笺者，统称为金石博古笺，亦称博物笺。以古器物、文饰为题材制笺，均可从明末笺谱中看到。《萝轩变古笺谱》和《十竹斋笺谱》中分别有“博物”和“雅玩”的门类。除了古青铜器以外，古玉、古钱、符节、砖瓦等因为形制精巧，又饱含历史文化的铭文镌语，特别适于制笺。清代中期，金石博古笺介绍了各种类型的金石器物，并附有题记。

清代王文治（1730—1802）、翁方纲、吴云（1811—1883）、孙星衍（1753—1818）、阮元、杨沂孙、陈介祺、俞樾（1821—1907）、赵之谦（1829—1884）、潘祖荫（1830—1890）、吴大澂（1835—1902）、杨守敬（1839—1915）、叶昌炽（1849—1917）等人的专用笺纸，喜用书法、金石、古玩、钟鼎等图案，形成了“金石书笺”流派。下面依次重点展示吴云、陈介祺、吴大澂、叶昌炽的有代表性的专用书笺，缪素筠临“五经无双”铭文笺，以及故宫博物院、涵芬楼、荣宝斋、停云馆、云蓝阁、恒隆义、文美斋、艺兰斋等制吉金笺。

图 3-4-1
博物笺

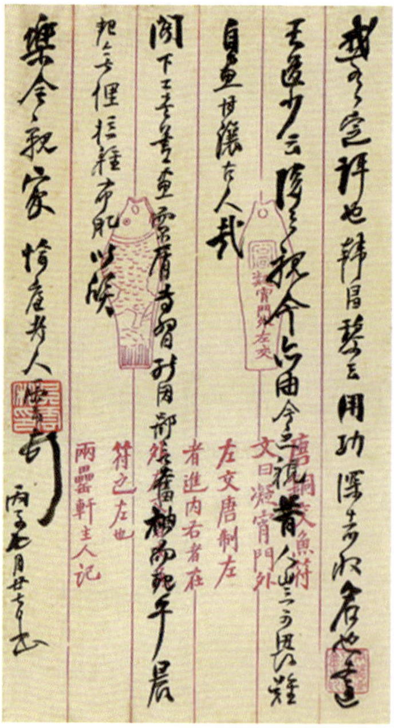

图 3-4-2
吴云自制铜鱼笺

1.吴云吉金笺

吴云，字少青，号平斋，晚号退楼主人，又号愉庭，浙江湖州人，金石学家。笃学好古，收藏《兰亭序》二百种、齐侯罍二件，故室名“二百兰亭斋”“两罍轩”。其自制笺多取金石古器图，并加以诠释，如六行笺印铜鱼符正、背图案，下题“唐铜文鱼，符文曰‘凝宵门外左交’。唐制，左者进内，右者在外；左交者，交鱼符之左也。两罍轩主人记”，右下角有“两罍轩收藏吉金之印”。

2.陈介祺仿古笺

陈介祺，字寿卿，号簠斋，晚号海滨病史、齐东陶父。山东潍县人，金石学家、收藏家，与江苏潘祖荫并誉为“南潘北陈”。陈介祺青年时随父生活在北京，十九岁即“以诗文名都下”。道光二十五年（1845）进士，授翰林院编修、国史馆编修等，居官近十年。咸丰四年（1854），他借母丧归故里，决心不再复出。陈介祺热衷于古器物收藏，并能鉴赏和文字考订。其重要著作有《簠斋传古别录》《簠斋藏古目》《簠斋藏古册目并题记》《簠斋藏镜全目钞本》《簠斋吉金录》《十钟山房印举》《簠斋藏古玉印谱》《簠斋藏陶》《簠斋尺牍》《封泥考略》（与吴式芬合辑）等七十五种。

他收藏的三代、秦汉印玺有七千余方，因此建有万印楼。又有商周古钟十一件，又称十钟山房。另外还有商周铜器二百三十五件，秦汉器物八十余种，其余古钱、造像、古籍、书画多达万件。他所藏毛公鼎和潘祖荫藏的盂鼎、克鼎并称“三宝”。此外，还藏有西周效卣、战国秦王政五年吕不韦戈、唐武周宸豫门开门龟符、唐朗州传佩鱼符、汉桂阳太守虎符、汉河内工官弩机、秦西龙蛇碧玉杯等金石古器。

陈介祺藏汉代东莱太守虎符、封泥，因此制笺以记。

陈介祺《周矢胸瓦盘图》笺今藏于山东潍坊市博物馆。该笺上半部为“矢胸”铭文墨拓；下半部为瓦盘全形拓；右上为陈氏篆书“周矢胸瓦盘图”六字；左侧为陈氏长篇考证跋文；通图钤印十一枚，分别为“大兴周宓度

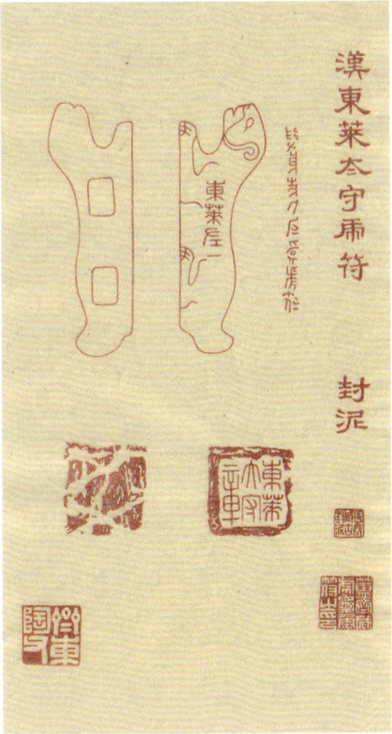

图 3-4-3
汉东莱太守虎符

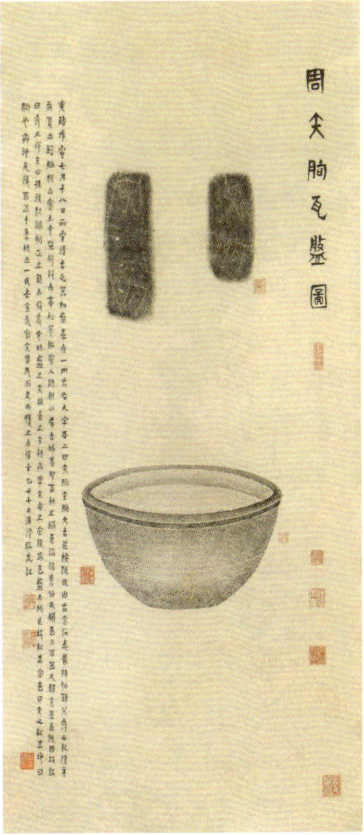

图 3-4-4
陈介祺《周矢胸瓦盘图》笺

收藏金石书画印”“澹然珍秘”“海滨病史”“收秦燔所不及”“古瓦量斋”“齐鲁三代陶器文字”“姚公符作图”“有周陶正之后”“齐东陶父”“三代古陶轩”“咨度藏陶”。

3. 吴大澂金石笺

吴大澂，初名大淳，字止敬、清卿，号恒轩，又号窓斋，江苏吴县（今苏州）人，金石学家、书画家。清同治七年（1868）进士，授翰林院编修。擅画山水、花卉，精于篆书。著有《窓斋诗文集》《说文古籀补》《字说》《窓斋集古录》《古玉图考》《权衡度量实验考》《恒轩所见所藏吉金录》《十六金符斋印存》等十余种。其孙吴湖帆亦有盛名。我们通过吴大澂书札，可以了解其自制笺纸的成就。

窓斋制“金玉双鱼”笺。双鱼与玉笏图案下有文字：“唐铜鱼符，即紫金鱼也，玉笏则仅见，或将军之特制与？窓斋藏。”

“君宜子孙”双鱼笺。双鱼图案下有篆体文字：“窓斋摹汉砖文。”

“汉长乐富贵”瓦当笺。“汉长乐富贵瓦”图案下有文字：“潍县陈氏藏瓦，窓斋手摹本。”

汉铜镜铭笺。

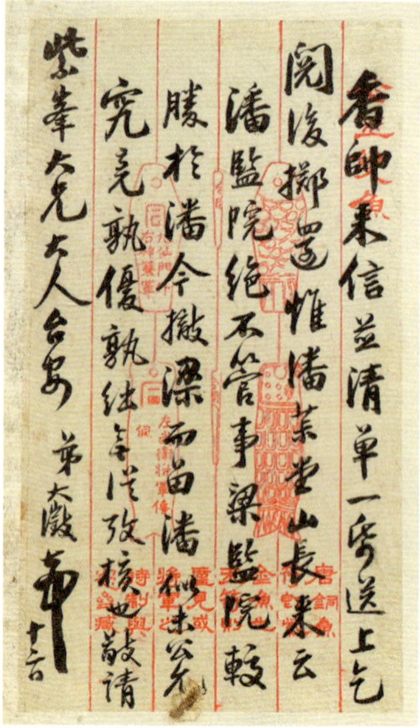

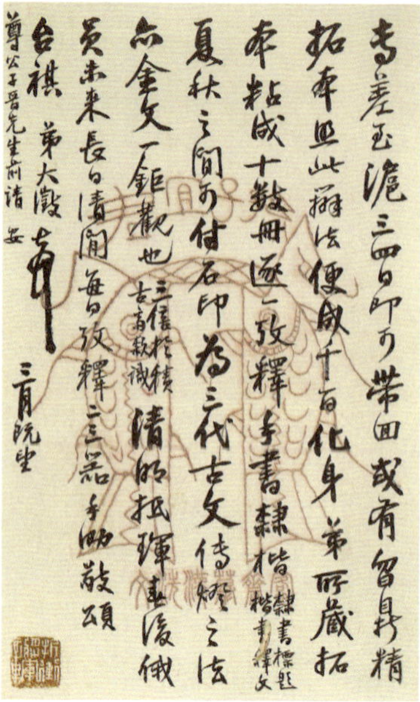

图 3-4-5
“金玉双鱼”笺

图 3-4-6
“君宜子孙”双鱼笺

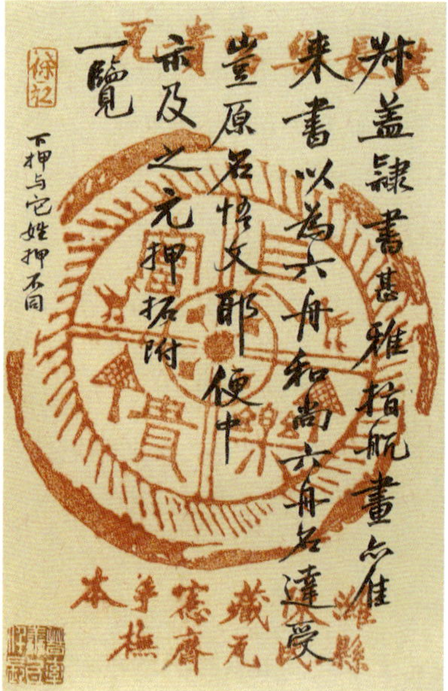

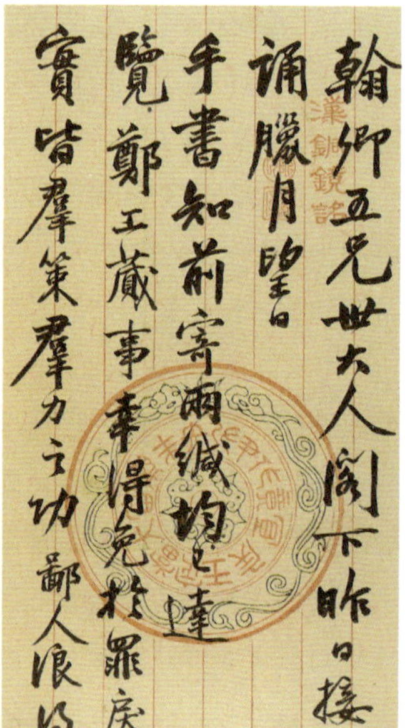

图 3-4-7
“汉长乐富贵”瓦当笺

图 3-4-8
汉铜镜铭笺

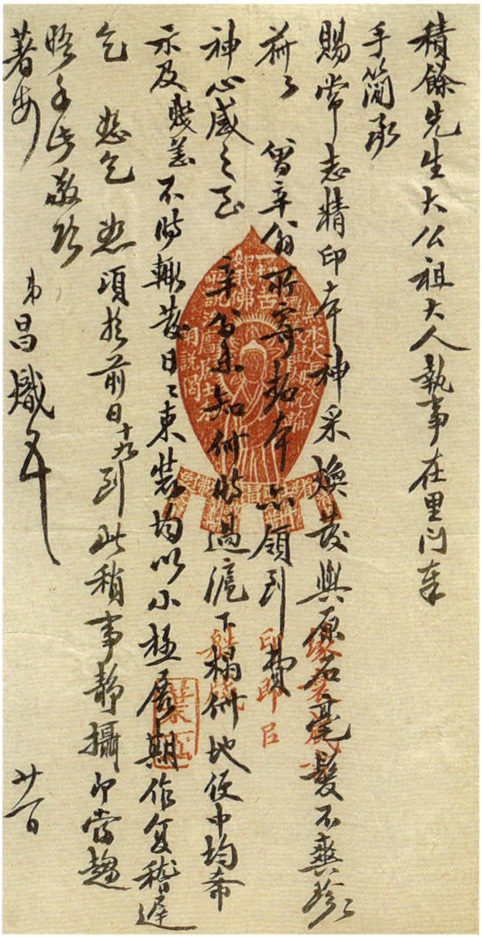

图 3-4-9
“缘裳藏书印”笺

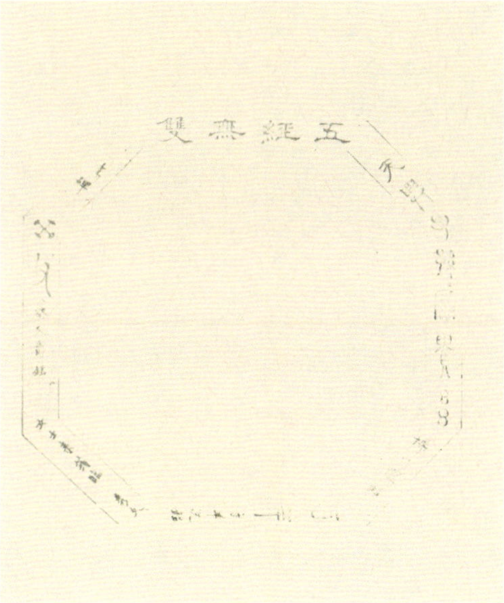

图 3-4-10
缪素筠临
“五经无双”铭文笺

4. 叶昌炽“缘裳藏书印”笺

叶昌炽，字颂庐、菊农、鞠裳、鞠常，号缘督，晚号缘督庐主人，自署歇后翁，室名缘庐、缘督庐、奇觚庼。原籍浙江绍兴，后入籍江苏长洲（今苏州市），晚清金石学家、文献学家、收藏家。擅写诗词，精于版本、目录及校勘之学。参与编撰《清史》儒林、文苑传稿，编修《武备图说》。著有《藏书纪事诗》《缘督庐日记》《奇觚庼词》《语石》等。藏书目有《五百经幢馆藏书目录》，藏书三万卷，多有明清文集及宋元佳本。藏书散出多归潘祖荫，今部分存于上海图书馆。

其藏书处有治廧室、奇觚庼等，藏金石处为五百经幢馆。藏书印有“鞠裳麋寿”“八求三说一巧之斋”“可怜无益费精神”“吴郡叶氏访求乡先哲遗书记”“有口能读手不随”等。又每书钤“无水火兵灾，无蟫蚁鼠劫，脱离一切苦，如我佛所说。治廧居士和南说偈”。大方印；又中刻大“佛”字，周刻“佛顶尊胜，陀罗尼经”八字，为书忏悔，求佛护持。

5. 缪素筠临“五经无双”铭文笺

祭父爵铭、博山炉铭、吉羊洗铭。

6. 故宫博物院制吉金笺

封面题：十九年双十节故宫博物院制。

图 3-4-11—图 3-4-19
故宫博物院制吉金笺

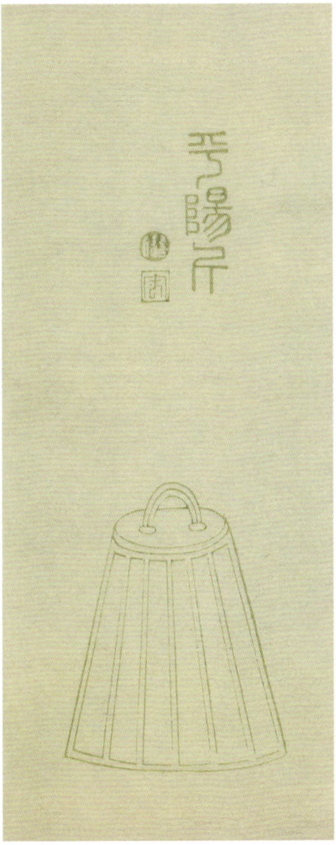

大吉

漢銅鏡銘

7.涵芬楼制吉金笺

十二幅。

图 3-4-20—图 3-4-31
涵芬楼制吉金笺

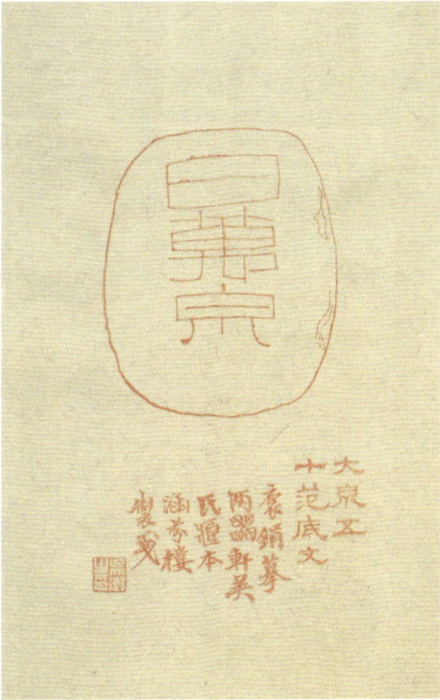
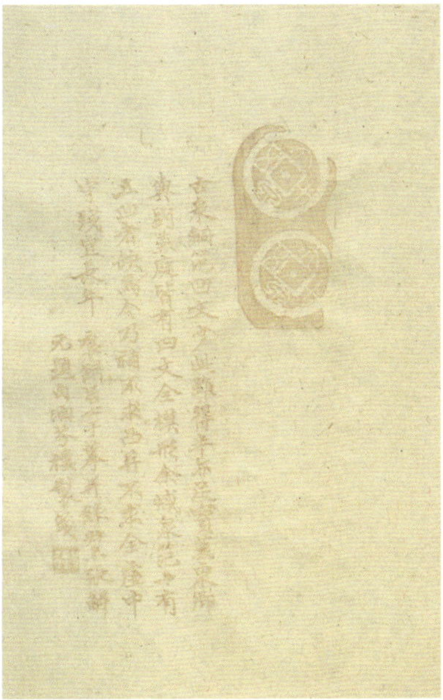
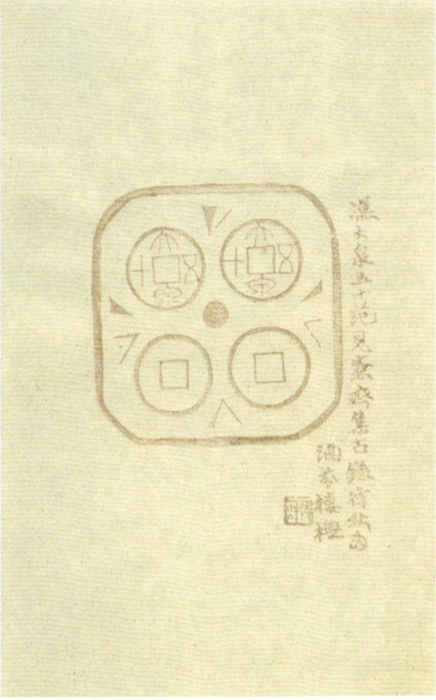
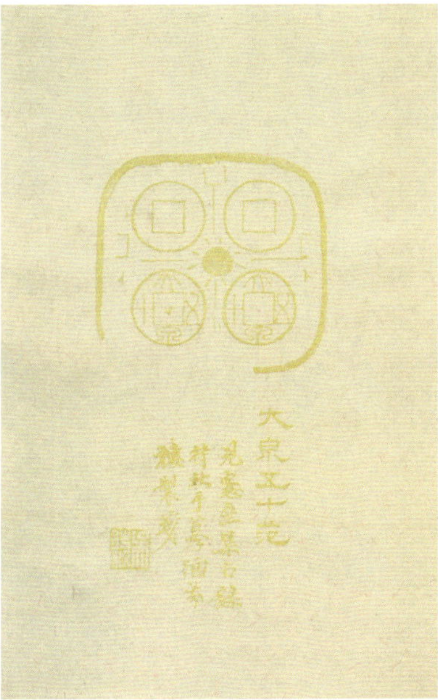
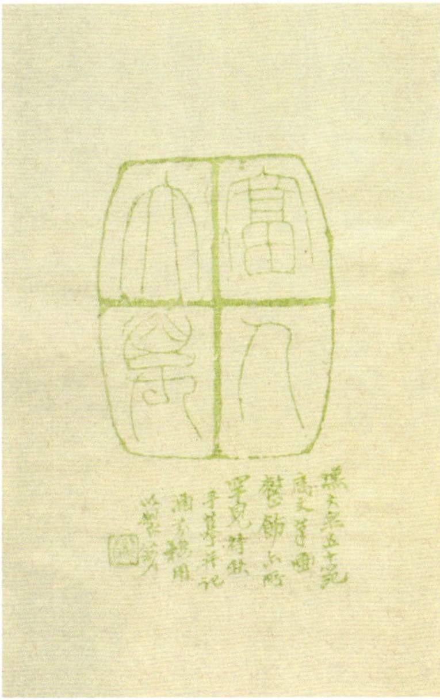
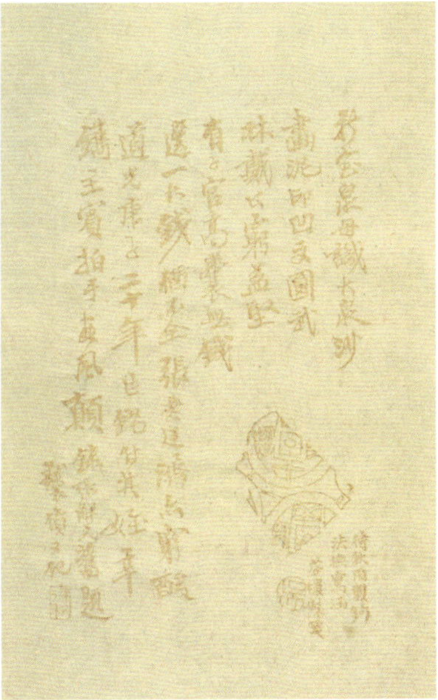

8.荣宝斋仿虚白斋古物笺

六幅。

图 3-4-32—图 3-4-37
荣宝斋仿虚白斋古物笺

9.荣宝斋制博古笺

苍玉佩博古笺两幅，敦彝博古笺一幅。

图 3-4-38
荣宝斋制苍玉佩博古笺

图 3-4-39
荣宝斋制苍玉佩博古笺

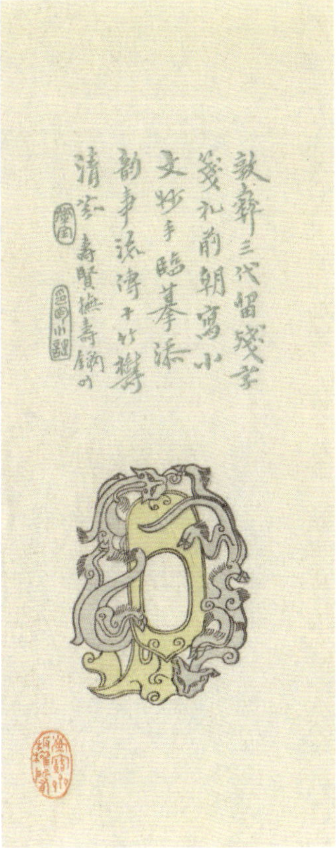

图 3-4-40
荣宝斋制敦彝博古笺

10.停云馆制吉金笺

四幅。

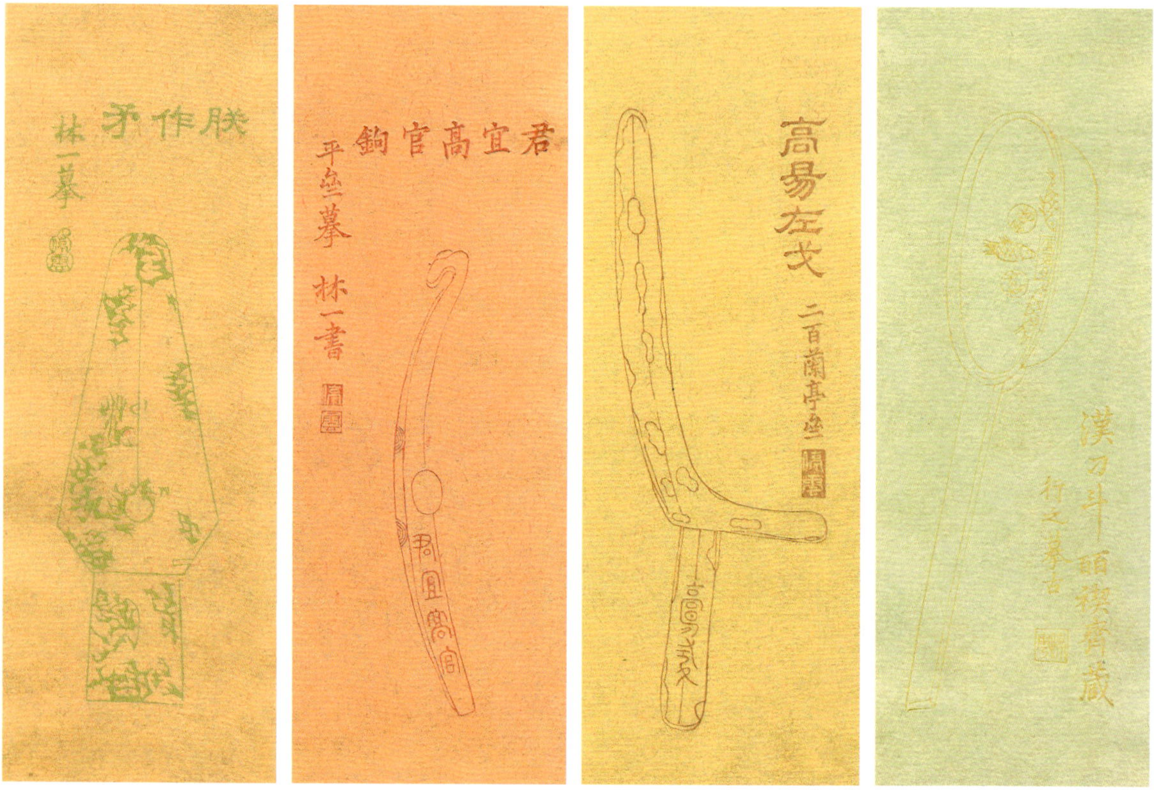

图 3-4-41—图 3-4-44
停云馆制吉金笺

11.云蓝阁制吉金笺

五幅。

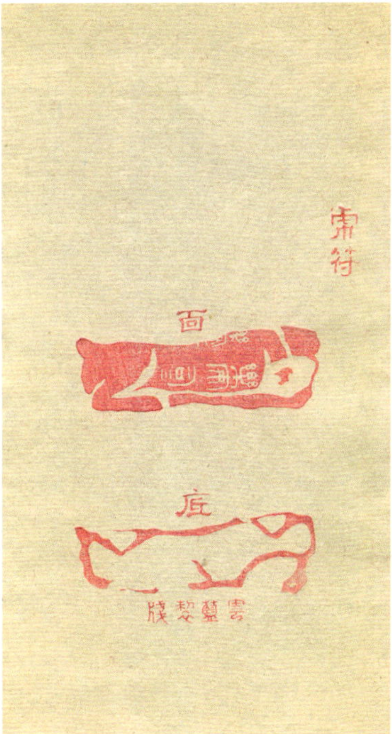

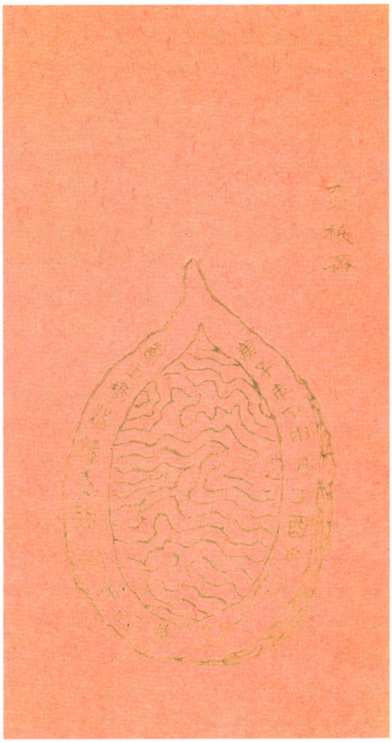

图 3-4-45—图 3-4-49
云蓝阁制吉金笺

12. 清代恒隆义制吉金笺

此套笺纸木版水印，共四张，包括：

一是周虢姜鼎铭文，此鼎文可辨者九字，题款署佩霞氏。

二是正直如意铭文，署佩霞主人制。

三是同心联璧，晓轮甫作于雁云山馆，署恒隆义。

四是回文砚铭，模音假墨图心写德，四言成韵字字皆可起诵，署恒隆义。

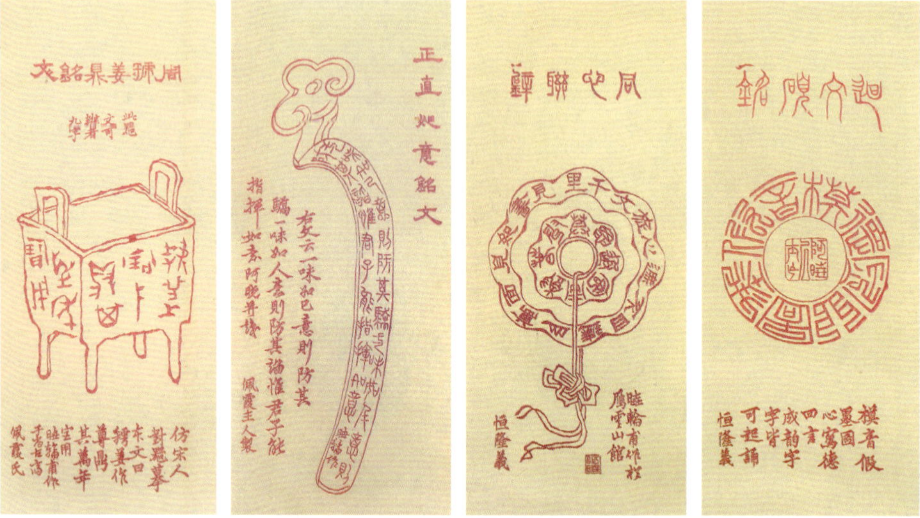

图 3-4-50—图 3-4-53
清代恒隆义制吉金笺

13. 文美斋制吉金笺

14. 摹洪志古钱谱笺

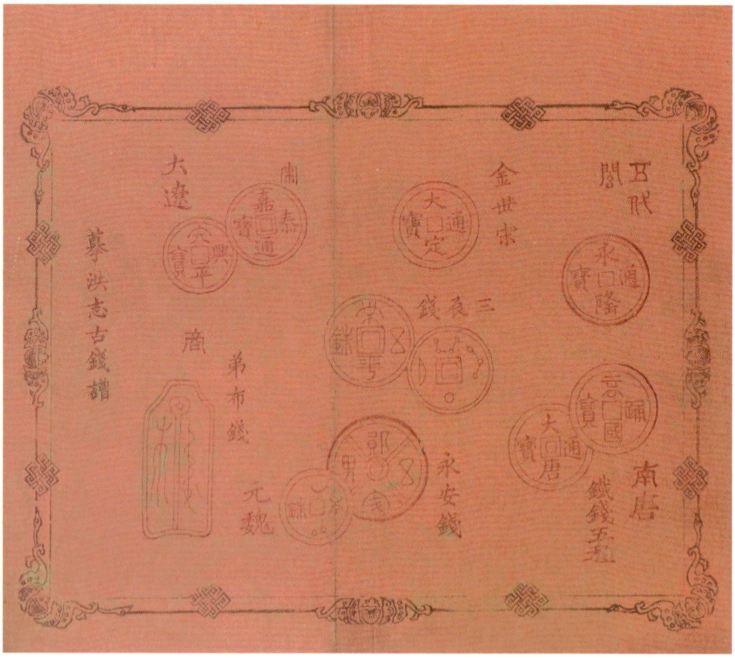

图 3-4-54
文美斋制吉金笺

图 3-4-55
摹洪志古钱谱笺

15. 艺兰斋仿古笺

二幅。

16. 暗纹吉金笺

八幅，编印者待考。

图 3-4-56、图 3-4-57
艺兰斋仿古笺

图 3-4-58—图 3-4-65
暗纹吉金笺

另，介绍几种手札所使用的吉金笺：

（1）黄彭年致刘蓉信手札。“宝用卣”铭文笺，帛女作斋鬲。

（2）徐树铭致曾国藩信手札。钟鼎笺，万福堂制。

（3）李星沅致问鸥手札。“福禄寿”万字鼎笺，许氏虚白斋制。

（4）刘坤一[①]致吴德襄手札。金文内容为：“眠琴绿阴”“白云初晴”“上有飞瀑”“幽鸟相逐”。

（5）邓辅纶致郭嵩焘手札。金文内容为：“白云初晴”“眠琴绿阴”“幽鸟相逐”“上有飞瀑”。

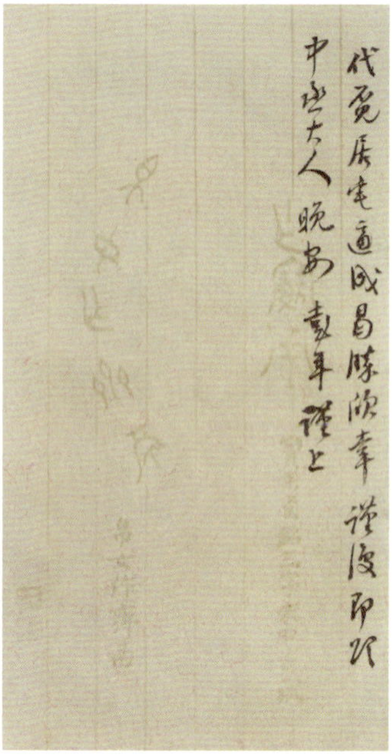

图 3-4-66
“宝用卣”铭文笺

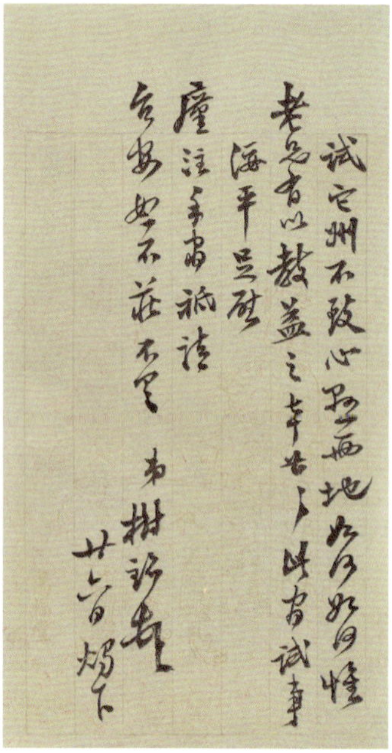

图 3-4-67
万福堂制钟鼎笺

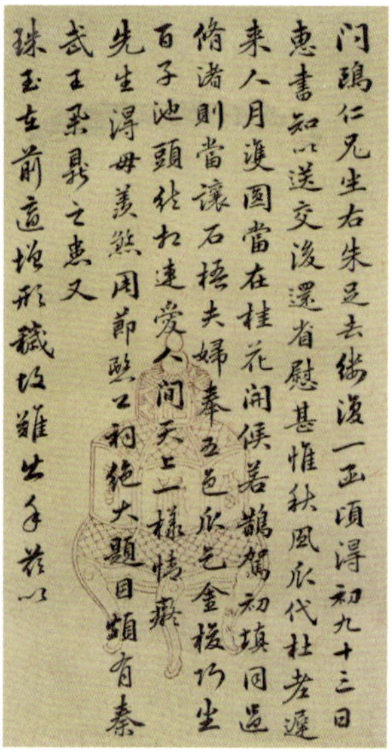

图 3-4-68
“福禄寿”万字鼎笺

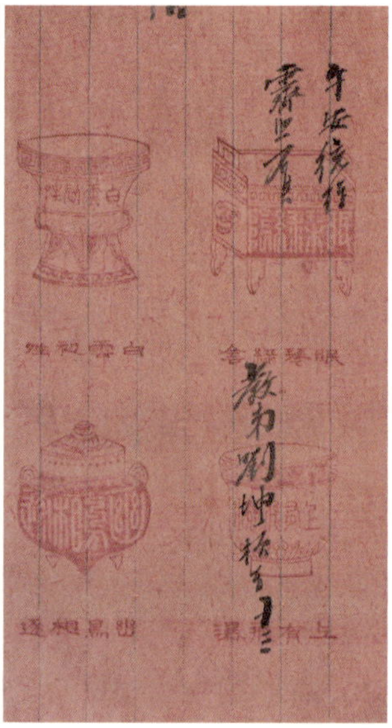

图 3-4-69
刘坤一致吴德襄手札

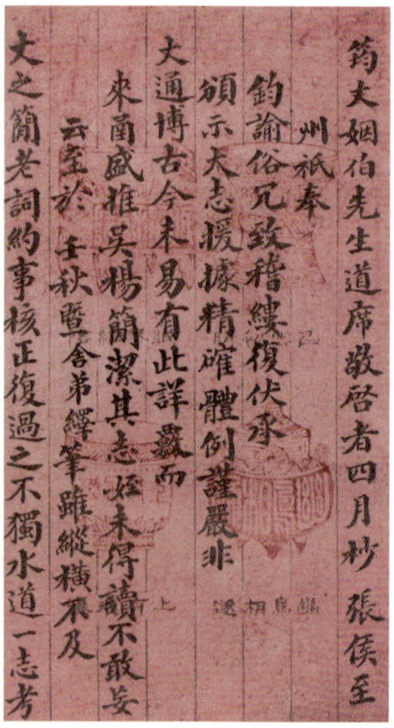

图 3-4-70
邓辅纶致郭嵩焘手札

① 刘坤一（1830—1902），字岘庄，湖南新宁人。清朝后期政治家，三任两江总督，颇有治绩，有“东南半壁，擎天一柱”之誉，有《刘坤一遗集》传世。

关于博古笺，我们可以根据它们的题材大致分为礼器、乐器、兵器、食器、文具、茶具、用具、玩物等类别，依次介绍如下：

一、礼器

礼器是古代中国贵族在举行祭祀、宴飨、征伐及丧葬等礼仪活动中使用的器物，用来表明使用者的身份、等级与权力。玉礼器有璧、璋、琥、琮、圭、璜等。青铜礼器有：鼎、簋、尊、彝等。

（一）周虢叔鼎

见清金长福致刘文淇手札，衍波阁制笺。上题“周虢叔鼎”及摹刻铭文，左下角有“抚墨缘堂藏器”及“松溪”方印，右下角有“衍波阁”朱文方印笺。

（二）南皮侯鼎

见张之洞致孙毓汶尺牍。吴大澂摹古，广华堂制笺。上题“南皮侯鼎”。铭文五行：“南皮侯家鼎，容一斗，重七斤三两，第二。”

（三）高克尊

见陈士杰致郭嵩焘手札。翰宝斋摹古。

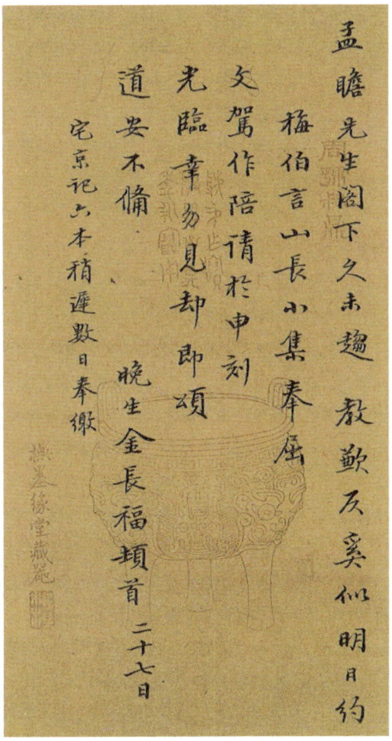
孟瞻先生阁下久未趋教歉仄奚似明日约
梅伯言山長小集奉屈
文駕作陪請於申刻
光臨幸勿見却即頌
道安不備
晚生金長福頓首 二十七日
宅京祀六本稍遲數日奉繳

图 3-4-71
“周虢叔鼎”笺

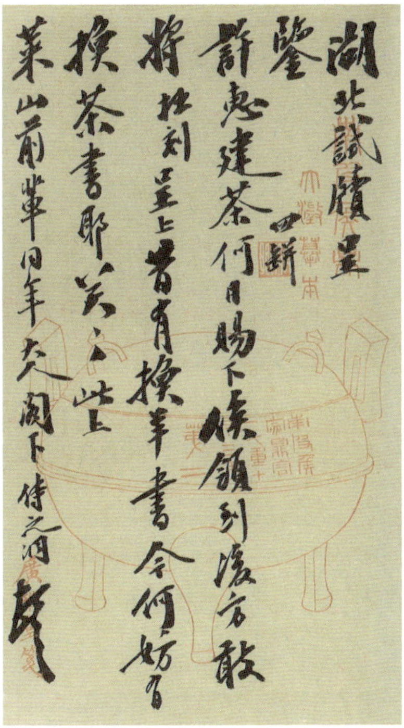
湖北試牘呈
鑒
許惠建茶四餅何日賜下俟領到後方敢
將拙刻呈上昔有換羊書今何妨
換茶書耶笑笑此上
萊山前輩同年大人閣下 侍之洞

图 3-4-72
“南皮侯鼎”笺

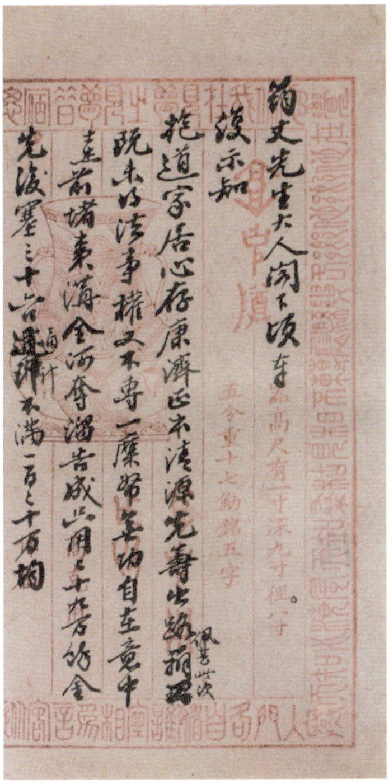
图 3-4-73
“高克尊”笺

（四）其他青铜礼器

包括君叔鼎、颂壶、商父戊鼎、商已尊、商若癸方彝、周饔飨鼎、周张伯鼎、周醓鼎、周史尊、周蟠夔彝、周父彝、周舟彝、周云纹簋、汉三牺鼎、汉蟠螭鼎、汉鸠车尊、唐龙凤尊等。

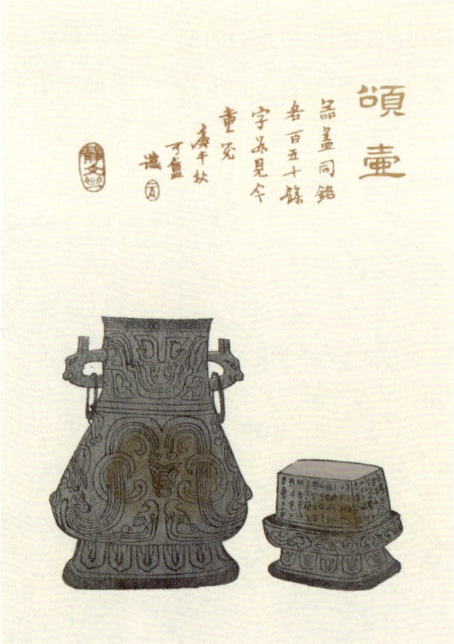

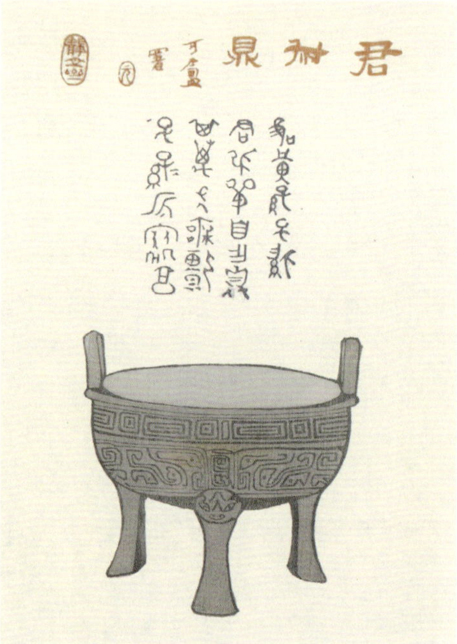

图 3-4-74
“颂壶”笺

图 3-4-75
“君叔鼎”笺

图 3-4-76
“商父戊鼎”笺

图 3-4-77
“商已尊”笺

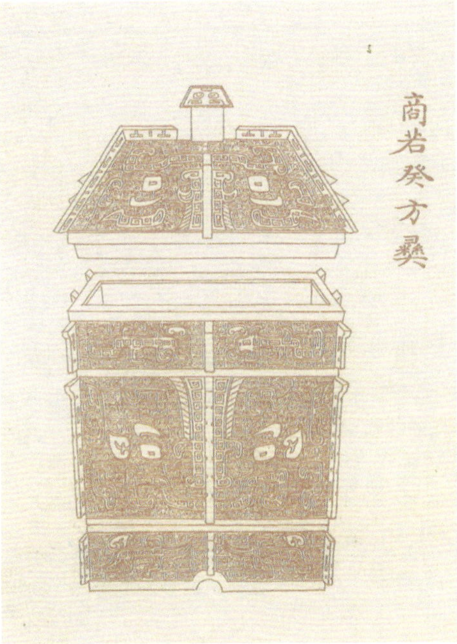

图 3-4-78
“商若癸方彝”笺

图 3-4-79
“周饕餮鼎”笺

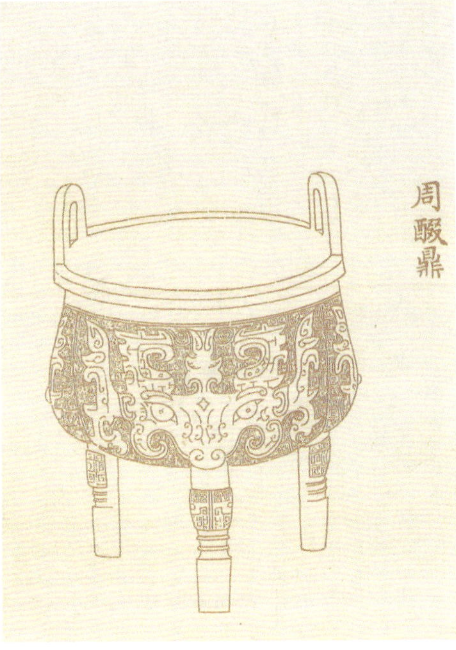

图 3-4-80
“周张伯鼎”笺

图 3-4-81
“周醊鼎”笺

图 3-4-82
“周史尊”笺

图 3-4-83
“周蟠夔彝”笺

图 3-4-84
“周父彝”笺

图 3-4-85
“周舟彝”笺

图 3-4-86
“周云纹簠”笺

图 3-4-87
“汉三牺鼎”笺

图 3-4-88
“汉蟠螭鼎”笺

图 3-4-89
“汉鸠车尊”笺

图 3-4-90
“唐龙凤尊”笺

图 3-4-91
“圭邸”笺

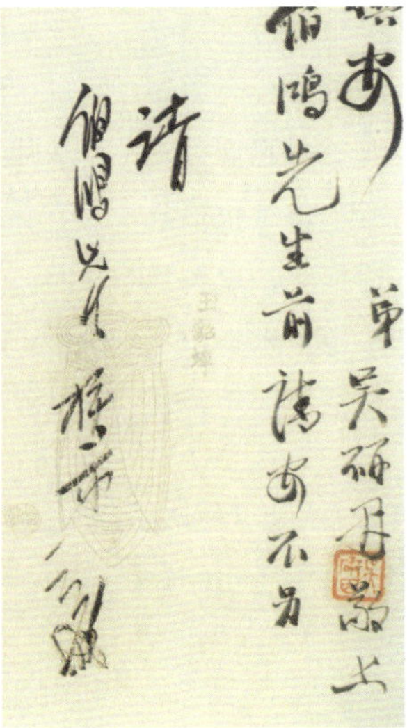

图 3-4-92
“玉貂蝉”笺

（五）圭邸

《唐六典》卷二十二云：“祀日、月以圭邸。”可知圭邸是古代用于祭祀日、月的一种礼器。

话兰室摹古。笺纸样式为圭邸，上有螭龙如意纹饰。

（六）“玉貂蝉”笺

见吴研因[①]致舒新城手札，荣宝斋制。

（七）“玉璧”笺

见杨复耀[②]致逸翁手札。

又见陈垣[③]致周肇祥手札。

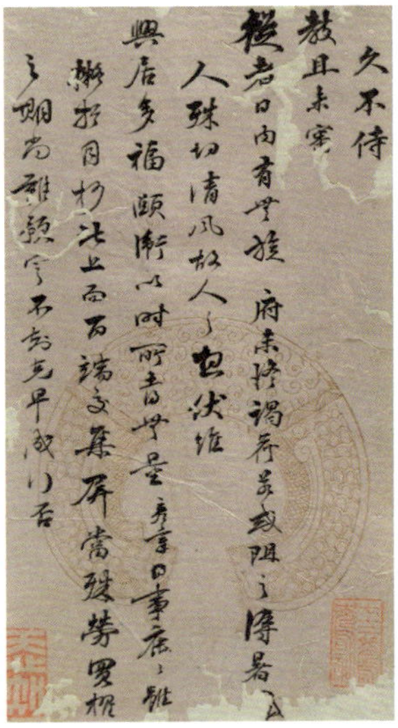

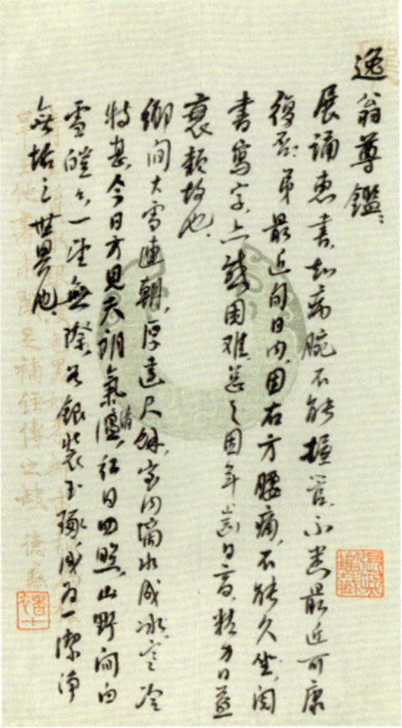

图 3-4-93
“玉璧”笺

图 3-4-94
杨复耀致逸翁手札

图 3-4-95
陈垣致周肇祥手札

① 吴研因（1886—1975），江苏江阴人，教育家。

② 杨复耀，藏书家，曾任中华书局编辑。

③ 陈垣（1880—1971），字援庵，广东新会（今属江门）人。1926—1952 年任辅仁大学校长，1952—1971 年任北京师范大学校长。史学名家，在宗教史、文献学、校勘学、元史等领域研究成果卓著。著有《二十史朔闰表》《史讳举例》《通鉴胡注表微》等，其藏书印有“陈垣”等。

二、乐器

中国古代乐器主要有埙、缶、筑、排箫、箜篌、筝、古琴、瑟、笛子、觱篥、琵琶、胡琴等。

中国古典音乐《周礼·春宫》分为金、石、土、革、丝、木、匏、竹八类：金类包括钟、铃、镈、镛、铙、笙钟、颂钟等；石类包括玉磬、笙磬、颂磬、鸣球等；土类包括埙、缶等；革类包括县鼓、鼗、应鼓、搏拊等；丝类包括琴、瑟、筑、筝等；木类包括敔、柷等；匏类包括竽、笙、簧等；竹类包括箫、龠、笛、篪等。

唐代“八音”在周制“八音”基础上定为金、贝、丝、竹、匏、革、牙、角。金类包括铃钹、铁板；贝类包括螺；丝类包括大匏琴、独弦匏琴、小匏琴、鼍首筝、凤首箜篌、龙首琵琶、云头箜篌；

图 3-4-96
“周特钟”笺

图 3-4-97
“周蟠夔铎”笺

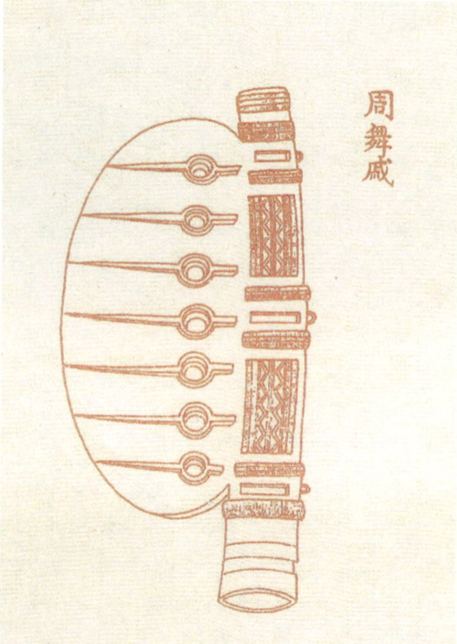

图 3-4-98
“周舞戚”笺

图 3-4-99
“周素虎镎”笺

竹类包括横笛、两头笛；匏类包括大匏笙、小匏笙；革类包括三面鼓、小鼓；牙类包括牙笙；角类包括三角笙、两角笙。

下面一套八幅乐器笺纸，包括周特钟、周蟠夔铎、周舞戚、周素虎錞、周舞铙、汉蟠螭钟、汉蚕纹钟、汉铜鼓，以及郑振铎钤印的箫笺等，可以让读者同时清晰地欣赏其中所表现的乐器形制。“之子期不来，孤琴候萝径”诗笺中琴、人、诗与自然浑然入画。

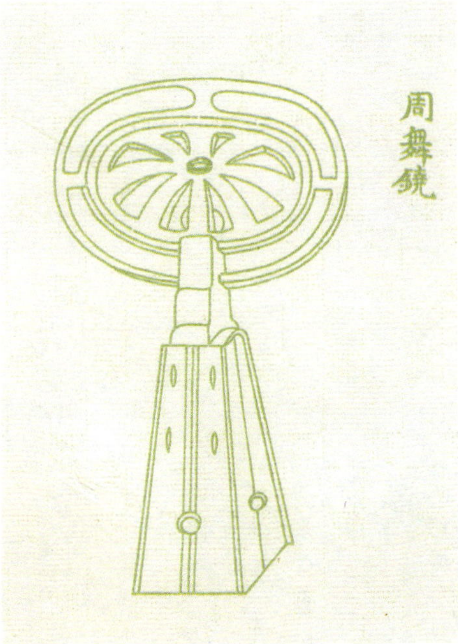

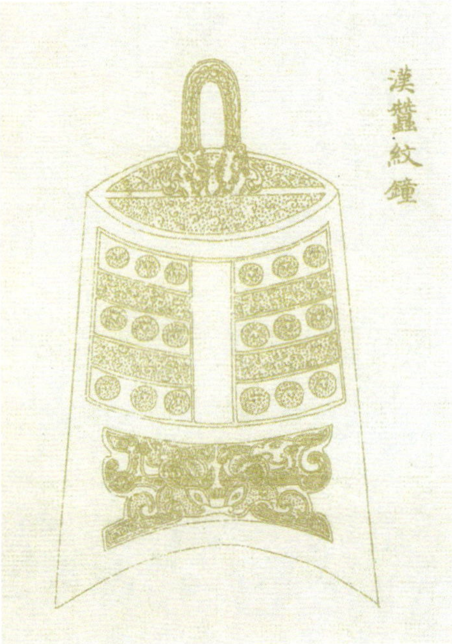

图 3-4-100
“周舞铙”笺

图 3-4-101
“汉蚕纹钟”笺

图 3-4-102
“汉蟠螭钟”笺

图 3-4-103
“汉铜鼓”笺

图 3-104
“箫”笺

图 3-105
“之子期不来，孤琴候萝径”诗笺

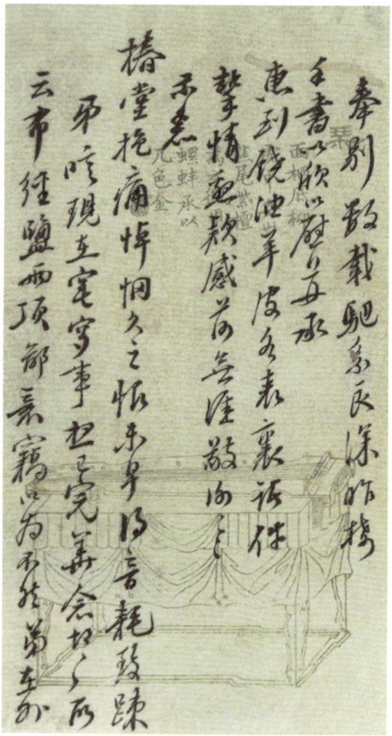

图 3-4-106
何凌汉尺牍
“古琴”笺

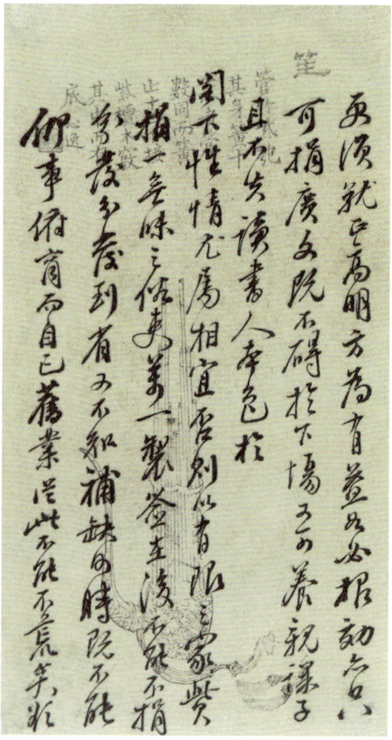

图 3-4-107
何凌汉尺牍
“笙”笺

另欣赏几幅尺牍，均为乐器笺。

1. 何凌汉[①]尺牍，古琴笺、笙笺

2. “蕢”笺、“敔”笺、“埙”笺、“编钟”笺

见吕海寰致盛宣怀手札。

① 何凌汉（1772—1840），字仙槎，又字云门，室名云腴山房，谥号文安。湖南道州（今道县）人。嘉庆十年（1805）探花。历任广东、福建、山东、浙江、顺天等地乡试、会试考官，山东、浙江学政，官至户部尚书，卒赠太子太保。治政主持公议，声望卓著。工书法，名重海内。著有《云腴山房文集》。其子为绍基、绍祺。

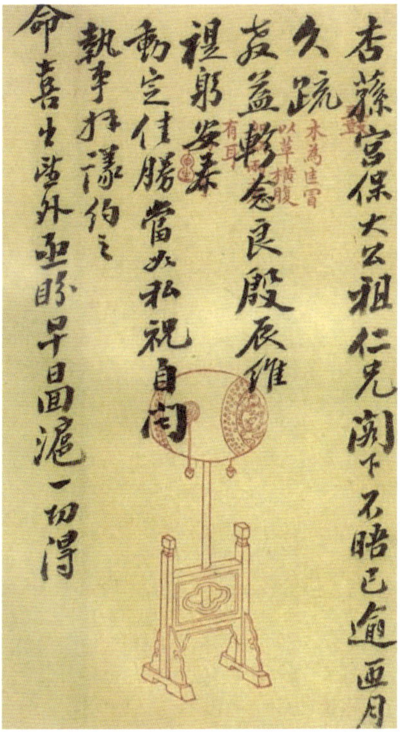

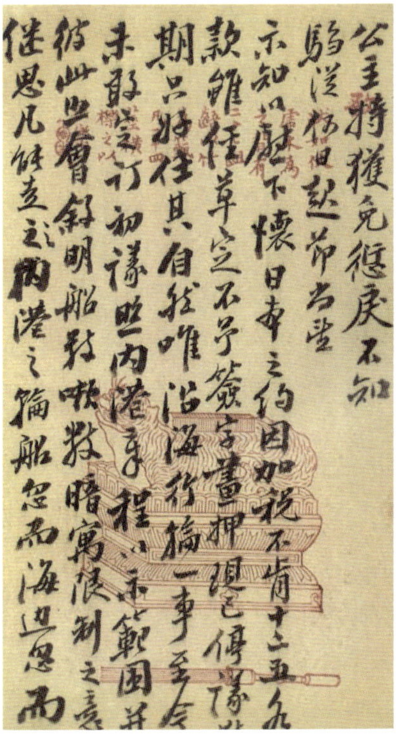

图 3-4-108
“戣”笺

图 3-4-109
“敔”笺

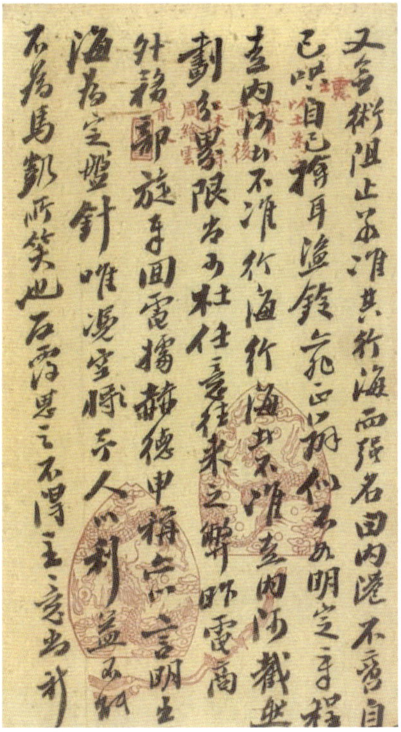

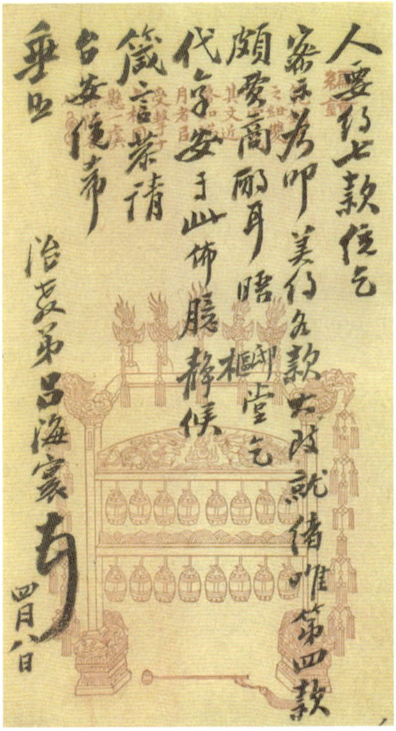

图 3-4-110
“埙”笺

图 3-4-111
“编钟”笺

三、兵器

中国古代有“十八般兵器”之说，一般是指弓、弩、枪、棍、刀、剑、矛、盾、斧、钺、戟、殳、鞭、锏、锤、叉、钯、戈。此外，还有暗器，如绳镖、流星锤、狼牙锤、龙须钩、飞爪、软鞭、锦套索、铁莲花等。如果再加上各种奇门兵器，古代兵器总数不少于百种。今存一套周服剑、周鸾刀、周匕首、汉弩机笺纸，这一套六幅，还包括汉仪饰（应属礼器类）、唐鸠车（应属玩物类）。

晚清重臣瞿鸿禨（1850—1918）曾嘱托进士黄国谨为其摹写有一枚专用图案的笺封。黄将上古兵器瞿的两面图案绘制其上，瞿与戟同类，是周王侍卫所持的仪仗兵器。其前端尖锐，两侧薄刃，中有凸起竖脊，其后端铸造有眼目形图案，是为“周瞿”信笺封。该笺封封名瞿，正与瞿鸿禨之姓相合。

图 3-4-112
“周服剑”笺

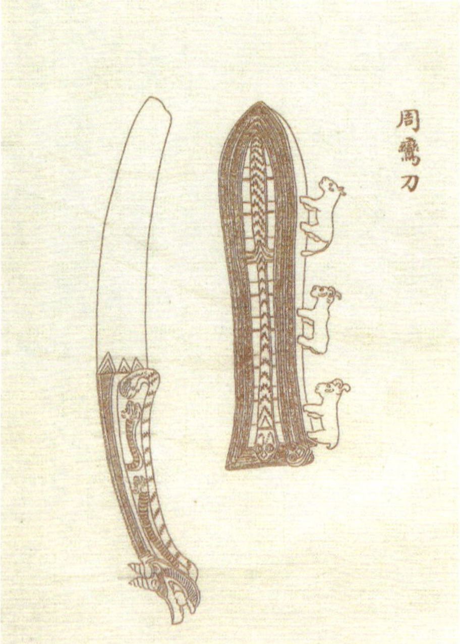

图 3-4-113
“周鸾刀”笺

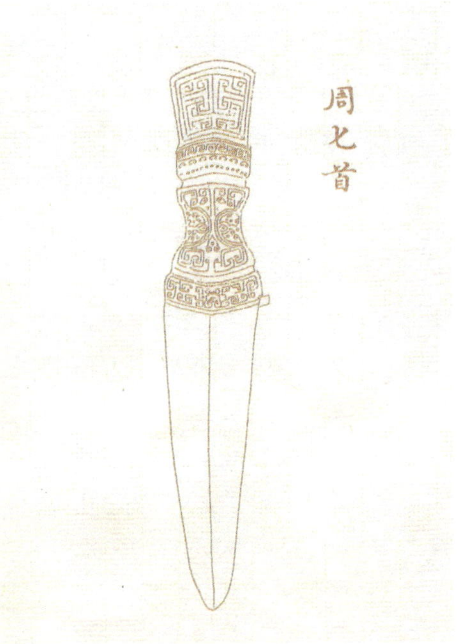

图 3-4-114
“周匕首”笺

图 3-4-115
“汉弩机”笺

图 3-4-116
“汉仪饰”笺

图 3-4-117
“唐鸠车”笺

瞿鸿禨，湖南善化（今长沙）人，字子玖、止久，号止庵，晚号西岩老人。著有《止庵诗文集》《汉书笺识》等。该笺封上书“周瞿见二百兰亭斋考藏金石记”，“止久前辈属国谨摹”。左下篆书印文“再同”两字。

另，李鸿章致平斋（何刚德，1855—约 1936）手札一通用周戟笺，松华斋摹古。

古代所用兵符，包括虎符、鱼符、龙符、龙节等，也是笺纸常用素材。

（一）虎符图式、“虎符”笺

汉桂阳太守虎符图式，以及近代一封“虎符”笺手札。

（二）“龙符”笺

见张曜[①]致盛宣怀手札。

（三）“龙节”笺

见于一封近代手札。龙节是战国时楚国的信节。青铜制，长条形，首端刻铸龙形纹饰。正、背两面分镌“王命、命传、赁一棓、饮之”，共九字。

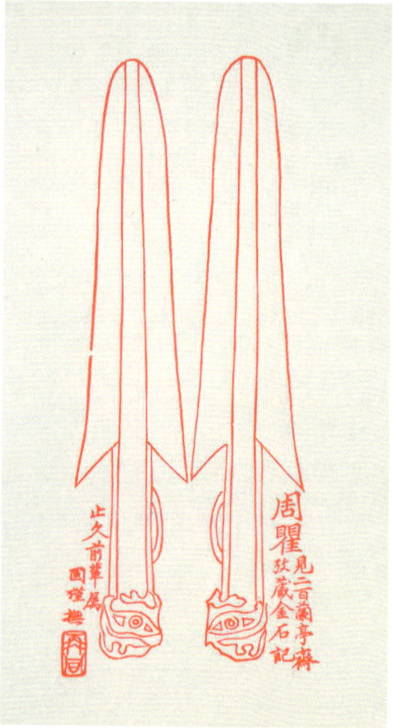

图 3-4-118
“周瞿”信笺封

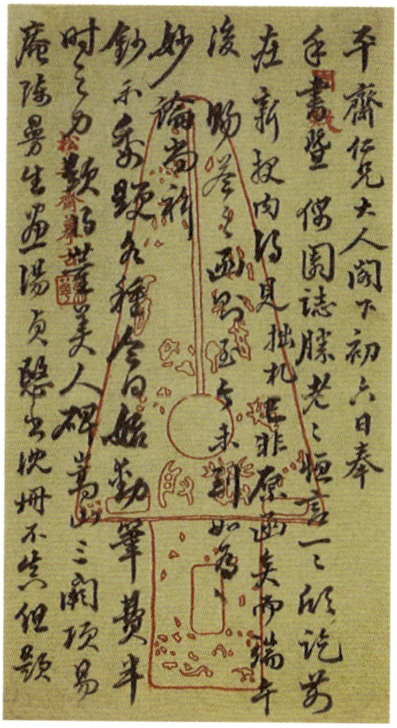

图 3-4-119
李鸿章致平斋手札

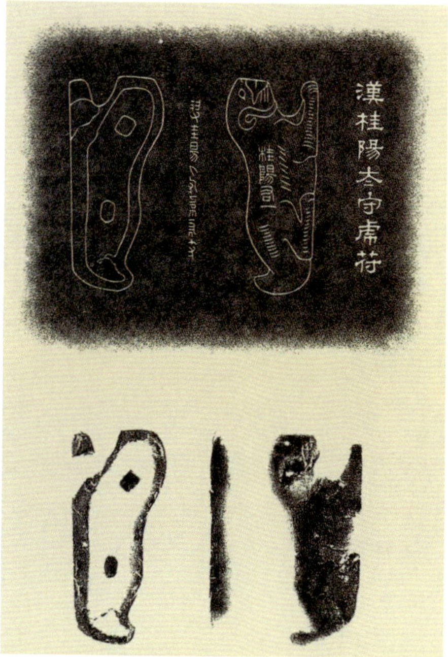

图 3-4-120
汉桂阳太守虎符图式

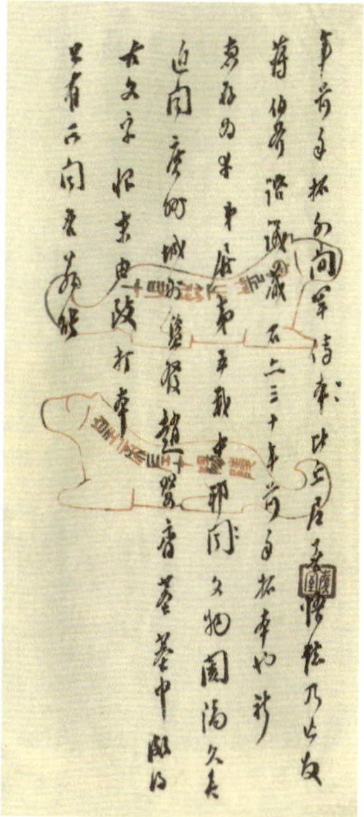

图 3-4-121
“虎符”笺

① 张曜（1832—1891），号朗斋，字亮臣，出生于浙江钱塘（今杭州）。晚清名臣、“嵩武军”将领，曾追随左宗棠经略新疆，后在山东巡抚任上也多有建树，有《河声岳色楼集》存世。

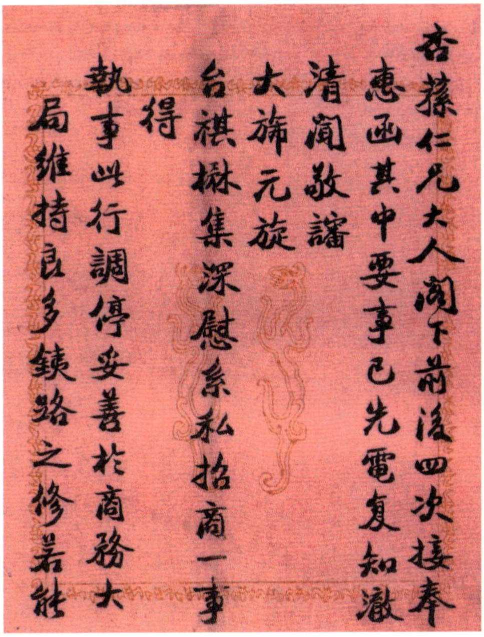

图 3-4-122
张曜致盛宣怀手札

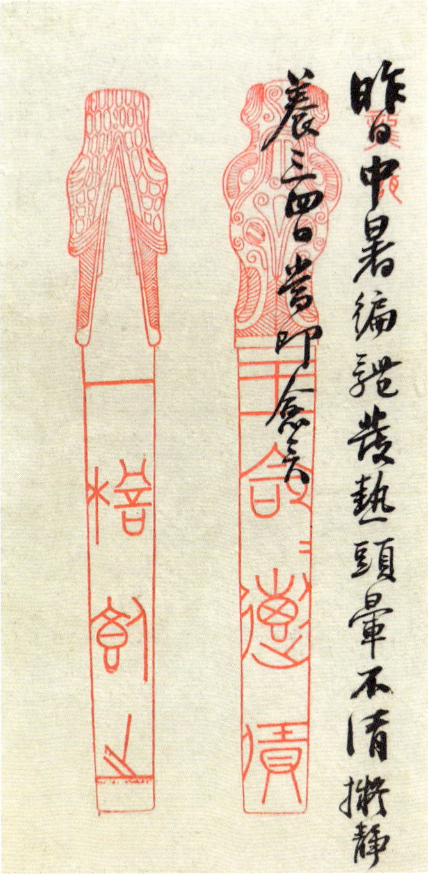

图 3-4-123
“龙节”笺

四、食器

在华夏传统文化领域里，饮食文化占据显著地位。崇尚饮食，必然讲究饮食用品，古时常用的食器（水器、酒具）有甗、簠、鬲、敦、盆、豆、皿、盂、爵、觥、觚、觯、角、缶、斝、卣、盉、匜、卮、斗、箸、俎等。

有一套食器图案笺纸，五十五幅，包括商父癸卣、周斜纹舟、周承卣、周饕餮斝、周举爵、商父己觚、周蟠螭觚、周车觚、商饕餮觯、周女觯、周亚觯、周癸亥敦、周狮首敦、汉螭耳卮、周亚角、周子孙角、周百兽豆、周辅耳豆、周孟姜簠、汉提鍪、周旅铺、商祖丁甗、周雷纹甗、商祖癸鬲、周瞿鬲、周垂纹鍑、汉蟠虺鍑、商祖辛盉、周龙首盉、周冰鉴、周司寇盘、周贯鱼盘、汉蟠夔盘、周祖匜、周牺匜、汉双鱼盆、汉长区、周蟠夔瓿、周兽鼻瓿、汉三鹰瓿、汉盘云奁、周素锭、汉龙首鐎斗、汉钱文斗、汉饕餮奁、汉夔龙奁、汉双螭臼、汉澡豆罐、汉永建钟、周蝉纹瓶、唐龙凤双管瓶、周妇壶、周夔凤壶、汉瓠壶、汉喷壶。

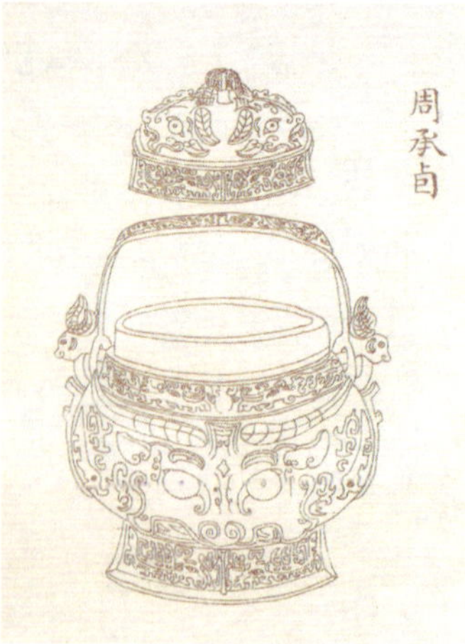

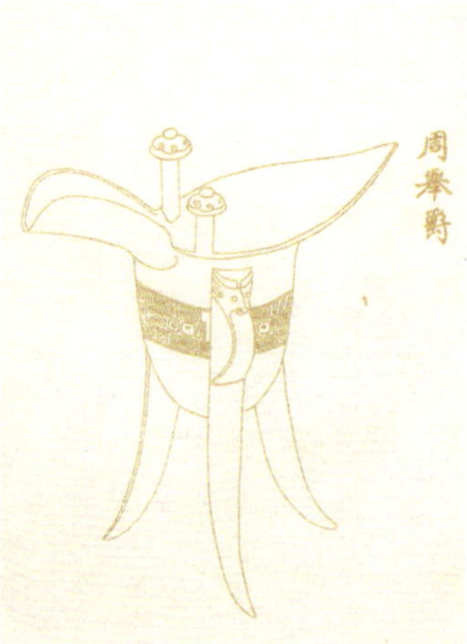

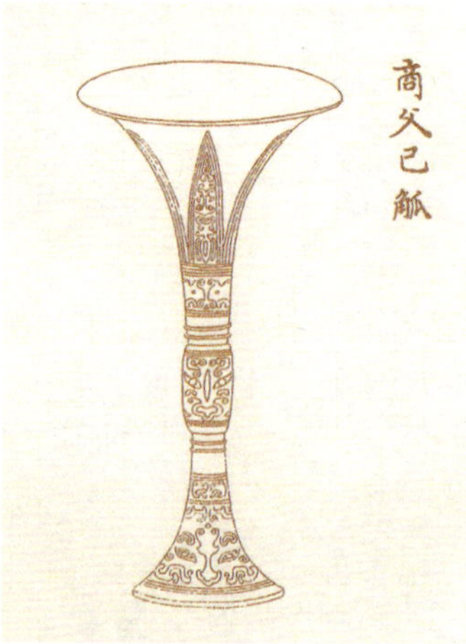

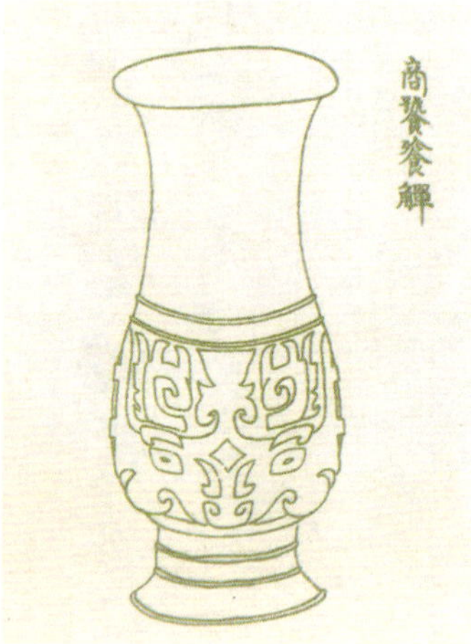

图 3-4-124
“商父癸卣”笺

图 3-4-125
“周斜纹舟”笺

图 3-4-126
“周承卣”笺

图 3-4-127
“周饕餮斝”笺

图 3-4-128
“周举爵”笺

图 3-4-129
“商父己觚”笺

图 3-4-130
“周蟠螭觚”笺

图 3-4-131
“周车觚”笺

图 3-4-132
“商饕餮觯”笺

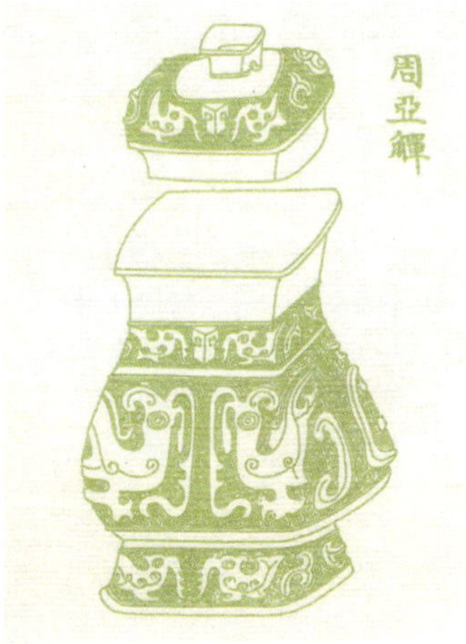

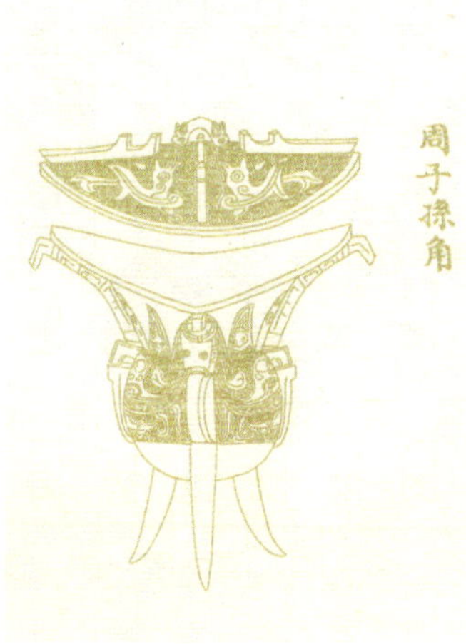

图 3-4-133
“周女觯”笺

图 3-4-134
“周亚觯”笺

图 3-4-135
“周癸亥敦”笺

图 3-4-136
“周狮首敦”笺

图 3-4-137
“汉螭耳卮”笺

图 3-4-138
“周亚角”笺

图 3-4-139
“周子孙角”笺

图 3-4-140
“周百兽豆”笺

图 3-4-141
“周辅耳豆”笺

图 3-4-142
“周孟姜簠”笺

图 3-4-143
“汉提鍪”笺

图 3-4-144
“周旅铺”笺

图 3-4-145
“商祖丁甗”笺

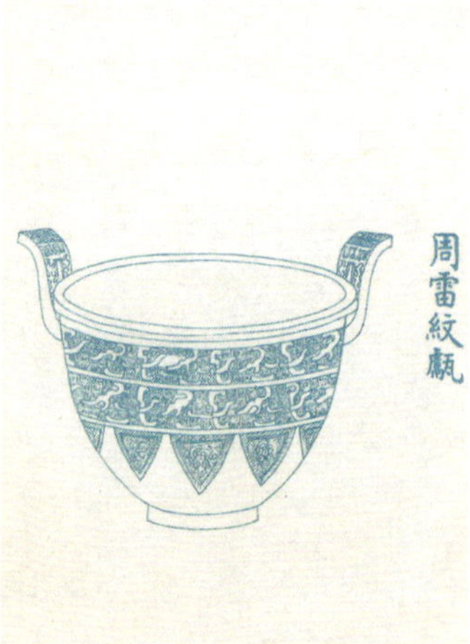

图 3-4-146
“周雷纹甗”笺

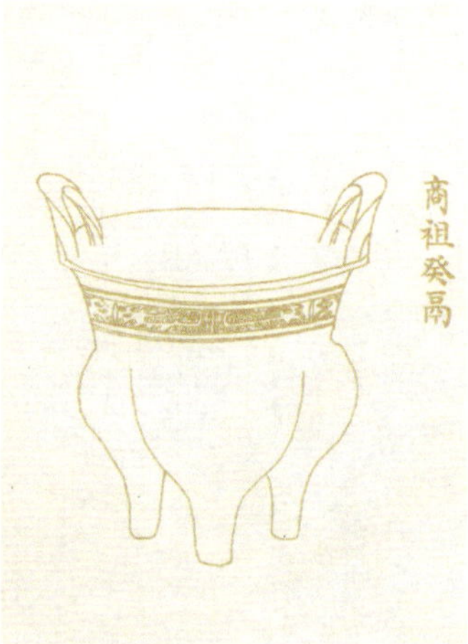

图 3-4-147
“商祖癸鬲”笺

图 3-4-148
“周瞿鬲”笺

图 3-4-149
“周垂纹鍑”笺

图 3-4-150
“汉蟠虺鍑”笺

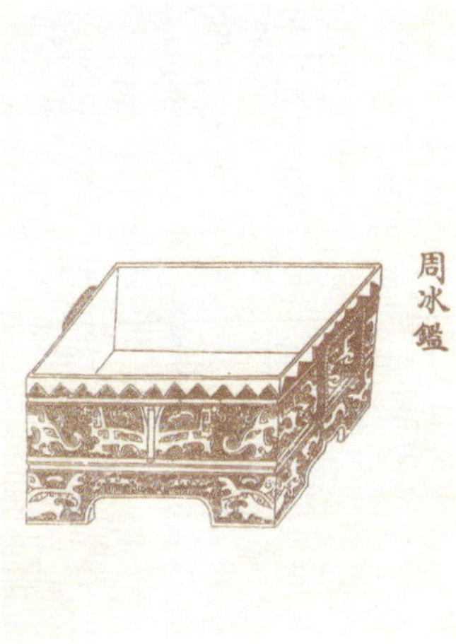

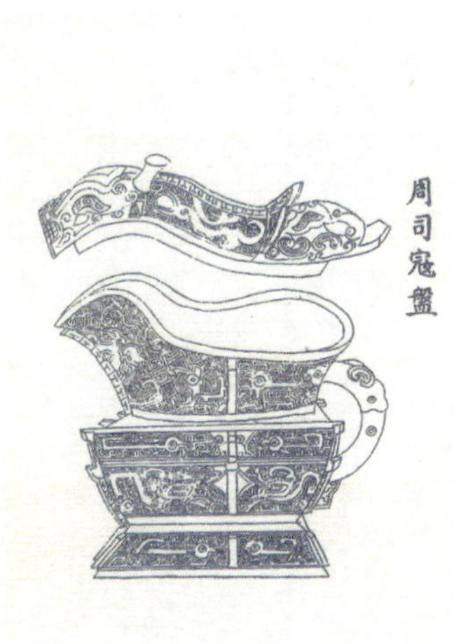

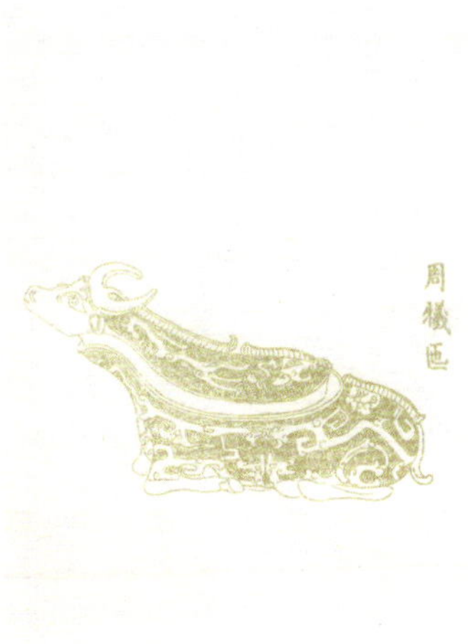

图 3-4-151
“商祖辛盉”笺

图 3-4-152
“周龙首盉”笺

图 3-4-153
“周冰鉴”笺

图 3-4-154
“周司寇盘”笺

图 3-4-155
“周贯鱼盘”笺

图 3-4-156
“汉蟠夔盘”笺

图 3-4-157
“周祖匜”笺

图 3-4-158
“周牺匜”笺

图 3-4-159
“汉双鱼盆”笺

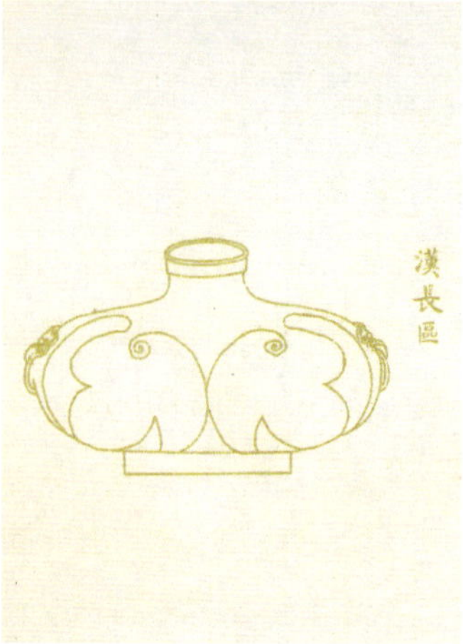

图 3-4-160
“汉长区”笺

图 3-4-161
“周蟠夔瓿”笺

图 3-4-162
“周兽鼻瓿”笺

图 3-4-163
“汉三鹰瓿”笺

图 3-4-164
“汉盘云奩”笺

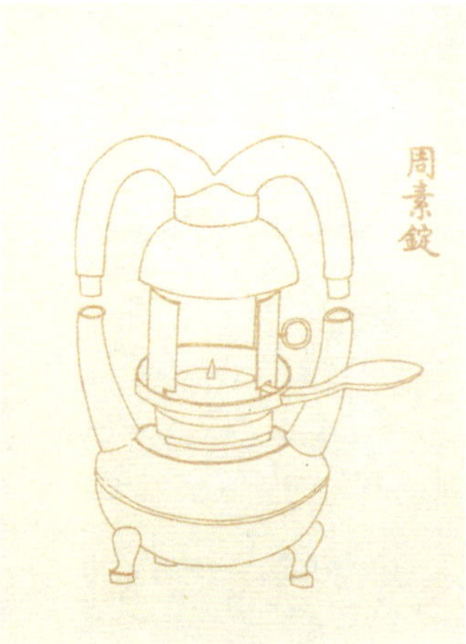

图 3-4-165
“周素锭”笺

图 3-4-166
“汉龙首鐎斗”笺

图 3-4-167
“汉钱文斗”笺

图 3-4-168
“汉饕餮奁”笺

图 3-4-169
“汉夔龙奋”笺

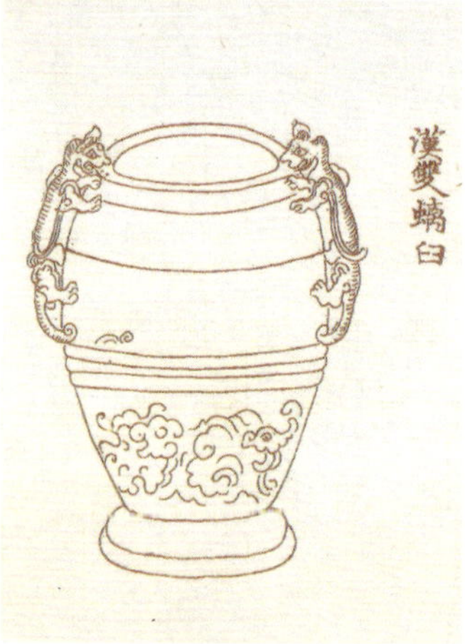

图 3-4-170
“汉双螭臼”笺

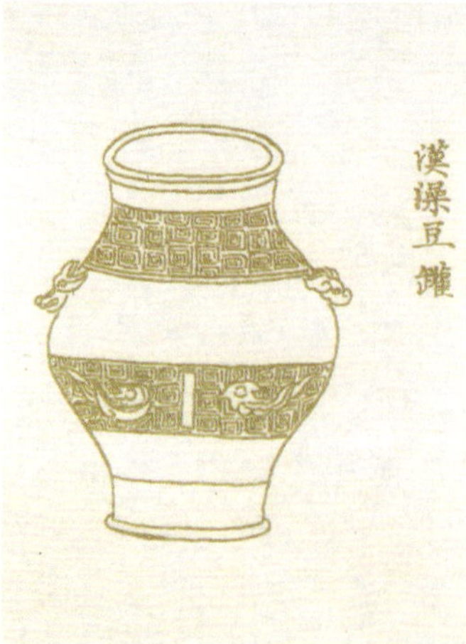

图 3-4-171
“汉澡豆罐”笺

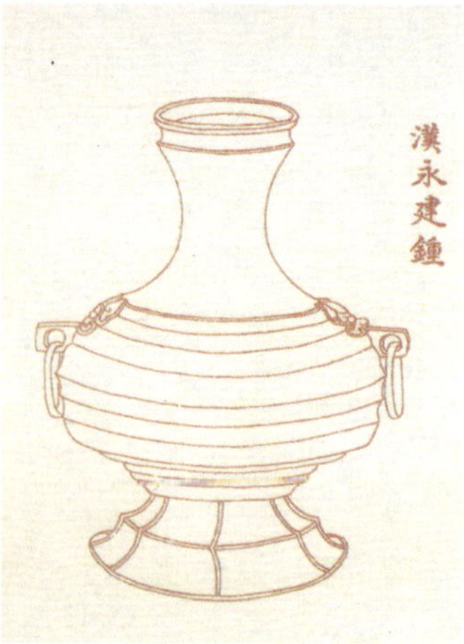

图 3-4-172
“汉永建钟”笺

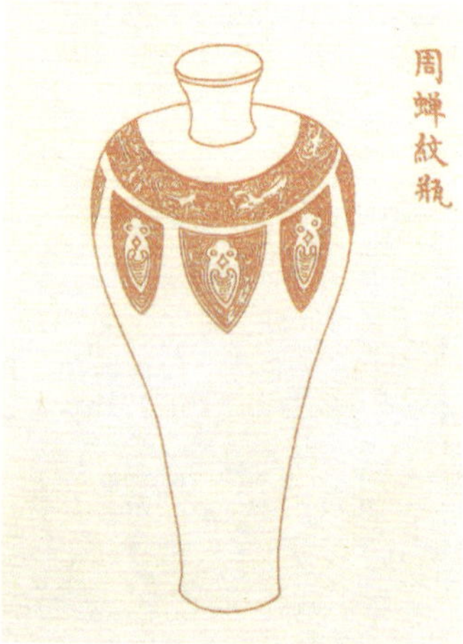

图 3-4-173
“周蝉纹瓶”笺

图 3-4-174
“唐龙凤双管瓶”笺

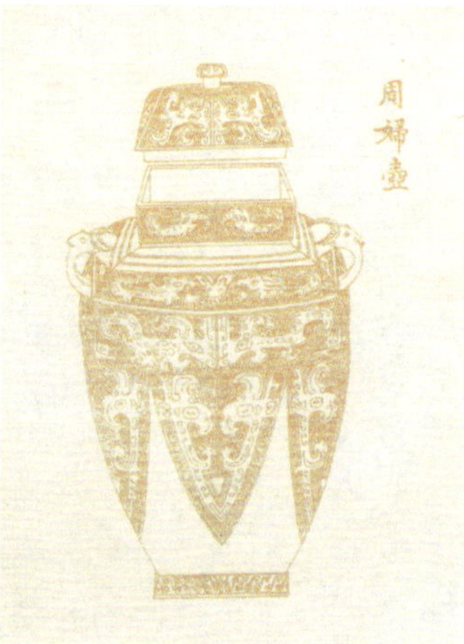

图 3-4-175
“周妇壶”笺

图 3-4-176
“周夔凤壶”笺

图 3-4-177
“汉瓠壶”笺

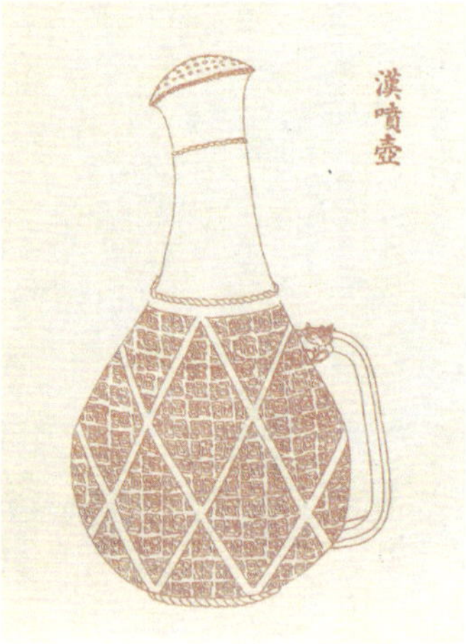

图 3-4-178
“汉喷壶”笺

另，荣宝斋制玉敦笺，上题：“图小于器，十分之七，玉色纯白如象牙，此陕西凤翔出土器。”

以下三通手札亦属于食器博物笺：

陈士杰（1825—1893）致郭嵩焘手札，叔匜笺，笺纸样式为翰宝斋摹古叔匜笺。

茅盾（1896—1981）致舒新城手札，笺纸样式为清秘阁制冰鉴笺。

吴慰祖手札，冰鉴笺。

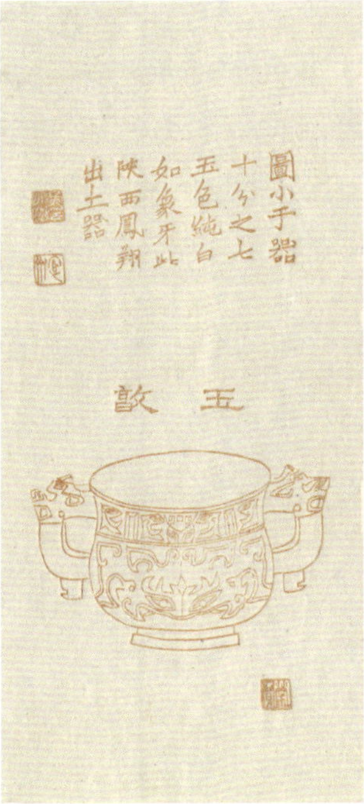

图 3-4-179
荣宝斋制玉敦笺

图 3-4-180
陈士杰致郭嵩焘手札

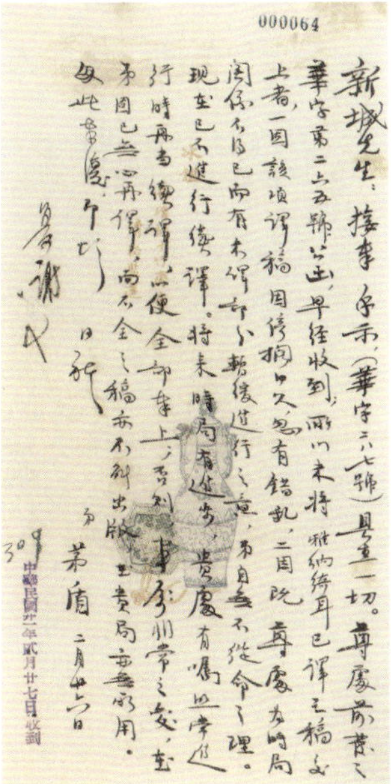

图 3-4-181
茅盾致舒新城手札

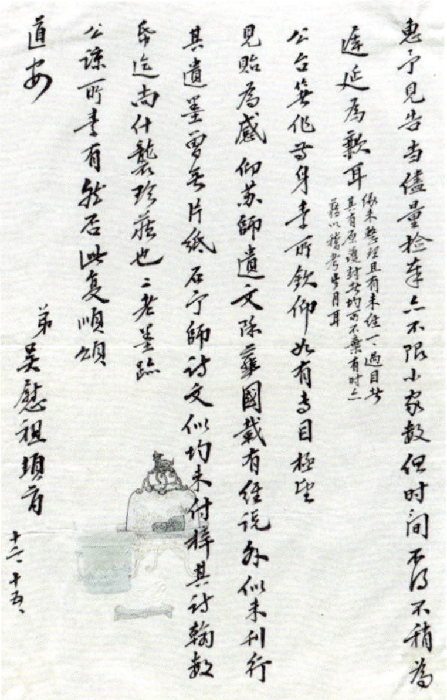

图 3-4-182
吴慰祖手札

五、文具

中国古代“文房四宝”即笔、墨、纸、砚。

明曹昭《格古要论》将文房用具分为十三类，即通常所说的“文房十三宝”：古铜器、古画、古墨迹、古碑法帖、古琴、古砚、珍奇、金铁、古窑器、古漆器、锦绮、异木、异石。

明末屠隆《文具雅编》将文房用具拓展至四十五种，即笔格（笔山、笔架）、砚山、笔床、笔屏、笔筒、笔船、笔洗、笔掭、水中丞（水盂）、水注（砚滴）、砚匣（砚盒）、墨匣（墨盒）、印章、书匣、印色池、糊斗、蜡斗、镇纸、压尺、秘阁（臂搁）、贝光、叆叇（眼镜）、裁刀、剪刀、途利、书灯、香橼盘、布泉、钩、箫、麈、如意、禅灯、诗筒葵笺、韵牌、五岳图、花尊、钟、磬、数珠、钵、番经、镜、轩辕镜、剑。

（一）文房用具

七幅。汉角端砚滴、汉鸠镇、汉兽环洗、汉蟠夔洗、唐牺形表座、汉博山炉一、唐蟠螭炉。

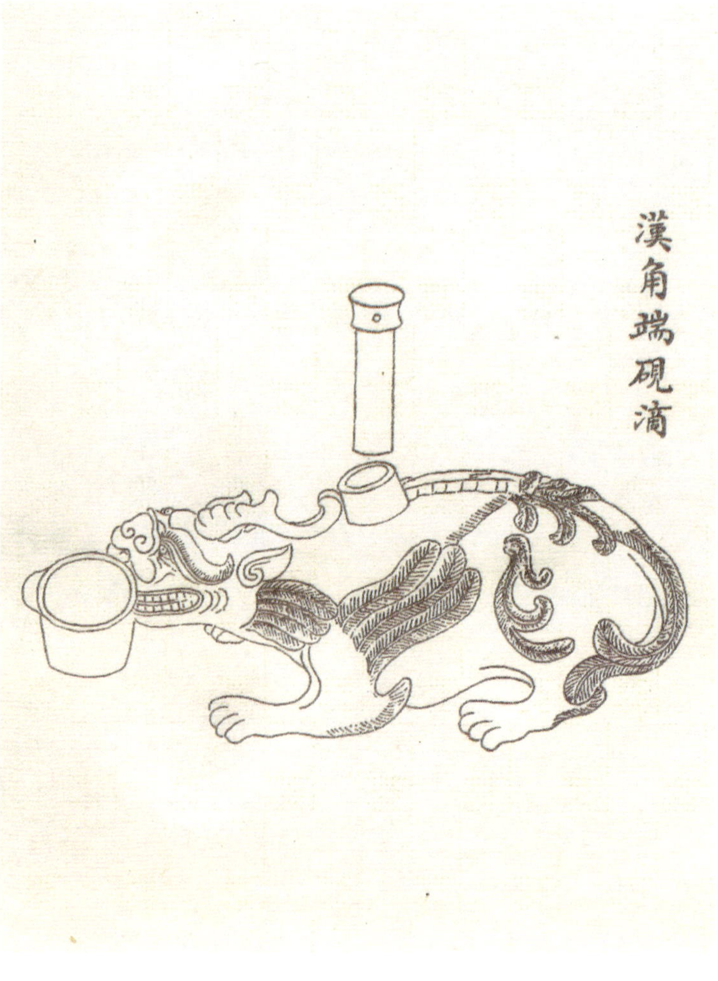

图 3-4-183
“汉角端砚滴”笺

图 3-4-184
“汉鸠镇”笺

图 3-4-185
“唐牺形表座”笺

图 3-4-186
“汉兽环洗”笺

图 3-4-187
“汉蟠夔洗”笺

图 3-4-188
“汉博山炉一”笺

图 3-4-189
“唐蟠螭炉”笺

（二）清秘阁文房笺

七幅。

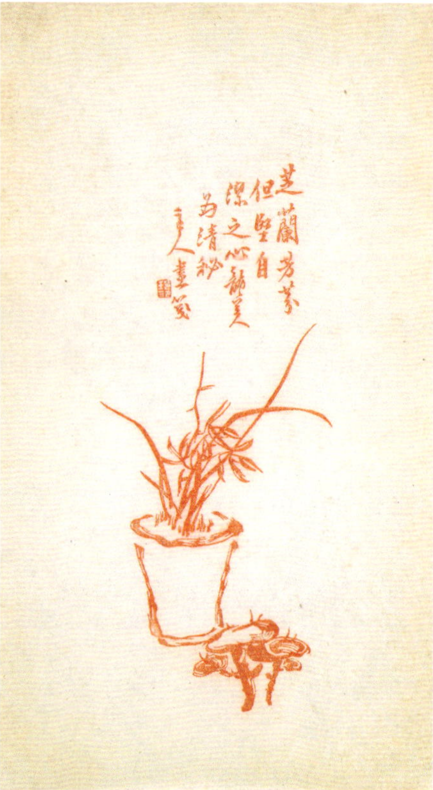

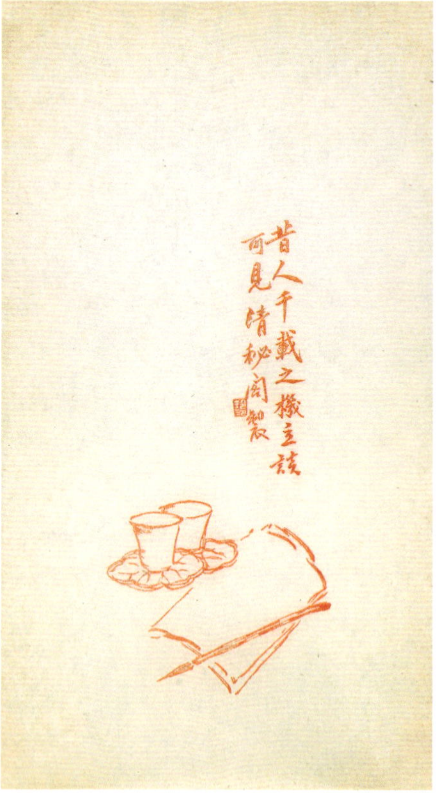

图 3-4-190—图 3-4-196
清秘阁文房笺

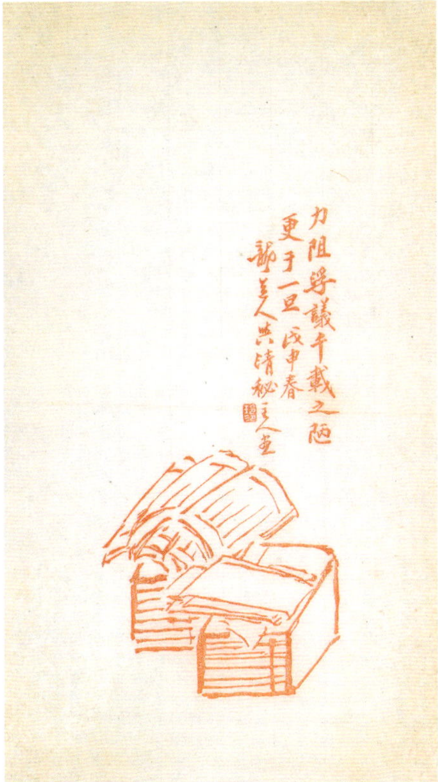

（三）荣宝斋制文房笺

四幅。

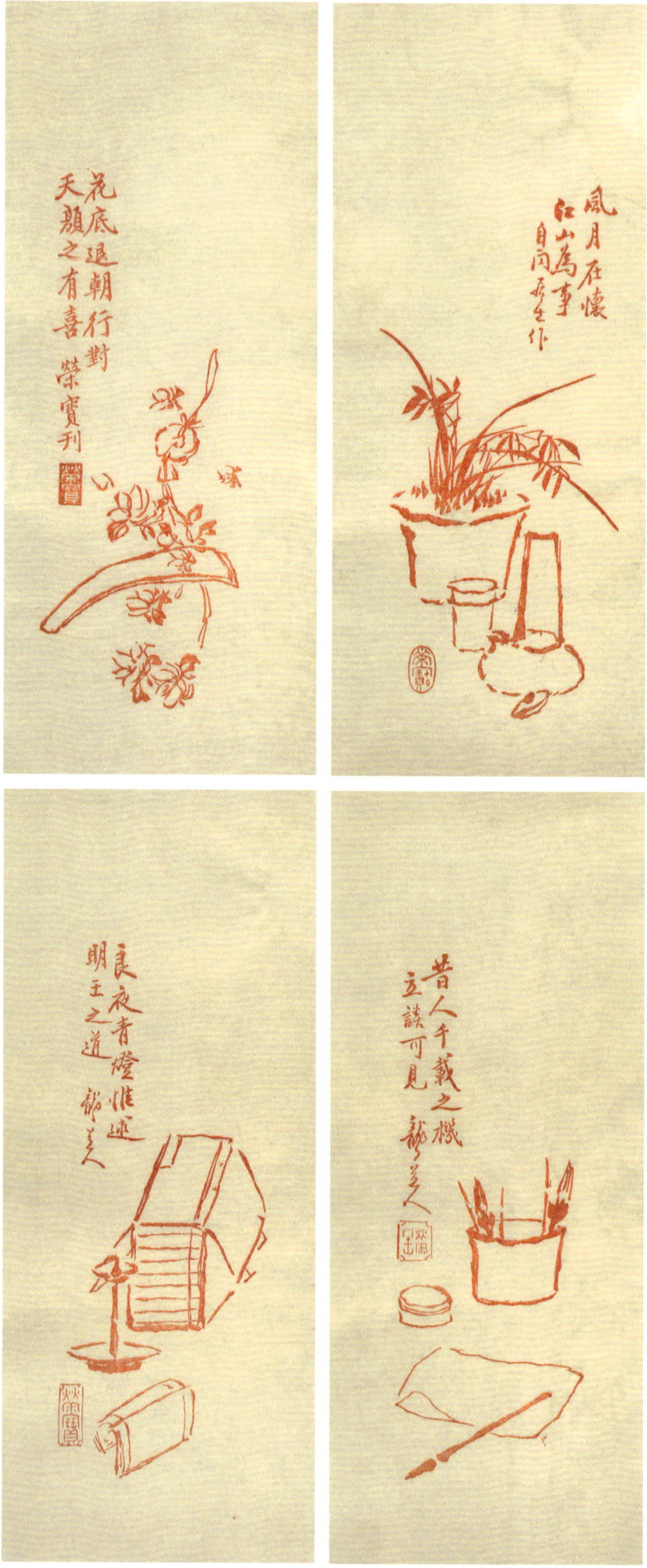

图 3–4–197—
图 3–4–200
荣宝斋制文房笺

（四）砚笺

民国二十一年（1932）故宫博物院制砚谱笺。

《西清砚谱》摹绘元代虞集澄泉结翠砚。故宫博物院制版，有正面、背面、侧面三幅。

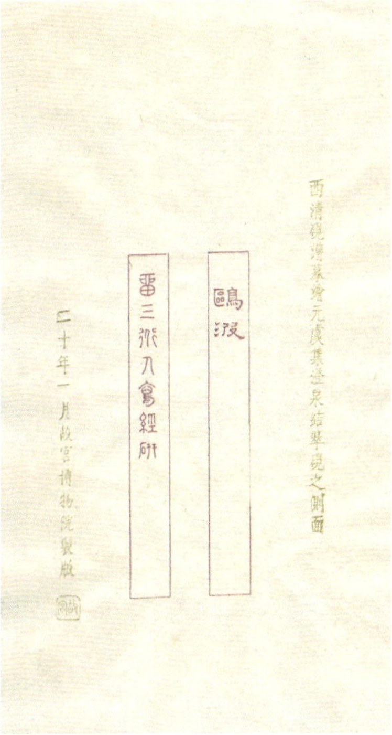

图 3-4-201
澄泉结翠砚正面

图 3-4-202
澄泉结翠砚背面

图 3-4-203
澄泉结翠砚侧面

《西清砚谱》摹绘宋代苏轼结绳砚。故宫博物院制版，有正面、背面二幅。

《西清砚谱》摹绘宋代薛绍彭兰亭砚。故宫博物院制版，有正面、背面、侧面、背文四幅。

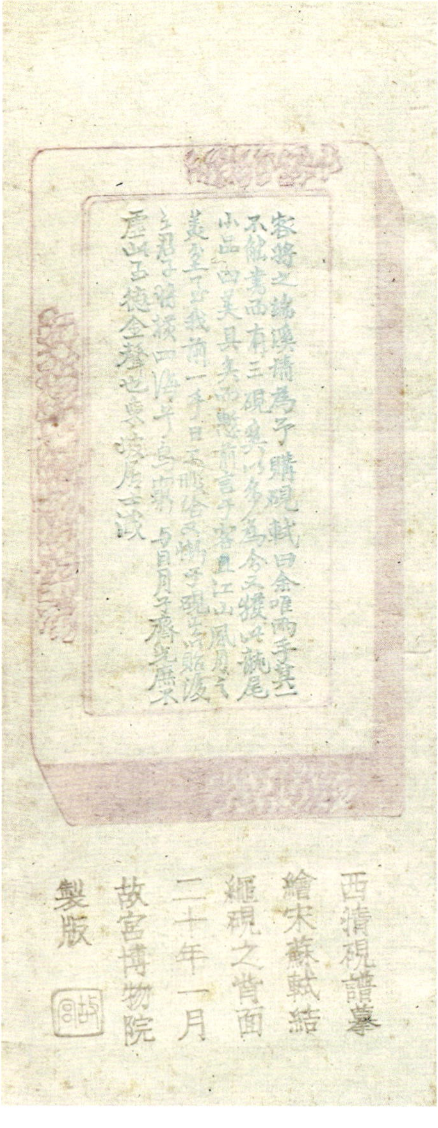

图 3-4-204、
图 3-4-205
苏轼结绳砚正面、背面

图 3-4-206、
图 3-4-207
兰亭砚正面、
背面

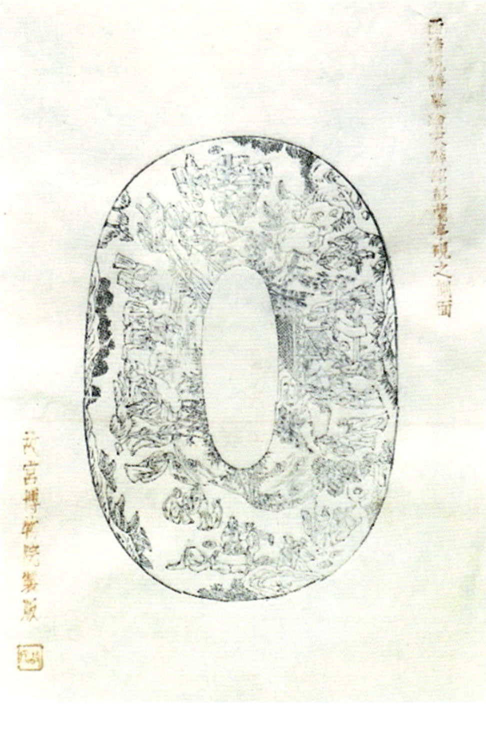

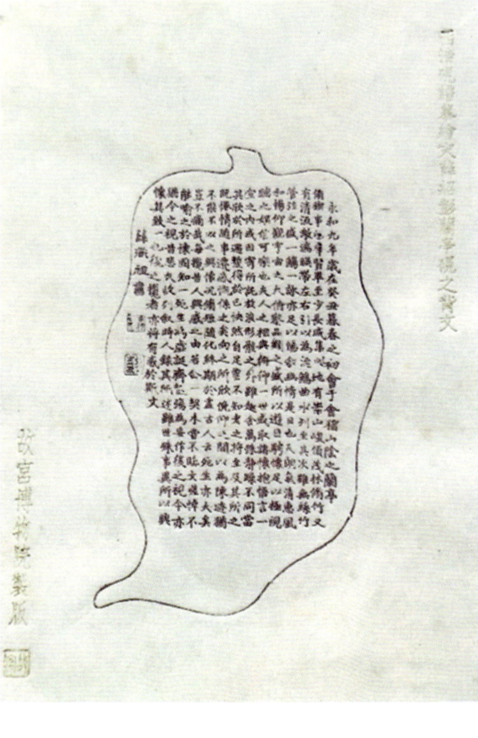

图 3-4-208、
图 3-4-209
兰亭砚侧面、
背文

《西清砚谱》摹绘宋代郑思肖砚之背面。宝文斋德记制版。

《西清砚谱》摹绘元代虞集澄泉结翠砚之背面。宝文斋德记制版。

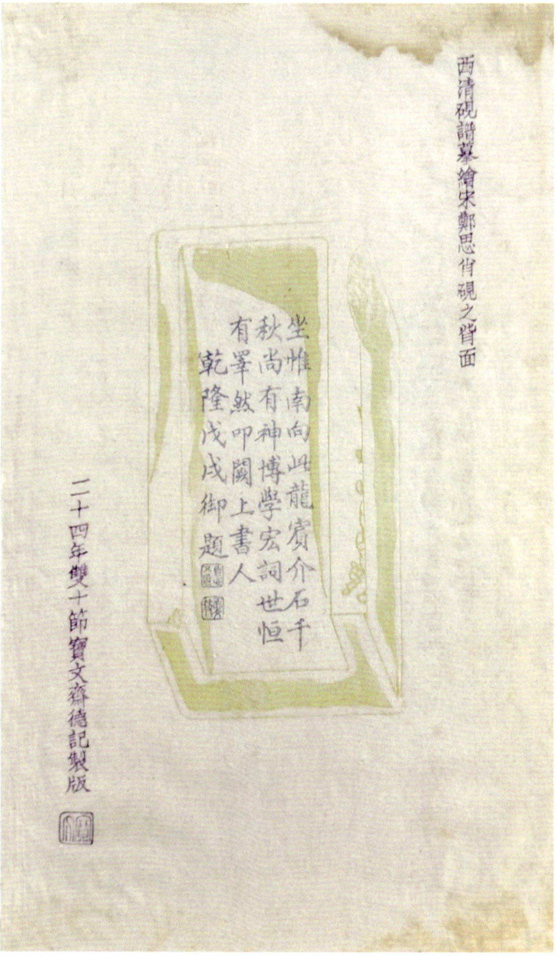

图 3-4-210
郑思肖砚背面

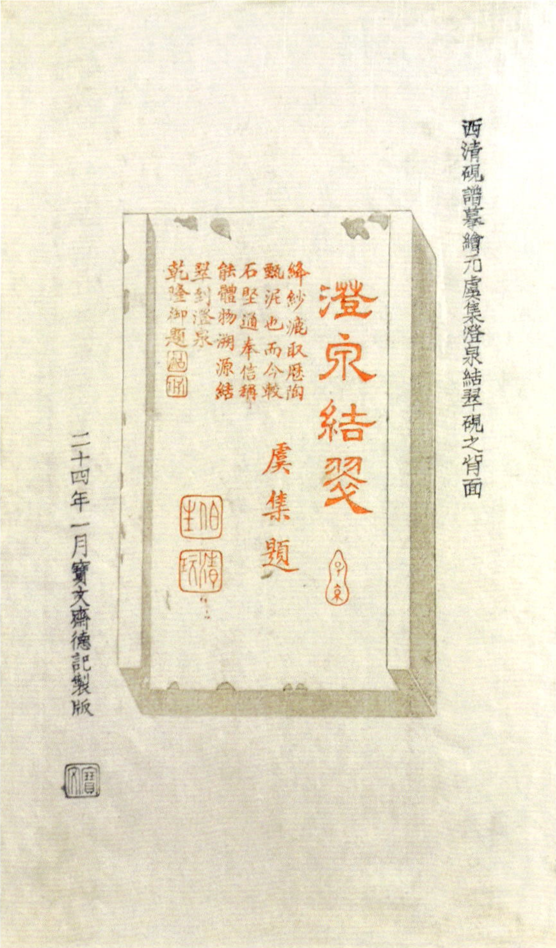

图 3-4-211
澄泉结翠砚背面

纪晓岚砚拓笺二幅。九十九研之一研斋制笺。

图 3-4-212、图 3-4-213
纪晓岚砚拓笺

《西清砚谱》摹绘元澄泥龙珠砚正背面图、汉砖石渠砚正面图、旧澄泥卷荷砚正面图、汉砖虎伏砚盖外面图、汉砖虎伏砚正面图、汉铜雀瓦砚正面图（两幅）、唐石渠砚正面图、唐澄泥六螭石渠砚正面图，共十幅。

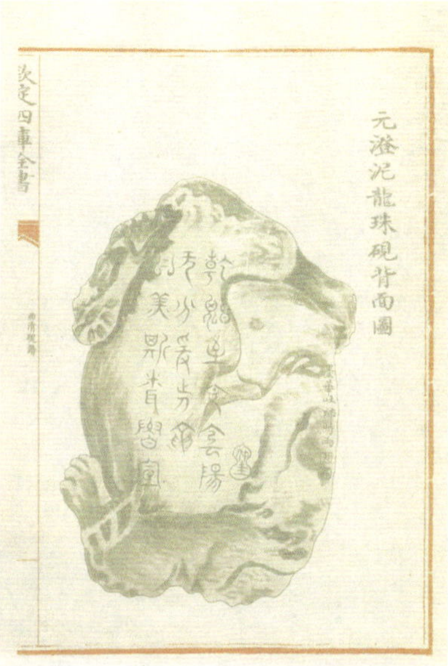

图 3-4-214、图 3-4-215
元澄泥龙珠砚正面图、背面图

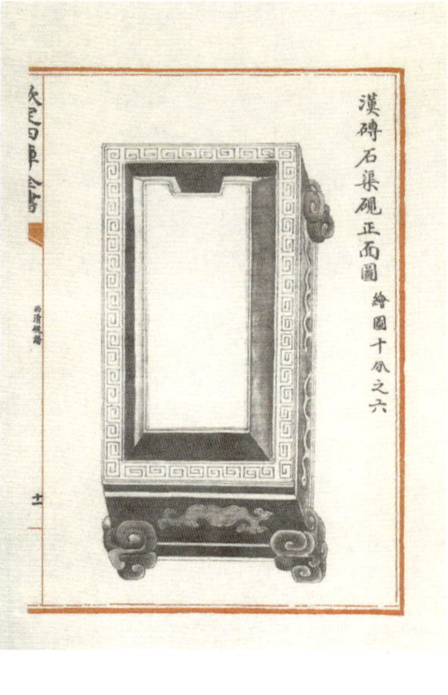

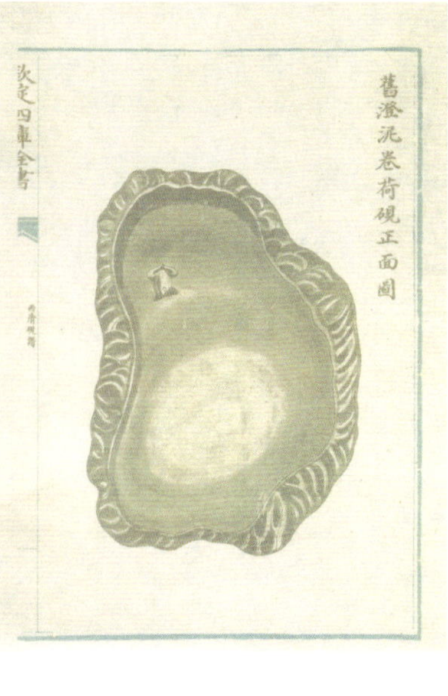

图 3-4-216
汉砖石渠砚正面图

图 3-4-217
旧澄泥卷荷砚正面图

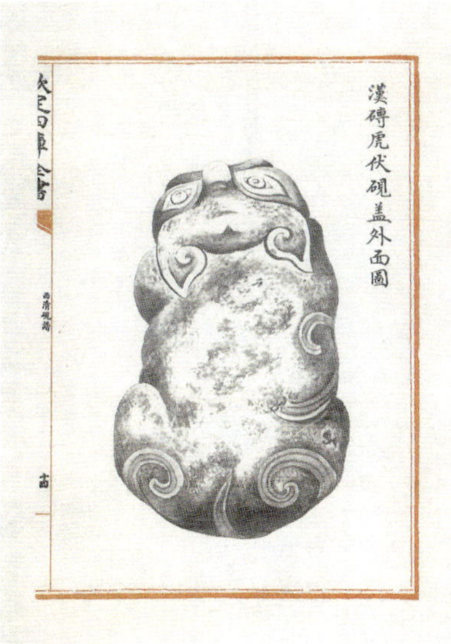

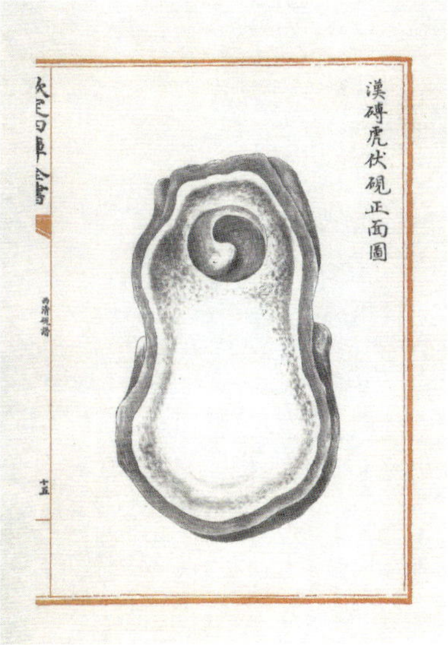

图 3-4-218、图 3-4-219
汉砖虎伏砚盖外面图、
砚正面图

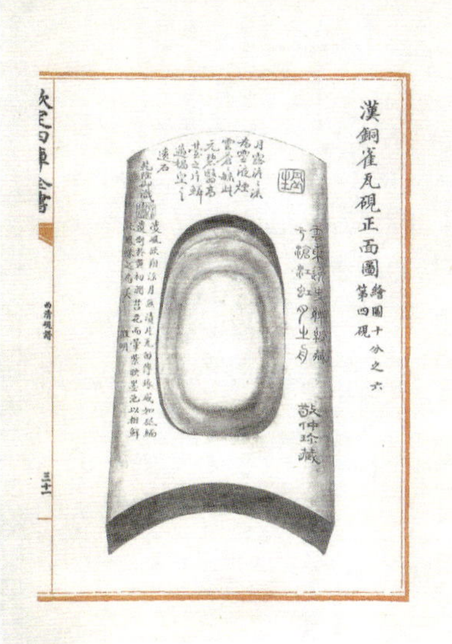

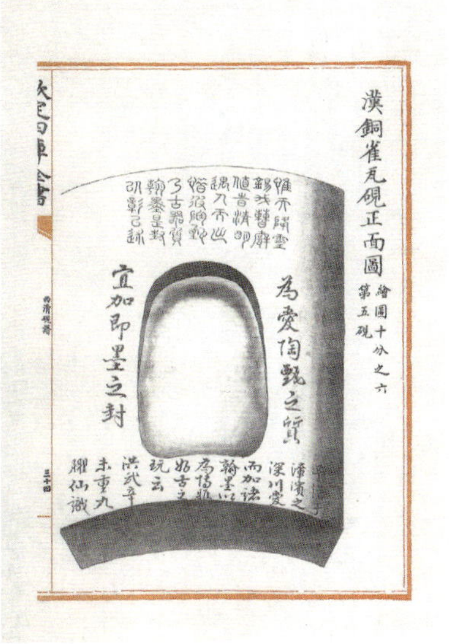

图 3-4-220、图 3-4-221
汉铜雀瓦砚正面图

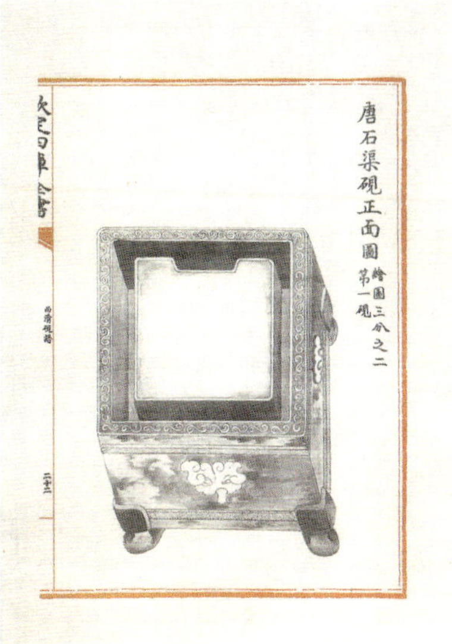

图 3-4-222
唐石渠砚正面图

图 3-4-223
唐澄泥六螭石渠砚正面图

（五）东来义制文房清供笺

包括“小斋清品沁诗肠”“奇石寿千古，好花春回时”“芸阁香凝大吉芊”“凌波春晓”笺，共四幅。

另，东来义制铜镜笺、薰炉笺、灯笺、镦笺，见汪鸣銮[①]尺牍。

图 3-4-224
“小斋清品沁诗肠”笺

图 3-4-225
“奇石寿千古，好花春回时”笺

图 3-4-226
“芸阁香凝大吉芊”笺

图 3-4-227
“凌波春晓”笺

① 汪鸣銮（1839—1907），字柳门，号郎亭，室名能自强斋、万宜楼。浙江钱塘（今杭州）人。同治四年（1865）进士，后在杭州诂经精舍、敷文书院担任主讲。精于《说文》之学，工书法，擅篆书。

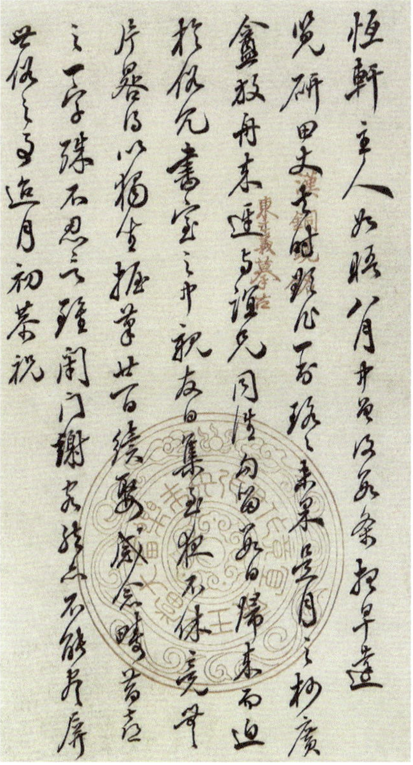

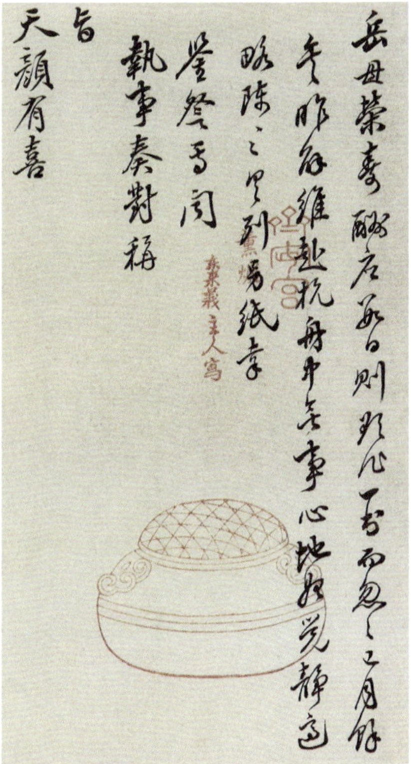

图 3-4-228
汪鸣銮尺牍
铜镜笺

图 3-4-229
汪鸣銮尺牍
薰炉笺

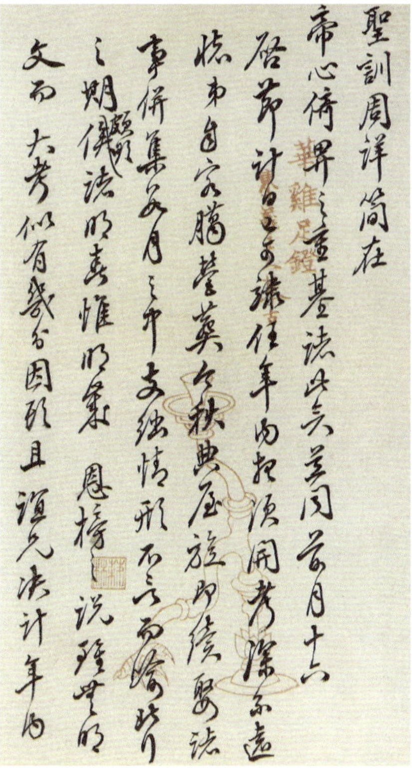

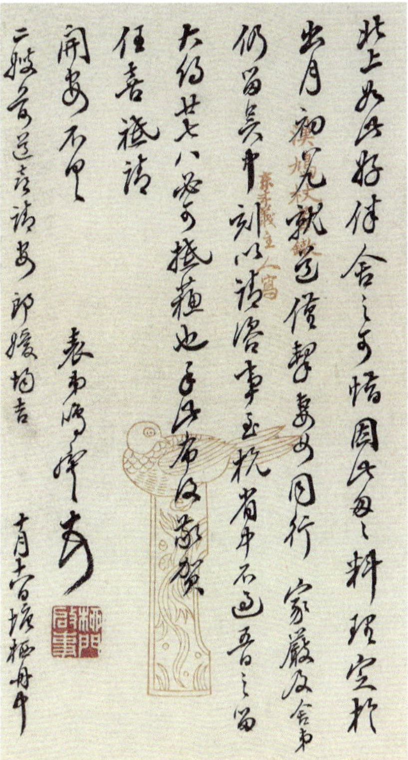

图 3-4-230
汪鸣銮尺牍
灯笺

图 3-4-231
汪鸣銮尺牍
镦笺

（六）镜笺

包括“汉尚方鉴”“汉九子鉴”“汉海兽葡萄鉴”“唐十二辰鉴”“唐云涛鉴”笺，共五幅。

另，“汉愿长相思镜”笺，松华斋摹古，见李鸿章尺牍。

图 3-4-232
“汉尚方鉴”笺

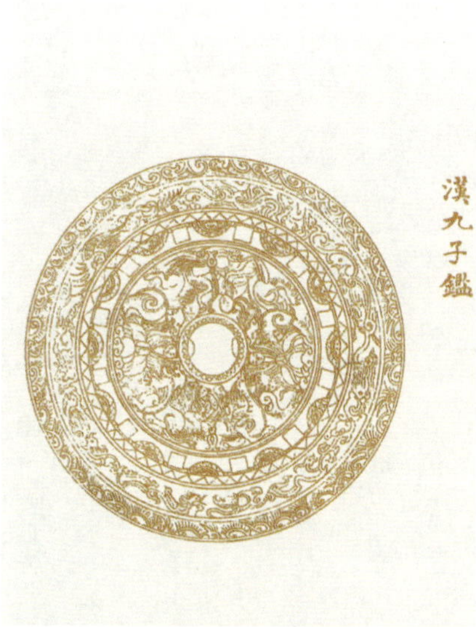

图 3-4-233
“汉九子鉴”笺

图 3-4-234
“汉海兽葡萄鉴”笺

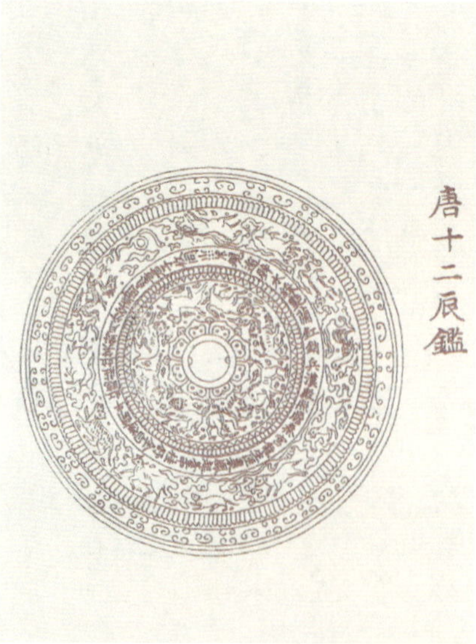

图 3-4-235
“唐十二辰鉴”笺

图 3-4-236
“唐云涛鉴”笺

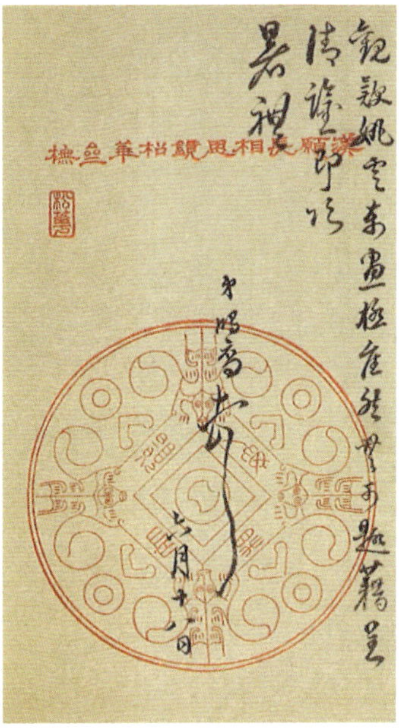

图 3-4-237
“汉愿长相思镜”笺

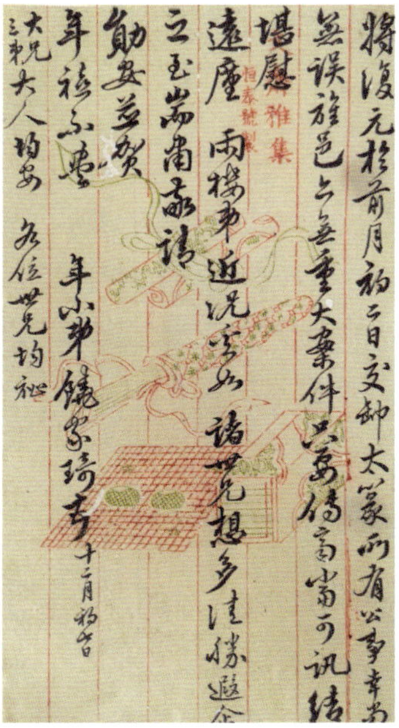

图 3-4-238
恒泰号制“文斋雅集”笺

（七）恒泰号制“文斋雅集”笺

见饶家琦致琴翁尺牍。饶家琦，四川开州人，清道光甲辰举人，官至滁州知州。笺上印有八行朱丝栏、卷轴书画、一函经书、一副围棋。

（八）陈玉树[①]制磁笔架笺

见郑文焯[②]尺牍。笔架又称笔山，题款为“建文磁笔架，惕庵摹刻”。

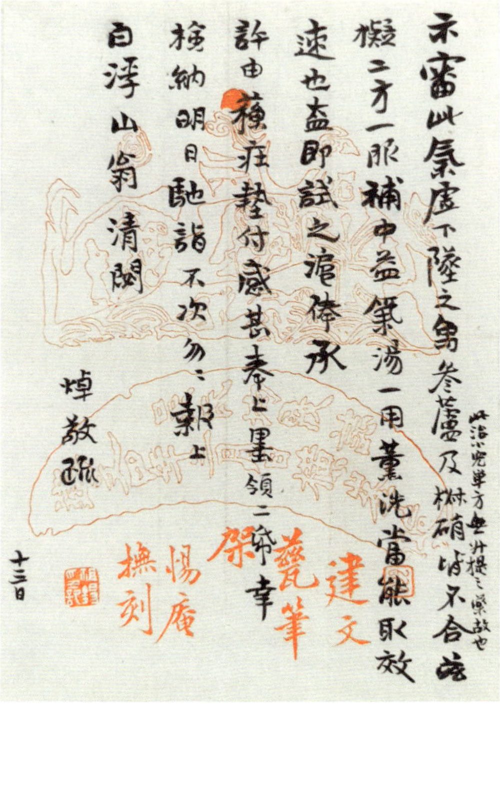

图 3-4-239
郑文焯尺牍

① 陈玉树（1853—1906），字惕庵，后更名玉澍，江苏盐城人，曾任尚志书院院长。平日常以“不受一自辱之钱，不作一近耻之事”自勉，又以曾参的“少讽诵、壮议论、老教诲”与弟子相勉。

② 郑文焯（1856—1918），幼名豫格，字俊臣，号小坡、叔问，别号瘦碧、樵风客、冷红，晚号大鹤山人，室名大鹤山房、冷红簃、瘦碧庵、樵风园。奉天（今辽宁）铁岭人。光绪元年（1875）举人，后授学于苏州存古学堂。精于诗词，通音律，兼擅书画、金石、医学。著有《大鹤山房全集》。

（九）印章笺

“结庆呈羊”印章笺。印文内容为：唐人张文句“结庆呈羊”，超然台东坡“风月之夕”，咏气赋“与时消息”。

另，程寿保尺牍。笺上印有狮纽立方章、小铜钟等。

李元度[①]致静仁四封尺牍。

其一印文内容为：“亦足以畅叙幽情”“是日也”“天朗气清”“惠风和畅”“仰观宇宙之大”。

其二印文内容为：“陋室铭”“山不在高”“有仙则名”“水不在深”“有龙则灵”。

其三印文内容为：“斯是陋室”“惟吾德馨”“苔痕上阶绿”“草色入帘青”“谈笑有鸿儒”。

其四印文内容为：“往来无白丁”“可以调素琴”“阅金经”“无丝竹之乱耳”“无案牍之劳形”。

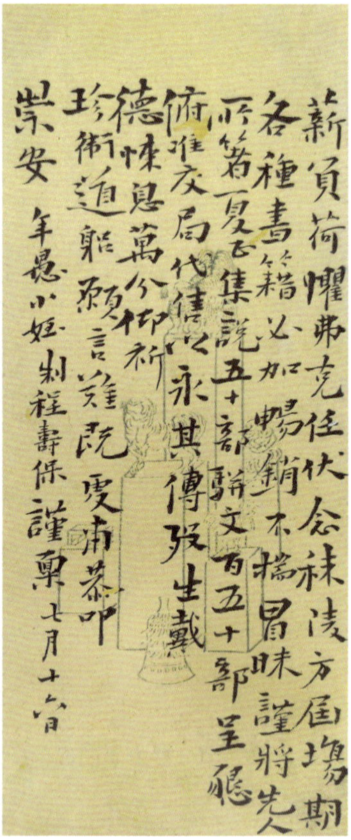

图 3-4-240、图 3-4-241
印章笺、程寿保尺牍

① 李元度（1821—1887），字次青，又字笏庭，自号天岳山樵，晚号超然老人，湖南平江人，晚清史学家，著有《国朝先正事略》。

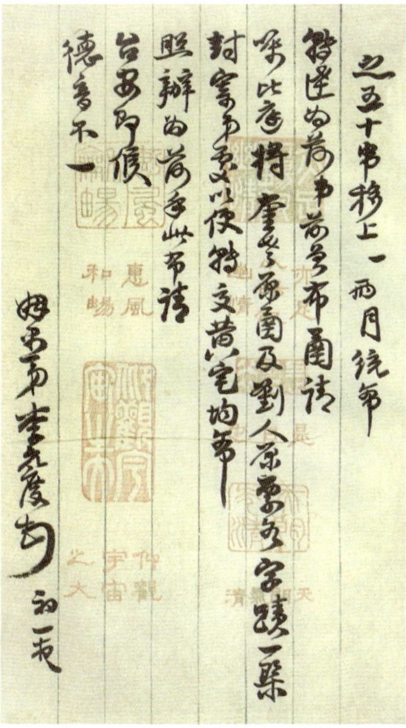
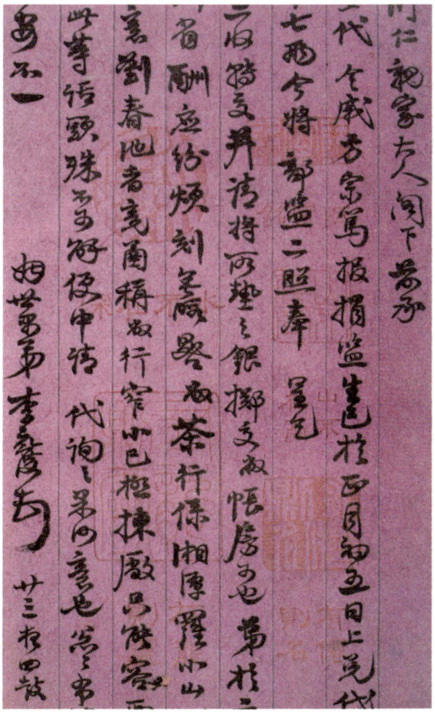
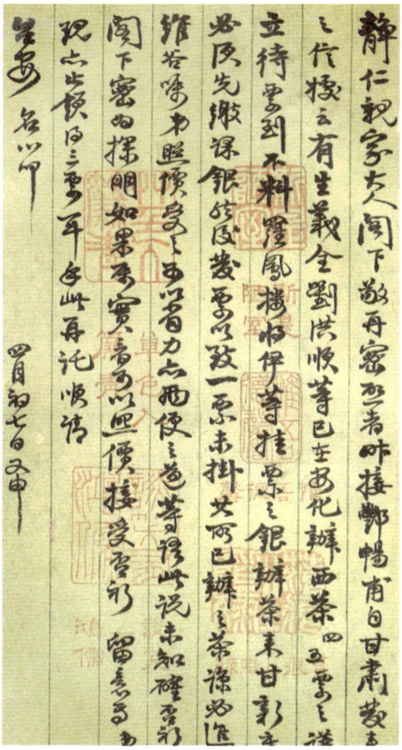
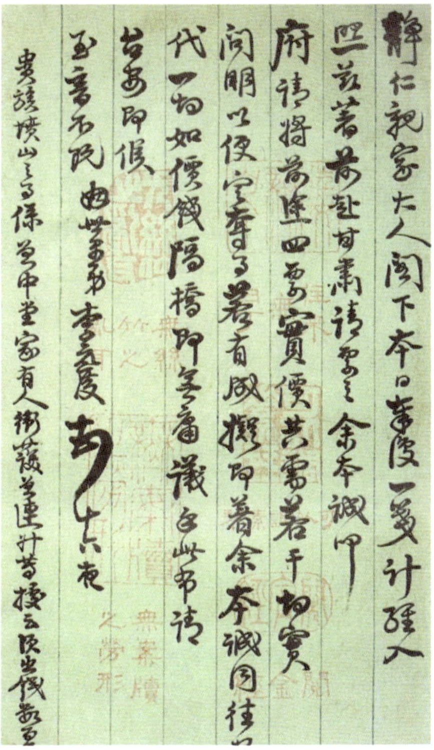

图 3-4-242—图 3-4-245
李元度致静仁尺牍

（十）碑帖笺

双钩文字笺，见谭泽闿致舒新城尺牍。此信写于瓶庐居士“虎”字双钩文字笺上。

蒋维乔[①]致舒新城尺牍。此信写于集汉樊敏碑字“遐思”双钩文字笺上。

陈叔通[②]致金兆梓尺牍。此信写于“马”字双钩文字笺上。

罗根泽[③]致舒新城尺牍。此信写于“勿忘国耻”双钩文字笺上。

汪曾武[④]自制双钩文字笺。红七格，上印有双钩“援翰遗词以遣我怀”八字，题款为“集唐张仲远志”，署“君刚”。

另，汪曾武自制双钩文字笺，红六格，上印双钩“正词是赠相善不朽”，题款为“唐张中阳志铭”，署“君刚”。信署“鹣厂”。

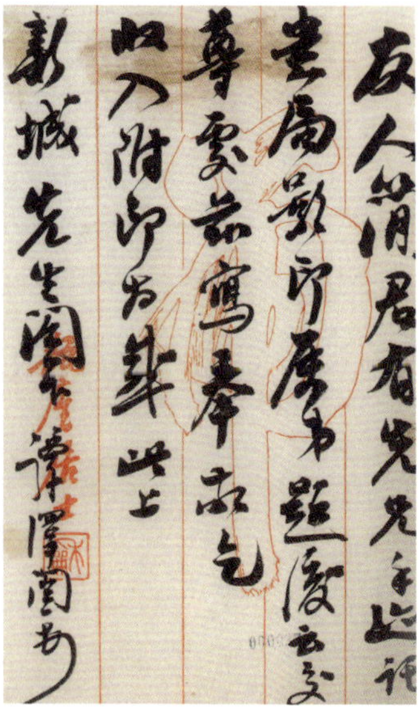

图 3-4-246
“虎”字双钩文字笺

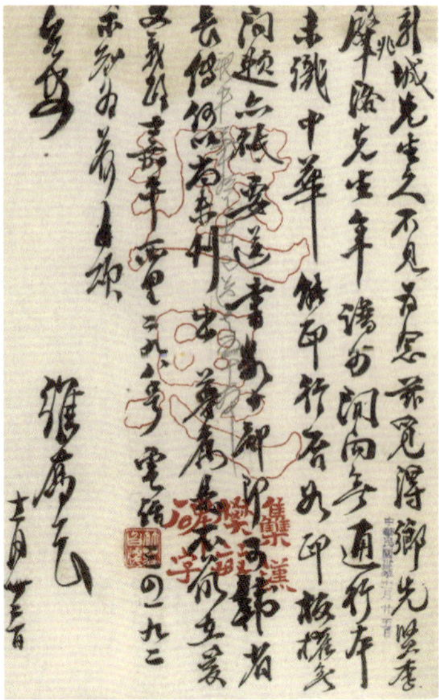

图 3-4-247
“遐思”双钩文字笺

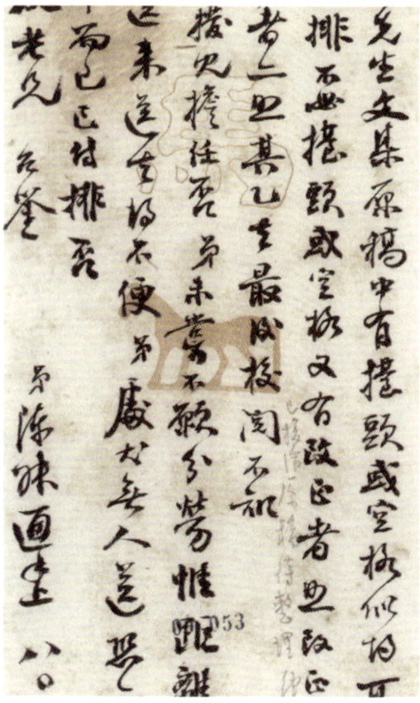

图 3-4-248
“马”字双钩文字笺

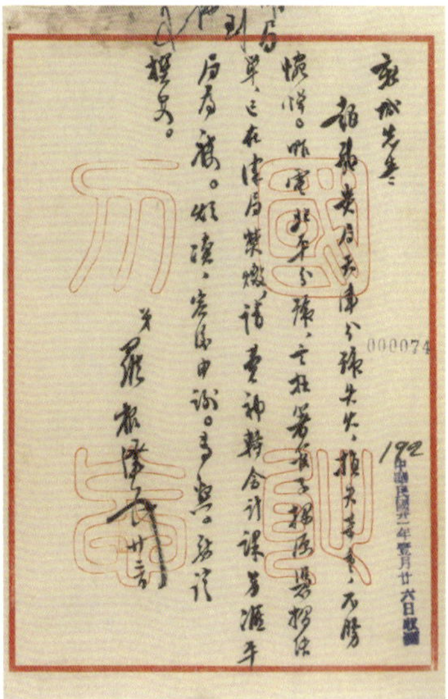

图 3-4-249
“勿忘国耻”双钩文字笺

① 蒋维乔（1873—1958），字竹庄，号因是子，江苏武进人，教育家、佛学家。著有《中国佛教史》。

② 陈叔通（1876—1966），名敬第，浙江杭州人，社会活动家。著有《百梅书屋诗存》。

③ 罗根泽（1900—1960），字雨亭，河北深州人，文学史家。代表作《中国文学批评史》。

④ 汪曾武（1864—1956），字仲虎，一字蜇云，号趣园，江苏太仓人。著有《鹣龛词》，一名《趣园味莼词》。

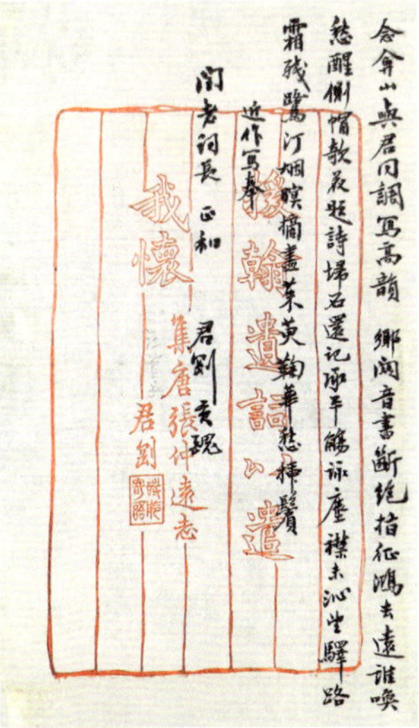

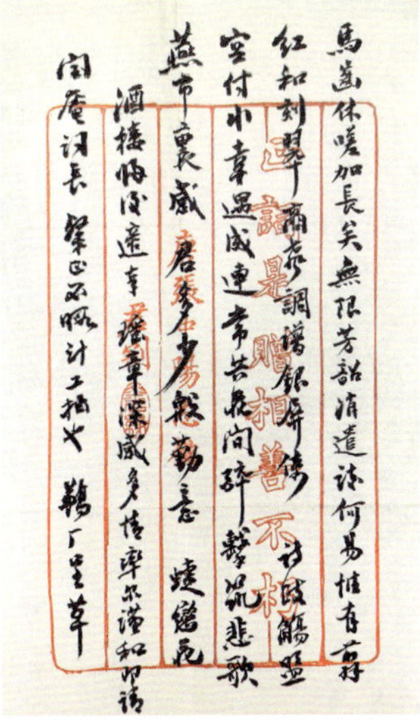

图 3-4-250、
图 3-4-251
汪曾武自制
双钩文字笺

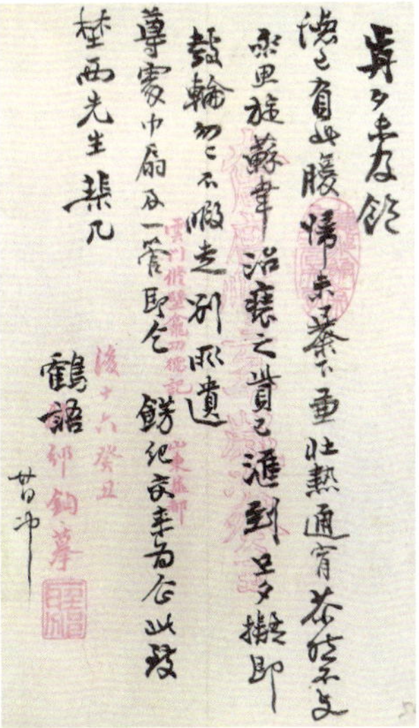

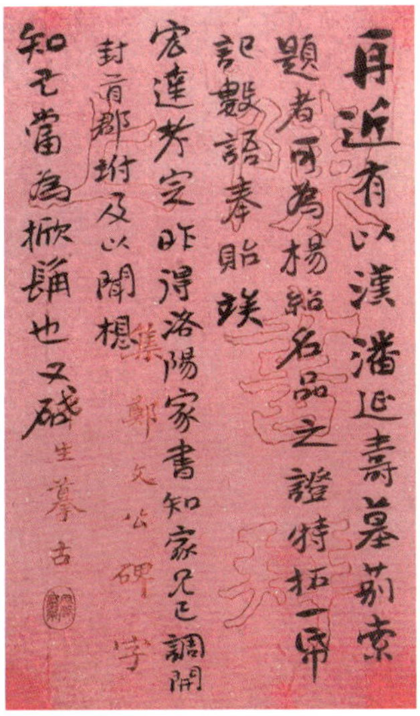

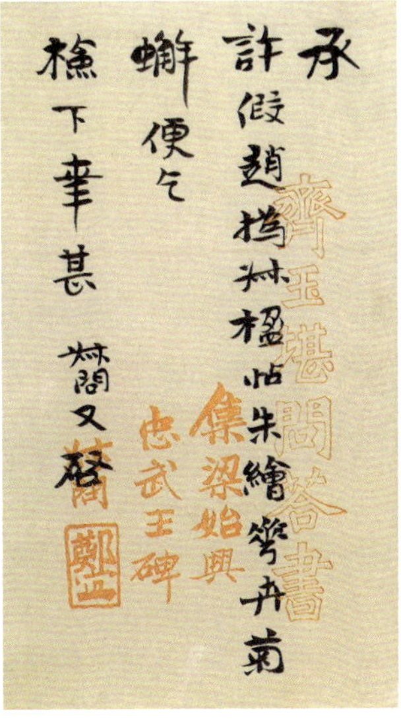

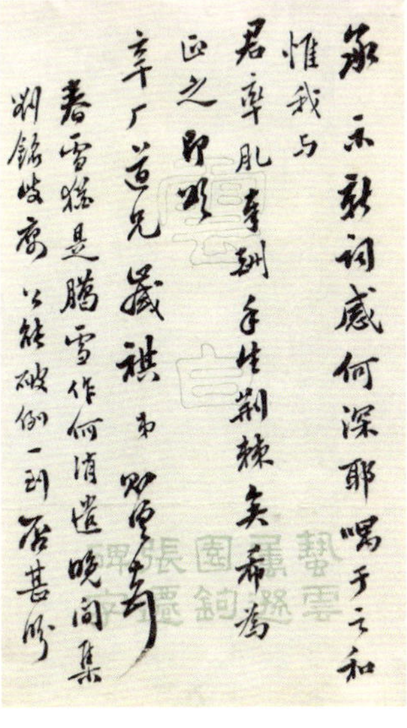

图 3-4-252—
图 3-4-255
郑文焯尺牍

郑文焯致埜西先生尺牍，署鹤语。“云门修壁龛功德记”笺上印“大周广顺三年岁次癸丑，《云门修壁龛功德记》，山东益都，后十六癸丑，听邠钩摹”。

郑文焯尺牍题款“集郑文公碑，佛生摹”。“陈书拜上”双钩文字笺。

郑文焯尺牍题款“集梁始兴忠武王碑”。印章“郑宜”。“齐玉堪问答书”双钩文字笺。

郑文焯尺牍题款“艺云属逊园钩张迁碑字”。“云白”双钩文字笺。

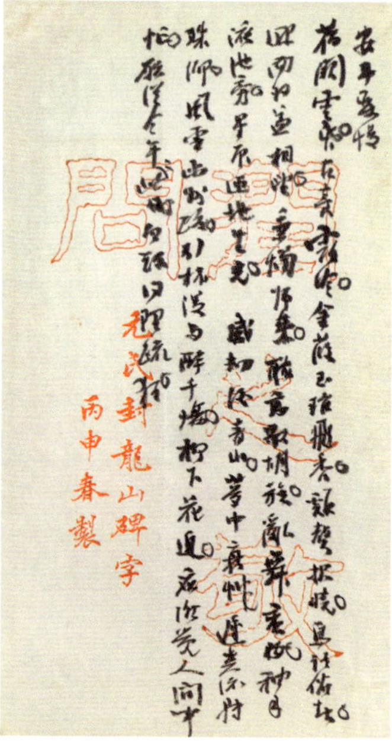

图 3-4-256
“元氏封龙山碑字”笺

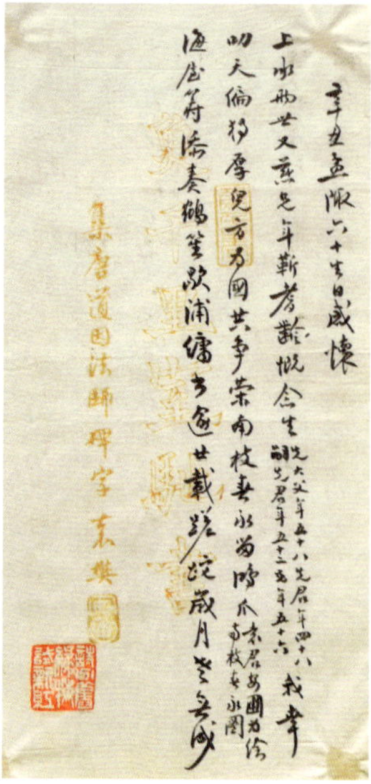

图 3-4-257
“鱼千里室驰书”双钩文字笺

洪汝闿尺牍。“元氏封龙山碑字”笺上印双钩“润之敬问”四个红字，题款为“元氏封龙山碑字，丙申春制”。

徐咏绯诗笺。“鱼千里室驰书”双钩文字笺。题款“集唐道因法师碑字，袁樊”。

“太岁丁未”双钩文字笺。题款“太岁丁未”。

缪荃孙[①]致盛宣怀尺牍。笺纸题款“唐贾公祠碑甲寅岁玨邠摹”。“大唐开元二年岁次甲寅”双钩文字笺。

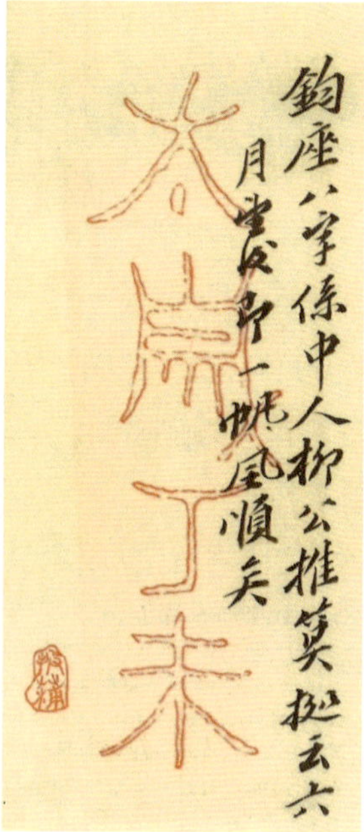

图 3-4-258
“太岁丁未”双钩文字笺

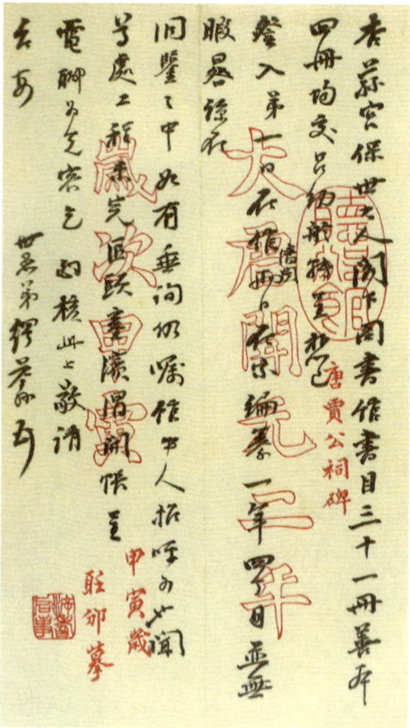

图 3-4-259
“大唐开元二年岁次甲寅”双钩文字笺

① 缪荃孙（1844—1919），字炎之，又字筱珊，晚号艺风老人，又号江东老蟫，室名艺风堂、云自在龛、对雨楼。江苏江阴申港镇缪家村人。中国近代藏书家、金石家、目录学家、教育家。光绪二年（1876）进士。先后入吴棠、张之洞幕府，协助张编成《书目答问》。精通金石碑帖、版本目录之学。创建中国近代图书馆。著有《艺风堂藏书记》《艺风堂金石文字目》《艺风堂文集》《续碑传集》《藕香零拾》《清学部图书馆善本书目》，辑有《辽文存》《云自在龛丛书》等。

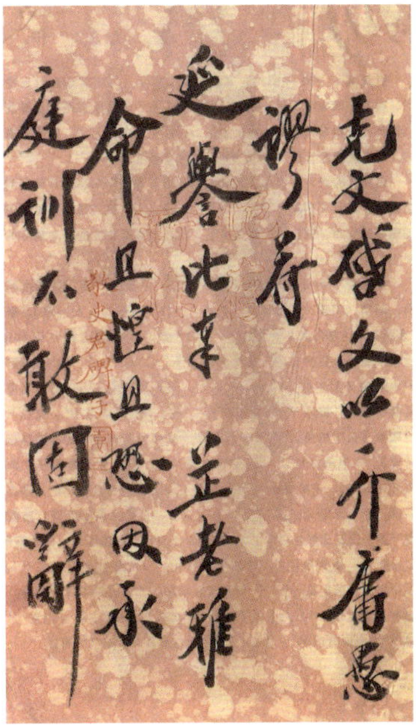

图 3-4-260
袁克文致周肇祥尺牍

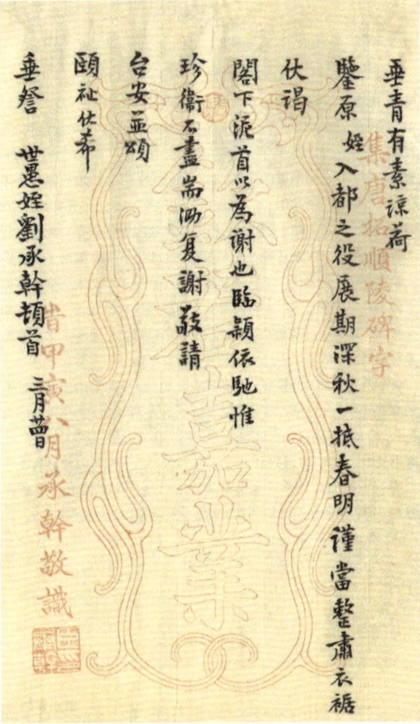

垂青有素諒荷
鑒原 姪入都之役展期深秋一抵春明謹當整肅衣裾
伏謁
閣下泥首以為謝也臨穎依馳惟
珍衛不盡嵩泐復謝敬請
台安 並頌
頤祉 伏希
垂詧 世愚姪劉承幹頓首

图 3-4-261
刘承干致周肇祥尺牍

袁克文致周肇祥尺牍。笺纸题款“敬史君碑字”。“抱存所作”双钩文字笺。

刘承干[①]致周肇祥尺牍。“钦若嘉业”双钩文字笺。

金钺[②]致王赓纶尺牍。“齐陈曼不康肇堇经”双钩文字笺。

梁启超尺牍三幅：

双钩文字“寄信岁在癸丑”笺，为文美斋制兰亭笺一。

双钩文字“岁在癸丑修禊之文”笺，为文美斋制兰亭笺三。

双钩文字“岁在癸丑国风寄怀”笺，为文美斋制兰亭笺四。

双钩文字“为知者道”笺。

双钩文字“吉利史十万”笺。

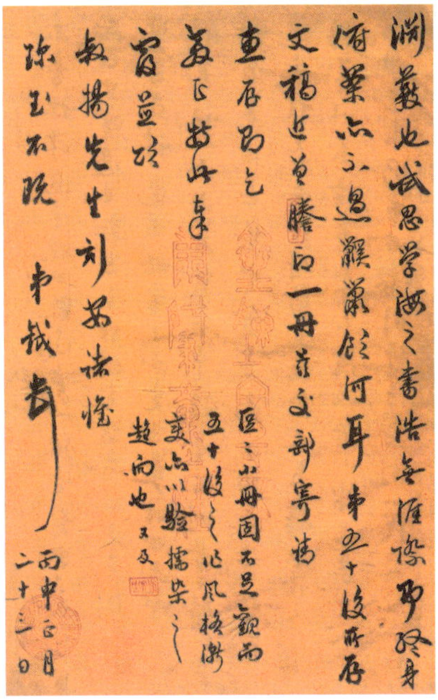

图 3-4-262
金钺致王赓纶信笺

图 3-4-263
陈曼簠铭文拓片

① 刘承干（1881—1963），字贞一，号翰怡。浙江吴兴（今湖州）人。辛亥革命后，迁居上海，以前清遗老自居，组织“淞社”雅集。刘承干的藏书印有“刘承干字贞一号翰怡”“翰怡欣赏”“求恕居士”“希古楼”“吴兴刘氏嘉业堂藏书印”“嘉业堂图书记”等。

② 金钺（1892—1972），字浚宣。天津人。辛亥革命后赋闲在家，以读书自娱，是天津遗民诗社俦社社友，创办天津保婴会。编著《屏庐文稿》《戊午吟草》等。金钺一生编刻天津地方文献数十种，对桑梓文化的保存和传播做出了重要贡献。

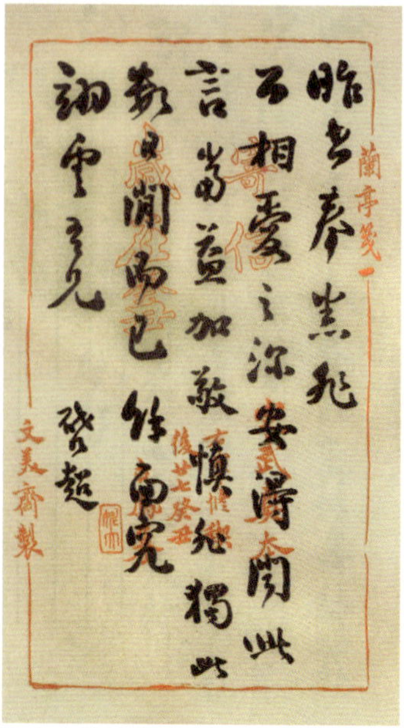

图 3-4-264
文美斋制兰亭笺一

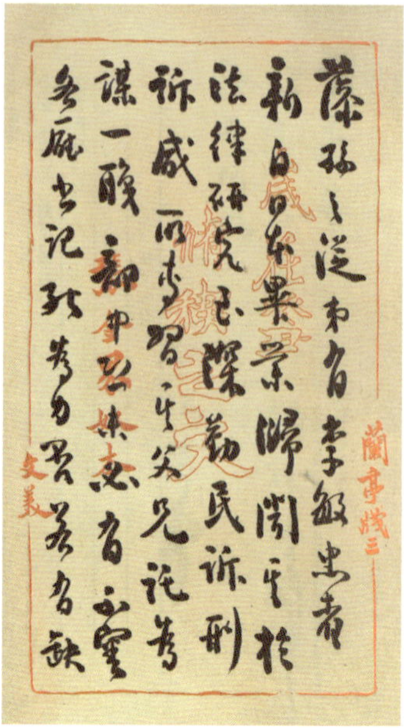

图 3-4-265
文美斋制兰亭笺三

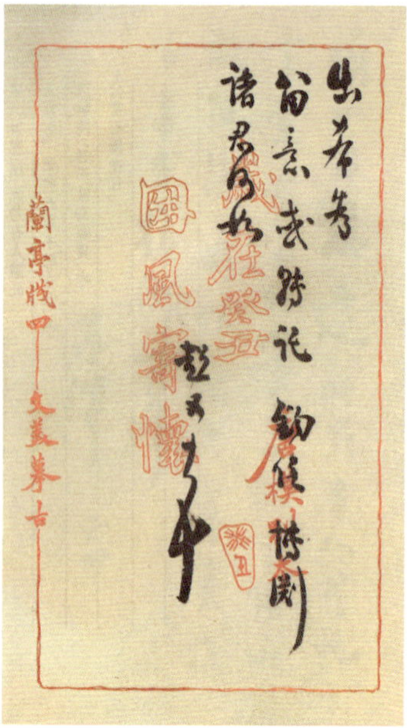

图 3-4-266
文美斋制兰亭笺四

图 3-4-267
双钩文字“为知者道”笺

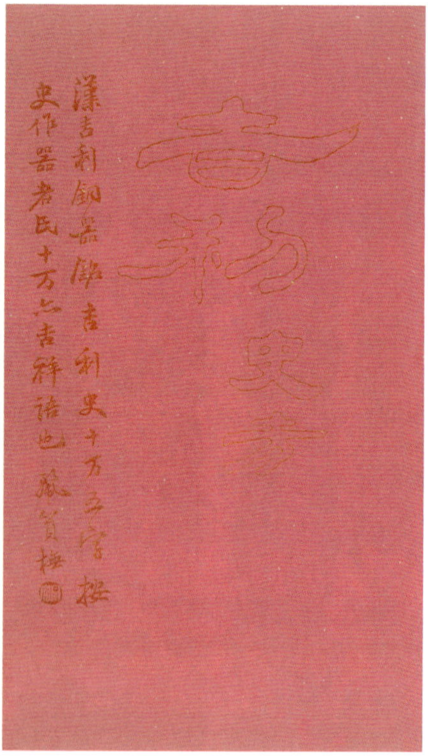

图 3-4-268
双钩文字“吉利史十万”笺

荣录制双钩文字笺三幅：鱼鳞、置邮、作答。

双钩文字“臣荅”笺，同文主人属。

双钩文字“熹平”笺，同文主人属。

双钩文字“臣请”笺。

双钩文字“无疆”笺，同文仁记。

双钩文字“嘉懿”笺，同文主人属。

双钩文字“如兰”笺。

双钩文字“举贺”笺，同文主人属。

双钩文字“言事”笺，同文仁记属。

图 3-4-269
双钩文字“鱼鳞”笺

图 3-4-270
双钩文字“置邮”笺

图 3-4-271
双钩文字“作答”笺

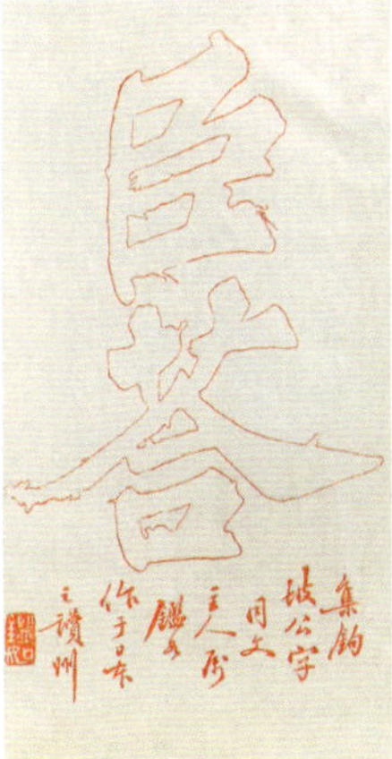

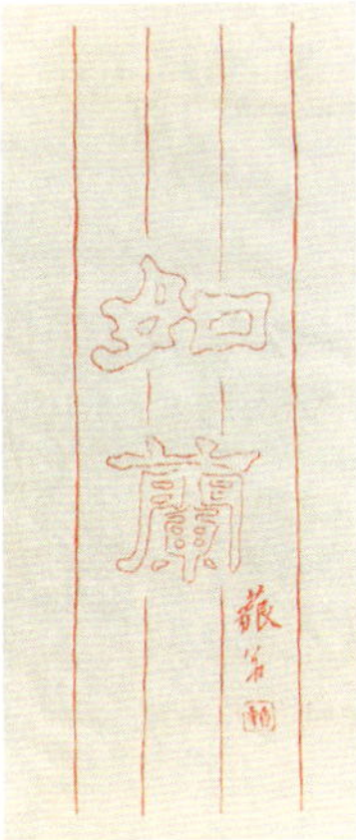

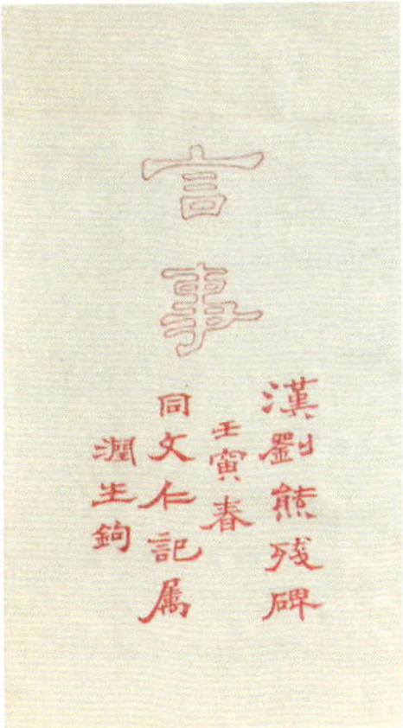

图 3-4-272
双钩文字“臣荅”笺

图 3-4-273
双钩文字“熹平”笺

图 3-4-274
双钩文字“臣请”笺

图 3-4-275
双钩文字“无疆”笺

图 3-4-276
双钩文字“嘉懿”笺

图 3-4-277
双钩文字“如兰”笺

图 3-4-278
双钩文字“举贺”笺

图 3-4-279
双钩文字“言事”笺

双钩文字“所乐在此”笺，同文主人属。

双钩文字“拜手上书”笺，文美斋。

双钩文字“顿首谨上”笺，集汉吴雄书孔庙碑字，话兰室勾勒。

双钩文字“忠实朴素”笺，履福笺。

荣宝斋制双钩文字笺八幅。

碑拓笺十二幅。

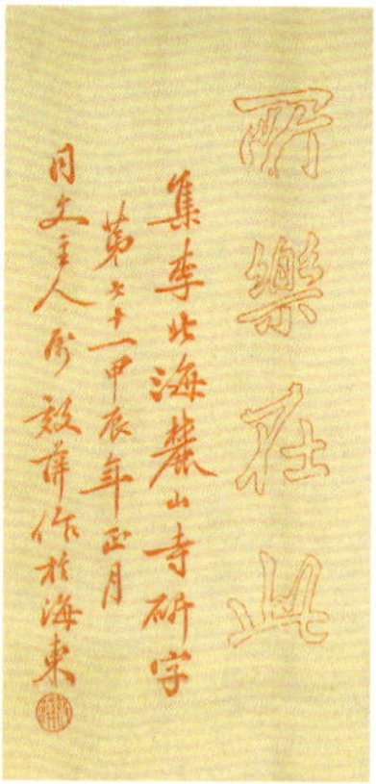

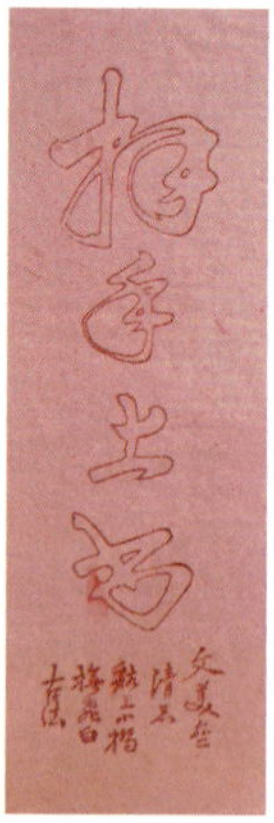

图 3-4-280
双钩文字“所乐在此”笺

图 3-4-281
双钩文字“拜手上书”笺

图 3-4-282
双钩文字“顿首谨上”笺

图 3-4-283
双钩文字“忠实朴素”笺

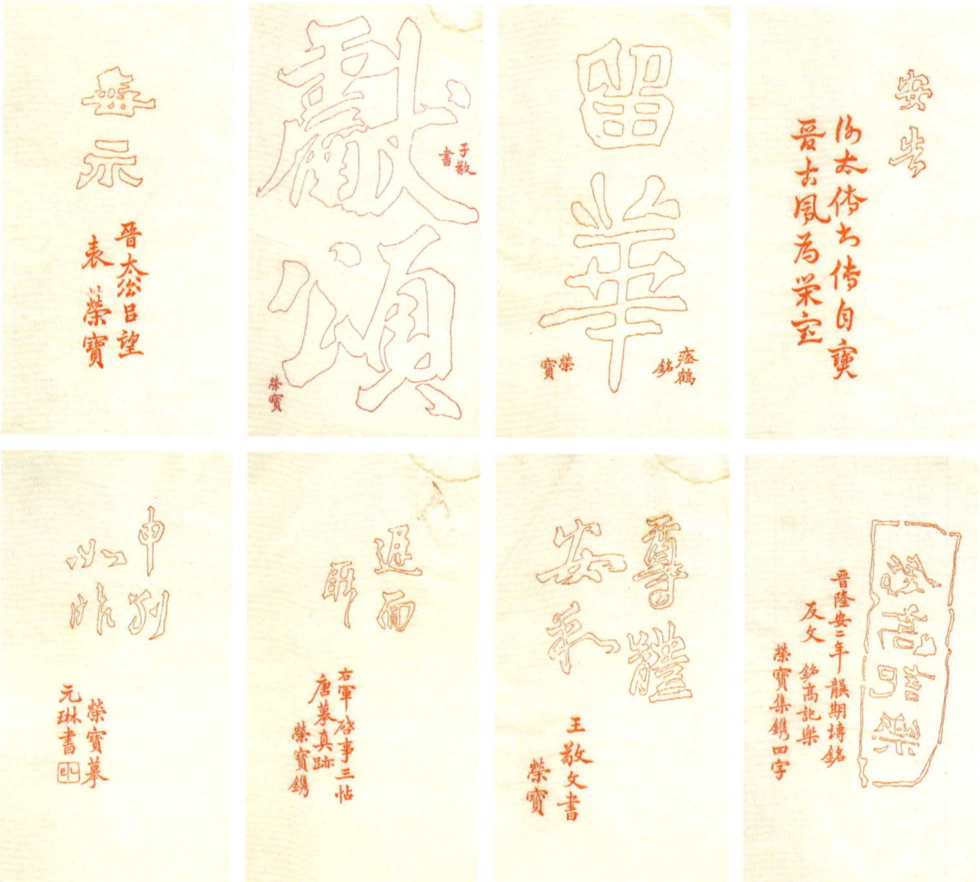

图 3-4-284—图 3-4-291
荣宝斋制双钩文字笺

图 3-4-292—图 3-4-303
碑拓笺

（十一）瓦当文字笺

瓦当分素面瓦当、纹饰瓦当、文字瓦当三种。文字瓦当亦有等级之分。

陆心源[①]致缪荃孙尺牍。秦瓦当笺。秦十二字瓦当，阳文篆书十二字：“维天降灵，延元万年，天下康宁。”分三行竖列，行间及四周为乳钉和四叶纹。表达了秦始皇“天命”“神授”“千秋万岁”的永恒不变的思想。

王鸿逵尺牍一。“长乐未央”瓦当笺，九华堂制。

王鸿逵尺牍二。“樱桃转舍”瓦当笺，九华堂制。

水竹村人尺牍。“摹半瓦笺砖取‘富贵长生’意耳。”

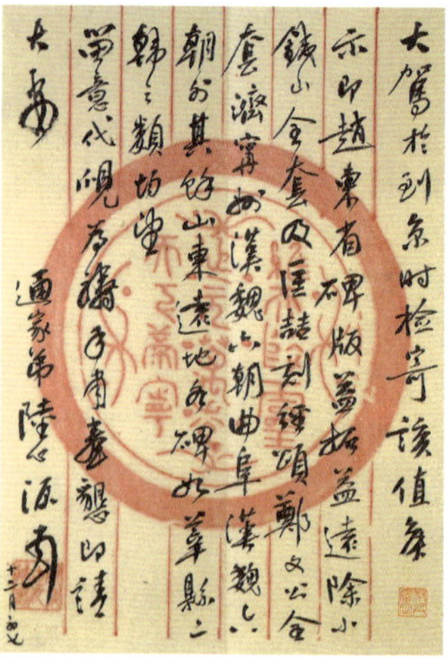

图 3-4-304
陆心源致缪荃孙尺牍

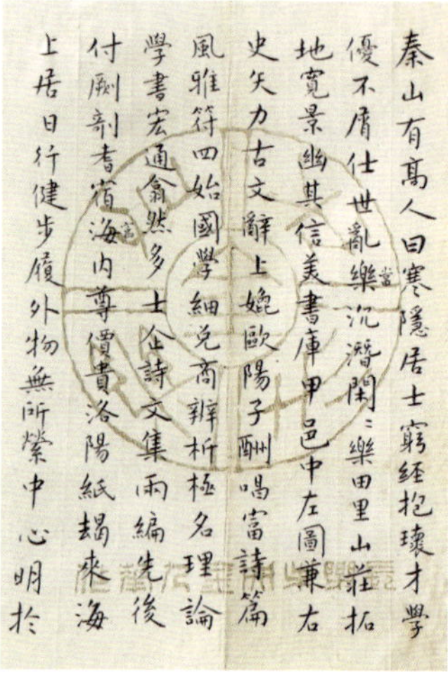

秦山有高人曰寒隱居士窮経抱瓌才學
優不肯仕世亂樂沉潛閑〻樂田里山莊拓
地寬景幽其信美書庫甲邑中左圖篳右
史矢力古文辭上媲歐陽子酬唱富詩篇
風雅符四始國學細覓商辨析極名理論
學書宏通翕然多士企詩文集雨編先後
付剞劂書肆海内爭價貴洛陽紙搨來海
上居日行健步履外物無所縈中心明於

图 3-4-305
“长乐未央”瓦当笺

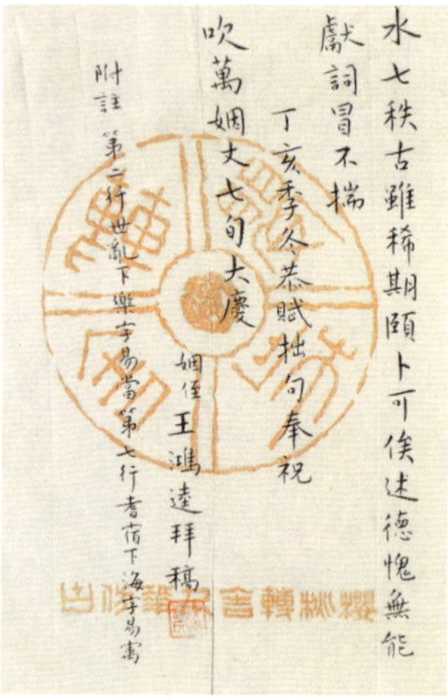

水七秩古雖稀期頤卜可俟述德愧無能
獻詞冒不揣
丁亥季冬恭賦拙句奉祝
吹萬姻丈七旬大慶
姻侄王鴻逵拜稿
附註 第七行世亂下樂字易當第七行書肆下海字易寓

图 3-4-306
“樱桃转舍”瓦当笺

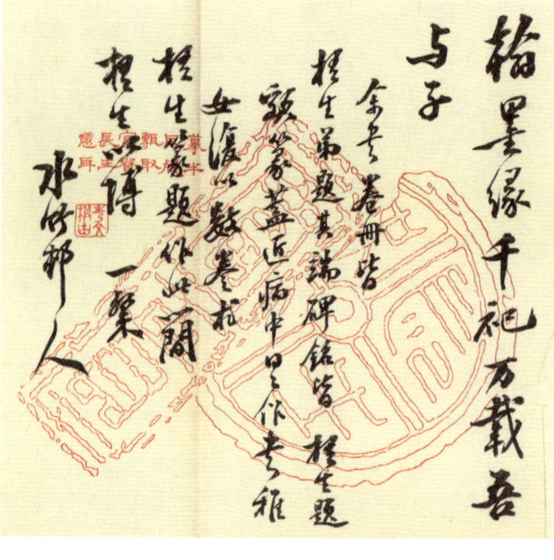

图 3-4-307
水竹村人尺牍

① 陆心源（1834—1894），字刚甫、刚父，号存斋，晚号潜园老人，浙江归安（今湖州）人，清末四大藏书家之一。陆氏辞官后在归安城东莲花庄旁辟建潜园。园中有四梅精舍、五石草堂等 16 景。喜收藏，筑皕宋楼、十万卷楼、守先阁三楼藏书，藏书达十五万多卷。陆心源精于金石之学，著述等身，著有《金石录补》《穰梨馆过眼录》《皕宋楼藏书志》《十万卷楼丛书》，辑有《皕宋楼藏印》《千甓亭古专图释》等书。后其子陆树藩经商失败，将大量藏书卖给日本岩崎氏静嘉堂文库。

（十二）汉砖笺

清代清秘阁制六朝砖文笺三幅。

潘介繁[①]摹汉砖文笺。笺纸样式为汉砖文笺，砖文为“可久长”。

缪荃孙尺牍。晋永嘉六年壬申砖，“宜子保孙”双钩文字。养素居平制笺。

张謇（1853—1926）尺牍。笺纸样式为汉砖文笺，砖文为“张侯”，题字为“吾家拜未解元摹汉砖文謇”。

图 3-4-308—图 3-4-310
清秘阁制六朝砖文笺

图 3-4-311
潘介繁摹汉砖文笺

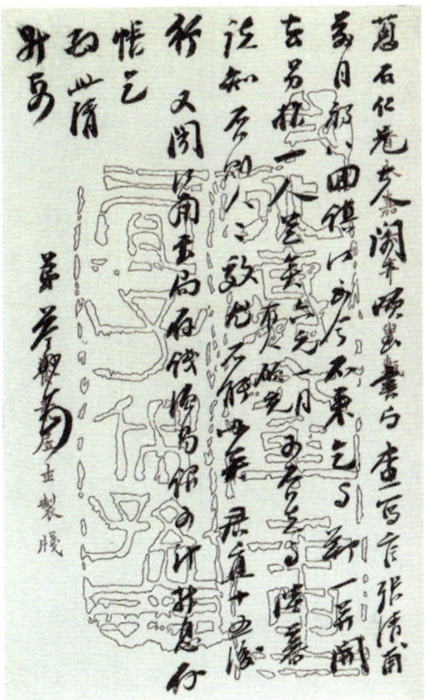

图 3-4-312
“宜子保孙”双钩文字笺

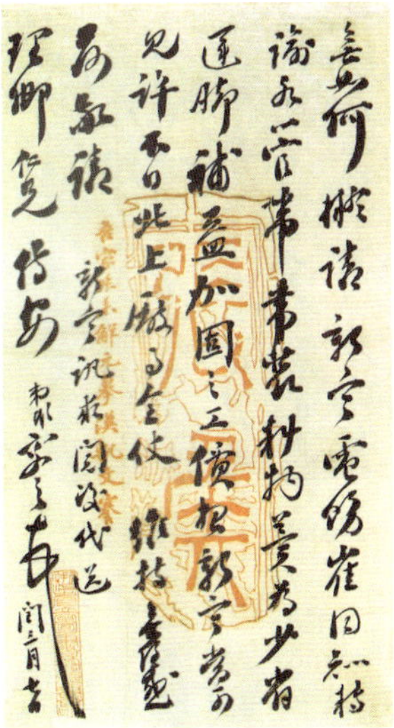

图 3-4-313
张謇摹汉砖文笺

① 潘介繁（1829—1893），清代藏书家。字谷人，号茱坡，亦作椒坡，又号桐西。江苏吴县（今苏州）人。咸丰二年（1852）顺天举人。其家族为藏书世家，曾祖父潘奕隽、祖父潘世璜、父潘希甫藏书甚多，家有藏书楼名为桐西书屋，世守藏书。

六、茶具

（一）“曼生壶”笺

中国茶文化源远流长，饮茶方式从古至今经历了烹、点、泡等变化，饮茶器具也随之变化。“茶具”一词最早出现在西汉时期。

唐代主要是紧压茶，泡茶前需要碾成颗粒，一共二十七种茶具：风炉、灰承、碳楇、火夹、鍑、交床、莒、夹、纸囊、碾、拂末、水方、滤水囊、瓢、熟盂、鹾簋、揭、碗、札、涤方、滓方、巾、都篮、具列、畚、竹筷、则。

宋代人给茶具起雅号为“十二先生”：韦鸿胪，四窗闲叟，竹烘笼；木待制，隔竹居人，压断压散团饼茶之工具；金法曹，和琴先生，金属茶碾；胡员外，葫芦量水用的水勺；石转运，茶屋隐居，石磨；罗枢密，罗筛；宗从事，棕刷；漆雕秘阁，古台老人、原承托茶盏之茶托；陶宝文，茶盏；竺副帅，点茶时用来搅汤；汤提点，盛放沸水；司职方，洁斋居士，茶巾。

清代茶具“四宝”，又称“烹茶四宝”：罐，称玉书碨，煮水壶；壶，称孟臣壶，泡茶壶；杯，称若琛瓯，茶杯；炉，称潮汕风炉。

“曼生壶”笺见曾国荃（1824—1890）尺牍。

蓝叔摹，任伯年绘。蓝叔即丁文蔚。丁文蔚（1827—1890），清代书画家。字豹卿，号韵琴，又号蓝叔。浙江萧山人。工诗，擅书法，画花卉师从白阳（陈淳）、南田（恽寿平），秀雅古逸。篆、隶深得汉人古拙之趣。又擅刻竹，亦工诗。家有大碧山馆。著有《越中历代画人传》等。

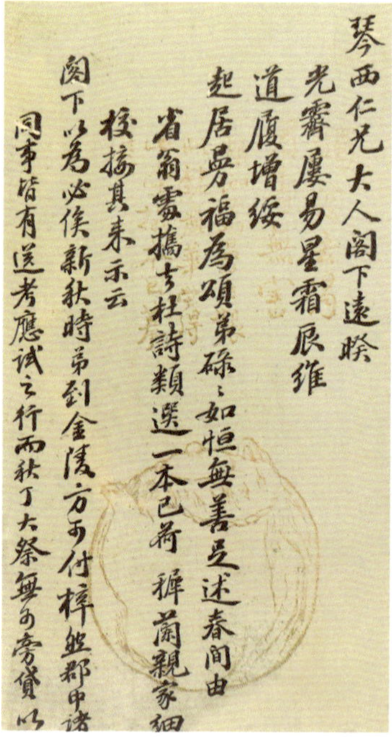
琴西仁兄大人阁下遠睽
光霽屢易星霜辰維
道履增綏
起居曼福為頌弟碌碌如恒無善足述春間由
省箱雲攜去杜詩類選一本已荷 稱 蘭親家細
校椽其來示云
閣下以為必俟新秋時弟到金陵方可付梓然郡中諸
同事皆有送考應試之行而秋丁大祭每有旁貸以

图 3-4-314
“壶式”笺，吴康霖致孙琴西尺牍

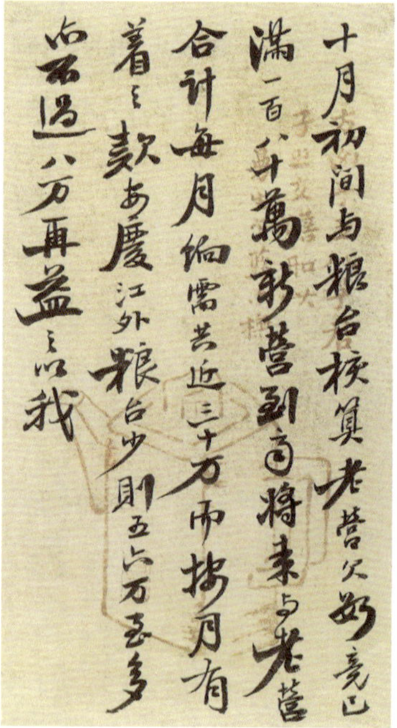
十月初間與糧台核算者昔欠好竟已
滿一百八十萬新營到者將來與老營
合計每月約需共近三十萬而撥月有
着之款安慶江外糧台少則五六萬至多
不過八万再益之以我

图 3-4-315
“曼生壶”笺，曾国荃尺牍

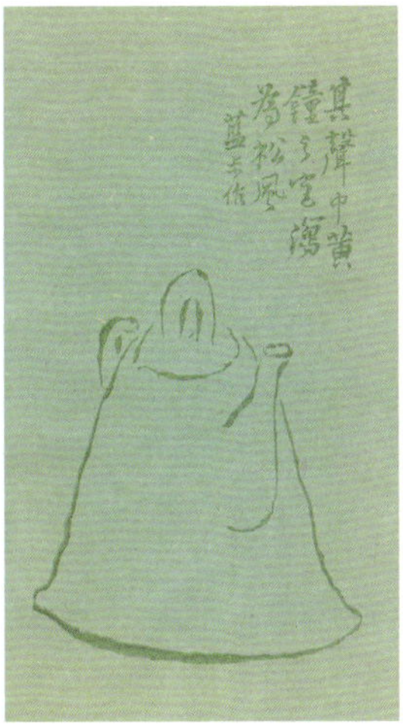

图 3-4-316—图 3-4-319
“曼生壶”笺，蓝叔摹

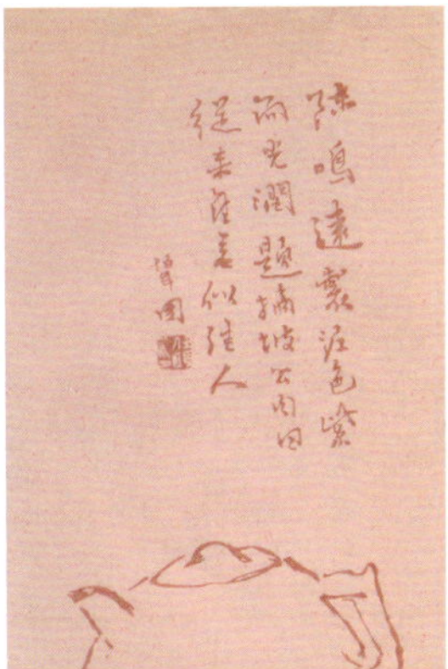

图 3-4-320
陈鸣远“壶”笺，任伯年绘

图 3-4-321
“曼生壶”笺，任伯年绘

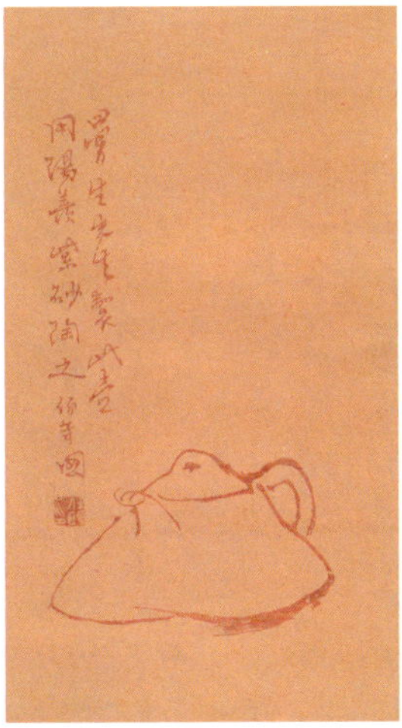

图 3-4-322
“曼生壶”笺，任伯年绘

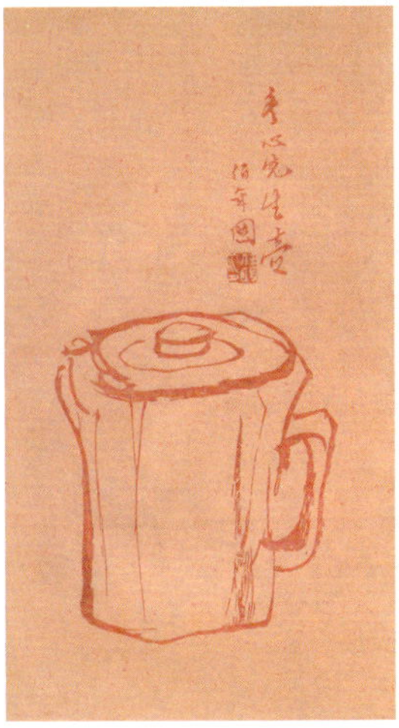

图 3-4-323
“冬心壶”笺，任伯年绘

（二）“话兰室造壶式”笺

其一题款：方山子，玉川子，君子之交淡如此。曼生制亥叟摹。

其二题款：旧藏曼生司马沙壶十种，己卯花生日蓝叔为话兰室制于笺。朱文印：丁亥生。壶上铭文：匏。曼生嘱彭年造。花生日即花朝节，亦即所谓百花生日、花神生日。

其三题款：清合澄冰心，仿（陈）曼生有此。烂柯子写。

（三）“煮茶”笺

见江峰青致友石尺牍。江峰青，字湘岚，安徽婺源人，光绪丙戌进士，官至浙江道员。笺上印有茶炉、水壶、茶壶、茶杯、蒲扇等物，水壶上有“听泉”二字，茶炉口有题字：白沙泉煮串心罐，黄熟香烧索耳炉。

荣宝斋制“煮茶”笺见彦钊尺牍。

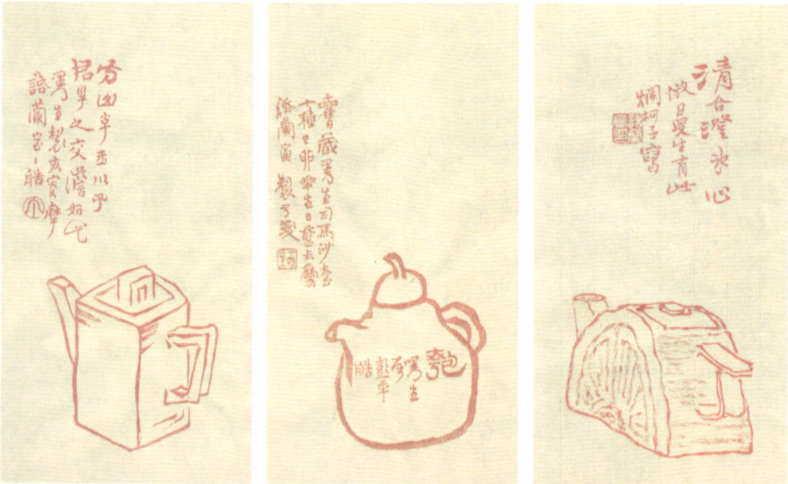

图 3-4-324—图 3-4-326
“话兰室造壶式”笺

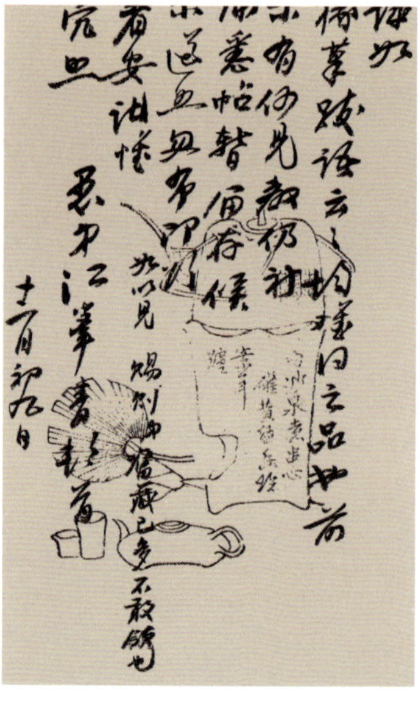

图 3-4-327
“煮茶”笺

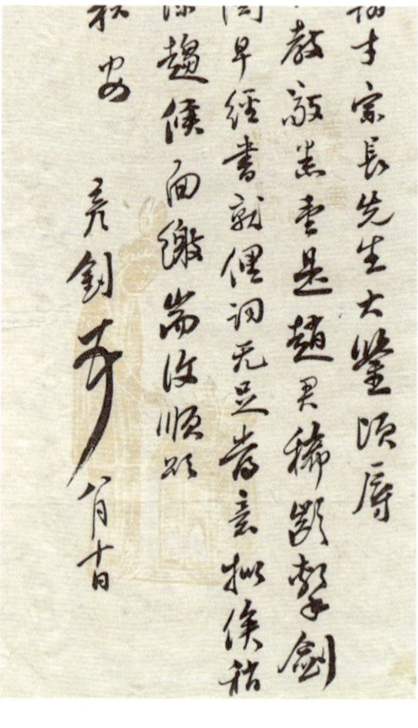

图 3-4-328
荣宝斋制“煮茶”笺

七、用具

权、泉币、浑仪、斤、尺、灯等，日常用具也是笺纸重要题材，其中古泉笺最为多见。

（一）清代松华斋仿虚白斋笺

一套四幅：龙镜、千里马泉、异布；长命守富贵；异布；错刀币、异布。

图 3-4-329
“龙镜、千里马泉、异布”笺

图 3-4-330
“长命守富贵”笺

图 3-4-331
“异布”笺

图 3-4-332
“错刀币、异布”笺

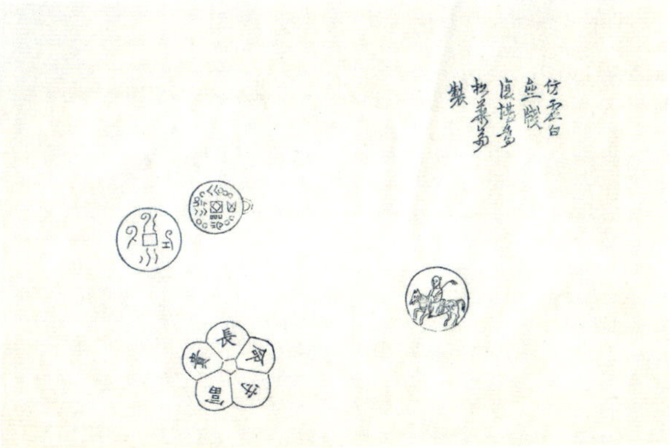

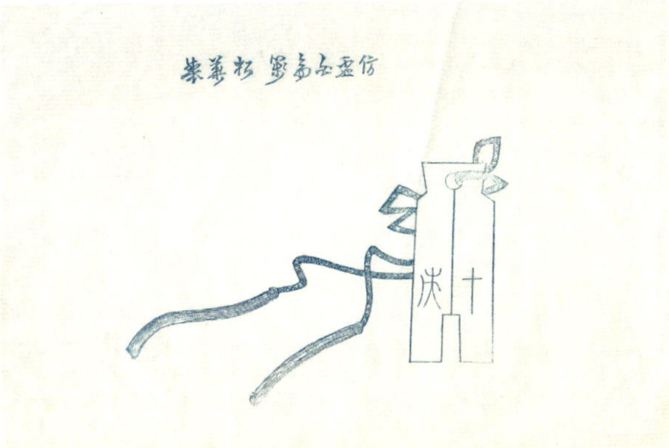

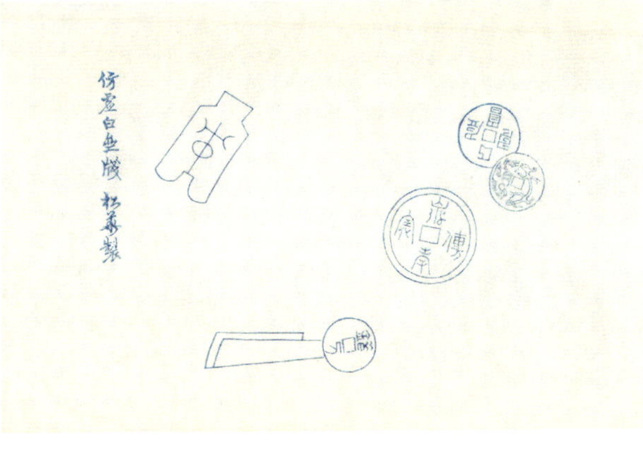

（二）“灯”笺

周素锭。

汉圣得镫。

（三）“晋阳斤秦权”笺

（四）陈鸿寿[①]“泉”笺

笺纸样式为平首布（柬金）；平首布（涅金）；五铢钱、千秋万岁钱；刀币。

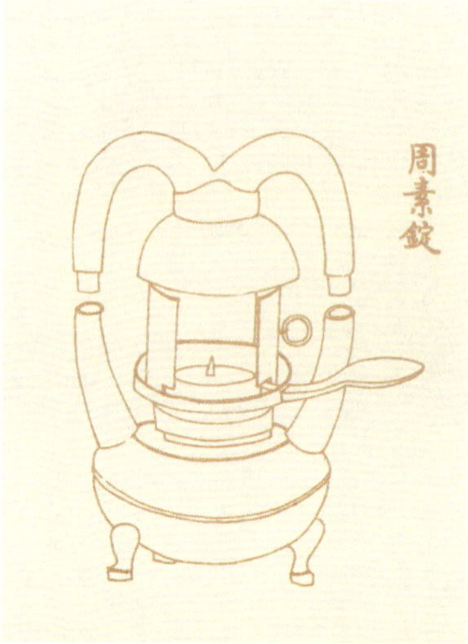

图 3-4-333
“周素锭”笺

图 3-4-334
“汉圣得镫”笺

图 3-4-335
“晋阳斤秦权”笺

① 陈鸿寿（1768—1822），字子恭，号曼生、曼龚、曼公、恭寿、翼盦、种榆仙吏、种榆仙客、夹谷亭长、老曼等。浙江钱塘（今杭州）人，清代文学家、书画家、篆刻家。书法长于行、草、篆、隶诸体。篆刻师法秦汉玺印，旁涉丁敬、黄易等人，为“西泠八家”之一。又擅制宜兴紫砂壶，人称其壶为“曼生壶”。有《种榆仙馆摹印》《种榆仙馆印谱》行世。

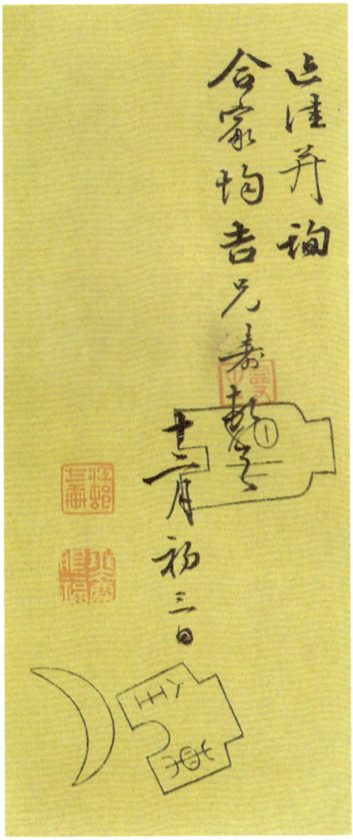

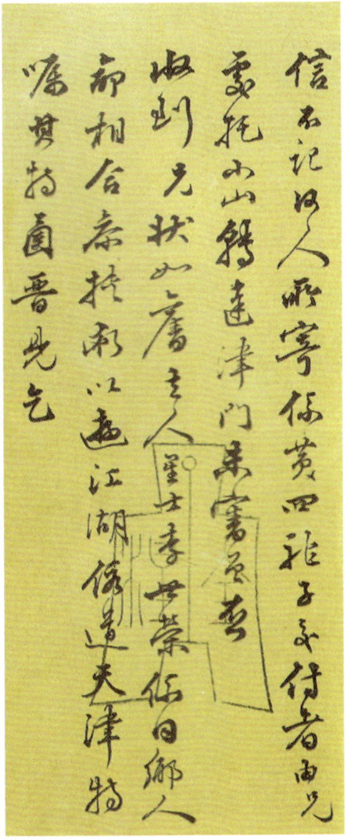

图 3-4-336
平首布“柬金”笺

图 3-4-337
平首布“涅金”笺

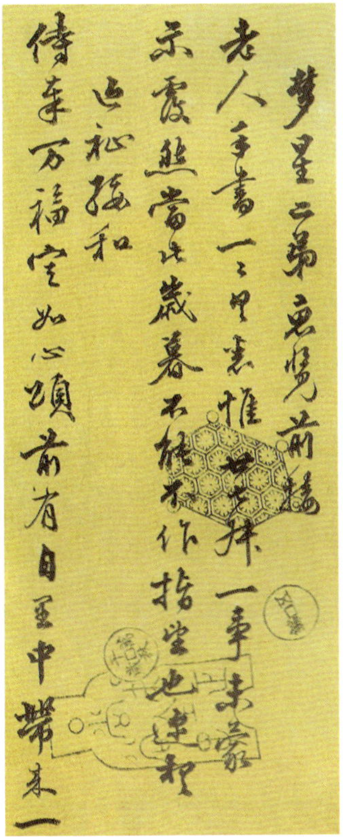

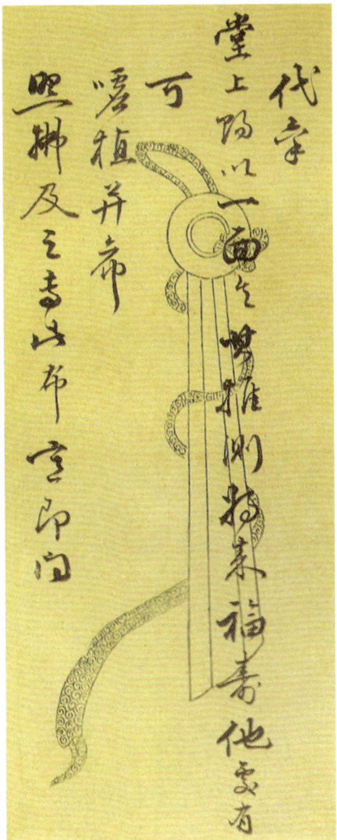

图 3-4-338
“五铢钱、千秋万岁钱”笺

图 3-4-339
“刀币”笺

以下几幅尺牍亦均用泉币笺：

曾国藩尺牍一，松茂室制泉币笺，笺纸样式为“节墨之法化”刀币和“鱼阳”布币。题：“齐四文曰节墨乃最贵鱼阳币列国之物。”

曾国藩尺牍二，有容堂制循环笺，题款“时时得福”。笺纸画心图案为圆钱、刀币和布币。边栏纹饰为蝙蝠祥云。

徐树铭（1824—1900）致外舅尺牍，古泉笺。

吴昌硕[①]尺牍。

梁启超尺牍一，涵芬楼制“大泉五十范”笺。

梁启超尺牍二，涵芬楼制“宝泉母”笺，双钩摹写。

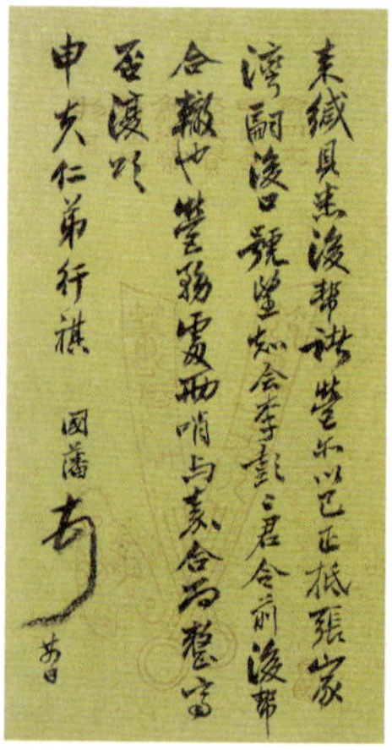

图 3-4-340
松茂室制泉币笺

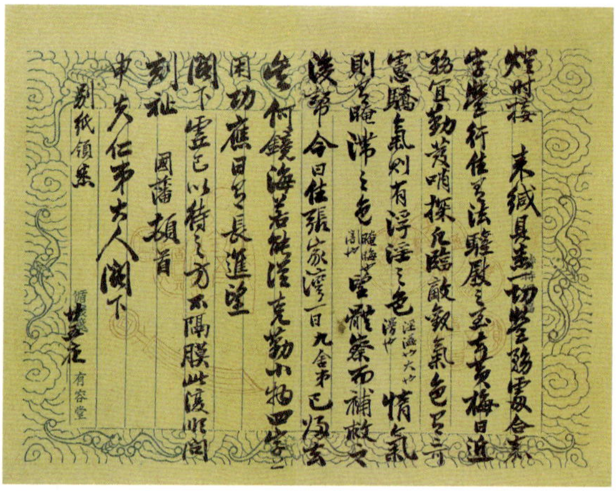

图 3-4-341
有容堂制循环笺

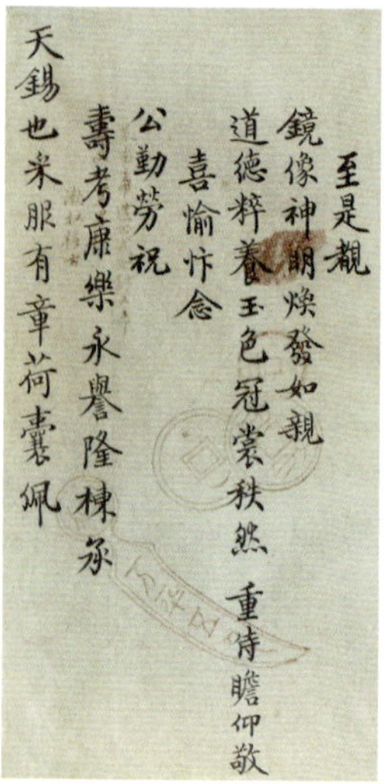

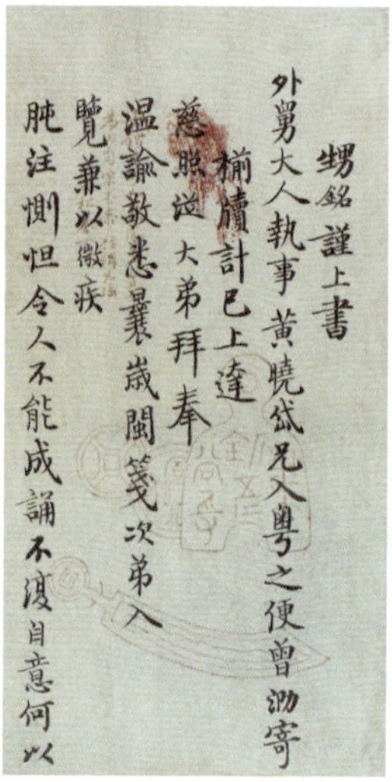

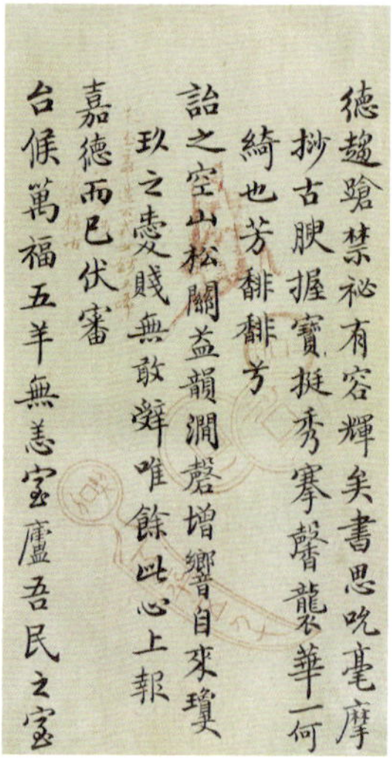

图 3-4-342—图 3-4-344
古泉笺
徐树铭致外舅尺牍

① 吴昌硕（1844—1927），初名俊，后改俊卿，字昌硕、仓石、苍石，别号缶庐、苦铁。浙江安吉人。清末诸生，尝从俞樾游。1904 年，丁仁等倡办西泠印社，1913 年，吴被推为社长。工书法，擅写石鼓文，朴茂雄健。精篆刻，融合皖浙诸家，并追溯秦汉玺印及陶瓦文字，雄浑苍劲。绘画博取徐渭、朱耷、石涛、李鱓、赵之谦诸家之长，色酣墨饱，浑厚苍劲。著有《缶庐集》《缶庐印存》。

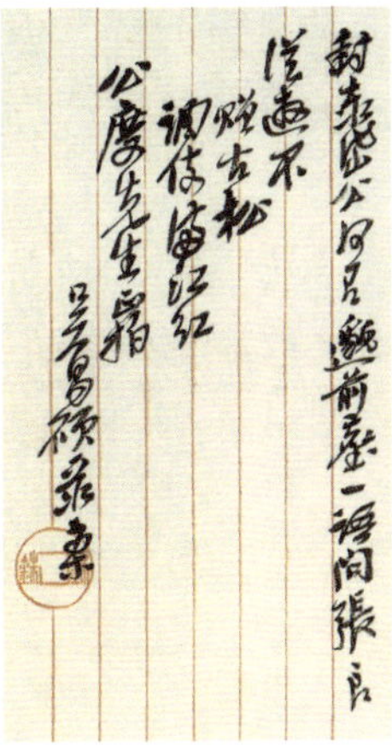

图 3-4-345
吴昌硕尺牍

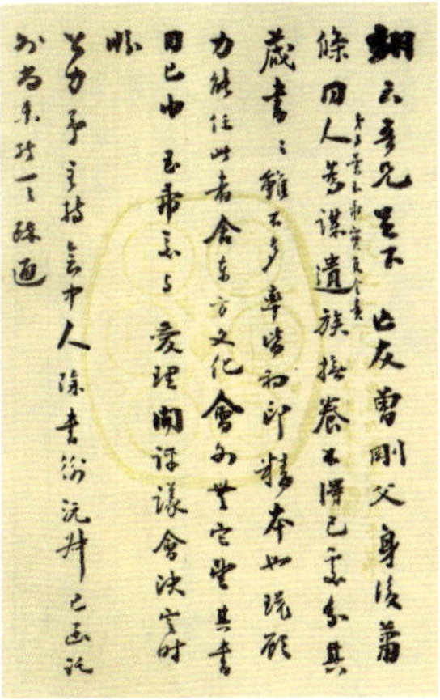

图 3-4-346
“大泉五十范”笺

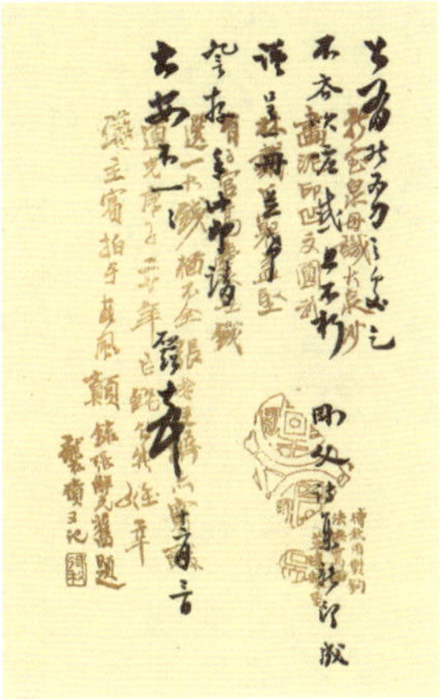

图 3-4-347
“宝泉母”笺

八、玩物

文人雅事，除琴棋书画之外，赏石、赏花等也是比较受欢迎的笺纸题材。

苏东坡赏石“雪浪石”笺，话兰室制。

赏石“云栎”笺、“青峰石”笺见吴大澂尺牍一。

赏石“垂云石”笺，胡公寿[①]绘，见吴大澂尺牍二。

图 3-4-348
苏东坡赏石“雪浪石”笺

① 胡公寿（1823—1886），初名远，号瘦鹤、小樵，别号横云山民，以字行，华亭（今上海松江）人。“海上画派”代表画家之一，工画山水、兰竹、花卉。书法出入平原、北海间，独具体势。诗宗少陵，清健遒练。传世作品有《桂树图》《香满蒲塘图》等。

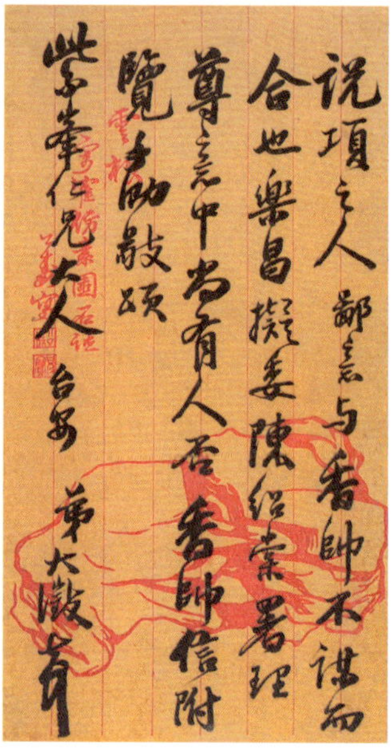

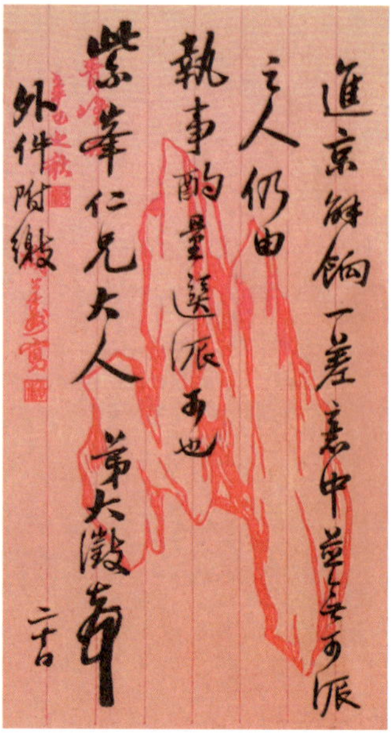

图 3-4-349、图 3-4-350
吴大澂尺牍一

赏石笺见黎庶昌[1]尺牍。

赏石“云起”笺、“苍凸”笺见袁昶[2]尺牍。

“盆花、瓶花”笺见张元济（1867—1959）致盛宣怀尺牍。

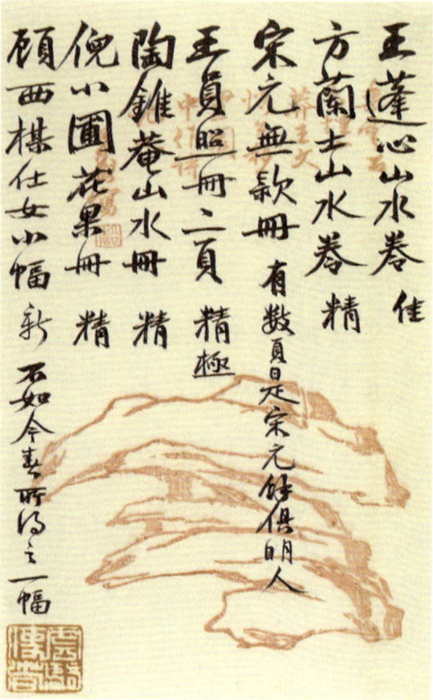

图 3-4-351
吴大澂尺牍二

① 黎庶昌（1837—1897），字莼斋，号麓农山人，室名拙尊园、夷牢亭。贵州遵义人。曾入曾国藩幕，与张裕钊、吴汝纶、薛福成并称“曾门四弟子”。历任驻英、法、德、日四国参赞，川东兵备道。出使日本期间，搜集我国散佚古书，辑刻成《拙尊园丛稿》《丁亥入都纪程》《曾文正公年谱》。

② 袁昶（1846—1900），原名振蟾，字爽秋，又字重黎、于湖，别号浙西村人，室名水明楼、安槃簃、渐西村舍，谥号忠节。浙江桐庐人。光绪二年（1876）进士。官户部主事，转为总理各国事务衙门章京。戊戌变法期间，任江宁布政使、总理各国事务衙门大臣，后改太常寺卿。义和团运动兴起时，力主镇压。八国联军进犯大沽，和许景澄反对围攻使馆及对外宣战，逆慈禧旨意而被杀。擅作诗、工书法。著有《于湖文录》《金陵杂事诗》《水明楼诗》《渐西村人集》《袁昶日记稿》《经籍举要》等。

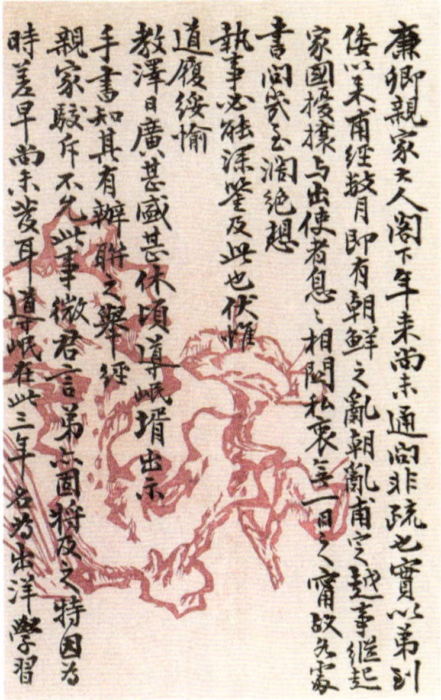

图 3-4-352
黎庶昌尺牍

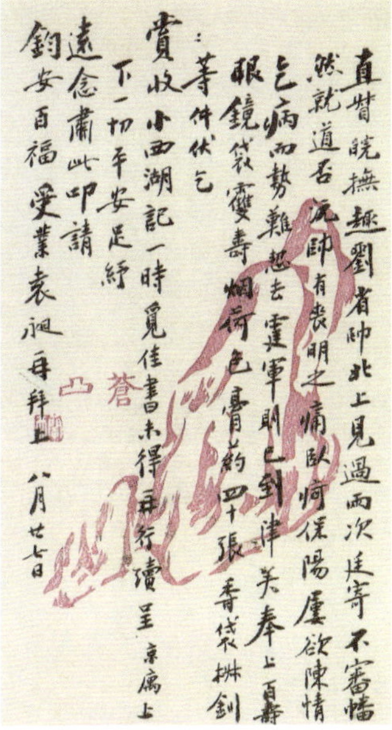

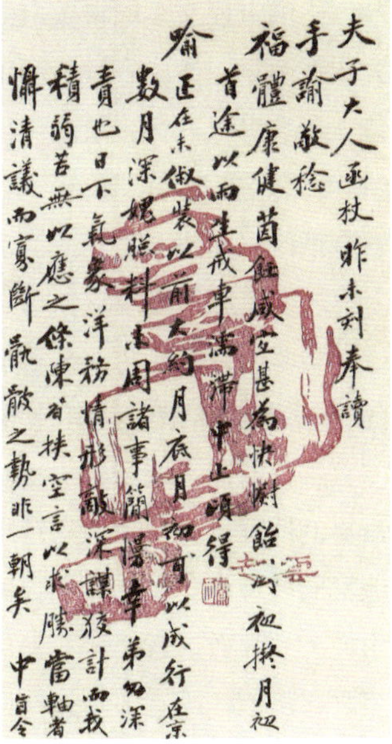

图 3-4-353、图 3-4-354
袁昶尺牍

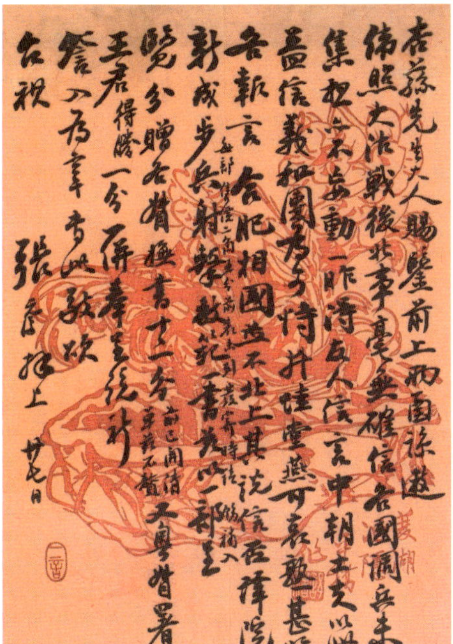

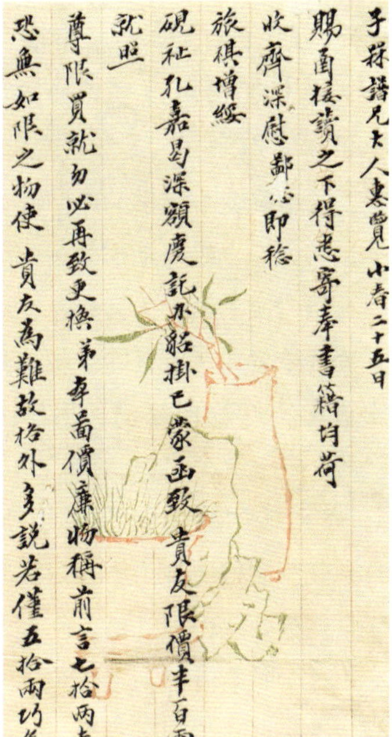

图 3-4-355
“盆花”笺

图 3-4-356
“瓶花”笺

第五节 诗画笺

中国古代文人的审美取向讲究诗情画意，诗中有画、画中有诗。诗歌可以遣怀，绘画可以怡情。清代乾嘉时期，苏州、杭州、嘉兴地区兴起诗画笺，成为清末上海、北京画笺之滥觞。

最早的诗画谱为南宋宋伯仁的《梅花喜神谱》，其中包括一百幅梅花图，每图题诗四句。最早的题画诗总集为南宋孙绍远编辑的《声画集》，其“自序”中说：“画有远近，诗有先后。名之曰声画，用有声画无声诗之意也。”将诗情融入画意，用画意传达诗意，成为一种审美倾向。

一、画诗笺

晚明《萝轩变古笺谱》和《十竹斋笺谱》均出现了“画诗”一目。

《萝轩变古笺谱》的“画诗”中，共计二十幅笺纸作品。

第一幅“塔影入云藏”，出自明代李攀龙《五日同子相游天宁寺》“灯轮侵日出，塔影入云藏”。

第二幅“寒山但见松”，出自南朝陈阴铿《晚出新亭》“远戍唯闻鼓，寒山但见松”。

《十竹斋笺谱》“画诗”八幅，选择联句诗附于笺纸，其中

图 3-5-1
《萝轩变古笺谱》“塔影入云藏”

第二、三、五、七、八幅用唐诗，而第一、四、六幅皆依唐诗稍作改易。

第一幅将唐王贞白《题严陵钓台》中的“山色四时碧，溪声七里清”，改为“山色四时碧，湖光一望青”。

第二幅用唐王湾《次北固山下》中的“潮平两岸阔，风正一帆悬”。

第三幅用唐杜甫《涪江泛舟送韦班归京》中的“花远重重树，云轻处处山”。

第四幅将唐陈子昂《夏日游晖上人房》中的“山水开精舍，琴歌列梵筵”，改为“山水开精舍，琴书列几筵”。

第五幅用唐王维《山居秋暝》中的“明月松间照，清泉石上流”。

第六幅将唐宋之问《春日宴宋主簿山亭得寒字》中的“窗覆垂杨暖，阶侵瀑水寒”，改为“窗拂垂杨暖，阶侵瀑水寒”。

第七幅用唐裴迪《游感化寺昙兴上人山院》中的“入门穿竹径，留客听山泉”。

第八幅用唐綦毋潜《题灵隐寺山顶禅院》中的“塔影挂青汉，钟声和白云”。

直至乾嘉时期，苏州、杭州、嘉兴一带的笺肆才真正将诗画笺

图 3-5-2
《萝轩变古笺谱》“寒山但见松”

图 3-5-3
《十竹斋笺谱》“画诗”图一

图 3-5-4
《十竹斋笺谱》“画诗”图二

图 3-5-5
《十竹斋笺谱》“画诗”图三

图 3-5-6
《十竹斋笺谱》“画诗”图四

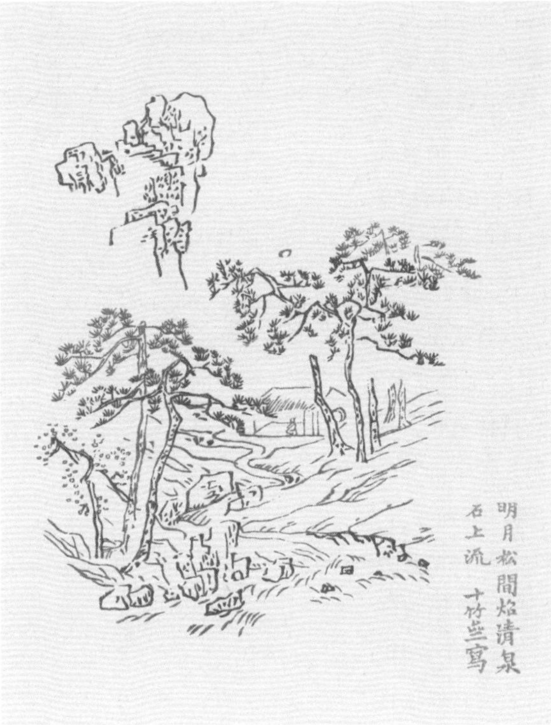

图 3-5-7
《十竹斋笺谱》“画诗”图五

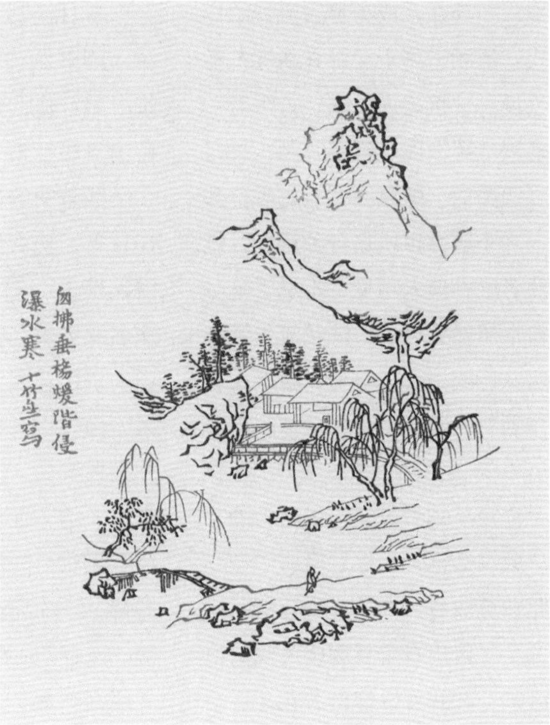

图 3-5-8
《十竹斋笺谱》“画诗”图六

图 3-5-9
《十竹斋笺谱》“画诗”图七

图 3-5-10
《十竹斋笺谱》“画诗”图八

推广至公众，成为普遍流行的样式。清颐道居士《画林新咏》卷三说：“杭之虚白斋、古雪斋；嘉兴之挥云阁、宜书宜画；吴门之四美斋、歌薰阁、云蓝阁，邗上之小题襟馆所造各种诗笺，俨然名绘，使人玩爱，不忍下笔。粉本居然秀可餐，浣花流水艳轻纨。诗成不忍挥毫写，留伴文房作画看。”

四美斋制诗意笺见陶樑（1772—1857）尺牍。以竹为画，形成纹饰框，右框题写：“一心咒笋莫成竹。四美主人写涪翁诗意。”诗出自宋黄庭坚《戏赠彦深》：“几日怜槐已著花，一心咒笋莫成竹。”

得月楼制“江村诗意”笺见清人诗柬，“老妻画纸为棋局，稚子敲针作钓钩。清溪樵子写”，诗出自唐杜甫《江村》。清溪樵子是钱慧安的号。钱慧安（1833—1911），初名贵昌，字吉生，号清溪樵子、清路渔子、退一老人，室名双管楼，又号双管楼主。宝山高桥镇花园浜村（今上海浦东）人。豫园书画善会首任会长，程十髮称其为“海派艺术宗师”，画工人物，细笔于墨，遒劲方折，姿容炯雅。先后为天津杨柳青齐健隆、爱竹斋诸画铺画年画样稿，计有《红楼梦》《皆大欢喜》《谢庭咏絮》及唐人诗意样稿百余种。著有《清溪画谱》。

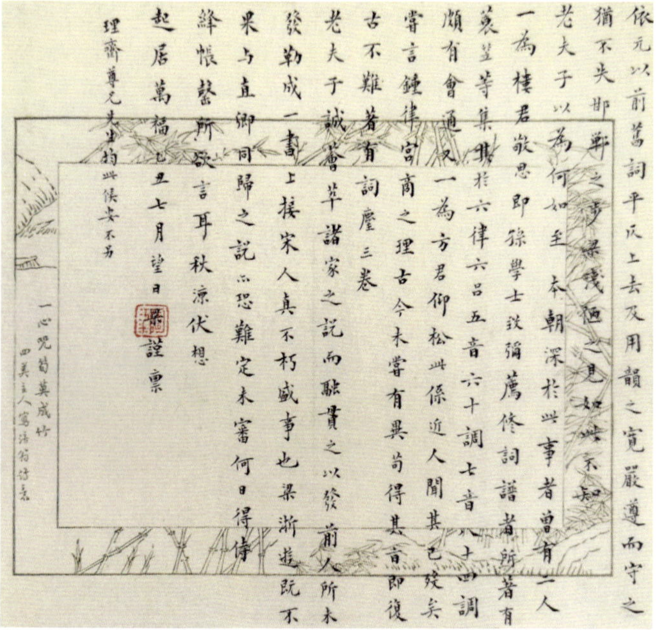
依元以前舊詞平仄上去及用韻之寬嚴遵而守之
猶不失邯鄲之步梁淺陋之見如此不知
老夫子以為何如　本朝深於此事者曾有二人
一為樓君敬思即孫學士致彌薦修詞譜者所著有
蓑笠等集其於六律六呂五音六十調七音八十四調
頗有會通又一為方君仰松此係近人聞其已歿矣
嘗言鍾律宮商之理古今未嘗有異苟得其音即復
古不難著有詞麈三卷
老夫子誠薈萃諸家之說而融貫之以發前人所未
發勒成一書上接宋人真不朽盛事也渠漸進既不
果与直卿同歸之說亦恐難定未審何日得侍
絳帳罄所欲言耳秋涼伏想
起居萬福己丑七月望日　謹稟
理齋尊兄大人均此候安不另

图 3-5-11
陶樑尺牍

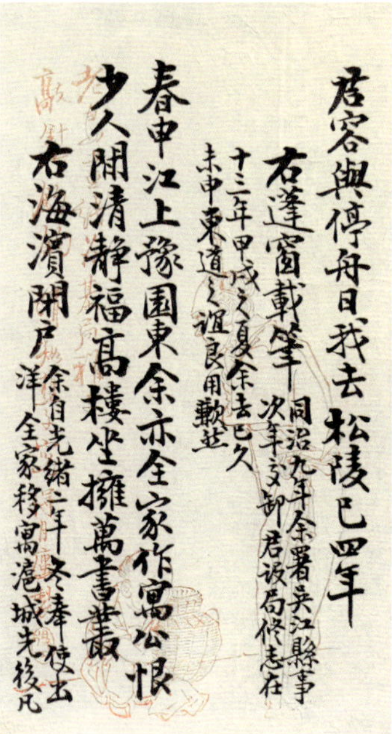
居容與停舟日我去松陵已四年
右蓬窗載筆　同治九年余署吳江縣事次年交卸君設局修志在
十三年甲戌之夏余去已久
未申東道之誼良用歉然
春申江上豫園東余亦全家作寓公恨
少人閒清靜福高樓坐擁萬書叢
右海濱閉戶　余自光緒二年冬奉使出洋全家移寓滬城先後凡

图 3-5-12
“江村诗意”笺

图 3-5-13
“寒林诗意”笺

图 3-5-14
“六桥杨柳”笺

杨伯润写“寒林诗意”笺与“六桥杨柳”笺。杨伯润（1837—1911），字佩夫，一作佩甫，号茶禅，别号茶禅居士、南湖，一作南湖外史，室名南湖草堂、语石斋。浙江嘉兴人。传承家学，亦工诗，擅书画。“六桥杨柳”笺题句：“六桥好杨柳，绿到卖鱼缸。”

王潜楼写“梅村诗意”笺，用吴伟业《梅村》诗句：“不好诣人贪客过，惯迟作答爱书来。”王潜楼（1869—1932），杭州人，西泠书画社主要创办人。被清廷延为内廷供奉，为慈禧太后作画，擅画山水，气格苍润华滋，有声于时。

图 3-5-15
“梅村诗意”笺

“举杯邀明月，对影成三人”笺见刘蓉致王鑫信笺。

松茂室制画诗笺二幅。

“夜雨寄北”笺一幅。

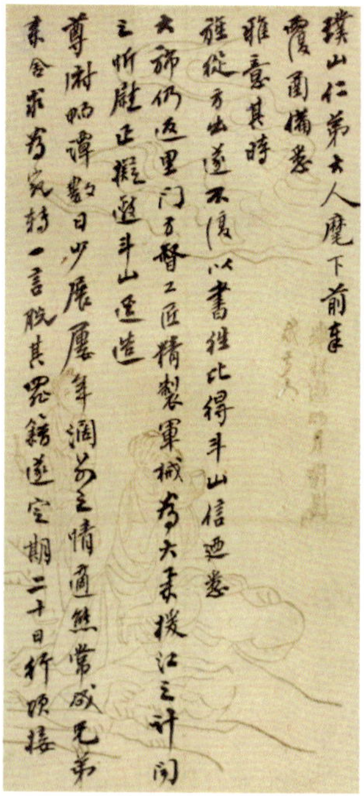

图 3-5-16
“举杯邀明月，对影成三人”笺

图 3-5-17、图 3-5-18
松茂室制画诗笺

图 3-5-19
“夜雨寄北”笺

二、画笺

画笺是对画诗笺之继承和发展，画笺是根据名人画稿进行刻印的笺纸。画笺按照题材可分为以下几种。

（一）花鸟笺

表现花卉的画笺数量最多，天津文美斋刊印有张兆祥、辛樾、王振声、朱梦庐等人所绘的百余种花卉。

瞿兑之《铢庵文存·说笺》记述：“同光间苏沪盛行任伯年、张子祥‘折枝花卉笺’，意态生动，雅俗共赏。又确为刻而非画，此其所以为佳也。古人名画类多不入笺谱，诚以名画有墨韵，木刻必不能传神。刻笺另须一种画手，犹之刻墨合镇纸之属，皆须有别裁，笔意宜简，布局宜疏，而疏简之中又不令其单薄方佳。民国以来诸名手皆有刻笺流传，刻者极意求精，浓淡阴阳。直如用笔渲染，惜其过于似画而不似刻耳。”

明末清初吴门著名笺纸铺——同春馆所制笺纸，在上海图书馆藏有高文浒诗笺，左下角印有“同春馆”三字。

高文涛《春初同缙锡、蕴辉诸先生分韵送梅翁老夫子还毗陵得时字》诗笺，左下角印有“文华馆制”四字，是饾版套印的横幅花鸟笺。

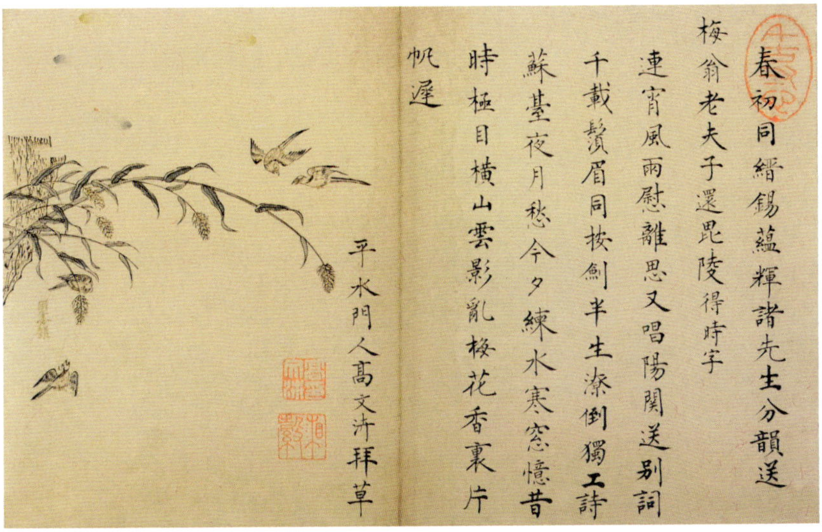

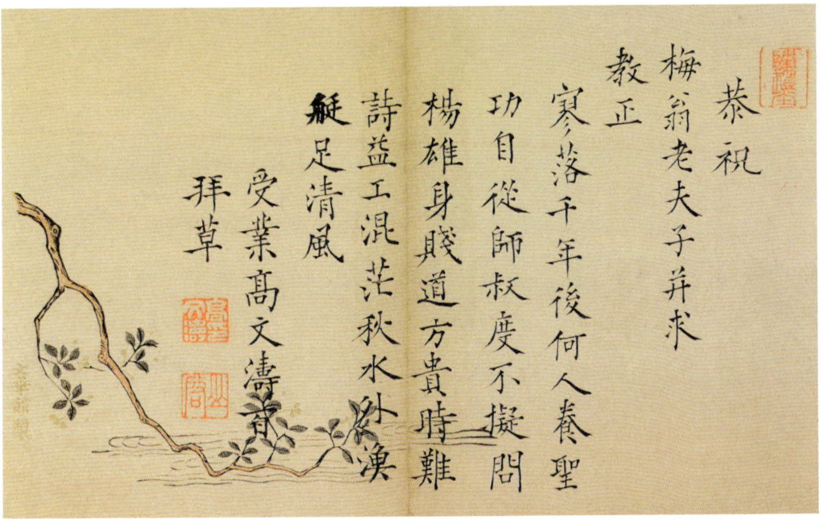

图 3-5-20
高文浒诗笺，同春馆制

图 3-5-21
高文涛诗笺，文华馆制

曹亦堪①绘花鸟笺见曹亦堪尺牍。

聋道人指画笺见林纾致冒广生尺牍。题款为“碧笺裁就纵横格，不醉题诗字不斜。丙申秋”。北京懿文斋制笺。

文美斋制花鸟笺十幅，民国张兆祥绘。

陈半丁花卉笺八幅。

荣宝斋制花鸟笺四幅。

朵云轩制花鸟笺一幅。

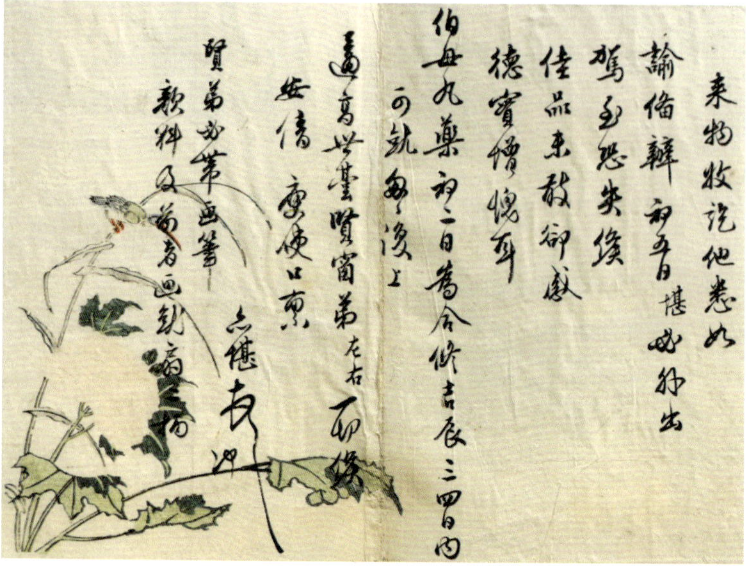

图 3-5-22
曹亦堪绘花鸟笺

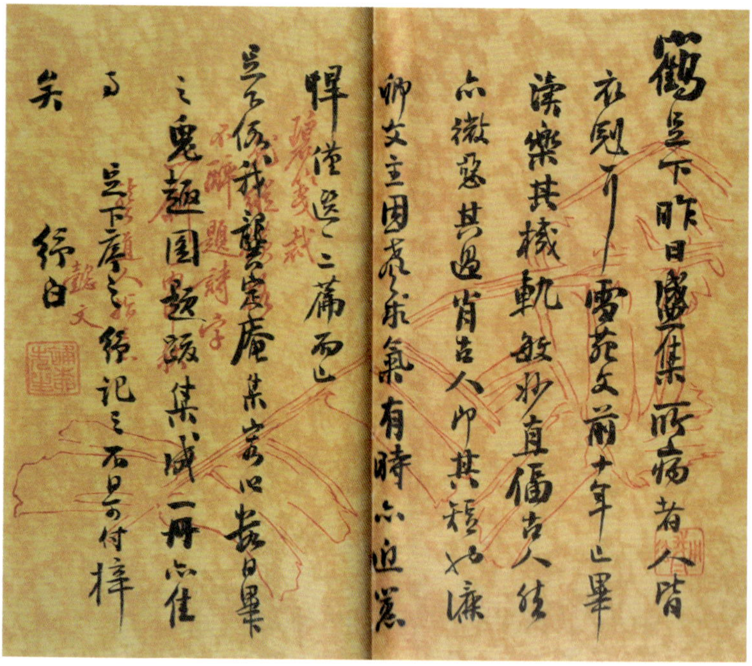

图 3-5-23
聋道人指画笺

① 曹亦堪，字筱顾，嘉善人，掌故家，博学多才，家学渊源，工诗、擅画。

图 3-5-24—图 3-5-33
文美斋制花鸟笺

图 3-5-34—图 3-5-37
陈半丁花卉笺

图 3-5-38—图 3-5-41
陈半丁花卉笺

图 3-5-46
朵云轩制花鸟笺

图 3-5-42—图 3-5-45
荣宝斋制花鸟笺

（二）山水笺

表现山水小景，包括罗聘、赫舍里如山、蒲华、杨伯润、林琴南、辛樾、杨念伯、王梦白、溥心畬等人的画作。

晚清画笺《苏州风景》一套六幅，即“枫江夜泊、虎阜夕照、石湖烟雨、万峰云泉、胥江晚渡、邓尉观梅”。作者是杨柳谷，江苏常熟人，与其兄杨柳桥都因画出名，“善画柳”，“山水清超绝俗，尤擅摹古”。

另，杨柳谷绘山水笺四幅，

图 3-5-47
《苏州风景》
“枫江夜泊”

图 3-5-48
《苏州风景》
“虎阜夕照”

图 3-5-49
《苏州风景》
“石湖烟雨”

图 3-5-50
《苏州风景》
“万峰云泉”

图 3-5-51
《苏州风景》
“胥江晚渡”

图 3-5-52
《苏州风景》
“邓尉观梅”

即“消夏荷香、渔村夕照、山市晴岚、平沙落雁”。

上海商务印书馆制《西湖十景》笺十幅，即“苏堤春晓、柳浪闻莺、花港观鱼、南屏晚钟、曲院荷风、平湖秋月、双峰插云、三潭印月、雷峰夕照、断桥残雪”。

杨少古绘《西湖十景》笺十幅，即“断桥残雪、南屏晚钟、平湖秋月、三潭印月、雷峰夕照、梅林归雀、灵石樵歌、浙江秋涛、玉带晴虹、吴山大观”。

图 3-5-53
杨柳谷绘“消夏荷香”

图 3-5-54
杨柳谷绘“渔村夕照”

图 3-5-55
杨柳谷绘“山市晴岚”

图 3-5-56
杨柳谷绘“平沙落雁”

图 3-5-57
上海商务印书馆制
《西湖十景》“苏堤春晓”

图 3-5-58
上海商务印书馆制
《西湖十景》“柳浪闻莺”

图 3-5-59
上海商务印书馆制
《西湖十景》“平湖秋月”

图 3-5-60
上海商务印书馆制
《西湖十景》“雷峰夕照”

图 3-5-61
上海商务印书馆制
《西湖十景》“断桥残雪”

图 3-5-62
杨少谷绘《西湖十景》“断桥残雪”

图 3-5-63
杨少谷绘《西湖十景》“南屏晚钟”

图 3-5-64
杨少谷绘《西湖十景》“雷峰夕照”

图 3-5-65
杨少谷绘《西湖十景》“平湖秋月”

图 3-5-66
杨少谷绘《西湖十景》“三潭印月”

图 3-5-67
杨少谷绘《西湖十景》“浙江秋涛”

图 3-5-68
杨少谷绘《西湖十景》“梅林归雀”

图 3-5-69
杨少谷绘《西湖十景》“灵石樵歌”

图 3-5-70
杨少谷绘《西湖十景》“玉带晴虹”

图 3-5-71
杨少谷绘《西湖十景》“吴山大观”

图 3-5-72
王翚“吴山大观”笺

王翚[①]“吴山大观”笺。

晚清苏州同泰纸店摹刻王翚“吴山大观”制成画笺，一套四幅或八幅。

话兰室制山水笺四幅：恽南田绘两幅，即“春堤水亭”与

① 王翚（1632—1717），字石谷，号耕烟散人、剑门樵客、乌目山人、清晖主人等，江苏常熟人，清初山水画家“四王”之一。他所绘“吴山大观”是清西湖十八景之一，在七宝山（吴山）之巅。《湖山便览》卷十二：“大观台在七宝山绝顶，石面砥平，明胡宗宪尝建亭其上，寻圮。郡人以其基方广有类平台，可畅登眺，遂以大观台呼之，实无台也。清康熙二十八年圣祖仁皇帝御制《登吴山》诗，有司于七宝山建楼勒碑，遂称楼为‘大观台’。”《西湖新志》卷三：“雍正五年，以楼改龙王庙，仍建亭于七宝山崇奉御碑，又称亭为‘大观台’，增修景目曰‘吴山大观’。”

图 3-5-73
恽南田绘“春堤水亭”笺

图 3-5-74
恽南田绘“江南春”笺

图 3-5-75
上题“剑门樵客王翚”

图 3-5-76
上题“白石翁有小幅漫用其意　石谷子王翚”

“江南春”；王翚绘两幅，分别题“剑门樵客王翚”“白石翁有小幅漫用其意　石谷子王翚”。

大隆祥制山水笺四幅，即“秋风叶落洞庭波、李营邱秋林野兴图、柳荫亭上纳荷香、赵干春林曲坞图”。

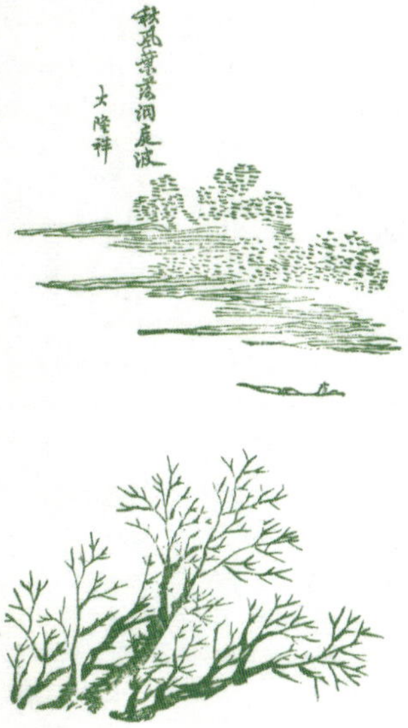

图 3-5-77
大隆祥制“秋风叶落洞庭波”笺

图 3-5-78
大隆祥制“李营邱秋林野兴图”笺

图 3-5-79
大隆祥制“柳荫亭上纳荷香”笺

图 3-5-80
大隆祥制“赵干春林曲坞图”笺

戴醇士绘山水笺四幅，松华斋制。

林纾题画诗笺二幅。

刘用烺[①]绘山水笺六幅，荣宝斋制，声伯题。

姚茫父绘山水笺。

“远浦归舟”笺见蔡耕尺牍。

“洞庭秋月”笺见李星沅致问鸥尺牍。青莲室制笺。

李星沅致问鸥尺牍的笺纸样式为“人意孤云外，山容太古前”，古经阁制笺。

衍波阁大横幅笺见汪锡珪[②]致潘曾莹诗笺。笺纸四周边栏为群鸭戏水，寓意苏东坡诗句“春江水暖鸭先知”，笺纸中心图案为“江南春”山水小景，笺纸与诗意相宜。

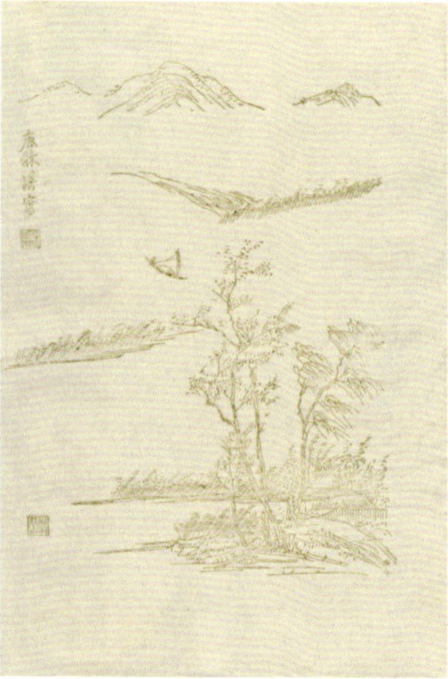

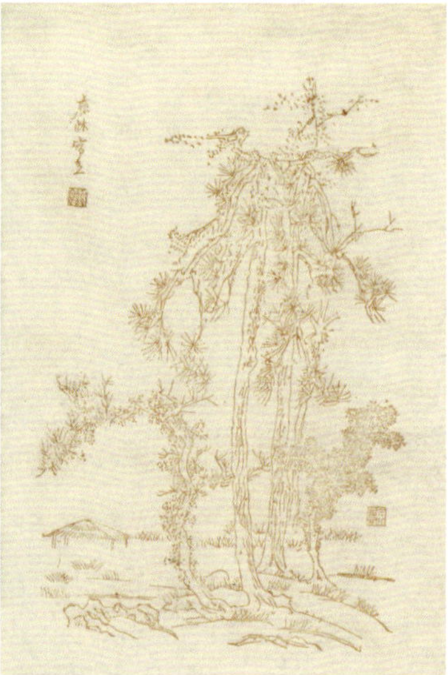

图 3-5-81—图 3-5-84
戴醇士绘山水笺

图 3-5-85、图 3-5-86
林纾题画诗笺

① 刘用烺（1865—1924），号炳堂，天津人。清末民初北京著名画家，著名画家刘奎龄之父。光绪年间在《启蒙画报》画插图，声名渐起。1905 年自办《北京画报》，传播科学知识，讽刺腐败官吏。

② 汪锡珪，字筱涯，号秉斋、壶园居士，吴县（今苏州）人。汪藻兄，潘曾玮妻弟。这枚诗笺是赠予清代画家、吏部左侍郎潘曾莹的。

图 3-5-87—图 3-5-92
刘用烺绘山水笺

图 3-5-93
姚茫父绘山水笺

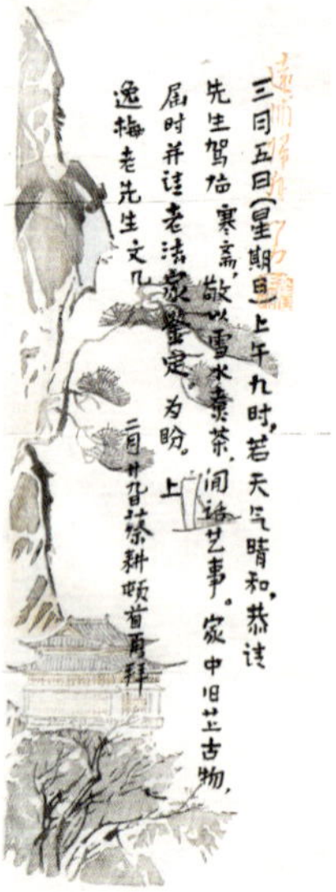

三月五日(星期日)上午九时，若天气晴和，恭请
先生驾临寒斋，敬以雪水煮茶，闲话艺事。家中旧[illegible]古物，
届时并请老法家鉴定 为盼。上
逸梅老先生文几
二月廿四日蔡耕顿首再拜

图 3-5-94
蔡耕尺牍

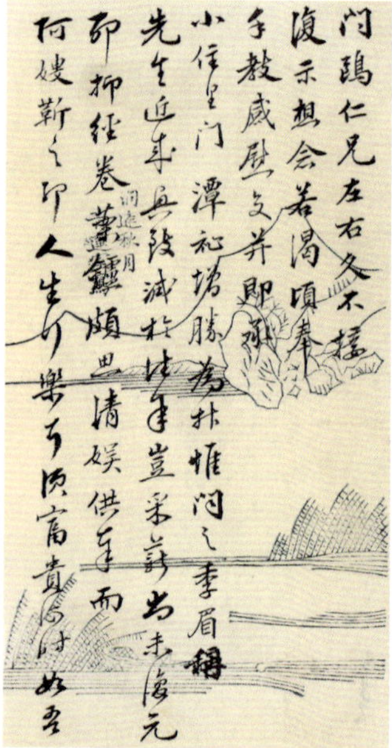

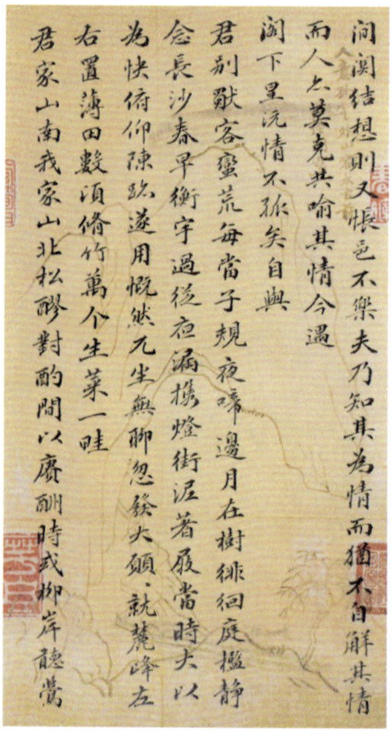

图 3-5-95、图 3-5-96
李星沅致问鸥尺牍

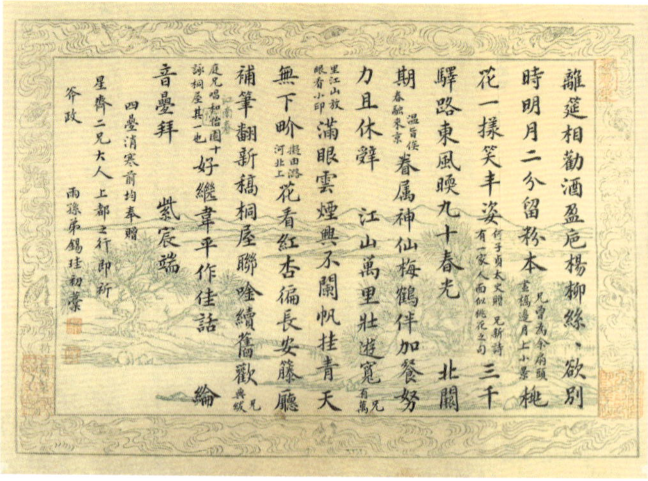

图 3-5-97
汪锡珪致潘曾莹诗笺

（三）仿古人物笺

内容包括高士、仕女、罗汉、钟馗、戏剧人物、近代人物、婴戏等。

1. 高士笺

任伯年绘高士图：爱竹图、爱鹅图、垂钓图、骑驴图。

另，“目送飞鸿”笺、“米芾拜石”笺。

米芾拜石是高士图的常用题材，又有话兰室制“米颠拜石”笺、丽华制“元章拜石”笺、邱寿岩制“元章拜石”笺等。

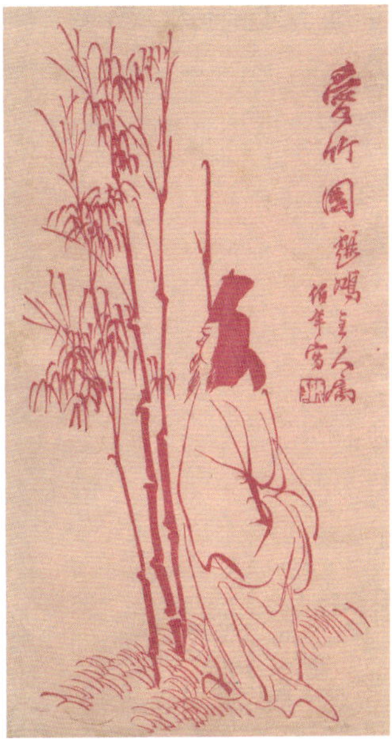

图 3-5-98
爱竹图

图 3-5-99
爱鹅图

图 3-5-100
垂钓图

图 3-5-101
骑驴图

图 3-5-102
任伯年“目送飞鸿”笺

吟香阁制“米芾拜石”笺，又见郭崑涛致刘长佑尺牍。“米颠之味何人识，自向空山拜石兄。”

郭崑涛致刘长佑尺牍，又用吟香阁制画笺，“大海风涛增气势，至今墨妙想东坡”。

“文章推论到根本，鲁直原非放荡人。”

“余事流传北苑咏，君谟诸好补茶经。”

图 3-5-103
任伯年“米芾拜石”笺

图 3-5-104
话兰室制“米颠拜石”笺

图 3-5-105
丽华制“元章拜石”笺

图 3-5-106
邱寿岩制“元章拜石”笺

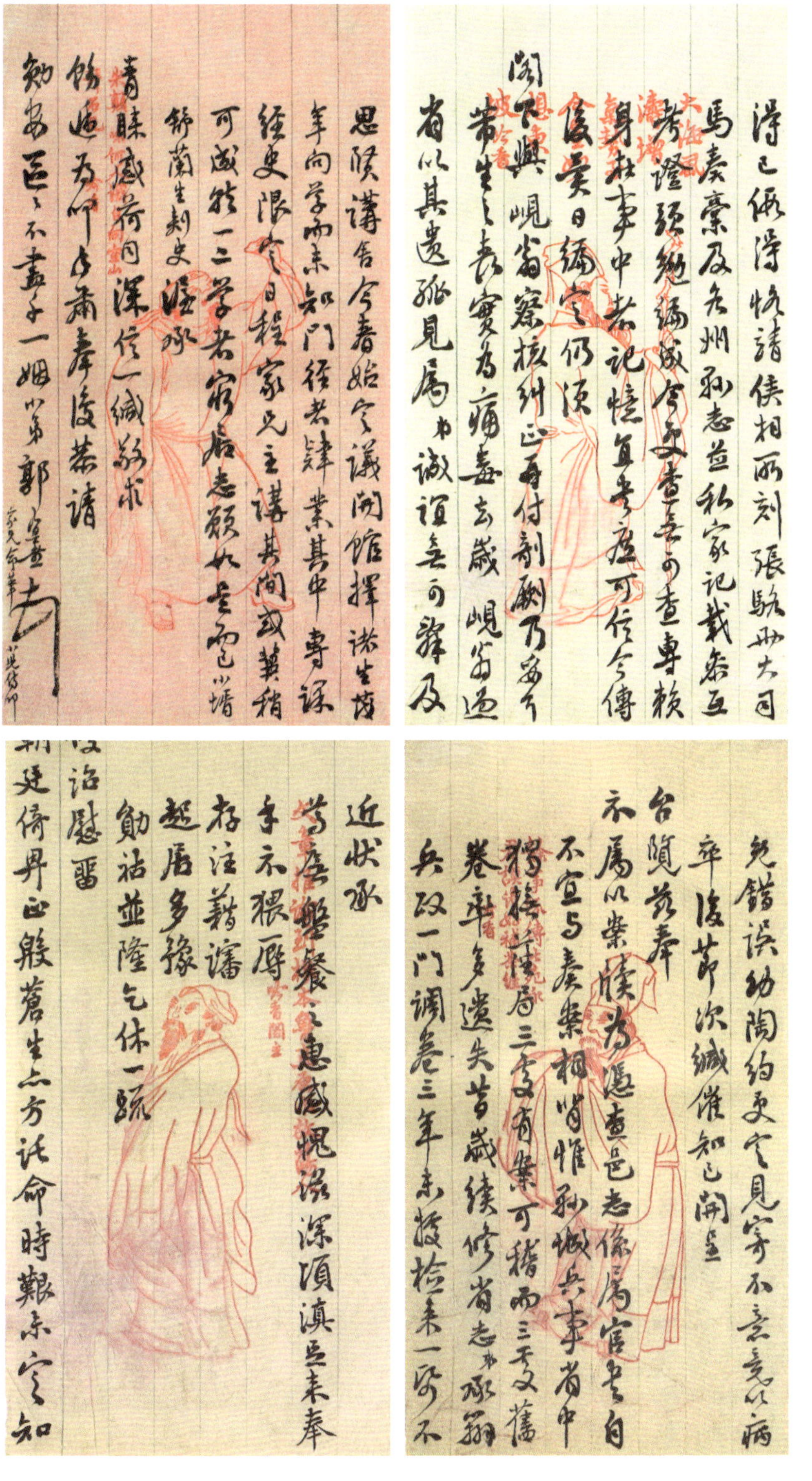

图 3-5-107—
图 3-5-110
吟香阁制高士笺

飞云阁制高士笺七幅，其中“石我友九顿首俨然砥柱森中流”，也是“米芾拜石”题材，其他还有“王子猷看竹图”“落帽龙山”“采菊东篱下悠然见南山”。

十二楼制高士笺二幅。

钱慧安绘高士笺三幅：飞云阁制“卤玉莲华”笺、飞云阁制“现寿者相”笺、大隆祥制“已得琴中趣，何劳弦上弹”笺。

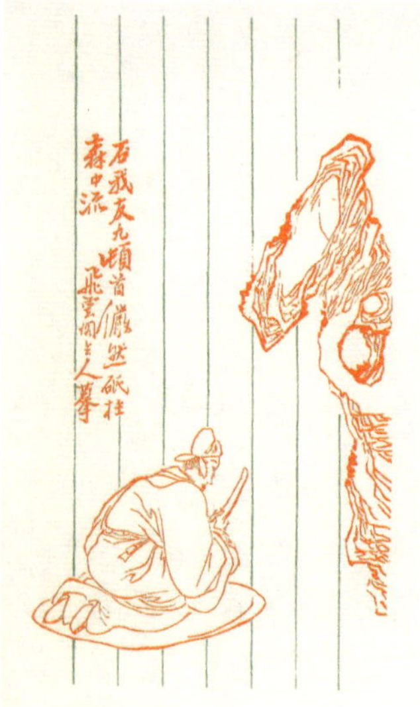

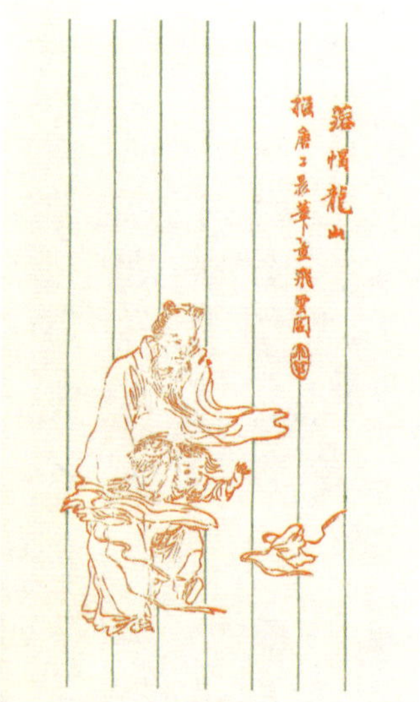

图 3-5-111—
图 3-5-117
飞云阁制高士笺

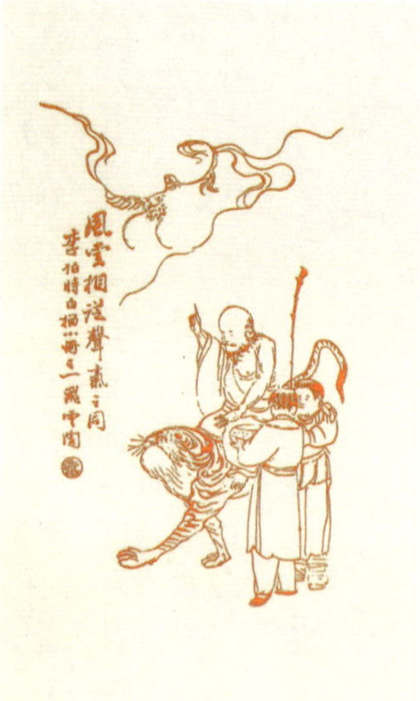

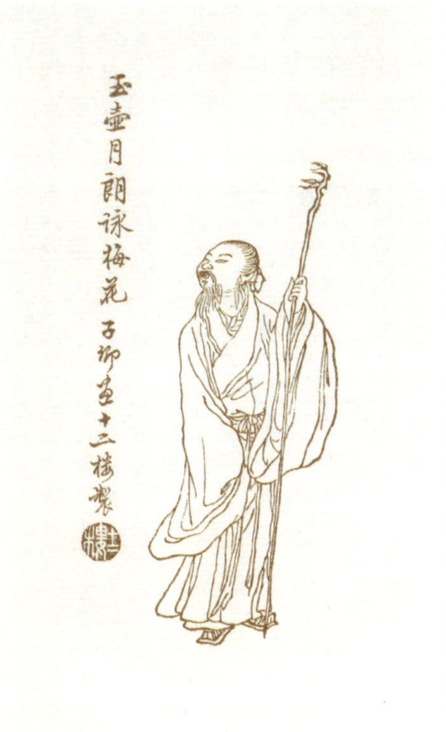

图 3-5-118、
图 3-5-119
十二楼制高士笺

图 3-5-120—
图 3-5-122
钱慧安绘高士笺

胡璋①绘高士笺七幅："卧观山海经、妻梅子鹤图、游山得句旋题石"一组；"灞桥诗思、风雨归渔、沧海有灵槎、高山流水"一组。

包栋②绘丽华制高士笺十一幅。

邱寿崟绘高士笺七幅。

陈慰之③绘高士笺五幅："松风琴韵、牧童归去横牛背、富贵寿考、嚼雪图、杖藜扶我过桥东"。

继昌绘高士笺三幅："诸葛君真名士也、大富贵亦寿考、雅歌投壶"。

华林绘"秋灯夜读"，佳莲室制"一窗风雨溯心期、圯上受书"。

图 3-5-123
胡璋绘"卧观山海经"笺

图 3-5-124
胡璋绘"妻梅子鹤图"笺

图 3-5-125
胡璋绘"游山得句旋题石"笺

① 胡璋（1848—1899），字铁梅，安徽桐城人。胡寅之子。工山水及人物、花卉，与王冶梅同以画梅得名，铁梅能腴，冶梅能瘦，并为巢林遗派。久寓沪上，旋游日本，画名甚噪。

② 包栋，字子梁，号近三，一号子良，又号苕华馆主，山阴（今浙江绍兴）人。刘咏弟子。擅画山水、人物、花鸟，无不精妙。

③ 陈慰之，清代吴县（今江苏苏州）人，殷萃田之妻。擅画人物。笔致挺秀，近华端一派。

图 3-5-126
胡璋绘"灞桥诗思"笺

图 3-5-127
胡璋绘"风雨归渔"笺

图 3-5-128
胡璋绘"沧海有灵槎"笺

图 3-5-129
胡璋绘"高山流水"笺

右軍玩鵞
蘧華製

茂叔觀蓮
蘧華製

鄴侯藏書
蘧華製

東坡玩研
蘧華製

張騫
蘧華製

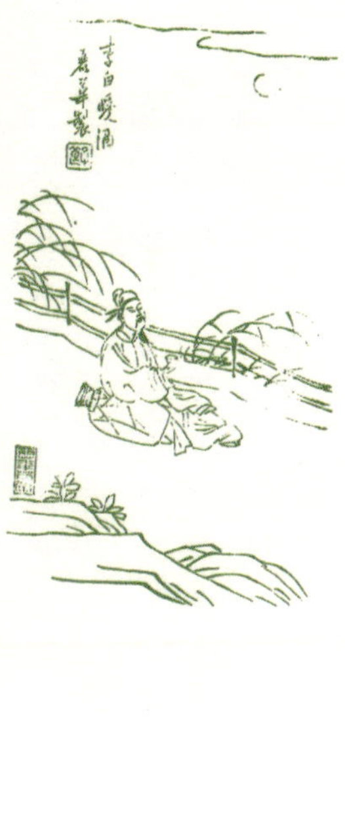

图 3-5-130—图 3-5-140
包栋绘丽华制高士笺

图 3-5-141—图 3-5-147
邱寿嵒绘高士笺

图 3-5-148
陈慰之绘“松风琴韵”笺

图 3-5-149
陈慰之绘“牧童归去横牛背”笺

图 3-5-150
陈慰之绘“富贵寿考”笺

图 3-5-151
陈慰之绘“嚼雪图”笺

图 3-5-152
陈慰之绘“杖藜扶我过桥东”笺

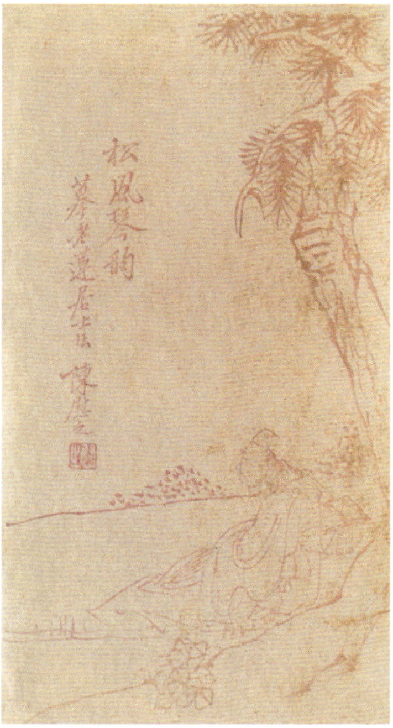

图 3-5-153
继昌绘“诸葛君真名士也”笺

图 3-5-154
继昌绘“大富贵亦寿考”笺

图 3-5-155
继昌绘“雅歌投壶”笺

图 3-5-156
华林绘“秋灯夜读”笺

图 3-5-157
佳莲室制“一窗风雨溯心期”笺

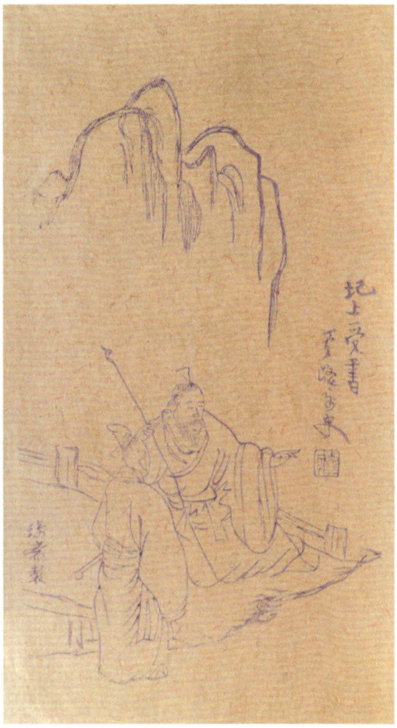

图 3-5-158
佳莲宝制“圯上受书”笺

图 3-5-159
松茂室制“兰亭修禊”笺

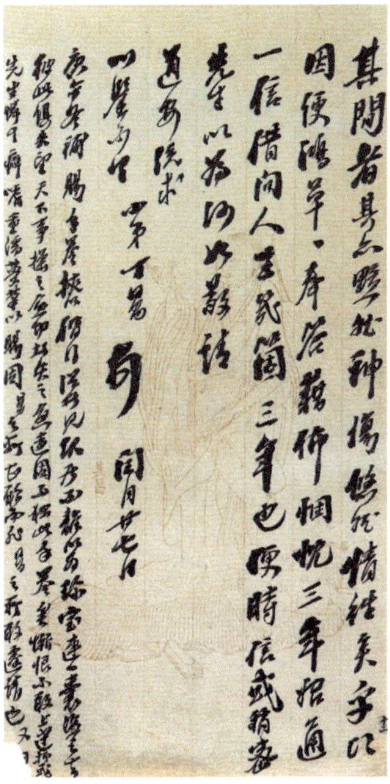

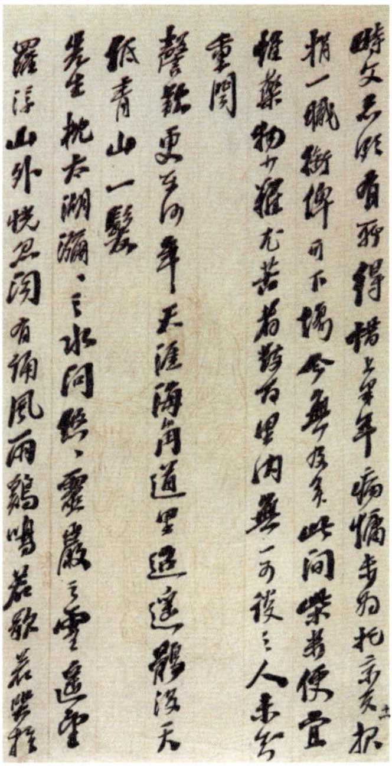

图 3-5-160、图 3-5-161
丁日昌尺牍

松茂室制“兰亭修禊”笺。

丁日昌尺牍亦用董其昌绘高士笺。

“万泉志别”笺见徐世昌[①]（水竹邨人）诗笺。

“渔父”笺见严沆[②]信笺。

“江河浪迹一渔翁”笺，润生斋制，见刘坤一致刘蓉信笺。

① 徐世昌（1855—1939），字卜五，号菊人、弢斋，别署水竹邨人，室名归云楼、退耕堂、韬养斋。光绪十二年（1886）进士。1918 年，由安福国会选为总统。1922 年被曹锟、吴佩孚赶下台，迁居天津租界终老。编著《清儒学案》《退耕堂政书》《历代吏治举要》《水竹邨人集》《韬养斋日记》等。

② 严沆（1617—1678），字子餐，号颢亭，浙江余杭（今杭州）人。明太常严大纪孙。顺治十二年（1655）进士，官至户部侍郎，总督仓场。擅书画，山水画类米氏，又在倪、黄之间。布墨雅洁，丘壑闲静。“西泠十子”之一，著《严少司农集》《古秋堂集》。

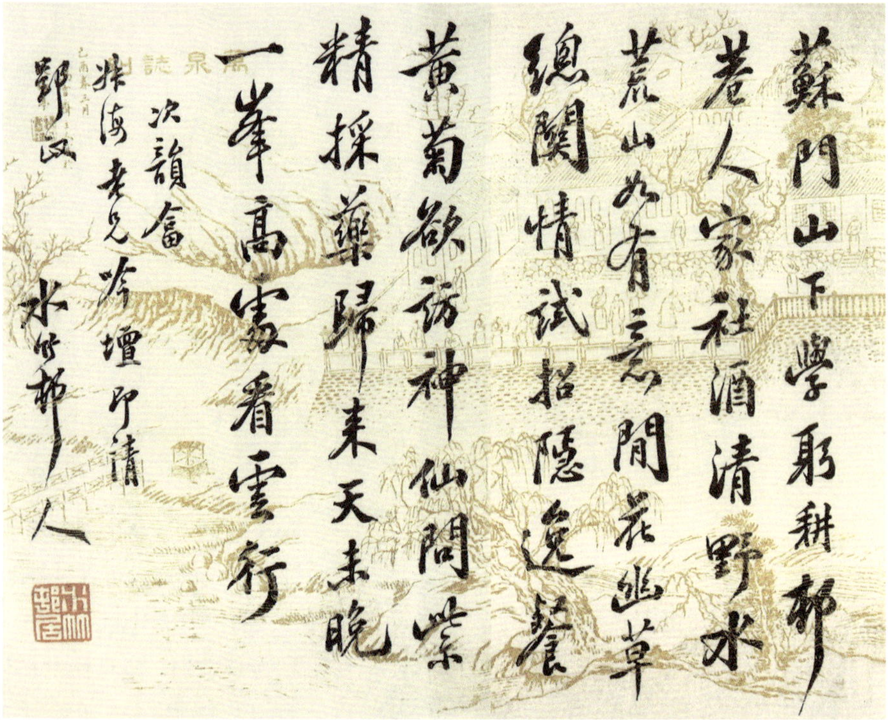

图 3-5-162
“万泉志别”笺

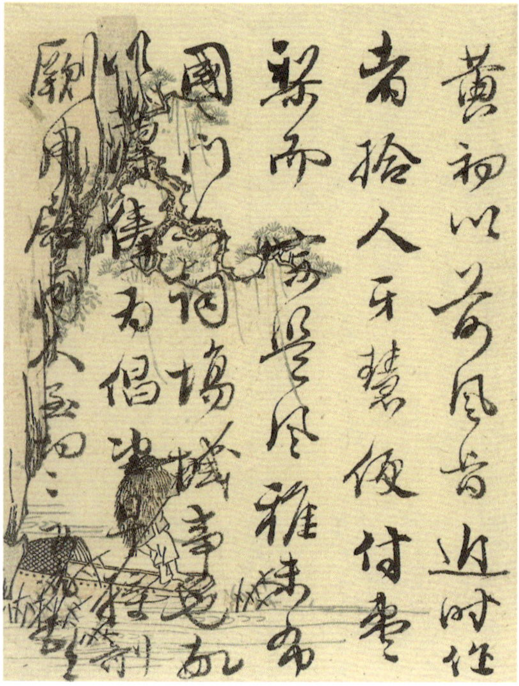

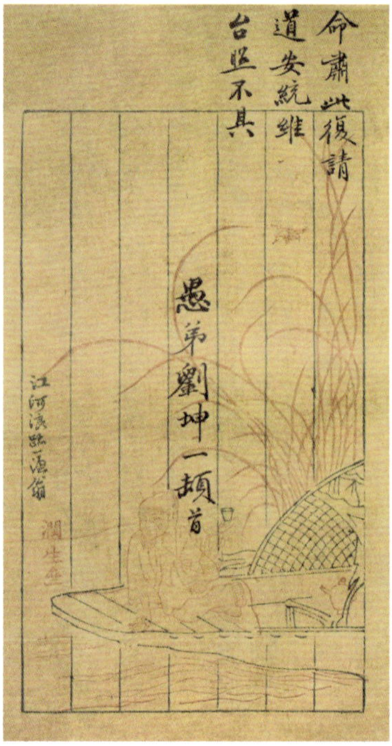

图 3-5-163
严沆“渔父”笺

图 3-5-164
“江河浪迹一渔翁”笺

2. 仕女笺

文徵明“团扇美人图”笺，虚白斋仿古。见李星沅致问鸥信笺。

虚白斋仿文徵明仕女笺。

仇英绘仕女图笺。

改琦绘仕女笺。

荣录堂制“芙洲春倦”笺，见李星沅致何绍基尺牍。

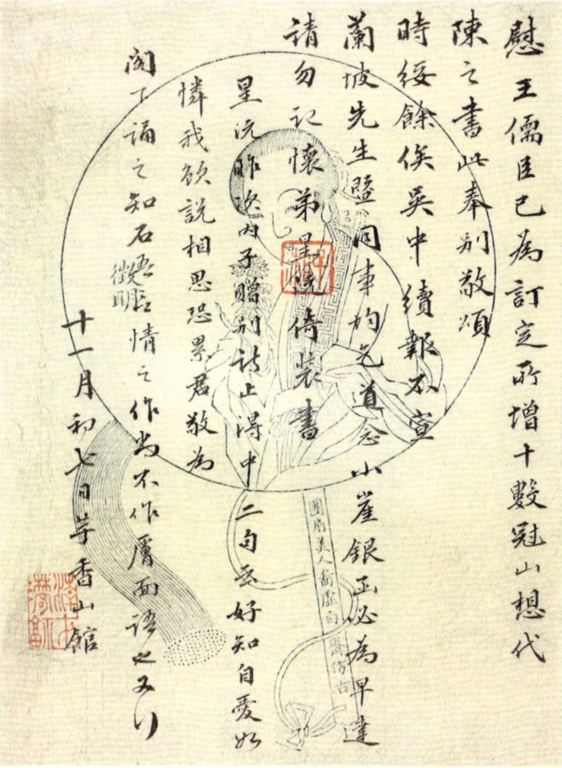

图 3-5-165

李星沅致问鸥信笺

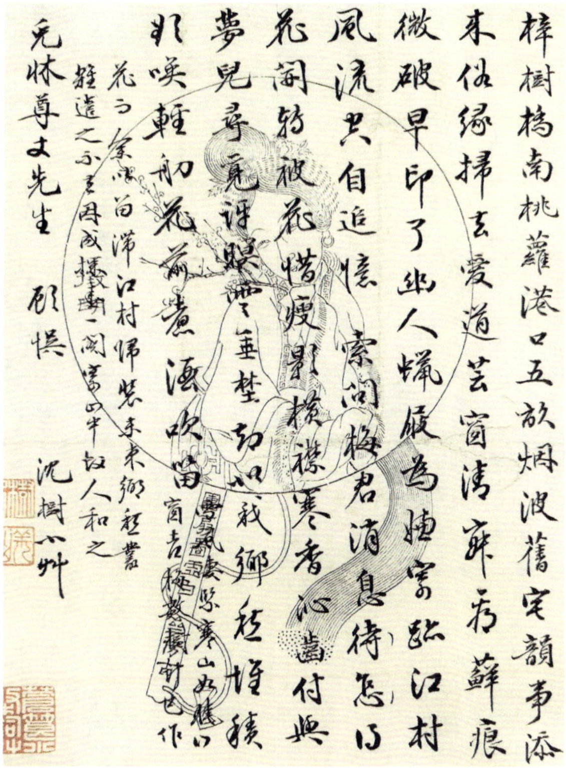

图 3-5-166

虚白斋仿文徵明仕女笺

图 3-5-167、
图 3-5-168
仇英绘仕女图

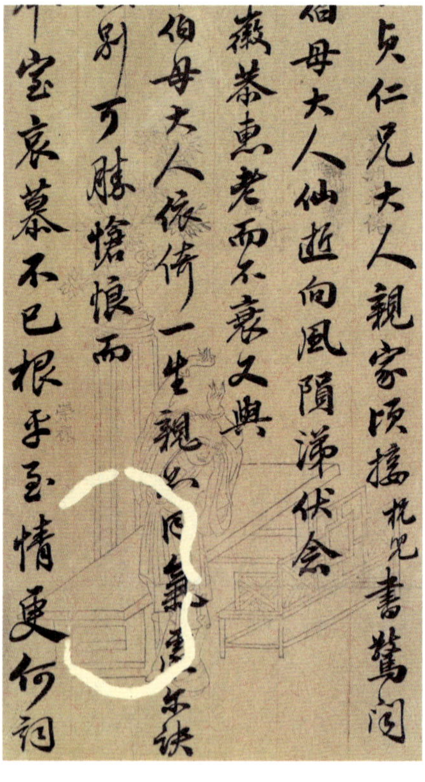
貞仁兄大人親家頃接杭兒書驚聞
伯母大人仙逝向風隕涕伏念
薇恭惠老而不衰又與
伯母大人依倚一生親 氣 永訣
别可勝愴恨而
宝哀慕不已根乎至情更何詞

图 3-5-169
改琦绘仕女笺

图 3-5-170
荣录堂"芙洲春倦"笺

任熊绘笺八幅。

图 3-5-171—图 3-5-174
任熊绘笺

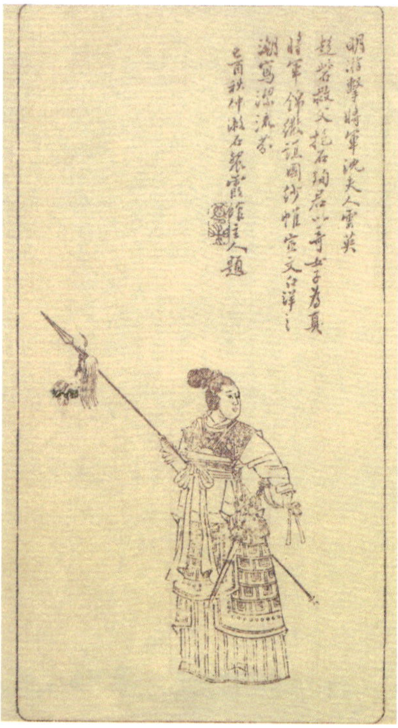

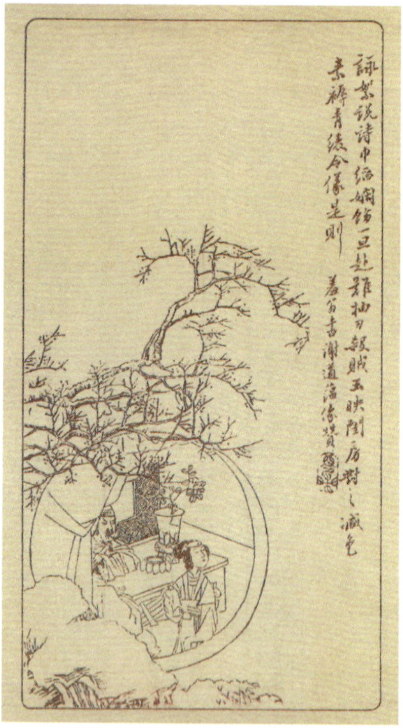

图 3-5-175—图 3-5-178
任熊绘笺

张熊绘仕女笺。

任颐绘仕女笺。

“团扇徘徊”笺，钱慧安作，印章为“吉生”。见吴大澂信笺。

另，大隆祥制、松茂室制钱慧安绘仕女笺各两幅。

文美斋制王慎之[①]绘仕女笺三幅。

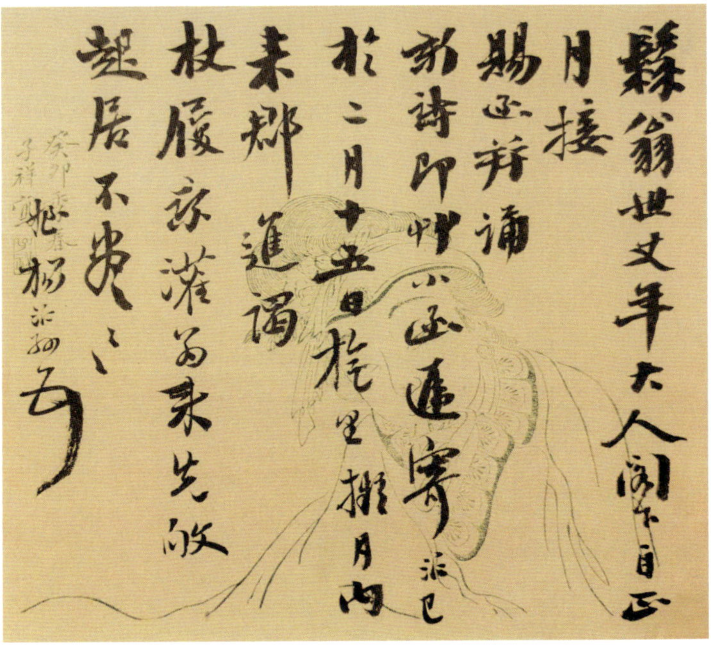

图 3-5-179

张熊绘仕女笺

图 3-5-180

任颐绘仕女笺

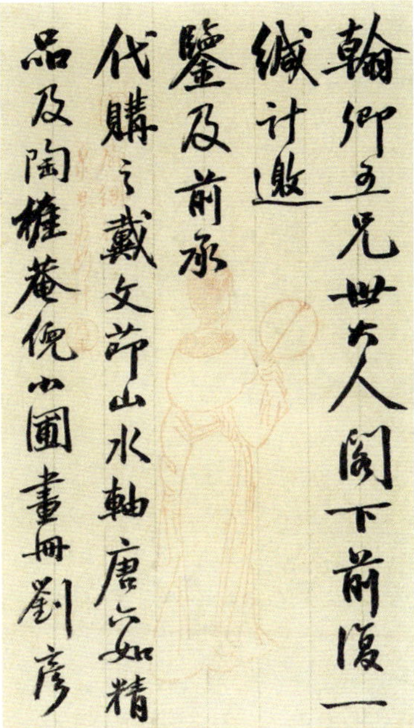

翰卿五兄世大人阁下前復一缄计邀鉴及前承代購之戴文节山水轴唐六如精品及陶椎菴倪小圃画册刘彦

图 3-5-181

“团扇徘徊”笺

① 王慎之（1864—1927），本名慎吾，字思源。

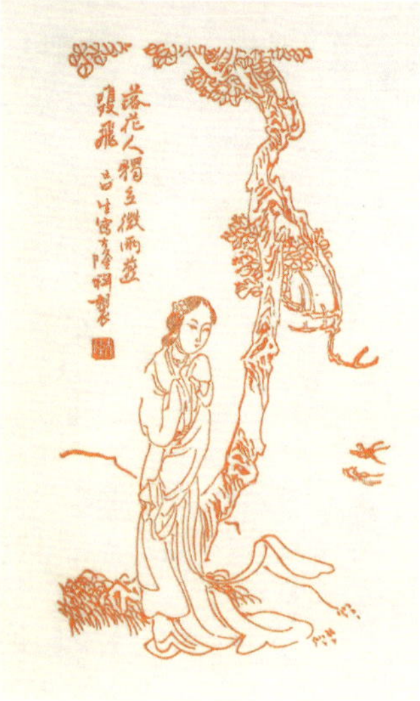

图 3-5-182、图 3-5-183
钱慧安绘，大隆祥制笺

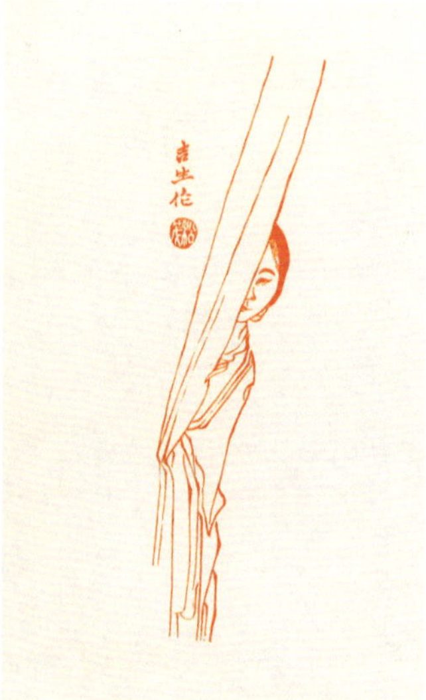

图 3-5-184、图 3-5-185
钱慧安绘，松茂室制笺

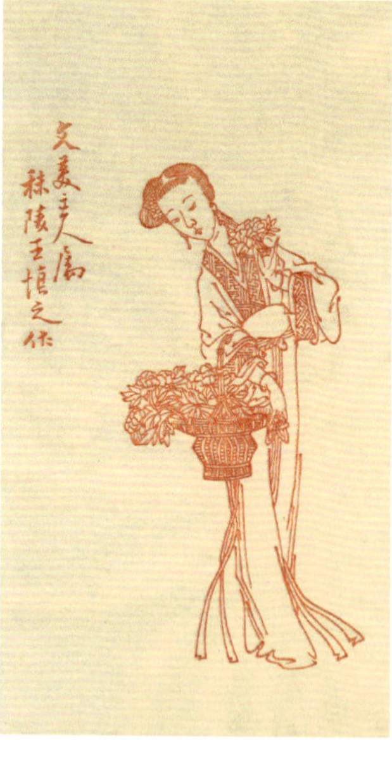

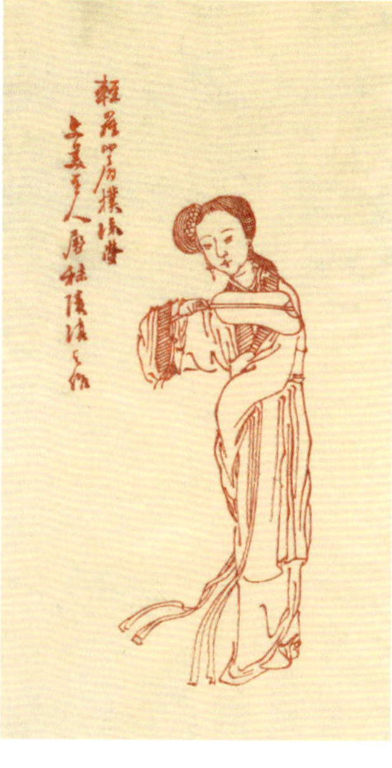

图 3-5-186—
图 3-5-188
王慎之绘仕女笺

图 3-5-189—
图 3-5-192
陈慰之绘仕女笺

图 3-5-193
雪琴自制笺

图 3-5-194
蔼卿自制笺

陈慰之绘仕女笺四幅。

雪琴自制笺：上题“朱弦夜静弹流水，翠袖天寒倚暮云”。荣宝斋制作。

蔼卿自制笺：上题“春起帘栊无个事，一庭苍影卧湘云”。荣宝斋制作。

陶咏裳①绘仕女笺四幅。

源昌义制仕女笺四幅。

程十髪“仙乐仕女图”笺一套八幅。

另有待考仕女笺三幅，以及三种尺牍：“桃根打桨”笺，谭钟麟②致周懋臣尺牍，裘柱常致逸梅尺牍。

① 陶咏裳，清代江宁（今南京）人，名炳吉，以字行，号建康。工楷书，喜临洛神赋。擅画人物、花木，尤精仕女，姿容秀丽，意态孤冷，独异于世。

② 谭钟麟（1822—1905），字云觐，一字云砚，号文卿，谥号文勤。湖南茶陵人。咸丰六年（1856）进士。著有《桑蚕辑要》。子延闿。

图 3-5-195—图 3-5-198
陶咏裳绘仕女笺

图 3-5-199—图 3-5-202
源昌义制仕女笺

图 3-5-203—图 3-5-210
程十髮“仙乐仕女图”笺

图 3-5-211—图 3-5-213
仕女笺

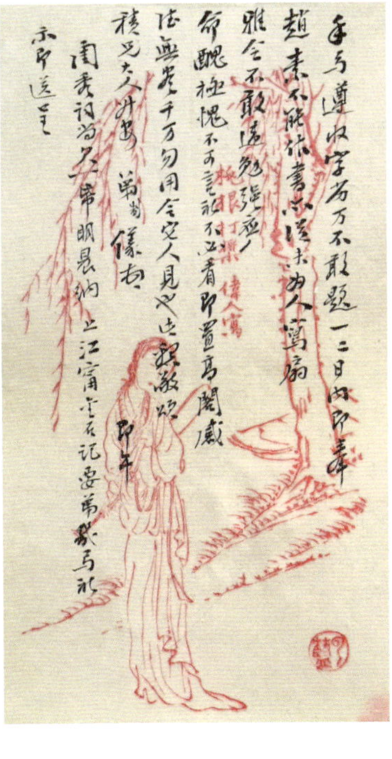

图 3-5-214
“桃根打桨”笺

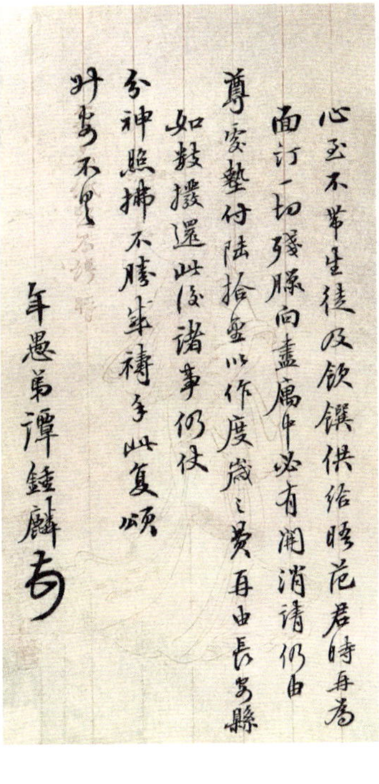

图 3-5-215
谭钟麟致周懋臣尺牍

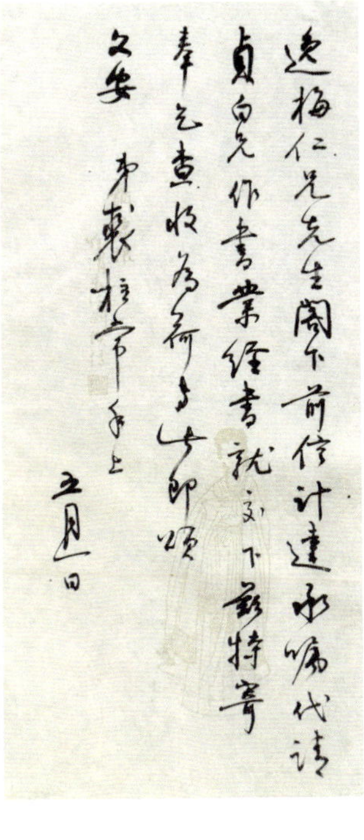

图 3-5-216
裘柱常致逸梅尺牍

3. 罗汉笺

清道人绘古佛笺四幅。

文美斋制任颐绘罗汉笺一幅。

未名罗汉笺一套十三幅。

图 3-5-217—图 3-5-220
清道人绘古佛笺

图 3-5-221
文美斋制任颐绘罗汉笺

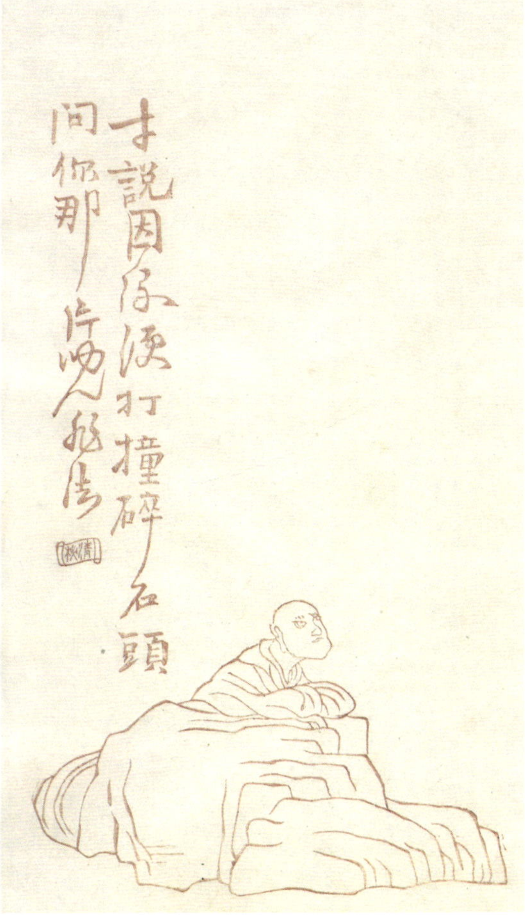

图 3-5-222—图 3-5-234
未名罗汉笺

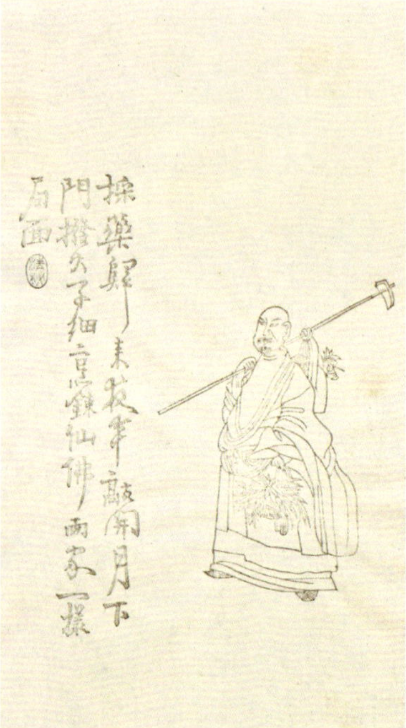
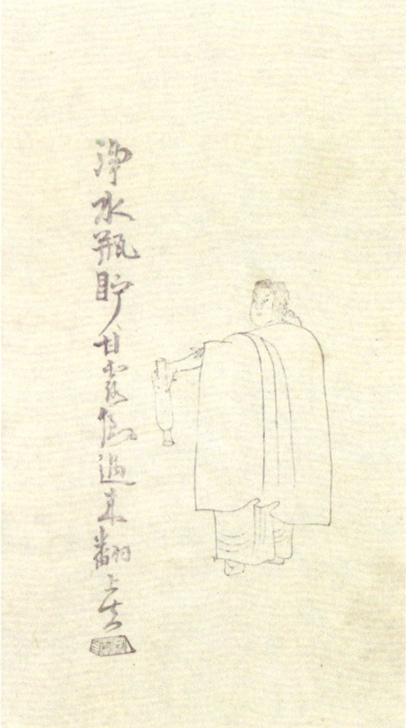

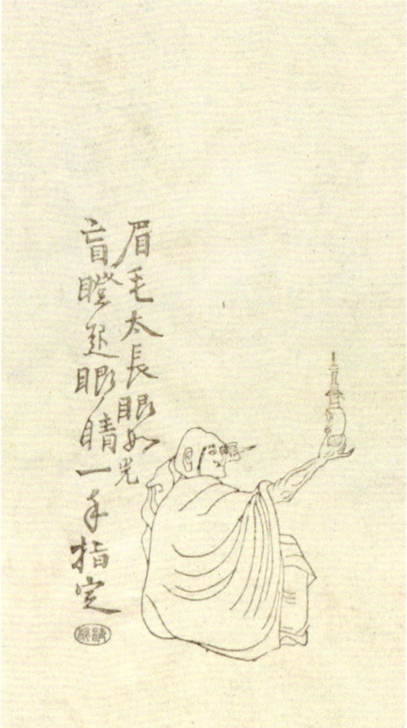
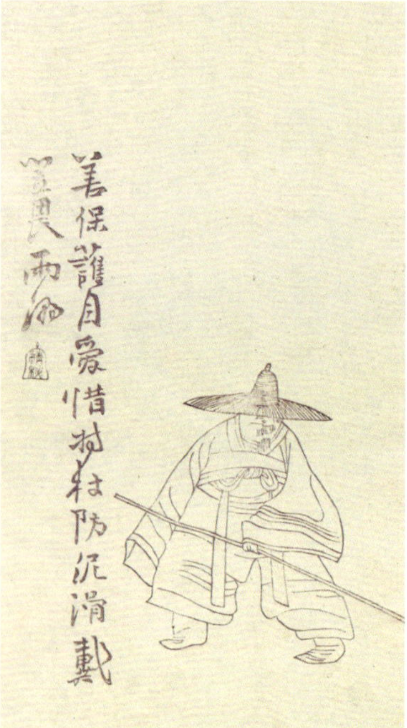

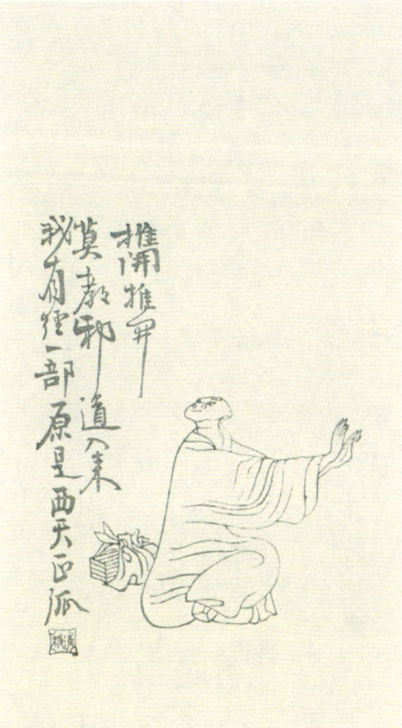

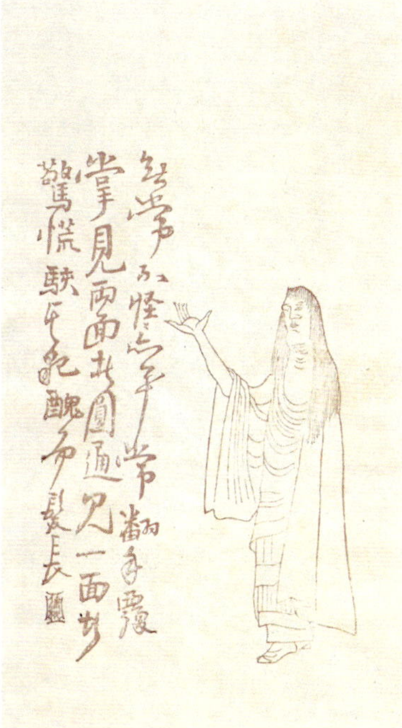

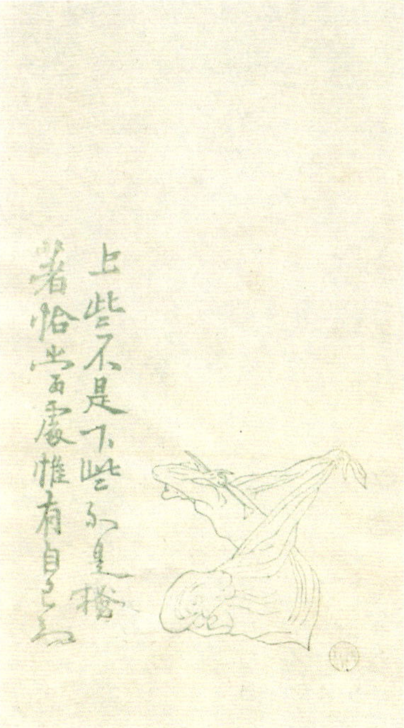

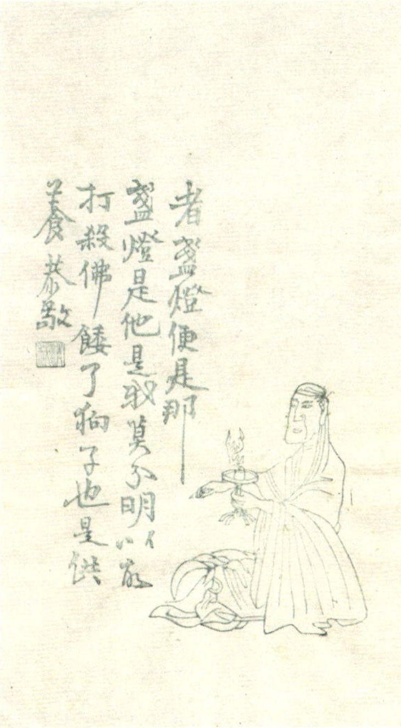

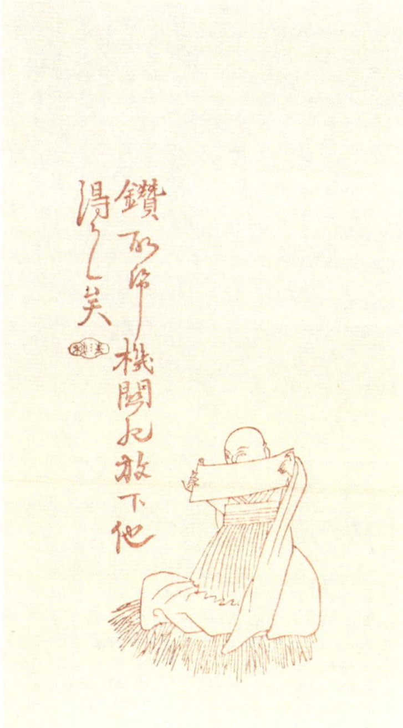

4. 钟馗笺

徐燕孙绘钟馗画笺，一套四幅：“钟馗巡行、钟馗畅饮、钟馗送子、钟馗啖鬼”。

徐燕孙绘“钟馗巡行”图封筒与“钟馗行吟”图封筒。

徐燕孙绘“钟馗送子”笺。

徐燕孙绘“钟馗剑气冲霄”笺。

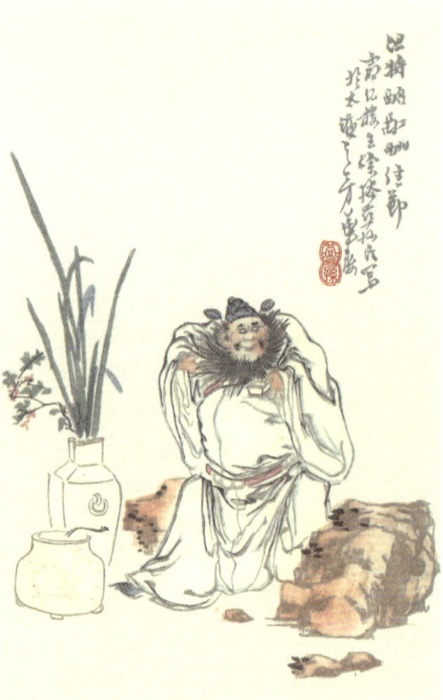

图 3-5-235
“钟馗巡行”画笺

图 3-5-236
“钟馗畅饮”画笺

图 3-5-237
“钟馗送子”画笺

图 3-5-238
“钟馗啖鬼”画笺

图 3-5-239
“钟馗巡行”图封筒

图 3-5-240
“钟馗行吟”图封筒

图 3-5-241
“钟馗送子”笺

图 3-5-242
“钟馗剑气冲霄”笺

5. 戏剧人物笺

“西厢人物”笺，题款“你怕墙高怎把龙门跳”。见刘蓉致王鑫尺牍。

“辕门射戟”笺，见邹福保[①]尺牍。

同泰义制戏曲人物笺，一套六幅。

李滨声[②]京戏人物画笺八幅。其中“梁山伯与祝英台、穆桂英出征、杨排风打焦赞、林冲夜奔”各一幅，“空城计、白蛇传”各二幅。

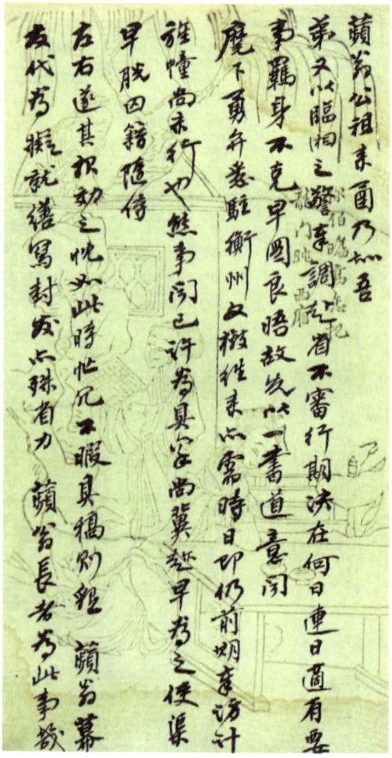

图 3-5-243
“西厢人物”笺

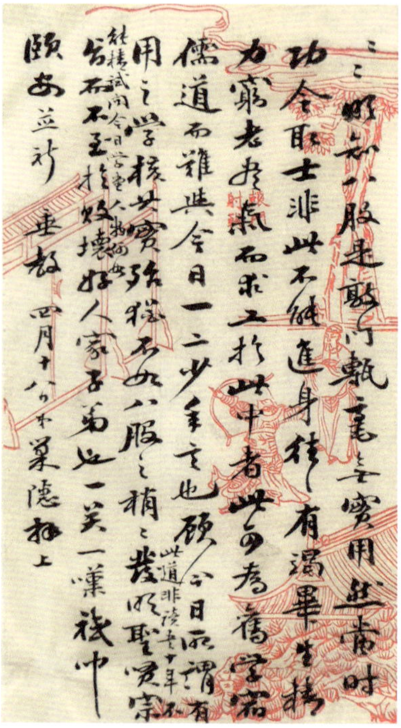

图 3-5-244
“辕门射戟”笺

① 邹福保（1852—1915），字咏春，号芸巢。江苏元和（今属苏州）人。光绪十二年（1886）丙戌科进士，晚清翰林，著有《文钥》《读书灯》等。

② 李滨声（1925— ），新闻漫画家，曾用名李洛非，笔名梨园客。出生于哈尔滨，原籍辽宁本溪。擅画漫画、戏曲人物画，被誉为“讽刺漫画的开先河者”。已出版《书苑栽花》《李滨声画集》四卷等作品。

图 3-5-245—图 3-5-250
同泰义制戏曲人物笺

图 3-5-251
“梁山伯与祝英台”画笺

图 3-5-252
“穆桂英出征”画笺

图 3-5-253
“杨排风打焦赞”画笺

图 3-5-254
“林冲夜奔”画笺

图 3-5-255、
图 3-5-256
“空城计”画笺

图 3-5-257、
图 3-5-258
“白蛇传”画笺

6. 婴戏笺

儿童世界的嬉戏玩耍，千姿百态，妙趣横生，激发了中国画家的灵感，从唐宋到元明清，“婴戏”成为中国画的重要题材之一，尤其两宋之际苏汉臣的“婴戏图”备受推崇。这个绘画成就反映在笺纸中，婴戏笺也成为人物画笺的一大宗。华宝斋、文美斋、飞云阁、荣宝斋、伯实斋等均制有婴戏笺。

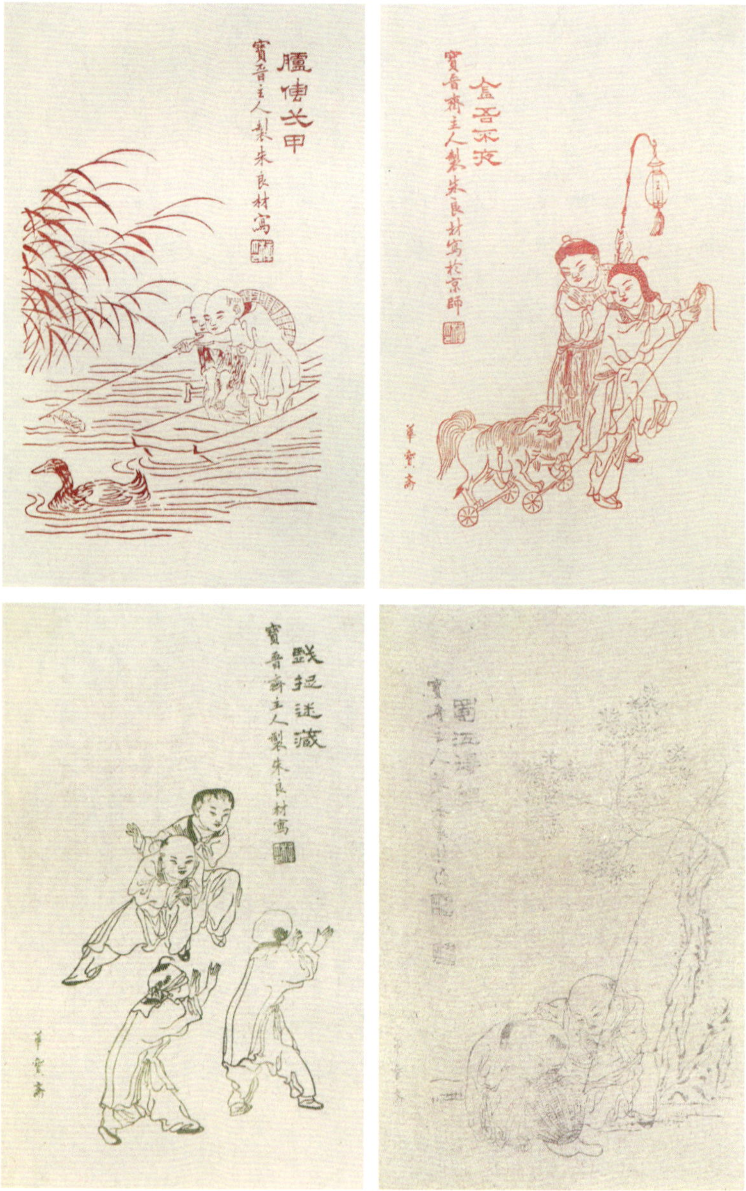

图 3-5-259—图 3-5-262
华宝斋婴戏笺

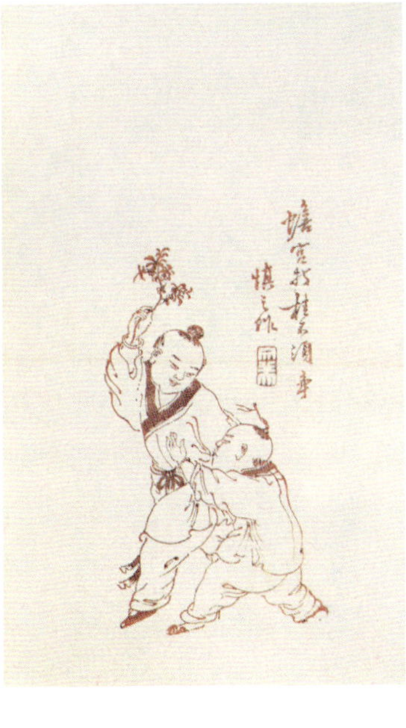

图 3-5-263—图 3-5-267
文美斋婴戏笺

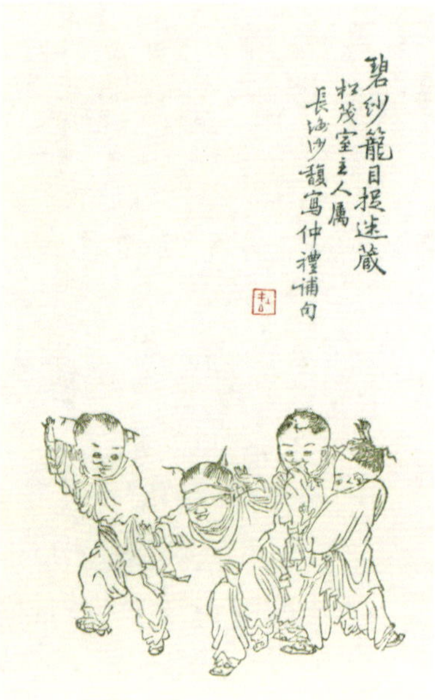

图 3-5-268—图 3-5-273
文美斋婴戏笺

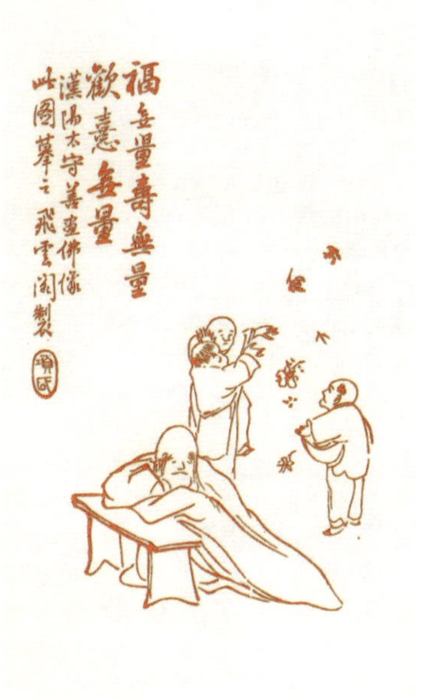

图 3-5-274—图 3-5-278
飞云阁婴戏笺

图 3-5-279—图 3-5-281
荣宝斋婴戏笺

图 3-5-282—图 3-5-285
伯实斋婴戏笺

图 3-5-286—图 3-5-298
清秘阁、合泰号等其他待考婴戏笺

7. 近代人物笺

“世界八大名人”人物笺。这八大名人包括哥伦布、克林威尔（今译作克伦威尔）、大彼得、华盛顿、拿坡仑(今译作拿破仑)、加富尔、俾斯麦、西乡隆盛等。

图 3-5-299
“哥伦布”笺

图 3-5-300
“克林威尔”笺

图 3-5-301
“大彼得”笺

图 3-5-302
“华盛顿”笺

图 3-5-303
“拿破仑”笺

图 3-5-304
“加富尔”笺

图 3-5-305
“俾斯麦”笺

图 3-5-306
“西乡隆盛”笺

“世界四大巾帼英雄”人物笺，即“击鼓退金兵梁红玉、法国圣女贞德、俄国民意党人苏菲亚、护理事业创始人英国南丁格尔”笺。

民国有正书局制笺六幅，其内容反映了近代妇女的日常生活。

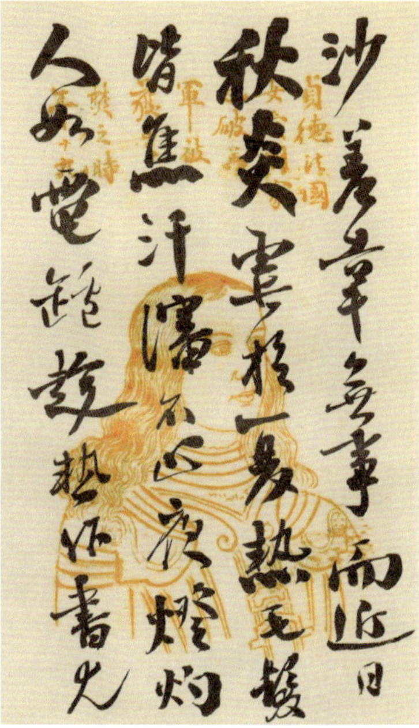

图 3-5-307
“击鼓退金兵梁红玉”笺

图 3-5-308
“法国圣女贞德”笺

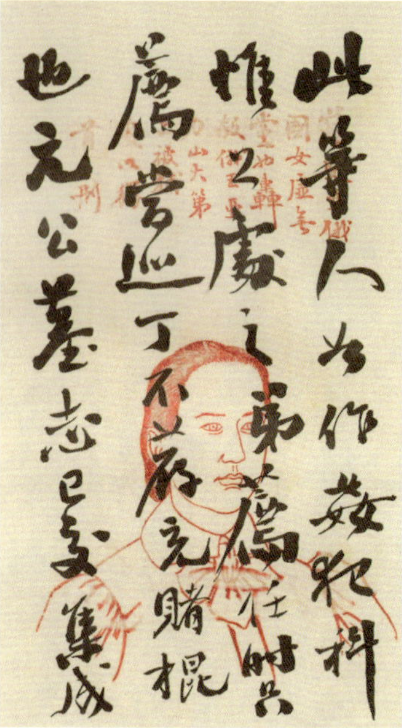

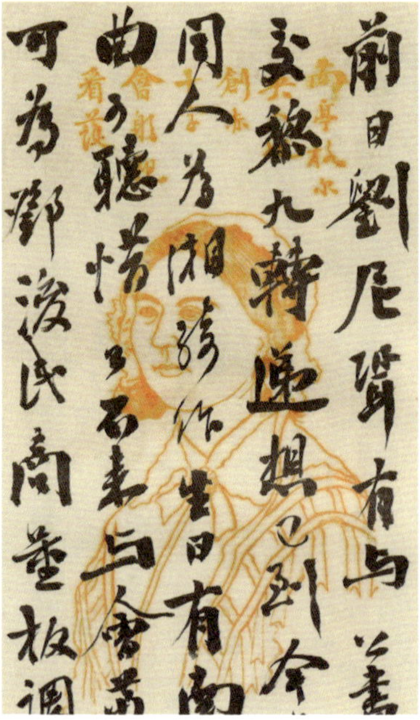

图 3-5-309
“俄国民意党人苏菲亚”笺

图 3-5-310
“护理事业创始人英国南丁格尔”笺

图 3-5-311—图 3-5-316
民国有正书局制“近代妇女”笺

（四）果蔬笺

松茂室制“萝卜”笺与“蘑菇、笋”笺见清人尺牍二幅。

“萝卜”笺见左宗棠致吴大澂尺牍。

松茂室制“白菜”笺，题款“淡中有味”。见潘遵祁[①]函。

冯玉祥[②]自制“白菜”笺，反映他以清白自喻的心境。见冯玉祥致薛笃弼尺牍。

同文制“白菜”笺，题款“淡泊味长”。

鸿上绘果蔬笺见曹丙彰函。

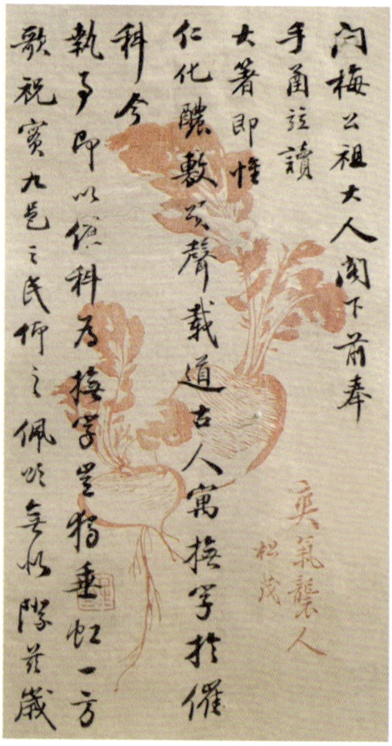

图 3-5-317
“萝卜”笺

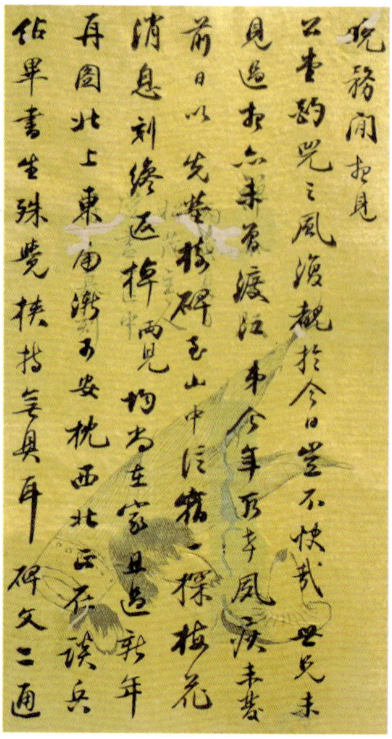

图 3-5-318
“蘑菇、笋”笺

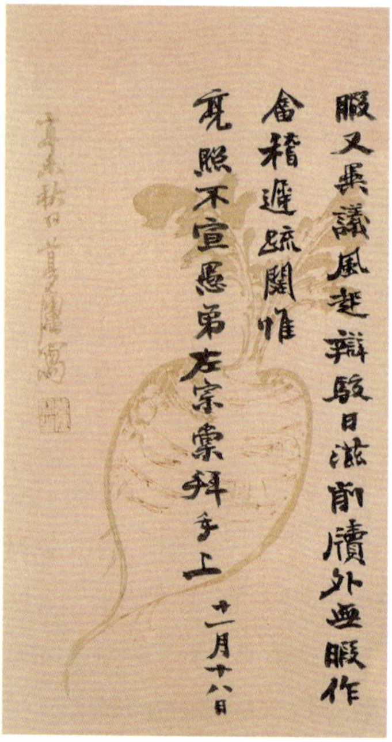

图 3-5-319
左宗棠致吴大澂信笺

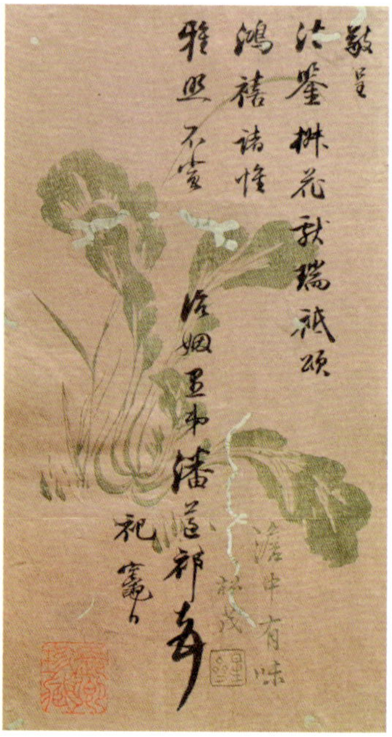

图 3-5-320
潘遵祁函

① 潘遵祁（1808—1892），字觉夫，一字顺之，号西圃、简缘退士、抱冲居士等，室名香雪草堂、四梅阁、勿自欺室。吴县（今江苏苏州）人，清代书画家。道光二十五年（1845）进士，二十七年（1847）翰林，旋乞归，隐邓尉，筑香雪草堂。著有《西圃集》。

② 冯玉祥（1882—1948），字焕章，原名基善，原籍安徽巢县（今巢湖市），生于直隶青县（今属河北沧州市），有“基督将军”“布衣将军”“倒戈将军”之称。

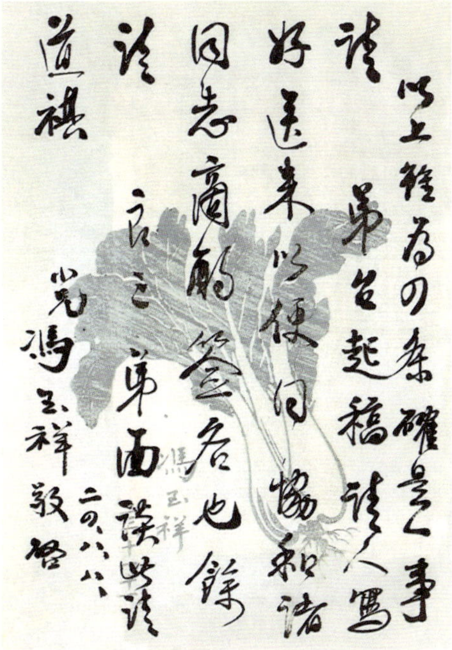

图 3-5-321
冯玉祥自制“白菜”笺

图 3-5-322
同文制“白菜”笺

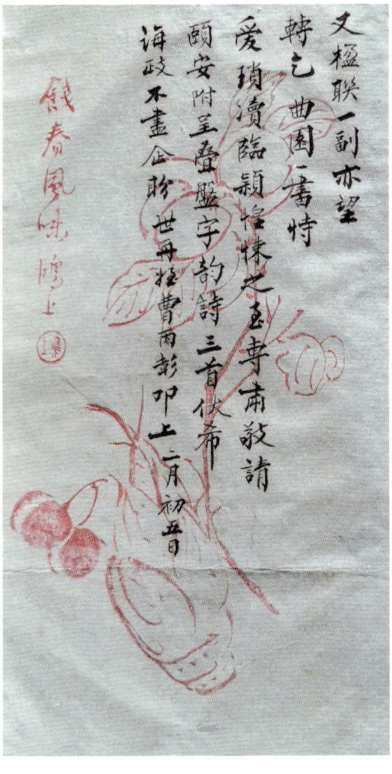

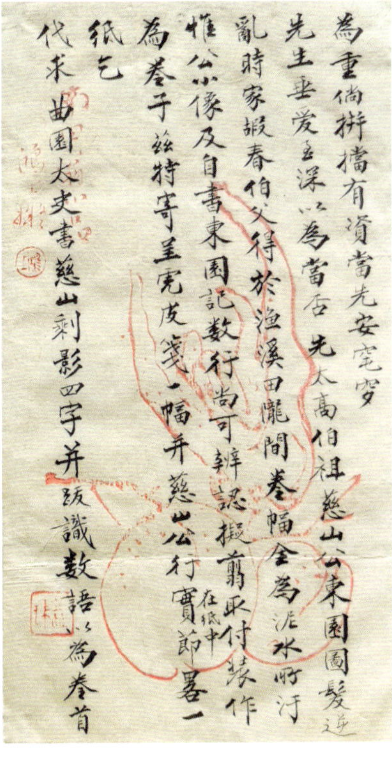

图 3-5-323、图 3-5-324
曹丙彰函

（五）鱼虫笺

荣宝斋制“蝴蝶”笺四幅。

文芸阁制“禾蟹”笺与“双虾”笺，瑞莲写。

“红蓼花开水国秋”笺，虞臣写。

虚白斋制“满窗晴日看蚕生”笺，邓石如写。

“春江水暖”笺，绮云阁摹。

鱼虫笺又见薛恩绶函、曹丙彰函。

近现代最卓越的以花鸟鱼虫为题材绘画的画家当数齐白石，其所绘鱼虫、花鸟、果蔬笺最为大宗，文美斋、松茂室、荣宝斋、清秘阁等均有制作。齐白石笺画署名有齐大、老萍、白石翁、白石老人、借山老人、二百石印富翁齐璜等。

仅荣宝斋制齐白石绘花鸟鱼虫笺就有好多套。

图 3-5-325—
图 3-5-328
荣宝斋制“蝴蝶”笺

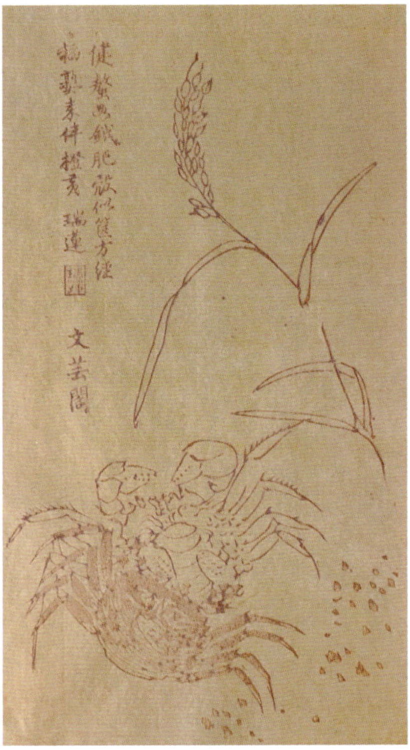

图 3-5-329
文芸阁制“禾蟹”笺

图 3-5-330
文芸阁制“双虾”笺

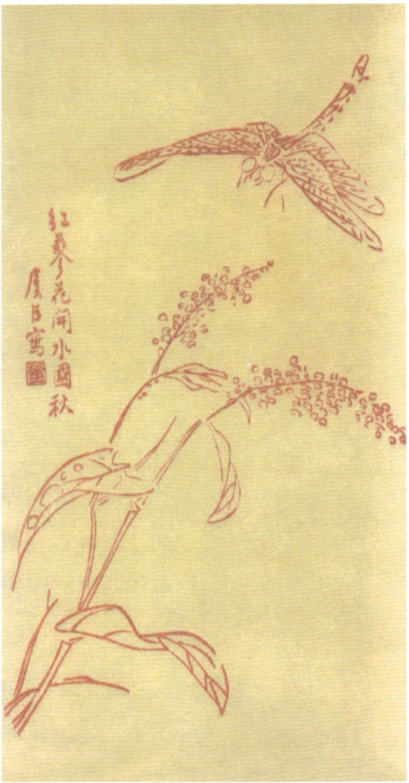

图 3-5-331
“红蓼花开水国秋”笺

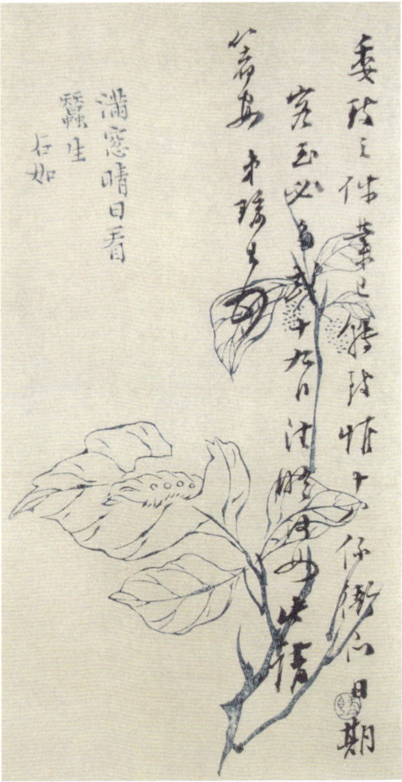

图 3-5-332
“满窗晴日看蚕生”笺

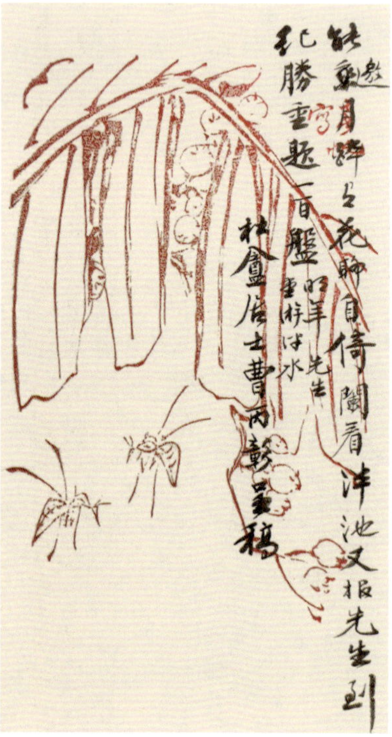

图 3-5-333
“春江水暖”笺

图 3-5-334
薛恩绶函

图 3-5-335
曹丙彰函

图 3-5-336—图 3-5-362
荣宝斋制齐白石绘花鸟鱼虫笺

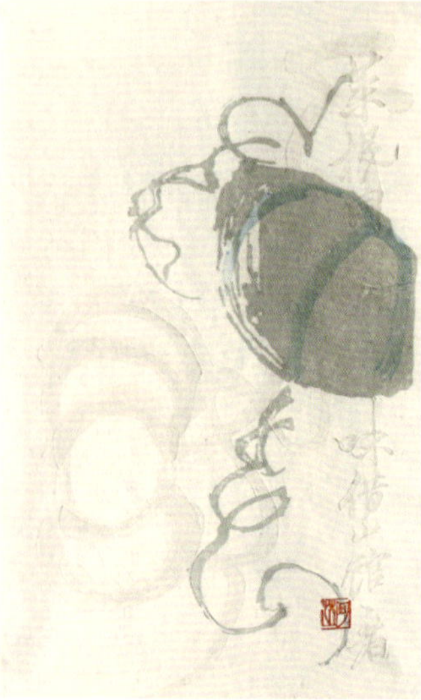

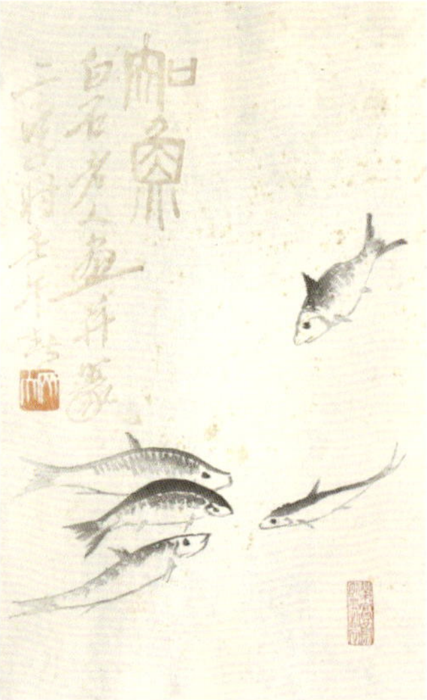

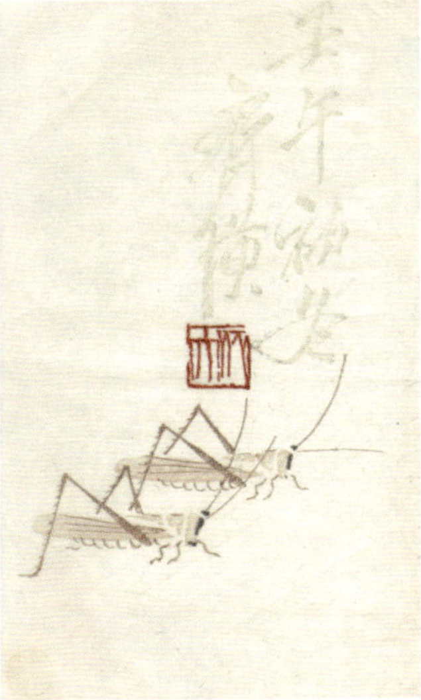

白石

三餘白石山翁

白石山翁

瀕生

白石

第六节 手绘笺

手绘笺指的是不以木版刷印的方式，而以手绘的方法装饰而成的笺纸。宫廷制笺常以手绘笺纸为大宗。明清有各色手绘龙纹笺、描金手绘蜡笺纸、贴金蜡笺纸等。清乾隆时期的梅花玉版笺饰以泥金画冰纹，间以梅花，角隅有长方形隶字朱印。文人书札中饶有情趣者便在素笺上绘以栏格，点缀花纹，以此为文房雅趣。

《说笺》中清代谭之遂[①]尺牍，笺纸样式即为手绘笺。笺画内容为在红色信笺上用金色画花开富贵图。

《说笺》中潘曾绂[②]尺牍，笺纸样式亦为手绘笺。笺画内容为披着蓑衣的渔夫驾一叶扁舟在雨中摇桨捕鱼。

图 3-6-1
潘曾绂尺牍

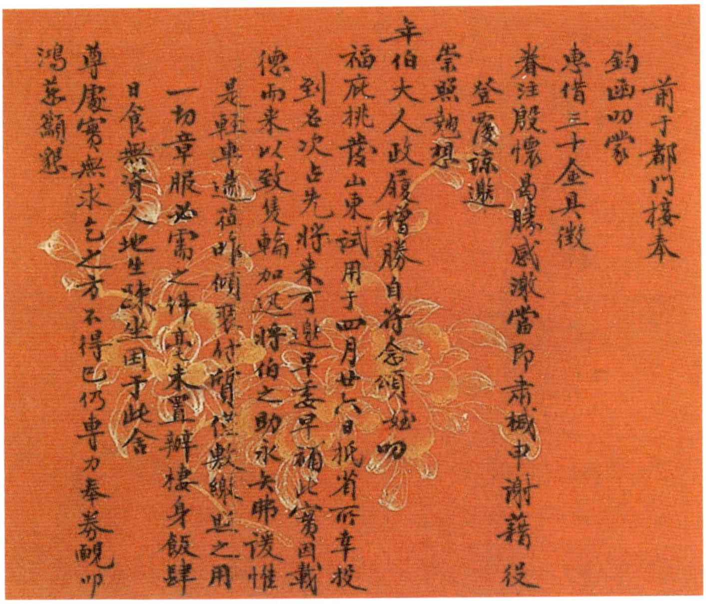

图 3-6-2
谭之遂尺牍

① 谭之遂，江西南丰举人，嘉庆初曾任山东济南府长山县县令。

② 潘曾绂，湖州人，晚清进士，曾任赣州都御史，擅书画，精鉴赏。

当代画家任重绘“四君子笺”。

其“梅”笺题：寻常一样窗前月，才有梅花便不同。

其“兰”笺题：向来俯首问羲皇，汝是何人到此乡。未有画前开鼻孔，满天浮动古馨香。

其“竹”笺题：露涤铅粉节，风摇青玉枝。

其“菊”笺题：一重山，两重山，山远天高烟水寒，相思霜叶丹。菊花开，菊花残，寒雁高飞人未还，一帘风月闲。

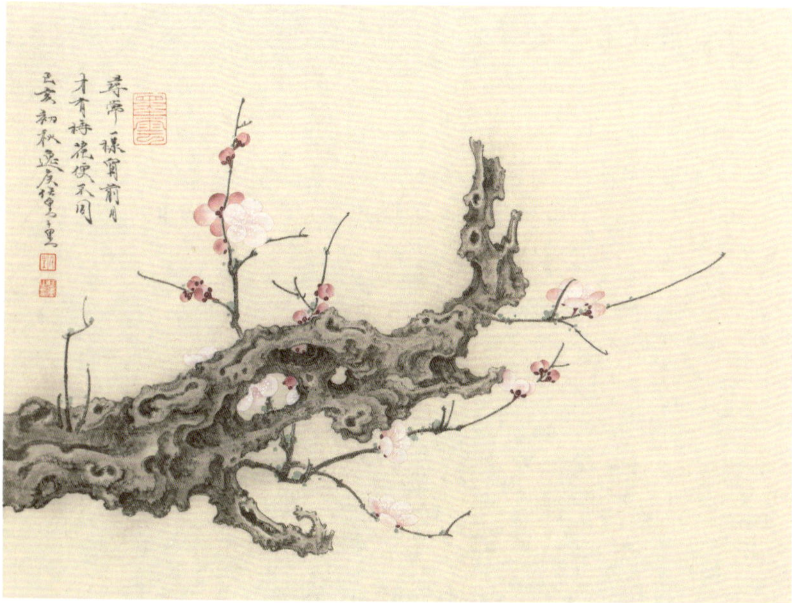

图 3-6-3
任重绘“梅”笺

图 3-6-4
任重绘“兰”笺

图 3-6-5
任重绘“竹”笺

图 3-6-6
任重绘“菊”笺

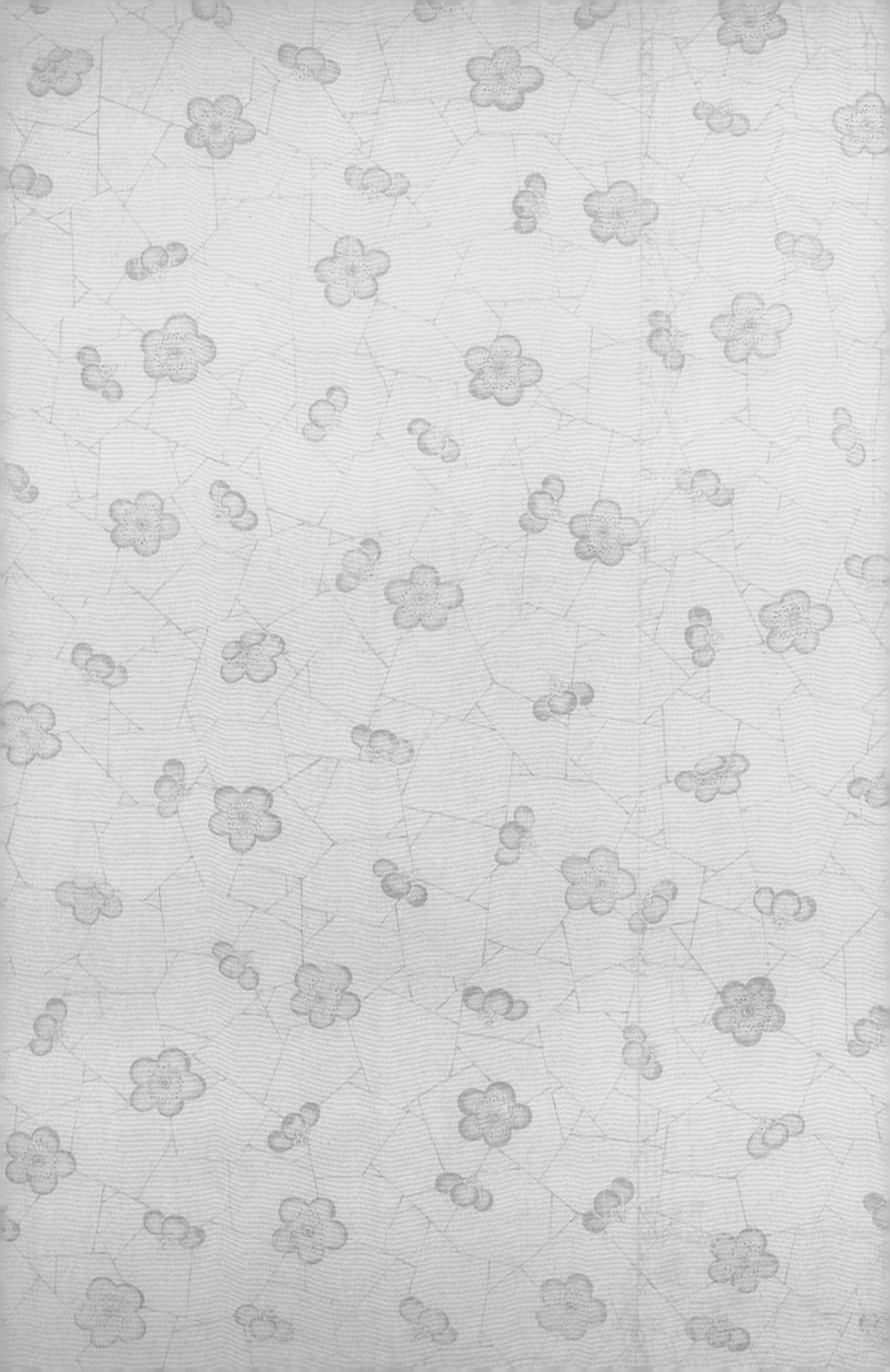

第四章 笺纸集萃

第一节 时、岁、气、候笺

古代历法大致分为四种：阴历（月亮历）、阳历（太阳历）、星辰历（北斗历）、阴阳合历。地球在围绕太阳公转，形成春、夏、秋、冬四个季节。《礼记·孔子闲居》：“天有四时，春秋冬夏。”四季，也叫四时。传统四季划分法，以二十四节气中的“四立”作为四季的始点。

中国古代历法绝大多数是采用阴历，其基本元素是日、气、朔。中国从殷商时代起就采用干支纪日。从甲子到癸亥，六十干支轮流循环使用。“气”是中国古历的阳历成分，从冬至点开始到下一个冬至点为一年。一年分成二十四个“气”，称为二十四节气。二十四节气歌：“春雨惊春清谷天，夏满芒夏暑相连。秋处露秋寒霜降，冬雪雪冬小大寒。每月两节不变更，最多相差一两天。上半年来六廿一，下半年是八廿三。”阴历每月初一，月球恰好运行到与太阳黄经相等的时刻，此时地面观测者看不到月面任何明亮的部分，这时的月相叫“朔”，又称新月。

为了说明节气变化，古人根据黄河流域的地理、气候等自然界的一些景象编写了七十二候。它以五日为候，三候为气，六气为时，四时为岁。各候均与一个物候现象相应，称候应。其中植物候应有植物的桃始华、萍始生、禾乃登等；动物候应有动物的鸿雁来、寒蝉鸣、蚯蚓出等；非生物候应有水始涸、东风解冻、虹始见、地始冻等。七十二候候应的依次变化，反映了一年中物候和气候变化的一般情况。七十二候是我国古代用来指导农事活动的历法补充。

本节主要介绍四时笺、十二生肖笺、二十四节气笺和七十二候笺。

一、四时笺

（一）春季笺

见汪盛氏致盛康函。题款“春在先生杖履中”。

大隆制“江南无所有聊寄一枝春”笺。见薛恩绶致盛康函。

（二）秋季笺

余绍宋[①]仿元四家“秋景山水”画笺，题款：秋日幽居拟子久、秋山烟霭拟叔明、秋亭逸致拟云林、秋江荣与拟仲圭，分别仿黄公望（子久）、王蒙（叔明）、倪瓒（云林）、吴镇（仲圭）。

① 余绍宋（1883—1949），字越园，号寒柯，浙江龙游人。日本东京政法大学毕业。清宣统二年（1910）回国，以法律科举人授外务部主事。1928 年南归，定居杭州，以书画自娱。1934 年，应聘主编《东南日报》副刊《金石书画》。1936 年，为东方文化事业委员会撰写《续四库全书提要》“子部艺术类”提要。1937 年，全民族抗日战争爆发，移居龙游县沐尘村，以吟咏抒怀。擅诗文、精鉴赏，尤工书画。著作有《画法要录》《画法要素二编》《书画书录解题》《中国画学源流概论》等。

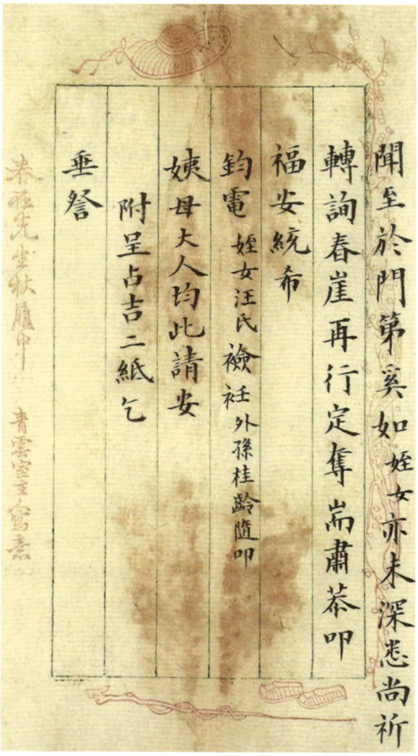

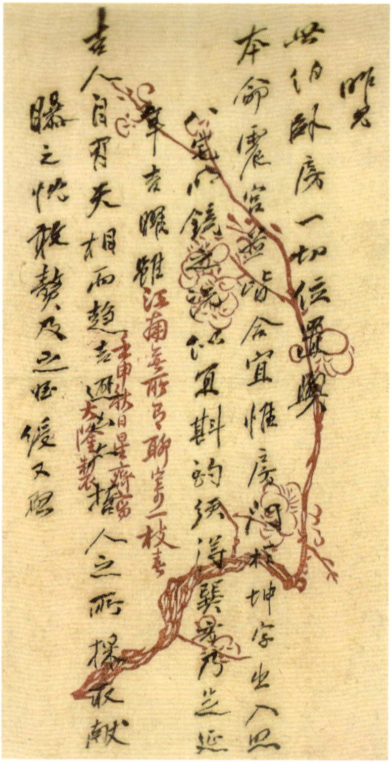

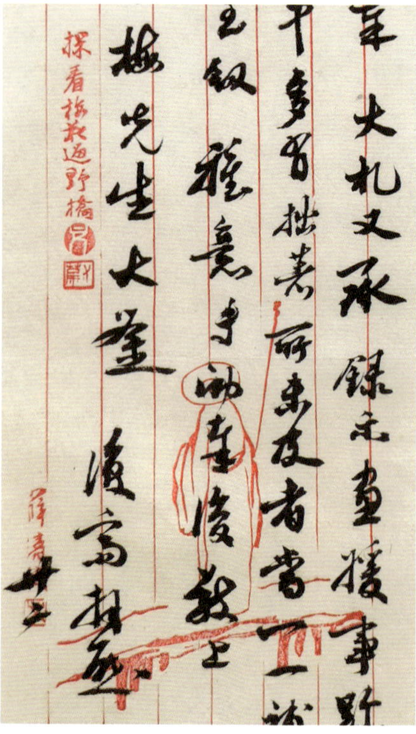

图 4-1-1
青云室
“春在先生杖履中”笺

图 4-1-2
大隆制
“江南无所有聊寄一枝春”笺

图 4-1-3
“探看梅花过野桥”笺

图 4-1-4—
图 4-1-7
余绍宋仿元四家
“秋景山水”画笺

（三）任重制四季笺

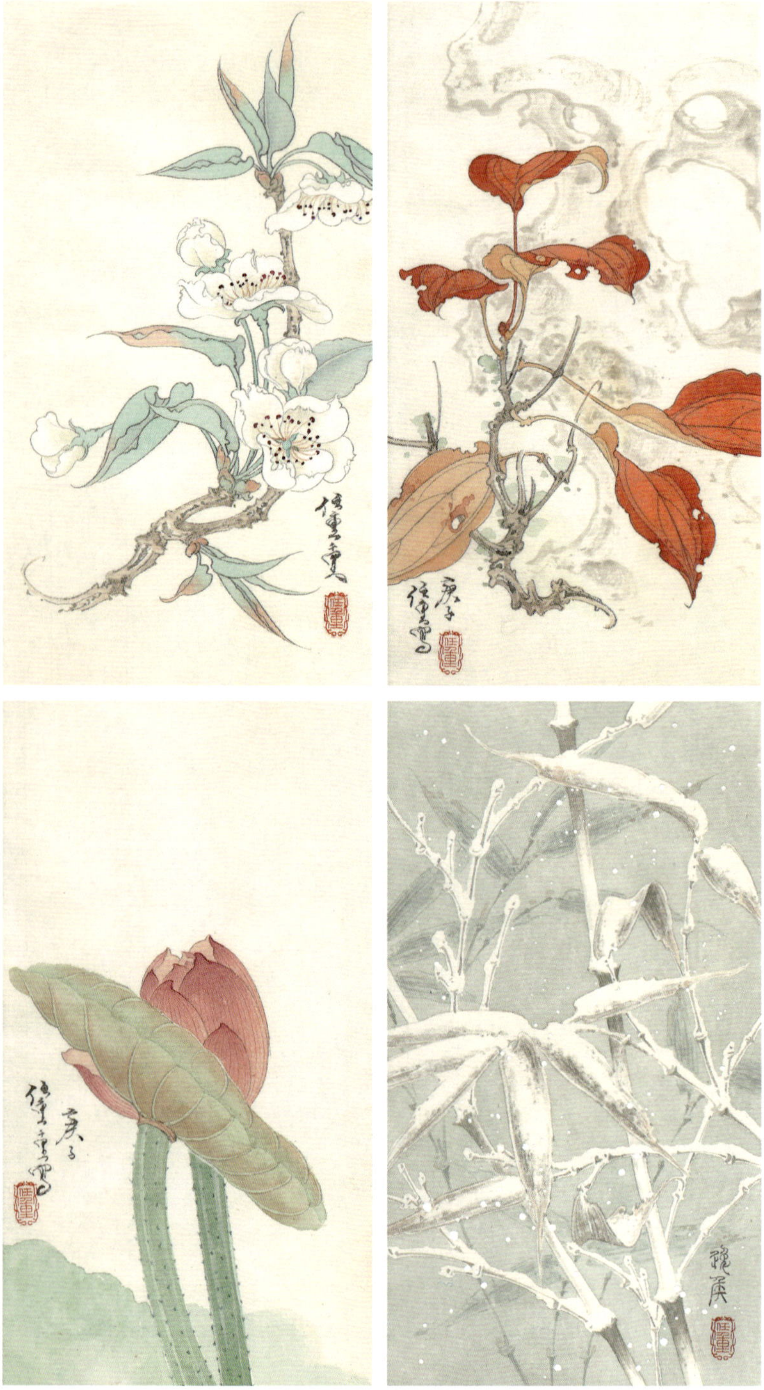

图 4-1-8—图 4-1-11
任重制四季笺

二、生肖笺

生肖笺之发端，在辛未年（1931）开始。鲁迅在《北平笺谱》“序”中说：“辛未以后，始见数人分画一题，聚以成帙，格新神涣，异乎嘉祥。”1932年，陈少鹿、王梦白、马晋、汪溶等画家应荣宝斋所请，专门绘制了以猿猴为题材的笺纸，以贺新岁，称为壬申笺。这一猿猴题材笺纸，造型生动，活泼可爱，令人赏心悦目，因此坊间争相购买。

荣宝斋又于1933年印制了癸酉笺。鲁迅、郑振铎1933年编印的《北平笺谱》特意将壬申笺、癸酉笺收录其中。郑振铎在《北平笺谱》“序”中论述其编辑体例时说：“而以吴、汤等二十家梅花笺，王（羽仪）、齐（白石）等数家壬申笺、癸酉笺殿焉。”《北平笺谱》之编集，可谓将生肖这一形制发扬光大。其后，以生肖入笺遂成定制。

1957年11月，荣宝斋印制了《北京荣宝斋诗笺谱》，为一函四册，收画笺一百六十幅，其中卷二所录四十幅画笺俱为生肖图案，该卷目录亦依生肖顺序排列为：

（一）子鼠二种，王羽仪、齐白石作

（二）丑牛四种，颜伯龙、齐白石、马晋、王雪涛作

（三）寅虎四种，袁世祯、曹克家、王雪涛、马晋作

图4-1-12
王羽仪
“子鼠”画笺

图4-1-13
齐白石
“子鼠”画笺

图 4-1-14
颜伯龙
“丑牛”画笺

图 4-1-15
齐白石
“丑牛”画笺

图 4-1-16
马晋
“丑牛”画笺

图 4-1-17
王雪涛
“丑牛”画笺

图 4-1-18
袁世祯
“寅虎”画笺

图 4-1-19
曹克家
“寅虎”画笺

图 4-1-20
王雪涛
“寅虎”画笺

图 4-1-21
马晋
“寅虎”画笺

（四）卯兔四种，曹克家、王雪涛、颜伯龙、陈缘督作

（五）辰龙四种，王雪涛、马晋、陈缘督、徐燕孙作

图 4-1-22
曹克家
“卯兔”画笺

图 4-1-23
王雪涛
“卯兔”画笺

图 4-1-24
颜伯龙
“卯兔”画笺

图 4-1-25
陈缘督
“卯兔”画笺

图 4-1-26
王雪涛
“辰龙”画笺

图 4-1-27
马晋
“辰龙”画笺

图 4-1-28
陈缘督
“辰龙”画笺

图 4-1-29
徐燕孙
“辰龙”画笺

（六）巳蛇二种，陈缘督、王雪涛作

（七）午马四种，溥佺、徐燕孙、马晋、张善子作

图 4-1-30
陈缘督
“巳蛇”画笺

图 4-1-31
王雪涛
“巳蛇”画笺

图 4-1-32
溥佺
“午马”画笺

图 4-1-33
徐燕孙
“午马”画笺

图 4-1-34
马晋
“午马”画笺

图 4-1-35
张善子
“午马”画笺

（八）未羊二种，曹克家、陈缘督作

（九）申猴四种，陈少鹿、王梦白、马晋、汪溶作

图 4-1-36
曹克家
“未羊”画笺

图 4-1-37
陈缘督
“未羊”画笺

图 4-1-38
陈少鹿
“申猴”画笺

图 4-1-39
王梦白
“申猴”画笺

图 4-1-40
马晋
“申猴”画笺

图 4-1-41
汪溶
“申猴”画笺

（十）酉鸡四种，齐白石、王羽仪、马晋、王梦白作

（十一）戌狗四种，马晋、王梦白、陈缘督、王羽仪作

图 4-1-42
齐白石
“酉鸡”画笺

图 4-1-43
王羽仪
“酉鸡”画笺

图 4-1-44
马晋
“酉鸡”画笺

图 4-1-45
王梦白
“酉鸡”画笺

图 4-1-46
马晋
“戌狗”画笺

图 4-1-47
王梦白
“戌狗”画笺

图 4-1-48
陈缘督
“戌狗”画笺

图 4-1-49
王羽仪
“戌狗”画笺

图 4-1-50
王羽仪
“亥猪”画笺

图 4-1-51
马晋
“亥猪”画笺

（十二）亥猪二种，王羽仪、马晋作

刘璁在《北平荣宝斋生肖笺考》一文中对上述四十幅生肖笺的源起及题识、绘制年代逐一进行了考证。

除了上述四十幅生肖笺外，没有收录到《北京荣宝斋诗笺谱》卷二生肖图案中的另外还有齐白石、王雪涛、马晋、颜伯龙、汪溶等人所作的生肖笺。

子鼠两种，齐白石、王雪涛作。

巳蛇两种，马晋、颜伯龙作。

未羊一种，马晋作。

酉鸡一种，齐白石作。

亥猪两种，汪溶、王雪涛作。

图 4-1-52
齐白石
“子鼠”画笺

图 4-1-53
王雪涛
“子鼠”画笺

图 4-1-54
马晋
“巳蛇”画笺

图 4-1-55
颜伯龙
“巳蛇”画笺

图 4-1-56
马晋
“未羊”画笺

图 4-1-57
齐白石
“酉鸡”画笺

图 4-1-58
汪溶
“亥猪”画笺

图 4-1-59
王雪涛
“亥猪”画笺

三、二十四节气笺

清光绪年间，荣宝制《自闻居士二十四节信筒》，自闻居士为刘锡玲。该信筒重温中国传统的文化时间：立春、春分、立夏、夏至、立秋、秋分、立冬、长至、元日、元夕、清明、天中、七夕、中秋、重九、除夕、上巳、寒食、中和、花朝、人日、社日、伏日、腊日。其题签者为毓如。

图 4-1-60
《自闻居士二十四节信筒》封面

（一）元日

元日，亦称元旦、元正、朔日等，即农历正月初一。因其日为岁之元、时之元、月之元，故又称“三元”，相传自尧、舜时已为节日。

此笺绘以酒器爵作笺图，上题：“自惭书迹滥劣，合饮墨渖一升。《北齐书》元日有此故事。”画家以北齐正旦会的典故来创作“元日”笺。

（二）立春

旧俗立春是二十四节气中的第一个节气。先秦至汉，天子在此日亲至东郊举行迎春典礼，以祈求丰年，奖励农耕。郡国亦如此。

此笺用“白鹿夹毂”典，题“白鹿未能忘夹毂，今朝还为使君来”。典故见于谢承《后汉书》：“郑弘为临淮太守，行春，有两白鹿随车，夹毂而行。弘怪问主簿黄国：‘鹿为吉凶？’国拜贺曰：‘闻三公车轓画作鹿，明府必为宰相。’弘后果为太尉。”

（三）人日

相传女娲造人时，前六天分别造出了鸡、狗、羊、猪、牛、马，第七日造出了人，旧俗以农历正月初七为人日。

此笺以剪纸春雁入画，题“宜春”二字。“欲剪宜春字，春寒入剪刀”，旧时把春节所剪的字样和图画叫“宜春”，又称“宜春帖子”，也即今天的剪纸。《荆楚岁时记》记载：“正月七日为人日。以七种菜为羹，剪彩为人，或镂金箔为人，以贴屏风，亦戴之头鬓。又造华胜以相遗，登高赋诗。”可见剪纸也是人日旧俗之一。

（四）元夕

元夕即元宵。汉代正月十五为祭祀、祈福之日，后受道教的影响，以此日为“上元”，是夜称“元夕”“元夜”“元宵”等。至北魏时已成为固定节日。元夕有赏花灯、猜灯谜、吃元宵等民俗文化。

此笺以猜灯谜点题——“暗藏深意待君猜”。

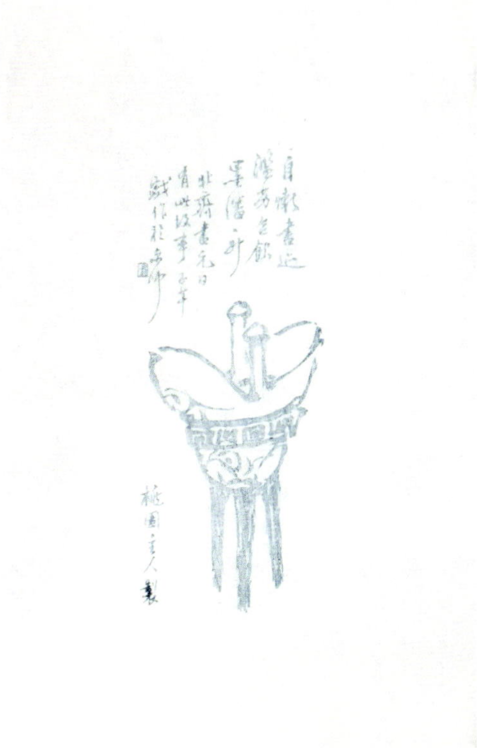

图 4–1–61
“元日”笺

图 4–1–62
“立春”笺

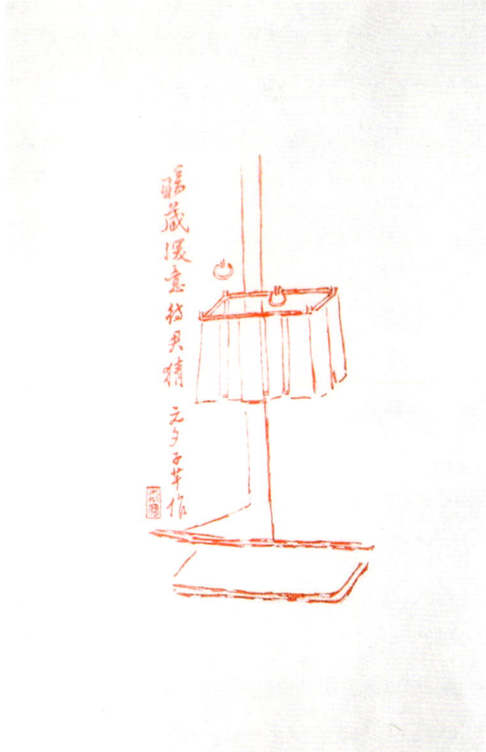

图 4–1–63
“人日”笺

图 4–1–64
“元夕”笺

（五）社日

社神相传为共工氏之子，名曰后土，掌土地与农业之事。社日，即古代祭祀社神的日子。春以祈谷，秋以谢神。汉以前仅有春社，汉以后才开始有秋社。自宋代起，以立春、立秋后的第五个戊日为社日。古时传说，社日饮酒能治聋疾。

聋道人此笺画榆钱一枝，并题：“取彼枝上钱，酿作社中酒。与君共饮之，果能治聋否？”既点出了节日习俗，又多少有几分自嘲意味。

图 4-1-65
“社日”笺

（六）中和

农历二月初一中和节为汉族民间传统节日，始于唐贞元五年（789）。是日，人们以青布口袋盛五谷、瓜果种子，互相赠送，号称“献生子”。往往还互赠刀、尺之类的礼物，勉励努力劳作。

（七）花朝

花朝节，俗称“花神节”“百花生日”。晋代在农历二月十五，至宋以后，始渐改为二月十二。节日里，人们结伴到郊外踏青赏红，游春扑蝶，是中国古代重要的民间传统节日之一。此日如天朗气清，则预兆一年作物的成熟。

此笺用《庄子·齐物论》典，题“栩栩然而来，周耶？蝶耶？不可得而知也”。花神节扑蝶会主人。

（八）春分

春分既是反映四季变化的节气之一，亦是传统节日。早在周朝，帝王就有春分祭日、夏至祭地、秋分祭月、冬至祭天之习俗。其祭祀场所称为日坛、地坛、月坛、天坛。

高濂《遵生八笺》记载：“春分宜采云母石炼之，用矾石或百草上露水，或五月茅屋滴下檐水，俱可炼，久服延年。”此笺画云母石，题：“延年。春分采云母炼服，可驻颜。”

（九）上巳

古时以三月第一个巳日为上巳，汉代定为节日。后又增加了临水宴宾、踏青之内容。魏晋以后，上巳节改为三月三，后代沿袭，遂成汉族水边饮宴、郊外游春的节日。

此笺用王羲之《兰亭序》“曲水流觞”典，题“觞咏，畅幽情”。

（十）寒食

寒食节在夏历冬至后一百零五日，清明节前一二日。据记载，春秋时介子推历尽磨难辅佐晋公子重耳复国后，隐居介休绵山。

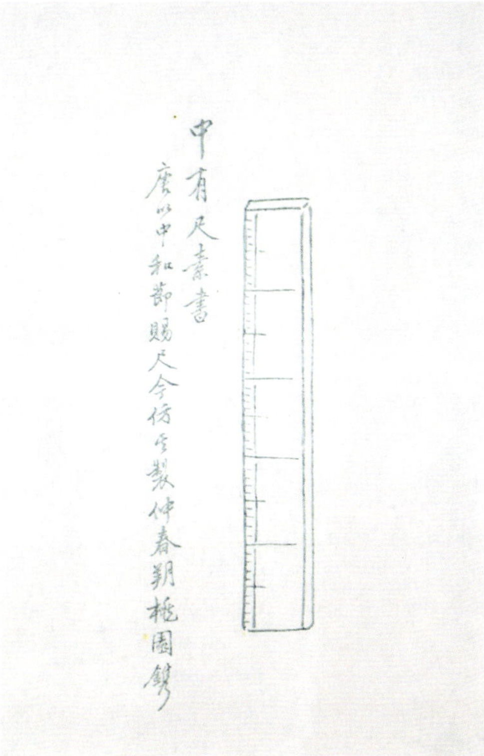

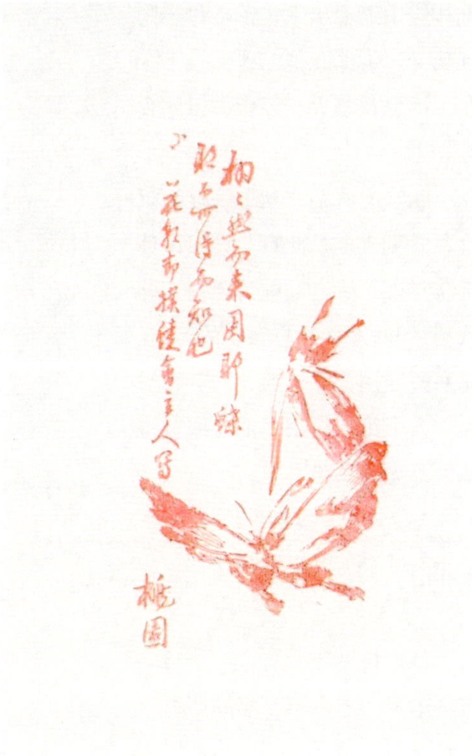

图 4-1-66
“中和”笺

图 4-1-67
“花朝”笺

图 4-1-68
“春分”笺

图 4-1-69
“上巳”笺

重耳烧山逼他出来，子推母子隐迹焚身。为悼念他，晋文公下令在子推忌日禁火、寒食，以寒食寄哀思。

此笺上所题“秋千院落沉沉夜，一刻千金是此宵”，典出苏轼《春夜》诗。题款为鞦韆，即秋千,旧时寒食有打秋千的习俗。此寒食笺用苏轼诗典，与其被誉为“天下第三行书”的《寒食诗帖》不无关系。

图 4-1-70
“寒食”笺

（十一）清明

自古诗家多茶客，“诗清都为饮茶多”为南宋“永嘉四灵”之一徐玑的诗句。“湖州常以清明贡茶，味颇佳也。”画家用清明急程茶典画“清明”笺。

唐代李郢《茶山贡焙歌》：“十日王程路四千，到时须及清明宴。”说的就是湖州顾渚贡茶院的贡茶规定需于清明前飞骑送至京城长安。贡茶到京后，先荐宗庙，再分赐皇亲、近臣。

（十二）立夏

在江浙一带，立夏日有尝新饮茶之俗。《杭州府志》也有记述：“立夏有新茶、新笋、朱樱、青梅等物，杂以枝圆刺核诸果，镂刻花草人物，极其工巧，各家传送，谓之立夏茶。”

此笺题“紫笋朱樱写赠君。杭州以立夏日传送樱笋，今仿其意”。

（十三）天中

“唐太宗于天中节书飞白‘鸾凤’字以赐群臣,俾增美德。今于丙申午日适得山谷所书，喜而摹之。”

此笺用《唐会要》典。天中节即端午节，古人认为，午日太阳行至中天，达到最高点，午时尤然，故称之为“天中节”。“山谷”指与苏轼、米芾、蔡襄合称“宋四家”的黄庭坚。

（十四）夏至

“天中山埝,夏至亭午无影，影正在塔中也。舍利子，是诸法空相，须悟得此中自有三昧。”上古时期，汝南属豫州，豫州为九州之中，汝南又居豫州之中，故有“天中”之称。

此笺绘“天中山埝”，即汝南的悟颖塔，为唐代和尚悟颖所建，因传说每年夏至日中午没有影子，又名无影塔。

（十五）伏日

伏日，三伏的总称，一年中最热的时候。古代也专指三伏中祭祀的一天。春秋时秦德公始作伏，祠社，此为设伏日之始。夏日炎热，尤以三伏为盛，故人于伏日有避暑之举。明清时，皇宫

图 4-1-71
“清明”笺

图 4-1-72
“立夏”笺

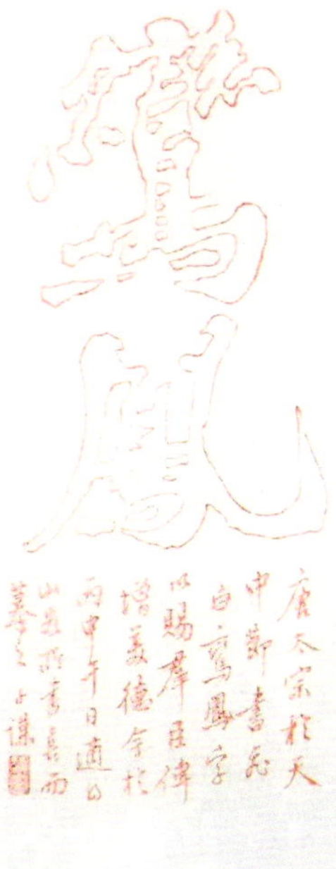

图 4-1-73
“天中”笺

图 4-1-74
“夏至”笺

中例于三伏日为畜养之象洗浴，届时遣官以鼓乐引导，监浴。往往河两岸观者万众，其情形多于诗人吟咏见之。

此笺上题“同和新城洗象诗”。

图 4-1-75
“伏日”笺

（十六）七夕

农历七月初七这一天是中国的传统节日七夕节。七夕节始于中国汉朝。相传，在每年这个晚上,天上织女与牛郎在鹊桥相会。凡间女子便在这一晚向织女乞求智巧，故称为“乞巧节”。

此笺上题：“乞巧得巧，喜尔不寐。网盒穿针，尽如人意。”笺上画“喜珠应巧”和“穿针乞巧”两种古老乞巧习俗。

（十七）立秋

立秋，也称七月节，是秋天第一个节气，梧桐树开始落叶。

此笺画以“一叶落知天下秋”来点明“立秋”。画题“桐叶坐题诗”，诗句出自杜甫的《重过何氏五首》。

（十八）中秋

“驾梯取月在我手，怀中一寸光照人。”此笺描绘唐人张读《宣室志》中周生中秋梯云取月的故事。

“唐太和中，周生善道，中秋客至，其夕霁月澄莹，且吟且望,有说开元时明皇帝游月宫事，周生笑曰:‘能挈月致之怀袂。’因取箸数百，绳而架之。闭户良久，忽天黑，仰视又无纤云，俄，呼曰‘至矣’，手举其衣出月寸许，一室尽明，寒逼肌骨。”

（十九）秋分

“秋分者，阴阳相半也，故昼夜均而寒暑平。”此日昼夜时间均等，并由昼长夜短变为昼短夜长，而气候也由热转凉。相传，秋分这天南极星君会带寿桃出现在人间，能看到寿星是祥瑞之象征,因而秋分有“候南极”之习俗。历代皇帝会在秋分之晨，率文武百官到城外南郊迎接南极星。

此笺题“秋分见寿星”，诗句出自唐代诗人赵蕃《老人星》一诗中 “大史占南极，秋分见寿星”。

（二十）重九

“参军落帽浑闲事，自有毛锥与解嘲。”此笺画用“重阳落帽”典。《世说新语》引《孟嘉别传》：“晋孟嘉为征西大将军桓温参军。九月九日温游龙山，宾僚咸集，皆戎服游。风吹嘉帽落，初不觉。温令孙盛作文以嘲之，嘉即时以答，四座嗟服。”

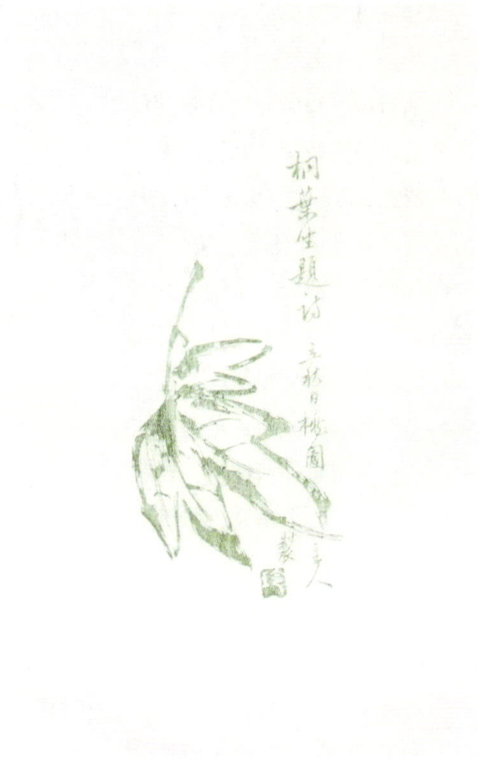

图 4-1-76
“七夕”笺

图 4-1-77
“立秋”笺

图 4-1-78
“中秋”笺

图 4-1-79
“秋分”笺

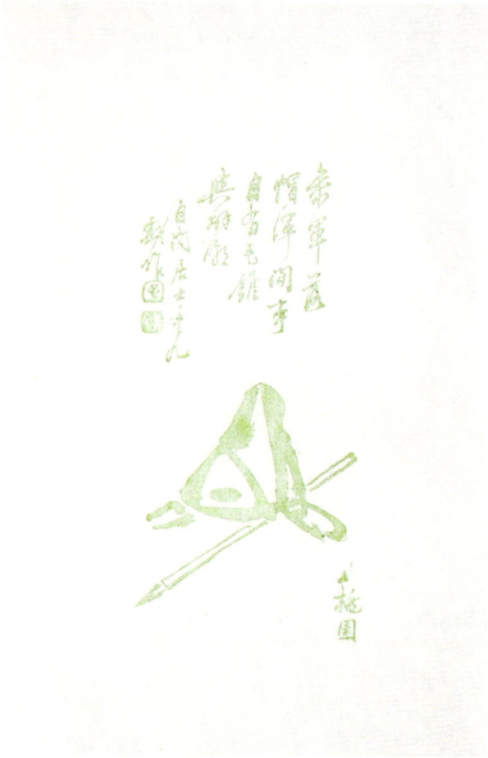

图 4-1-80
“重九”笺

（二十一）立冬

道教谓人身中元气有紫、白、黄三色：脾为黄素，肺为白素，肝为紫素，合称“三素云”。《上清黄庭内景经》“上有章第二”：“四气所合列宿分，紫烟上下三素云。”

此笺画“立冬”题“三素云”，应与《洞真太上八道命籍经》相关：“立冬清旦，西南望，有绿紫青云者，是为上清真人帝君皇祖三素云也。”

（二十二）长至

长至即冬至，自夏至后日渐短，自冬至后日又渐长，故称。《唐杂录》载，冬至后日渐长，宫中女工比常日增一线之功。

此笺绘绣花绷架与针线筐，上题：“报道日长添一线，可无诗句答分阴？”杜甫七律《小至》也描写了冬至后白天渐长，刺绣女工就可以多绣几根丝线：“天时人事日相催，冬至阳生春又来。刺绣五纹添弱线，吹葭六琯动浮灰……”

（二十三）腊日

此笺用“甄宇瘦羊”的典故来描绘腊日，故事载于《东观汉记》：“甄宇，北海人，建武中，自青州从事征拜博士。每腊，诏赐博士羊，人一头。羊有大小肥瘦。时博士祭酒议，欲杀羊，称分其肉。宇曰：‘不可。’又欲投钩，宇复耻之。宇因先自取其最瘦者，由是不复有争讼。后召会，诏问瘦羊甄博士，京师因以号之。”

《孟子·万章下》载：“闻伯夷之风者，顽夫廉，懦夫有立志。”“闻柳下惠之风者，鄙夫宽，薄夫敦。”画家即效其体而作题画：“闻瘦羊博士之风者，贪夫廉，贫士有立志。”

（二十四）除夕

农历一年之最后一天为岁除，那天晚上叫“除夕”“大年夜”等。“爆竹声中一岁除”，除夕以爆竹声除旧迎新，古已有之，并与“守岁”等习俗一直延续至今。

此笺画鞭炮一串，并题“听爆竹声声，便引上眉梢喜”。以应除夕燃放爆竹之传统习俗。

图 4-1-81
“立冬”笺

图 4-1-82
“长至”笺

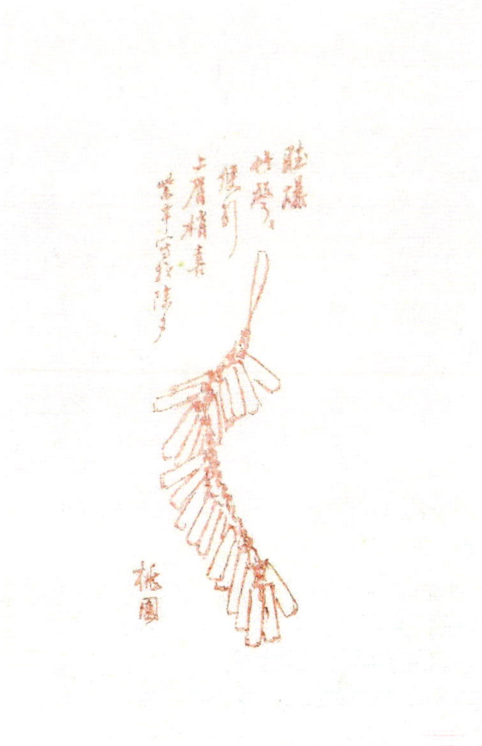

图 4-1-83
“除夕”笺

图 4-1-84
“腊日”笺

四、七十二候笺

五日为候，三候为气，六气为时，四时为岁，一年二十四节气，共七十二候。各候均以一物候现象相应，称候应。风有信，花不误，应花期而来的风，称为七十二候花信风。中国自古有“二十四番花信风”之说。自小寒至谷雨，凡四月，共八个节气，一百二十日，每五日一候，计二十四候，每候对应一种花之信风。每气三番。

小寒：梅花、山茶、水仙；

大寒：瑞香、兰花、山矾；

立春：迎春、樱桃、望春；

雨水：菜花、杏花、李花；

惊蛰：桃花、棣棠、蔷薇；

春分：海棠、梨花、木兰；

清明：桐花、麦花、柳花；

谷雨：牡丹、荼蘼、楝花。

南朝梁宗懔《荆楚岁时记》、宋程大昌《演繁露·花信风》、宋王逵《蠡海集·气候类》对此均有记载。

一百余年前，日本画家巨势小石记录下信风吹来花开惊艳之时，他将七十二候对应的花卉用手绘的形式留存下来，名为《七十二候名花画帖》。巨势小石，原名八田金起，生于山城国（京都市下京市区大坂町），近代日本画家，擅长佛教画及花鸟画。曾师从京都的岸派岸连山、南画的中西耕石学习日本画，并在神山凤阳门下学习汉诗。1878年，他赴中国游学。回国后，他在京都府画学校、华族会馆分局画学校等地执教，1890年起，他在东京美术学校（现东京艺术大学）担任教授。

（一）文美斋七十二候笺

天津文美斋制笺，黄山寿[1]题签。今有复刻本。

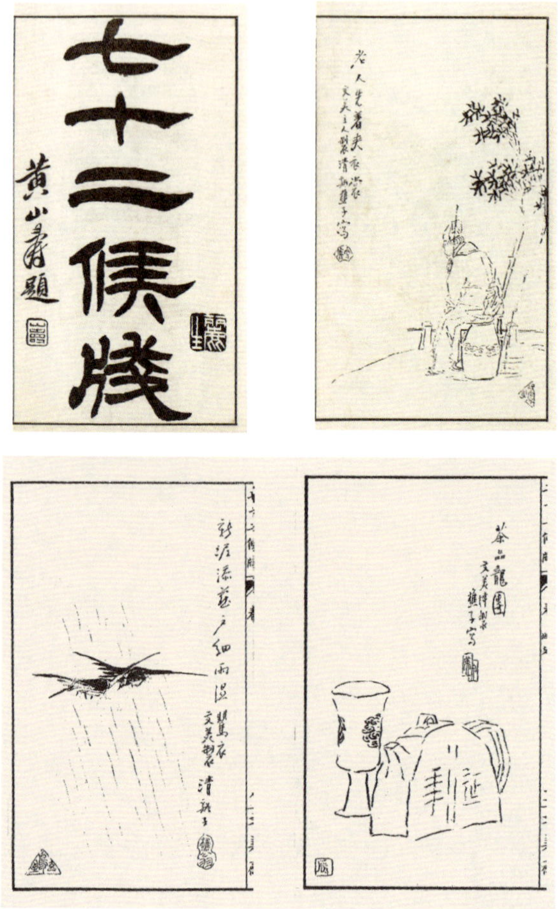

图 4-1-85—图 4-1-97
文美斋七十二候笺

① 黄山寿（1855—1919），原名曜，字旭初，别字旭道人，晚号旭迟老人，又号丽生，江苏武进人。幼年贫困，一生志于书画，人物、青绿山水、双钩花鸟及墨龙、走兽、草虫、墨梅、竹石，无一不能。

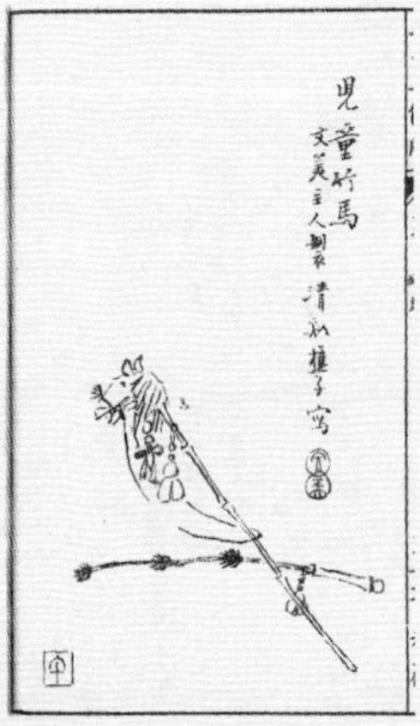

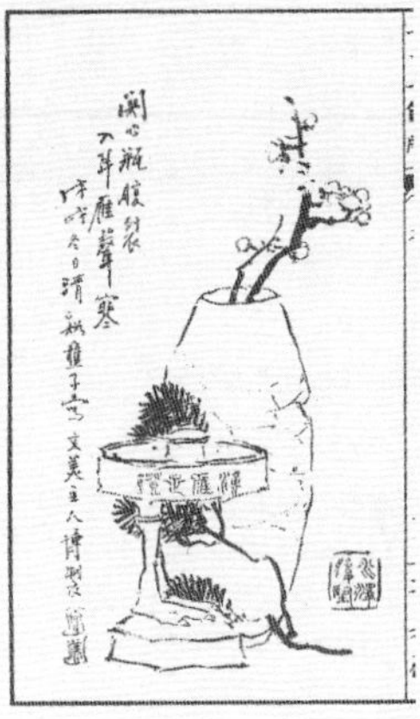
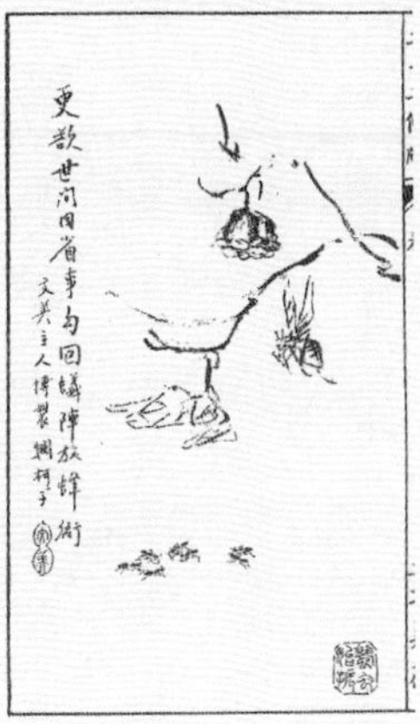

（二）荣宝斋七十二候笺

荣宝斋创立第三年，即1896年就在井院胡同2号设“帖套作”，印制刘锡玲的七十二候笺和聋道人百种诗笺。刘锡玲（1848—1923），字梓谦，号聋道人，别号自闻居士，浙江人。清末画家，工指头画，涉及山水、竹石、人物、花卉、翎毛，有高

图 4-1-98
立春初候

图 4-1-99
立春二候

图 4-1-100
立春三候

图 4-1-101
雨水初候

图 4-1-102
雨水二候

图 4-1-103
雨水三候

其佩风格。

立春三候：初候，东风解冻；二候，蛰虫始振；三候，鱼陟负冰。

雨水三候：初候，獭祭鱼；二候，候雁北；三候，草木萌动。

惊蛰三候：初候，桃始华；二候，仓庚鸣；三候，鹰化为鸠。

春分三候：初候，玄鸟至；二候，雷乃发声；三候，始电。

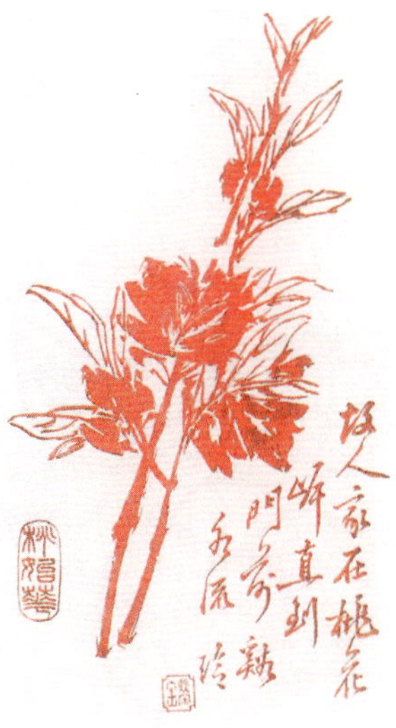

图 4-1-104
惊蛰初候

图 4-1-105
惊蛰二候

图 4-1-106
惊蛰三候

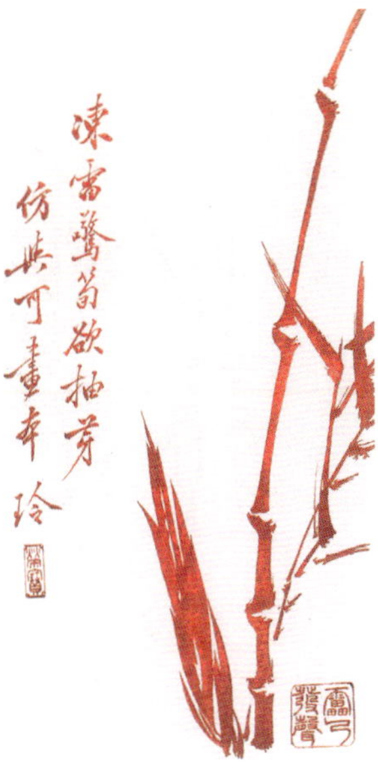

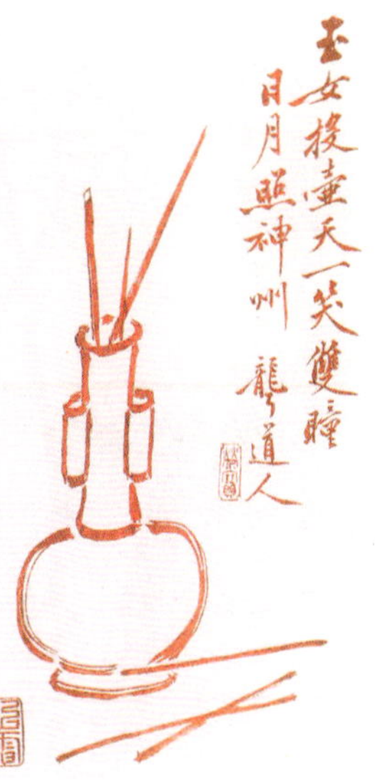

图 4-1-107
春分初候

图 4-1-108
春分二候

图 4-1-109
春分三候

清明三候：初候，桐始华；二候，田鼠化为鴽；三候，虹始见。

谷雨三候：初候，萍始生。二候，鸣鸠拂其羽；三候，戴胜降于桑。

立夏三候：初候，蝼蝈鸣；二候，蚯蚓出；三候，王瓜生。

小满三候：初候，苦菜秀；二候，靡草死；三候，麦秋至。

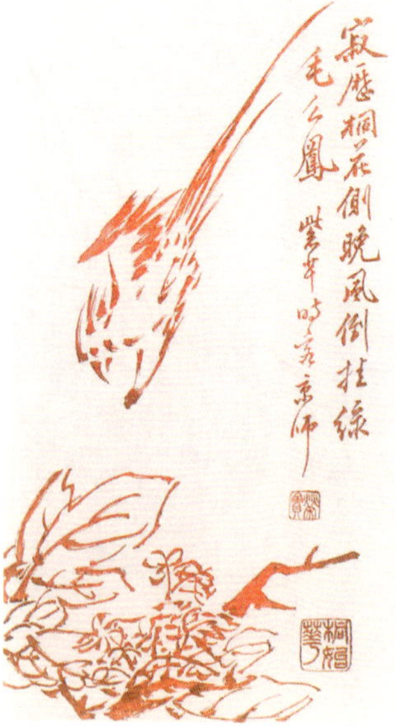

图 4-1-110
清明初候

图 4-1-111
清明二候

图 4-1-112
清明三候

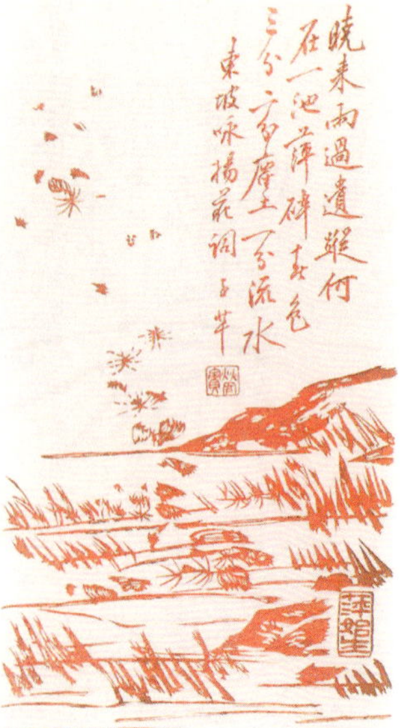

图 4-1-113
谷雨初候

图 4-1-114
谷雨二候

图 4-1-115
谷雨三候

图 4-1-116
立夏初候

图 4-1-117
立夏二候

图 4-1-118
立夏三候

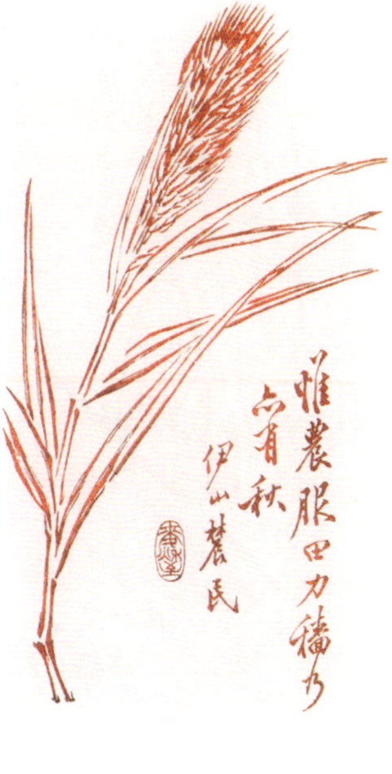

图 4-1-119
小满初候

图 4-1-120
小满二候

图 4-1-121
小满三候

芒种三候：初候，螳螂生；二候，鵙始鸣；三候，反舌无声。

夏至三候：初候，鹿角解；二候，蜩始鸣；三候，半夏生。

小暑三候：初候，温风至；二候，蟋蟀居壁；三候，鹰始挚。

大暑三候：初候，腐草为萤；二候，土润溽暑；三候，大雨行时。

立秋三候：初候，凉风至；二候，白露降；三候，寒蝉鸣。

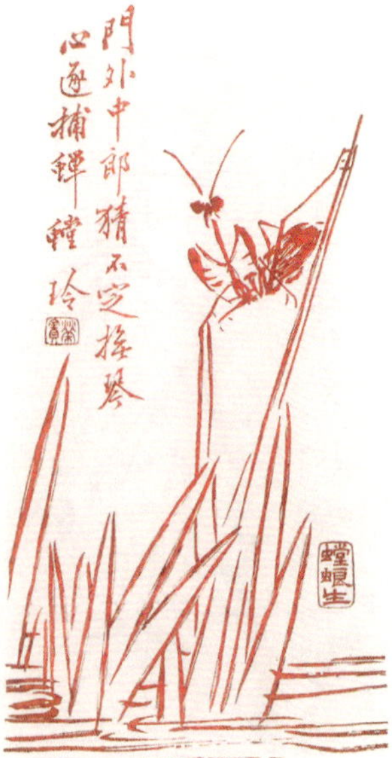

图 4-1-122
芒种初候

图 4-1-123
芒种二候

图 4-1-124
芒种三候

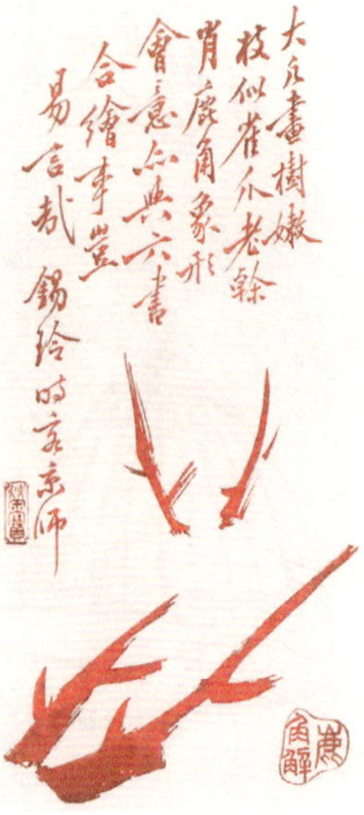

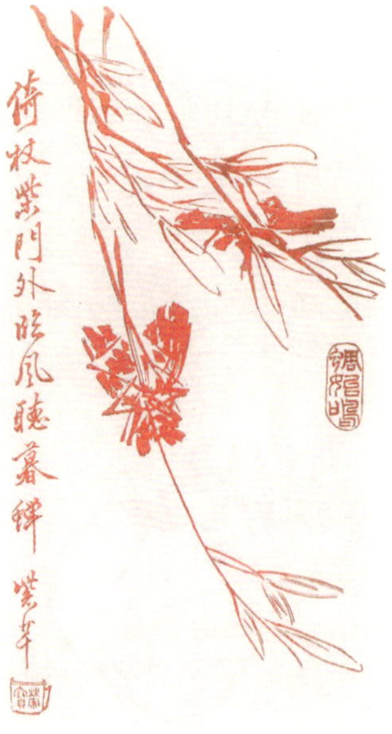

图 4-1-125
夏至初候

图 4-1-126
夏至二候

图 4-1-127
夏至三候

图 4-1-128
小暑初候

图 4-1-129
小暑二候

图 4-1-130
小暑三候

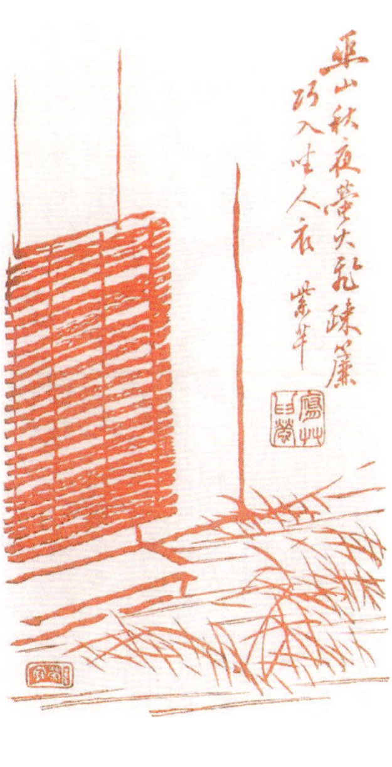
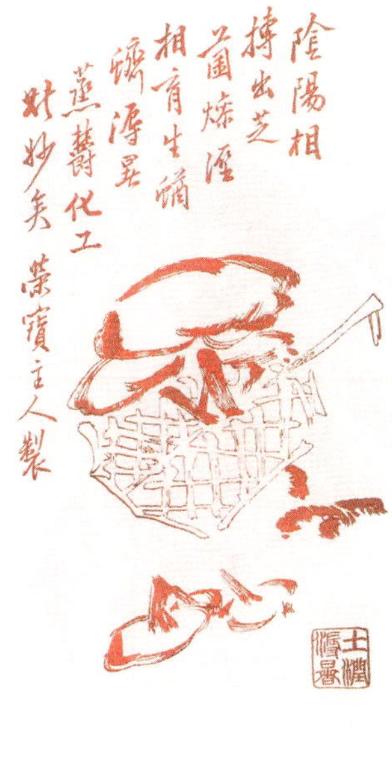

图 4-1-131
大暑初候

图 4-1-132
大暑二候

图 4-1-133
大暑三候

处暑三候：初候，鹰乃祭鸟；二候，天地始肃；三候，禾乃登。

白露三候：初候，鸿雁来；二候，玄鸟归；三候，群鸟养羞。

秋分三候：初候，雷始收声；二候，蛰虫坯户；三候，水始涸。

寒露三候：初候，鸿雁来宾；二候，雀入大水为蛤；三候，菊

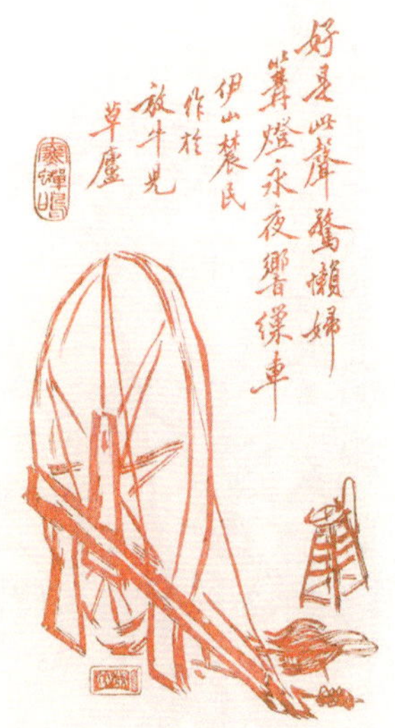

图 4-1-134
立秋初候

图 4-1-135
立秋二候

图 4-1-136
立秋三候

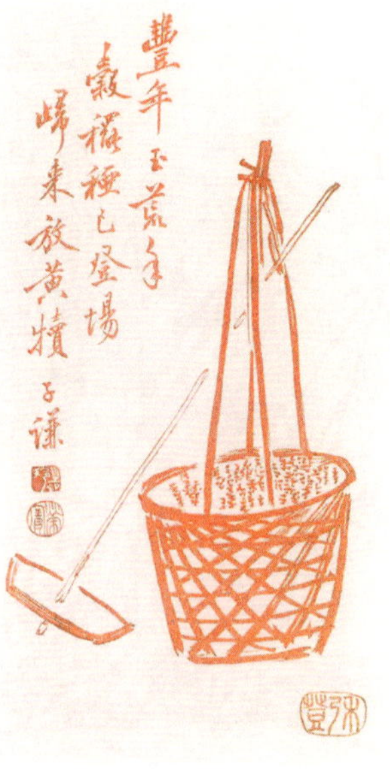

图 4-1-137
处暑初候

图 4-1-138
处暑二候

图 4-1-139
处暑三候

图 4-1-140
白露初候

图 4-1-141
白露二候

图 4-1-142
白露三候

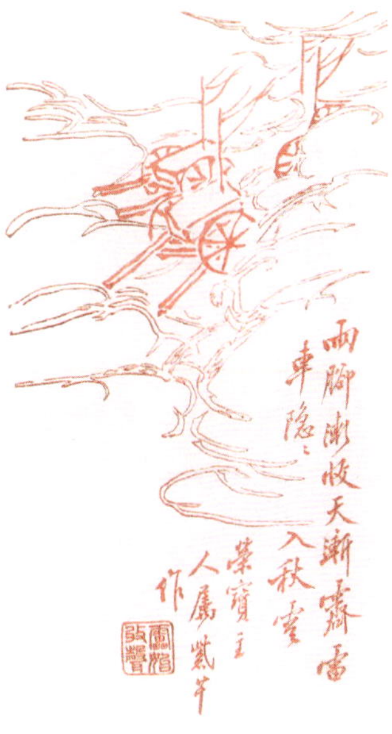

图 4-1-143
秋分初候

图 4-1-144
秋分二候

图 4-1-145
秋分三候

有黄花。

霜降三候：初候，豺乃祭兽；二候，草木黄落；三候，蛰虫咸俯。

立冬三候：初候，水始冰；二候，地始冻；三候，雉入大水为蜃。

小雪三候：初候，虹藏不见；二候，天气上升，地气下降。三

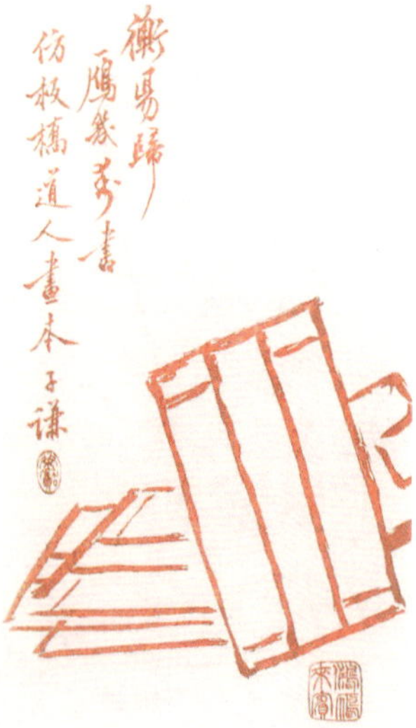

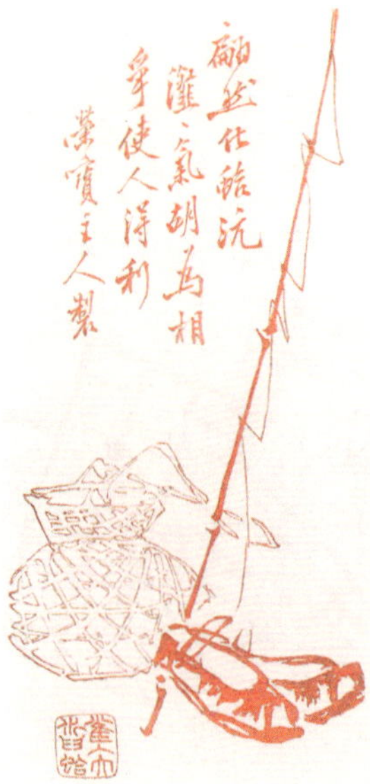

图 4-1-146
寒露初候

图 4-1-147
寒露二候

图 4-1-148
寒露三候

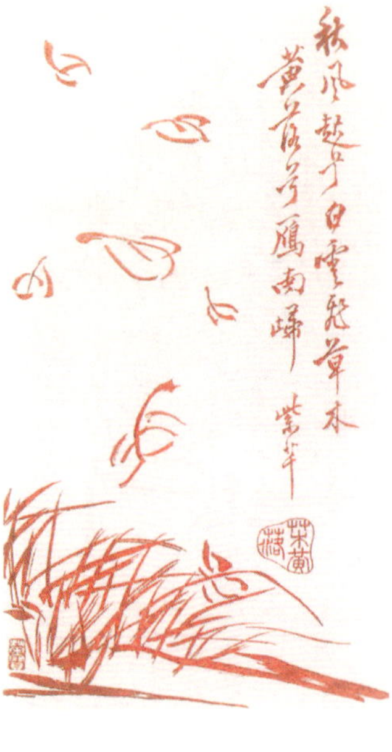

图 4-1-149
霜降初候

图 4-1-150
霜降二候

图 4-1-151
霜降三候

图 4-1-152
立冬初候

图 4-1-153
立冬二候

图 4-1-154
立冬三候

图 4-1-155
小雪初候

图 4-1-156
小雪二候

图 4-1-157
小雪三候

候，闭塞而成冬。

大雪：初候，鹖鴠不鸣；二候，虎始交；三候，荔挺出。

冬至：初候，蚯蚓结；二候，麋角解；三候，水泉动。

小寒：初候，雁北乡；二候，鹊始巢；三候，雉雊（亦作雉始雊）。

大寒：初候，鸡乳；二候，征鸟厉疾；三候，水泽腹坚。

图 4-1-158
大雪初候

图 4-1-159
大雪二候

图 4-1-160
大雪三候

图 4-1-161
冬至初候

图 4-1-162
冬至二候

图 4-1-163
冬至三候

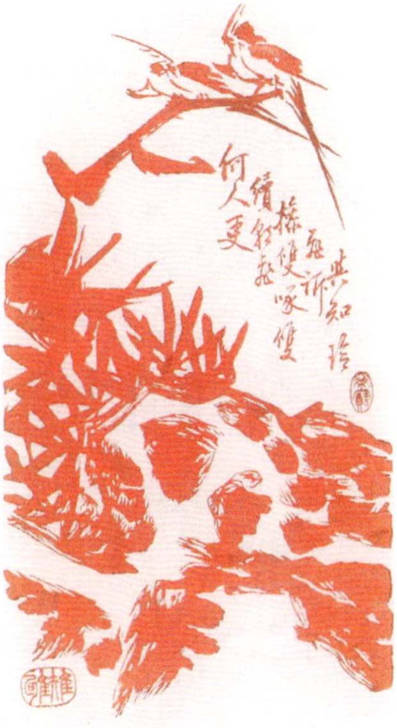

图 4-1-164
小寒初候

图 4-1-165
小寒二候

图 4-1-166
小寒三候

图 4-1-167
大寒初候

图 4-1-168
大寒二候

图 4-1-169
大寒三候

第二节 四君子笺和岁寒三友笺

一、四君子笺

（一）《周少白画笺》，秀文斋制

周少白（1806—1876），又名周棠，字召伯，一字少白，号兰亭西客，简写作兰西客、兰西，别署酒乡人、蜕翁等。浙江山阴人。写意花卉酷似徐渭、陈淳。山水则师从石涛。晚年专画石，张之万赞其为“清代画石第一”。能诗，兼工篆、隶，擅刻印章。因其负有盛名，故旧时有多家南纸店用其所画当作画笺的图案。清光绪年间秀文斋和之后的朵云轩均以周少白画为稿，木版水印过笺纸。周少白所画梅兰竹菊，皆各有画谱流传。如笺画“兰鱅”，寥寥数笔，极为雅致，可称文人写意小品。

周少白画稿笺八幅，朵云轩制。

秀文斋以周少白画稿制笺，包括萸囊、兰鱅、买春、迎凉、弹铗、胜庆、泛槎、桐封、畊云、停梭、扇枕、双禄、迎猫、石羊、益寿、露盘、覆蒉、赐扇、卜茧、举隅、纸鸢、采藻。

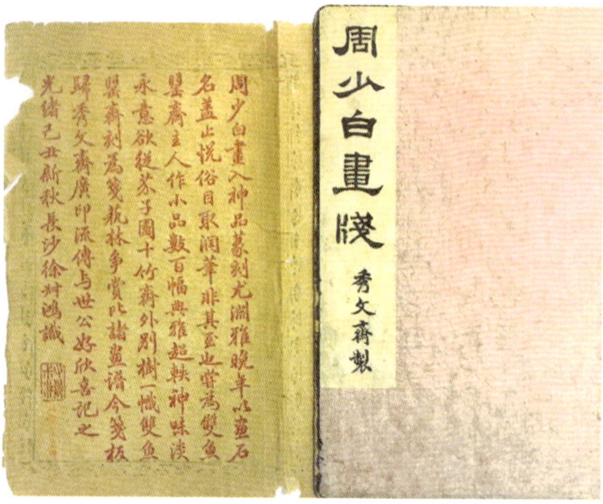

图 4-2-1
秀文斋制《周少白画笺》

图 4-2-2
“萸囊”笺

图 4-2-3—图 4-2-10
朵云轩制笺
周少白画稿

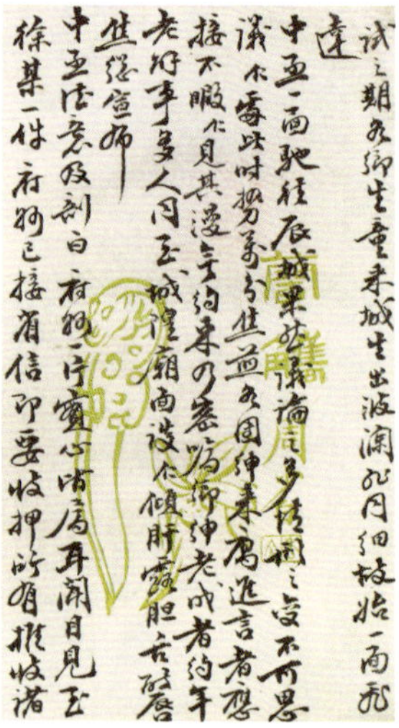

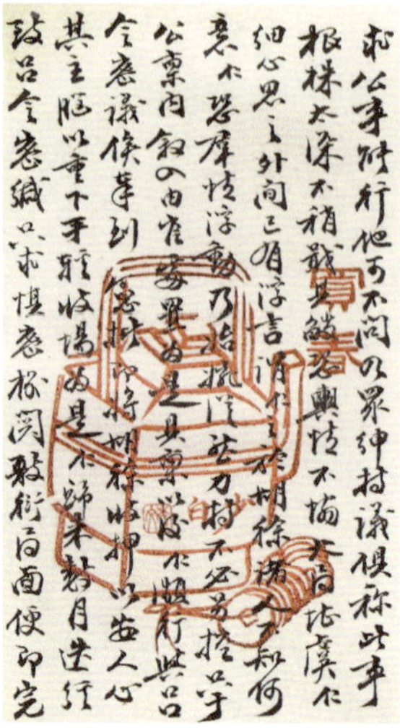

图 4-2-11
“兰觽”笺

图 4-2-12
“买春”笺

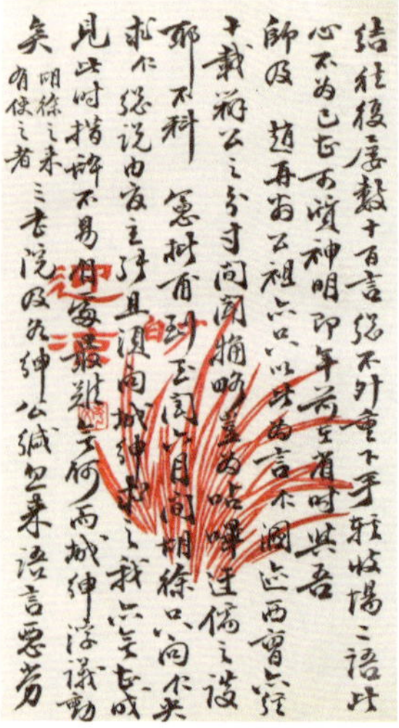

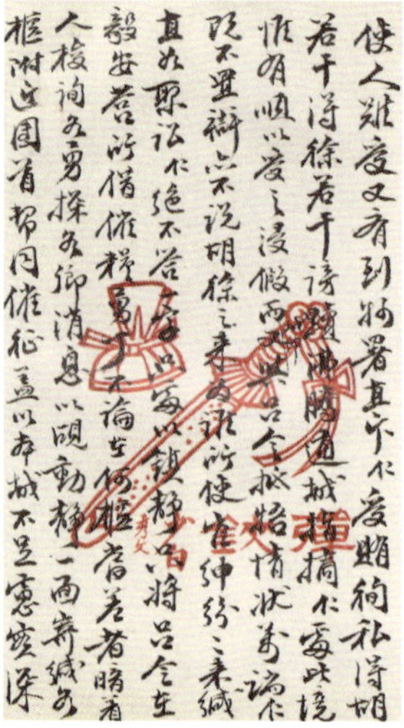

图 4-2-13
“迎凉”笺

图 4-2-14
“弹铗”笺

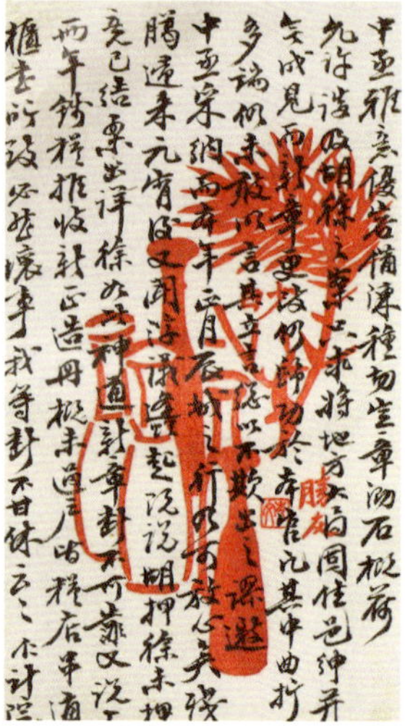

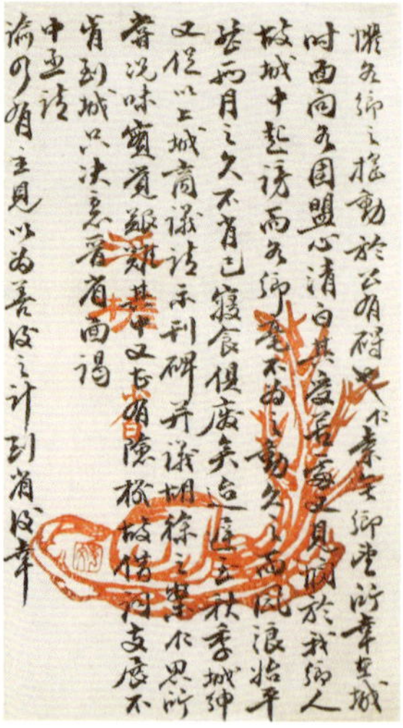

图 4-2-15
“胜庆”笺

图 4-2-16
“泛槎”笺

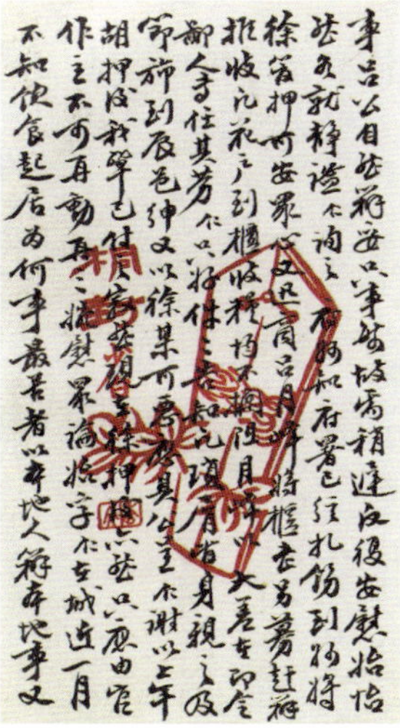
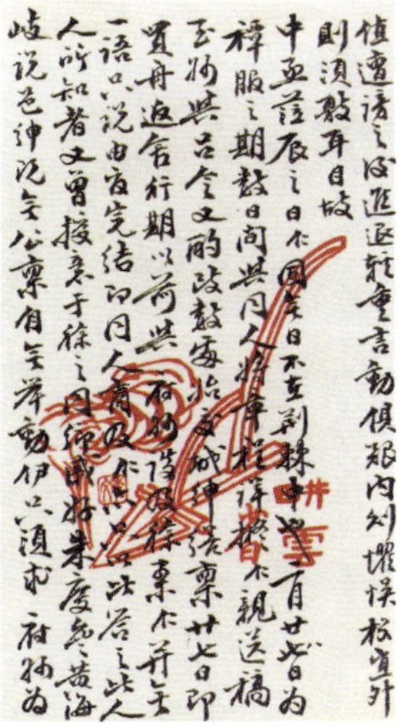

图 4-2-17
“桐封”笺

图 4-2-18
“畊云”笺

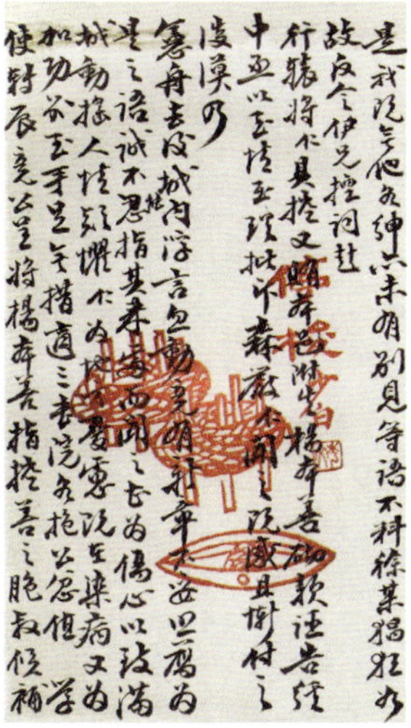
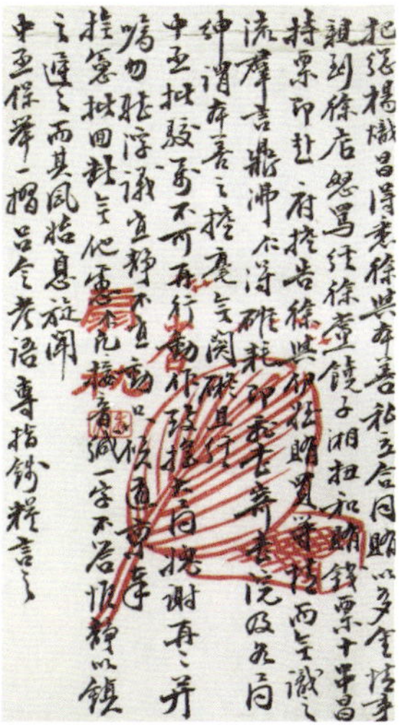

图 4-2-19
“停梭”笺

图 4-2-20
“扇枕”笺

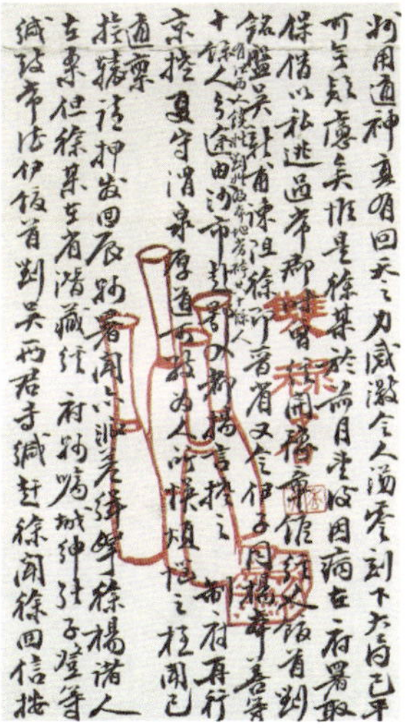
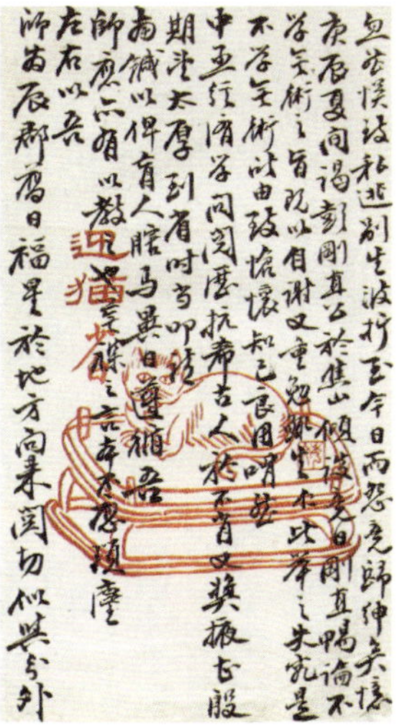

图 4-2-21
“双禄”笺

图 4-2-22
“迎猫”笺

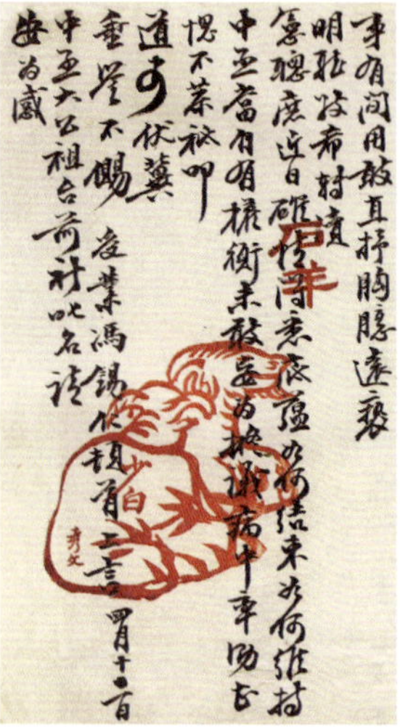
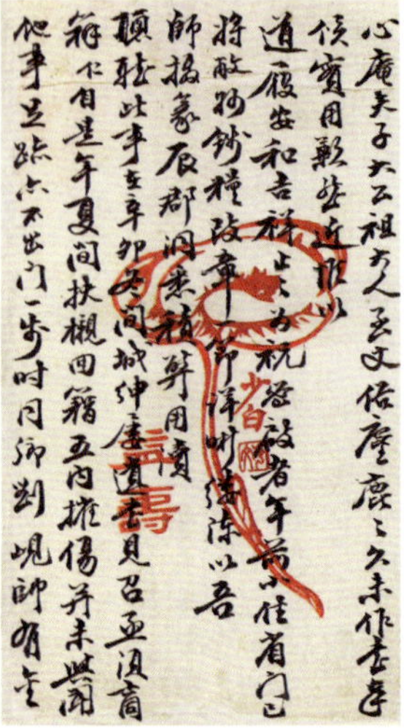
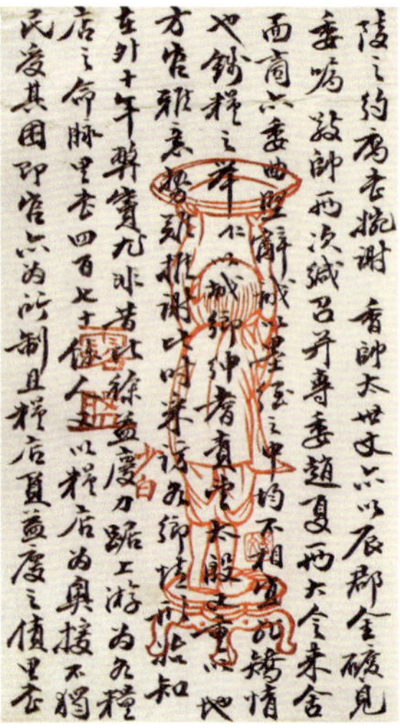

图 4-2-23
“石羊”笺

图 4-2-24
“益寿”笺

图 4-2-25
“露盘”笺

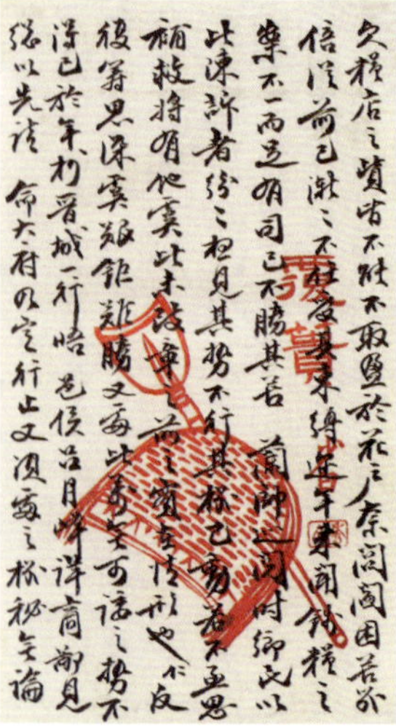
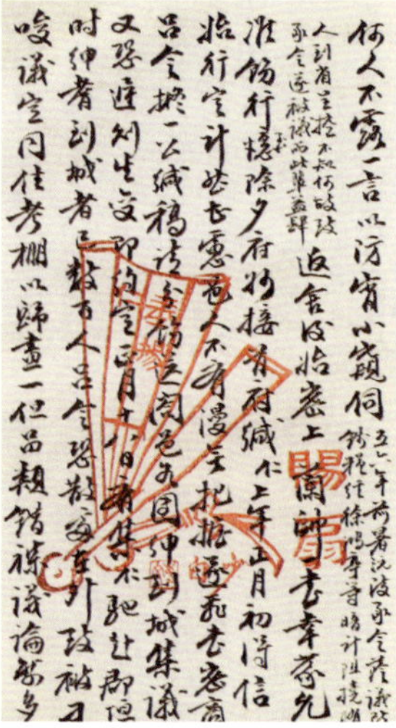
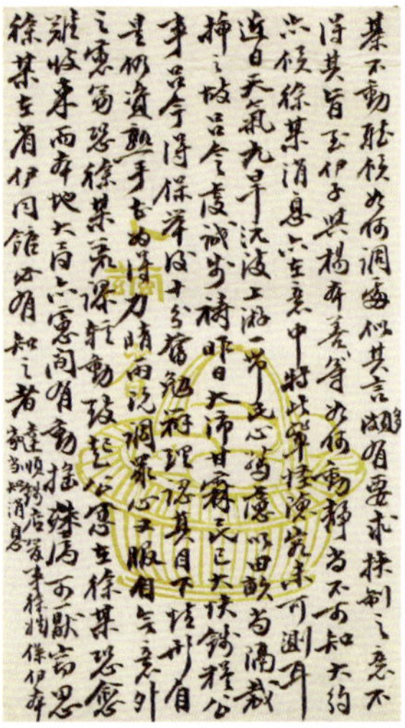

图 4-2-26
“覆黄”笺

图 4-2-27
“赐扇”笺

图 4-2-28
“卜茧”笺

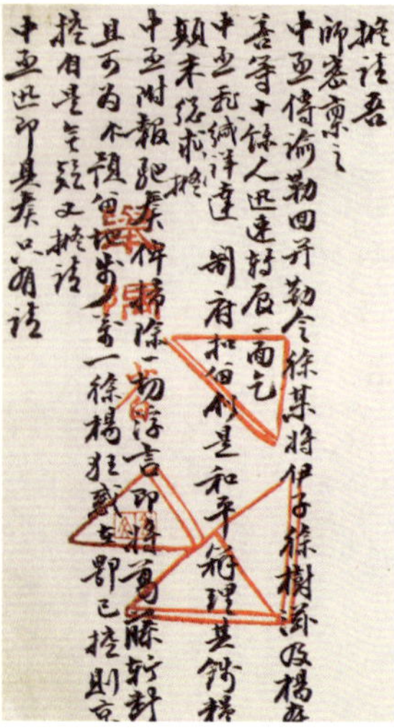
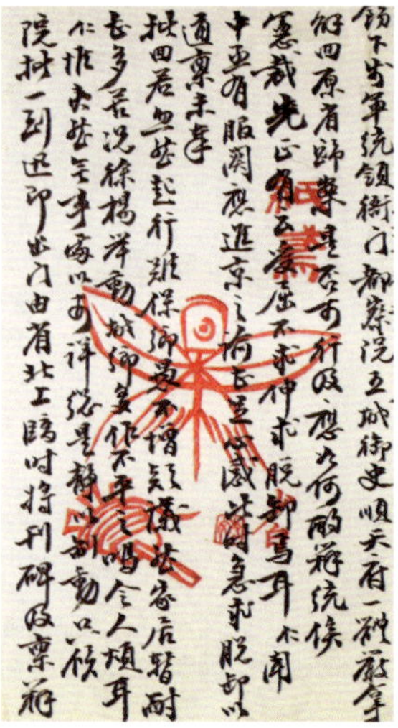
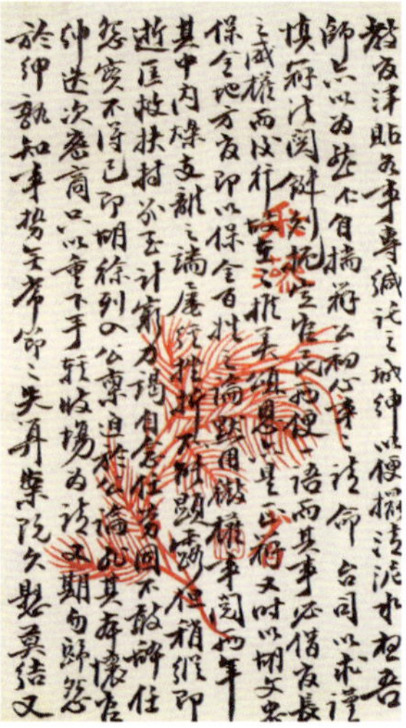

图 4-2-29
“举隅”笺

图 4-2-30
“纸鸢”笺

图 4-2-31
“采藻”笺

（二）乐山堂“梅兰竹菊”四君子笺，木版水印

包括朱梦庐写梅、吴杏芬写兰、李子卿写竹、朱梦庐写菊。

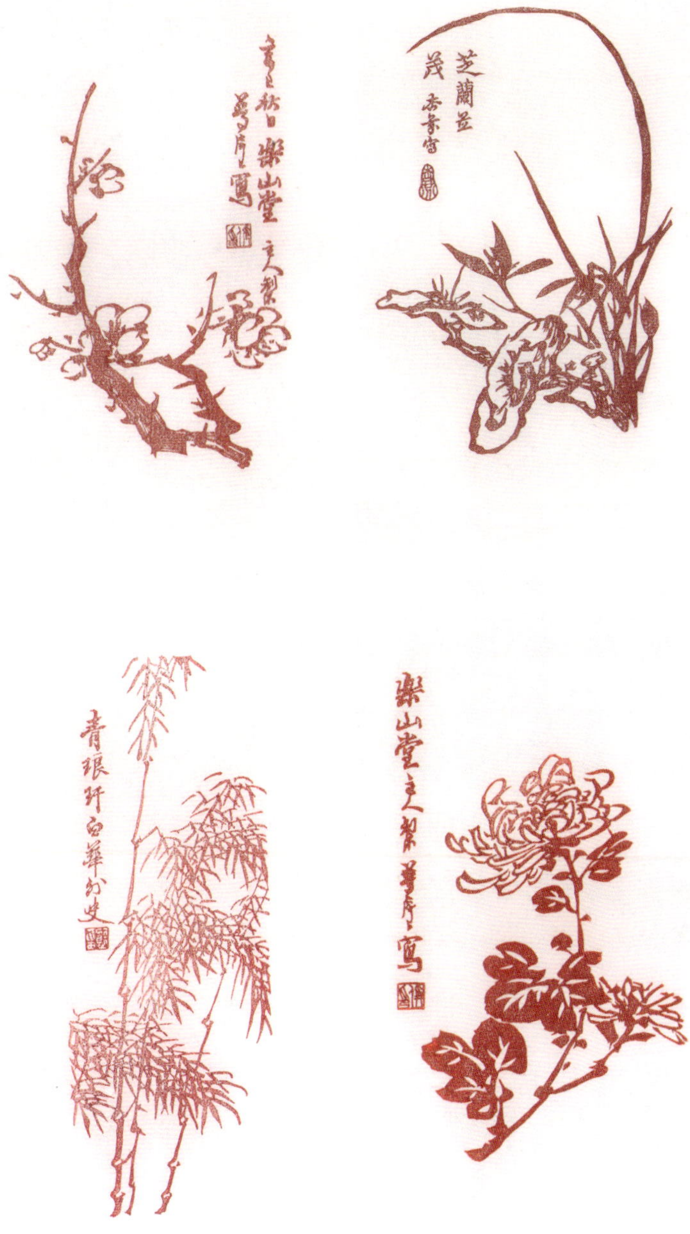

图 4-2-32—图 4-2-35
乐山堂制
“梅兰竹菊”四君子笺

（三）松竹斋制四君子笺

包括“膝上横琴、同心之言、扶摇直上、君子之交”，制作于戊寅年（1878）。伯和与都门文龙绘。

松竹斋制王劭农绘四君子笺，包括“春风消息、空谷幽香、直上青云、秋容”，署甲申年款，松竹斋制作于1884年。

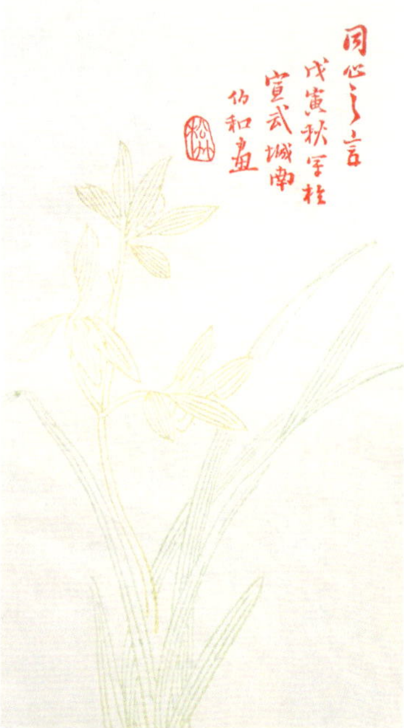

图 4-2-36
“膝上横琴”笺

图 4-2-37
“同心之言”笺

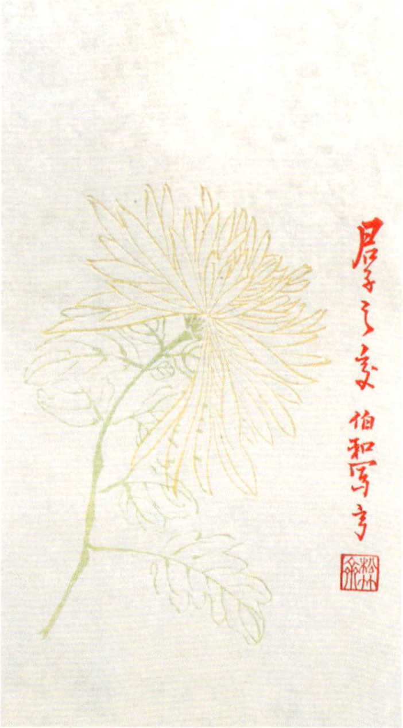

图 4-2-38
“扶摇直上”笺

图 4-2-39
“君子之交”笺

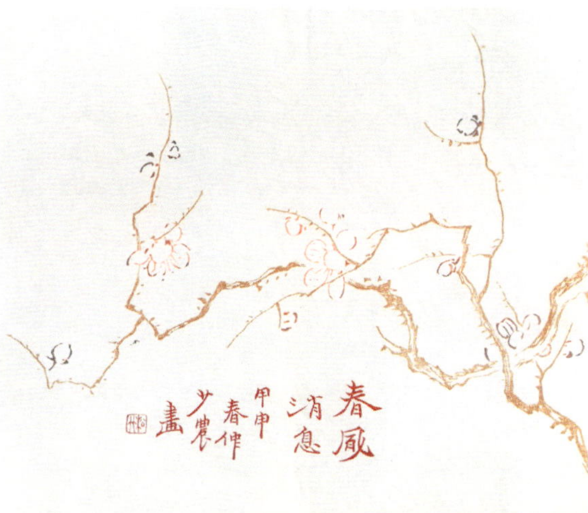

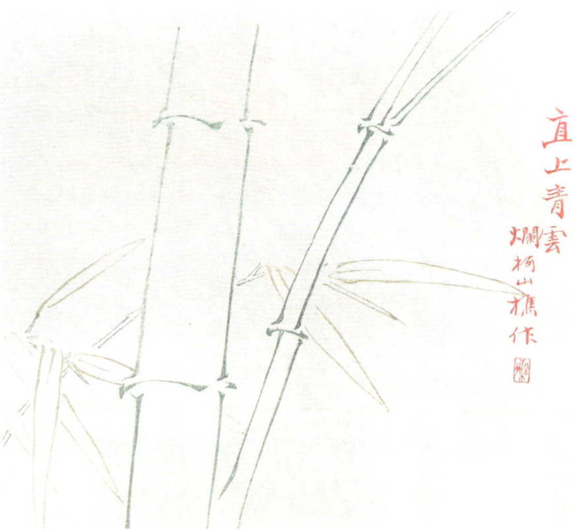

图 4-2-40—图 4-2-43
松竹斋制
王劭农绘四君子笺

（四）荣宝斋制四君子笺

竹山绘。清代画家胡晋封，号竹山，宝山（今属上海）人，少从陆云锦，宗王翚，工山水，苍劲中饶有神韵。

图 4-2-44—图 4-2-47
荣宝斋制
四君子笺

二、岁寒三友笺

（一）定之绘“松、竹、梅”岁寒三友笺，荣宝斋制。

另，余绍宋绘岁寒三友笺，荣宝斋制。

图 4-2-48—图 4-2-50
荣宝斋制
岁寒三友笺，定之绘

图 4-2-51—图 4-2-53
荣宝斋制
岁寒三友笺，余绍宋绘

（二）梦庐绘岁寒三友笺，文美斋制

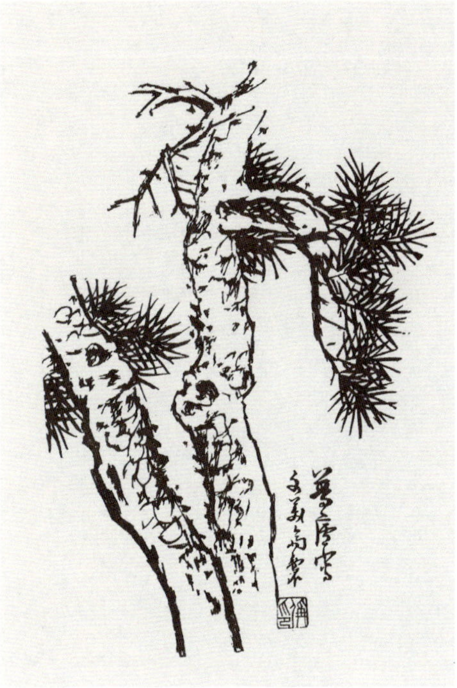

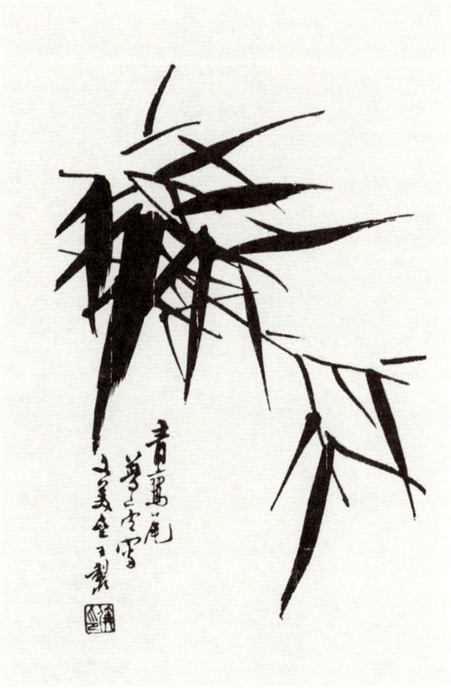

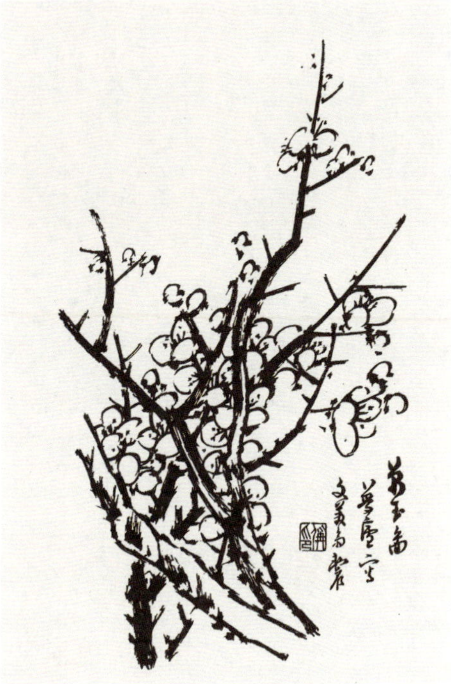

图 4-2-54—图 4-2-56
文美斋制
岁寒三友笺，梦庐绘

（三）陈汉第[1]绘岁寒三友笺

图 4-2-57—图 4-2-59
岁寒三友笺，
陈汉第绘

① 陈汉第（1874—1949），字仲恕，号伏庐，杭州人。清末翰林，辛亥革命后历任国务院秘书长、清史馆编纂，晚年寓上海。擅画花卉及枯木竹石，尤擅画竹。笔墨谨严，极有法度而仍生动有致。藏印颇富，有伏庐印存。

三、梅花笺

九华宝记、掇英轩均刻印有梅花笺。清秘阁有仿古梅花诗笺。恒隆所制梅花笺，题“偃仰分形”。

（一）吴待秋绘梅花笺

吴待秋曾应荣宝斋之邀绘制梅花画笺三十六种，大多收入《北平笺谱》中。吴徵，字待秋，名徵，以字行。1904 年参与创办西泠印社，1947 年参与指导上海市美术馆的筹建工作。吴待秋与吴昌硕、王一亭为世交。与吴湖帆、吴子深、冯超然合称“三吴一冯”，因年长，列“三吴一冯”之首。

荣宝斋制吴待秋梅花笺四幅。

荣宝斋制吴待秋梅花笺七幅。

图4-2-60—图4-2-63
荣宝斋制
梅花笺，吴待秋绘

图 4-2-64—图 4-2-70
荣宝斋制
梅花笺，吴待秋绘

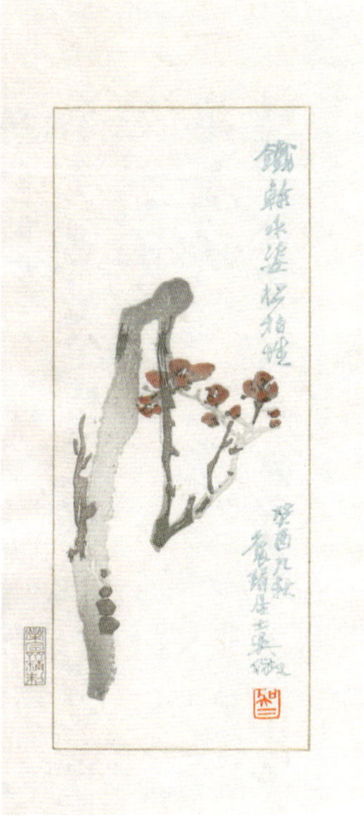

（二）吴观岱制梅花笺

吴观岱制梅花笺见邵章诗笺。邵章写《春望》《春晚》《暮春》《端阳日》等诗词，书于“东阁清风、玉堂仙品、寒芳得意、素质先春”等梅花笺上。

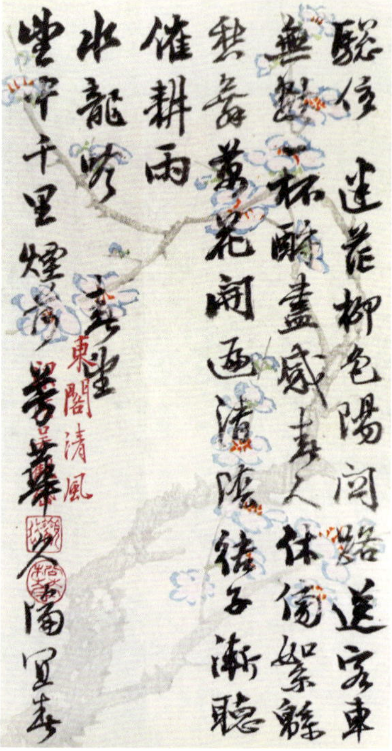

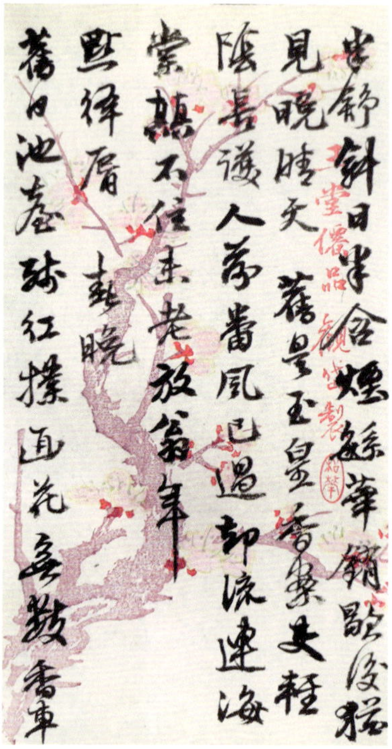

图 4-2-71
吴观岱制“东阁清风”梅花笺

图 4-2-72
吴观岱制“玉堂仙品”梅花笺

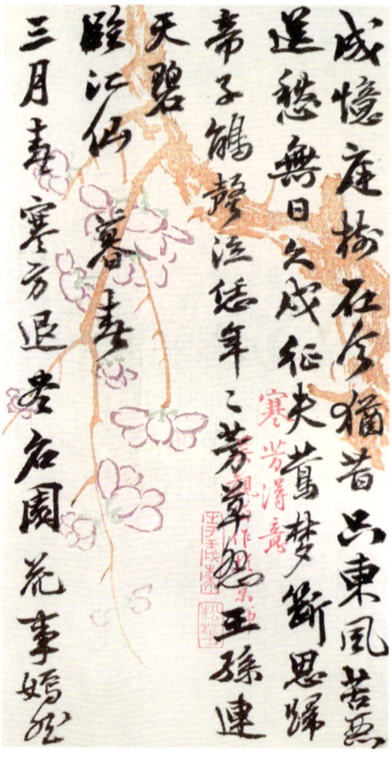

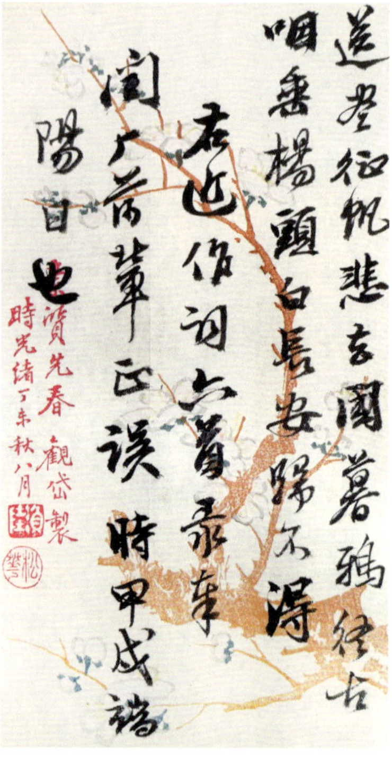

图 4-2-73
吴观岱制“寒芳得意”梅花笺

图 4-2-74
吴观岱制“素质先春”梅花笺

（三）文美斋制梅花笺三幅

上面一幅为朱梦庐绘，下面两幅为仲阳绘。

图 4-2-75
朱梦庐绘梅花笺

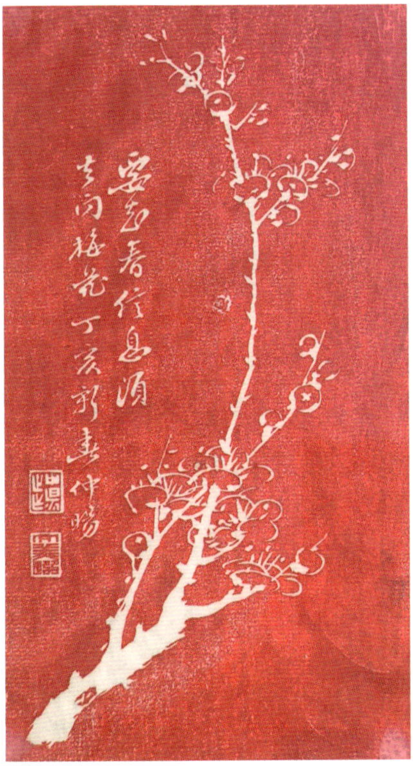

图 4-2-76、
图 4-2-77
仲阳绘梅花笺

（四）朵云轩制梅花笺四幅

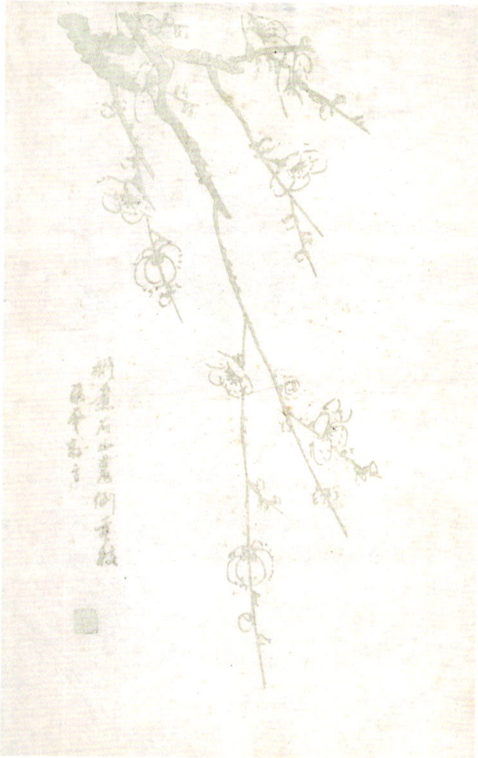

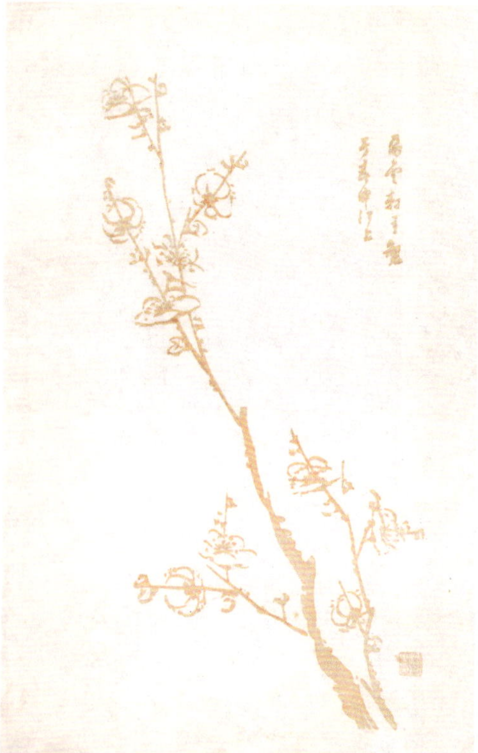

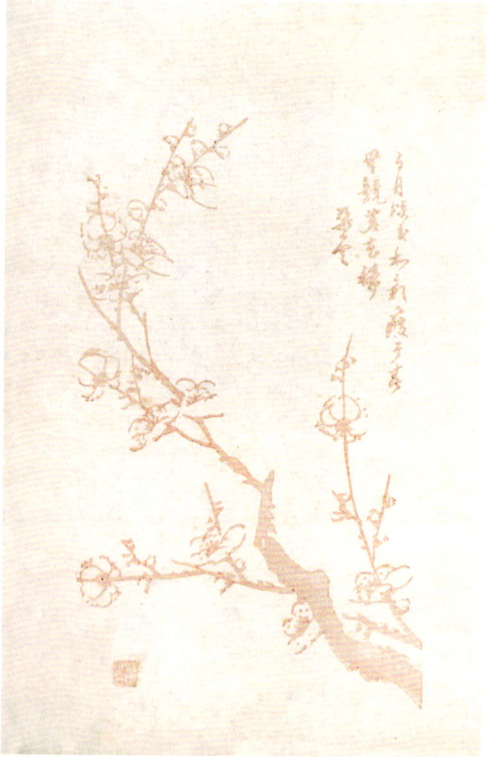

图 4-2-78—
图 4-2-81
朵云轩制
梅花笺

（五）宜雅斋制梅花笺一幅

（六）同文仁记制梅花笺一幅

（七）荣录堂制梅花笺一幅

图 4-2-82
宜雅斋制
梅花笺

图 4-2-83
同文仁记制
梅花笺

图 4-2-84
荣录堂制
梅花笺

（八）摹宋阁制梅花笺一幅

（九）张兆祥大型梅花笺

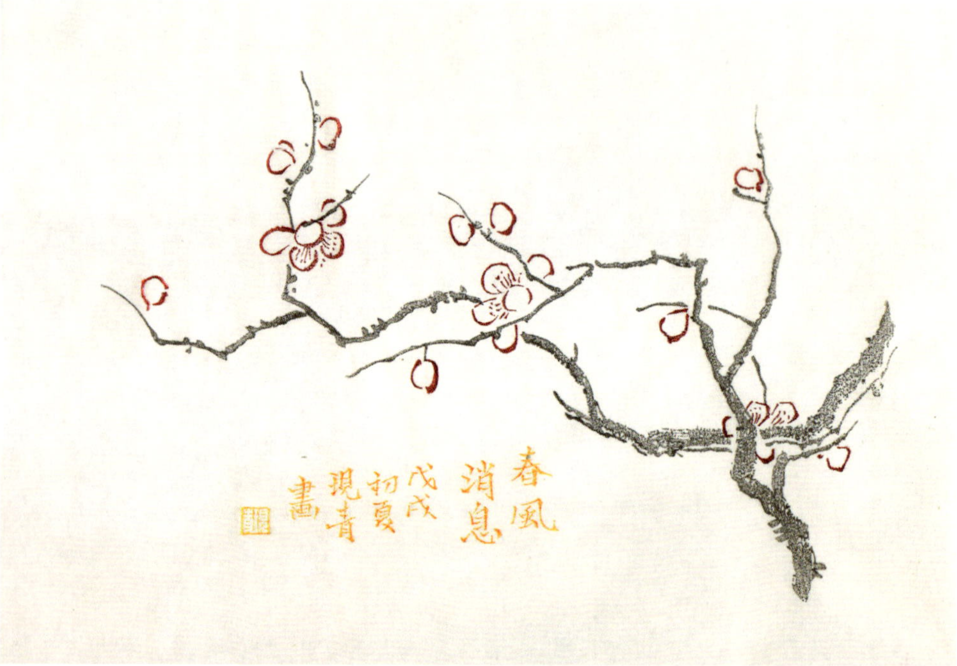

图 4-2-85
摹宋阁制
梅花笺

图 4-2-86
张兆祥大型
梅花笺

（十）金冬心梅花笺四幅

（十一）生云堂制梅花笺四幅

四幅分别上题：“傲骨嶙峋”“暗香踈景”“二分流水一痕沙”“雪深香不减”。

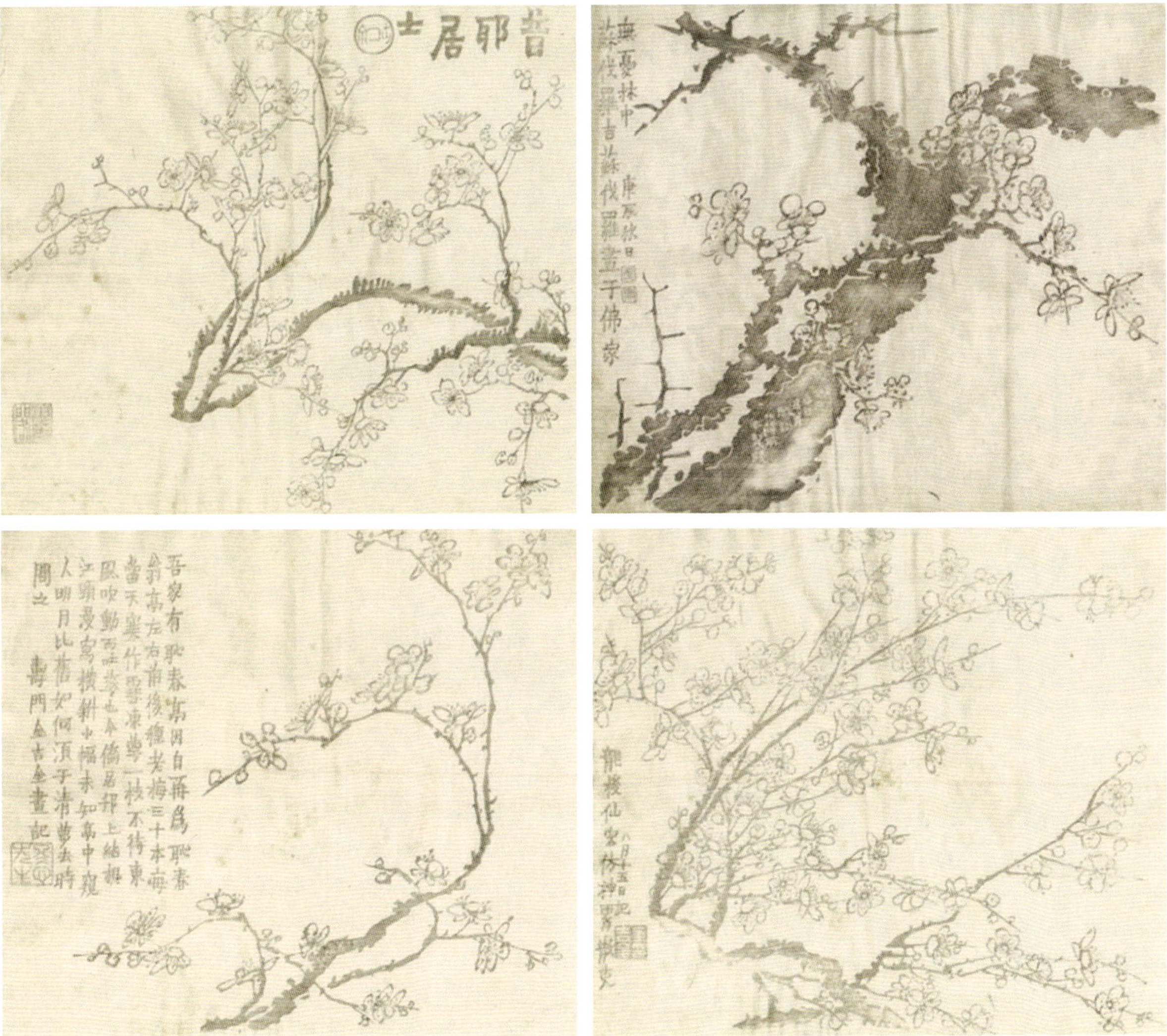

图 4-2-87—图 4-2-90
金冬心梅花笺

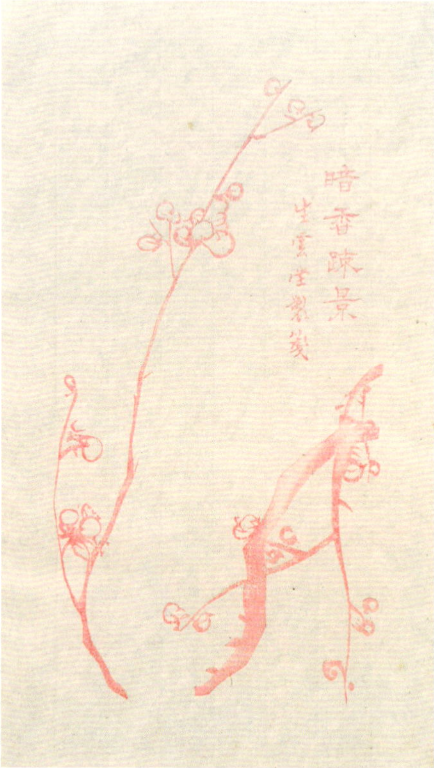

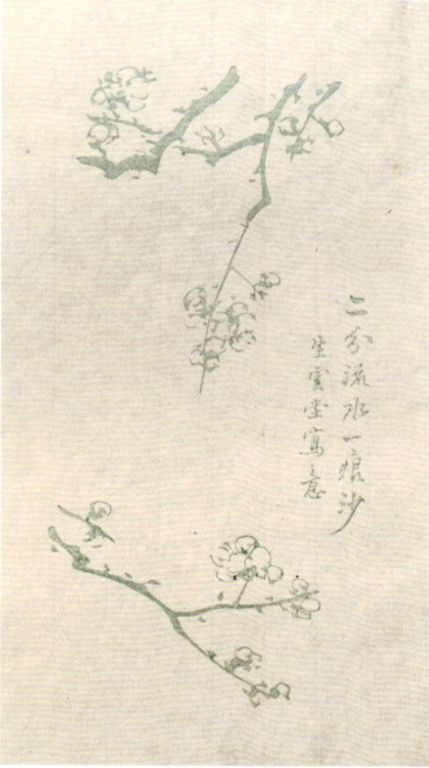

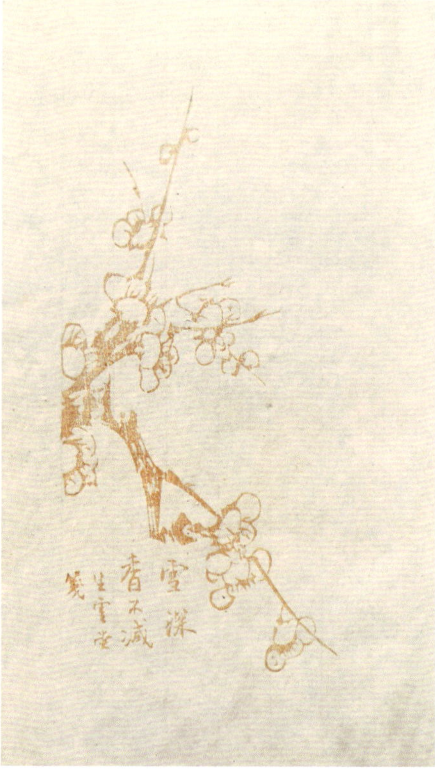

图 4-2-91—图 4-2-94
生云堂制
梅花笺

（十二）话兰室制梅花笺

（十三）松茂室制“疏影”梅花笺

笺上画梅花一枝，题款署“少农画，声伯题”。

见夏孙桐《望江云慢》词笺。夏孙桐（1857—1941），字闰枝，一字悔生，晚号闰庵，江苏江阴人。近现代词人、学者，著有《观所尚斋文存》及《悔龛词》二卷。

（十四）松古斋制墨梅笺

见张子炎小楷中草药方。

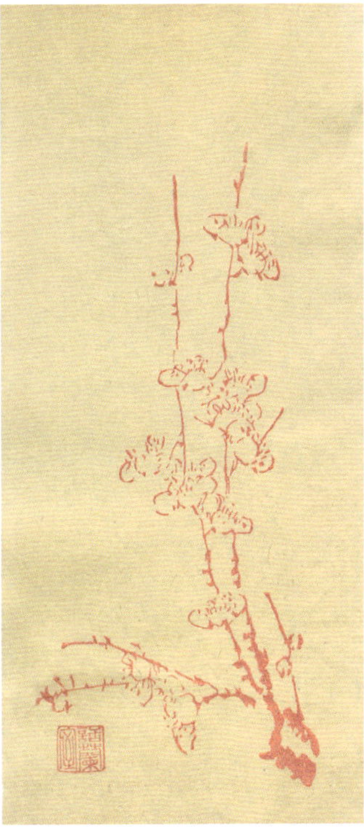

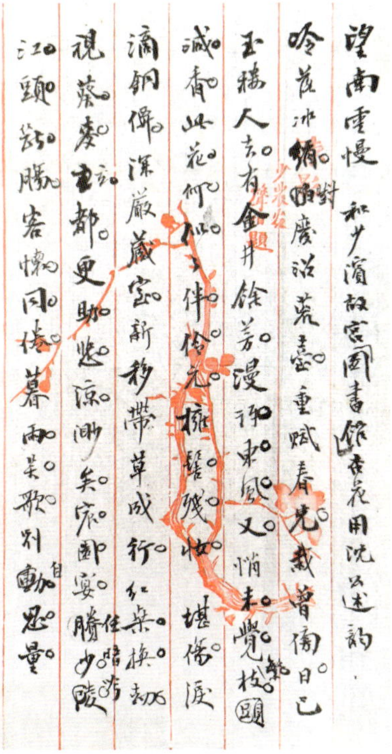

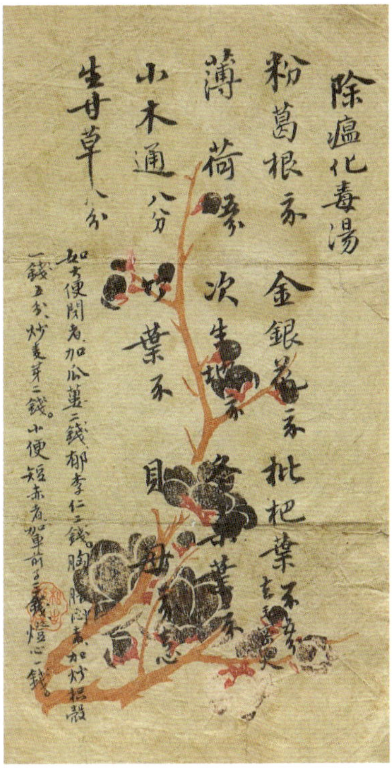

图 4-2-95
话兰室制
梅花笺

图 4-2-96
松茂室制
“疏影”梅花笺

图 4-2-97
松古斋制
墨梅笺

四、兰花笺

（一）恒隆制兰花笺

题“同心之言，兰绪外史点笔”。见樊增祥[①]函。

（二）秀文斋制兰花笺

见益藩尺牍。

（三）“美人香草”兰花笺

见瞿鸿禨[②]尺牍。

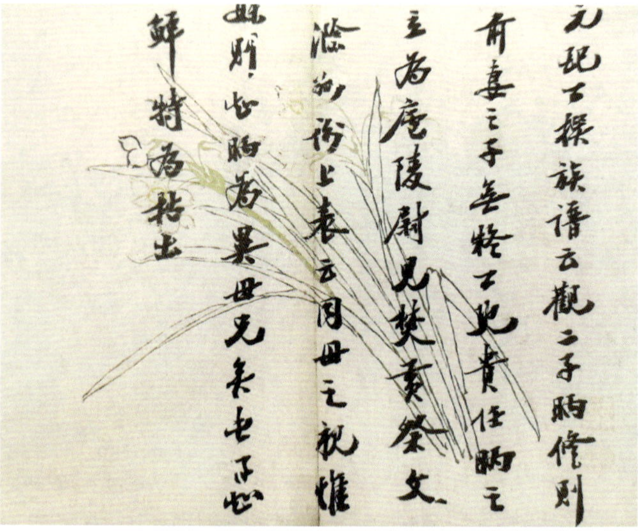

图 4-2-98
樊增祥墨迹书于兰花笺上

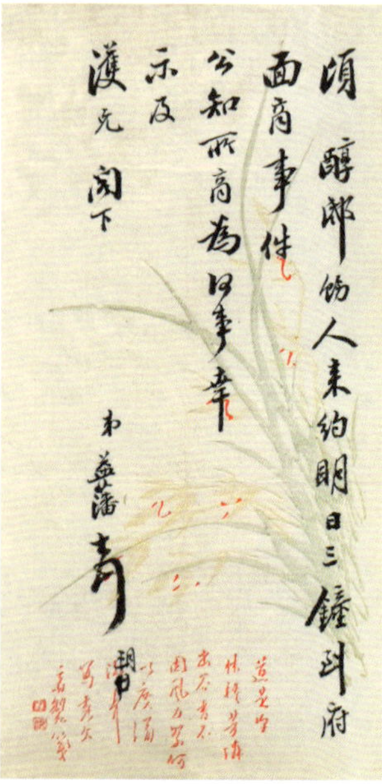

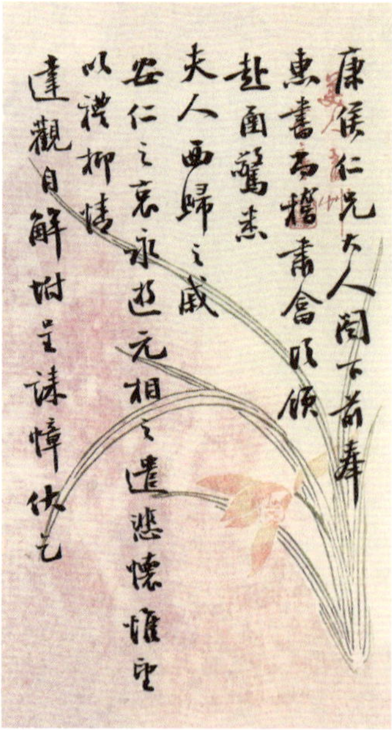

图 4-2-99
益藩尺牍

图 4-2-100
瞿鸿禨尺牍

① 樊增祥（1846—1931），原名樊嘉，又名樊增，字嘉父、嘉甫，号云门、云山、樊山，别号天琴居士、樊山老人，室名樊园、双红豆馆、东园、东溪草堂、晚晴轩。湖北恩施人。光绪进士。工诗词及骈文，为同光派重要诗人，诗作丰富，承晚唐香艳体，一时有“樊美人”之称，著有《樊山全集》。

② 瞿鸿禨（1850—1918），字子玖，亦作子久、子九，号止庵，晚号西岩老人，室名此君亭、超览楼，谥号文慎。湖南善化（今长沙）人。同治十年（1871）进士。著有《旧闻纪略》《超览楼诗稿》《使豫·使闽日记》等。

（四）宝晋斋制王汝霖兰花笺

四幅。

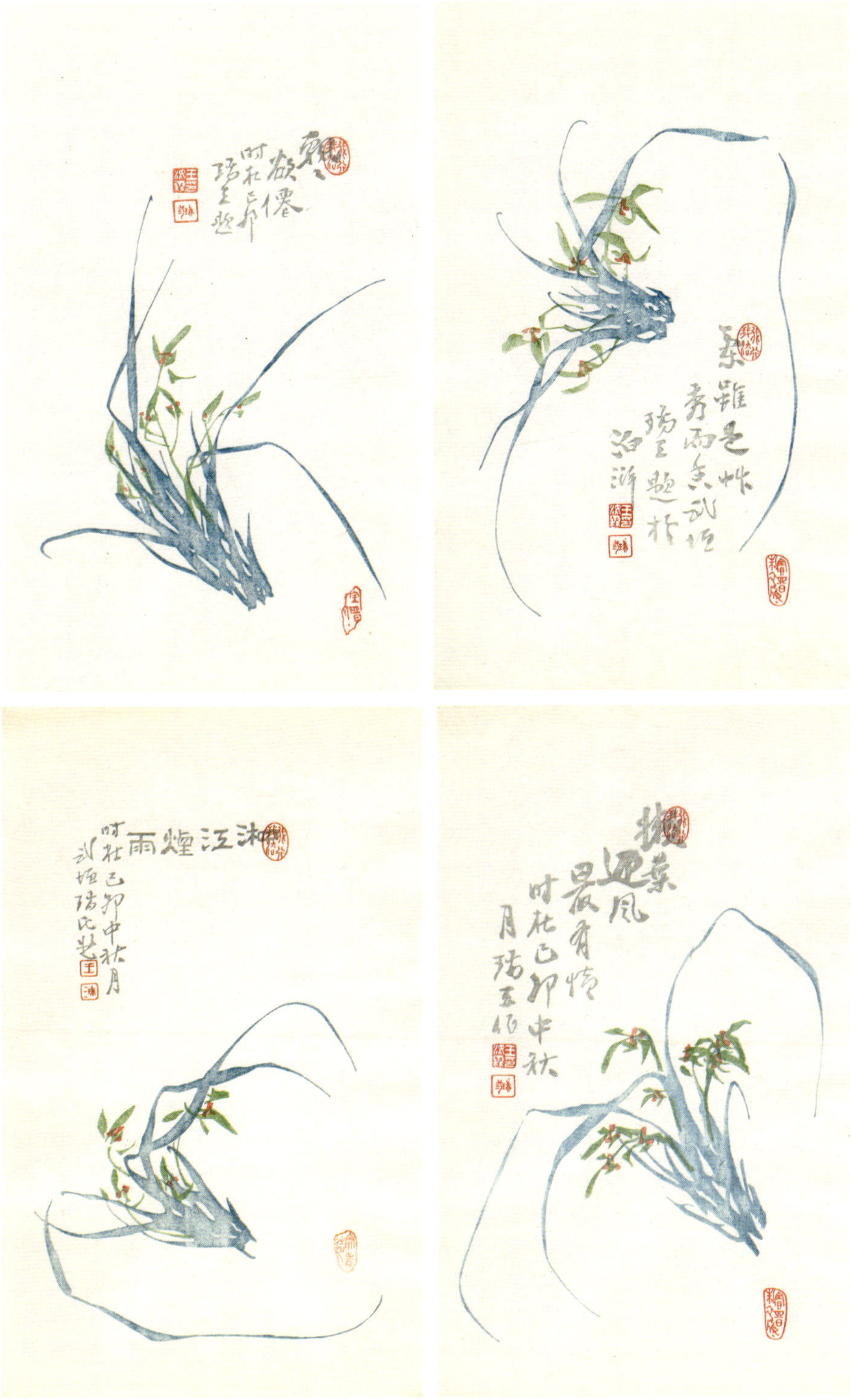

图 4-2-101—
图 4-2-104
宝晋斋制
王汝霖兰花笺

（五）文美斋制兰花笺

二幅。

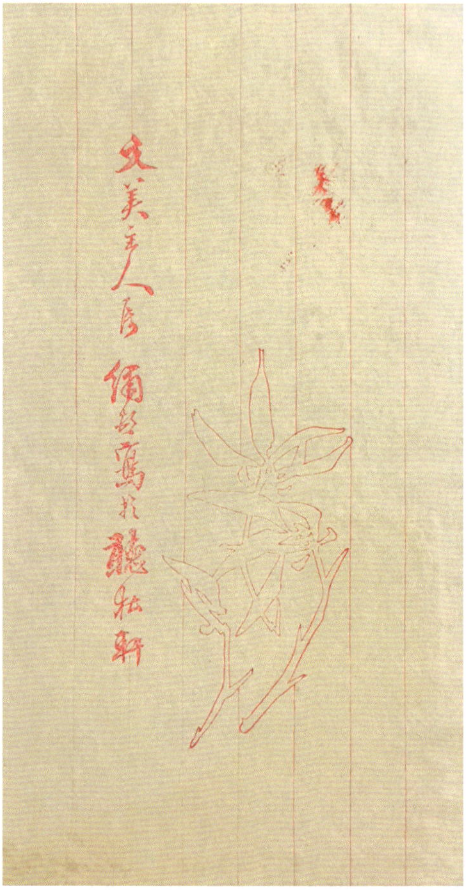

图 4-2-105、
图 4-2-106
文美斋制
兰花笺

（六）同文制兰花笺

五幅，包括同文、同文主人属、同文仁记制等字样。

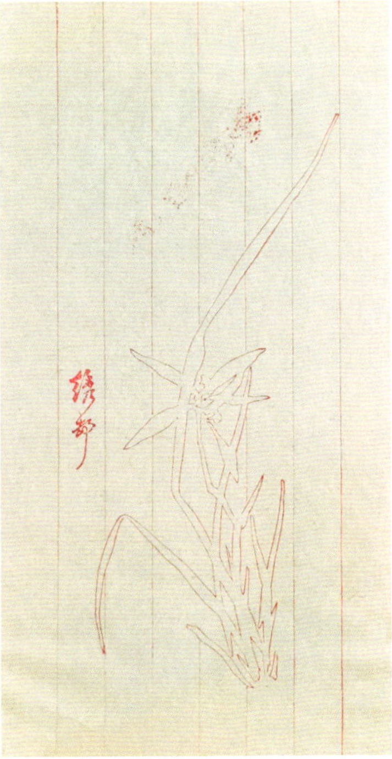

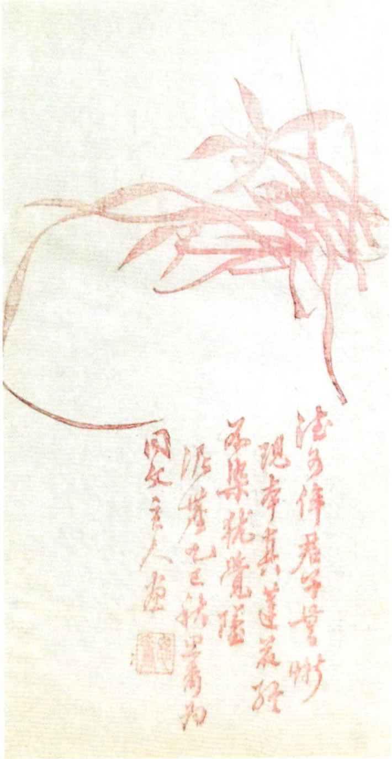

图 4-2-107—
图 4-2-111
同文仁记制
兰花笺

（七）琴剑山房兰花笺

见鲁迅尺牍。

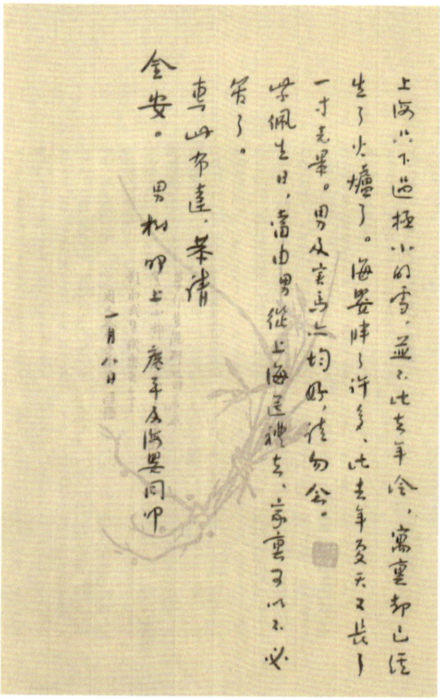

上海只下過極小的雪，並不比去年冷，寓裏卻已經
生了火爐了。海嬰胖了許多，比去年夏天又長了
一寸光景。男及害馬亦均好，請勿念。
紫佩生日，當由男從上海送禮去，家裏可以不必
管了。
專此布達，恭請
金安。 男樹叩上 廣平及海嬰同叩
一月八日

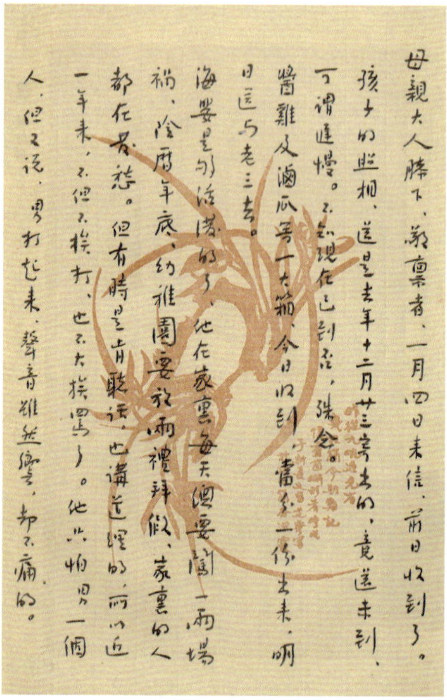

母親大人膝下，敬禀者，一月四日來信，前日收到了。
孩子的照相，是去年十二月廿三寄出的，竟還未到，
可謂遲慢。不知現在已到否。
醬雞及醃瓜等一大籃，今日收到，當分一份出來，明
日送與老三去。
海嬰是好的，很活潑的了，他在家裏每天要鬧一場，
過年底，幼稚園要放兩禮拜假，家裏的人
都在發愁。但有時是肯聽話，也講道理的，所以近
一年來，不但不挨打，也不大挨罵了。他只怕男一個
人，但又說，男打起來，聲音雖然響，卻不痛的。

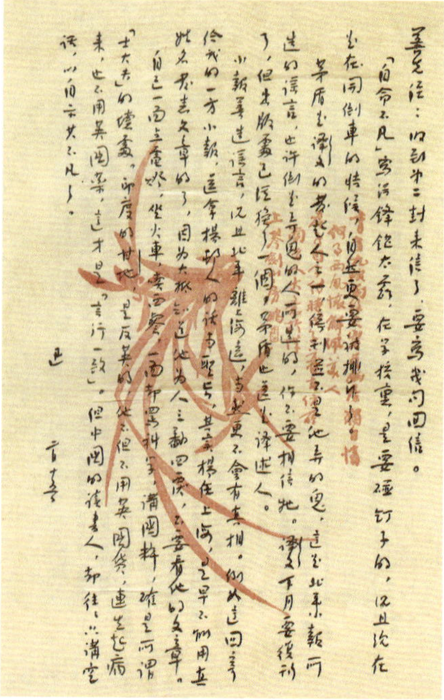

[illegible]兄：以前的二封來信了，要寫我們回信。
「自命不凡」實在鋒芒太露，在中國，是要碰釘子的，況且現在
是在開倒車的時候，自然更要講排斥了。
茅盾先生譯文的事，[illegible]
這的謠言，也許倒是本國的人所造的，何不要相信他。譯文下月要復刊
了，但出版處已經換了一個，茅盾也還在譯述。
小報善造謠言，況且北平雖離上海遠，書也更不會有真相。例如這回寄
給我的一方小報，這拿樣的人的話多麼呢，其實樣住上海，是早不用甚
姓名發表文章的了，因為大概說這些為人之動回來，不要看他的文章。
自己一面上受欺，坐火車，要西餐，一面卻罵科學，講國粹，誰是所謂
「士大夫」的壞處。印度的甘地，是反英的，他不但不用英國貨，連生起病
來，也不用英國藥，這才是「言行一致」。但中國的讀書人，卻往往只講空
話，以自示其不凡了。
迅
[illegible]

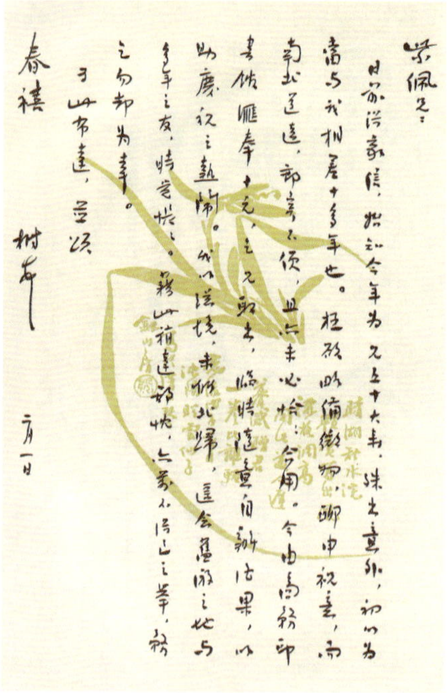

紫佩兄：
日前得家信，始知今年為兄五十大壽，殊出意外，初以為
當與我相差十多年也。擬致些微贈物，聊申祝意，而
南北道遠，郵寄不便，且亦未必恰恰合用。今由商務印
書館匯奉十元，乞兄取去，臨時隨意自辦佳果，以
助慶祝之熱鬧。我以環境，未能北歸，遙念舊游之地與
多年之友，時覺悵悵。移此補送郵快，亦萬不得已之舉，務
乞勿卻為幸。
專此布達，並頌
春禧 樹上
二月一日

图 4-2-112—图 4-2-115
鲁迅尺牍

（八）荣录堂制兰花笺

一幅。

图 4-2-116
荣录堂制
兰花笺

（九）清秘阁制“空谷幽香”兰花笺

一幅。

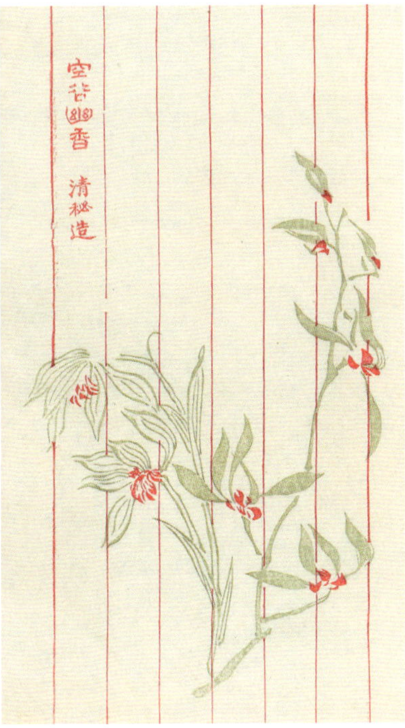

图 4-2-117
清秘阁制
“空谷幽香”兰花笺

（十）张大千兰花笺

一幅。

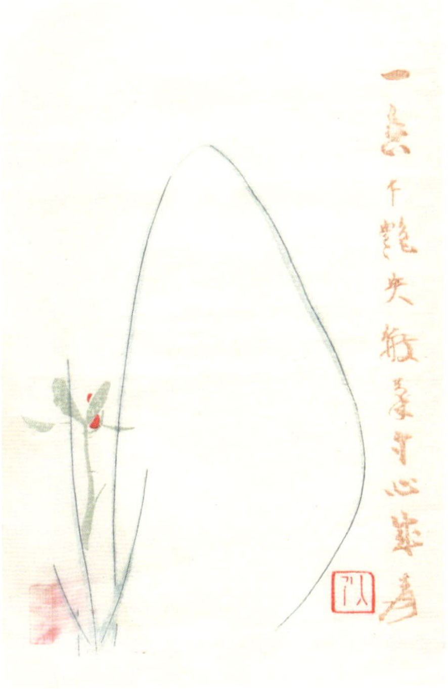

图 4-2-118
张大千兰花笺

五、竹笺

（一）松茂室制“青云直上”竹笺

青竹为界栏，下衬红色山石，上有祥云缭绕，可谓别具匠心。青为青竹，云为祥云，青云为高空，以喻迅速升到高位。由此笺可管窥清代官场习俗。

见吴慎旃致孙琴西尺牍。吴慎旃，安徽宁国人，同治甲子举人。孙琴西即孙衣言，字绍闻，号琴西，浙江瑞安人，清代官吏、学者、藏书家。

（二）荣宝斋制竹笺

林若瓢题款“新梢馋出墙”。

（三）翰宝斋制竹笺

见李如筠函。

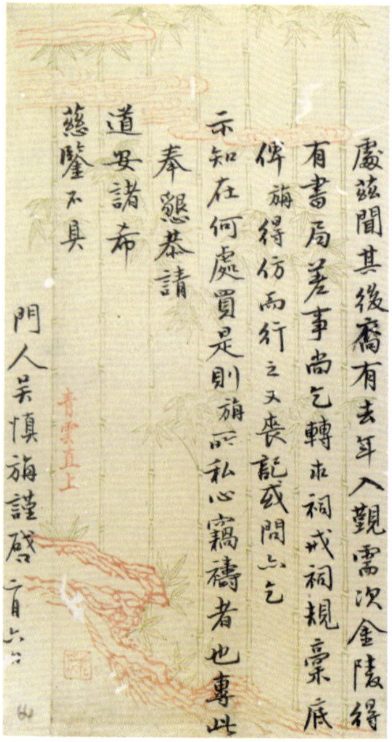
處茲聞其後裔有去年入覲需次金陵得
有書局差事尚乞轉求祠戒祠規稟底
併旃得仿而行之又喪祀或問亦乞
示知在何處買是則旃所私心竊禱者也專此
奉懇恭請
道安諸希
慈鑒不具
門人吴慎旃謹啓

图 4-2-119
松茂室制
“青云直上”竹笺

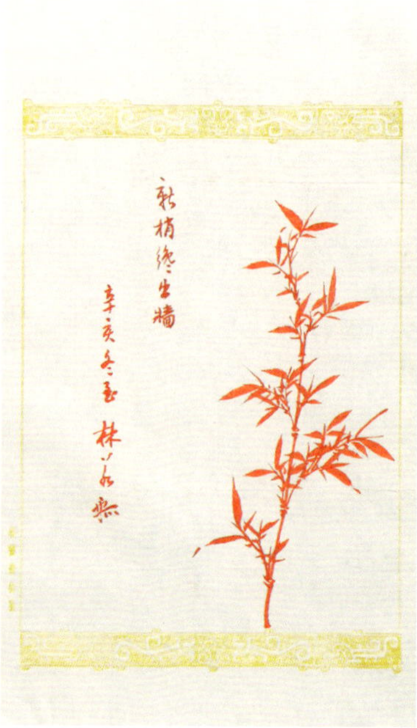

图 4-2-120
荣宝斋制
竹笺

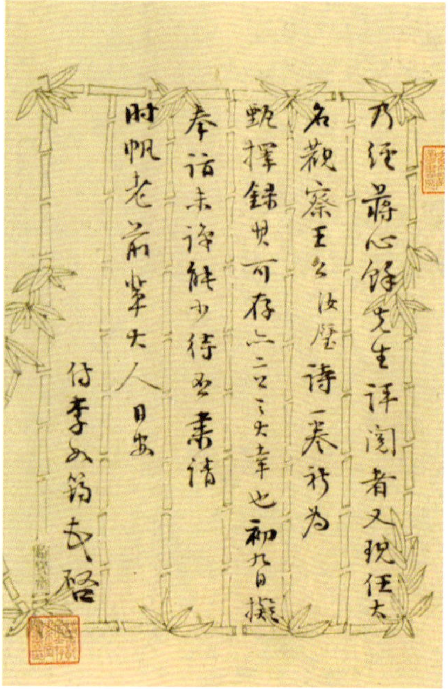
乃經蔣心餘先生評閲者又現任太
名觀察王君汝歷詩一卷於為
甄擇録其可存
奉詣未諳能少待至晤請
時帆老前輩大人日安
侍李如筠頓首

图 4-2-121
翰宝斋制
竹笺

（四）“不可一日无此君”笺

见梁启超尺牍。

（五）文美斋制竹笺

（六）同文仁记制竹笺

（七）锦威祥制竹笺

（八）朵云轩制竹笺

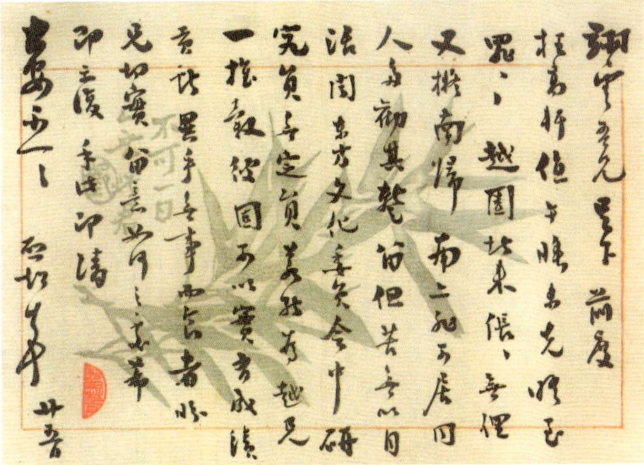

图 4-2-122
梁启超尺牍

图 4-2-123
文美斋制
竹笺

图 4-2-124
同文仁记制
竹笺

图 4-2-125
锦威祥制
竹笺

图 4-2-126
朵云轩制
竹笺

（九）石雪[①]绘竹笺

四幅。

图 4-2-127—图 4-2-130
石雪绘竹笺

① 石雪，即徐宗浩（1880—1957），字养吾，号石雪，后以号行，自号石雪居士，居所名石雪斋。祖籍江苏武进，生于北京。久居北京通州，中国近现代著名书画家、收藏家。徐氏曾学画于王振声，花卉、翎毛、山水皆超逸有致。尤精画竹，妙绝一时。有《记竹绝句》数十首，又著有《墨竹述要》及《画竹人传》十二卷。

六、菊花笺

（一）清秘阁制劭农“黄素全行正，芳甘药品奇”菊花笺

（二）缦云绘“天然如意”笺

见蒋益澧致刘蓉尺牍。

（三）陈汉第绘菊花笺

图 4-2-131
清秘阁制
菊花笺

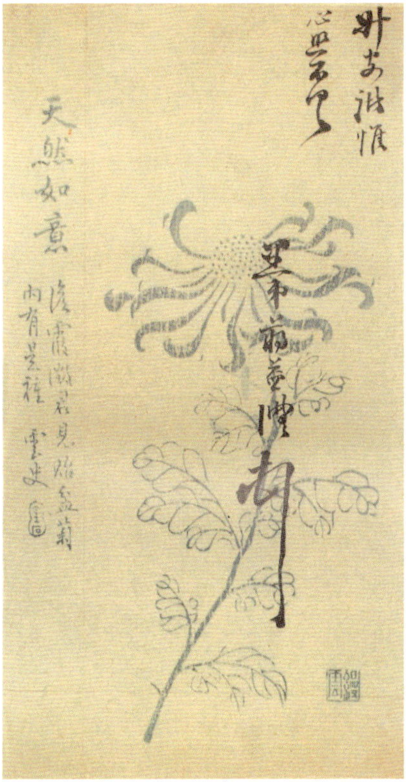

图 4-2-132
缦云绘
“天然如意”笺

图 4-2-133
陈汉第绘
菊花笺

第三节 花卉笺

一、荷花、水仙花等花卉笺

清秘阁制齐白石绘螳螂荷花笺，木版水印。

清秘阁制吴观岱绘“君子之风其清穆如”荷花笺。

张大千绘荷花笺，题款“塘坳闲意思，池面好丰神”。见胡亚光致郑逸梅尺牍。

朵云轩制杏花笺。见金兆蕃[1]诗笺。

清秘阁制劭农“仙仗香桃芍药花”笺。

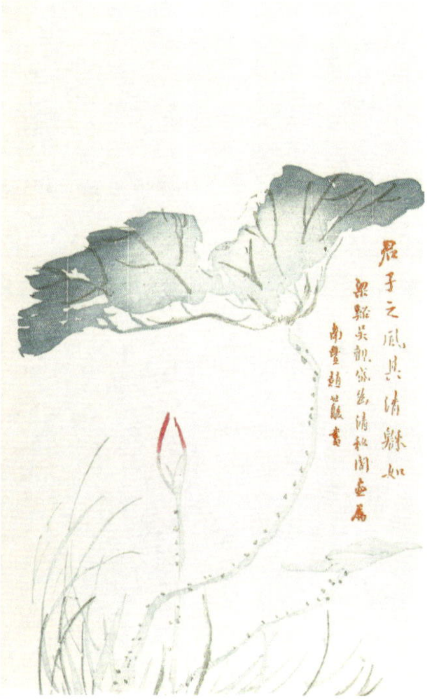

图 4-3-1
清秘阁制齐白石绘
螳螂荷花笺

图 4-3-2
清秘阁制吴观岱绘
“君子之风其清穆如”荷花笺

① 金兆蕃（1869—1951），原名义襄，字篯孙，号药梦老人。清光绪举人。博学多才，工诗词，他的《燕山亭·和道君见杏花作》词即用朵云轩制杏花笺写的。

虚白斋制水仙花笺，凌瑚[1]绘，题款为黄山谷水仙句“含香素体欲倾城”。见杜文澜[2]信笺。

袁左良制水仙花笺。

松竹斋制“凌波清影”水仙花笺。

有正书局制风毛菊笺。见梁思成致陈西滢函。

另，“牡丹、芭蕉、迎春花、马蹄莲、仙客来”五幅笺。

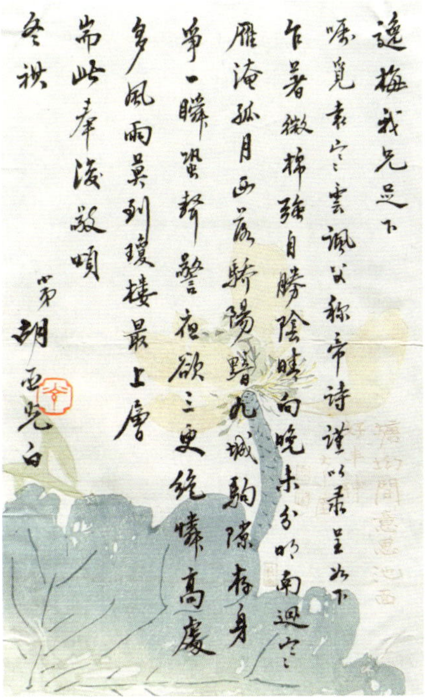

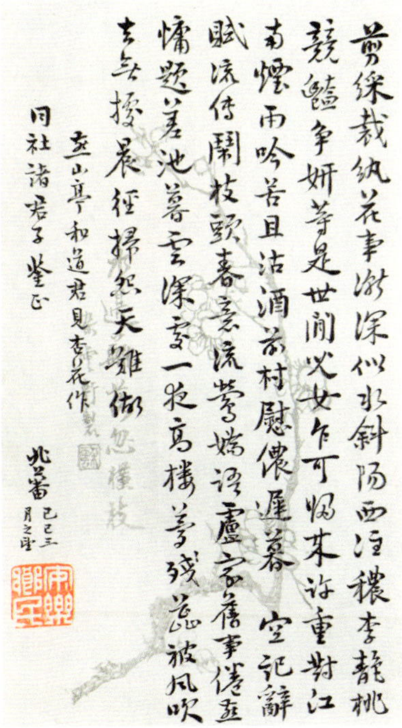

图 4-3-3
胡亚光致郑逸梅尺牍

图 4-3-4
金兆蕃写
《燕山亭·和道君见杏花作》词

① 凌瑚，字仲华，号香泉，江苏如皋人，擅画花卉、禽虫、人物。

② 杜文澜（1815—1881），字小舫，号采香舟主人。著有《平定粤匪纪略》《江南北大营纪事》《初学史论合编》等，还辑有《曼陀罗华阁丛书》。

图 4-3-5
清秘阁制
“仙仗香桃芍药花”笺

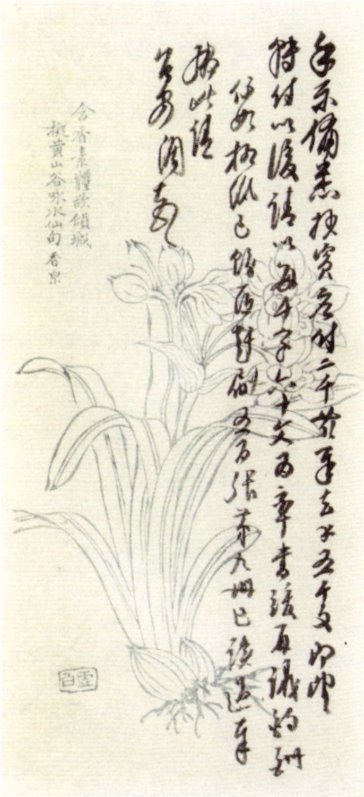

图 4-3-6
杜文澜信笺

图 4-3-7
袁左良制
水仙花笺

图 4-3-8
松竹斋制
“凌波清影”水仙花笺

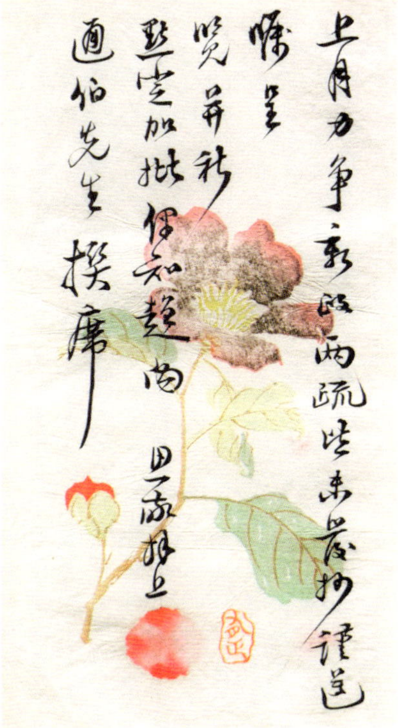

图 4-3-9
风毛菊笺

图 4-3-10
牡丹笺

图 4-3-11
芭蕉笺

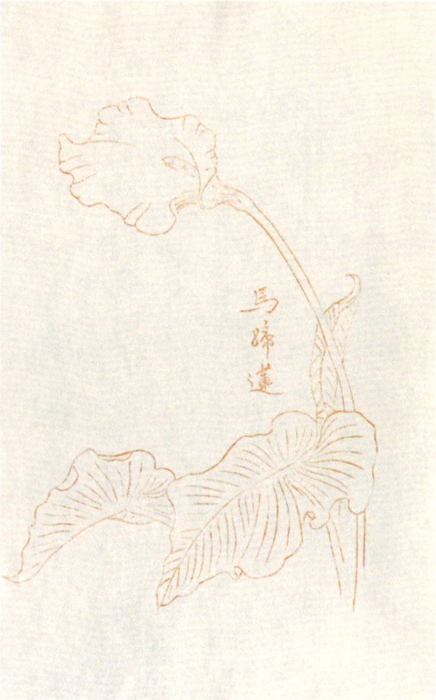

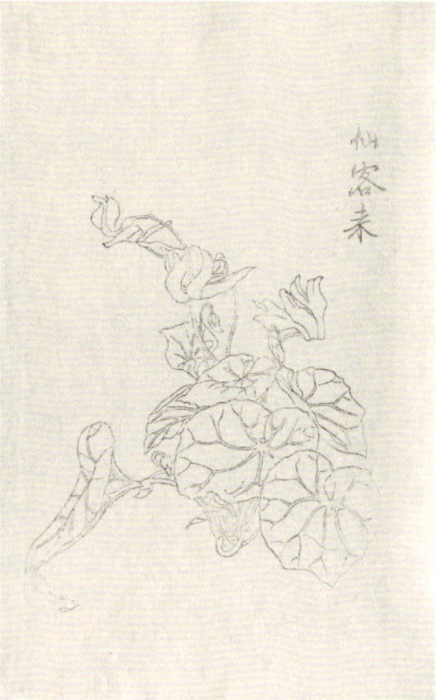

图 4-3-12
迎春花笺

图 4-3-13
马蹄莲笺

图 4-3-14
仙客来笺

二、清秘阁制花卉笺

一套四幅，包括：

荷包牡丹。有诗赞荷包牡丹：“枝头红花坠，荷包爱心随。”

凌霄花。贾昌期《咏凌霄花》：“披云似有凌霄志，向日宁无捧日心。”

芙蓉葵。又称秋芙蓉，有诗赞芙蓉葵：“晨为粉白午为红，巧笑嫣然各不同。”

瓜叶菊。有诗赞瓜叶菊：“枝叶层层叠，花朵细细展。”

图 4-3-15—图 4-3-18
清秘阁制花卉笺

三、恽南田绘花卉笺

恽南田“点染粉笔带脂，点后复以染笔足之”，创造了一种笔法透逸、设色明净、格调清雅的“恽体”花卉画风，而成为一代宗匠。对明末清初的花卉画有“起衰之功”，被尊为“写生正派”，影响波及大江南北，史载：“近日无论江南江北，莫不家家南田，户户正叔，遂有‘常州派’之目。”与王时敏、王鉴、王翚、王原祁、吴历合称为“清六家”。著有《南田诗钞》《瓯香馆集》《南田画跋》等。恽南田花卉笺一套四幅，均为朵云轩制。

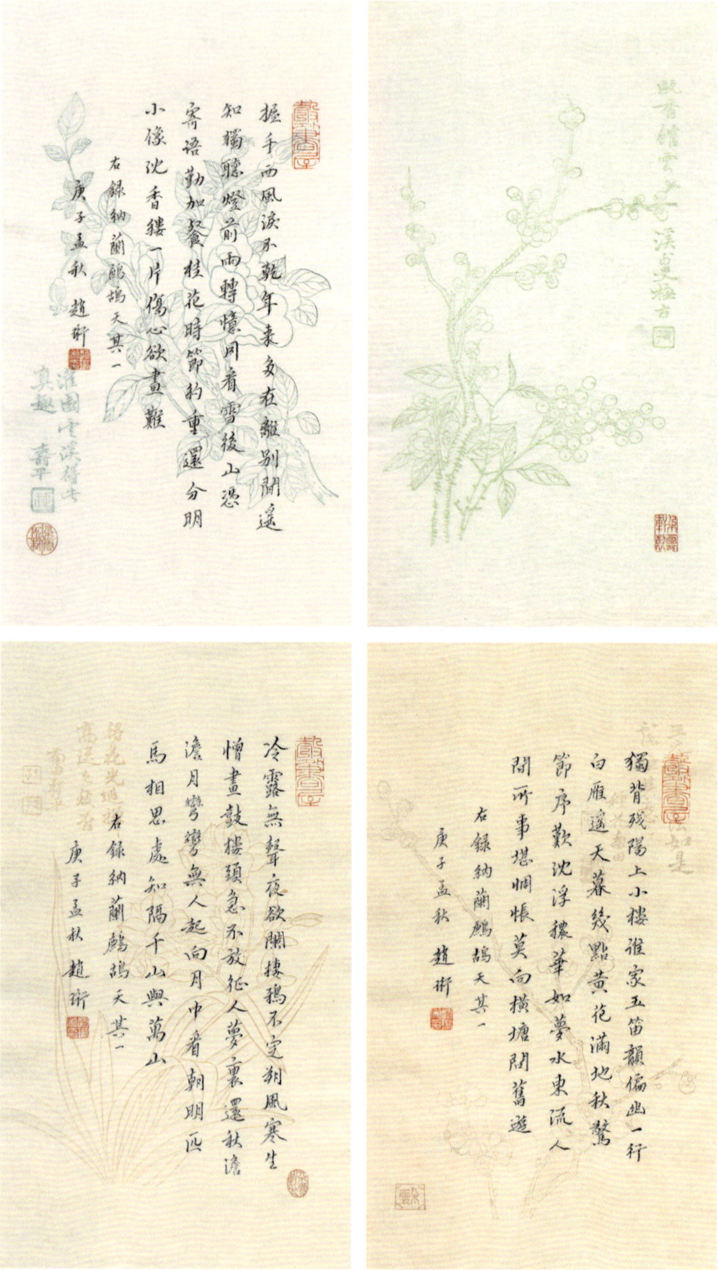

图 4-3-19—图 4-3-22
恽南田花卉笺

四、黄易绘花卉笺

黄易(1744—1802),字大易,号小松,又号秋盦,仁和(今杭州)人。工书法,隶法娴熟。隶书摹《校官碑额》,小隶有似《武梁祠题字》。精于博古,喜集金石文字,广搜碑刻,绘有《访碑图》,并著《小蓬莱阁金石文字》等。故隶法中参以钟鼎,愈见古雅。抚印为丁敬高弟,有出蓝之誉,与丁敬并称“丁黄”,为“西泠八家”之一。山水法董、巨,冷逸幽隽,以淡墨简笔写取神韵,而有金石味。兼工花卉,宗恽寿平。在济宁为官时,一花片叶皆能于质库易钱。间作墨梅亦饶逸致。

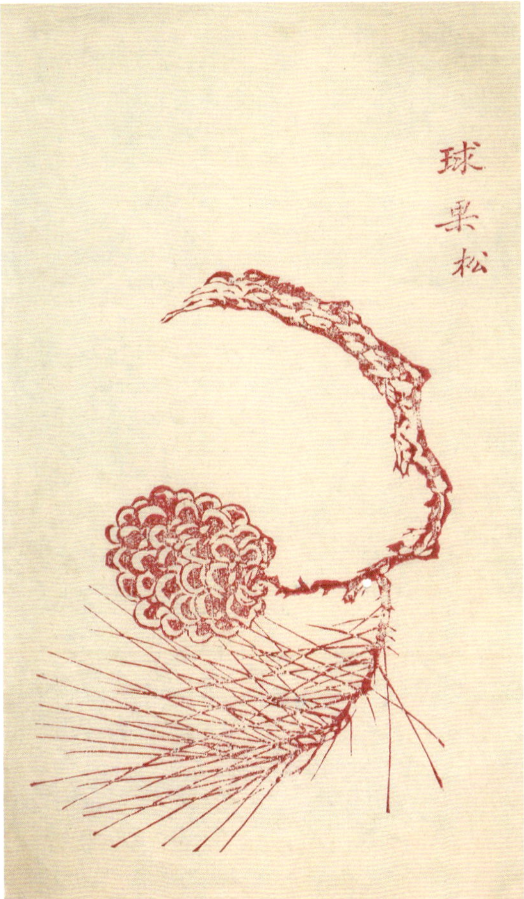

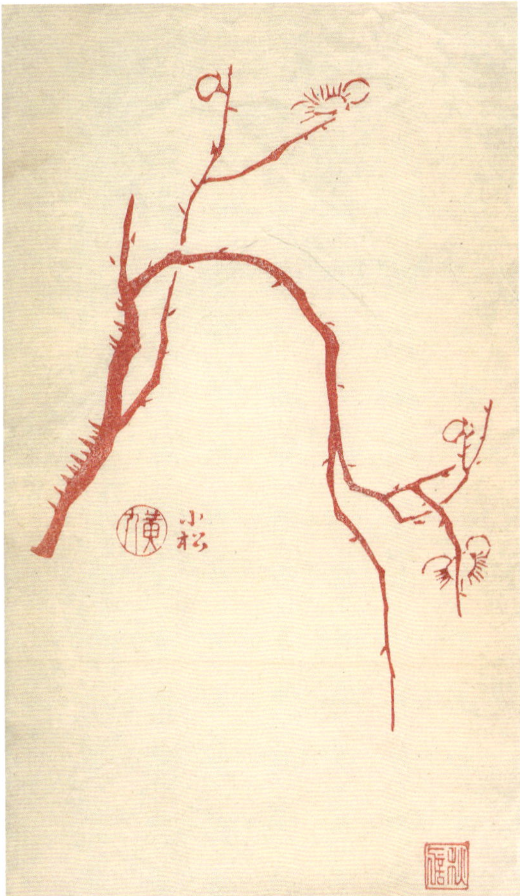

图4-3-23、图4-3-24
黄易花卉笺

五、朱熊绘花果笺

朱熊（1801—1864），字吉甫，号梦泉，又号蝶生，别署墨禅居士，其室名为安砚之室，后又称乐陶室、小长庐、嘉树堂等。浙江秀水（今嘉兴）人，“海上画派”前期的重要画家，朱熊的花卉画宗陈淳、恽寿平和华岩，属小写意一系，又自成秀雅清丽的面貌。

朱熊、张熊、任熊合称“沪上三熊”。

朱熊花果笺一套十二幅。

图 4-3-25—图 4-3-36
朱熊花果笺

六、张熊绘花果笺

张熊（1803—1886）年轻时移居上海，参加各种美术活动。他喜爱收藏金石书画，一生收藏了一万多件古董珍玩，名扬艺林，被称为“沪上寓公之冠”。

张熊绘花果笺六幅。

张熊绘花卉笺十二幅，十二楼制。

图 4-3-37—图 4-3-42
张熊花果笺

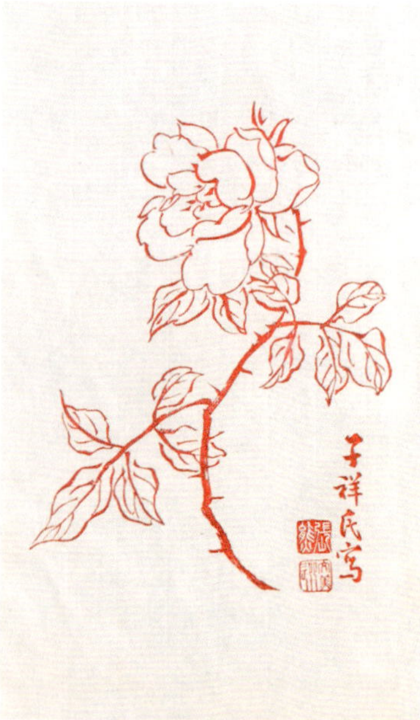

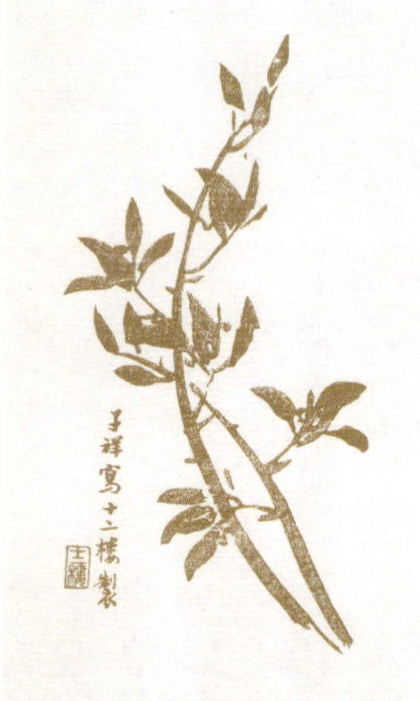

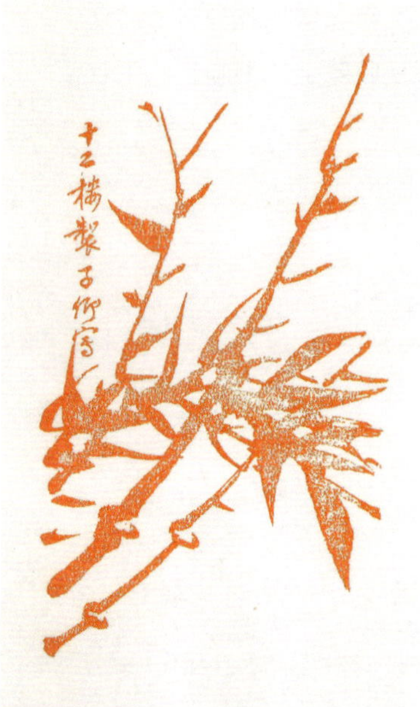

图 4-3-43—图 4-3-54
张熊花卉笺

庚午春二月子祥写

子祥

子祥写

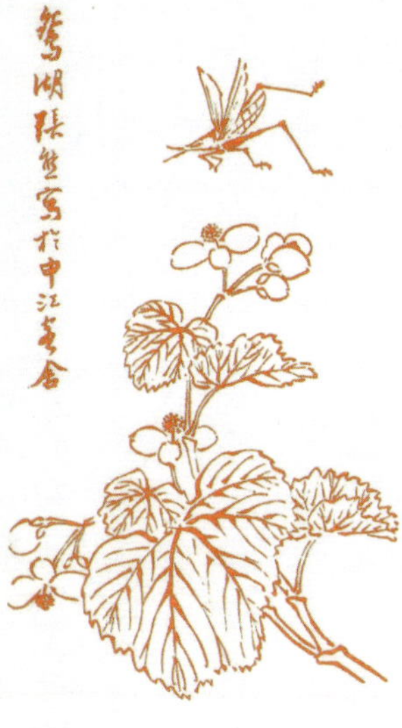
鸳湖张熊写于中江客舍

庚午仲春月子祥写

缥云阁主人属
子祥张熊写

七、任薰绘花果笺

任薰（1835—1893），字舜琴、阜长，萧山人，清代画家。“海上画派”代表人物之一，与兄任熊、侄任预、族侄任颐被后人合称“海上四任”。

松茂室制六幅。

松茂室制二幅，一为任阜长绘，一为任伯年绘。

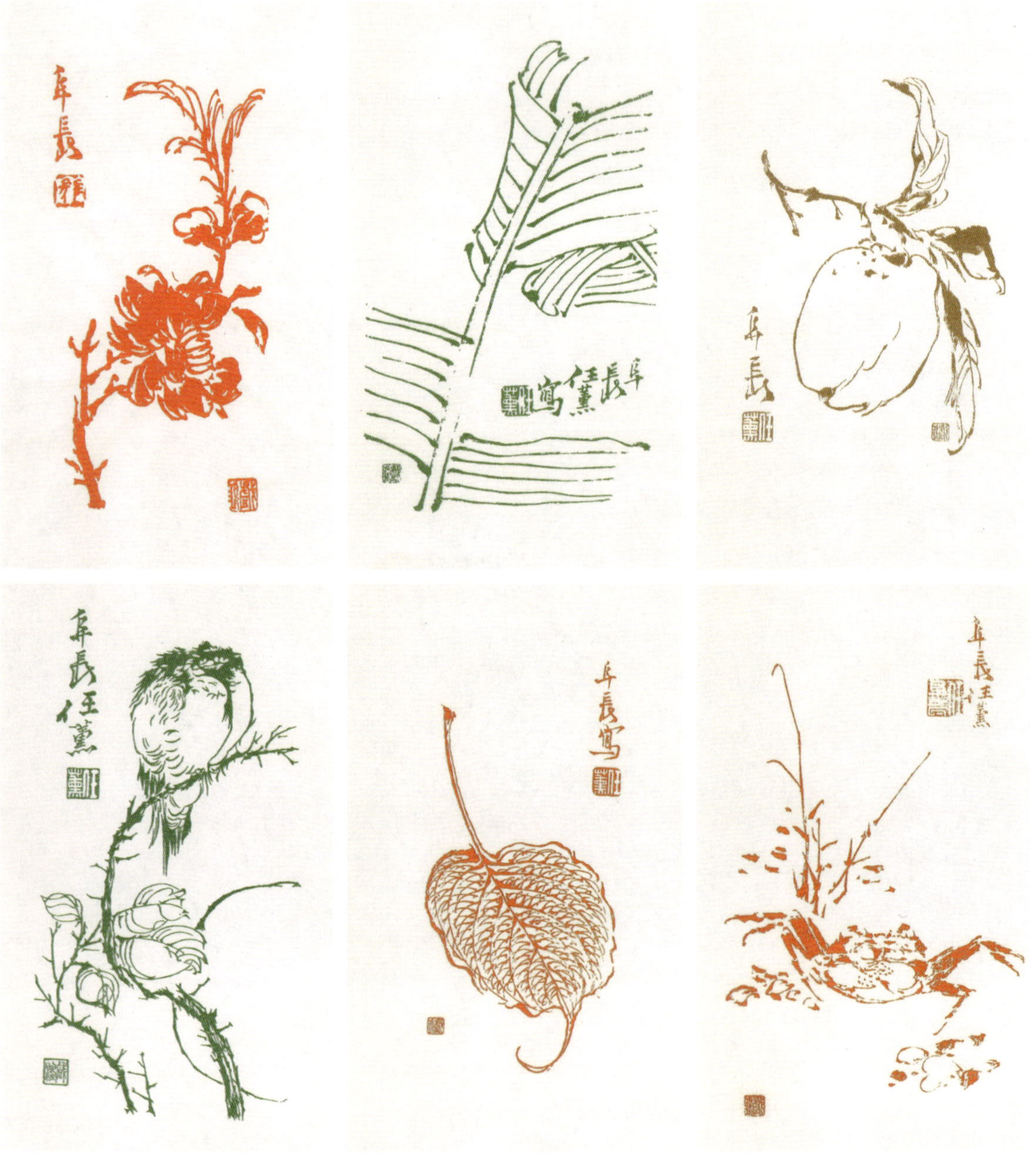

图 4-3-55—图 4-3-60
松茂室制
任阜长花果笺

图 4-3-61
松茂室制
任阜长花卉笺

图 4-3-62
松茂室制
任伯年花卉笺

八、胡公寿绘花卉笺

松茂室制胡公寿写二幅。

云蓝阁制胡公寿写梅花笺与枇杷笺。见吴昌硕尺牍。

图 4-3-63、
图 4-3-64
胡公寿写
松茂室制笺

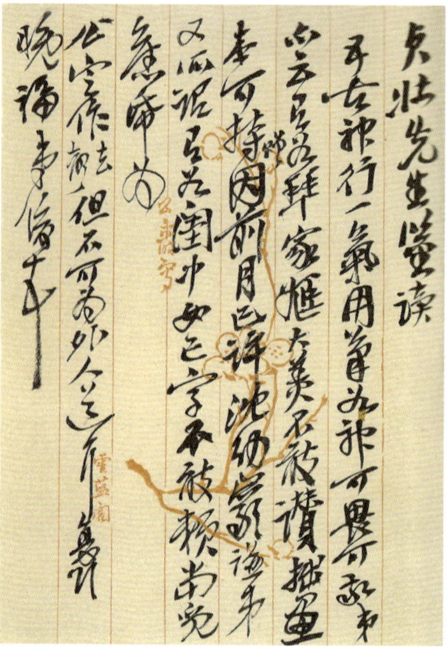

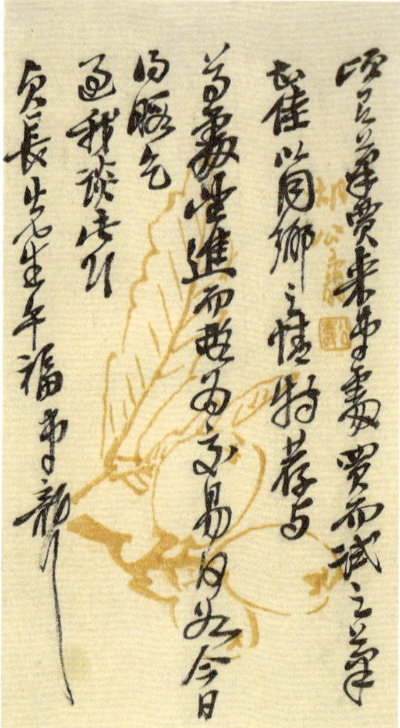

图 4-3-65、
图 4-3-66
吴昌硕尺牍

九、自闻居士百花诗笺

亦称聋道人百种诗笺。

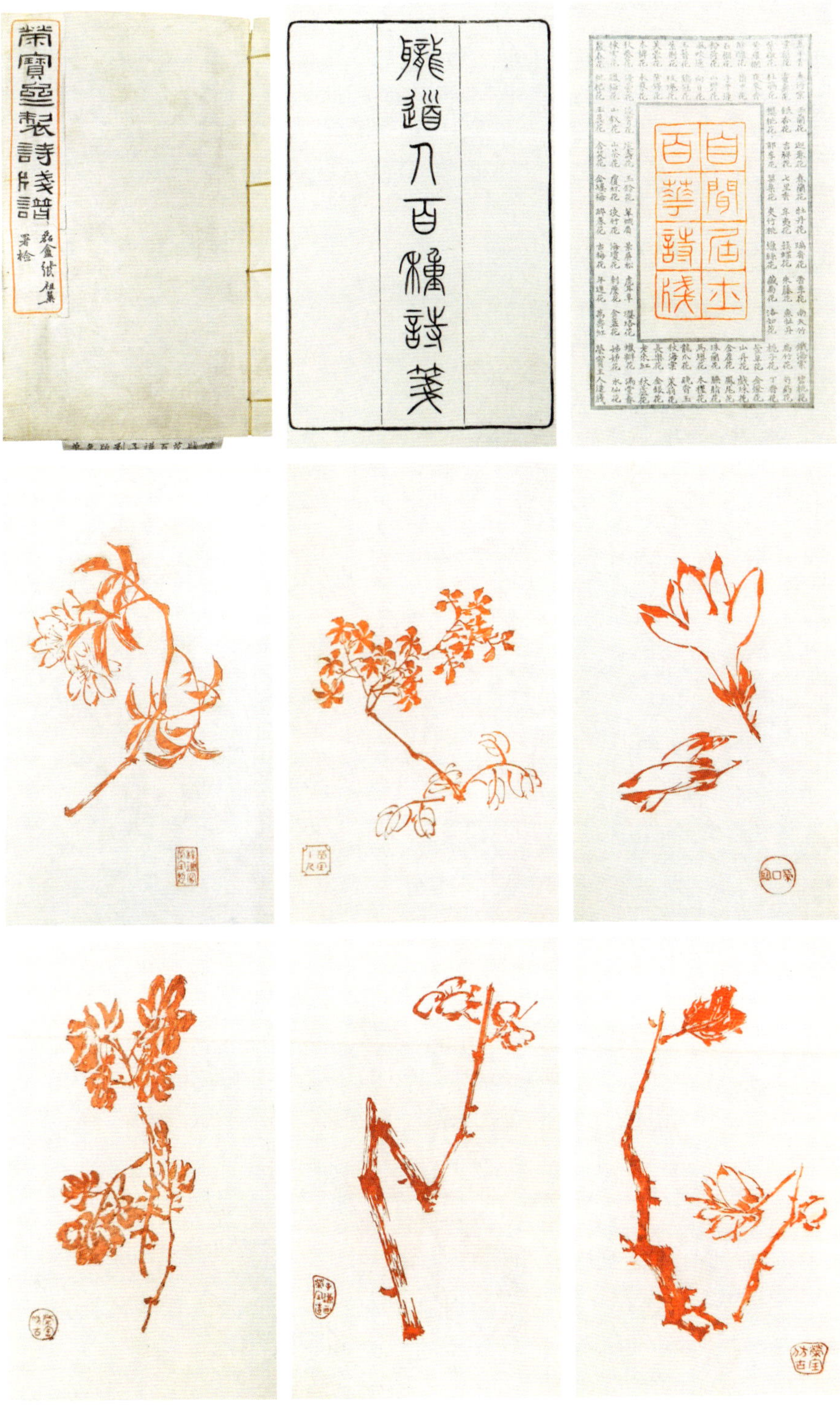

图 4-3-67—图 4-3-93
聋道人百种诗笺

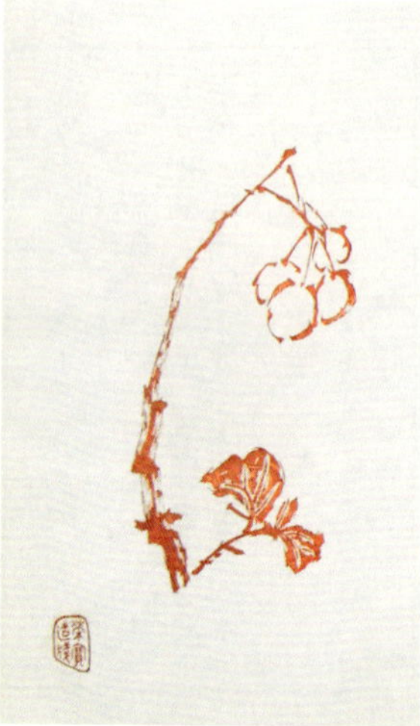

十、戴伯和绘花果笺

戴文龙，字伯和，又字百禾、百壶，清代江苏角直人。擅画花卉、翎毛，微近沪派。同光间鬻画都门，为琉璃厂南纸店松竹斋、懿文斋、静文斋等作笺画，流传较广。郑振铎《访笺杂记》虽将戴伯和的画笺归为光宣时流行的应市通用笺，但辑入《北平笺谱》的亦有十四图之多。1878年，松竹斋所制戴伯和“膝上横琴”“扶摇直上”“君子之交”等线刻三色套印笺亦不俗。2016年，朵云轩梓行的《戴伯和花果笺》集辑自晚清名人信札，其中“天中瑞品”“秋江主人”“连珠细菌长柄寒匏”三笺原为含英阁所制，“芭蕉叶大栀子肥”一笺则为松竹斋旧制。此四笺套版也仅三色。

赵珩先生在此笺上用小楷书写宋词。赵珩，1948年生于北京，多年来从事北京史、戏曲史的研究，著有《老饕漫笔》《老饕续笔》等。

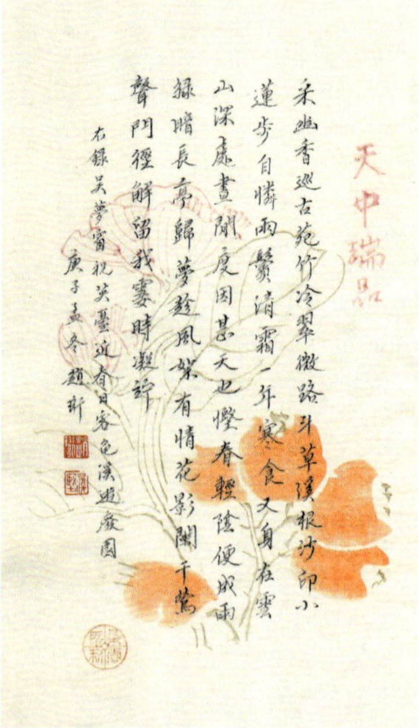

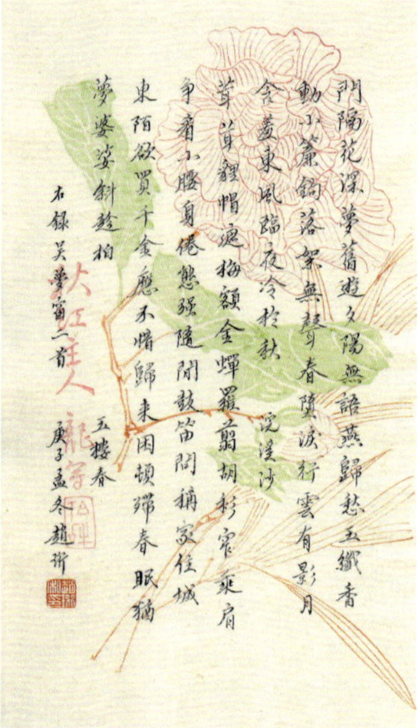
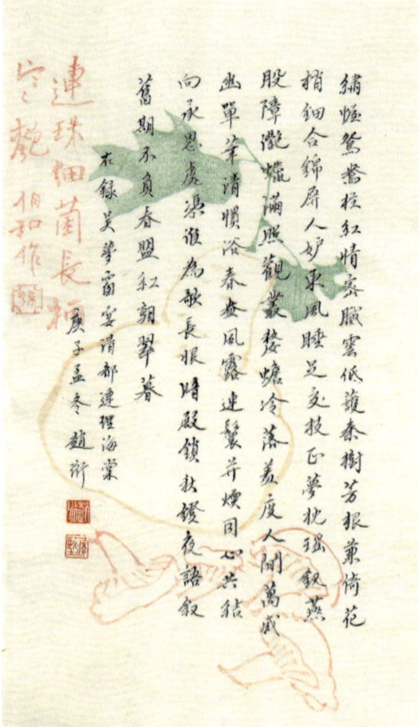
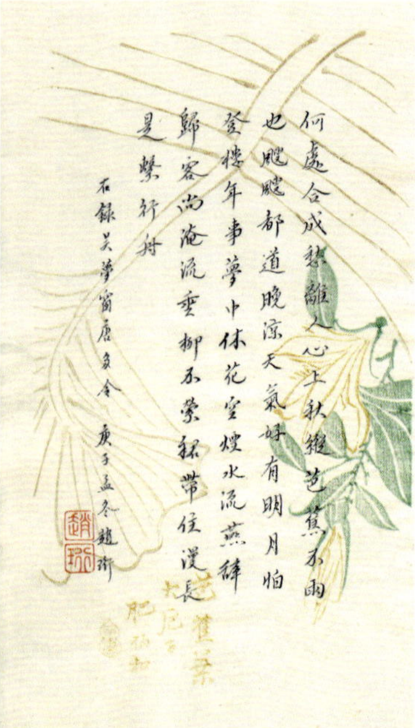

图 4-3-94—图 4-3-97
戴伯和花果笺

十一、黄山寿绘花卉笺

黄山寿花卉笺以下四种十八幅均为同文仁记制。

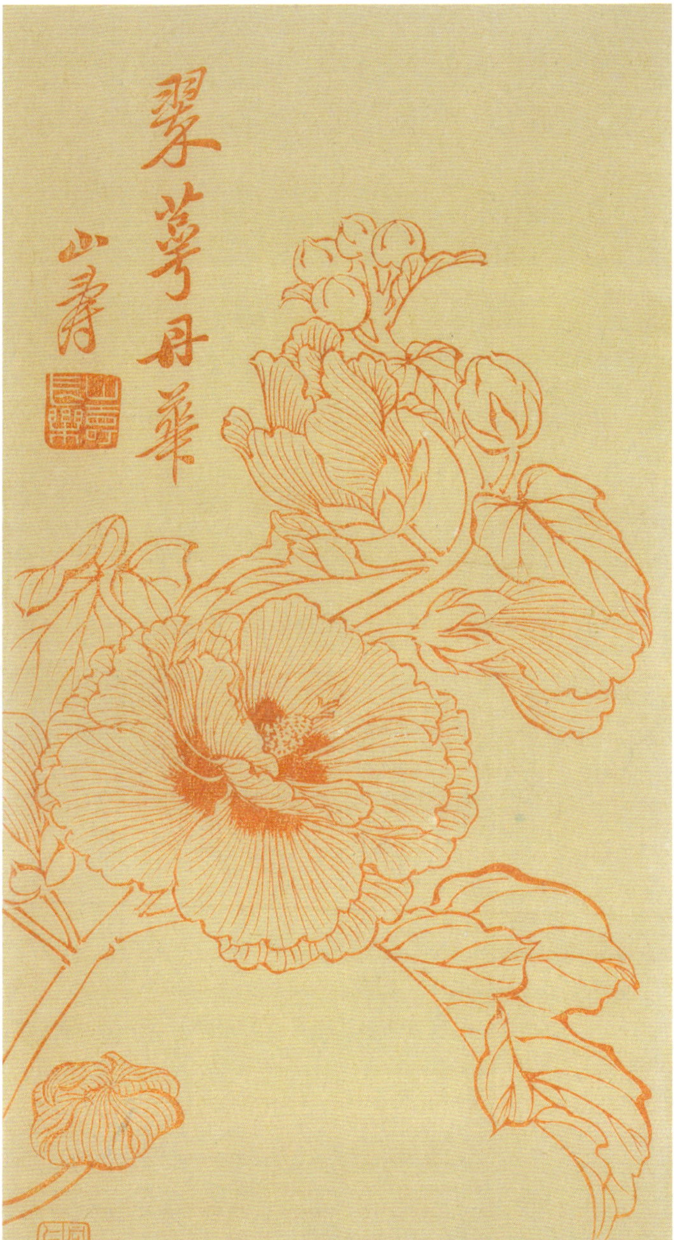

图 4-3-98—图 4-3-115
黄山寿花卉笺

錦囊富貴
畫初黄山壽

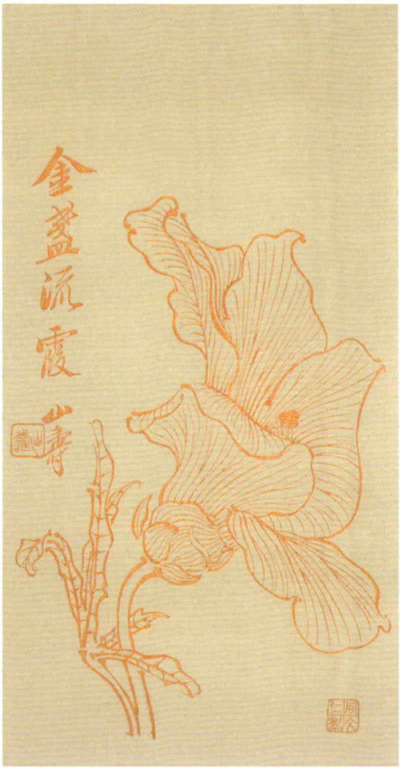
金盞流霞
山壽

澹泊明志
山壽

躡地金英
畫道人
山壽

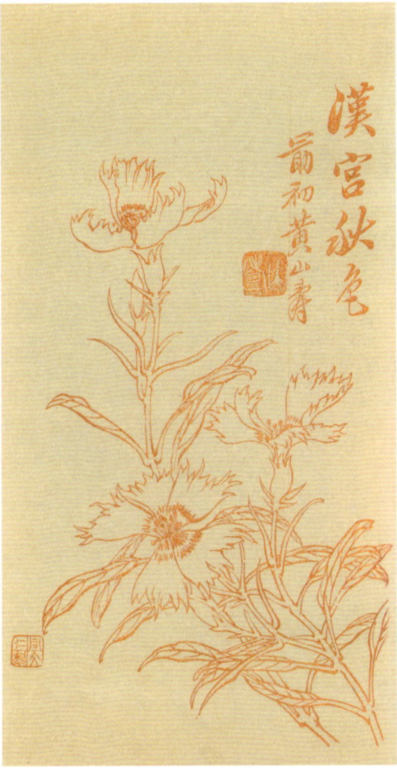
漢宮秋色
旭初黃山壽

粉淡香清
旭道人山壽

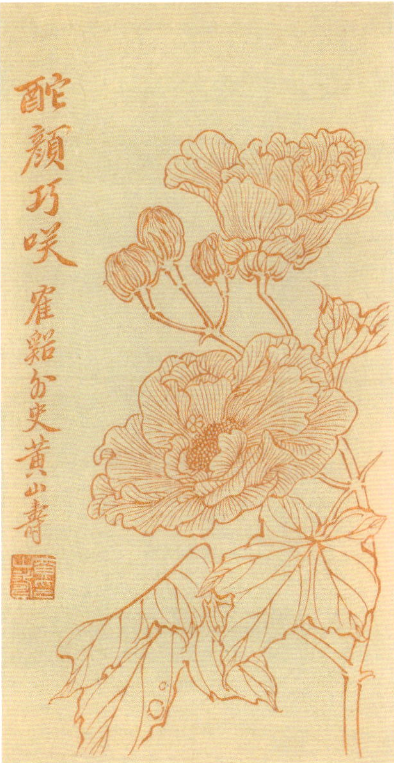
酡顏巧笑
雀谿外史黃山壽

洞口黃雲
山壽

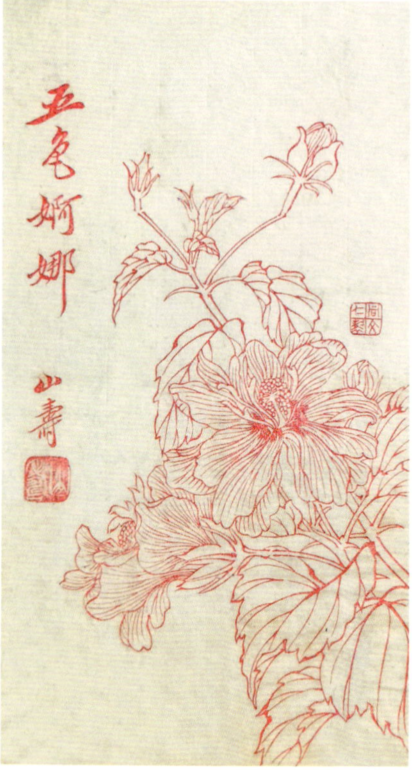
五色婀娜
山壽

青春窈窕
黃山壽

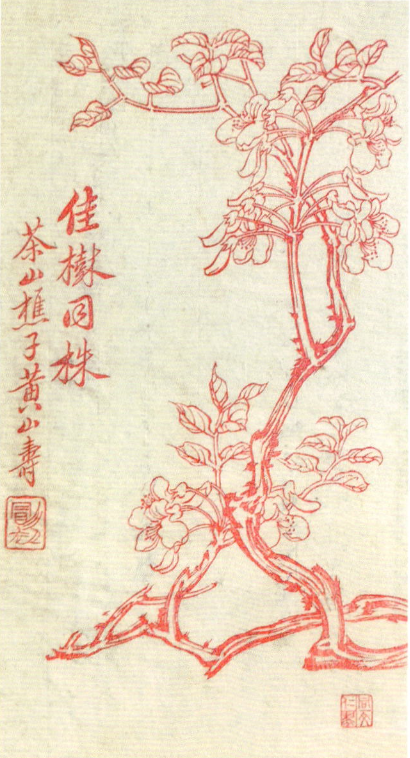
佳樹同株
茶山樵子黃山壽

朱顏長好
黃山壽

十二、刘炳堂绘花卉笺

荣宝斋制一套四幅，包括菊花、牵牛花、无忧草等。

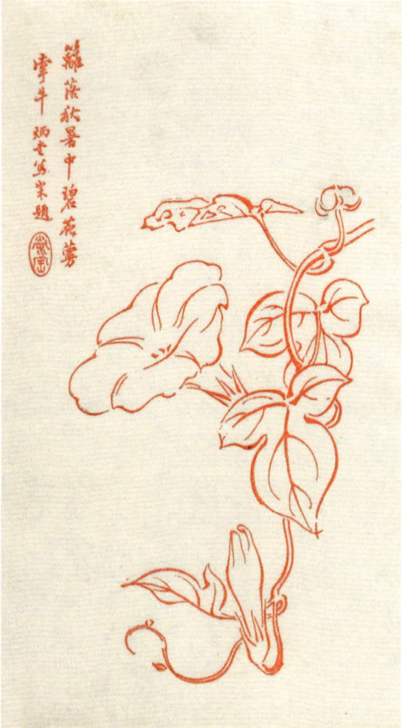

图 4-3-116—
图 4-3-119
刘炳堂花卉笺

十三、金仁寿绘花卉笺

同文制一套四幅。

金仁寿，字志青，室名荫槐轩，清末民初画家，擅画花鸟鱼虫，落笔超脱。

图 4-3-120—图 4-3-123
金仁寿花卉笺

十四、杨岘绘花果笺

杨岘（1819—1896），字庸斋、见山，号季仇，晚号藐翁，自署迟鸿残叟，浙江归安（今湖州）人，晚清书法家、金石学家、诗人。曾入曾国藩、李鸿章幕中，后寓居苏州，读书著述，以卖字为生，书法是厚重的碑派，有金石气。著有《庸斋文集》《迟鸿轩诗钞》等。

荣宝斋制，一套九幅。

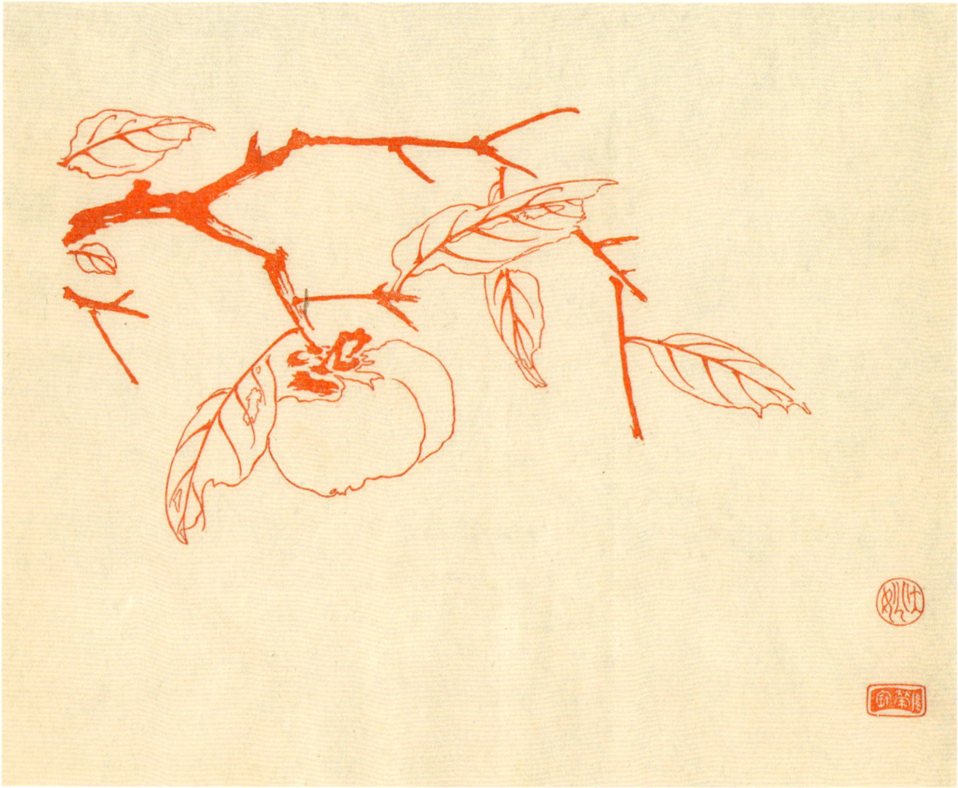

图 4-3-124—图 4-3-132
杨岘花果笺

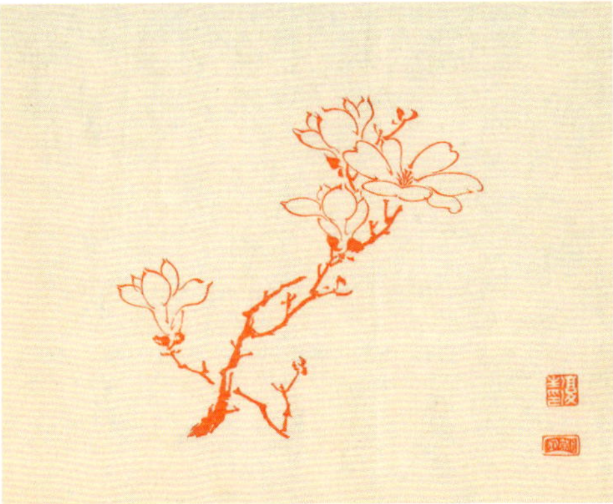

十五、张善孖[1]绘花卉笺

四幅。

图 4-3-133—图 4-3-136
张善孖花卉笺

① 张善孖（1882—1940），名泽，字善，一作善子，又作善之，号虎痴，四川内江人，张大千的二哥。现代著名画家，画虎大师。

十六、于非闇[1]绘花卉笺

三幅。

图 4-3-137—图 4-3-139
于非闇花卉笺

① 于非闇（1889—1959），原名照，曾用名非厂、闲人、老非，山东蓬莱人。一代报人、近现代工笔画大家。沈宁辑有《于非闇小辑》五册。

十七、宜雅斋制花卉笺

十幅。

图 4-3-140—图 4-3-149
宜雅斋制花卉笺

十八、聚玉堂制花卉笺

四幅。

十九、静文斋制花卉笺

三幅。

图 4-3-150—图 4-3-153
聚玉堂制花卉笺

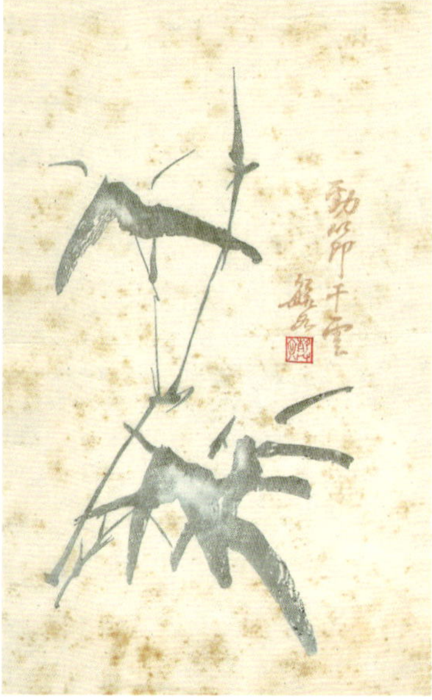

图 4-3-154—图 4-3-156
静文斋制花卉笺

二十、蜀笺馆制花卉笺

张大千绘，七幅。

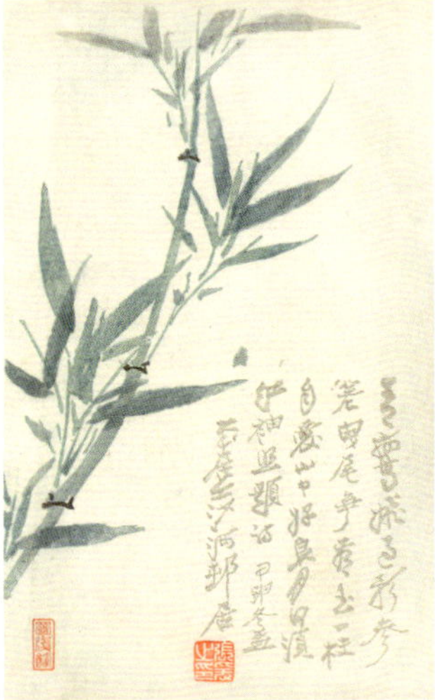

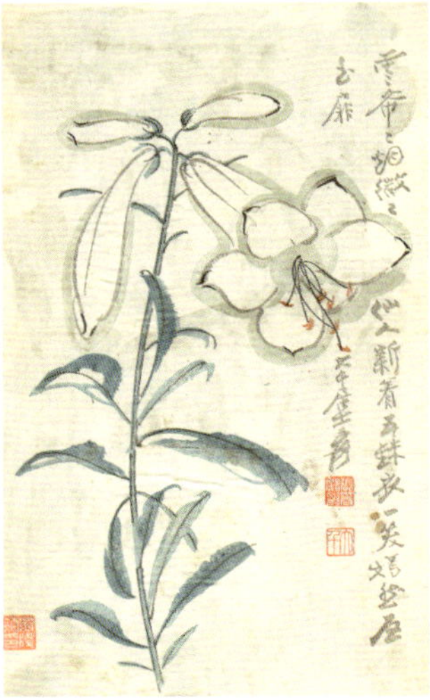

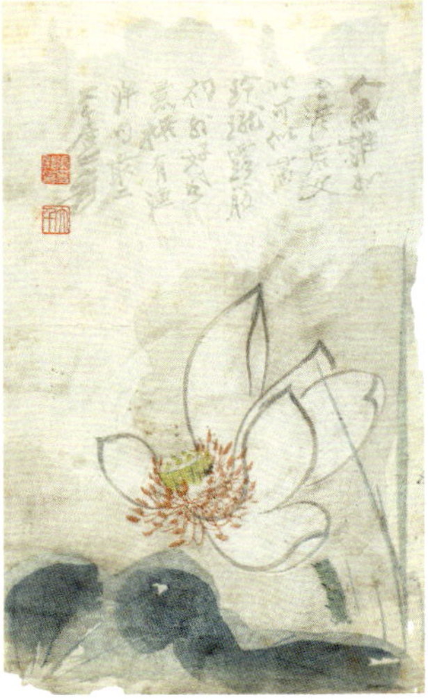

图 4-3-157—图 4-3-163
蜀笺馆制花卉笺

二十一、荣录堂制花卉笺

五幅。

图 4-3-164—图 4-3-168
荣录堂制花卉笺

二十二、悦来作花卉笺

上海悦来作花卉笺十二幅。

图 4-3-169—图 4-3-180
悦来作花卉笺

另，散页如：

云集制辛荫圃花卉笺、文美斋制辛荫圃花卉笺。

同文仁记制花卉笺、同文制花卉笺、守愚居士制花卉笺。

云蓝阁制仇英绘花卉笺、彦衡为松鹤室主人作花卉笺。

文美斋制瓶花笺三幅。

怡琴室清供笺、朵云轩花卉笺、张兆祥花卉笺。

图 4-3-181
云集制
辛荫圃花卉笺

图 4-3-182
文美斋制
辛荫圃花卉笺

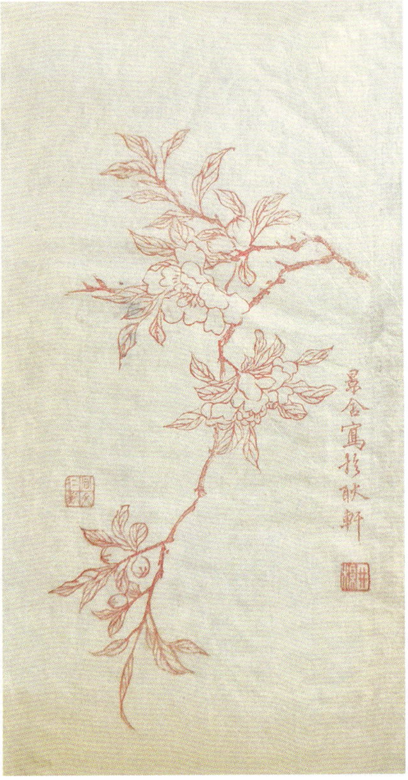

图 4-3-183、
图 4-3-184
同文仁记制
花卉笺

图 4-3-185
同文制花卉笺

图 4-3-186
守愚居士制
花卉笺

图 4-3-187
云蓝阁制
仇英绘花卉笺

图 4-3-188
彦衡为松鹤室主人作
花卉笺

图 4-3-189—
图 4-3-191
文美斋制
瓶花笺

图 4-3-192
怡琴室清供笺

图 4-3-193
朵云轩花卉笺

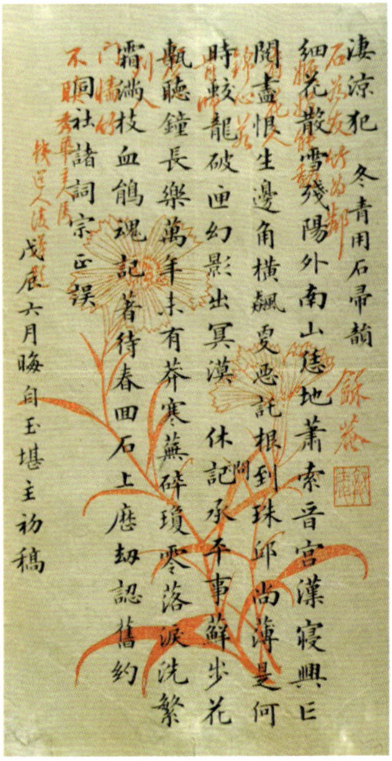

图 4-3-194
张兆祥花卉笺

第四节 吉祥笺

吉祥就是好福气的意思。《说文解字》载："吉，善也。""祥，福也。"中国吉祥文化底蕴深厚，这反映了中国人对吉祥有着特别强烈的诉求。

一、祥瑞笺

（一）"吉祥"笺与"大吉"笺

文字最为简明直接，辑录古器物铭文的吉金笺特别适用。同文仁记、荣录堂等均有制作。

图 4-4-1
"吉祥"笺

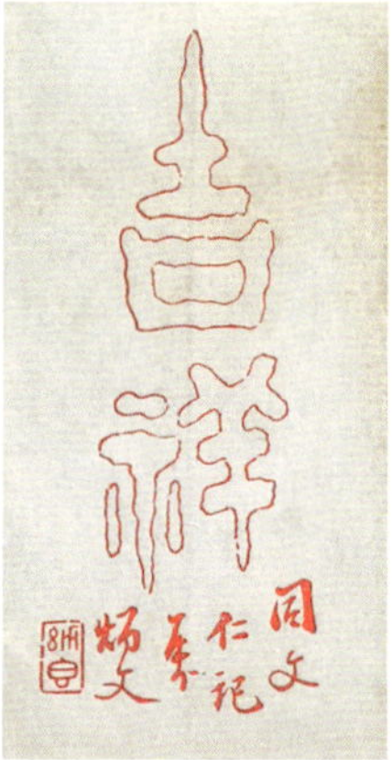

图 4-4-2
"吉祥"笺

图 4-4-3
"大吉"笺

（二）"五凤"笺与"麟凤"笺

虚白斋制"五凤"双钩文字笺，小桃花盦长钩摹"五凤"残石。除虚白斋制"五凤"吉金笺外，还有"五凤"画笺，在黄纸上画有五只蓝凤。

图 4-4-4
"五凤"笺

图 4-4-5
"麟凤"笺

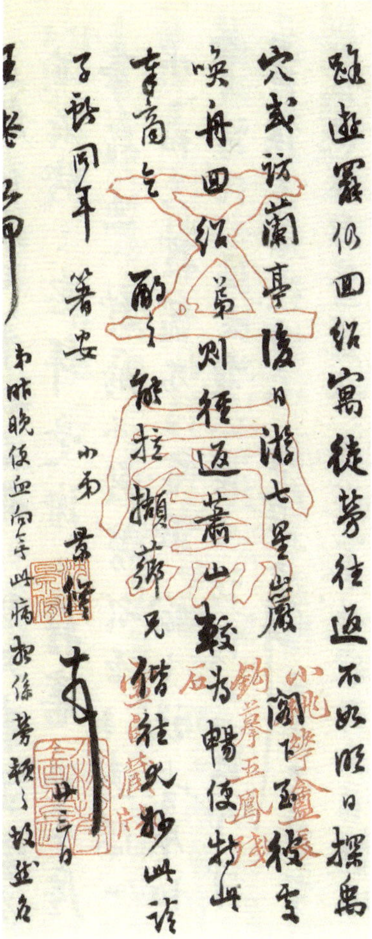

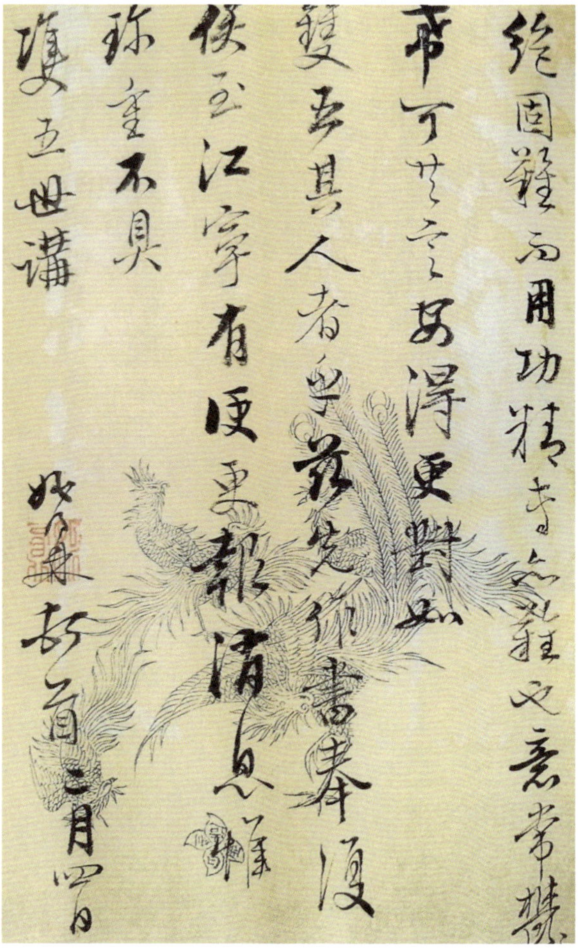

图 4-4-6
虚白斋制
“五凤”双钩
文字笺

图 4-4-7
“五凤”画笺

（三）“神龙”笺与“来仪”笺

祥瑞四灵：麟、凤、龟、龙。十竹斋将祥瑞直接绘到笺谱上，这亦属于画笺。

（四）“五瑞”图笺

汉西狭颂“五瑞”图笺，“五瑞”包括黄龙、白鹿、木连理、嘉禾、甘露，渐西村人摹写。见袁昶致修甫、和甫尺牍。

图 4-4-8
“神龙”笺

图 4-4-9
“来仪”笺

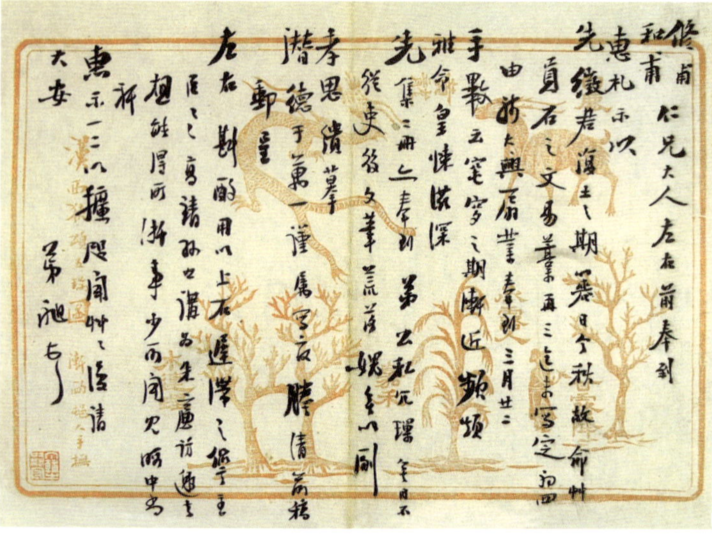

图 4-4-10
袁昶致修甫、和甫尺牍

（五）“五云”等笺

松竹斋制“五云、绛云、大绛云、祥云”笺，一套四幅。

陈衍①尺牍、王继香②尺牍均用“五云”笺。

图 4-4-11
松竹斋制“五云”笺

图 4-4-12
松竹斋制“绛云”笺

图 4-4-13
松竹斋制“大绛云”笺

图 4-4-14
松竹斋制“祥云”笺

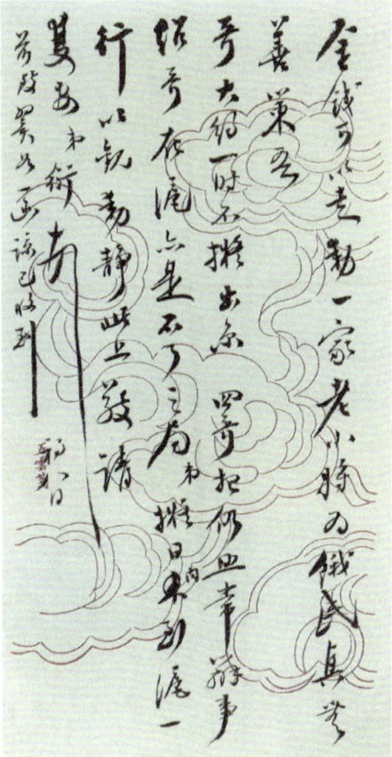

图 4-4-15
陈衍尺牍

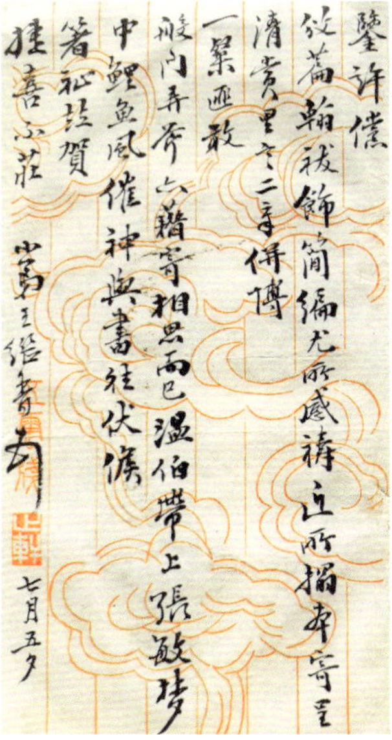

图 4-4-16
王继香尺牍

① 陈衍（1856—1937），幼名尹昌，字伯伊、叔伊，号石遗老人，别署拾遗、醉石，室名石遗室，福建侯官（今闽侯）人。光绪八年（1882）举人。辛亥革命后，讲学于北京大学、厦门大学等校。后寓居苏州，与章炳麟等创办国学会，任无锡国专教授。著有《石遗室诗集》《通鉴纪事本末》《史汉研究法》等。

② 王继香（1860—1925），字子献，一字止轩、醉颠，浙江会稽（今绍兴人）。清光绪十五年（1889）进士。精金石、篆刻。官至河南开封知府。著有《越中古刻九种》《醉庵砚铭》等。

（六）三阳（羊）开泰笺

两幅三阳开泰，一为任颐绘画笺，一为飞云阁制。

青云阁制“三阳开泰”笺见李元度致郭嵩焘尺牍。

（七）吉祥如意笺与富贵吉祥笺

均见刘坤一致郭嵩焘尺牍，分别为荣茂斋、尺木堂制笺。

图 4-4-17
任颐绘“三阳开泰”笺

图 4-4-18
飞云阁制“三阳开泰”笺

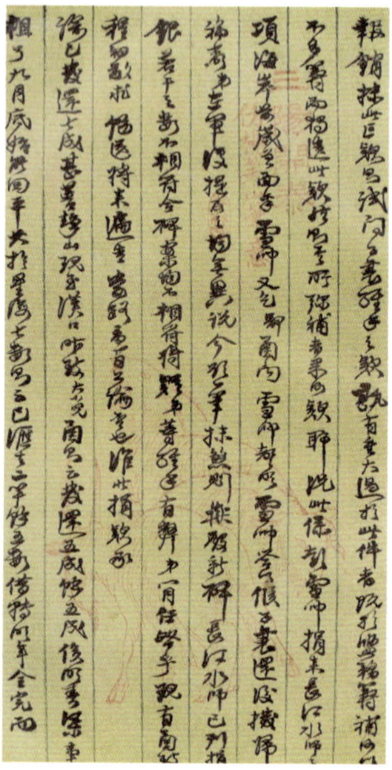

图 4-4-19
李元度致郭嵩焘尺牍

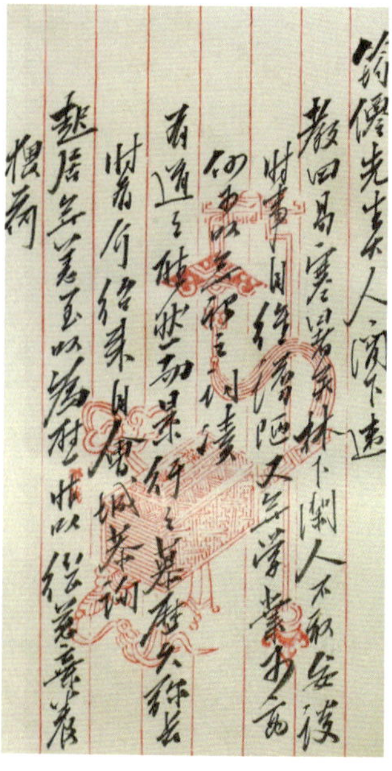

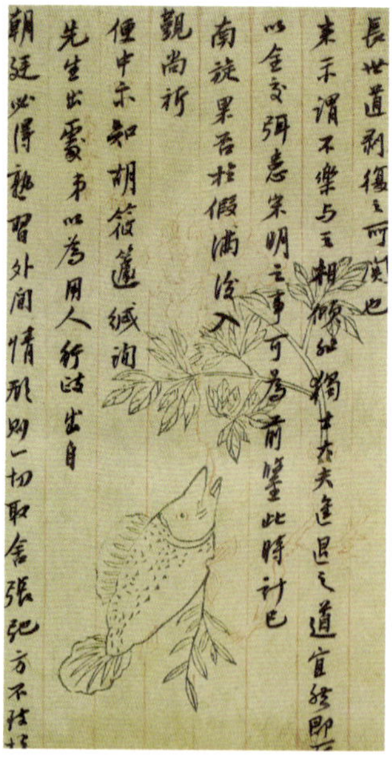

图 4-4-20
刘坤一致郭嵩焘尺牍

图 4-4-21
刘坤一致郭嵩焘尺牍

（八）“大吉羊宜用”笺与“吉利”清供笺

均见罗振玉尺牍。“大吉羊宜用”笺，题款“石不能言最可人”；“吉利”清供笺，题款“欣赏”。

（九）飞云阁制“午瑞图”笺与“富贵耄耋”笺

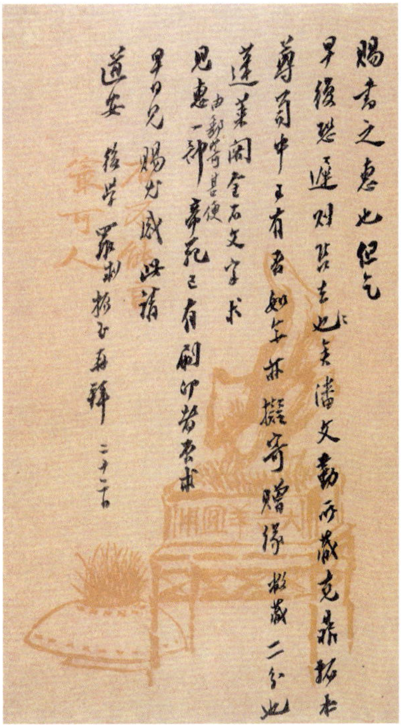

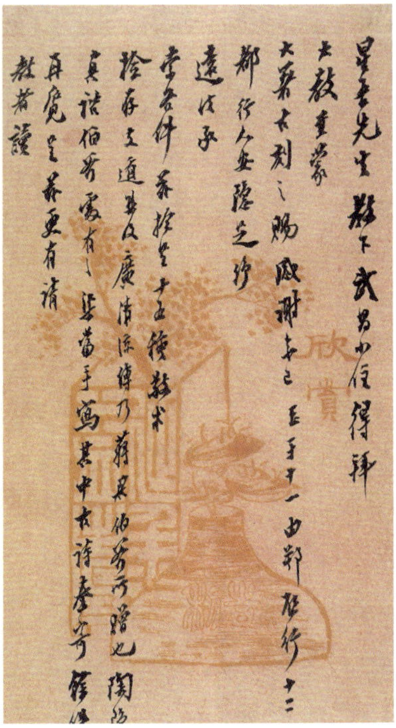

图 4-4-22
“大吉羊宜用”笺

图 4-4-23
“吉利”清供笺

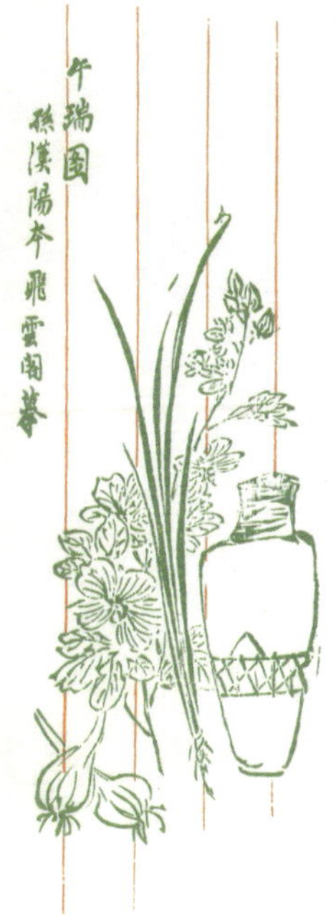

图 4-4-24
“午瑞图”笺

图 4-4-25
“富贵耄耋”笺

二、福笺与平安笺

（一）“天官赐福”笺

澄心堂制，此笺从明杂剧《天官赐福》戏中摹绘而来。

（二）“福禄从天降”笺

尺木堂制，图为红、绿二色版套印，南极仙翁（寿星）背一仙桃，骑一白鹿，驾祥云从天而降。

（三）“福禄寿喜”笺

清秘阁制，刘炳堂绘，一套四幅。

图 4-4-26
“天官赐福”笺

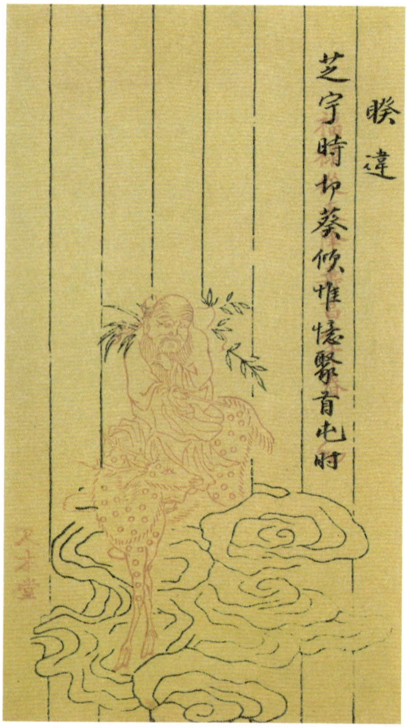

图 4-4-27
“福禄从天降”笺

图 4-4-28—图 4-4-31
清秘阁制“福禄寿喜”笺

（四）“百福骈臻”笺、“福禄攸同”笺、“宜春”笺

同文斋制，查凌汉、张兆祥作。

（五）“蒙福”笺

杨岘摹写。

（六）“安善”笺、“安平泰”笺、晋砖“永平”笺

杨岘、雨庭摹写。

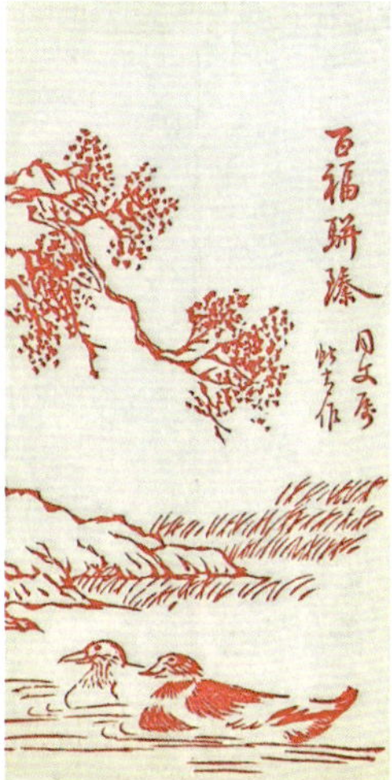

图 4-4-32
“百福骈臻”笺

图 4-4-33
“福禄攸同”笺

图 4-4-34
“宜春”笺

图 4-4-35
“蒙福”笺

图 4-4-36
“安善”笺

图 4-4-37
“安平泰”笺

图 4-4-38
晋砖“永平”笺

（七）“平安”笺三幅

（八）“平安利用”笺、“一枝春信报平安”笺、“福自天来”笺

宜雅斋制。

图 4-4-39—图 4-4-41
“平安”笺

图 4-4-42
“平安利用”笺

图 4-4-43
“一枝春信报平安”笺

图 4-4-44
“福自天来”笺

（九）“天天报平安”笺、“月月报喜音”笺

宝兴斋制。

（十）“竹报平安”笺

左为清代锦润堂制笺。右为松年绘笺。

竹报平安笺见陈豪①尺牍。

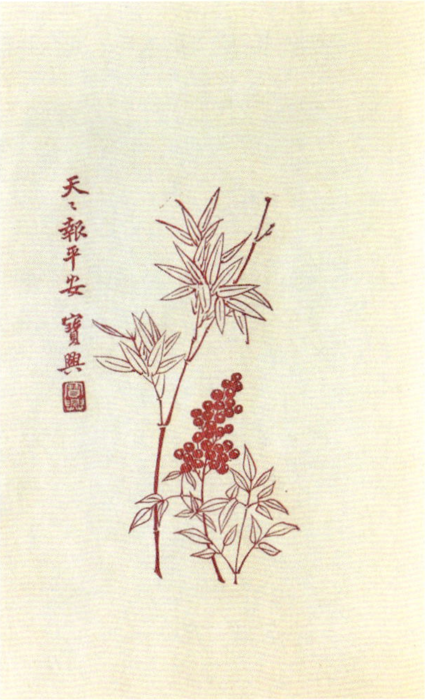

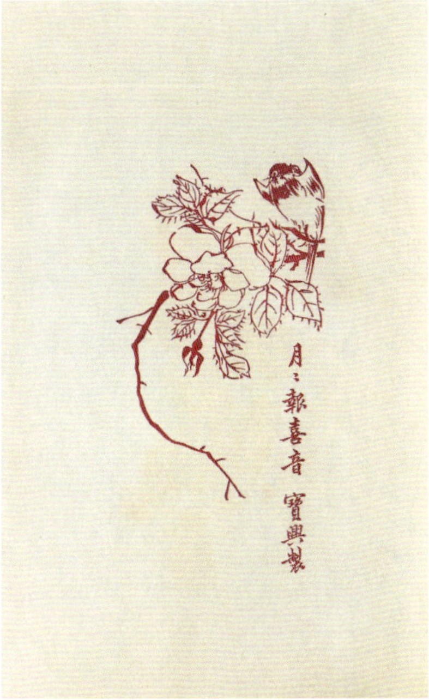

图 4-4-45、图 4-4-46
宝兴斋制笺

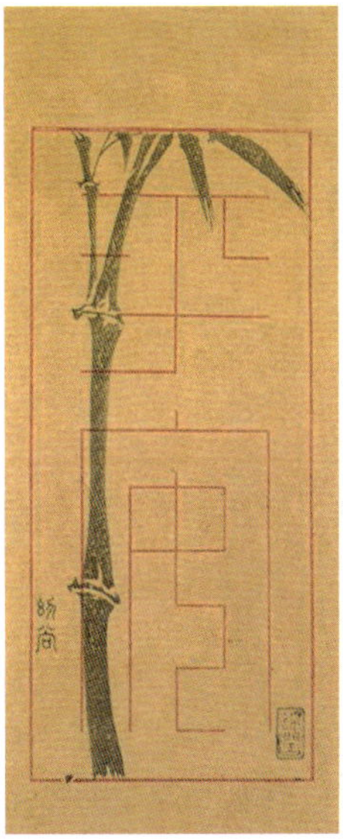

图 4-4-47
锦润堂制
“竹报平安”笺

图 4-4-48
松年绘
“竹报平安”笺

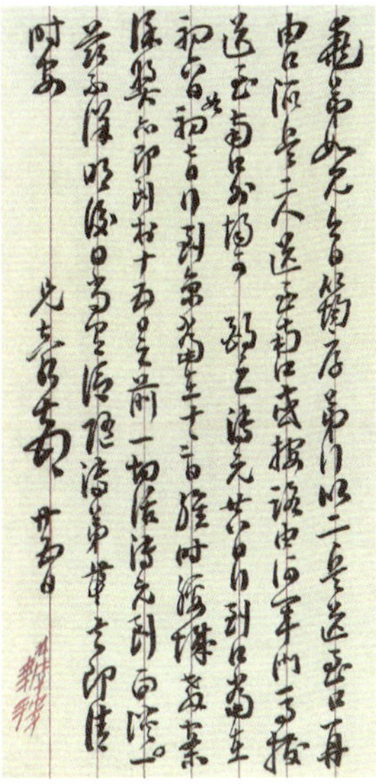

图 4-4-49
陈豪尺牍

① 陈豪（1839—1910），原名钟锜，字蓝洲，号迈庵、墨翁，又号怡园居士，晚号止庵老人，室名冬暄草堂。浙江仁和（今杭州）人。擅诗文，工书画。著有《冬暄草堂诗钞》《山川花卉册》。

（十一）“鸽报平安”笺

见黄炎培[1]尺牍。

（十二）“富贵平安”笺、“福迭”笺与“大阿福”笺

蝴蝶谐音“福迭”，昭示福气多多，同文斋制。

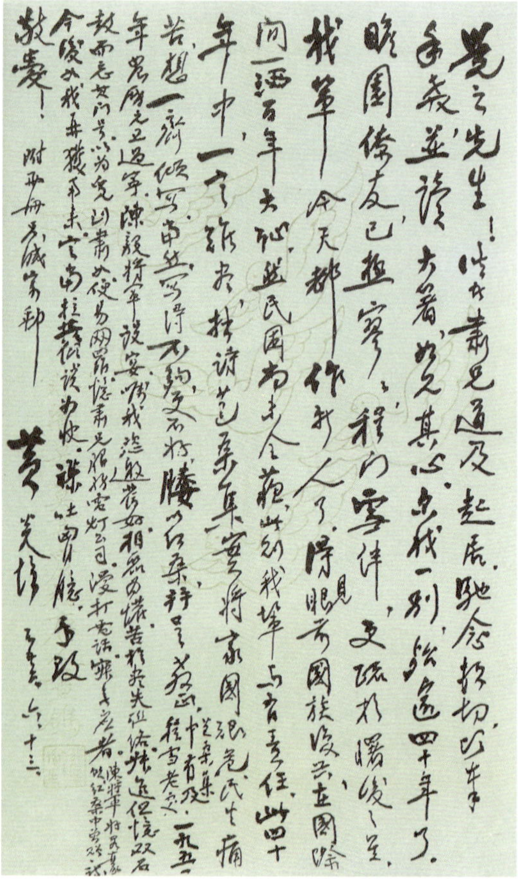

图 4-4-50
黄炎培尺牍

图 4-4-51
“富贵平安”笺

图 4-4-52
“福迭”笺

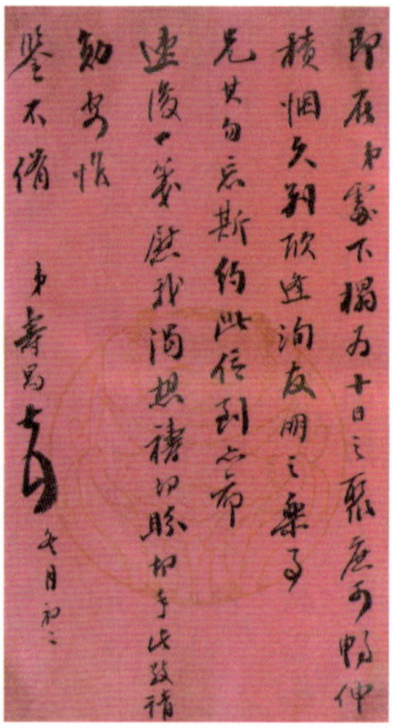

图 4-4-53
“大阿福”笺

[1] 黄炎培（1878—1965），字任之，一作韧之、讱之，号楚南，别号观我生，江苏川沙（今属上海市）人。光绪二十八年（1902）举人。国盟会会员，1945 年参与筹建中国民主建国会。著有《教育考察日记》《黄海环游记》《中国教育史要》等。

三、禄笺

（一）“平升三级”笺

清代锦云堂仿古诗笺，绘瓶中插三支戟，瓶谐音平，戟谐音级，寓意平升三级。

“平升三级”笺见彭洋中①致刘蓉尺牍，以及何桂芳②函。

图 4-4-54—图 4-4-57
《锦云堂仿古诗笺》笺封及其“平升三级”笺

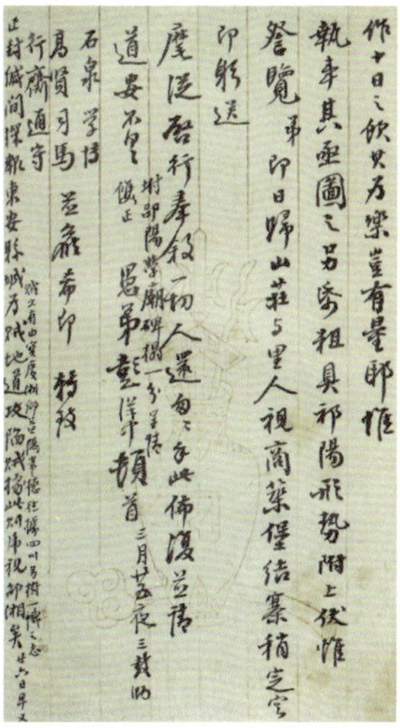

图 4-4-58
彭洋中致刘蓉尺牍

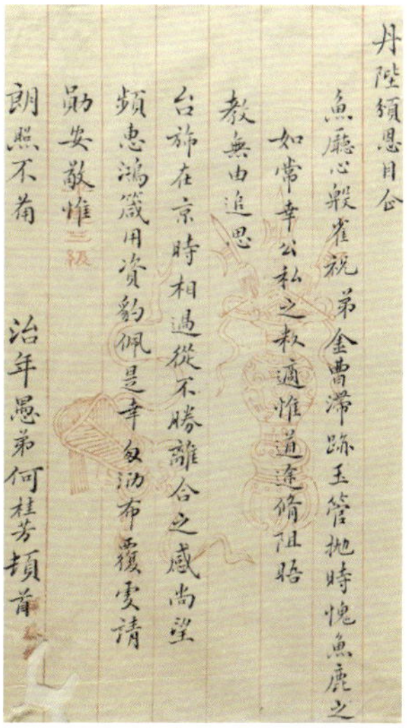

图 4-4-59
何桂芳尺牍

① 彭洋中（1803—1864），字彦深，又字晓航，湘乡人。道光八年（1828）举人。著有《古香山馆存稿》十二卷，又参与编纂《沅湘耆旧录》。

② 何桂芳，字小亭，初名国华，江西鄱阳人。咸丰二年（1852）进士，官至顺天府府丞。何桂芳函所用“平升三级”笺为艓斋制。

（二）“指日高升”笺、“万年如意”笺、“江南春”笺、“一鸣惊人”笺

同文仁记制。

（三）“君宜官禄”笺、“敕”笺

同文制。

（四）“君高升”笺、“君高迁”笺

同文制。

（五）“富贵”笺、“荣誉”笺

杨岘摹写。

（六）“如意”笺

前二为宜雅斋制，后一为同文斋制。

（七）“一甲传胪”笺、“爵封一品”笺、“鸿音酬答”笺

同文斋制。

图 4-4-60
“指日高升”笺

图 4-4-61
“万年如意”笺

图 4-4-62
“江南春”笺

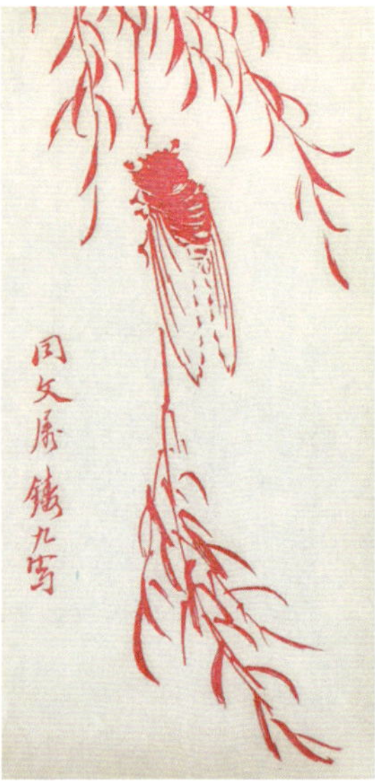

图 4-4-63
“一鸣惊人”笺

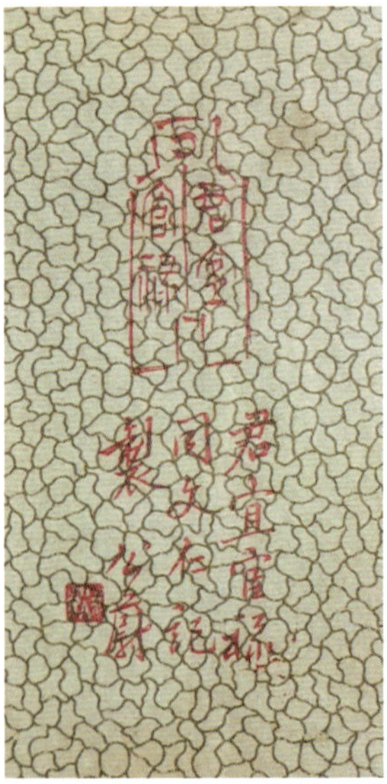

图 4-4-64
“君宜官禄”笺

图 4-4-65
“敕”笺

图 4-4-66
“君高升”笺

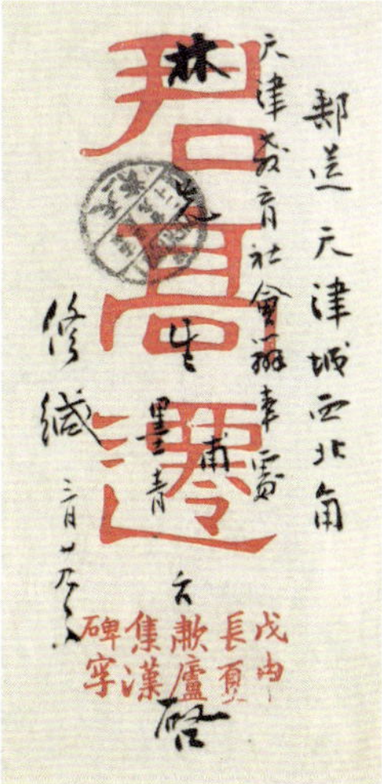

图 4-4-67
“君高迁”笺

图 4-4-68
“富贵”笺

图 4-4-69
“荣誉”笺

图 4-4-70—图 4-4-72
“如意”笺

图 4-4-73
“一甲传胪”笺

图 4-4-74
“爵封一品”笺

图 4-4-75
“鸿音酬答”笺

（八）“报捷图”笺、“报捷”笺

同文制，吴昌硕写。

（九）“三公图”笺、“加官图”笺、“三甲传胪”笺、“金玉满堂堆长廊”笺

同文制。

蝗螂谐音堂廊，“金玉满堂堆长廊”寓意“家和万事兴”。

图 4-4-76
“报捷图”笺

图 4-4-77
“报捷”笺

图 4-4-78
“三公图”笺

图 4-4-79
“加官图”笺

图 4-4-80
“三甲传胪”笺

图 4-4-81
“金玉满堂堆长廊”笺

（十）“一路荣华抵万金”笺

彝宝斋制。

（十一）“一鸣惊人”笺

宜雅斋制，倪田[1]绘。

（十二）“白鹿”笺

石可轩言事制笺。

（十三）“太师”笺

清秘阁制，刘炳堂绘。

图 4-4-82
“一路荣华抵万金”笺

图 4-4-83
“一鸣惊人”笺

图 4-4-84
“白鹿”笺

图 4-4-85
“太师”笺

① 倪田（1855—1919），初名宝田，字墨畊，别署墨畊父，号墨道人、墨翁，又号璧月庵主，江苏江都人。初从王素学画，后来师从任伯年，花卉、人物、山水皆工，色墨丰腴秀润，笔力遒劲，尤擅画马等走兽，1910 年任上海书画研究会庶务协董。

（十四）“太师少师”笺、“指日封侯”笺

飞云阁制。

（十五）“海天日升”笺

海“天日升”笺见邵怀民[1]尺牍。

通行笺纸样式，民国时期各南纸店均制作。

图 4-4-86
“太师少师”笺

图 4-4-87
“指日封侯”笺

图 4-4-88
“海天日升”笺

图 4-4-89
“海天日升”
笺纸样式

① 邵怀民（1911—2013），原名邵循愉，字怀民，以字行，福建闽侯人。幼承家学，长于诗书画印。

四、寿笺

（一）“寿”字笺

庸叟制笺，见俞平伯致周作人尺牍。

陈夔龙（1857—1948），又名陈夔鳞，字筱石，一作小石、韶石，号庸庵、庸叟、花近楼主，室名花近楼、松寿堂等，贵州贵筑（今贵阳）人。光绪十二年（1886）进士。宣统元年（1909）调任直隶总督兼北洋大臣。著有《梦蕉亭杂记》《庸庵尚书奏议》《花近楼诗存》等。

“寿”字双钩文字笺，题款“丁丑坡仙坐朝绿雪女史录”，见张志鹤尺牍。

（二）“长寿”笺、“永寿”笺

文美斋制。

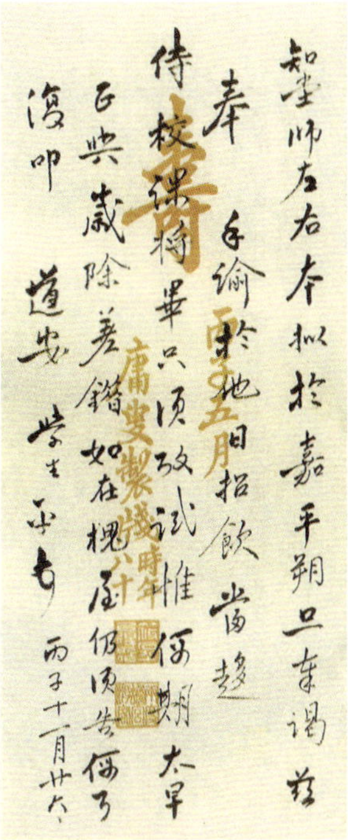

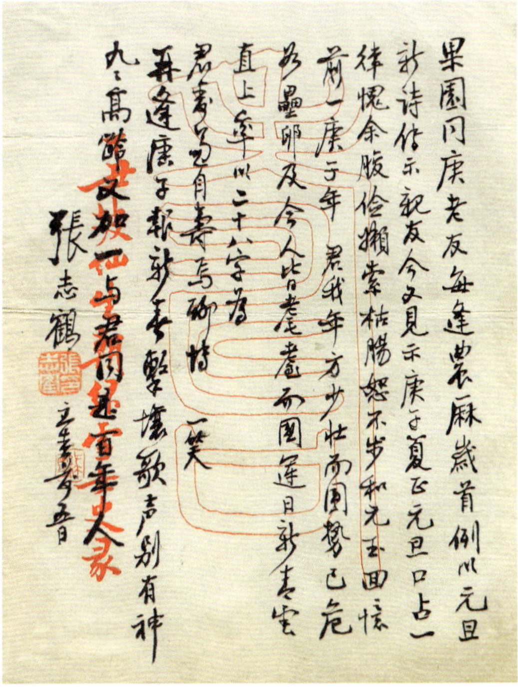

图 4-4-90
俞平伯致周作人尺牍

图 4-4-91
张志鹤尺牍

图 4-4-92、图 4-4-93
“长寿”笺

图 4-4-94
“永寿”笺

（三）“上寿”笺、“延寿”笺、“大寿考”笺、“牟寿”笺、“永寿千万”笺

“延寿”笺、“大寿考”笺、“牟寿”笺均署杨岘（藐翁）摹写。

（四）“珍重”笺

文美斋制。

图 4-4-95
“上寿”笺

图 4-4-96
“延寿”笺

图 4-4-97
“大寿考”笺

图 4-4-98
“牟寿”笺

图 4-4-99
“永寿千万”笺

图 4-4-100—图 4-4-102
“珍重”笺

（五）“千秋”笺

同文仁记制、宜雅斋制。

（六）“鹤寿”笺

双钩“鹤寿”二字笺，款题“乾隆辛亥秋八月六日响拓于石墨书楼，覃溪”。

另一幅双钩“鹤寿”笺，题款“鲽砚庐主人从所藏宋本钩摹”。

（七）“飞鸿延年”笺

介甫制，见董倚桥尺牍。

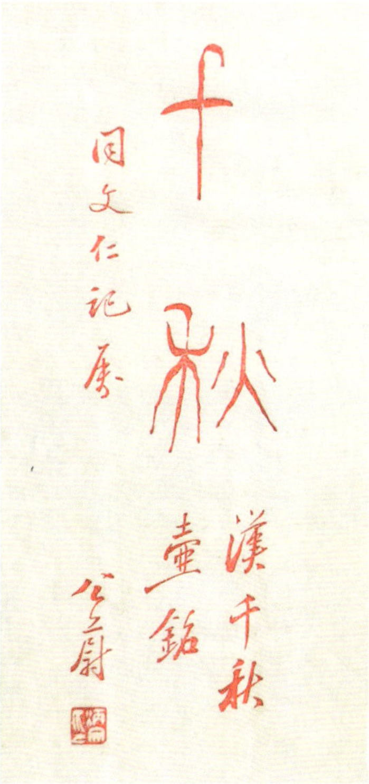

图 4-4-103
宜雅斋制“千秋”笺

图 4-4-104
同文仁记制“千秋”笺

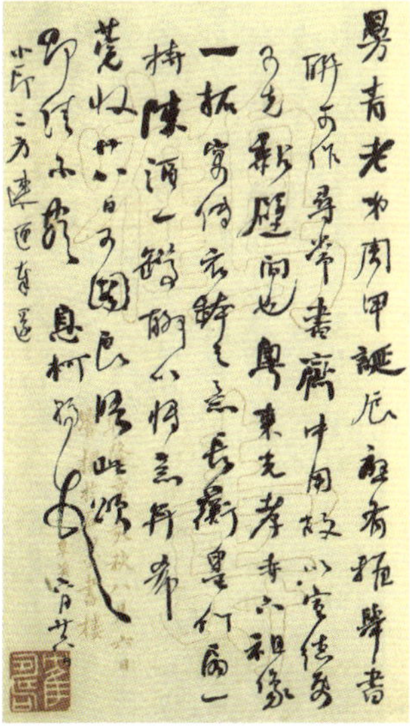

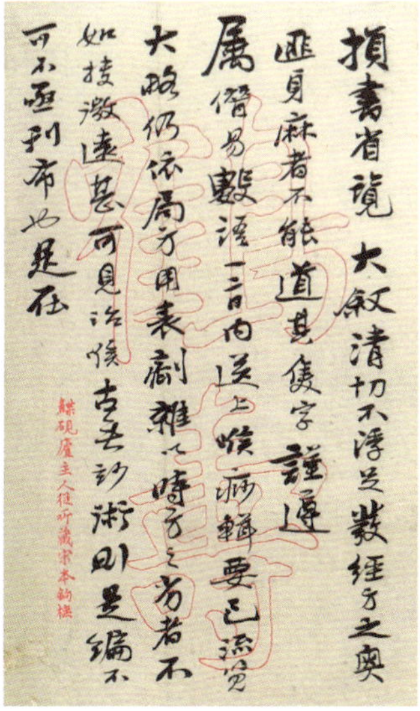

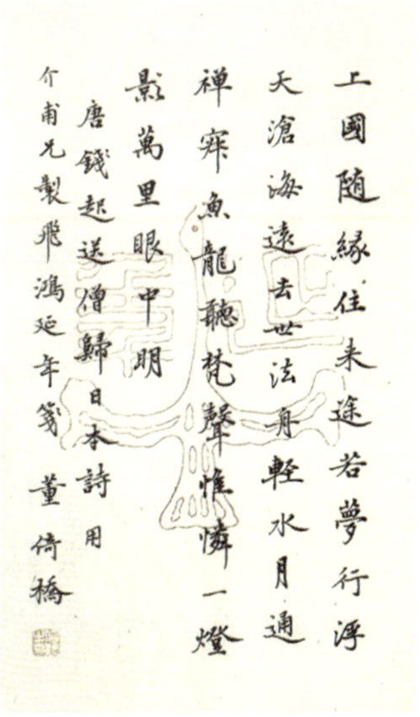

图 4-4-105、
图 4-4-106
双钩“鹤寿”笺

图 4-4-107
董倚桥尺牍

（八）“鹤”笺

清秘阁制、松茂室制；飞云阁制钱慧安绘、同文记制金仁寿绘。

图 4-4-108
清秘阁制
马晋绘“鹤”笺

图 4-4-109
松茂室制
“云鹤松风”笺

图 4-4-110
钱慧安绘“鹤”笺

图 4-4-111
同文记制
金仁寿绘“鹤”笺

（九）“寿桃”笺

荣宝斋制，齐白石绘。一套十二幅。

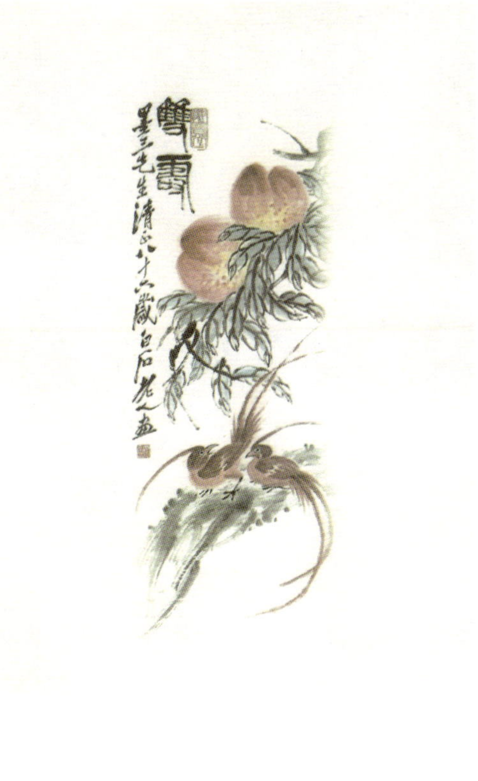

图 4-4-112—
图 4-4-123
“寿桃”笺

白石

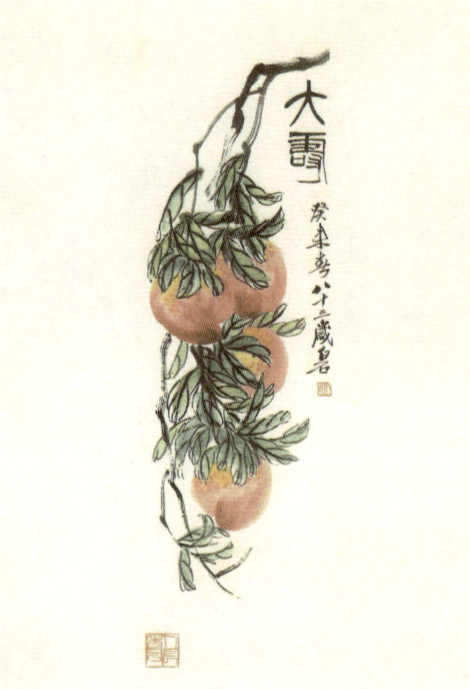
大寿
癸未春 八十三岁白石

多子
三百石印富翁白石

寄萍堂上老人齊白石作于京華

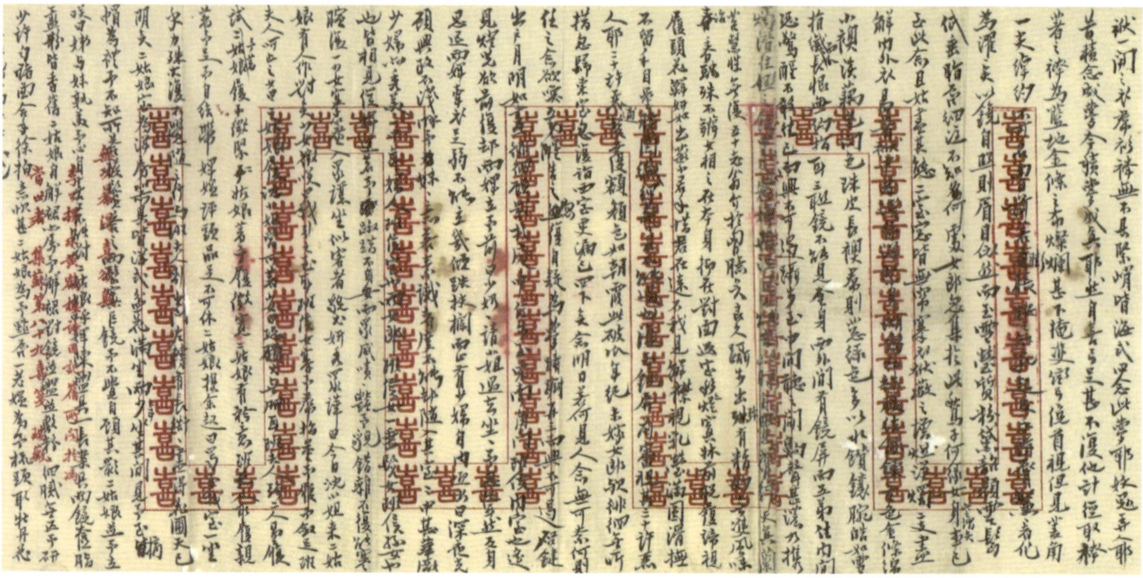

图 4-4-124
“喜字”笺

五、禧笺

（一）“喜字”笺

见沈曾植撰《记温州馆二月初九夜事》稿本。

（二）“道喜”笺与“新禧”笺

同文仁记制“道喜”笺，张穌庵书。

同文仁记制“新禧”笺，题款“同文主人嘱鉴如集钩涪翁字”。

图 4-4-125
“道禧”笺

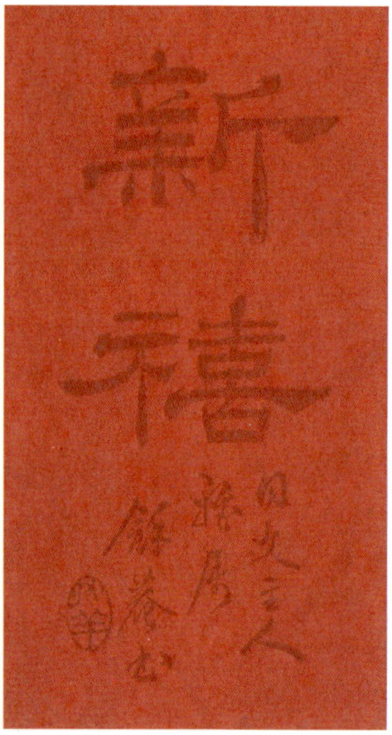

图 4-4-126
“新禧”笺

（三）“芳信”笺、“宜子孙”笺

文美斋制，杨岘（藐翁）摹写。

（四）“莲生贵子”笺、“瓜瓞绵绵”笺、“子孙平安”笺

文美斋制，任颐绘。

图 4-4-127
“芳信”笺

图 4-4-128
“宜子孙”笺

图 4-4-129
“莲生贵子”笺

图 4-4-130
“瓜瓞绵绵”笺

图 4-4-131
“子孙平安”笺

（五）“多子多福”笺

石佛山房制，见张建勋[1]尺牍。

（六）“桂子飘香”笺

飞云阁制。

（七）“喜鹊登枝”笺

松林斋制。

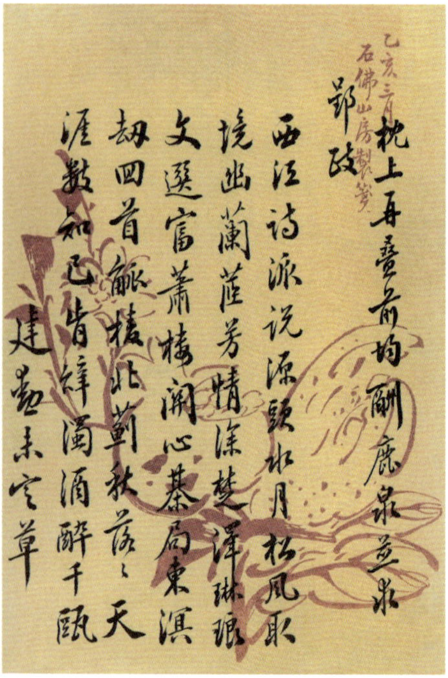
乙亥三月
石佛山房製箋
枕上再疊前均酬鹿泉並求
郢政
西江詩派說源頭水月松風取
境幽蘭芷芳情深楚澤琳琅
文選富蕭樓瀾心棊局東溟
劫回首觚棱北薊秋落落天
涯數知己皆縡濁酒醉千甌
建勳未定草

图 4-4-132
“多子多福”笺

图 4-4-133
“桂子飘香”笺

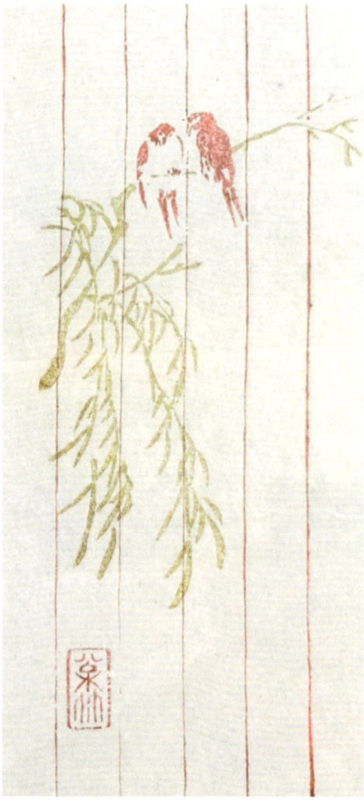

图 4-4-134
“喜鹊登枝”笺

[1] 张建勋（1848—1913），字季端，号愉谷。广西临桂（今桂林）人。光绪十五年（1889）状元。授翰林院修撰，任云南乡试考官、云南学政，致力边远之地的教育。工诗文，善书法。著有《愉谷诗稿》。

六、财笺

（一）“双鱼”笺

虚白斋制“双鱼”笺，边框如意纹饰，幅内绘蓝色双鱼。鱼谐音余，意为财富有余，连年有余。

见倪田绘“双鱼”笺。

（二）“古泉”笺

前一为同文仁记制，后二为宜雅斋制，陆炳文等摹。

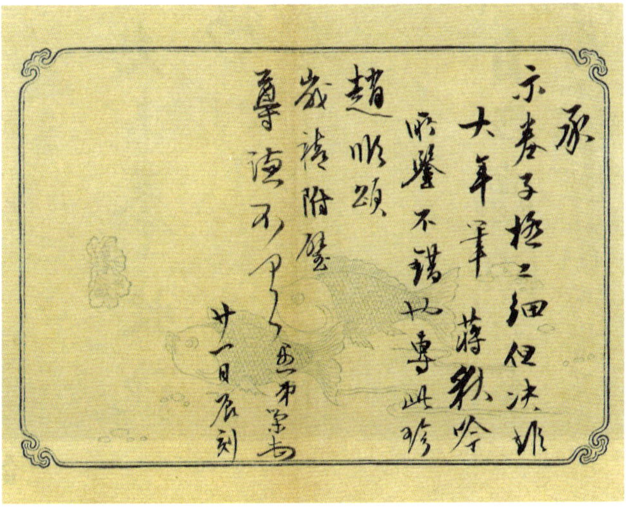

图 4-4-135
虚白斋制
“双鱼”笺

图 4-4-136
倪田绘
“双鱼”笺

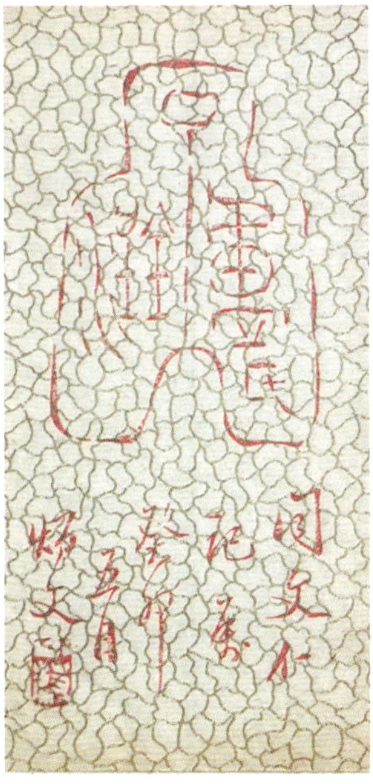

图 4-4-137—
图 4-4-139
“古泉”笺

第五节 书影笺

一、宋版书影笺

清末民初，为满足世人观赏善本书的好奇心，一些纸店、书画坊遂以宋版书影制笺。1933年9月，鲁迅在与郑振铎商讨笺谱的第二通信中，明确指出：“宋元书影笺可不加入，因其与《留真谱》无大差别也。大典笺亦可不要。”因此，《北平笺谱》中没有收录宋版书影笺，这不能不令那些喜欢宋版书收藏和书影笺爱好者感到遗憾。

宋版书影笺常见的有《六臣注文选》卷第五、《谢宣城诗集》卷第二、《王文公文集》卷第七十一、《居士集》序页、《居士集》卷第三、《风俗通义·过誉》第四、《武经龟鉴》卷第九、《文苑英华》卷第二百三十一、《农桑辑要》卷第二、《宣和画谱·叙》、《通鉴纪事本末》卷第一下、《蒙求集注》、《西山先生真文忠公读书记》甲集二十三、《潜室陈先生木钟集》目录等。前十一种，兹赏如下：

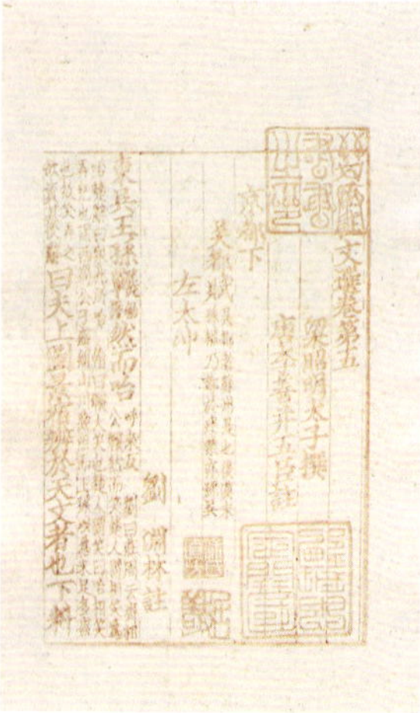
文選卷第五

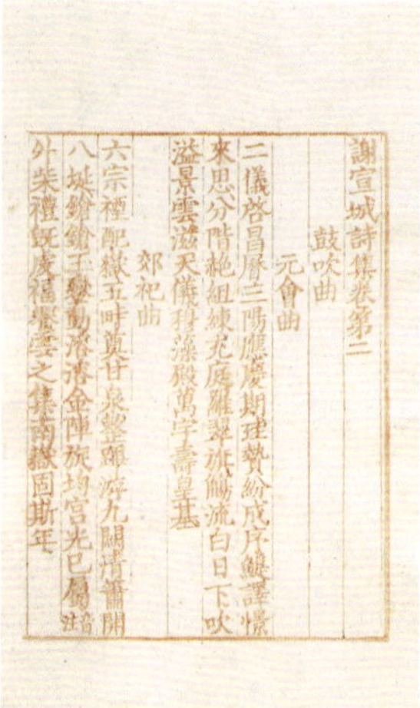
謝宣城詩集卷第二

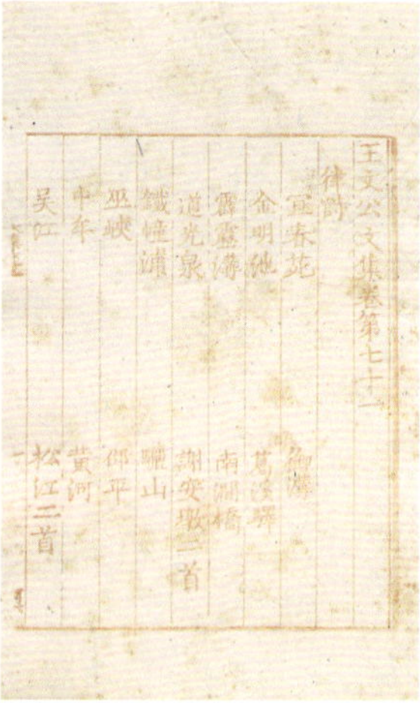
王文公文集卷第七十一

图 4-5-1
《六臣注文选》卷第五

图 4-5-2
《谢宣城诗集》卷第二

图 4-5-3
《王文公文集》卷第七十一

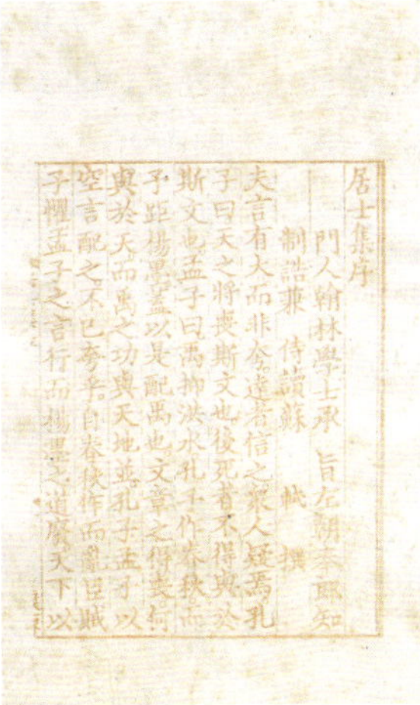

居士集卷第三　六一居士歐陽　脩
古詩三
啼鳥一首
遊瑯琊山一首
讀徂徠集一首
大熱二首

图 4-5-4
《居士集》序页

图 4-5-5
《居士集》卷第三

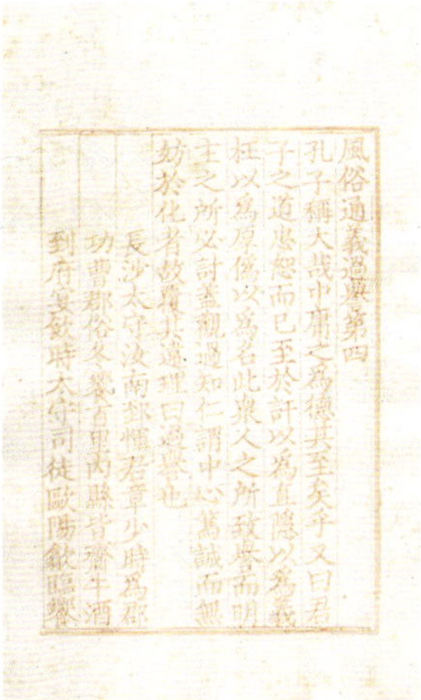
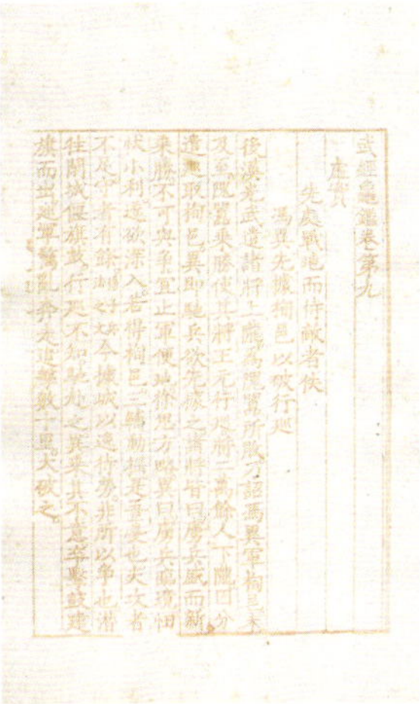
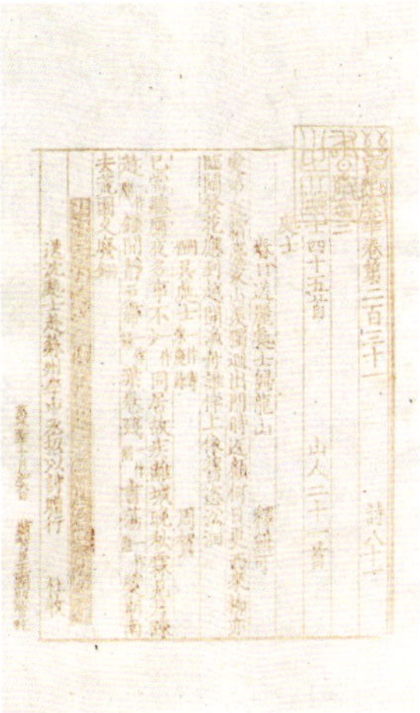

图 4-5-6
《风俗通义·过誉》第四

图 4-5-7
《武经龟鉴》卷第九

图 4-5-8
《文苑英华》卷第二百三十一

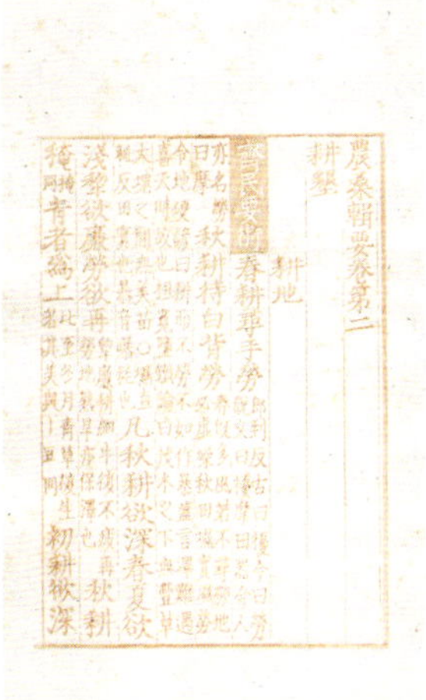
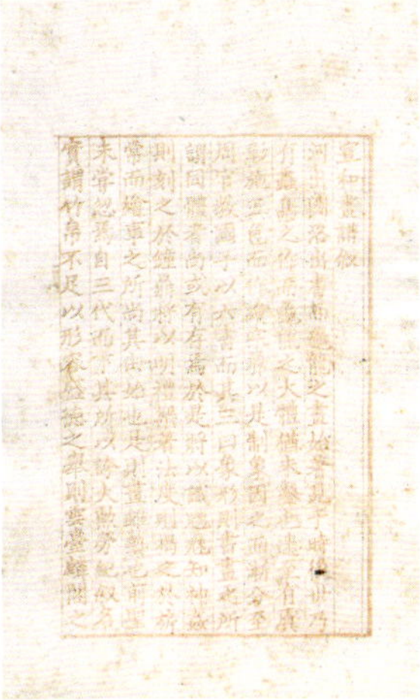

图 4-5-9
《农桑辑要》卷第二

图 4-5-10
《宣和画谱·叙》

图 4-5-11
《通鉴纪事本末》卷第一下

（一）荣宝斋制宋版书影笺

荣宝斋制宋版书影笺常见的有《河南陈氏文集》卷第一、《列传》卷第五十七、《东坡先生和陶渊明诗》卷第一、《陈书》传二十八、《明道先生文》等，书影插图有《周礼·乡师》等品种。台北“中央图书馆”曾以其所收藏之宋眉山刻本《东都事略》卷一书页印制书影笺。

贺昌群致黄裳诗即写在《宣和画谱·叙》宋版古籍笺上。贺昌群（1903—1973），字藏云，四川乐山人，著名历史学家，在中西交通史、敦煌学、简帛学等诸多学科领域都取得了卓越的成绩。曾任南京图书馆馆长、中国科学院图书馆馆长，著有《魏晋清谈思想初论》《汉唐精神》《古代西域交通与法显印度巡礼》等论著。

齐白石致吴廉铭尺牍，笺纸样式为《王子年拾遗记》和《毛诗卷第七》宋版书影笺。

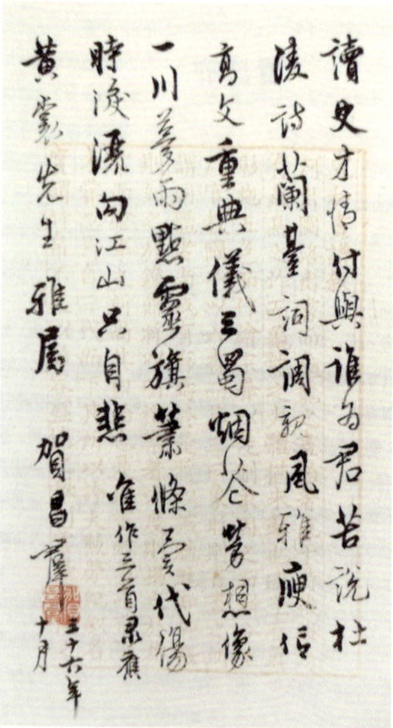

图 4-5-12
贺昌群致黄裳诗笺

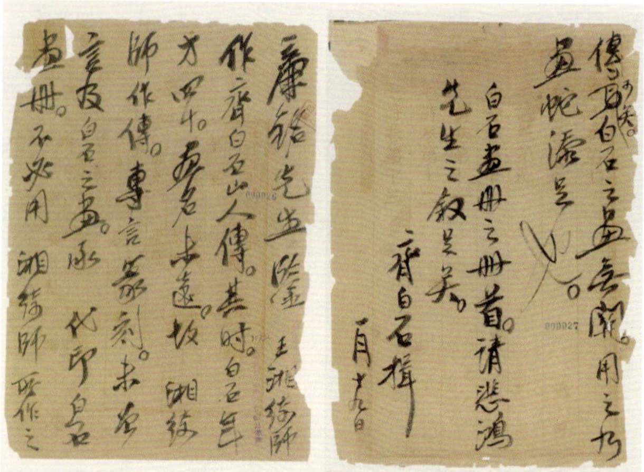

图 4-5-13
齐白石致吴廉铭尺牍

（二）涵芬楼藏宋版书影笺

兹赏《杜工部草堂诗集笺》卷第五十、《史记》目录、《新雕注疏珞琭子三命消息赋》目录、《北磵文集》目录、《南华真经》篇目、《汉书·古今人表》、《八月壬寅册杨太真为贵妃》7 种。

徐森玉[1]致周肇祥尺牍，笺纸样式为涵芬楼藏宋崔尚书宅刊本《北磵文集》目录、涵芬楼藏宋刻本《南华真经》篇目。

① 徐森玉（1881—1971），原名盅，更名鸿宝，初字寂之，后字森玉，以字行，浙江吴兴（今湖州）人。曾任北京大学图书馆馆长，清史馆校勘兼协修，京师图书馆书部主任，故宫管理委员会流传科主任，北平图书馆采访部主任兼善本部、金石部主任，故宫博物院秘书处秘书长、古物馆馆长，上海博物馆馆长等职。徐森玉精通版本目录之学，与张允亮、沈兆奎为傅增湘的“藏园三友”。全民族抗日战争爆发后，参与故宫文物南迁工作。1949 年 9 月以后在上海期间为国家征集了包括晋王献之《鸭头丸帖》、唐怀素《苦笋贴》，以及明天启刻本《萝轩变古笺谱》等在内的大量稀世珍品。徐森玉私人藏书有一万五千余册，藏书处名“寒梧山庄”。藏书印有“徐鸿宝印”“森玉曾藏”“吴兴徐鸿宝藏书印”“吴兴徐氏在兹堂藏书”“寒梧山庄”等。1954 年，徐森玉将所藏二万余张金石拓片售予中国科学院图书馆，并与郑振铎、徐旭生向中国科学院考古研究所图书馆联合捐赠文献史料万余册。“文革”结束后，其家人将所藏图书捐献给上海博物馆。

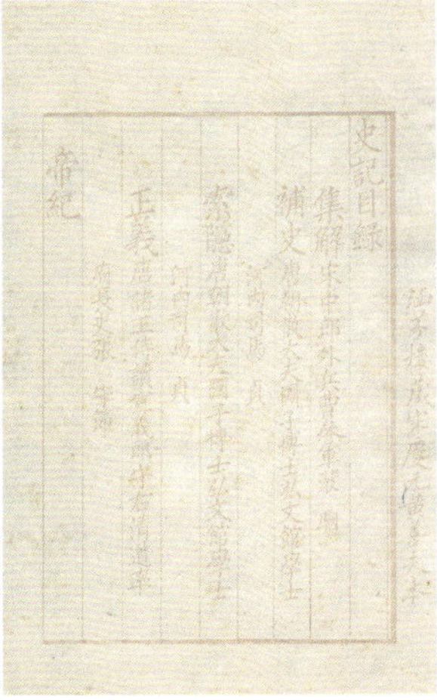

图 4-5-14
《杜工部草堂诗集笺》卷第五十

图 4-5-15
《史记》目录

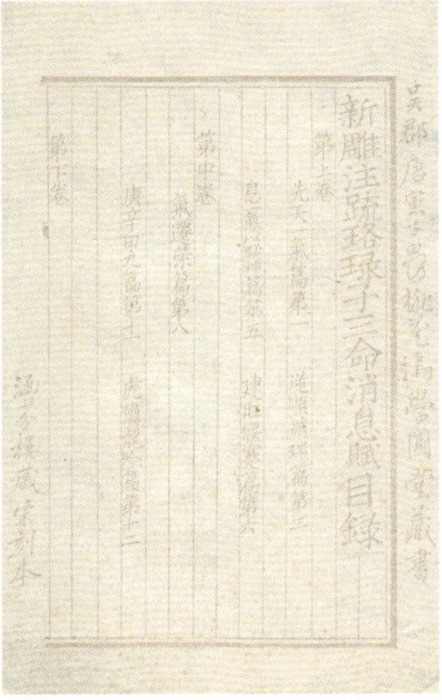

图 4-5-16
《新雕注疏珞琭子三命消息赋》目录

图 4-5-17
《北磵文集》目录

图 4-5-18
《南华真经》篇目

图 4-5-19
《汉书·古今人表》

图 4-5-20
《八月壬寅册杨太真为贵妃》

周作人致俞平伯信笺四通，笺纸样式分别为涵芬楼藏宋崔尚书宅刊本《北磵文集》目录、涵芬楼藏宋景祐本《汉书·古今人表》、涵芬楼藏宋刻本《八月壬寅册杨太真为贵妃》，以及涵芬楼藏宋刻本《广韵入声卷第五》等。

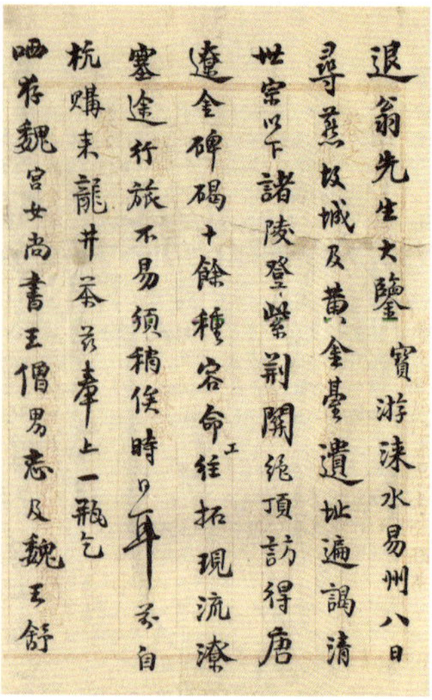
退翁先生大鑒 實游涞水易州八日尋燕故城及黄金臺遺址遍謁清世宗以下諸陵登紫荆關絕頂訪得唐遼金碑碣十餘種容命工往拓現流潦塞途行旅不易須稍俟時日耳 茲自杭購來龍井茶 敬奉上一瓶乞哂存 魏宫女尚書王僧男志及魏玉舒

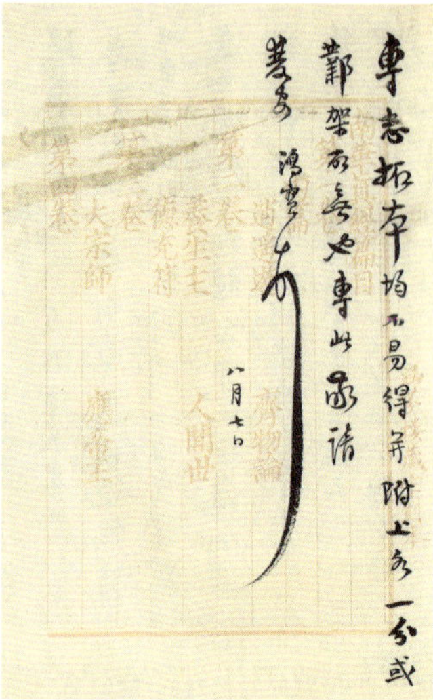
專志拓本均不易得 茲附上各一分 或鄴架所無也 專此 敬請著安 鴻寶 頓首
八月七日

图 4-5-21、图 4-5-22
徐森玉致周肇祥尺牍

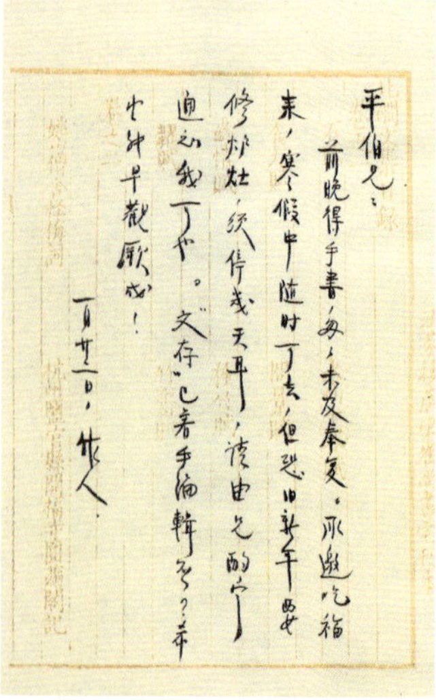

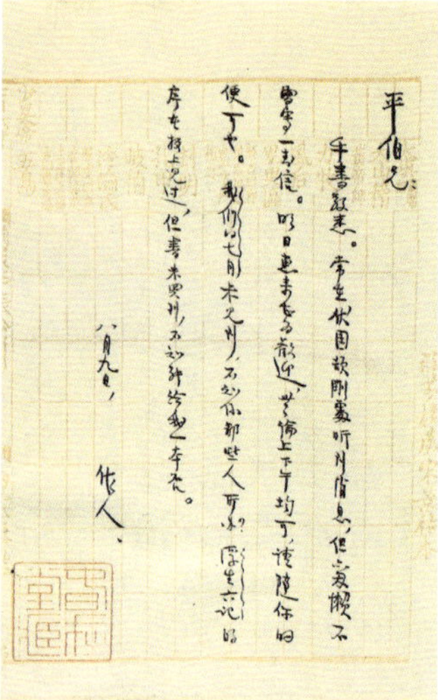

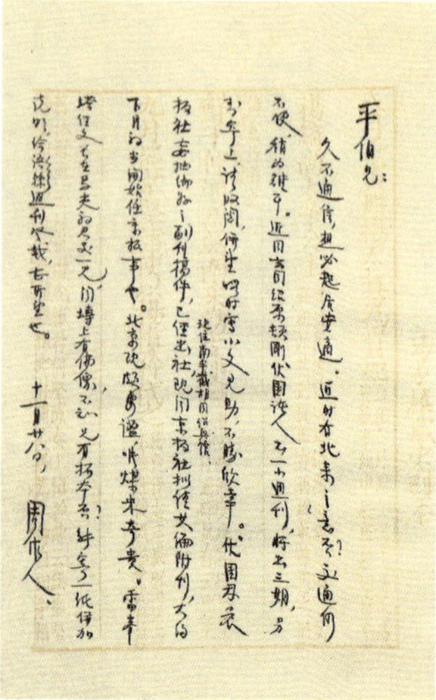

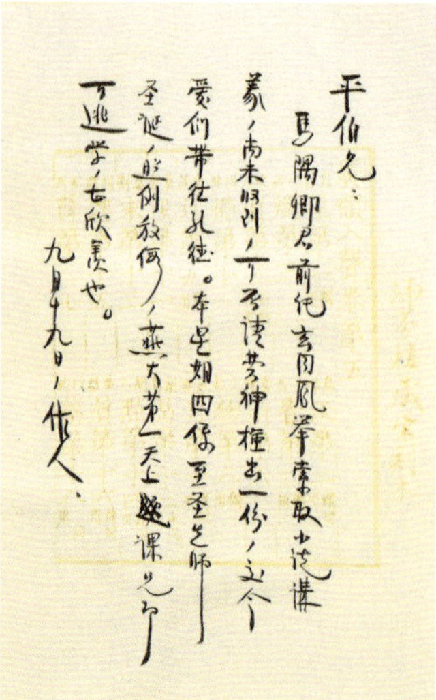

图 4-5-23—图 4-5-26
周作人致俞平伯信笺

（三）宝文斋德记制宋版书影笺

二幅。

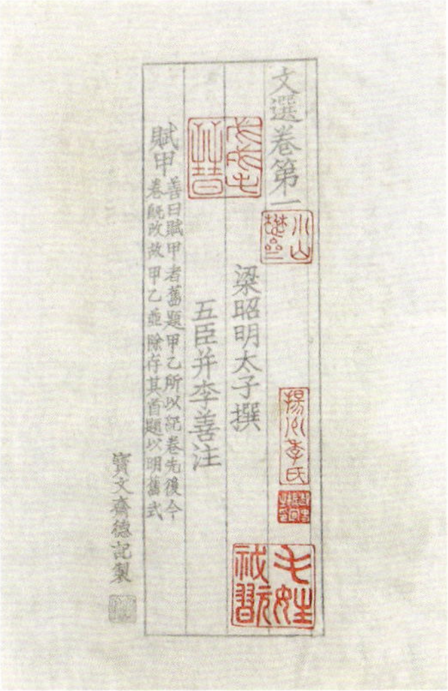

文選卷第一
梁昭明太子撰
五臣并李善注
賦甲
善曰賦甲者舊題甲乙所以紀卷先後今卷既改故甲乙並除存其首題以明舊式
寶文齋德記製

四書箋義紀遺終
致和改元倉龍戊辰四月朔癸巳
錢峰趙氏德鄰父東湖讀書堂誌
寶文齋德記製

图 4-5-27、
图 4-5-28
宝文斋德记制
宋版书影笺

另，散页五幅：

梁启超尺牍、叶恭绰尺牍均有宋版书影笺。

梁启超尺牍笺纸样式为《司马氏书仪目录》书影笺。

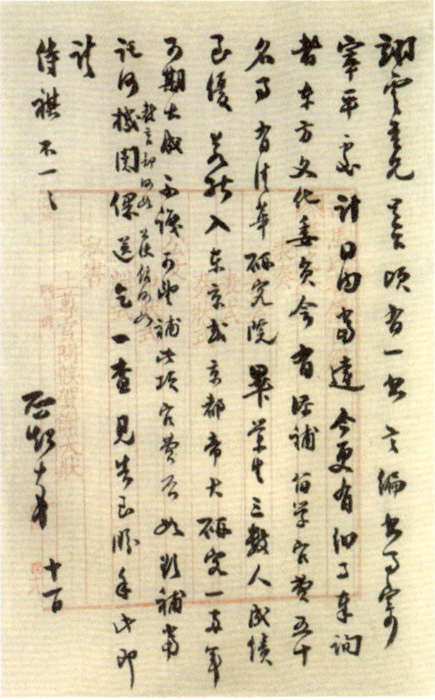

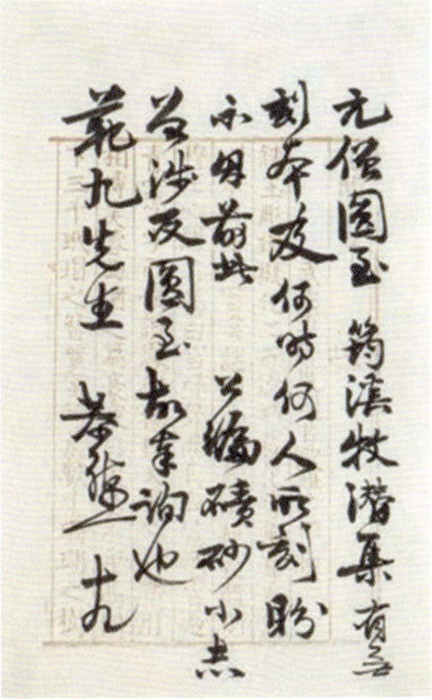

图 4-5-29
梁启超尺牍

图 4-5-30
叶恭绰尺牍

图 4-5-31—
图 4-5-33
宋版书影

二、宋版书影信封

故宫博物院制有宋版书影信封，相当独特，如《四书笺义纪遗终》信封、《文选卷第一》信封。

1963年，康生曾在《文选卷第一》信封上题画兰花，颇有韵味。

图 4-5-34
《四书笺义纪遗终》信封

图 4-5-35
《文选卷第一》信封

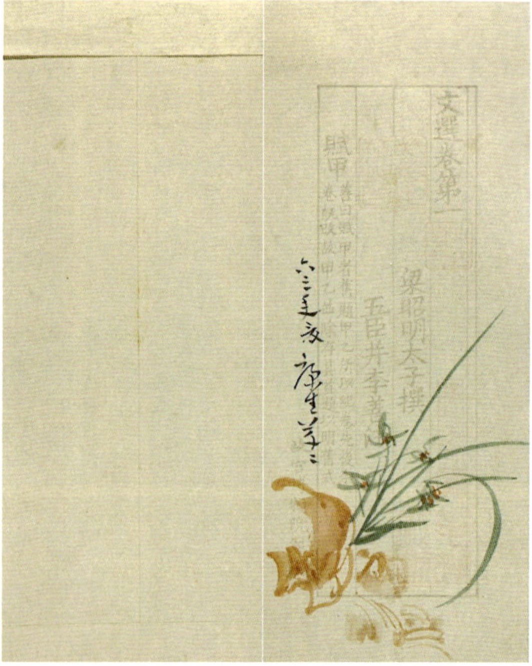

图 4-5-36
康生题画宋版书影信封

三、《永乐大典》书影笺

荣宝斋制五幅。

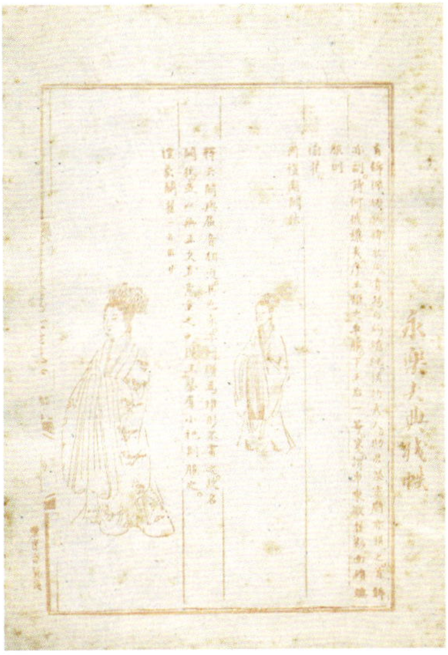

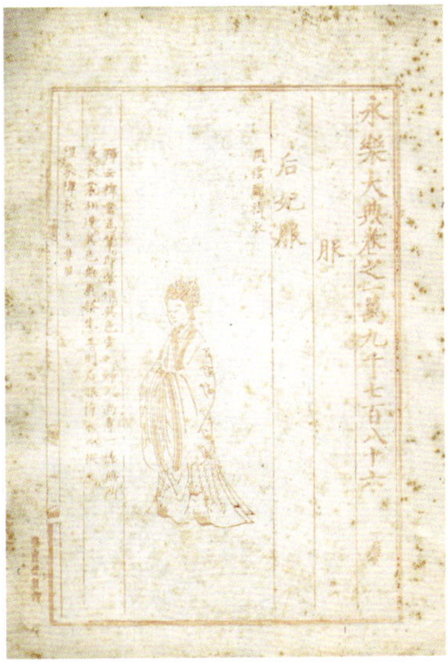

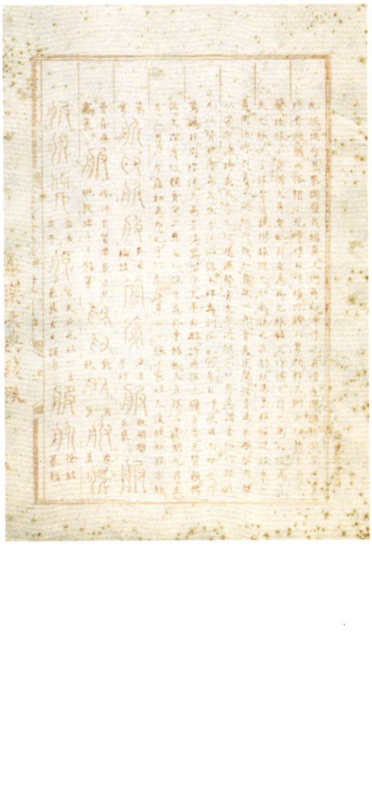

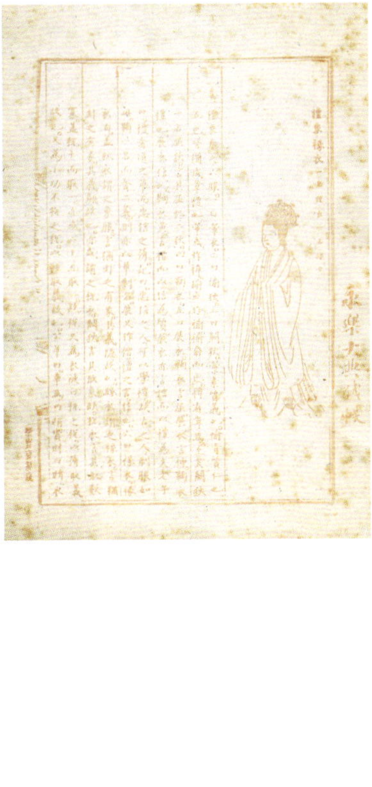

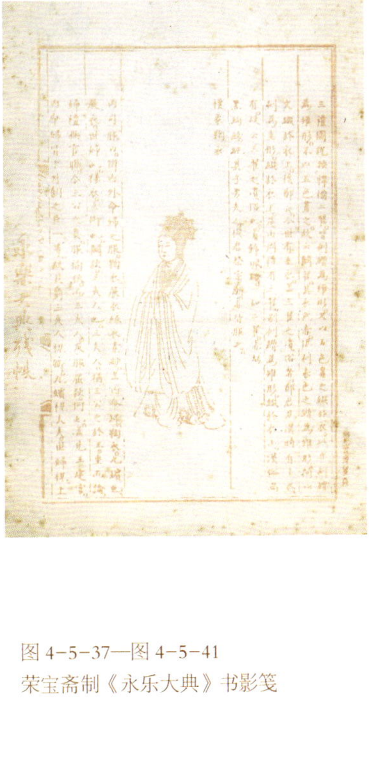

图 4-5-37—图 4-5-41
荣宝斋制《永乐大典》书影笺

第六节 戏目笺

几礼居制戏目笺，全盒共十幅，己卯年（1939）春初版。另扉页印有“纪念杨小楼供奉”。杨小楼（1878—1938），名三元，京剧武生演员，杨派艺术创始人。在当时，和梅兰芳、余叔岩并称为“三贤”，享有“武生宗师”的盛誉。

第一张：第一舞台戏单。

民国四年（1915）《连环套拜山·盗钩》，头牌杨小楼，配角是王长林、黄润甫等人。大轴是王瑶卿《天河配》。

第二张：第一舞台戏单。

民国六年（1917）《长坂坡·汉津口》，梅兰芳、杨小楼、王凤卿三人挂并牌。

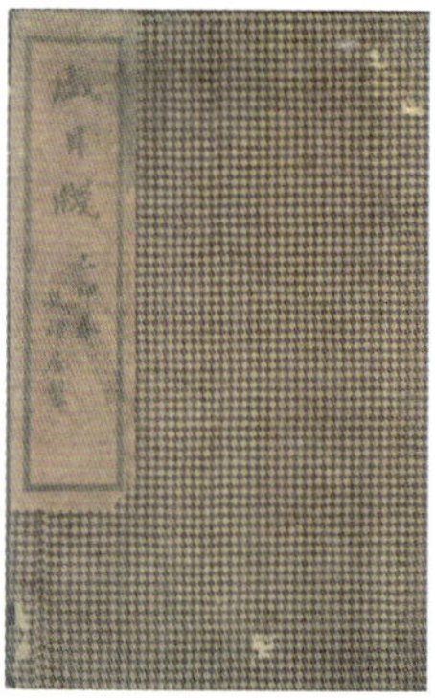

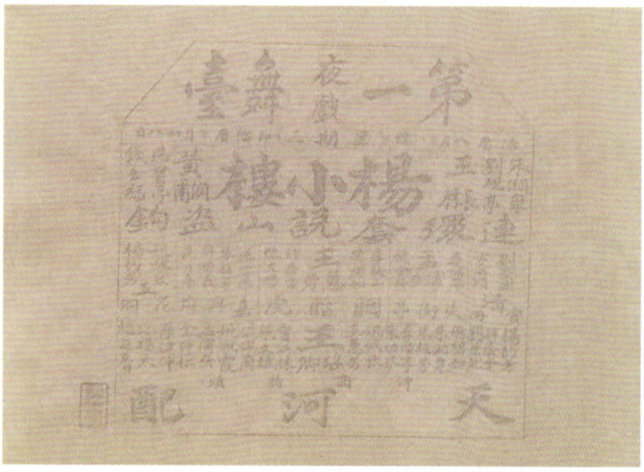

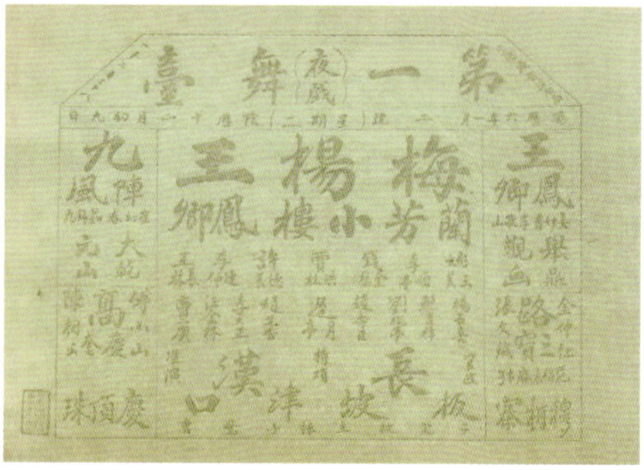

图 4-6-1
几礼居制戏目笺　封面

图 4-6-2
几礼居制戏目笺　扉页

图 4-6-3—图 4-6-12
几礼居制戏目笺

第三张：第一舞台戏单。

民国六年(1917)《蟠桃会》，杨小楼大轴。同时并牌梅兰芳《彩楼配》、王凤卿《打金枝》。

第四张：第一舞台戏单。

民国六年(1917)《铁笼山》，杨小楼大轴。同时并牌梅兰芳《霓虹关》、王凤卿《战樊城》。

第五张：第一舞台戏单。

民国七年(1918)《水帘洞》，杨小楼大轴。同时并牌梅兰芳《庆顶珠》、王凤卿《战城都》。

第六张：第一舞台戏单。

民国七年(1918)《宏碧缘》，杨小楼头牌，贾璧云并牌。

第七张：第一舞台戏单。

民国十一年（1922）《霸

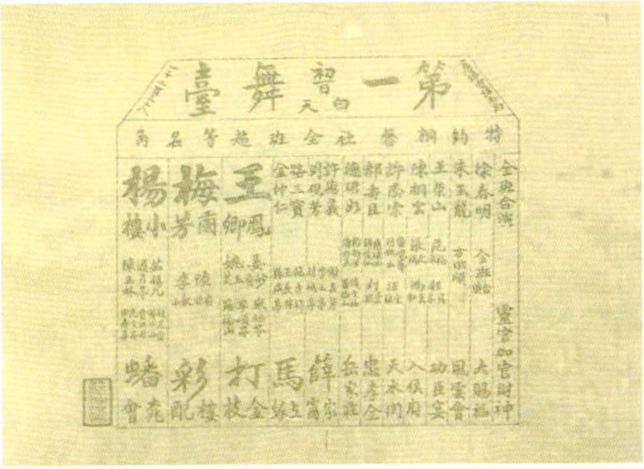

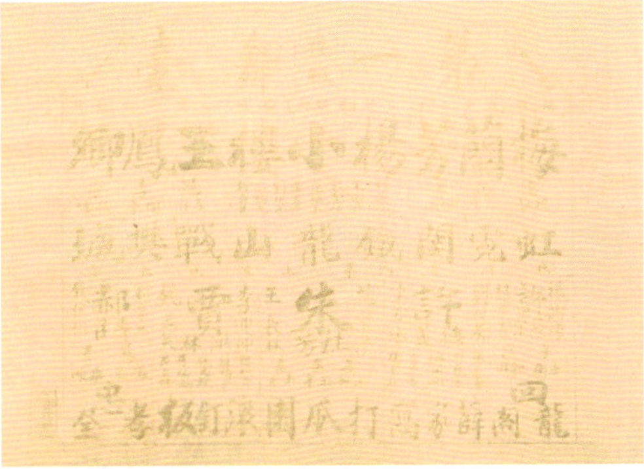

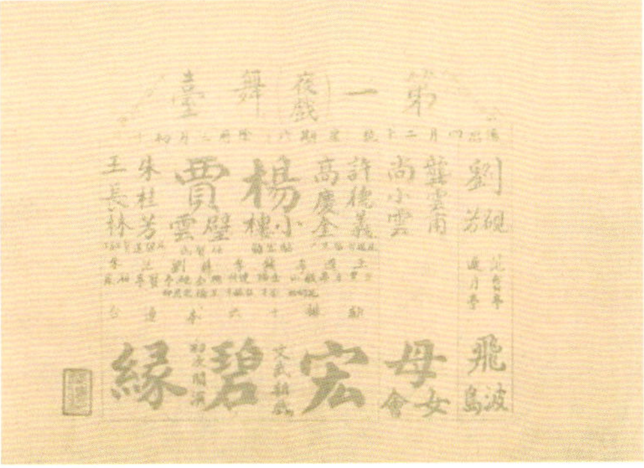

王别姬》，杨小楼头牌，梅兰芳并牌。

第八张：第一舞台戏单。

民国十八年（1929）《山神庙》，杨小楼主角，侯喜瑞、赵艳华跨刀大轴戏。

第九张：吉祥大戏院戏单。

民国二十三年（1934）《挂印封金》《灞桥挑袍》，杨小楼、郝寿臣大轴戏。

第十张：吉祥大戏院戏单。

民国二十六年（1937）《湘江会》，杨小楼、尚小云大轴。

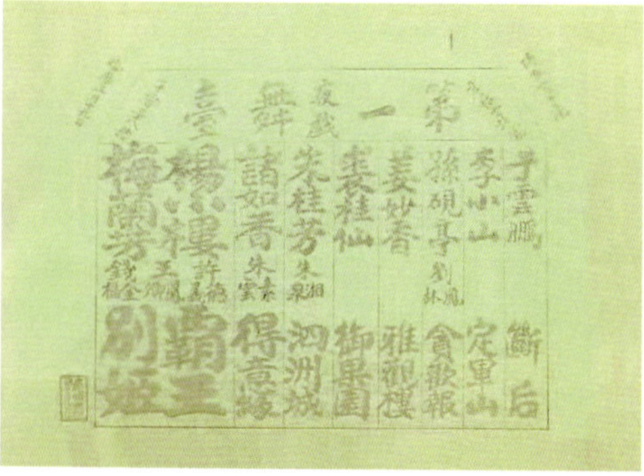

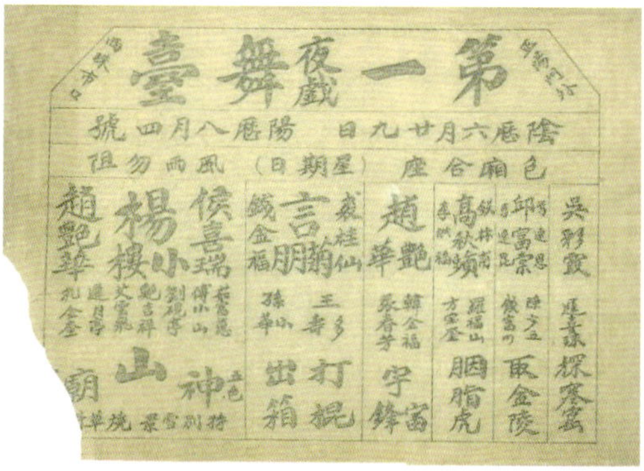

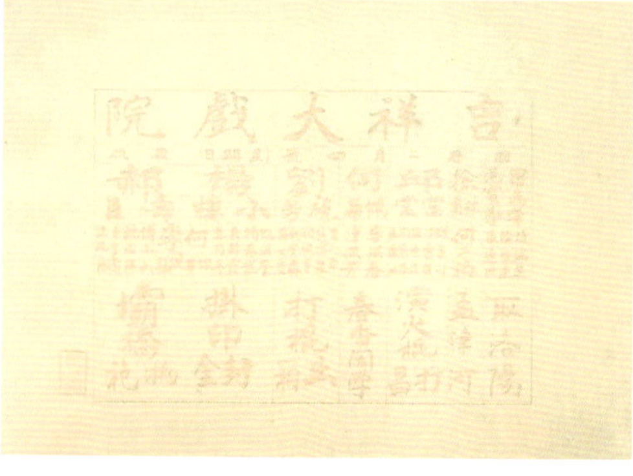

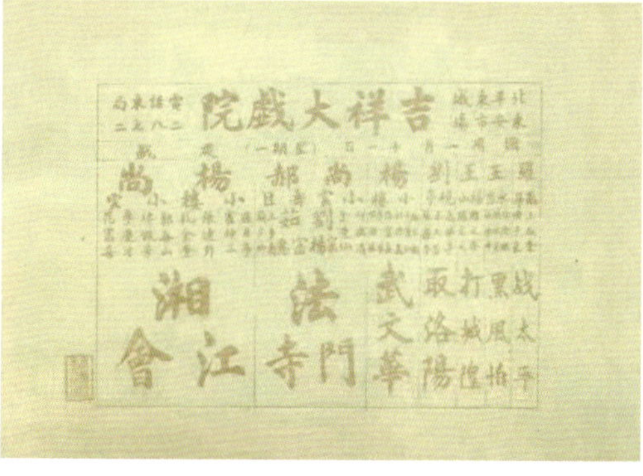

第七节 趣味笺

一、有趣的小条笺

成兴斋制文房清供小条笺，长仅136毫米，宽仅70毫米，这是笔者所见最小的笺纸。

仅见三枚：其一为“鼎甲阖开”画笺，笺纸样式为鼎形支架上架一水壶，水即将沸腾，比喻三鼎甲俱高中。其二为“满湖春色”画笺，汝亭绘，笺纸样式为梅花笺，有“问梅消息”之意，寓文人之雅趣；梅花盆景边绘一茶壶、两茶盏，茶有“寒夜客来茶当酒”之意，寓文人之洒脱。其三为菊花笺，有“人淡如菊”之意，寓君子之高节。

图4-7-1—图4-7-3
成兴斋制文房清供小条笺

二、超长的鹤笺

该鹤笺长 1000 毫米、宽 226 毫米。右首题“同听秋声馆制笺”。尾部题写：“乾隆五十四年十月写于济南华不注山房，为鹤道人作　雪鸿张敔[①]。”

图 4-7-4
鹤笺

图 4-7-5
鹤笺局部

① 张敔（1734—1803），字虎人，又字茝园，一字芷园，亦作芷沅，号雪鸿，又号木者（一作木香），晚号止止道人，安徽桐城人，迁江宁（今南京），原籍山东历城。乾隆二十七年（1762）举人，工诗。

三、丝绢笺封

二十世纪五十年代，荣宝斋制作了木版水印丝绢笺封。其工艺是先在纸上木版水印图案，再将薄丝绢黏附其上，然后制成笺封。透过表层的丝绢，下面木版水印的图案若隐若现，呈现出一种朦胧之美。这种笺封制作量亦极少。

（一）齐白石绘丝绢笺封

“对虾、青蛙蝌蚪、豆角蟋蟀、竹笋蚂蚱”共四枚笺。

（二）摹写十竹斋丝绢笺封

竹石图，共两枚。

图 4-7-6
齐白石绘
“对虾”丝绢笺封

图 4-7-7
齐白石绘
“青蛙蝌蚪”丝绢笺封

图 4-7-8
齐白石绘
“豆角蟋蟀”丝绢笺封

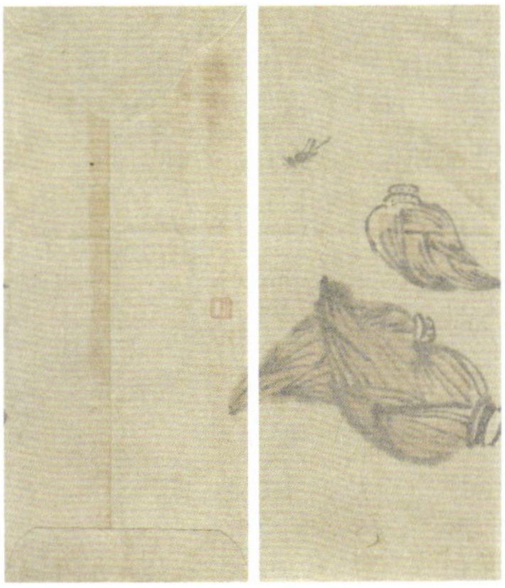

图 4-7-9
齐白石绘
“竹笋蚂蚱”丝绢笺封

图 4-7-10、图 4-7-11
摹写十竹斋
“竹石图”丝绢笺封

四、花样繁多的邮筒

邮筒作为近代笺扇庄、南纸店与诗笺同样重要的主营产品，公文之外的邮筒往往别出心裁、花样繁多，各种雕版印刷工艺装饰其上，线刻彩印、饾版套色、饾版拱花等都有应用。图文雅致吉祥，形制精巧，以长宽四二寸为多。“邮筒不绝如飞翼，莫惜新篇屡往还。”“篝火尚能书细字，邮筩还肯寄新诗。”邮筒又作邮筩，即古时封寄书信的竹筒，后为信封的别称，亦指代书信。

荣宝斋早期制作邮筒，一组十二只。

图 4-7-12
铜灯　阴刻红印

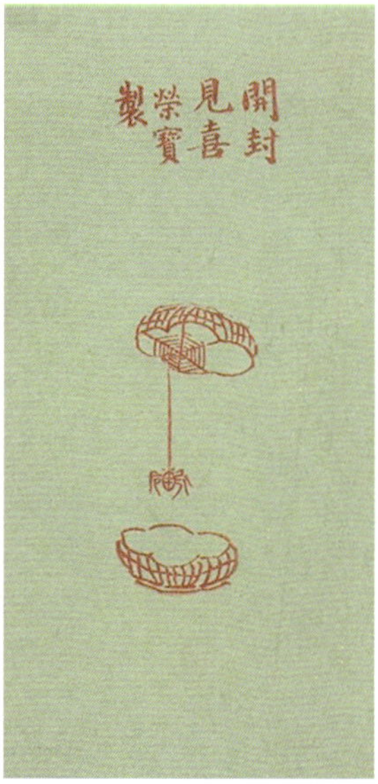

图 4-7-13
开封见喜　阴刻红印

图 4-7-14
传书　饾版套色

图 4-7-15
传语　阴刻红印

图 4-7-16
传事　阴刻红印

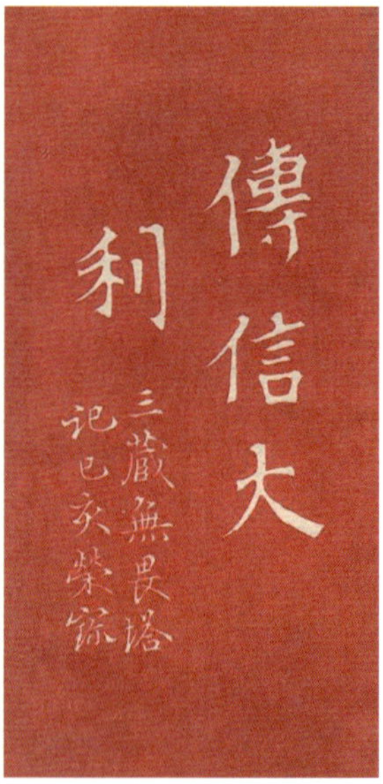

图 4-7-17
传信大利　阴刻红印

图 4-7-18
启封　阳刻红印

图 4-7-19
一路升官，马上挂印　阳刻红印

图 4-7-20
菖蒲寿石　饾版套色

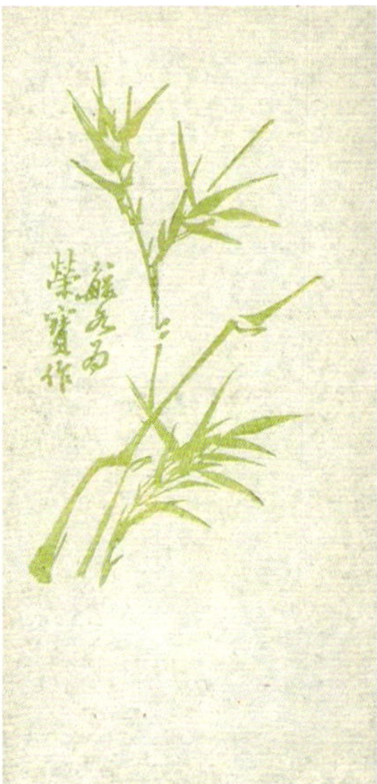

图 4-7-21
竹报平安　饾版套色

图 4-7-22
点头欢喜学朱衣　阳刻红印

图 4-7-23
聊赠一枝　阳刻红印

第八节 私家笺

笺纸是中国书信文化的分支。书牍的起源，清代姚鼐认为是周公的《君奭》。书信自古以来有若干称谓，写于竹片上称“简”，写于木板上称“札”，写于缣帛上称“帖”。古时所用木简长约一尺，因此亦称“尺牍”。书信装入封袋函套之中，又称为“函札”。

书信的别称和雅称还有尺鲤、鲤鱼、鱼肠、鲤素、素鲤、鱼素、鱼中素、鱼缄、鱼笺、鱼信、鱼讯、鱼函、鱼封、鱼书、鱼鸿、鱼雁、雁字、雁书、雁音、雁鸿、鳞鸿、鸿鳞、羽、羽书、鳞羽、回羽、邮羽、鱼简、小简、惠简、寸简、素简、丹简、文鳞、鳞素、锦鲤、锦字、锦书、锦文、锦素、锦鳞书、锦中书、锦字书、云锦书、素书、书素、简素、素札、书札、函札、信札、翰札、大札、台札、惠札、华札、遥札、笺札、笺书、笺简、笺缯、缄、启、缄札、缄素、书缄、缄书、缄题、缄封、书启、书尺、简牍、函牍、竿牍、书牍、缄牍、荐牍、公牍、官牍、赤牍、尺一、尺书、尺一书、尺翰、尺笺、尺函、尺素、尺素书、尺帛、尺纸、尺楮、尺题、尺墨、尺简、简尺、音书、音邮、音信、音问、音讯、芳讯、手书、手札、手函、手翰、手启、手柬、手笔、手记、手帖、手笺、手毕、手尺、手疏、手语、手简、手诰、手谕、手告、手诲、手教、邮书、玉札、玉函、玉音、瑶函、瑶笺、瑶草、瑶札、瑶章、瑶翰、环章、报章、还章、佳章、来云、五云、朵云、还云、环云、云笺、芝函、函书、家书、家禀、家问、家报、家票、家言、家讯、家信、示书、谕书、惠书、尊书、损书、兰书、还书、报书、答书、覆书、捷书、乡书、乡信、回信、公信、芜禀、环报、琼玖之报、还报、竹报、竹报平安、寸简、寸笺、寸缄、寸纸、寸札、寸函、寸楮、尺楮、大示、惠示、钧示、诲示、翰示、手示、快示、回示、环示、还示、覆示、答示、留示、航示、大教、惠教、笺教、翰教、书教、覆教、音教、损教、风音、教音、德音、电音、回音、覆音、环音、嗣音、远音、覆、示覆、惠覆、玉覆、毕诲、音诲、诲墨、毕诰、翰言、诲言、教言、雅言、诲帖、谢帖、芜启、台谕、音敬、笺敬、问、书问、音问、惠问、疏、书疏、辞疏、函语、赐语、回玉、音尘、大笺、惠笺、郇笺、华笺、芜笺、报笺、覆笺、露笺、邮笺、惠毕、赐毕、片、信片、明片、函片、大片、惠片、邮片、柬、谢柬、函、鳞函、寓函、大函、台函、覆函、尊函、赐函、鼎函、琅函、华函、芝函、芳函、芜函、荒函、贱函、谦函、环函、答函、邮函、航函、鳞缄、惠缄、赐缄、琅缄、云缄、答缄、谢缄、翰、书翰、音翰、大翰、台翰、玉翰、华翰、芳翰、琅翰、光翰、荣翰、妙翰、还翰、环翰、答翰、覆翰、丹豪、音邮、飞邮、飞奴、黄犬音、犬书、青泥书等。

1. “尺素”笺

少农绘“尺素”图，画双鲤鱼，以喻书信。又见曾朴尺牍。

2. “中有尺素劝君加餐”笺、“三余图”笺、“三余”笺

“中有尺素劝君加餐”笺、“三余图”笺，同文记制。“三余”图笺上金仁寿绘三条鱼，谐音以喻“三余”。“三余”出自《三国志 · 魏书 · 王朗传》，指董遇教导学生读书当以“三余”，即“冬者岁之余，夜者日之余，阴雨者时之余”。

“三余”笺，秀文斋制。少白题款“三余”，见张季鸾尺牍。

图 4-8-1
“尺素”笺

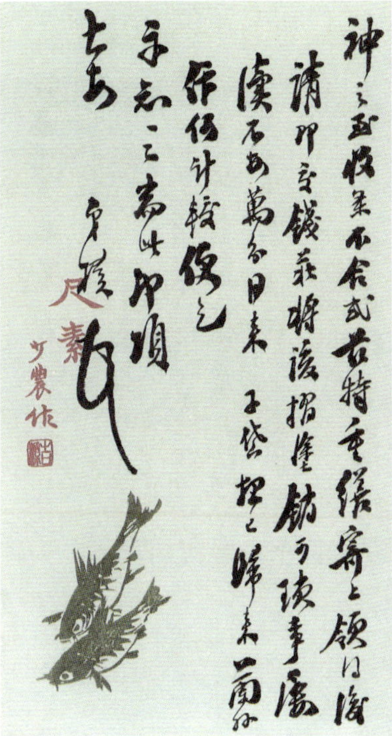

图 4-8-2
曾朴尺牍

图 4-8-3
“中有尺素劝君加餐”笺

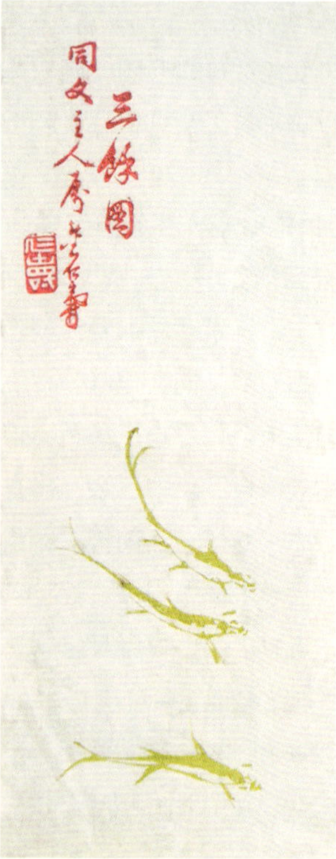

图 4-8-4
“三余图”笺

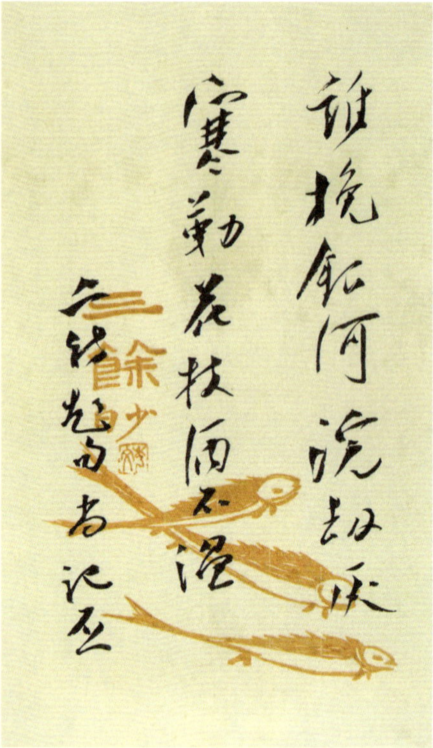

图 4-8-5
“三余”笺

图 4-8-6
“鱼雁”笺

图 4-8-7
“赤鲤”笺

图 4-8-8
“今雨”笺

3. “鱼雁”笺、“赤鲤”笺与“今雨”笺

“鱼雁”吉文笺，同文斋制。鱼来雁往，古代常用以代指书信。据《汉书·苏武传》载，匈奴单于欺骗汉使，称苏武已死，而汉使者故意说天子打猎时射下一只北方飞来的鸿雁，脚上拴着帛书，是苏武写的。单于只好放了苏武。后来就用鸿雁、雁书、雁足、鱼雁等指书信。

“赤鲤”吉文笺，文美斋制，杨岘（藐翁）摹写。赤鲤，传说中仙人所骑。晋干宝《搜神记》卷一：“琴高，赵人也。能鼓琴。……行涓彭之术，浮游冀州、涿郡间二百余年。后辞入涿水中，取龙子。……果乘赤鲤鱼出，来坐祠中。”江淹《采石上菖蒲》诗：“赤鲤傥可乘，云雾不复还。”唐李白《九日登山》诗：“赤鲤涌琴高，白龟道冯夷。”红鲤鱼在民间一直作为吉祥的象征。又《饮马长城窟行》：“客从远方来，遗我双鲤鱼。呼儿烹鲤鱼，中有尺素书。”鲤鱼也作为书信报平安的象征。

“今雨”吉文笺，宜雅斋制。雨谐音余、裕。“今雨”典出杜甫《秋述》：“杜子卧病长安旅次，多雨生鱼，青苔及榻，常时车马之客，旧，雨来，今，雨不来。”原意是旧时每逢下雨宾客也来，而现在一遇雨就不来了。后以“旧雨新雨”代指老友新交，又作“旧雨新知”。

私家笺主要分为两大类：

其一为私人自制自用笺，即笺画名家、文化名人、社会名流等自制自用的信笺或诗笺。

其二为名家笺，即指社会贤达、文人墨客、著名学者、书画名流等在南纸店、笺扇庄制作的笺纸上所写的信札、诗词等。

一、私人自制自用笺

郑逸梅《尺牍丛话》中“文人名笺”一则，记述当时上海三十四位文化名人的自制自用笺，包括陶报癖、徐枕亚、许半龙、姜可生、徐卓呆、范烟桥、吴湖帆、张大千、王式园、李健、罗忠箓、陈筱石、蒋吟秋、金季鹤、周拜花、杨翔青、王钧卿、王瑗仲、张春帆、顾明道、汪仲贤、张碧梧、赵眠云、朱凤蔚、顾鼎梅、杜进高、陈巨来、吴荫培、梁鼎芬、高吹万、叶鞠裳、徐花农、徐仲可、商笙伯。另，“中国邮票大王”周今觉（1879—1949，又名周达，字美权，安徽建德人）自制素笺印有“今觉制心心相印笺”；翻译大家傅雷（1908—1966，字怒安，号怒庵，江苏南汇人）自制笺印有“疾风迅雷楼”。

周作人在《题古槐书屋制笺》一文中曾谈及俞平伯出资将其曾祖俞樾所绘小画印成笺纸之事：“昨晚平伯枉顾，以古槐书屋制笺一匣见赠，凡四种，题字曰‘何时一樽酒’，‘拜而送之’，‘企予望之’，‘如面谈’，皆曲园先生自笔书画，木刻原版，今用奏本纸新印，精雅可喜。”俞樾工书法，善于以隶笔作楷书，弟子众多，章太炎、吴昌硕、日本井上陈政皆出其门下。俞平伯自制笺印有“仿仓颉篇六十字为一章”。俞平伯之父、俞樾之孙俞陛云（1868—1950），字阶青，别号斐盦、乐静、乐静居士，晚号乐静老人、存影老人，室名乐静堂、绚华室。其有词即书于《梅花喜神谱・篮》信笺上。

（一）赵之谦的佛像笺

赵之谦（1829—1884），浙江会稽人（今绍兴），字益甫，又字㧑叔，别号铁三、子欠、冷君、次寮、憨寮、梅庵、悲盦、无闷、思悲翁、笑道人、支自头陀、婆娑世界凡夫等，书斋名二金蝶堂、苦兼室、悔读斋、仰视千七百二十九鹤斋。赵之谦在经学、史学、辞章、金石学、绘画、书法、篆刻各方面都有卓越的成就，与吴昌硕、厉良玉为“新浙派”代表人物，与任伯年、吴昌硕并称“清末三大画家”。

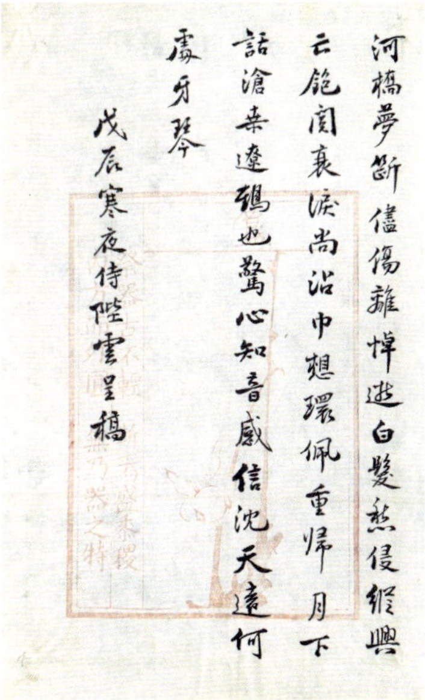
河橋夢斷儘傷離悼逝白髮愁侵縱興
云能闌衰淚尚沾巾想環佩重歸月下
話滄桑遼鶴也驚心知音感信沈天遠何
處牙琴
戊辰寒夜侍陛雲呈稿

图 4-8-9
俞陛云词书于《梅花喜神谱・篮》信笺上

图 4-8-10
赵之谦像，张震摹

清道光九年（1829），赵之谦出生在数代商贾之家，父辈时家道中落。少年时喜读经史文章，爱好金石之学。赵十四岁时，母亲病逝。次年，其兄赵烈为仇家诬告，因讼破产。十七岁时，赵之谦拜山阴名儒沈复粲为师，学习金石之学。为维持家计，赵之谦十九岁时开馆授徒，成为童子师。二十二岁前后，曾漫游于浙、闽各地，靠刻印卖画为生。二十二岁时，赵之谦进入缪梓幕府，开始了游艺游幕的生涯。三十一岁时，赵之谦以浙江乡试第三名成绩中举。他一生的重要友人胡澍、丁文蔚、沈树镛是年中举。1860 年 3 月，太平军攻破杭州，缪梓战死。赵之谦身无所依，于 1861 年春夏之交到福建躲避战乱，与友人江弢叔相处，共谈诗文书画、碑版考证，留下了《章安杂说》手稿。当时魏锡曾在福建任盐吏，他性嗜金石，精印学，与赵之谦非常投契，决定为赵集一本印谱。

1863 年，赵之谦的《二金蝶堂双钩汉碑十种》装成，赵之谦题耑。是岁，赵为沈均初藏六朝造像二十品题记。徐珂的《清稗类钞》有条目题为“赵㧑叔选定魏齐造像二十品”。据此可知，此乃开“龙门造像二十品”之端绪。1864 年，《补寰宇访碑录》书成，赵之谦作序云：“阳湖孙先生纂《寰宇访碑录》二十年，为书十二卷，目七千八百四十有九。书成之岁，当嘉庆壬戌。之谦后先生四十一年始补录，亦十九年矣。”足见赵之谦于碑学搜求考证之苦心。

1872 年，赵之谦到江西做七品小官，负责修《江西通志》。初到江西，赵之谦打算“收拾山河，整顿寰宇”，但混迹官场十二年后，他终于明白“此等官岂为人所为哉”，“方知做官之术不出‘卑鄙无耻’四字，断非我辈所能”。1884 年农历十月初一日，因公务繁重而累病的赵之谦以肺气肿、哮喘，导致心力衰竭，卒于任上，时年五十五岁。第二年葬于杭州丁家山。

赵之谦是晚清碑学的代表人物。他早年取法颜真卿，得其严

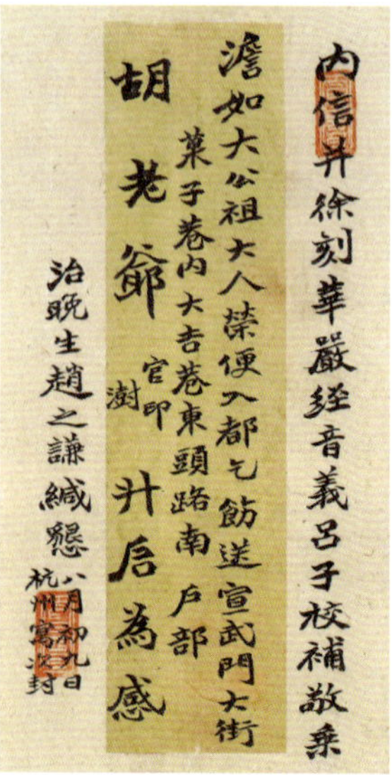
内信并徐刻華嚴經音義呂子校補敬乘
澹如大公祖大人榮便入都乞飭送宣武門大街
棗子巷內大吉巷東頭路南戶部
胡老爺 官印 澍 升啟為感
治晚生趙之謙緘懇 八月初九日 杭州寓次封

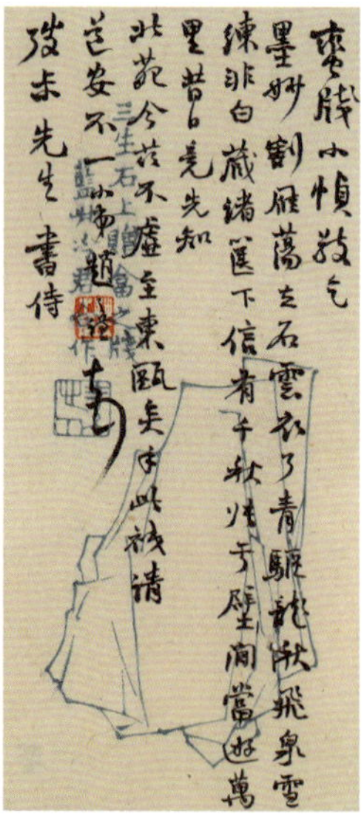

图 4-8-11
赵之谦致胡澍信笺

图 4-8-12
赵之谦致江弢叔信笺

谨雄浑，雍容大度。后又兼习南北两派，广泛涉猎秦汉金石文字，隶书师法邓石如，以魏碑笔势写行书，日臻神妙，创立自己面目。赵之谦《章安杂说》载："去古远，石刻传者无几，晋齐梁尤少，宋则仅《爨龙颜碑》，北齐、北魏石刻尚有，余所见过无过《张猛龙碑》，次则《杨大眼》《魏灵藏》两造像。《石门铭》最纵宕，则欧、褚祖关也。余所藏隋《修梵志》，则又调剂汉晋，度越唐宋，落笔处一一如崩崖坠石，非真学拨镫法者不能也。""《瘗鹤铭》自是仙迹，指为右军固非典要，顾著作亦不能有此。华阳真逸乃陶贞白，然是撰文者，此铭原题'上皇山樵书'，则别是一人。总之，大书至此，乃入超妙地位。六朝古刻无疑，唐人无是也。"赵之谦对《郑文公碑》最为激赏。《郑文公碑》指《魏故中书令秘书监使持节督兖州诸军事安东将军兖州刺史南阳文公郑君之碑》，亦称《郑义下碑》。郑道昭书，北魏永平四年（511）立。赵之谦说："自来此间，见郑僖伯所书碑，始悟卷锋。"称郑道昭为"汉以后第一人"。赵之谦于古碑帖广搜精研，多有题跋。于书法博学多能，融会贯通，钟鼎碑碣、铸镜造像、瓦当砖记、泉文残纸、篆隶真行，莫不触处洞然。赵之谦论书有独到见解，艺术要素即纯真、学识和功夫。艺术之为艺术的核心在于一个"真"字。

赵之谦于正、草、隶、篆诸体及金石均擅，且善于相互渗化。他熔铸汉魏，广采博取，将北碑的用笔方法巧妙地融入篆隶书体中，使其呈现出飘逸飞扬、变化多姿的艺术风貌。又将篆隶笔法化入行草书，使线条涩重而酣畅，以果敢坚决、疾徐有致的用笔变化，表现出强烈的力量感和运动感，浑穆渊雅，洒脱超迈。晚年的书法渐趋拙朴苍茫，开辟了晚清碑派书法的新境界，领一代风骚。

赵之谦行书小字极佳，观其手札可知。他喜欢小字，且留意古人细书。他在《章安杂说》中写道："余极喜唐人细书，前见

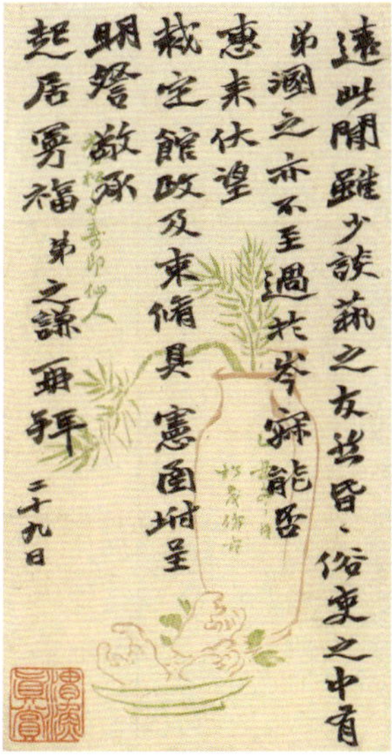
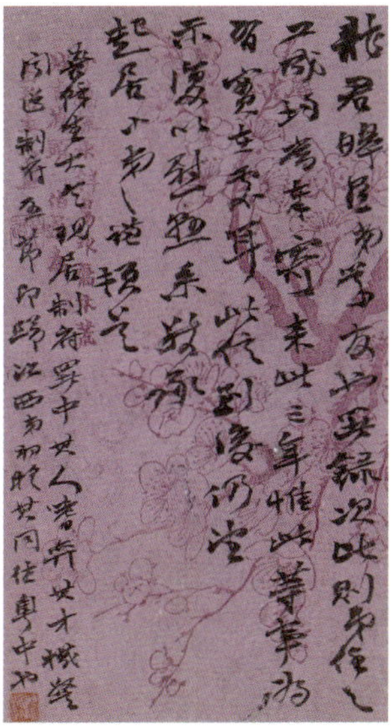
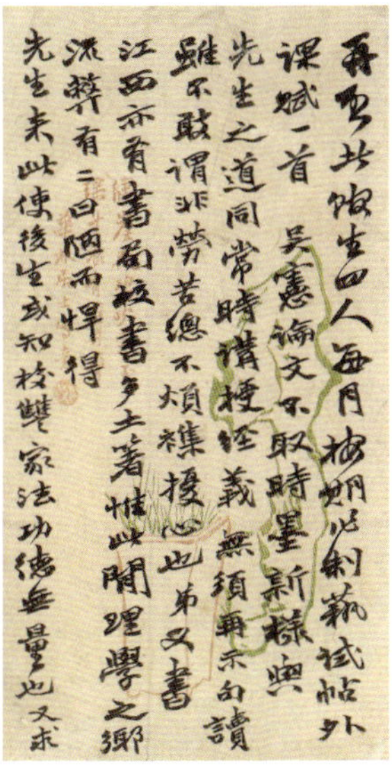

图 4-8-13—图 4-8-15
赵之谦致唐仁寿信笺

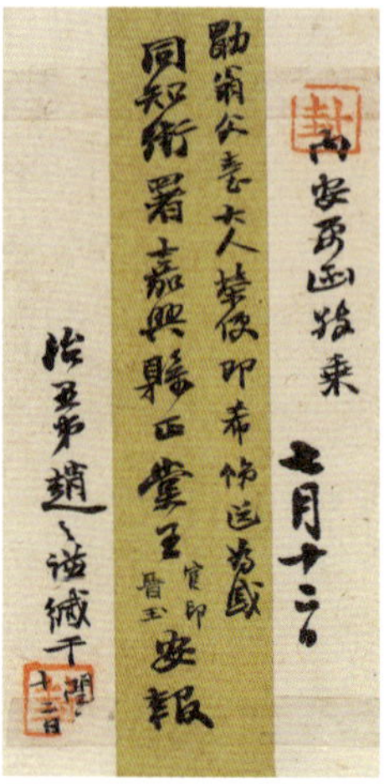
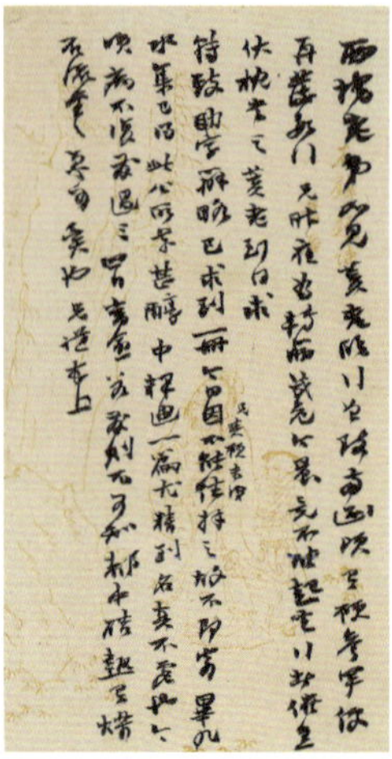

图 4-8-16、图 4-8-17
赵之谦致王晋玉信笺

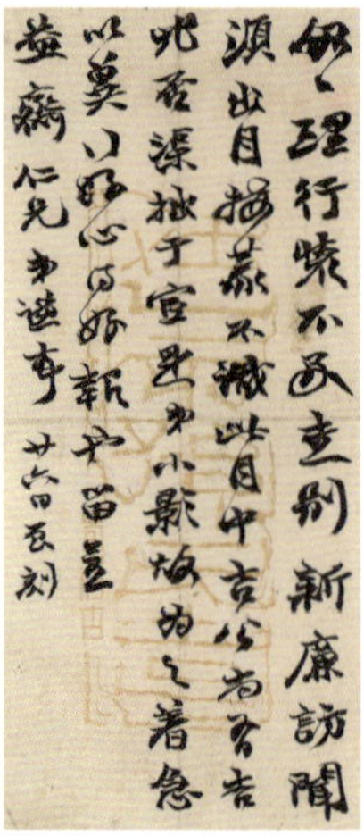

图 4-8-18
赵之谦致许增信笺

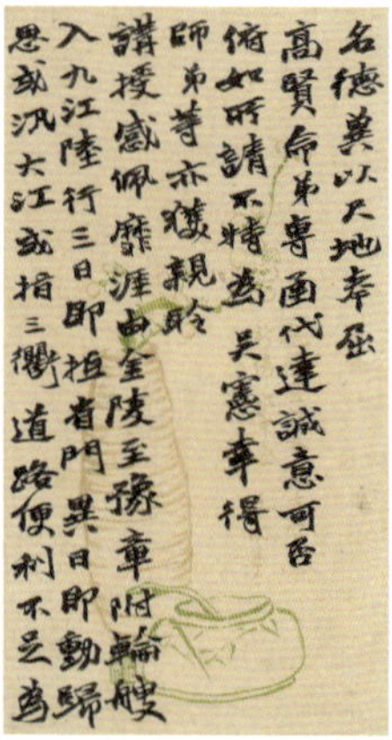
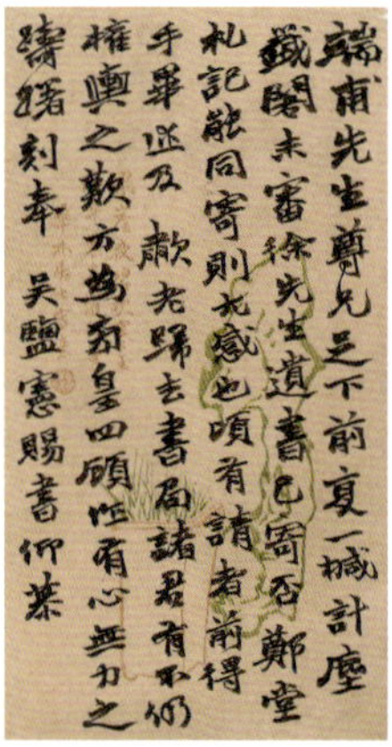

图 4-8-19、图 4-8-20
赵之谦致张端甫信笺

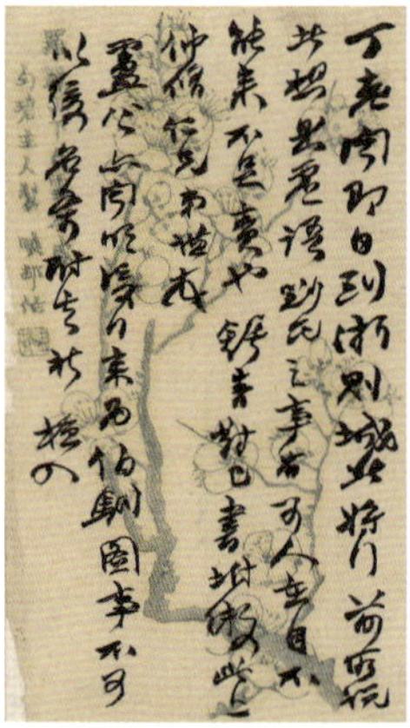

图 4-8-21
赵之谦致谭献信笺

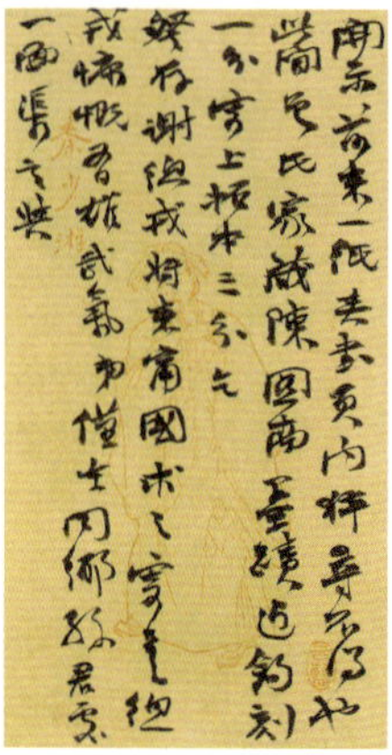
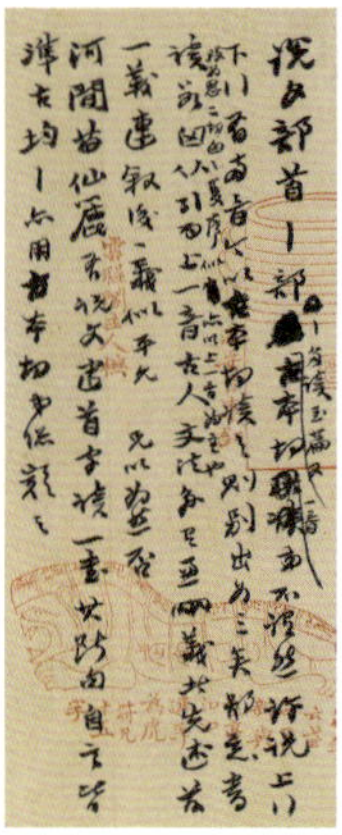

图 4-8-22、图 4-8-23
赵之谦致胡培系信函

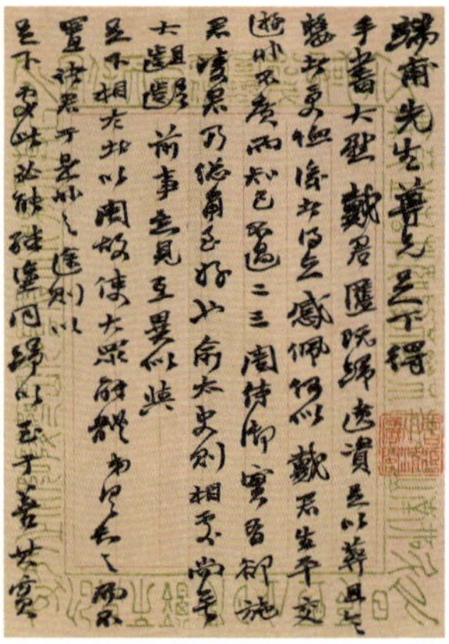

图 4-8-24
赵之谦致张端甫信笺

天宝《张处万造像》，叹其精绝。去岁复见……《赵姿阿弥陀碑》，字体更入细而遒逸绝伦，手临数通，竟不形似而止。此日目力可及犹学不到，将来安望？”

赵之谦生活的时代，正是“扬州八怪”开始走下坡路的时期，那种草率的写意画渐呈强弩之末的态势。赵之谦既继承“扬州八怪”写意花鸟的画法，又有自己全新独特的面貌。潘天寿在《中国绘画史》中说：“会稽赵㧑叔之谦，以金石书画之趣，作花卉宏肆古丽，开前海派之先河，已属特起，一时学者示之。”赵之谦画花卉、蔬果，笔墨酣畅，水墨交融，设色浓艳，有宽博淳厚之趣，糅合徐渭、原济等诸家之长，开清末写意花卉之新风。赵之谦与任伯年、吴昌硕、虚谷并称为“海派四大家”。

赵之谦的笺画亦有上乘功力。王树郇《花笺掇英》中收有赵之谦的数幅笺画。

其一为“阿弥陀佛”。阿弥陀佛为中国佛教中净土宗所尊奉。净土就是西方极乐世界，阿弥陀佛和观音菩萨、大势至菩萨居其间，称“西方三圣”。此图乃赵之谦仿刻的阿弥陀佛石像。据图上题记称：同治元年壬戌（1862）十二月在海上遇风，舟几覆，诵佛号满万声，波平浪息，故图此以报。

其二为“观音造像”。观世音菩萨是印度传来的佛教中“净土宗三圣”之一。图中观音头有

图 4-8-25
赵之谦“阿弥陀佛”笺

图 4-8-26
赵之谦“观音造像”笺

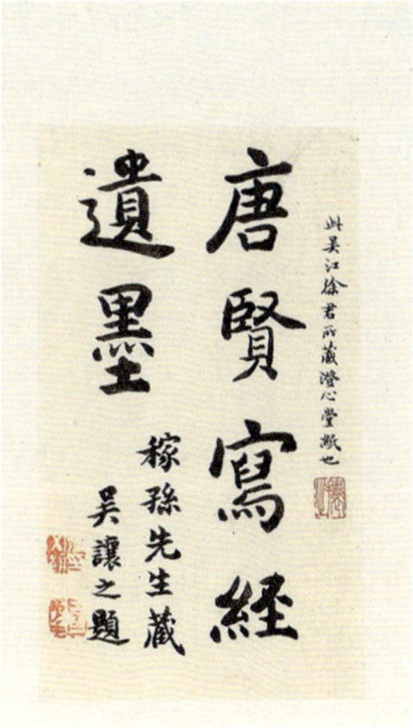

图 4-8-27
吴让之题字

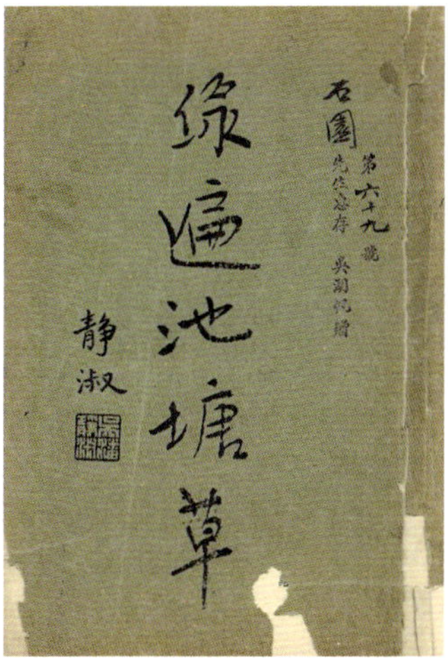

图 4-8-28
吴湖帆制“绿遍池塘草”笺封

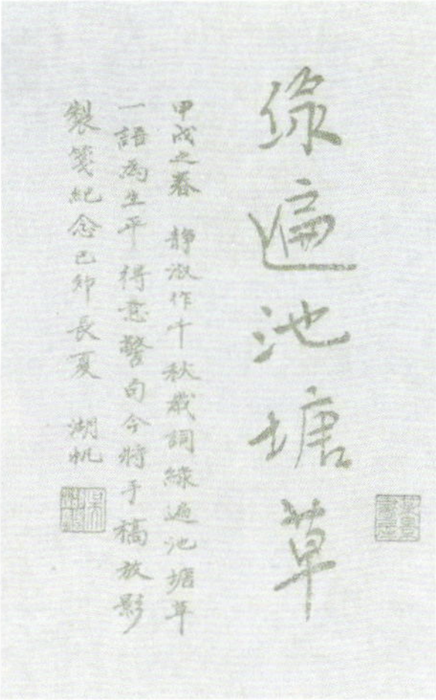

图 4-8-29
“绿遍池塘草”笺式样

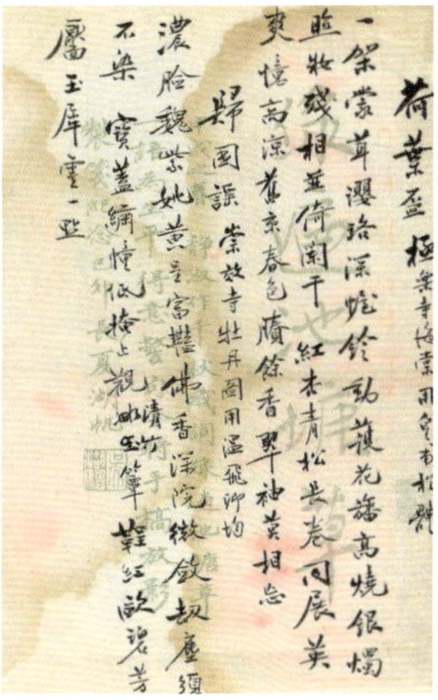

图 4-8-30
吴湖帆录《荷叶杯·极乐寺海棠》

顶光，足踏莲花，造像仿佛铜铸者，颇有立体感。旁有题记，略谓“稼孙得唐人书残经，又得澄心堂纸，乞吴让之题字。沈均初复以所藏宋纸与之。悲庵居士摹随造像其上”。落一“悲盦”（赵之谦）方印于下。

（二）吴湖帆制“绿遍池塘草”笺

画家吴湖帆的夫人潘静淑喜欢填词，有“绿遍池塘草”句，为人称道。潘静淑逝世后，吴湖帆曾特意绘制“绿遍池塘草”笺和“迢迢阁”笺等寄托哀思。吴湖帆悼亡笺，绿文“绿遍池塘草”五大字，附识云：“甲戌之春，静淑作《千秋岁》词‘绿遍池塘草’一语，为生平得意警句。今将手稿放影制笺纪念。己卯长夏湖帆。”吴湖帆曾用此笺录《荷叶杯·极乐寺海棠》《归国谣·崇效寺牡丹》词二首。吴湖帆的梅景书屋因藏宋刻《梅花喜神谱》而得名，以珍稀故，一度影印问世，又复制成笺纸。

（三）高天梅私人定制“万树梅花一草庐”笺

高天梅(1877—1925),名旭，号剑公，字天梅，别号钝剑、江南快剑等，中国近代诗人。出生于金山张堰秦山头高家，后迁居镇上尚书浜。父亲高炜（吟槐）、叔父高煌都知书能文，他从小同比他小一岁的叔父高燮（吹万）一起读私塾，后受教于顾莲芳。高天梅为“南社创始三杰”之一，另两人为陈去病、柳亚子。高氏亦是同盟会领袖之一，曾任同盟会江苏主盟。

高氏发妻名周红梅，夫妻二人情深意笃，周氏1904年病逝，高天梅思念红梅，便在房前屋后遍植梅花，并把居室取名为“万梅花庐”，自己名号改为“天梅”，书斋也命名为“万树梅花一草庐”。

此笺系上海九华堂记为其所制。

图4-8-31
“万树梅花一草庐”笺

（四）缪素筠花鸟笺

清光绪中叶，慈禧太后夙娴绘事，常作书画赐予大臣以示恩赏。侍奉慈禧御笔的宫廷女画师缪嘉蕙，字素筠，昆明人，工翎毛、花卉，小楷亦可。慈禧之画皆由缪素筠先作粉本，或受命代笔。清裘毓麟《清代轶闻》

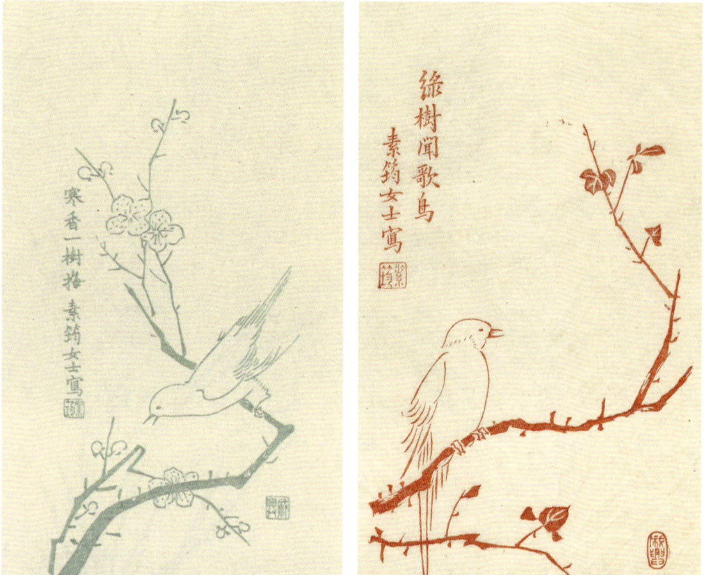

图4-8-32、图4-8-33
缪素筠花鸟笺

载："自是以后，遍大臣家皆有慈禧所赏花卉扇轴等物，皆嘉蕙手笔。"缪素筠除在宫廷供奉之外，也常作画私售琉璃厂，世人趋于太后所好，争相购买。郑振铎在《访笺杂记》中记载："出（琉璃）厂东门折而南，过一尺大街，即入杨梅斜街。东行百数步，路北有成兴斋。此肆有冷香女士作的月令笺，又有清末为慈禧代笔的女画家缪素筠作的花鸟笺。"

（五）康有为信笺

康有为（1858—1927），原名祖诒，字广厦，号长素，又号更甡，广东南海人，人称南海先生。1888—1898年先后七次上书光绪皇帝要求变法。1898年辅佐光绪帝主持新政，史称"戊戌变法""百日维新"。失败后，流亡海外，后组织保皇会，反对民主革命，志在恢复清室，曾参与张勋复辟。病卒于青岛。他博通经史，著述甚多，有《孔子改制考》《新学伪经考》《春秋董氏学》《大同书》《万木草堂记》等。精书法，著《广艺舟双楫》，力倡北碑，对近现代书坛产生较大影响。

（六）梁启超饮冰室自制笺

梁启超（1873—1929），字卓如，一字任甫，号任公，又号饮冰室主人、饮冰子、哀时客、

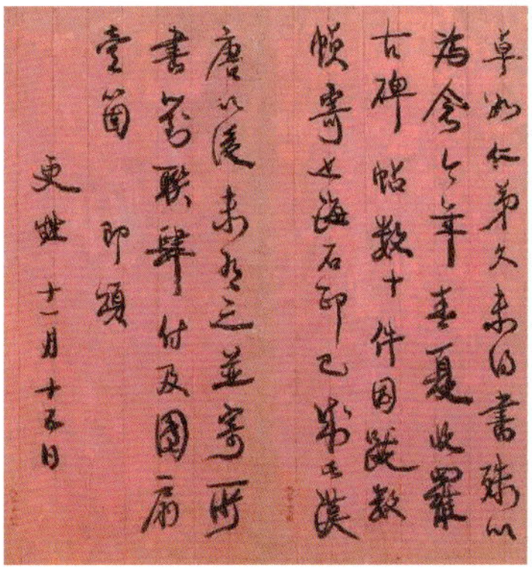

图 4-8-34
康有为栏格笺

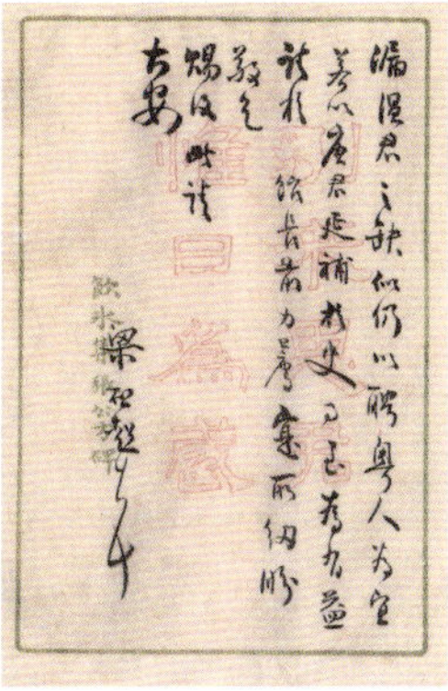

图 4-8-35
梁启超双钩文字笺

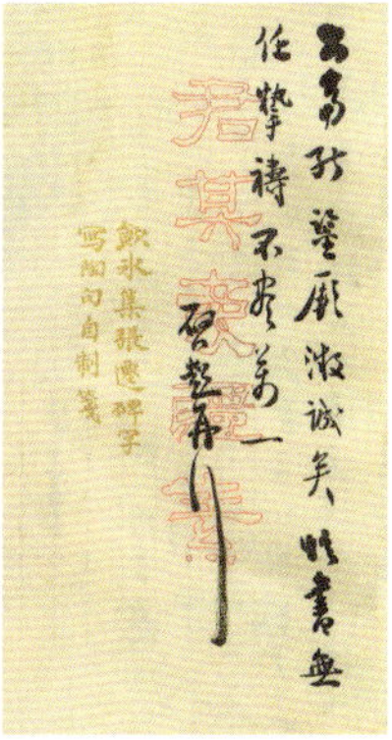

图 4-8-36
梁启超双钩文字笺

图 4-8-37
梁启超双钩文字笺

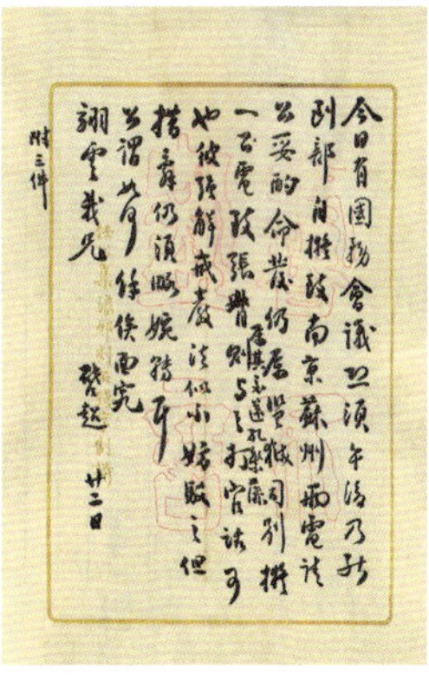

图 4-8-38
梁启超双钩文字笺

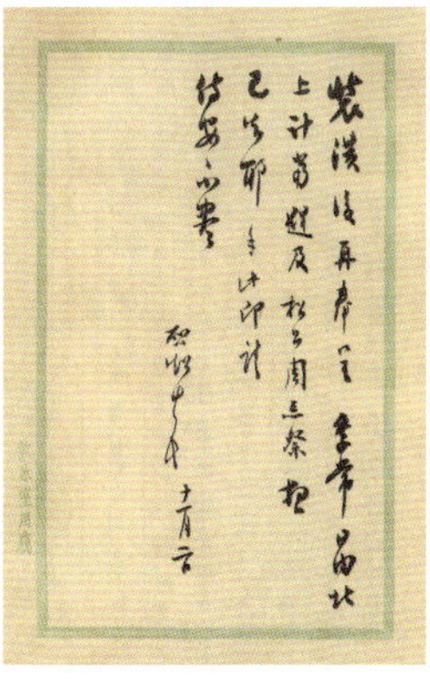

图 4-8-39
梁启超栏格笺

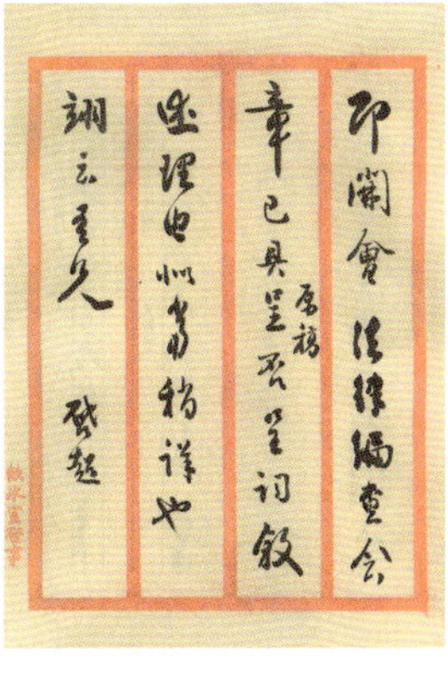

图 4-8-40
梁启超栏格笺

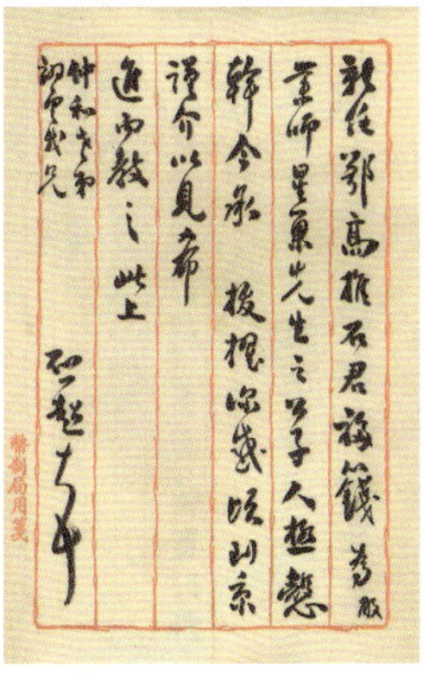

图 4-8-41
梁启超栏格笺

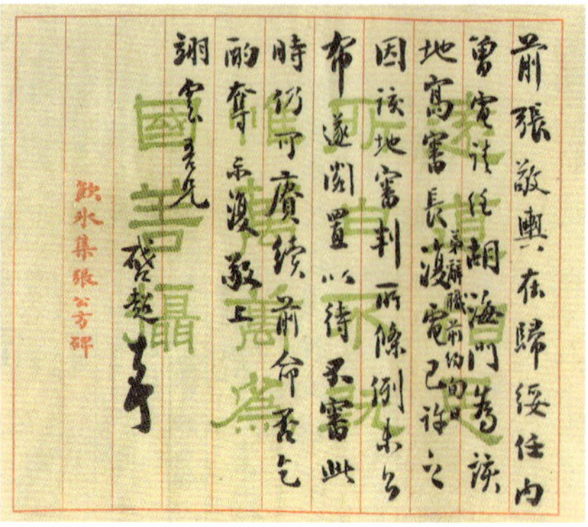

图 4-8-42
梁启超吉金笺

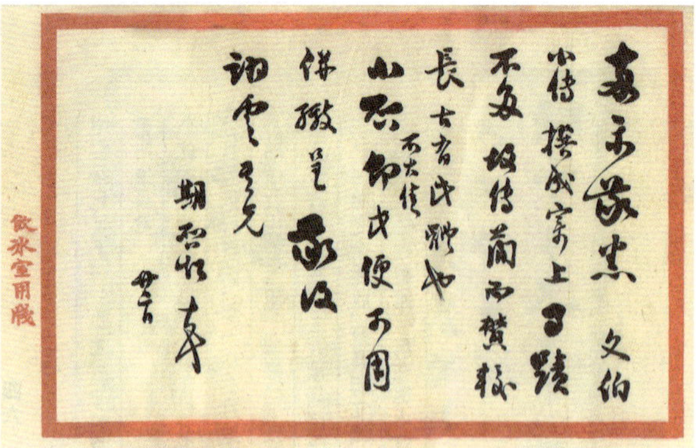

图 4-8-43
梁启超信笺

中国之新民、自由斋主人，出生地广东江门，清光绪举人，和其师康有为倡导变法维新，并称“康梁”。近代中国的维新派代表人物、启蒙思想家。

梁启超自制笺有多种，如双钩文字笺、吉金笺、栏格笺等。

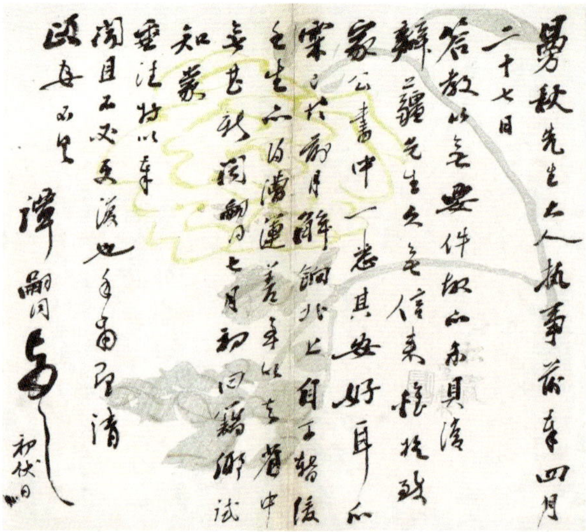

图 4-8-44
谭嗣同致陈曼秋信笺

（七）谭嗣同信笺

谭嗣同（1865—1898），字复生，号壮飞，湖南浏阳人，中国近代著名政治家、维新派思想家，“戊戌六君子”之一。主要著作有《仁学》《寥天一阁文》《莽苍苍斋诗》等。

谭嗣同致陈曼秋（即陈长欞）信笺，笺纸样式为松霞室制花卉笺。

（八）张祖翼之书法笺

张祖翼（1849—1917），字逖先，号磊盦，又号磊龛、濠庐。因寓居无锡，又号梁溪坐观老人，安徽桐城人。清代著名书法家、金石收藏家。张祖翼长期寓居海上，他最早提出“海上画派”的名目，与吴昌硕、高邕之、汪洵并称“海上四大书法家”。著有《磊盦金石跋尾》《汉碑范》等。偶写兰竹，俱有韵致。张祖翼书法笺取材自《石门颂》《汉残碑》《礼器碑》《汉武梁祠画像题字》《受禅碑》等，表现了典型的碑学书风。

张祖翼书法笺一套五幅，同文仁记制笺。

（九）姚华与佛教题材笺

姚华（1876—1930），字重光，号茫父、茫茫、一鄂等，别号莲花庵主。贵州贵筑（今贵阳）人。1897 年中举，1904 年中进士，曾在清廷工部任职，戊戌变

图 4-8-45—图 4-8-49
张祖翼书法笺

法时期东渡日本学习法政，归国后改职邮传部。他定居北京后，将在宣武门外莲花庵中的居所取名“弗堂”。姚华在民国初期曾当选参议院议员，又在清华学堂、民国大学、朝阳大学等校执教，被北京大学造型美术研究会聘为导师，并出任北京女子师范学校及京华美专校长，被誉为“旧京师的一代通人”。他在诗歌创作、戏剧理论、曲学、书法、绘画、文字学、翻译外国文学等方面有着广泛的成就，是一位“百科全书式的人物”，著作等身，古文字学著述有《书适》《黔语》《小学问答》，诗歌作品有《藜峨小草》《金石题咏》《前人遗迹题咏》《芦雪樱云》等，戏曲论著有《盲词考》《元刊杂剧三十种校正》，翻译作品有印度诗人泰戈尔《飞鸟集》，书画作品集有《莲花庵书画集》《贵阳姚华茫父颖拓》《姚茫父书画集》等。他的学生王伯群将其众多学术著述汇集印行为《弗堂类稿》三十一卷。

姚华的楷书以颜真卿、欧阳询风格为根基，他曾说“颜书是学人中枢，学颜则四通八达皆可活也”。他的隶书以学汉代摩崖碑刻为主，而后取法多方。他认为汉代“三颂”（《石门颂》《郙阁颂》《西狭颂》）是“皆汉隶之浑朴雄峻者，笔皆篆势，平直圆活，而结构方正，寓严于宽，书品最高”。他的篆书在流传作品中比重较大。

在绘画方面，姚华是近代以来贵州最有影响力的画家。姚华是与陈师曾、金城、萧谦中、王梦白等著名书画家同时活跃于民国初期北京画坛的重要人物，以其绘画造诣、对教育界的影响以及学术建树等，无疑是当时书坛画苑的领军人物之一，与陈师曾并称为民初“画坛领袖”。在工艺美术方面，姚华成就主要在刻铜品、唐画壁砖笺、西域古迹笺及颖拓上。郑振铎在《北平笺谱》“序”中评其“唐画壁砖笺、西域古迹笺，虽仅仿古不同创作，然亦开后来一大派”。鲁迅则称其笺纸“大盛在民国四、五年后之师曾、茫父……时代”。鲁迅和郑振铎于一九三三年编纂的《北平笺谱》第四卷收录了姚茫父画笺十二幅，包括静文斋制古佛笺、淳菁阁制西域古迹笺、淳菁阁制唐画壁砖笺各四种。

《“说笺”姚茫父的笺与诗》一文介绍：西域古迹画笺，图案出自现属新疆的雅尔湖与吐峪沟，为人物头像特写，无论是肃穆的天人、怒目的金刚，还是典雅的天女、虔诚的供养人，皆用白描法写出，线丝圆润清爽，人物神情盎然，颇可见吴道子遗风。唐画壁砖笺均为写意仕女画，妆容红丽如桃花，衣带简约博大，其中两幅人物半藏在帷幕之后，颇合白居易“犹抱琵琶半遮面”之意境。

姚茫父四幅颖拓佛像笺画的题跋，皆用蝇头小字，或是考据造像年代，或是录写佛经偈语，皆显出他的深厚学养。静文斋所制古佛造像笺展现了姚茫父最具独创性的颖拓法。因毛笔的别称为“毛颖公”，故以毛笔摹写出拓片效果称“颖拓”。1950年，郭沫若见到姚茫父的颖拓作品，感叹它“传拓本之神，写拓本之照。有如水中皓月，镜底名花”。

图 4-8-50、图 4-8-51
西域古迹画笺

图 4-8-52、图 4-8-53
唐画壁砖笺

图 4-8-54、图 4-8-55
颖拓佛像笺画

（十）陆炳文书法笺

陆炳文，字幼芗，号公蔚，自号梅花洲居士，天津人，客居浙江嘉兴凤桥。擅画兰石、博古，喜写曼生壶，尝为文美斋画花笺、诗简，又擅书法，为人和易寡言。

陆炳文书法笺均为同文仁记制，吉祥笺寿笺部分的“上寿”双钩文字笺与“千秋”笺均是陆炳文摹写，下面三幅分别摹写“汉安鱼鹭洗铭、穆父丁鼎铭、毛氏彝铭”。

图 4-8-56
“上寿”笺

图 4-8-57
“千秋”笺

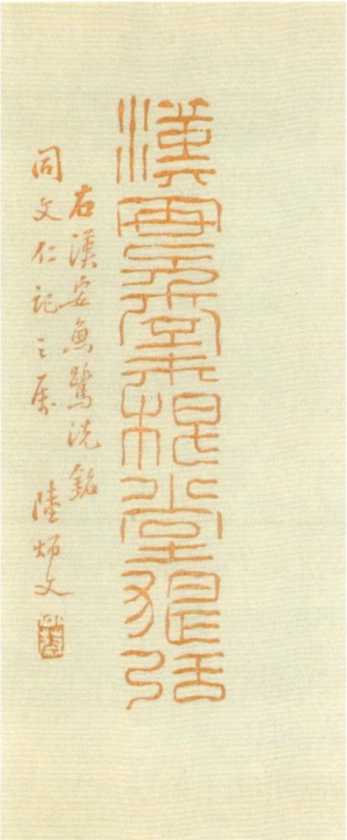

图 4-8-58
“汉安鱼鹭洗铭”笺

图 4-8-59
“穆父丁鼎铭”笺

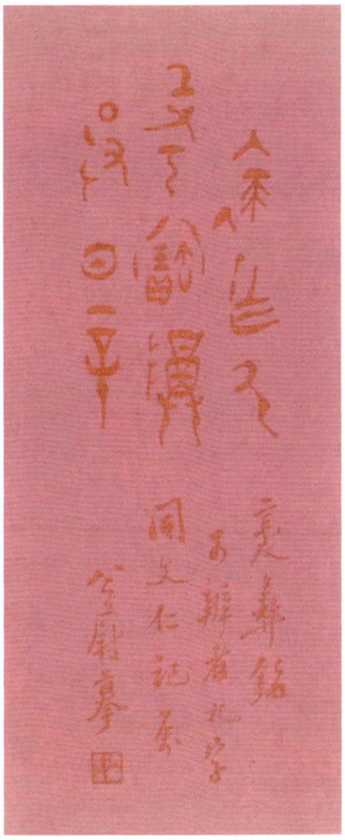

图 4-8-60
“毛氏彝铭”笺

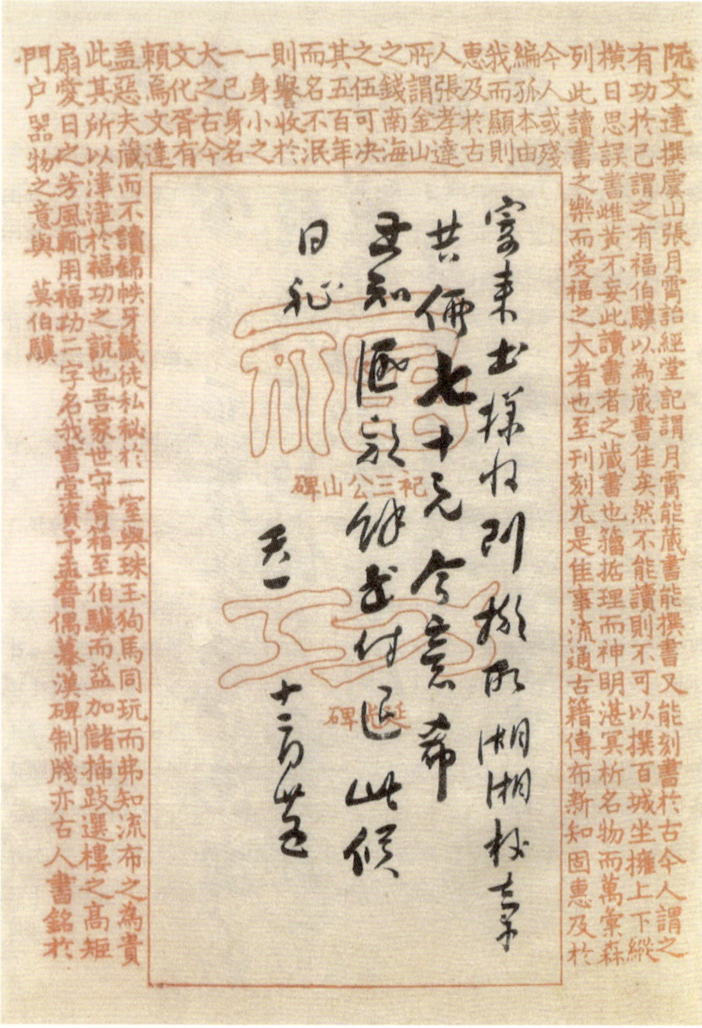

图 4-8-61
莫伯骥摹汉砖“福功”笺

（十一）莫伯骥“福功”笺

莫伯骥（1877—1958），字天一，广东东莞人。家藏宋元明名臣大儒之书甚多。莫伯骥于1925年又开始大力搜藏图书，藏书来自盛昱、徐坊、丁日昌、方功惠、孔广陶、叶德辉等人旧藏。藏书处名“福功书堂”，后更名为“五十万卷楼”。据称其中有宋本三十八部、元本八十部。日本侵华，莫氏避居香港，随身仅带走四箱藏书，留在广州的一千四百多箱书及著述原稿均遭劫掠。后虽收回部分流散的书，但已不复旧观。叶恭绰曾代表当时的中央图书馆在香港市面上抢救若干流散之书。莫伯骥去世后，其长子莫培樾将三千册遗书售予北京图书馆（今中国国家图书馆），其中包括五十万卷楼镇库之宝的海源阁旧藏宋刻本《孙可之集》。今广东中山图书馆也有包括三种元刻本在内的六十多种莫氏旧藏善本。著有《五十万卷楼藏书目录初编》《五十万卷楼群书跋文》等。

莫伯骥摹汉砖“福功”笺见其致王晋卿尺牍，其“福”字用祀三公山碑，“功”字用延光碑。

（十二）马廉“不登大雅堂制笺”

黄裳《珠还记幸·秋明室》记载：这是马廉（隅卿）所制“不登大雅堂制笺”，这七个篆字就写在原笺栏外左下角。笺样全由崇祯本《金瓶梅》的插图翻刻。这一幅“西门庆观戏动深悲”是

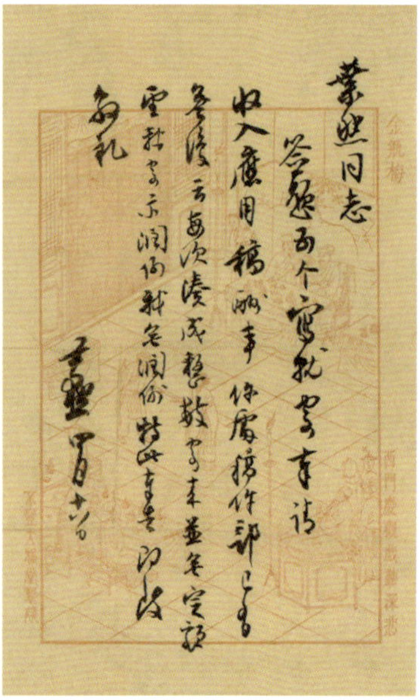

图 4-8-62
不登大雅堂制笺
题款：金瓶梅 / 西门庆观戏动深悲

翻得成功的，可以看出当时琉璃厂的刻工的功力。他们覆刻的《十竹斋笺谱》则尤为出色。自然比起明刻来还是有明显的差别的。人物的眉眼之间、衣袂飘拂之处，都没有明刻细致生动，看来主要原因不在是否工细，倒是线条的变化和气势不够理想。可能使用工具不同也是重要的原因。

马隅卿的这套笺纸起码有四种不同的花样。记得尹默先生寄给我的信里有一张用的是第六十一回的插图，那才是真正不登大雅之堂的。敢用这种笺纸来印造自用信笺，当然需要一定的胆气；能随手取来写信，也不是容易的事。这里，颇能看出“五四”时代知识分子精神面貌的或一侧影。

（十三）陈师曾摹古博物笺

陈师曾（1876—1923），名衡恪，号槐堂，又号朽道人、朽者。所居名“染苍室”，因吴昌硕又字苍石，用染苍为室名，以示受吴昌硕影响甚深。室名还有“安阳石室”等。江西义宁（今修水）县人，著名美术家、艺术教育家、清末维新派著名人物陈宝箴之长孙，民国同光体诗人陈三立（字伯严，世称散原先生）之长子，国学大师陈寅恪之长兄。

陈师曾六岁习画，十岁时在长沙从尹和白学画花卉。十五岁时，与胡沁园、王闿运相识，常以书画请教。弱冠之年，父亲陈三立聘请名师，陈师曾从周大烈学文学，从范镇霖学汉隶、魏碑，从范当世学行书。

1898年，戊戌变法失败，陈宝箴、陈三立父子受到牵连同被革职，回到家乡南昌，筑室西山下，“往往深夜孤灯，相对唏嘘，不能自已”。是年，陈师曾考入南京江南陆师学堂附设矿务铁路学堂，其时，周树人（鲁迅）亦转入该校，陈师曾遂与之结识。两年后，他们一道东渡日本留学，归国后又曾一同在北洋政府教育部任职，陈师曾任教育部编纂，鲁迅任教育部社会教育司第一科科长，后又被任命为教育部佥事，两人成为亲密的朋友。鲁迅和陈师曾经常一起逛北京琉璃厂，谈论金石，互赠淘到的古玩拓片。早在1909年，陈师曾就曾为鲁迅第一本译著《域外小说集》题写封面书名。陈师曾先后赠送鲁迅九幅画，都是颇具功力而又随意的文人画小品。他还为鲁迅刻章多枚，保存至今的就有“周树”“会稽周氏藏本”“会稽周氏”“周树所藏”“俟堂”等印。

在1933年编印《北平笺谱》时，鲁迅选用了陈师曾山水、花鸟笺等三十二幅，在序言中对他的艺术成就进行了公允的颂扬：“义宁陈君师曾入北京，初为镌铜者作墨合、镇纸画稿，俾其雕镂，既成拓墨，雅趣盎然。不久复廓其技于笺纸，才华蓬勃，笔简意饶，……而诗笺乃开一新境。盖至是而画师梓人，神志暗会，同力合作，遂越前修矣。”（《集外集拾遗》）

1906年，陈师曾三十一岁时在东京与李叔同相识，终成莫逆之交。1912年，《太平洋报》在上海出版发行，李叔同在该报担任广告部主任，兼任副刊编辑。他约请陈师曾在副刊发表美术作品。陈在副刊上先后发表了六十幅率性而作、随笔而为的漫笔画，这被美术史家视为中国漫画的源头，而陈自然成为中国漫画的鼻祖。陈师曾在《太平洋报》副刊发表的漫笔画，深深影响了当时仅有十五岁的丰子恺。丰子恺说：“我小时候，《太平洋报》上发表陈衡恪的小幅简笔画《落日放船好》《独树老夫家》等，寥寥几笔，余趣无穷，给我很深的印象。”

1917年，齐白石为避乡下匪乱，从湖南湘潭来到北京。这一年，齐白石五十三岁了。他居住在法源寺并挂单琉璃厂南纸店，卖画、卖印。有一次，陈师曾在琉璃厂偶然看见齐白石印章，大为激赏，特意去齐白石住所法源寺，两人一见如故，相见恨晚。陈师曾当时被誉为“位居北京画坛之首”，在北京多所大学担任教授，在其引荐下，齐白石得以结识吴昌硕、姚茫父等画界名流，眼界渐开。他还劝齐白石“自出新意，变通画法”，齐白石听从好友建议，自创红花墨叶之现代国画一派。

1923年夏，年仅四十七岁的陈师曾继母俞夫人病，由京华驰赴南京，因母死而哀恸不已，猝而发疾，不久卒于南京。梁启超在悼词中说：“师曾之死，其影响于中国艺术界者，殆甚于日本之大地震。地震之所损失，不过物质，而此损失，乃为不可补偿之精神。”“以所知者论，陈师曾在现代美术界，可称第一人。”陈师曾曾自述：“平生所能，画为上，兰竹为尤，刻印次之，诗词又次之。”画兰是他最擅长的。他用笔婉转，多用水墨，特别善于表现兰花在风中摇曳的情态，极得石涛神韵。至于竹子，风竹、雨竹、晴竹、老竹、嫩竹、竹笋，无所不画，无所不工。著有《槐堂诗钞》《染苍室印存》《陈师曾先生遗墨》《北京风俗画》《中国绘画史》等。

今有陈师曾摹古博物笺全套七幅。

陈衡哲[①]致王云五尺牍的笺纸样式即为陈师曾摹古博物笺。

图 4-8-63—图 4-8-69
陈师曾摹古物笺

① 陈衡哲（1890—1976），笔名莎菲，祖籍湖南衡山，新文化运动中的女学者、作家、诗人，也是我国第一位女教授，有“一代才女”之称，著有《小雨点》《衡哲散文集》《文艺复兴史》《西洋史》《一个中国女人的自传》等。

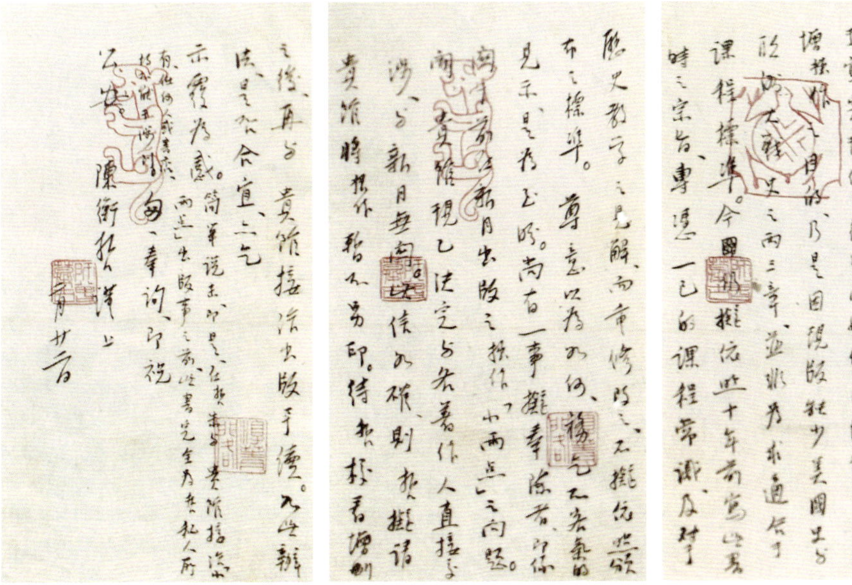

图 4-8-70—图 4-8-72
陈衡哲致王云五信笺

（十四）齐白石淡彩大笺

清秘阁制。此笺内容包括雁来红、牵牛花、枝头双雀、红蓼水鸭、垂丝海棠、葫芦蚂蚱、葡萄、蚕桑、石榴、菇与笋、花草等。白石题款有“辛未秋作于旧京”“七十又一老人”，可知画于1931年。此笺共有三套，内容各异，其中一套为天津文美斋印制。

清秘阁印制齐白石淡彩笺。

荣宝斋制齐白石染潢笺，一套八幅。

图4-8-73—图4-8-97
清秘阁制齐白石淡彩笺

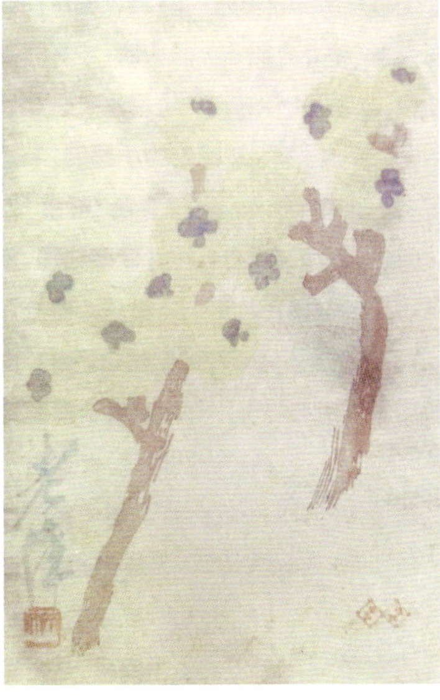

借山吟馆主者

白石

白石

白石

借山老人

罗浮仙蝶
白石画

白石

老萍

图 4-8-98—图 4-8-105
荣宝斋制齐白石染潢笺

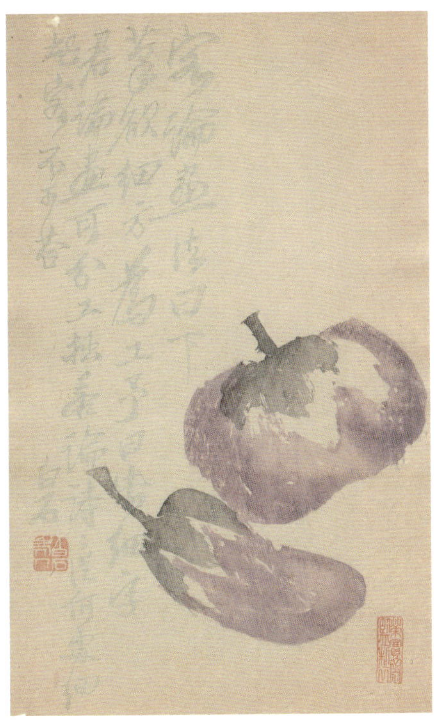

（十五）弘一法师“罗汉”笺

弘一，原名李叔同（1880—1942），又名李息霜、李岸、李良，谱名文涛，幼名成蹊，学名广侯，字息霜、叔同，别号漱筒。从日本留学归国后，担任过教师、编辑之职，后剃度为僧，法名演音，号弘一，后又采用一音、一相、圈音、入玄等几十个法号，晚号晚晴老人。在中国近百年文化发展史中，弘一法师是学术界公认的通才和奇才。作为中国新文化运动的先驱者，他最早将西方油画、钢琴、话剧等引入国内，且以擅书法、工诗词、通丹青、达音律、精金石、擅演艺而驰名于世。在中国僧俗两界闻名的弘一法师笃志苦行，成为世人景仰的一代佛教宗师。他被佛教弟子奉为律宗第十一代世祖。代表作有《南山律在家备览》《四分律戒相表记》《弘一大师遗著合编》《清凉歌集》《李息翁临古法书》等。

弘一法师“罗汉”笺题“慧光照十方”，署沙门一音。

（十六）《三国志》诗笺

唐鲁孙在《饮馔杂谭中国吃》书中记载：“北平昆曲花脸名票胡井伯，收戏曲学校费玉策做徒弟，在同兴堂磕头，胡爷跟同兴堂东家是把兄弟，特地把珍藏一套二十四块全本《三国志》木刻模子拿出来，做了三份儿。可惜不知道是什么人手笔，真有几方布局，线条非常雅致，而且神情刻画得栩栩如生，后来北平名画家陈半丁特别情商，借出来送到琉璃厂淳菁阁南纸店，每块都请姚茫父题了词，拓刻印成诗笺。……咱们中国吃喝还有一套艺术呢。”

（十七）周炼霞《梅花图》

郑逸梅《珍闻与雅玩·笺纸》一文中说：“螺川韵语笺，标有庐陵周氏，那是女画家周炼霞所制，吟诗作札，兼而用之。炼霞

图 4-8-106
李叔同“罗汉”笺

图 4-8-107
周炼霞《梅花图》

诗多佳句，如‘簪花楷细灯前字，侧帽词新梦里人’。又：‘一灯细煮愁如酒，化作红笺小字诗。’又：‘离怀欲写书难寄，密语将缄字又删。’都是与笺纸有关。”周炼霞被艺苑文坛公认为“金闺国士”和“诗书画三绝的女郑虔”。她的“但以两心相照，无灯无月何妨”之妙句，被时人广为传诵。

（十八）李一氓自制《花间集序》古籍笺

李一氓（1903—1990），革命家、诗人、书法家和藏书家。著有《一氓题跋》《存在集》等。李一氓酷爱《花间集》，收藏有 26 种不同的版本，并作《花间集校》。他自制《花间集序》书影笺，见其致阿英的信。阿英（1900—1977），原名钱杏邨，我国现代著名的文学家、戏剧家、文学史家和藏书家。

（十九）张大千为其胞兄张文修绘私人用笺

张文修在北平开设私人诊所，悬壶济世，故大千于大风堂制笺纸上题款“活人植杏易杏施人”，并以杏花配图。

（二十）关山月临敦煌壁画笺

关山月（1912—2000），原名关泽霈，生于广东阳江。著名国画家、教育家，岭南画派代表人物。关山月的山水画立意高远，境界恢宏。他的梅花，枝干如铁，繁华似火，雄浑厚重，清丽秀逸，曾与傅抱石合作不朽巨作《江山如此多娇》。著有《关山月画集》《关山月、傅抱石东北写生选》《关山月作品选》《井冈山》等作品。

关山月临敦煌壁画笺内容包括临北魏仕女图、临五十三洞五代捧莲仕女图、临三百洞晚唐舞蹈仕女图。

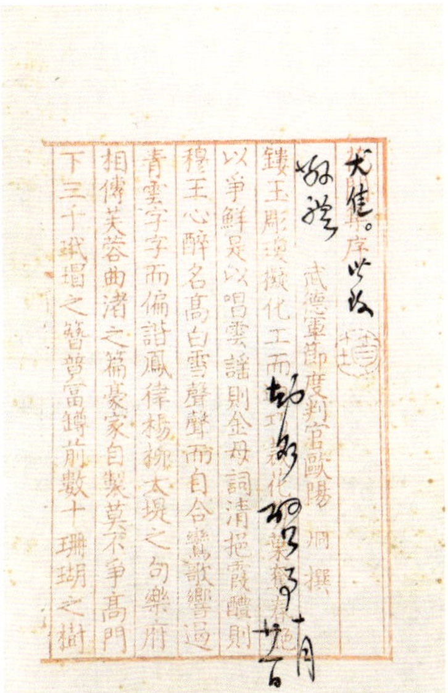

花間集序　武德軍節度判官歐陽炯撰
鏤玉雕瓊擬化工而迥巧裁花剪葉奪春豔
以爭鮮是以唱雲謠則金母詞清挹霞醴則
穆王心醉名高白雪聲聲而自合鸞歌響遏
青雲字字而偏諧鳳律楊柳大堤之句樂府
相傳芙蓉曲渚之篇豪家自製莫不爭高門
下三千玳瑁之簪競富樽前數十珊瑚之樹

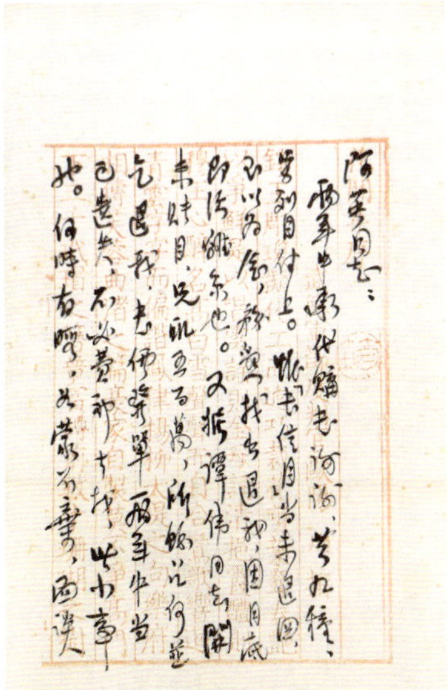

图 4-2-108、图 4-2-109
李一氓致阿英的信

图 4-8-110
大风堂制笺

图 4-8-111
关山月“临北魏仕女图”画笺

图 4-8-112
关山月“临五十三洞五代捧莲仕女图”画笺

图 4-8-113
关山月“临三百洞晚唐舞蹈仕女图”画笺

（二十一）韩天衡制“汉延年益寿长乐未央瓦”笺

韩天衡（1940— ），号豆庐、近墨者、味闲，别署百乐斋、味闲草堂、三百芙蓉斋，祖籍江苏苏州。擅书法、国画、篆刻、美术理论及书画印鉴赏。韩天衡制“汉延年益寿长乐未央瓦”笺，笺纸样式为两枚汉瓦当，一枚为“延年益寿”瓦当，另一枚为“长乐未央”瓦当，两枚瓦当各有题记。

图 4-8-114
“汉延年益寿长乐未央瓦”笺

二、名家笺

（一）翁方纲信笺

翁方纲（1733—1818），字正三，一字忠叙，号覃溪，晚号苏斋，顺天大兴（今北京大兴区）人。乾隆十七年（1752）进士。精通金石、谱录、书画、辞章之学，书法与同时的刘墉、梁同书、王文治齐名。著有《粤东金石略》《苏米斋兰亭考》《复初斋诗文集》《小石帆亭著录》等。

其一尺牍笺纸样式为八仙暗纹饰笺，包括葫芦、团扇、宝剑、莲花、花笼、渔鼓、横笛、阴阳板。

（二）成亲王信笺

成亲王，原名爱新觉罗·永瑆（1752—1823），少字镜泉，从号少厂，又号镜泉、即斋，别号诒晋斋主人，乾隆皇帝第十一子，嘉庆皇帝的异母兄，嘉庆四年（1799）授军机大臣，总理户部三库。成亲王作为清代著名书法家，与翁方纲、刘墉、铁保并称“乾隆四家”。著有《听雨屋集》《诒晋斋集》《随笔》《仓龙集》等。

其一尺牍笺纸样式为瑞兽纹笺。

（三）曾国藩信笺

曾国藩（1811—1872），初名子城，字伯涵，号涤生。中国晚清时期政治家、理学家、书法家，湘军的创立者和统帅，官至两江总督、直隶总督、武英殿大学士，谥号“文正”，后世称“曾文正”。与李鸿章、左宗棠、张之洞并称“晚清中兴四大名臣”。

其一尺牍笺纸样式为有容堂制笺。

（四）左宗棠信笺

左宗棠（1812—1885），字季高，一字朴存，号湘上农人，

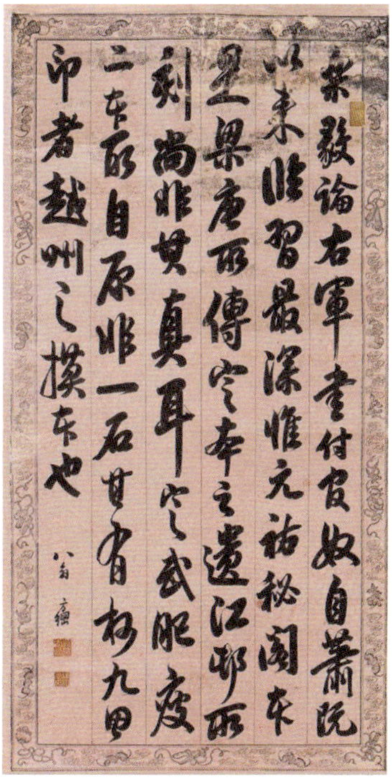

图 4-8-115
翁方纲信笺

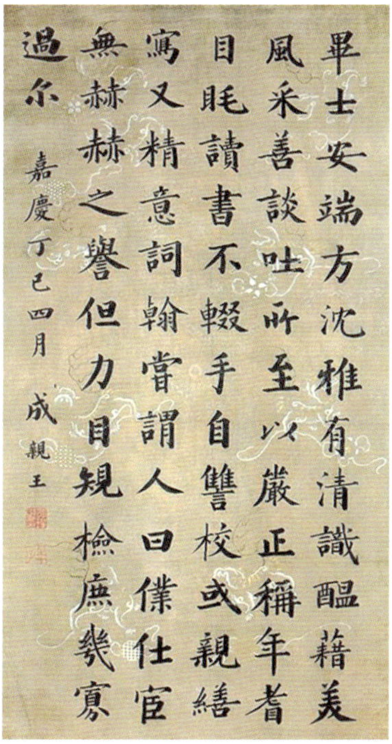

畢士安端方沈雅有清識醞藉美
風采善談吐所至以嚴正稱年耆
目眊讀書不輟手自讐校或親繕
寫又精意詞翰嘗謂人曰僕仕宦
無赫赫之譽但力自規檢庶幾寡
過爾
嘉慶丁巳四月 成親王

图 4-8-116
成亲王信笺

别号老亮、今亮。湖南湘阴人。晚清政治家、军事家、洋务派代表人物。主要著作有《楚军营制》《盾鼻馀沛》《左文襄公全集》等。

其致士良尺牍笺纸样式为吉金图笺。

（五）李鸿章信笺

李鸿章（1823—1901），本名章铜，字少荃（一作少泉），晚年自号仪叟，别号省心，安徽合肥人，晚清名臣，是淮军和北洋水师的创始人和统帅，洋务运动主要领导人之一。著作收于《李文忠公全集》。

其一尺牍笺纸样式为高士图笺。

（六）翁同龢信笺

翁同龢是中国近代史上著名政治家、书法艺术家。体仁阁大学士翁心存第三子，咸丰六年（1856）状元。先后担任清同治、光绪两代帝师。工诗，间作画，尤以书法名世，幼学欧、褚，初学董其昌、米芾，中年后由钱沣上追颜真卿，又不受颜字束缚，结体宽博开张，笔画刚劲有力，风格苍浑遒劲，朴茂雍容。著有《翁文恭公日记》《瓶庐诗稿》等。

其一尺牍笺纸样式为一甲传胪笺，绘一只螃蟹甲壳寓意为一甲，芦苇寓意为传胪。意指一甲第一名。清以后，多用两只螃蟹表示“二甲传胪”。笺纸题句为：

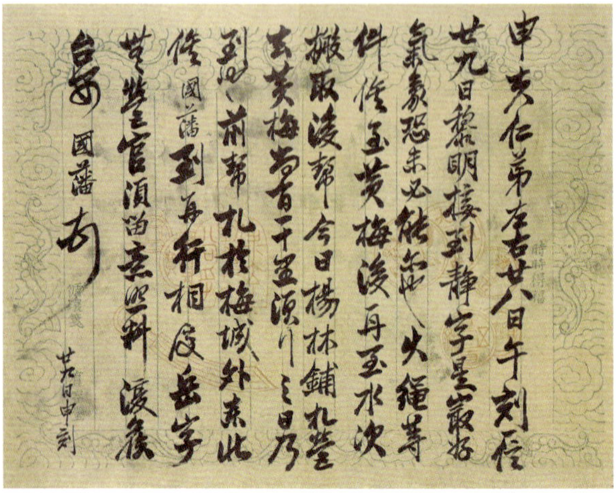

图 4-8-117
曾国藩信笺

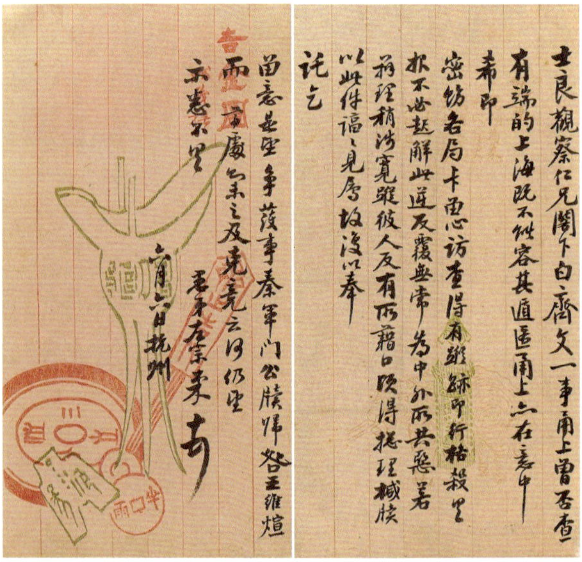

图 4-8-118
左宗棠信笺

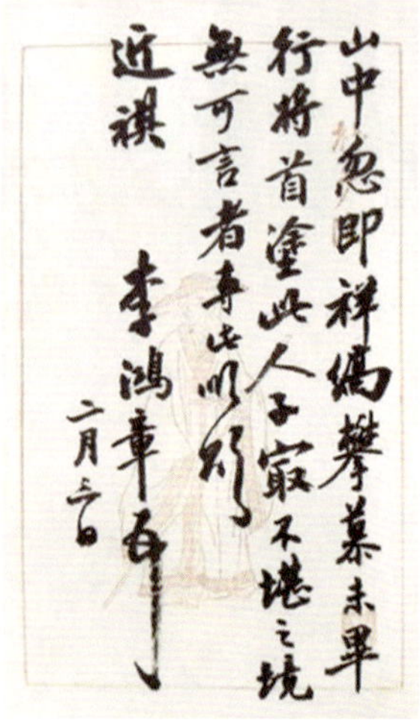

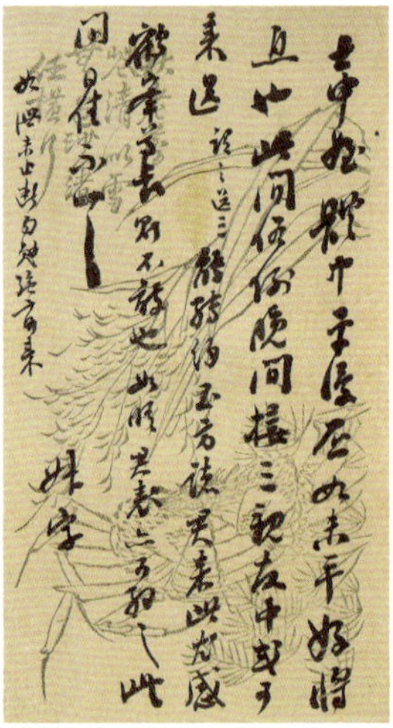

图 4-8-119
李鸿章信笺

图 4-8-120
翁同龢信笺

秋老蔓苍清似雪，无边沙渚任横行。

（七）吴昌硕信笺

吴昌硕是清末“海派四大家”之一，新浙派代表人物，杭州西泠印社首任社长，被誉为“石鼓篆书第一人”，晚清民国时期著名国画家、书法家、篆刻家。

其一尺牍附酬唱之作，笺纸样式为双钩石鼓文“鲤翰”笺。蜕公为义园制。

蜕公（1876—1958），即萧蜕庵，原名中孚，亦作盅孚，字蜕庵，以字行，别署蜕公、本无、叔子、寒蝉、旋闻室主等，晚年号南园老人、罪松老人、苦绿、褐之等，江苏常熟人。早年入南社，又为同盟会会员。通经史，擅诗文，精小学，长于医道。书法四体皆工，尤于篆书有深研。学篆从邓石如入手，后又习吴昌硕笔法，晚年仍写《说文》为日课，所作从容古雅；隶书多取《华岳庙》《礼器》《曹全》《石门颂》诸碑，恪守汉法，以浑朴、劲拙见胜；楷书得力于欧阳通《道因法师碑》，兼学苏轼、米芾及刘墉，晚年习李邕《端州石室记》及《麓山寺碑》，所作丰腴雅致；行草书圆润而活泼，颇具苏轼、陆机之神韵。亦能治印。著有《文字探源》《小学百问》《书道八法》《文字学浅说》《小晴论六书等》，书论多见于题跋。

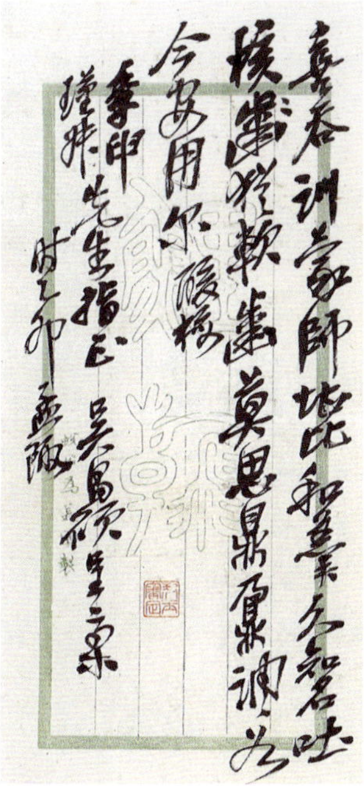

图 4-8-121
双钩石鼓文“鲤翰”笺

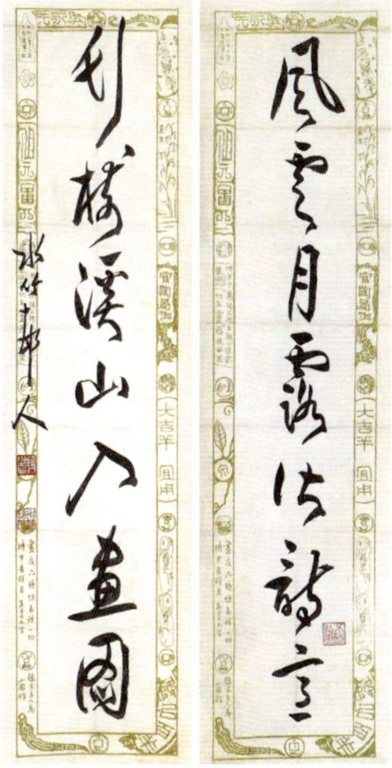

图 4-8-122
徐世昌行书对联笺

（八）徐世昌行书对联笺

徐世昌出生于河南省卫辉府（今卫辉市）府城曹营街寓所。徐世昌的国学功底深厚，不但著书立说，而且研习书法，工于山水松竹。一生编书、刻书三十余种。

其一尺牍笺纸样式为官陶局制大吉羊宜用笺。

（九）鲁迅信笺

鲁迅（1881—1936），原名周樟寿，后改名周树人。字豫亭，后改为豫才。别名鲁迅、长庚、风声、尊古等，浙江绍兴人。1918 年 5 月，首次用“鲁迅”的笔名，发表中国现代文学史上第一篇白话小说《狂人日记》，奠定了新文学运动的基石。鲁迅一生的著作包括杂文、短篇小说、论文、散文、译著近一千万字，包括杂文集共十六本，小说集《呐喊》（共十四篇）、《彷徨》（共十一篇）、《故事新编》（历史小说集，共八篇），散文集《朝花夕拾》，散文诗集《野草》等。

鲁迅也是中国木刻版画的倡导者，艺术趣味高，雅好笺纸，和郑振铎搜集出版了《北平笺谱》。他自己的书信和赠诗用了

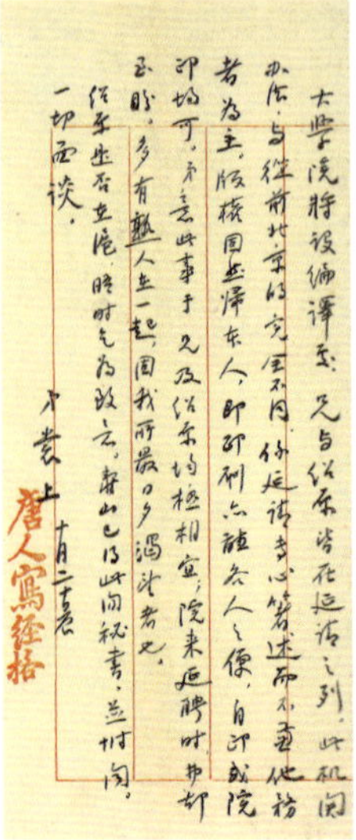

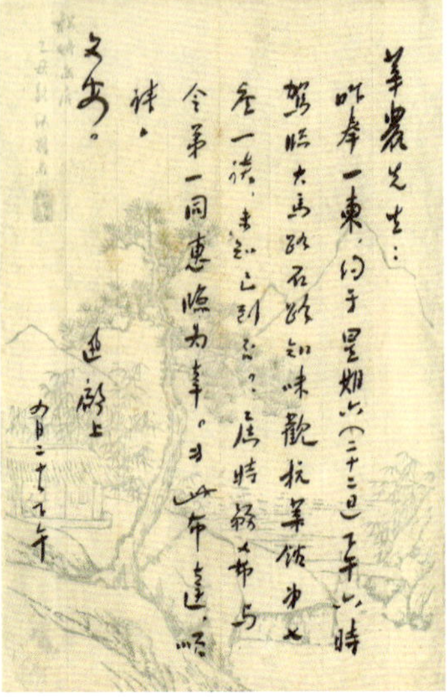

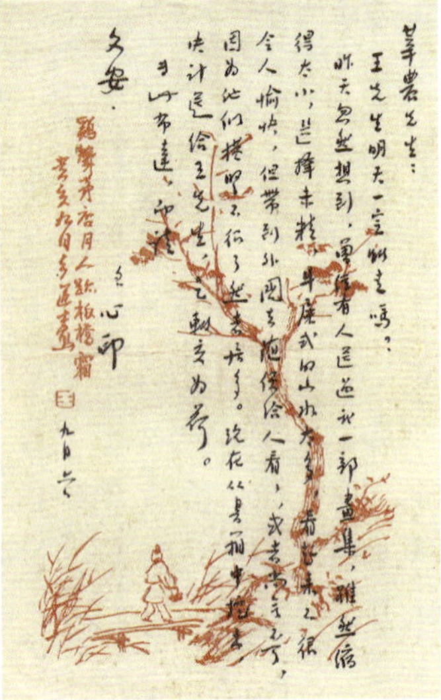

图 4-8-123
“唐人写经格”笺

图 4-8-124
“松竹幽居”笺

图 4-8-125
“鸡声茅店月，人迹板桥霜”笺

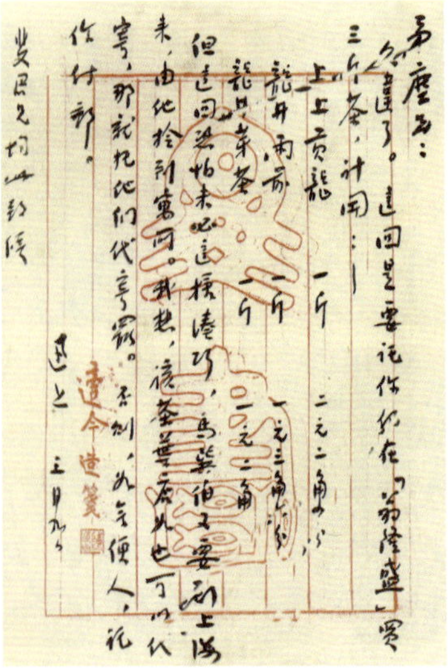

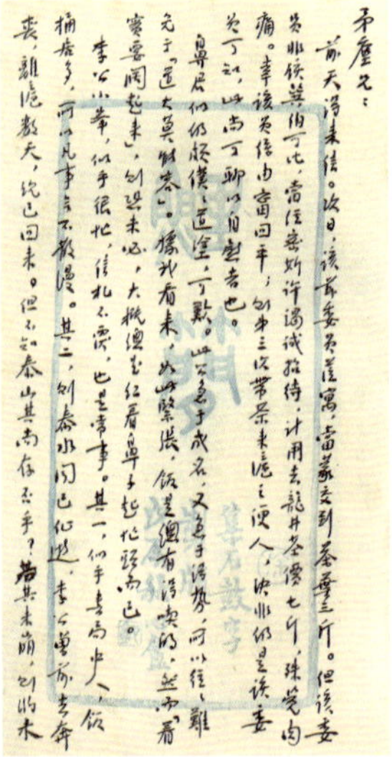

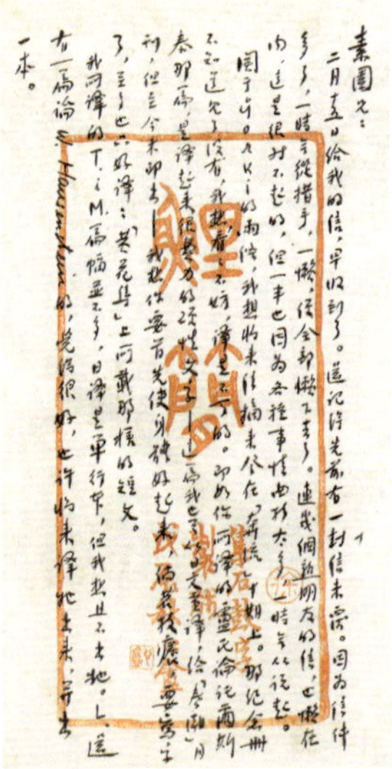

图 4-8-126
双钩“鱼书”笺

图 4-8-127、图 4-8-128
“鲤简”笺

很多不同类型的笺纸。

其致江绍原尺牍一通，笺纸样式为“唐人写经格”笺。

其致莘农尺牍两通，一通笺纸样式为九华堂制“松竹幽居”笺，另一通为“鸡声茅店月，人迹板桥霜”诗笺。

其致矛尘信笺两通，一通笺纸样式为双钩“鱼书”笺，另一通为摹石鼓文字的“鲤简”笺。

其致韦素园尺牍，笺纸样式亦为摹石鼓文字的“鲤简”笺。

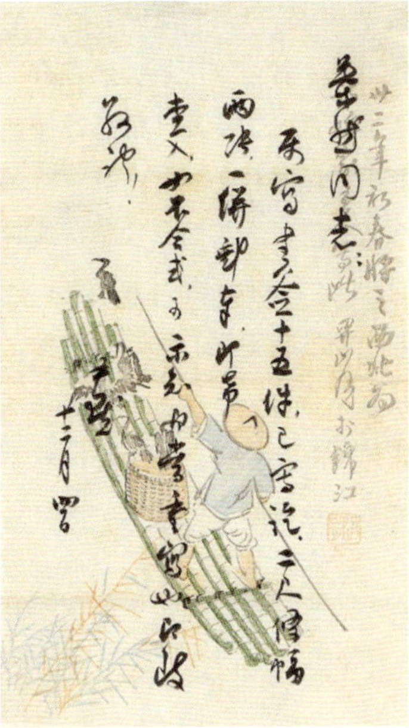

图 4-8-129
沈尹默致叶然尺牍

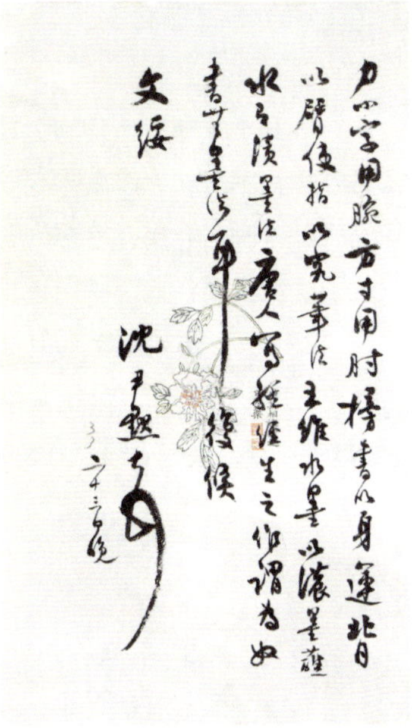

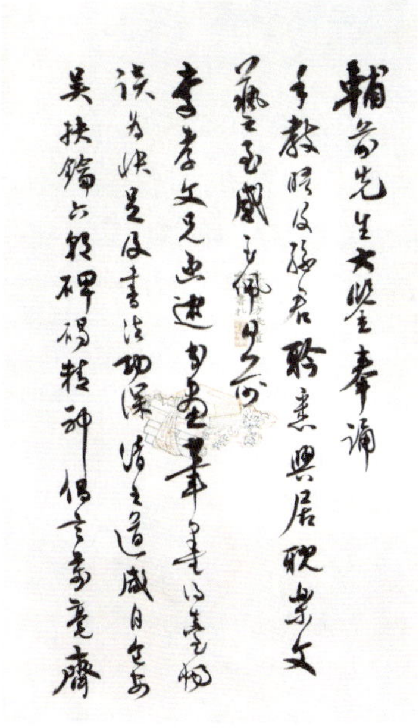

图 4-8-130、图 4-8-131
沈尹默致辅前尺牍

（十）沈尹默信笺

沈尹默（1883—1971），字中，号秋明，原名君默，别号鬼谷子。祖籍浙江湖州，生于陕西汉阴，著名学者、诗人、书法家。沈尹默与兄沈士远、弟沈兼士合称“北大三沈”。他以书法闻名，民国初年，书坛就有“南沈北于（右任）”之称。谢稚柳先生认为：“数百年来，书家林立，盖无人出其右者。”沈尹默著有《二王书法管窥》《历代名家学书经验谈辑要释义》等，出版的主要书法集、字帖有《沈尹默法书集》《沈尹默手书词稿四种》《沈尹默入蜀词墨迹》等。

沈尹默致叶然尺牍，笺纸样式为渔翁笺。

其致辅前尺牍，笺纸样式为芍药笺和文玩笺。

（十一）马一浮诗笺

马一浮（1883—1967），幼名福田，后改名浮，字一佛，后字一浮，号湛翁，别署蠲翁，晚号蠲叟、蠲戏老人。浙江会稽（今浙江绍兴）人，中国现代思想家、诗人和书法家。马一浮被誉为“千年国粹，一代儒宗”，现代新儒家的早期代表人物。所著被后人辑为《马一浮集》。

马一浮录唐代诗人储嗣宗《和茅山高拾遗忆山中杂题五首·小楼》：“松杉风外乱山青，曲几焚香对石屏。空忆去年春雨后，燕泥时污太玄经。”笺纸样式为荣宝斋制齐白石“荔枝”淡彩笺。

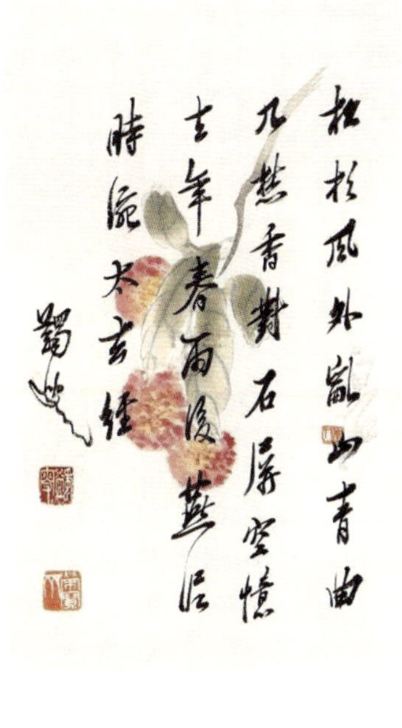

图 4-8-132
马一浮诗笺

（十二）马叙伦信笺

马叙伦（1885—1970），字彝初，又字夷初，号石翁、寒香，晚号石屋老人。浙江杭县（今杭州）人。教育家、语言文字学家。著有《马叙伦学术论文集》等。

其一尺牍笺纸样式为烂柯山樵绘“目送飞鸿”笺。

（十三）柳亚子信笺

柳亚子（1887—1958），本名慰高，字安如，改名人权，字亚庐，再改名弃疾，字稼轩，号亚子，江苏吴江人，中国近现代著名诗人。1903 年参加中国教育会，后入同盟会和光复会。1905 年创办《复报》，1909 年创办南社，1914—1918 年任南社主任，曾与宋庆龄、何香凝等从事抗日民主活动，他还曾任孙中山总统府秘书。“南社主持人柳亚子有羿庐书简，这是抗战时期所用的，寓后羿射日之意，他老人家的爱国之心，昭然若揭。又有哦诗言事之笺，下注‘北京北长街八十九号’，那是他晚年所居，环境颇好。又亚子请杨了公写‘南社’二字，印南社笺，赠送南社诸子作通讯之用。”

其致王重民信笺样式为红八格。

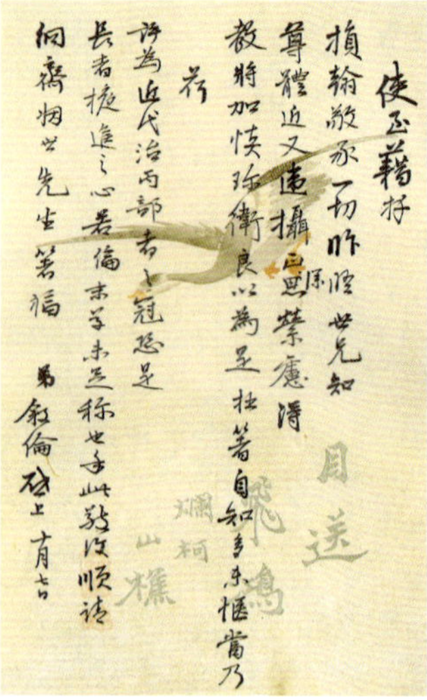

图 4-8-133
“目送飞鸿”笺，烂柯山樵绘

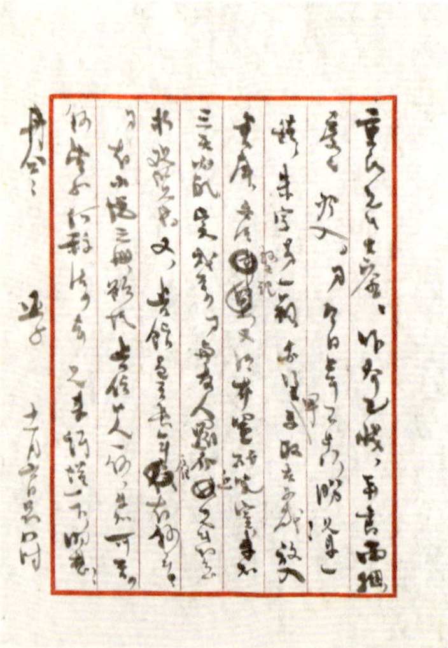

图 4-8-134
柳亚子致王重民信笺

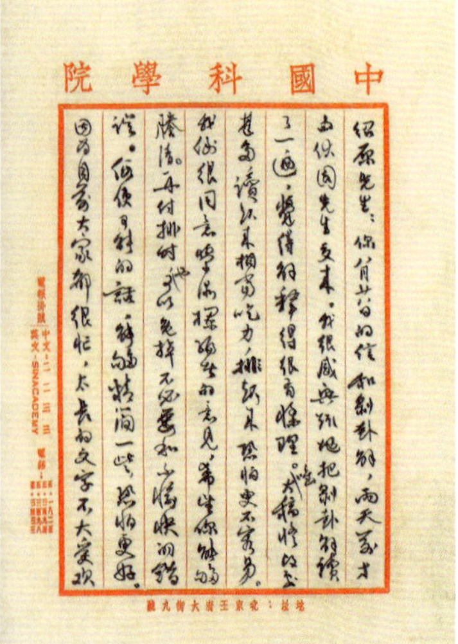

图 4-8-135
郭沫若致江绍原信笺

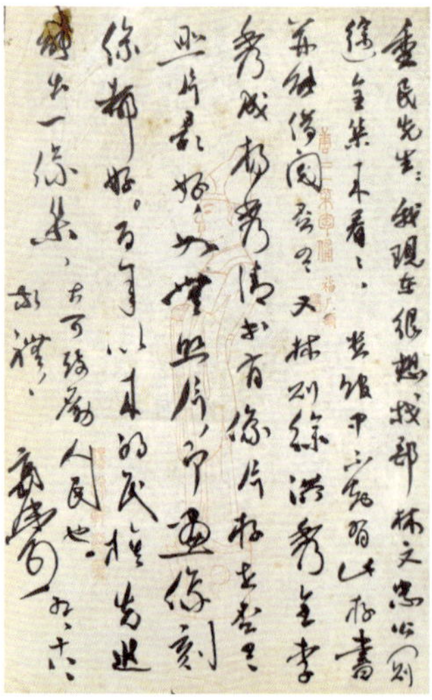

图 4-8-136
郭沫若致王重民信笺

（十四）郭沫若信笺

郭沫若（1892—1978），原名郭开贞，号尚武，乳名文豹，笔名沫若、麦克昂、郭鼎堂、石沱、高汝鸿、羊易之等。出生于四川乐山沙湾，1921 年发表第一本新诗集《女神》，1928 年撰写了《中国古代社会研究》。1941—1943 年，先后完成历史剧《棠棣之花》《屈原》《虎符》《高渐离》《孔雀胆》《南冠草》等。

其致江绍原信笺样式为“中国科学院”公函笺。致王重民信笺样式为阳遂轩制唐三彩陶俑笺。

（十五）茅盾信笺

茅盾（1896—1981），原名沈德鸿，笔名茅盾、郎损、玄珠、

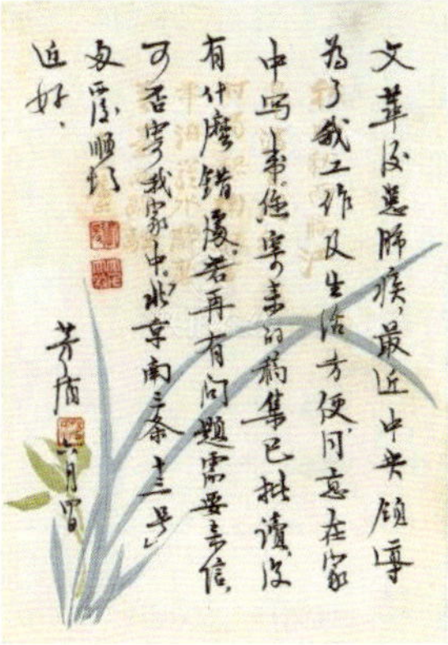

图 4-8-137
茅盾信笺

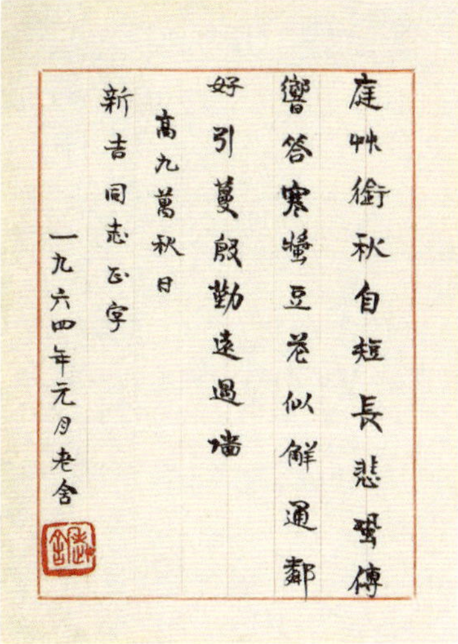

庭艸銜秋自短長悲蛩傳
響答寒螿豆花似解通鄰
好引蔓殷勤遠過牆
高九萬秋日
新吉同志正字
一九六四年元月 老舍

图 4-8-138
老舍诗笺

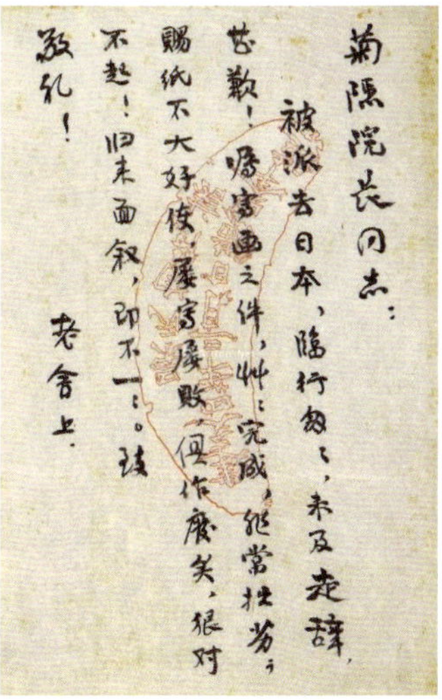

菊隱院長同志：
被派去日本，臨行匆匆，未及走辭，
甚歉！囑寫西之件，艸艸完成，紙當扯劣，
賜紙不大好使，屢寫屢敗，但作廢矣，很對
不起！歸來面叙，即不一一。致
敬礼！
老舍上

图 4-8-139
老舍信笺

方璧、止敬、蒲牢、微明、沈仲方、沈明甫等，字雁冰，浙江嘉兴市桐乡市人。中国现代著名作家、文学评论家。代表作有小说《子夜》《林家铺子》，文学评论《夜读偶记》等。

其一信笺为兰花笺。

（十六）老舍信笺

老舍（1899—1966），原名舒庆春，字舍予，笔名絜青、鸿来、非我等。北京满族正红旗人，代表作有小说《老张的哲学》《赵子曰》《二马》《猫城记》《骆驼祥子》《四世同堂》，剧本《茶馆》《龙须沟》等。

其致焦菊隐信笺样式为吉金笺。另一通致新吉诗笺的笺纸样式为吉金笺红八栏格笺。

（十七）沈从文信笺

沈从文（1902—1988），原名沈岳焕，乳名茂林，字崇文，笔名休芸芸、甲辰、上官碧、璇若等，湖南凤凰县人，中国著名作家、历史文物研究者。代表作有《边城》《长河》《湘行散记》《中国古代服饰研究》等。

其致巫宁坤信笺样式为梅花笺。

（十八）巴金信笺

巴金（1904—2005），本名李尧棠，字芾甘，笔名巴金、王文慧、欧阳镜蓉、黄树辉、余一等，出生于四川省成都市，中国当代杰出作家，中国文坛一代巨匠。主要作品包括长篇小说爱情

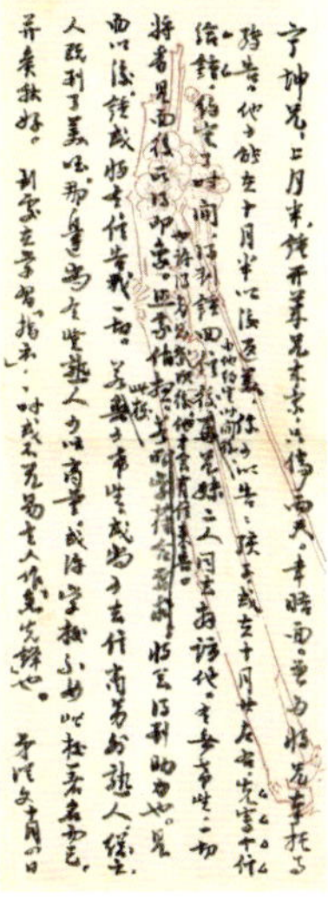

图 4-8-140
沈从文致巫宁坤信笺

三部曲《雾》《雨》《电》，激流三部曲《家》《春》《秋》，抗战三部曲《火》《寒夜》《憩园》，散文《随想录》等。

其两幅信笺均为花卉笺。

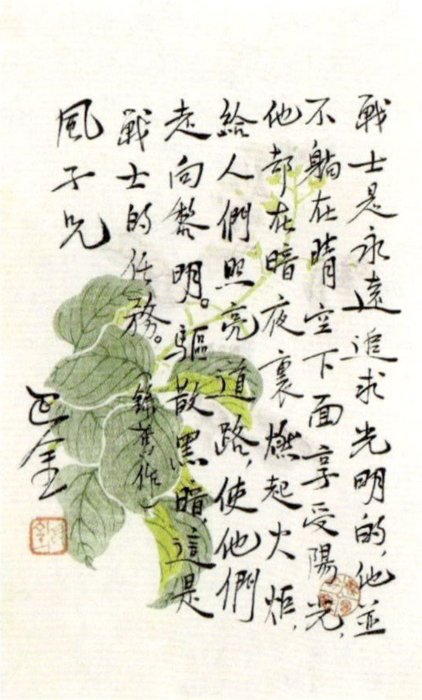

戰士是永遠追求光明的，他並不躺在晴空下面享受陽光，他卻在暗夜裏燃起火炬，給人們照亮道路，使他們走向黎明。驅散黑暗，這是戰士的任務。

風子兄

巴金

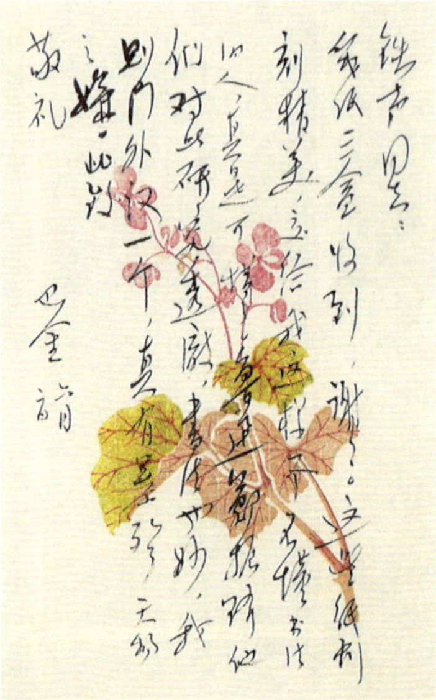

图 4-8-141、图 4-8-142
巴金信笺

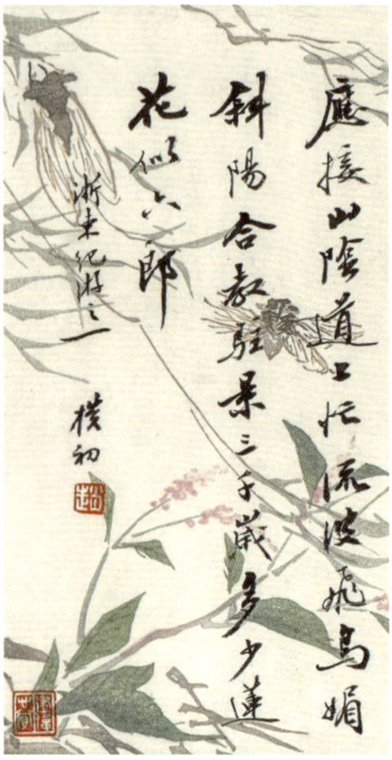

图 4-8-143
“鸣蝉”笺

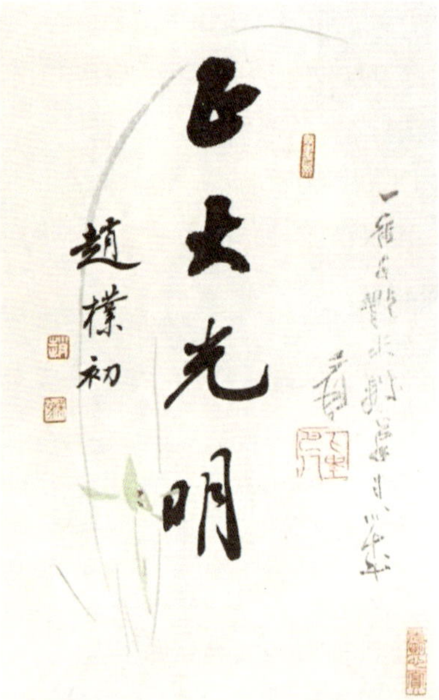

图 4-8-144
赵朴初题“正大光明”笺

（十九）赵朴初诗笺

赵朴初（1907—2000），安徽太湖县人。1945 年参与发起创立中国民主促进会。赵朴初长期从事佛学研究，擅长诗词、书法，著有《滴水集》《片石集》《佛教常识答问》等。

其浙东纪游诗书于“鸣蝉”笺，他还题写“正大光明”于兰花笺。

（二十）曹禺信笺

曹禺（1910—1996），原名万家宝，字小石，小名添甲，祖籍湖北潜江，中国杰出的现代话剧剧作家，新文化运动的开拓者之一。其代表作品有《雷雨》《日出》《原野》《北京人》等。

他为黄裳题句“海内存知己，天涯若比邻”的笺纸样式为唐李翰著《蒙求集注》宋版书影笺，原文中有“王濬悬刀，丁固生松”之著名典故。

（二十一）启功信笺

启功（1912—2005），自称“姓启名功”，别名察格多尔札布，字元白，也作元伯，号苑北居士、元白居士、松壑，室名“坚净居”，人称“坚净翁”。中国当代著名书画家、教育家、古典文献学家、鉴定家、红学家、诗人。主要著作有《古代字体论稿》《诗文声律论稿》《启功丛稿》《汉语现象论丛》《论书百绝》等。启功绘画风格构图严谨，手法生动，色彩鲜明，韵味悠长，尤擅山水竹石，极富传统文人画的意趣。启功书法被称为“启体”，书法界评论：“不仅是书家之书，更是学者之书、诗人之书。”

他受业于著名史学家陈垣先生，陈垣先生致启功尺牍笺纸样式为清秘阁制系璧笺。

启功为稼骏题写对联“清心为治本，直道是身谋”的笺纸样式为瓦当笺。此句出自宋代包拯所作的《书端州郡斋壁》。

另，王世襄致启功信笺的样式为齐白石绘艺兰书笺。

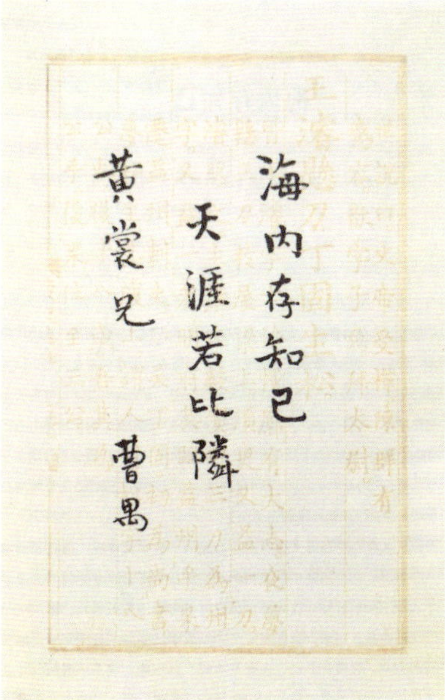

图 4-8-145
曹禺致黄裳信笺

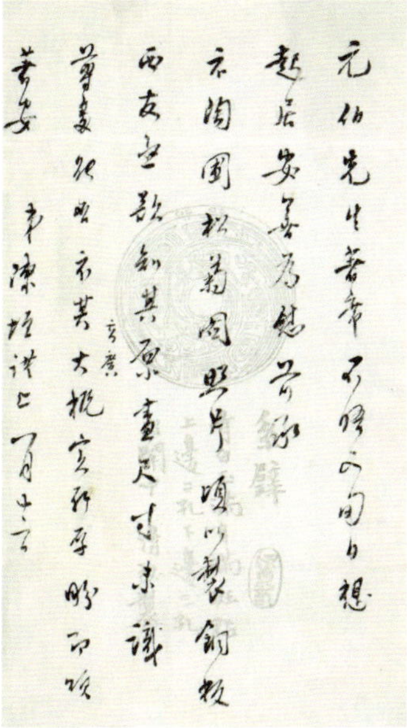

图 4-8-146
陈垣致启功信笺

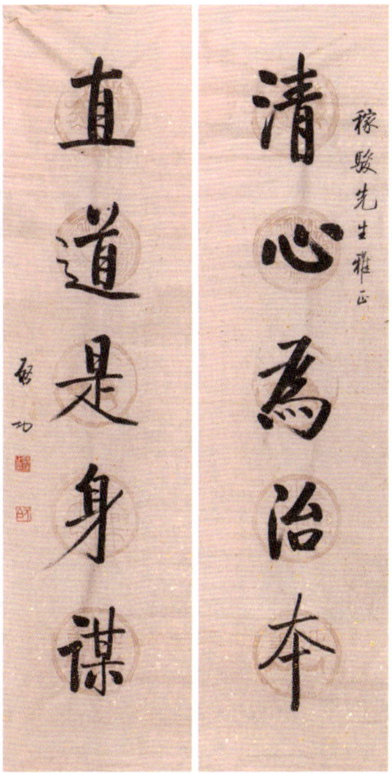

图 4-8-147
启功题对联笺

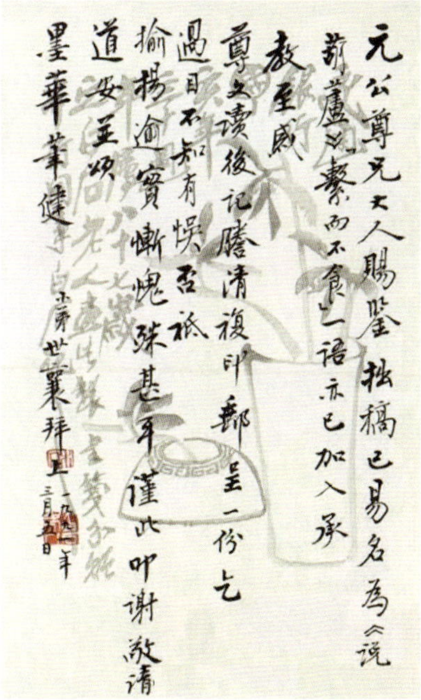

图 4-8-148
王世襄致启功信笺

第九节 红色笺

一、毛泽东信笺与诗笺

毛泽东致周惇元笺封为单边栏笺封，其信笺样式为红八格笺。

毛泽东一诗笺的信笺样式为红八格，中国人民革命军事委员会公用笺。

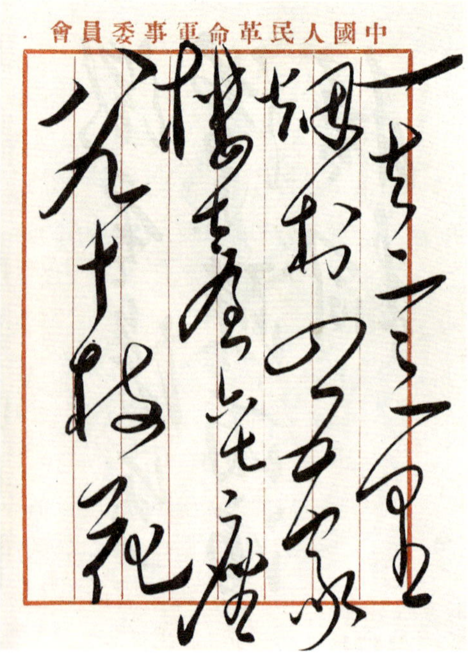
中國人民革命軍事委員會

图 4-9-1
毛泽东诗笺

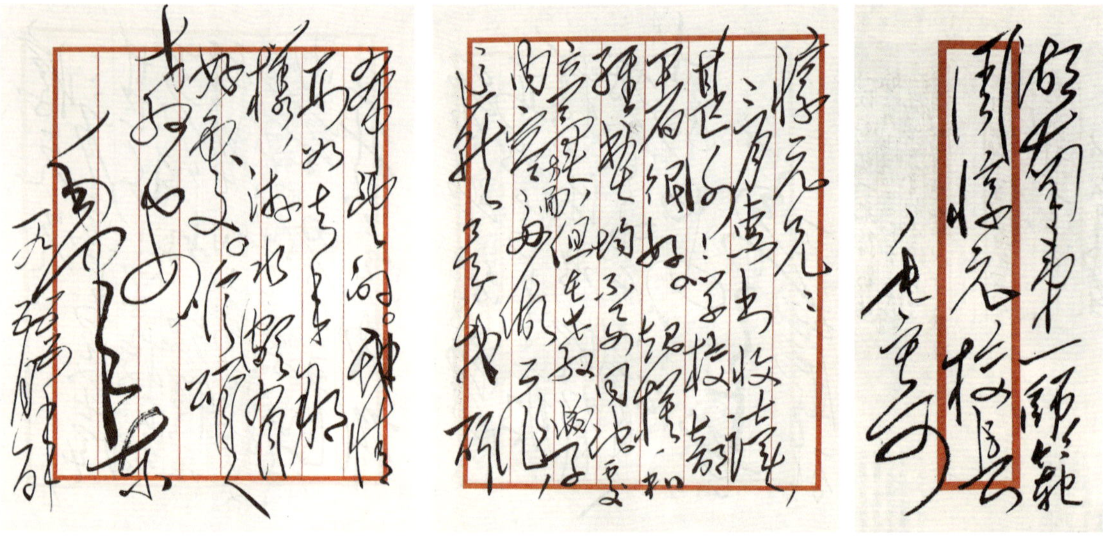

图 4-9-2—图 4-9-4
毛泽东致周惇元信笺及笺封

二、周恩来题词笺

周恩来题词笺，其一为红八格中央人民政府政务院用笺，其一为中华人民共和国国务院公用笺。

三、朱德信笺

朱德致毛泽东信及诗笺的笺纸样式为中国共产党中央委员会公用笺。

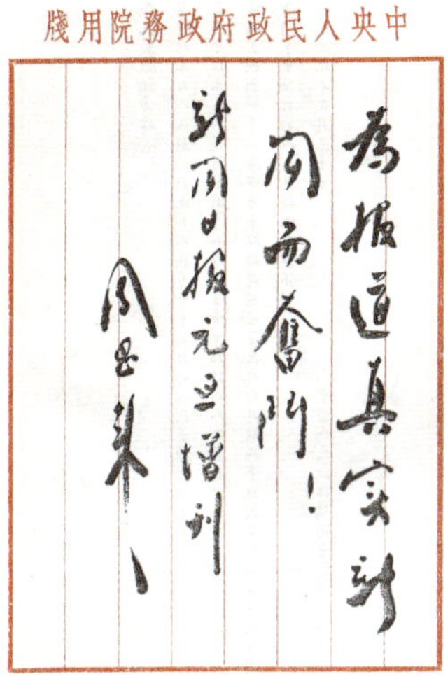

中央人民政府政務院用箋

為報道真實新聞而奮鬥！

新聞日報元旦增刊

周恩来

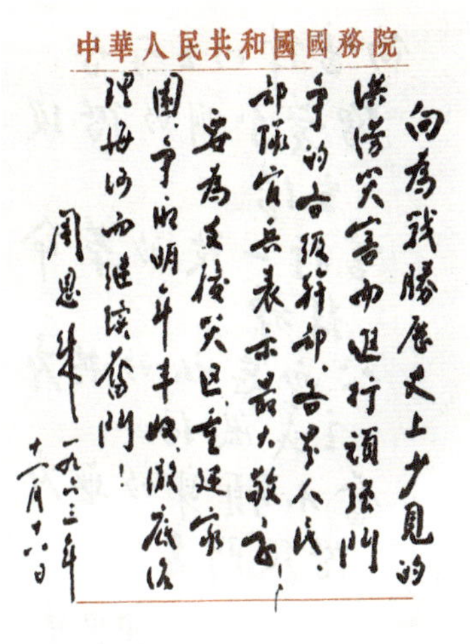

中華人民共和國國務院

向為戰勝歷史上少見的洪澇災害而進行頑强鬥爭的各級幹部、各界人民、部隊官兵表示最大敬意！要為支援災民，重建家園，爭取明年豐收，徹底治理海河而繼續奮鬥！

周恩来 一九六三年十一月十七日

图 4-9-5、图 4-9-6
周恩来题词笺

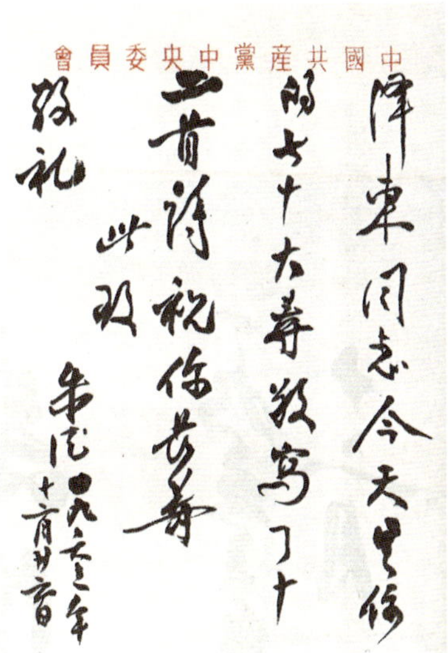

中國共產黨中央委員會

澤東同志：今天是你的七十大壽，敬寫了一首詩祝你長壽。

此致

敬禮

朱德 一九六三年十二月廿六日

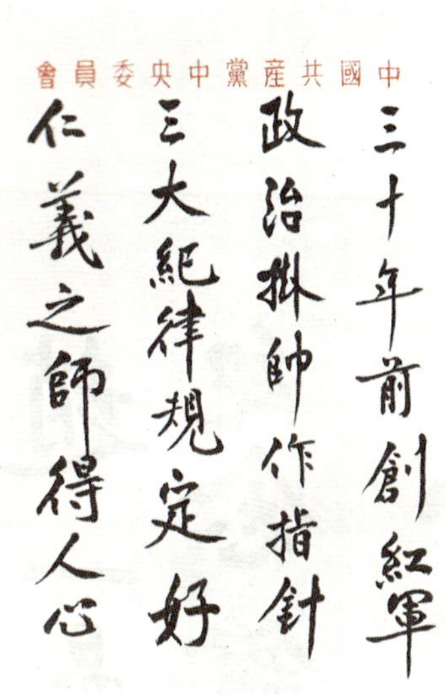

中國共產黨中央委員會

三十年前創紅軍，
政治掛帥作指針。
三大紀律規定好，
仁義之師得人心。

图 4-9-7、图 4-9-8
朱德致毛泽东信及诗笺

图书在版编目（CIP）数据

谈笺话谱 / 黎晓宏著 .—北京：北京出版社，
2024.4
ISBN 978-7-200-18445-7

Ⅰ. ①谈… Ⅱ. ①黎… Ⅲ. ①纸－文化史－中国
Ⅳ. ① K875.4

中国国家版本馆 CIP 数据核字（2024）第 004175 号

谈笺话谱

TAN JIAN HUA PU

黎晓宏　著

*

北京出版集团
北京出版社　出版

（北京北三环中路 6 号）

邮政编码：100120

网址：www.bph.com.cn

北京出版集团总发行

新华书店经销

北京雅昌艺术印刷有限公司印刷

*

787 毫米 ×1092 毫米　16 开本　44 印张　600 千字

2024 年 4 月第 1 版　2024 年 4 月第 1 次印刷

ISBN 978-7-200-18445-7

定价：1288.00 元

如有印装质量问题，由本社负责调换

质量监督电话：010-58572393